切实解决执行难

——路径、模式、方法

褚红军◎主　编

汤小夫　朱　嵘◎副主编

人民法院出版社

图书在版编目（CIP）数据

切实解决执行难：路径、模式、方法 / 褚红军主编；汤小夫，朱嵘副主编. -- 北京：人民法院出版社，2023.3
ISBN 978-7-5109-3643-2

Ⅰ．①切… Ⅱ．①褚… ②汤… ③朱… Ⅲ．①法院－执行(法律)－中国 Ⅳ．①D926.2

中国版本图书馆CIP数据核字(2022)第234014号

切实解决执行难
——路径、模式、方法

褚红军　主编

汤小夫　朱　嵘　副主编

策划编辑	韦钦平	
责任编辑	周利航	
执行编辑	沈洁雯	
封面设计	尹苗苗	
出版发行	人民法院出版社	
地　　址	北京市东城区东交民巷 27 号　（100745）	
电　　话	（010）67550691（责任编辑）　67550558（发行部查询）	
	65223677（读者服务部）	
客 服 QQ	2092078039	
网　　址	http://www.courtbook.com.cn	
E － mail	courtpress@sohu.com	
印　　刷	保定市中画美凯印刷有限公司	
经　　销	新华书店	
开　　本	787 毫米×1092 毫米　1/16	
字　　数	780 千字	
印　　张	41.25	
版　　次	2023 年 3 月第 1 版　2023 年 3 月第 1 次印刷	
书　　号	ISBN 978－7－5109－3643－2	
定　　价	138.00 元	

切实解决执行难
——路径、模式、方法

编 委 会

主　　　编：褚红军

副 主 编：汤小夫　朱　嵘

撰 稿 人：(按写作顺序排序)

褚红军　汤小夫　周建明　夏从杰　黄　涛

陈　荃　李　飞　李玉明　朱　嵘　王　成

程　洁　沈　如　钮　杨　闵仕君

强制执行改革新探索（代序）

夏道虎

　　党的二十大提出要坚持全面依法治国，推进法治中国建设，在法治轨道上全面建设社会主义现代化国家。人民法院执行工作是依靠国家强制力确保法律全面正确实施的重要手段，是维护人民群众合法权益、实现社会公平正义的关键环节。做好执行工作、切实解决长期存在的执行难问题，事关全面依法治国基本方略实施，事关社会公平正义实现，具有十分重要的意义。

　　习近平总书记一贯强调法律的实施。他指出："法律的生命力在于实施，法律的权威也在于实施。'法令行则国治，法令弛则国乱。'各级国家行政机关、审判机关、检察机关是法律实施的重要主体，必须担负法律实施的法定职责，坚决纠正有法不依、执法不严、违法不究现象，坚决整治以权谋私、以权压法、徇私枉法问题，严禁侵犯群众合法权益。"① "法规制度的生命力在于执行。'盖天下之事，不难于立法，而难于法之必行。'现在，我们有法规制度不够健全、不够完善的问题，但更值得注意的是已有的法规制度并没有得到严格执行。"② 这些论述构成了习近平法治思想的重要组成部分。

　　执行难问题，党中央高度重视，人民群众反映强烈，社会各界十分关注。党的十八大以来，以习近平同志为核心的党中央高度重视人民法院执行工作，从统筹推进"五位一体"总体布局和协调推进"四个全面"战略布局的高度，将解决执行难作为全面依法治国的重要内容。党的十八届四中全会明确提出"切实解决执行难"的重大部署，要求"依法保障胜诉当事人及时实现权益"。

　　人民法院始终坚持党对执行工作的绝对领导。党的十八届四中全会继党的

---

① 习近平 2014 年 9 月 5 日在庆祝全国人民代表大会成立六十周年大会上的讲话。
② 习近平 2015 年 6 月 26 日在十八届中央政治局第二十四次集体学习时的讲话。

十六大之后再次提出"切实解决执行难"要求，最高人民法院坚决贯彻落实党中央决策部署，于 2016 年 3 月在十二届全国人大四次会议上提出"用两到三年时间基本解决执行难问题"。

三年攻坚基本解决执行难期间，全国法院在党的坚强领导下，一是深入推进执行难综合治理、源头治理。最高人民法院积极争取十三届全国人大常委会第六次会议听取、审议了《关于人民法院解决"执行难"工作情况的报告》，这在历史上是第一次。各地法院积极推动全国 31 个省（区、市）党委、政府、政法委全部出台支持人民法院解决执行难的文件。二是着力解决人民群众反映强烈的突出问题。最高人民法院建立"总对总"网络查控系统，基本实现对被执行人主要财产形式和相关信息的有效覆盖。全面推行网络司法拍卖，建成全国法院询价评估系统，让被执行人财产变现利益最大化。坚决打击抗拒执行行为，突出执行工作强制性，破解涉民生权益保护难。三是建设形成中国特色执行制度、机制和模式。最高人民法院积极稳妥推进审执分离改革试点，出台立审执工作协调运行的意见，建立全国四级法院"统一管理、统一协调、统一指挥"的执行管理新模式。狠抓执行规范体系建设，从党的十八大至2018 年底，最高人民法院共出台 55 项重要司法解释和规范性文件，数量超过党的十八大前的总和。大力强化执行公开，自觉接受各界监督，加强执行队伍正规化、专业化、职业化建设。

经过三年全力攻坚，全国法院 2016 年至 2018 年共受理执行案件 2043.5万件，执结 1936.1 万件，执行到位金额 4.4 万亿元，与前三年相比分别增长98.5%、105.1% 和 71.2%，执行工作实现了跨越式发展。2019 年 3 月 12 日，最高人民法院在十三届全国人大二次会议上庄严宣告："基本解决执行难"这一阶段性目标如期实现。基本解决执行难，也被中央全面依法治国委员会办公室列为"十三五"时期全面依法治国取得显著成就之一。[①]

近年来，尤其是 2019 年 7 月中央全面依法治国委员会下发《关于加强综合治理从源头切实解决执行难问题的意见》（中法委发〔2019〕1 号）以来，全国法院继续咬定青山不放松，不断巩固攻坚成果，努力健全长效机制，向着"切实解决执行难"目标奋勇迈进。最高人民法院出台《最高人民法院关于深化执行改革健全解决执行难长效机制的意见——人民法院执行工作纲要

---

① 中央全面依法治国委员会办公室：《推进法治中国建设 夯实中国之治的法治根基》，载《求是》2020 年第 22 期。

（2019—2023）》（法发〔2019〕16 号），提出了"全面提高执行工作水平，奋力向'切实解决执行难'目标迈进"的总体目标。之后，最高人民法院又陆续出台《最高人民法院关于在执行工作中进一步强化善意文明执行理念的意见》《最高人民法院关于进一步完善执行权制约机制 加强执行监督的意见》等重要文件，不断推进执行工作体系和执行工作能力现代化。2022 年 6 月 21 日，《中华人民共和国民事强制执行法（草案）》提请十三届全国人大常委会第三十五次会议初次审议。2023 年中央政法工作会议提出实现到 2035 年"切实解决执行难"的目标，明确了"切实解决执行难"目标的完成时间表。推进切实解决执行难工作必将迎来一个新的时期。

一、"执行难"的出现、演变和"解决执行难"的持续努力

党中央长期高度关注和重视执行难问题的解决，并在社会主义法治国家建设过程中不断深化认识、明确目标、强化要求。在党中央的坚强领导下，人民法院付出了巨大努力，不断推进"解决执行难"工作。

（一）"执行难"问题的出现

生效法律文书的执行，是整个司法程序中的关键一环，事关人民群众合法权益的及时实现，事关经济社会发展的诚信基础，事关司法权威和司法公信力的有效提升，事关全面依法治国基本方略的贯彻落实。司法裁判的主要任务是明确权利义务、实现定分止争，而执行工作则是依靠国家强制力实现胜诉当事人权益，最终化解矛盾，彻底解决纠纷。因此，执行的过程必然是司法活动中各种矛盾剧烈冲突、对抗性最强的过程。

中华人民共和国成立后至改革开放初期，由于民事关系、经济关系相对比较简单、纠纷数量较少，加之政策和调解工作的力量强大，"执行难"问题尚未出现。从 20 世纪 80 年代后期开始，随着我国改革开放不断深化，经济社会发展日趋活跃，诉讼案件数量大幅增长，一些生效法律文书得不到执行，被人民群众称为"执行难"。至 20 世纪末，执行难不仅成为困扰人民法院的突出问题，也成为人民群众反映强烈、社会各界极为关注的热点问题。对此，党中央予以高度重视。

1999 年 7 月 7 日，《中共中央关于转发〈中共最高人民法院党组关于解决人民法院"执行难"问题的报告〉的通知》（中发〔1999〕11 号，以下简称中央 11 号文件）要求各地各部门结合实际，积极研究人民法院执行工作中出

现的新情况、新问题，认真落实解决"执行难"问题的具体措施，以实际行动维护社会主义法制的统一和尊严。

中央11号文件指出，人民法院依法作出的裁判，体现了国家的意志，具有国家法律的权威，当事人应当自动履行，必须接受人民法院的强制执行，具有法定协助执行义务的自然人、法人和其他组织必须协助人民法院执行。任何地方、任何组织、任何个人都不得抗拒、阻碍、干预人民法院的执行工作。文件强调，确保人民法院依法执行生效的法律文书，是贯彻落实党的十五大提出的依法治国、建设社会主义法治国家基本方略的重要内容，是保障社会信用关系和商品交易安全，保证社会主义市场经济正常运行，维护社会稳定不可缺少的重要条件。各级党委、人民政府要切实加强对人民法院执行工作的领导和支持，要站在推进社会主义民主和法制建设进程的战略高度，充分认识解决人民法院"执行难"问题的重要意义，积极支持人民法院依法独立地行使审判权、执行权，排除人民法院在执行工作中遇到的阻力，积极协调处理人民法院在执行工作中遇到的复杂疑难问题，保证执行工作顺利进行。各级党政领导干部要认真学习法律知识，自觉增强法律意识，严格依法办事，不断提高运用法律手段解决改革开放过程中出现的日益复杂的各种社会问题的能力，为保障改革、促进发展、维护社会稳定、加快建设社会主义法治国家的进程发挥积极作用。

以1999年中央11号文件下发为标志，解决人民法院"执行难"问题，成为一项必须动员全党和全社会力量切实加以解决的紧迫的政治任务。2002年11月8日，党的十六大报告《全面建设小康社会，开创中国特色社会主义事业新局面》在第五部分"政治建设和政治体制改革"的第（六）项"推进司法体制改革"中，首次提出"切实解决执行难"目标任务。

（二）解决执行难工作的不断推进

在推进切实解决执行难的进程中，党中央也深刻洞察到这项任务的艰巨性、复杂性。2005年，中央政法委下发《关于切实解决人民法院执行难问题的通知》（政法〔2005〕52号），对解决人民法院执行难问题作出总体部署。该通知指出，在各级党委领导、支持下，各地人民法院加大执行工作力度，执行难得到一定缓解。但当前一些地方人民法院执行难问题尚未得到根本性解决，强制执行率明显上升，阻挠执行时有发生，非法干预和地方、部门保护主义依然存在，严重影响人民法院执行工作的开展，必须采取得力措施，切实解决执行难问题。该通知要求，各级党委要从维护社会主义法制统一和尊严，维护改革、发展、稳定大局，维护人民群众利益，维护司法权威和构建社会主义和谐社会的战略高度，充分重视、切实加大对人民法院执行工作的领导力度，支持人民法院解决执行难问题。

在党的坚强领导下，解决执行难取得了明显进展和成效。2009年《最高人民法院关于加强民事执行工作维护法制权威和司法公正情况的报告》[①] 指出，全国各级人民法院在党委领导、人大监督和政府、政协、有关部门及社会各界的支持下，始终坚持把加强执行工作、解决执行难问题作为人民法院工作的重中之重来抓，取得了明显成效，在推动经济发展、维护人民权益、促进社会和谐等方面发挥了自身的职能作用。

尽管取得了重大进展，但执行难问题仍未从根本上得到解决。人民法院内部的问题主要是执行队伍的政治、业务素质亟待提高，执行领域存在的消极腐败现象较为严重，执行队伍的工作作风有待改进，执行活动的规范化建设需要加强，执行工作的制度和机制有待完善。执行工作也面临一些实际困难：一是我国尚未建立起完备的信用制度；二是地方和部门保护主义对执行工作造成了消极影响；三是无财产可供执行的案件占较大比例；四是有的单位和部门不依法履行协助执行义务；五是涉及党政机关等特殊主体的案件往往难以执行；六是现行法律规范还不能满足执行工作的实际需要；七是一些法院案多人少的矛盾突出，导致一些案件难以得到及时有效执行。[②]

2008年爆发的全球金融危机，对我国经济社会各个层面都产生了深远的影响，人民法院的执行工作亦不例外。从2010年开始，案件数量再次出现大幅增长，案件执行难度不断增加，执行不到位案件的比例大幅上升，被执行人的履行能力和主动履行的意愿总体下降，规避执行成为执行工作面临的突出问题。

由此可见，尽管综合治理执行难的格局在逐步形成，人民法院解决执行难的能力总体上在不断加强，一些在20世纪80、90年代曾经造成执行难的因素在逐渐弱化甚至消失，但执行难本身的肇因和表现也在发生变化，一些原有的负面因素仍在强化，同时新的负面因素不断出现。此时"执行难"这一概念

---

① 见最高人民法院2009年10月28日在第十一届全国人民代表大会常务委员会第十一次会议上的《最高人民法院关于加强民事执行工作维护法制权威和司法公正情况的报告》。

② 见最高人民法院2009年10月28日在第十一届全国人民代表大会常务委员会第十一次会议上的《最高人民法院关于加强民事执行工作维护法制权威和司法公正情况的报告》。

的内涵和外延，与1999年中央11号文件首次提出解决执行难时相比，已经出现了重大的变化。

（三）"基本解决执行难"目标任务的提出与实现

面对新形势、新情况、新问题，党中央审时度势，对执行难问题的解决提出了新目标、新要求、新任务。党的十八大以来，以习近平同志为核心的党中央站在统筹推进"五位一体"总体布局和协调推进"四个全面"战略布局的高度，将解决执行难作为全面依法治国的重要内容。

党的十八届四中全会作出的《中共中央关于全面推进依法治国若干重大问题的决定》，在"保证公正司法，提高司法公信力"部分第（五）小节"加强人权司法保障"中提出："切实解决执行难，制定强制执行法，规范查封、扣押、冻结、处理涉案财物的司法程序。加快建立失信被执行人信用监督、威慑和惩戒法律制度。依法保障胜诉当事人及时实现权益。"

最高人民法院坚决贯彻落实党中央决策部署，在深入调研的基础上认为，党中央推进全面依法治国、全面从严治党，为解决执行难创造了前所未有的政治环境与法治环境；党和国家大力推进国家治理体系和治理能力现代化，推进社会诚信体系建设，为解决执行难提供了前所未有的历史机遇；以信息技术为代表的现代科技快速发展，为解决执行难提供了前所未有的科技支撑；人民群众法治意识不断增强，为解决执行难提供了坚实的群众基础。在这样的环境和条件下，在全国法院历年来执行工作基础上，在社会各界支持下，人民法院通过推动构建综合治理执行难工作格局、加大强制执行力度、规范执行行为、加快执行信息化建设、推动完善社会诚信体系、加强法治宣传教育等举措，是有条件基本解决执行难问题的。[①]

为此，最高人民法院2016年3月13日在第十二届全国人民代表大会第四次会议上，既总结了"深化执行体制机制改革，努力破解执行难问题"的各项工作，也同时指出"执行难问题仍然存在，当前在一些地方还比较突出"，更提出："坚持以人民呼声为第一信号，向执行难全面宣战，深化执行体制改革，提高执行信息化水平，规范执行行为，强化执行措施，加强信用惩戒，让失信被执行人寸步难行、无处逃遁，引导公民尊法学法守法用法，用两到三年

[①] 周强：《最高人民法院关于人民法院解决"执行难"工作情况的报告——2018年10月24日第十三届全国人民代表大会常务委员会第六次会议上》，载《人民法院报》2018年10月25日，第1版。

时间，基本解决执行难问题，破除实现公平正义的最后一道藩篱。"①

为落实党中央关于切实解决执行难的决策部署，按期完成基本解决执行难目标任务，最高人民法院于2016年4月出台《关于落实"用两到三年时间基本解决执行难问题"的工作纲要》。该纲要从切实解决人民群众反映强烈的突出问题出发，确定"基本解决执行难"的总体目标为实现"四个基本"，即被执行人规避执行、抗拒执行和外界干预执行现象基本得到遏制，人民法院消极执行、选择性执行、乱执行的情形基本消除，无财产可供执行案件终结本次执行的程序标准和实质标准把握不严、恢复执行等相关配套机制应用不畅的问题基本解决，有财产可供执行案件在法定期限内基本执行完毕。同时，充分认识到解决执行难面临的现实问题和困难，人民法院不可能轻轻松松、轻而易举、和和气气就能解决，必须坚持问题导向，以人民满意为标准，坚决破除藩篱、攻克关卡，才能如期实现"基本解决执行难"。围绕执行难问题的关键症结，最高人民法院充分考虑执行案件数量和执行队伍现状，本着自我加压、倒逼执行质效，同时坚持实事求是、防止定出不切实际目标的原则，将"四个基本"具体化为"四个90%，一个80%"的核心指标要求，作为阶段性目标，即90%以上有财产可供执行案件在法定期限内执结，90%以上无财产可供执行案件终结本次执行程序符合规范要求，90%以上执行信访案件得到化解或办结，全国90%以上法院达标，近三年执行案件整体执结率超过80%。

经过艰苦的三年攻坚，由中国社科院牵头的4个部门、13家媒体、15名专家学者组成的评估团队通过跟踪评估认为，三年来，人民法院执行工作取得历史性成就、发生了历史性变化。消极执行、选择性执行、乱执行得到极大遏制，无财产可供执行案件终本程序标准和实质标准把握较严、恢复执行等相关配套机制应用较畅，新收有财产可供执行案件法定期限内基本执行完毕，被执行人规避执行、抗拒执行和外界干预执行明显改善，人民法院"4+1"核心指标已达预设要求，各项评估指标总体达标，"基本解决执行难"这一阶段性目标已经实现。

通过攻坚基本解决执行难，人民法院在党的领导下，充分发挥中国特色社会主义的政治优势、制度优势，依法突出执行强制性，加强执行信息化和规范化建设，推进执行体制机制、工作和管理模式重大改革，取得一系列历史性突

① 见最高人民法院2016年3月13日在第十二届全国人民代表大会第四次会议上的《最高人民法院工作报告》。

破，推动了法院执行工作现代化。2019 年 1 月，世界执行大会在上海召开，29 个国家和 2 个国际组织代表参加会议并通过《上海宣言》，认为中国法院执行工作形成了中国模式，丰富了国际实践，为国际执行法治发展提供了中国经验。"基本解决执行难"这一阶段性目标的实现，充分彰显了以习近平同志为核心的党中央坚持以人民为中心的发展思想，人民法院积极回应群众关切和期待，有力维护了群众利益，捍卫了司法权威，促进了社会诚信，取得了巨大的历史成就，同时也作出了巨大牺牲，体现了人民法院的使命担当。

（四）后"基本解决执行难"时期人民法院的新使命

2019 年 7 月，中央全面依法治国委员会下发 1 号文件《关于加强综合治理从源头切实解决执行难问题的意见》。该意见包括 5 个部分，阐述了解决执行难工作的重要意义，就推进执行联动机制建设、加强和改进人民法院执行工作、强化执行难源头治理制度建设提出了具体意见，并要求在该意见实施过程中全面加强组织保障和工作保障。该意见要求各地区各有关部门要坚持以习近平新时代中国特色社会主义思想为指导，增强"四个意识"、坚定"四个自信"、做到"两个维护"，充分认识加强执行工作、切实解决执行难的重大意义，加大工作力度，强化责任落实，形成强大工作合力，确保完成党中央提出的切实解决执行难的目标任务。

2021 年 1 月，中共中央印发《法治中国建设规划（2020—2025 年）》，在第四部分"建设高效的法治实施体系，深入推进严格执法、公正司法、全民守法"第（十二）项再次强调："深化执行体制改革，加强执行难综合治理、源头治理。深入推进审执分离，优化执行权配置，落实统一管理、统一指挥、统一协调的执行工作机制。"

《关于加强综合治理从源头切实解决执行难问题的意见》以中法委 1 号文件的方式下发，《法治中国建设规划（2020—2025 年）》再次强调"加强执行难综合治理、源头治理"，这对人民法院执行工作具有里程碑式的意义，充分体现了以习近平同志为核心的党中央对人民法院工作特别是人民法院执行工作的高度重视，是对人民法院执行工作的充分肯定，更明确了与切实解决执行难息息相关的有关单位工作任务和社会配套制度的建设蓝图，剑指法院鞭长莫及的关键性、基础性问题。这是党中央对人民法院的巨大鼓舞与鞭策，更是人民法院责无旁贷的政治担当。

二、当前人民法院执行工作面临的主要问题

尽管执行工作中的一些问题已经得到初步解决，产生执行难的一些制度性、社会性因素随着我国经济社会的发展和国家治理能力的提升已经在一定程度上消解，但一些制约人民法院执行工作长远发展的综合性、源头性问题依然存在，需要从加强立法、健全体制机制、推动全民守法等多个层面形成强大工作合力，以确保完成党中央提出的切实解决执行难的目标任务。

（一）在制度层面，健全的强制执行法律体系尚未形成

一是我国尚未制定专门的民事强制执行法，目前民事强制执行制度的法律依据主要是《民事诉讼法》"执行程序"编中35个条文和最高人民法院陆续制定的60多个司法解释、规范性文件，执行工作缺乏系统、权威、充足的操作规范，一些问题仍无法可依。

二是现有规定在一些重要制度上难以适应工作需要。我国坚持以人民为中心的价值导向，因此民事强制执行制度强调法院主导，执行措施主要由法院依职权行使、执行程序主要靠法院依职权推动，但这也要求人民法院执行机构的执行手段更加丰富和有力。而目前执行程序中，人民法院面临以下困境：调查手段缺乏，难以在财产形式日趋多样、财产信息掌控主体过于分散、财产状况普遍缺乏透明度的形势下真正做到"穷尽财产调查"；惩戒措施严厉性不足，难以对抗拒、逃避、规避执行的人员产生威慑作用。

三是破产制度不完备。江苏法院历史沉积的"执行不能"案件已逾180万件，且每年继续增加。此类案件因被执行人无财产可供执行而暂时以终结本次执行结案，一旦发现财产仍需恢复执行。但这些案件有些由于"无产可破"而无法进入企业破产程序，我国又尚无自然人破产法律制度，一定程度上造成执行案件"越办越多"的局面，成为各级法院日益沉重的负担。

四是与强制执行相关的其他法律规定亟待补强。除民事执行外，人民法院执行机构还承担行政强制执行和刑事财产刑执行工作，但目前这两方面的法律规定较为简略，实际操作中存在许多困难。拒不执行判决、裁定罪的定罪标准和自诉程序启动要求严格，存在侦查机关"立案难"、胜诉当事人"自诉难"的问题。

（二）在社会层面，完备的社会诚信体系尚未形成

一是全民法治观念和诚信意识不强。一部分被执行人想方设法逃避执行，

采取各种方式隐匿或转移财产，给人民法院查找被执行财产带来巨大困难。地方保护主义和部门保护主义尚未根除，党政机关等特殊主体不履行义务的情况依然存在。

二是联合信用惩戒机制的作用尚未得到充分发挥。联合惩戒部门虽多，但失信被执行人信息尚未完全嵌入联合惩戒部门办公平台，实现网络化自动比对、自动提示，真正常态化发挥作用的仍然仅有乘坐飞机高铁、银行贷款等领域，尚无法实现"一处失信，寸步难行"的威慑和制裁作用。

三是执行联动机制运行还不畅通。党委领导、政法委协调、人大监督、政府支持、法院主办、部门联动、社会参与的综合治理执行难工作大格局已经初步形成，但大部分执行联动措施缺乏强制性，较难持续性维持。"找人难""扣车难"的问题仍未得到根本解决，执行网络查控尚不能覆盖所有财产类型。执行联动工作机制常态化运转尚需进一步推动，对"联而不动、动而乏力"的督促检查、考核问责尚需进一步加强。相关部委与最高人民法院的执行联动机制尚未完全落实到位，地方联动机制的落实缺乏中央层面的具体指导和实施依据。解决执行难虽已纳入各地依法治省（区、市）指标体系，但其评价结果与人民群众实际感受仍存在差距。

（三）在体制机制层面，执行统一管理体制尚未建成

执行工作具有一些行政权的特点，且我国幅员辽阔、人口众多，人财物流动频率高、范围广，执行案件数量庞大，需要建立能够实现"全国一盘棋"的执行力量统一管理、统一指挥、统一协调的管理体制。但目前这一管理体制尚未完全建成，上级法院执行机构受人民法院层级监督体制的限制，难以对下级直接开展指挥、管理等工作。各地、各级法院执行力量、执行案件的统一调度、协同作战尚未实现常态化，仍然存在各自为政的问题。四级法院执行机构的职能定位尚不能完全体现各层级的工作特点，存在同质化问题，尤其是中级人民法院对基层人民法院的统一管理职能发挥不够，存在"中梗阻"现象。

（四）在组织保障层面，执行队伍建设亟待加强

一是执行人员总体数量不足。中央曾经提出执行人员比例应不少于法院在编人员总数15%，但目前执行案件数量已占到法院受理案件总量的约1/3，执行机构除了执行民事裁判外，还需承担行政执行、刑事裁判涉财产执行以及仲裁、公证债权文书执行等任务，这一人员比例已无法满足工作要求。而法院总体存在案多人少的问题，难以从审判部门大量抽调人员充实执行机构。以江苏

为例，全省法院执行人员约 3300 人，占法院在编人员比例已达到 20%，其中员额法官仅约 700 人，但每年需办理逾 80 万件执行案件，还需管理逾 180 万件历史沉积的"执行不能"案件，人力资源利用已接近极限。

二是各级法院执行人员配备普遍较为薄弱。人民法院人员编制有限与办案压力日益繁重之间矛盾日益尖锐，各级法院为了保证完成最基本的审判任务，只能把政治、业务素质好的骨干优先充实到审判部门。同时，由于执行工作的特点，执行部门临聘人员比例远高于审判部门，不少地区执行临聘人员与在编人员比例已达到甚至超过 1:1。人员整体素质较弱，是执行人员违法违纪高发的重要原因。

三、江苏法院推进解决执行难的探索

江苏是经济大省，也是执行案件大省，案件数量长期位居全国前列，而且连年高速增长。2022 年江苏全省法院受理执行案件数量再创历史新高，达到 88.1 万件，是 2013 年的 2.8 倍。除此之外，全省法院还有历史沉积无财产可供执行案件，也就是"执行不能"案件逾 180 万件。江苏法院长期以全国约 1/20 的执行人员承担着全国近 1/10 的执行案件，推进切实解决执行难的任务异常艰巨。

近年来，全省法院在江苏省委的坚强领导下，坚持以改革为径不停探索、攻坚克难，坚持权利兑现最大化和执行效率最大化的执行理念，着力打造速度更快、力度更强、规范化程度更高的现代化执行体系，不断提升现代化执行能力，民事强制执行工作伴随着法治中国建设的历史进程，取得了根本性的变革和质的飞跃。

（一）紧紧依靠党的领导，深入推进执行难综合治理、源头治理

习近平总书记指出，社会主义法治必须坚持党的领导，党的领导是中国特色社会主义法治之魂。全面依法治国贯穿立法、执法、司法、守法各环节，涵盖法治国家、法治政府、法治社会建设各领域，涉及国家改革发展稳定各方面，必须有一个强有力的指挥中枢。实践证明，只有中国共产党才能担负起领导人民全面推进依法治国的历史使命和时代重任。

解决执行难是全党全社会的共同责任，是一项全局性、综合性、系统性的社会工程、系统工程，也是需要长期建设的基础工程，仅靠人民法院单打独斗难以根本解决。江苏法院深刻认识到，只有紧紧依靠党的领导，充分发挥党总

揽全局、协调各方、总体设计、统一布局的领导作用，充分发挥我国社会主义制度集中力量办大事的政治优势，才能凝聚强大合力，深入推进执行难综合治理、源头治理。

1. 着力构建综合治理执行难大格局

江苏省委、省人大、省政府、省政协及社会各界高度关心、支持人民法院推进解决执行难工作。省高级人民法院党组向省委提交关于"基本解决执行难"工作的报告，时任省委主要领导作出批示，要求相关部门加强配合，共同解决执行工作面临的突出问题。省委和省委政法委主要领导多次视察江苏省高级人民法院执行工作并给予肯定和指导。2017年11月和2018年5月，省人大常委会专题审议全省法院执行工作的报告及整改反馈报告。

中法委1号文件出台后，江苏省委高度重视中央依法治国委员会决策部署，从全面落实推进国家治理体系和治理能力现代化、推进社会诚信体系的战略高度，把中法委1号文件的贯彻落实作为重大政治任务来抓。省委主要领导对贯彻落实工作作出批示。省委全面依法治省委员会将加强执行难综合治理和源头治理列入2019年重点任务清单，于2020年7月印发《关于加强综合治理从源头切实解决执行难问题的实施意见》，并配套下发了具体分工方案，明确了总体目标任务和31家联席单位的职责分工及任务要求。省委政法委于2020年12月印发《关于建立省综合治理执行难工作联席会议制度的通知》，成立综合治理执行难联席会议领导小组和联席会议办公室，召开联席会议全体会议，部署综合治理执行难工作。全省所有设区市及县（市、区）均建立健全了党委政法委牵头的执行协作联动机制，制定实施意见，常态化召开联席会议。2021年4月，江苏省委又将从源头上切实解决执行难纳入《法治江苏建设规划（2021—2025年）》。

2021年4月至5月，中央全面依法治国委员会办公室秘书局部署对中法委1号文件在江苏的贯彻落实情况进行调研式督察和全面评估。根据评估情况，对照中法委1号文件提出的20项工作任务，属于地方事权的19项在江苏均得到有力推进，14项已经基本落实到位，其余5项取得明显进展，党委领导、政法委协调、人大监督、政府支持、法院主办、部门联动、社会参与的综合治理执行难工作大格局已经形成并不断完善，形成了综合治理、源头治理执行难的强大合力。

2. 大力推进社会诚信体系建设

一是完善失信被执行人联合惩戒机制。2017年，江苏省委办公厅、省政府办公厅在全国率先出台《关于建立对失信被执行人联合惩戒机制的实施意见》，联合实施单位达到55家，重点实施68项联动信用惩戒措施，涵盖30多个重点领域。2018年，12家省级联席成员单位联合出台意见，限制失信被执行人参加招投标等活动。将失信被执行人信息嵌入联合惩戒单位办公平台，实现网络化自动比对、自动提示、精准惩戒。强化对公职人员的信用监督，对失信被执行人限制担任党代表、人大代表和政协委员，限制招录（聘）为公务员或事业单位工作人员。建立人大、政协换届期间，对具有失信行为的代表、委员候选人进行全面筛查并督促履行的工作机制。无锡、泰州建立党员干部任用前信用分析、信用审查机制；徐州出台《关于涉特殊主体执行案件联合惩戒机制实施意见》，开展公职人员"信用先行"活动，建立公职人员信用档案。

二是建立失信被执行人信息共享机制。全面建成省级公共信用信息系统，涵盖全省1260万个市场主体以及6357万个自然人，在库信用信息数量多达72亿条。率先实现省公共信用信息系统与全国法院失信被执行人名单查询系统对接，确保失信被执行人信息全量入库、及时归集、共享推送，46家省级部门、全省13个设区市、县（市、区）和相关第三方机构均可共享。完善社会信用档案制度，以统一社会信用代码为标识，将失信被执行人信息整合至市场主体信用档案，"信用江苏"网对外提供信用查询服务，为市场主体信息查询公示和应用服务等提供基础支撑。

三是加大对拒执行为打击力度。省法院、省检察院、省公安厅联合会签关于打击拒执犯罪文件，建立反规避执行工作机制，加强公诉程序衔接配合，畅通自诉渠道。2019年至2022年，全省法院共向公安机关移送涉嫌拒执罪案件近3000件，对750人追究拒执罪刑事责任。

3. 不断完善市场退出机制

建立省级"府院"联动、破产管理人保障基金等工作机制，在设立破产专项基金、推行"执转破"案件简易审理、引入公职管理人等方面积极探索，大力推进"执转破"。2022年，全省法院共移送"执转破"企业6028家，是2019年的近5倍。苏州市吴江区人民法院探索完善"执转破"工作制度机制，创造了"移得了、破得掉"的"吴江经验"，受到最高人民法院和江苏省委主要领导的批示肯定，并入选全国法院司法改革案例。积极探索开展"与个人破产制度功能相当"的改革试点工作，截至 2022 年底，试点法院共受理案件 647 件，结案 547 件，167 名债务人因不符合条件驳回申请，64 名债务人得到免责，一批"诚信而不幸"的个人获得了重生机会。

（二）坚持中国特色社会主义法治道路，全力构建现代化执行工作体系，建设形成中国特色执行制度、机制和模式

习近平同志指出："我们要坚持的中国特色社会主义法治道路，本质上是中国特色社会主义道路在法治领域的具体体现。"① "中国特色社会主义法治道路，是社会主义法治建设成就和经验的集中体现，是建设社会主义法治国家的唯一正确道路。"② 以习近平同志为核心的党中央关于全面依法治国的一系列重大决定和决策部署都有一条一以贯之的红线，就是坚持和拓展中国特色社会主义法治道路，坚持在道路这个根本问题上树立自信、保持定力、毫不动摇。在法治道路这个根本问题上，习近平同志反复强调要从中国国情和实际出发，立足社会主义初级阶段的国情，注重总结社会主义法治建设的成功经验，注重对中华优秀法治文化传统进行创造性转化、创新性发展，注重借鉴世界法治文明有益成果，努力探索符合法治规律和中国国情的法治模式。同时，坚持中国特色社会主义法治道路，不是故步自封，而是要与时俱进，不断推进理论创新、制度创新、实践创新。

执行难是我国在特定发展阶段、特定历史时期出现的问题，其产生有着复杂的社会原因。只有坚持中国特色社会主义法治道路，从中国国情和实际出发，突出中国特色、时代特色和实践特色，不断推进理论创新、制度创新、实践创新，努力建设形成符合执行规律和当前国情的中国特色执行制度、机制和模式。

1. 不断深化"统分结合"的执行体制改革

高、中级人民法院对辖区法院执行工作实行管人、管案、管事相结合的统一管理、统一指挥、统一协调管理体制。苏州市中级人民法院作为执行管理体制改革工作全国最早的 2 个试点法院之一，受到最高人民法院主要领导 3 次批示肯定。率先开展审判权与执行权相分离体制改革，加强法院内部对执行权的

---

① 习近平 2015 年 2 月 2 日在省部级主要领导干部学习贯彻十八届四中全会精神全面推进依法治国专题研讨班上的讲话。

② 习近平 2014 年 10 月 20 日关于《中共中央关于全面推进依法治国若干重大问题的决定》的说明。

监督，设立独立于执行局的执行裁判庭，专门对当事人针对违法执行的投诉进行审查。2017 年至 2022 年，江苏全省法院执行裁判部门纠正违法违规执行行为 14 387 件，有力促进了规范执行。深化以法官为主导的执行团队模式改革，明确要求执行部门员额法官比例不低于审判业务部门，建立以员额法官为主导，法官助理、书记员、司法警察等司法辅助人员组成的团队化执行工作模式，实现执行人力资源效用最大化。

2. 不断完善执行工作机制

自 2017 年以来，遵循执行工作规律，根据程序节点分散、工作内容碎片化、工作场所流动性和开放性强等特点，提出"整合司法资源、科学配置权力、优化执行模式"的工作思路，以打破"一人包案到底"的传统办案模式为突破口，以改革执行管理模式为发力方向，积极推动执行工作模式迭代升级，全面推行执行指挥中心实体化运行"854 模式"，建立以执行指挥中心为中枢，以"执行办案无纸化"和"执行事务中心"为依托的民事执行实施权"一体两翼"新机制，实现全流程网上办案，执行事务集约化、规范化、标准化办理，起到了减负、提质、增效的效果，工作经验被最高人民法院向全国推广。制定指导意见，完善立审执协调配合、案件繁简分流、执行与破产有序衔接等工作机制。

3. 不断强化执行权监督制约机制

一是坚持以制度促规范，不断提升执行规范化水平。2019 年至 2022 年，江苏省高级人民法院制定业务指导文件 90 余件，其中 6 件受到最高人民法院院领导批示肯定，9 件被最高人民法院执行工作动态全文转发。二是坚持以公开促规范。坚持在执行工作领域贯彻依法公开、主动公开、全面公开、实质公开原则。通过短信、手机客户端、江苏法院网站等平台，主动向当事人公开重要执行进展等执行信息。首创全媒体网络直播执行行动的执行公开新模式，吸引累计超过 5 亿人次在线观看，工作经验被最高人民法院向全国推广。三是在全国率先建立民事执行检察监督案件规范化办理工作机制、执行信访案件实质化办理机制、执行工作"一案双查"机制等，不断强化对执行权运行的监督和规范。

（三）坚持以人民为中心，不断提升执行工作能力现代化水平，着力解决人民群众反映强烈的突出问题

习近平同志在党的十八届四中全会上明确提出，建设中国特色社会主义法治体系、建设社会主义法治国家，必须"坚持人民主体地位"，指出"我国社会主义制度保证了人民当家作主的主体地位，也保证了人民在全面推进依法治国中的主体地位。这是我们的制度优势，也是中国特色社会主义法治区别于资本主义法治的根本所在"。在中央全面依法治国工作会议上，他进一步提出全面依法治国必须坚持"以人民为中心"，强调全面依法治国最广泛、最深厚的基础是人民，必须坚持为了人民、依靠人民。要把体现人民利益、反映人民意愿、维护人民权益、增进人民福祉、促进人的全面发展作为法治建设的出发点和落脚点，落实到全面依法治国各领域全过程。

强制执行是实现公平正义的最后一公里，是实现"看得见的正义"的最后一个环节，与人民群众的切身利益紧密相关。然而长期以来，执行难不仅成为困扰人民法院的突出问题，也成为人民群众反映强烈、社会各界极为关注的热点问题。如果大量生效法律文书得不到执行，将严重损害胜诉当事人合法权益，损害法律权威和司法公信力，影响党和国家形象，影响人民群众对全面依法治国、建设社会主义法治国家的信心。只有坚持以人民为中心，紧紧围绕"努力让人民群众在每一个司法案件中感受到公平正义"目标，以此时时刻刻引领人民法院执行工作保持正确的前进方向、保持不断创新进取的工作态势，找准着力点攻坚克难，不断破解人民群众反映强烈的突出问题。

1. 建立健全执行联动查控网络，破解查人找物难

积极配合最高人民法院"总对总"网络查控系统建设，率先从省级层面实现存款网上查询、冻结、扣划等功能，率先完成省内所有不动产登记中心接口测试。省内"点对点"网络查控系统不断完善，已覆盖 17 个领域，2019 年以来查询量逾 1 亿次。目前，对被执行人不动产、车辆、证券、股权、存款及其他金融产品等主要财产信息基本实现网络化、自动化查询或控制。省法院与省公安厅建立专网，实现被执行人身份、出入境证件、车辆登记、旅店住宿等信息网络查询；与公安边防部门建立限制出境快速办理机制。南京、苏州、无锡、徐州等地公安机关借助人脸识别、铁路公路机场进出站预警、被执行人车辆轨迹分析、网络定位查封车辆位置等系统，协助法院建立常态化线下查人控车"临控"对接机制。结合法官进网格，积极将执行工作融入社会治理大格局，破解"被执行人难找、机动车难寻"问题。

2. 全面推行网络司法拍卖，破解财产变现难

江苏法院从 2014 年起，全面推行网络司法拍卖，2015 年在全国率先实现

"三个全部一个零"，即所有法院全部入驻淘宝网"开网店"、所有需处置资产全部上网拍卖、所有司法拍卖环节全部网上公开，实行"零佣金"。通过网络拍卖，成功处置了生猪、金龙鱼、苏州园林、"凶宅"别墅、手机"靓号"等传统拍卖难以处置的特殊拍品。积极探索网络评估、VR看样、拍卖辅助工作外包等配套机制。2014年至2022年，全省法院上网拍品33万件，成交金额逾3681亿元，累计为当事人节约佣金逾184亿元。司法网拍显著提升了财产处置的规范性、透明度，施行以来在网拍领域的违法违纪问题基本解决。

3. 突出执行工作强制性，破解涉民生权益保护难

全面推行常态化集中执行，对恶意逃避执行、转移隐匿财产的失信被执行人，依法适用司法拘留、罚款、限制出境等强制措施，坚决打击抗拒执行行为，啃下一大批"骨头案"，对失信被执行人形成有力震慑。对涉民生执行案件，健全优先立案、优先执行、优先发放执行款的常态化机制。2014年以来，每年元旦春节前后集中开展涉民生案件专项执行行动，加大对追索劳动报酬、赡养费、抚养费、抚恤金、工伤赔偿等案件执行力度。积极构建"执行＋保险"机制，创新执行悬赏保险、诉讼保全保险、司法拍卖竞拍履约保证保险、司法拍卖房贷款保证保险、财产处置责任保险等，有效降低胜诉当事人实现权益成本。积极拓宽救助资金来源渠道，加强司法救助和民政救助衔接，切实加大对生活困难申请执行人救助力度。率先出台善意文明执行指导意见，探索建立查封财产自行处置、信用惩戒宽限期等制度，最大限度降低对被执行人正常生产生活的影响。

4. 加强现代科技与执行工作深度融合，切实提升规范执行能力

在全国率先建立执行案件流程节点管理系统、无财产可供执行的终结本次执行案件单独管理系统、"一案一人一账号"执行案款管理系统，扎牢执行权运行的"数据铁笼"。聚力智慧执行，开发人工智能"N个一键"系统，累计使用超过450万次，节约人工超过40万小时，使办事从手动变自动；开发"微执行"系统，结合4G单兵设备、PAD办案终端、便携式网络打印机，使办案从固定变移动；开发了执行标的管理系统、音视频管理系统、执行运行态势可视化分析系统，使管理由粗放变精细。首创"物联网＋执行"，利用查封财产监管系统、电子封条和称重系统，实现对被执行财产的"智"监管、"活"查封和"快"处置，工作经验被中央全面依法治国委员会办公室督察组作为典型经验上报。

四、向切实解决执行难迈进

基本解决执行难工作的实践证明，坚持党的绝对领导是树立人民法院执行工作新理念，构建适应新时代要求的执行工作新体制机制，使人民法院执行工作在新理念新思维指引下，保持正确发展方向，不断提升工作水平，取得攻坚克难最终胜利的根本保障。

面对切实解决执行难的更高目标任务，江苏法院将抓住历史机遇，积极作为、知难而进，扎实贯彻中法委1号文件，咬定青山不放松，不断巩固"基本解决执行难"成果，着力破解难题、补齐短板，不断健全解决执行难长效机制，不断加强综合治理和源头治理，不断提升执行工作体系和能力现代化水平，攻坚克难，不断迈进，力争在全国率先实现"切实解决执行难"目标任务，为健全完善中国特色执行制度、机制和模式贡献更多江苏经验和江苏智慧，以中国式执行现代化服务保障中国式现代化，以实际行动贯彻落实党的二十大精神。

一是在强化组织保障上再聚焦发力。紧紧依靠党委领导，切实加强组织推动和统筹协调，将综合治理执行难作为落实中央决策部署的重点工作来抓，与推进法治江苏建设、加强社会信用体系建设等工作统筹谋划、一体推进。进一步抓紧抓实抓细中法委1号文件各项任务落实，推动完善失信被执行人信用监督惩戒机制、网络查控机制、公安协助查人扣车机制、公检法联合打击拒执罪机制等，切实提升综合治理执行难工作效能，真正实现共建共享共治。充分发挥联动机制作用，严格各联动部门责任落实，强化执行协作联动工作考核，把执行联动工作纳入综治考核指标体系。

二是在完善联动机制上再聚焦发力。充分发挥党委领导下综合治理执行难联席会议作用，推动部门协作联动机制常态化运行，及时解决困难和问题。积极推动协作单位与法院执行查控系统网络连接，完善自动化执行查控体系。完善法院和公安机关查人扣车协作联动机制，建立公安机关协助拘留、扣押车辆省级考核机制。充分发挥地方网格作用，建立协助执行奖励制度，提高网格员协助执行积极性。健全公检法协调配合办理拒执犯罪联动机制，有力打击拒执违法犯罪行为。进一步完善联合惩戒制度，着力破解规避执行难题。

三是在强化执源治理上再聚焦发力。加快社会信用体系建设，建立覆盖信用交易、缴费纳税、违法犯罪等方面的信用体系，完善失信联合惩戒机制，构建一处失信、处处受限的信用监督、警示和惩戒体系。拓宽司法救助资金来源渠道，规范救助程序和救助标准，进一步加大司法救助力度和广度。强化执行程序与社会保障体系、商业保险体系有效衔接，推动建立与执行程序相关联、符合法律规定和市场规律的保险体系。

四是在落实法院主办责任上再聚焦发力。健全切实解决执行难长效机制，不断提升执行工作信息化、规范化水平，推进执行工作体系和执行工作能力现代化。加大强制执行力度，用足用好各种执行手段，全面挤压规避、逃避执行空间，努力营造诚信社会环境。深化执行管理体制改革，完善上下级法院执行工作管理机制，强化对下监督管理责任。健全执行监督体系，大力加强执行队伍建设，确保执行权规范、高效、廉洁运行。

目 录

第一部分　优化执行工作法治环境

第二部分　执行体系现代化

第三部分　执行能力现代化

附录　江苏省关于民事强制执行主要规范性文件

第一部分

优化执行工作法治环境

专题一　坚持走中国特色社会主义法治道路　推进综合治理源头治理执行难制度化机制化

习近平总书记指出，盖天下之事，不难于立法，而难于法之必行。法律的生命力在于实施，法律的权威也在于实施。推进法治体系建设，实现全面依法治国，在法治轨道上全面建设社会主义现代化国家，重点和难点在于通过严格执法、公正司法、全民守法，推进法律全面实施，把"纸上的法律"变为"行动中的法律"。人民法院执行工作，是依靠国家强制力确保法律全面正确实施的重要手段，是维护人民群众合法权益、实现社会公平正义的关键环节。做好执行工作、切实解决长期存在的执行难问题，事关全面依法治国基本方略实施，事关社会公平正义实现，事关法治化营商环境的优化，具有十分重要的意义。

一、综合治理源头治理执行难的必要性及其重大意义

（一）切实解决执行难是落实全面依法治国重大部署，加快推进法治中国建设的必然要求

党的十八大以来，党中央把全面依法治国纳入"四个全面"战略布局予以有力推进。党的十八届四中全会通过《中共中央关于全面推进依法治国若干重大问题的决定》，明确提出全面推进依法治国的总目标是建设中国特色社会主义法治体系、建设社会主义法治国家。党的十九大之后，党中央组建中央全面依法治国委员会，从全局和战略高度对全面依法治国作出一系列重大决策部署。

法治兴则民族兴，法治强则国家强。当前，我国正处在实现中华民族伟大复兴的关键时期，需要更好发挥法治固根本、稳预期、利长远的作用。习近平

总书记在中央政治局第三十五次集体学习时强调："我们已经踏上了全面建设社会主义现代化国家、向第二个百年奋斗目标进军的新征程，立足新发展阶段、贯彻新发展理念、构建新发展格局，推动高质量发展，满足人民群众对民主、法治、公平、正义、安全、环境等日益增长的要求，提高人民生活品质，促进共同富裕，都对法治建设提出了新的更高要求"，必须"提高全面依法治国能力和水平，为全面建设社会主义现代化国家、实现第二个百年奋斗目标提供有力法治保障"。① 党的二十大报告以专章的形式，对"坚持全面依法治国，推进法治中国建设"作出新的部署，提出"全面依法治国是国家治理的一场深刻革命，关系党执政兴国，关系人民幸福安康，关系党和国家长治久安。必须更好发挥法治固根本、稳预期、利长远的保障作用，在法治轨道上全面建设社会主义现代化国家"。"我们要坚持走中国特色社会主义法治道路，建设中国特色社会主义法治体系、建设社会主义法治国家"。②

以习近平同志为核心的党中央高度重视人民法院执行工作，从统筹推进"五位一体"总体布局和协调推进"四个全面"战略布局的高度，将解决执行难作为全面依法治国的重要内容。党的十八届四中全会作出"切实解决执行难"的重大部署，要求"依法保障胜诉当事人及时实现权益"。最高人民法院坚决贯彻党中央决策部署，2016 年 3 月在十二届全国人大四次会议上提出"用两到三年时间基本解决执行难问题"。在以习近平同志为核心的党中央坚强领导下，全国法院攻坚克难，锐意进取，如期实现"基本解决执行难"阶段性目标，执行工作取得重大成效，发生历史性变化，实现跨越式发展，基本形成中国特色执行制度、机制和模式，促进了法治建设和社会诚信建设，为"切实解决执行难"打下坚实基础。

为深入贯彻落实党的十八届四中全会提出的"切实解决执行难""依法保障胜诉当事人及时实现权益"重大决策部署，进一步健全完善综合治理执行难工作大格局，确保切实解决执行难目标实现，2019 年 7 月，中央全面依法治国委员会印发《关于加强综合治理从源头切实解决执行难问题的意见》（中法委发〔2019〕1 号，以下简称中法委 1 号文件），就加强执行难综合治理、

---

① 习近平：《坚持走中国特色社会主义法治道路　更好推进中国特色社会主义法治体系建设》——在十九届中央政治局第三十五次集体学习时的讲话（2021 年 12 月 6 日），载《求是》2022 年第 4 期。

② 习近平：《高举中国特色社会主义伟大旗帜　为全面建设社会主义现代化国家而团结奋斗——在中国共产党第二十次全国代表大会上的报告》（2022 年 10 月 16 日），人民出版社 2022 年版，第 40 页。

源头治理作出重要部署。该意见强调要加强党的组织保障和工作保障，突出执行难的综合治理，并首次提出从源头切实解决执行难。2021 年 1 月，中共中央印发《法治中国建设规划（2020—2025 年)》，再次强调"加强执行难综合治理、源头治理"，2023 年 1 月 7 日召开的中央政法工作会议指出，要全面贯彻落实党的二十大精神，全面贯彻习近平法治思想，奋力推进政法工作现代化，为全面建设社会主义现代化国家铺好法治之轨、畅通法治之道，并明确指出，实现到 2035 年"切实解决执行难"的目标。这为当前和今后一段时期人民法院执行工作发展指明了前行方向，为实现"切实解决执行难"的奋斗目标提供了一把"金钥匙"，具有里程碑式意义。

江苏法院坚持以习近平新时代中国特色社会主义思想为指导，不断深化对习近平法治思想的理解领悟，聚焦学思用贯通、知信行统一，在推进切实解决执行难的改革探索过程中持续用力，紧紧依靠党的领导，深入推进综合治理源头治理执行难工作格局制度化机制化，切实推动学习贯彻习近平法治思想不断走深走实。

（二）综合治理源头治理执行难，是推进国家治理体系和治理能力现代化的应有之义

党的十八届三中全会首次提出"推进国家治理体系和治理能力现代化"，[①]正式将推动国家治理体系和治理能力现代化列为我国全面深化改革的一项重要目标，开启了整个国家治理现代化建设的序幕。党的十九大提出，到 2035 年"国家治理体系和治理能力现代化基本实现"；到本世纪中叶，"实现国家治理体系和治理能力现代化"。党的十九届三中全会提出，"必须加快推进国家治理体系和治理能力现代化"。党的十九届四中全会作出《中共中央关于坚持和完善中国特色社会主义制度、推进国家治理体系和治理能力现代化若干重大问题的决定》，提出坚持和完善中国特色社会主义制度、推进国家治理体系和治理能力现代化的总体目标，进一步细化和拓展了党的十九大提出的战略目标，这是以习近平同志为核心的党中央为推动"中国之治"作出的重大部署。党的二十大报告将"国家治理体系和治理能力现代化深入推进"列为未来五年主要目标任务，将"基本实现国家治理体系和治理能力现代化"列为我国到

---

① 习近平：《关于〈中共中央关于坚持和完善中国特色社会主义制度、推进国家治理体系和治理能力现代化若干重大问题的决定〉的说明》（2019 年 10 月 28 日），载习近平：《习近平谈治国理政（第三卷)》，外文出版社 2020 年版，第 109 页。

2035 年发展的总体目标。①

实现国家治理体系和治理能力的现代化，对法治保障提出了新的更高的要求。随着我国经济社会发展进入新时期，法治建设被提到越来越重要的位置，法治成为社会治理体系中至关重要的部分。依法治国是党领导人民治理国家的基本方略，法治是治国理政的基本方式。而人民法院执行工作是保障社会信用关系和商品交易安全，保证社会主义市场经济正常运行，维护社会稳定不可缺少的重要条件，对于维护国家法制的统一、尊严和权威，深化依法治国实践，实现国家治理体系和治理能力现代化都具有非常重要的意义。② 习近平总书记指出："法律是治国之重器，法治是国家治理体系和治理能力的重要依托。"③法律是社会治理体系的基础和重要支柱，完善国家治理体系必须保障法律得到有效的遵守和实施，必须保障国法的权威与司法的尊严。如果法院生效判决得不到应有的尊重和切实的执行，意味着法律权威被挑衅，司法尊严被挑战，如果任其发展下去、蔓延开来，党的政治权威也将受到威胁，必然会对社会公共秩序、法律秩序构成威胁，进而对政治秩序、国家秩序构成威胁。因此，以"国家治理体系和治理能力现代化"为目标，有效整合社会各界资源，动员社会各主体共同参与对执行工作的管理，实现社会治理共建共治共享，形成和谐稳定的社会环境，是国家治理体系创新的必然选择。

执行工作体系和执行工作能力现代化是国家治理体系和治理能力现代化的重要组成部分，也是推进国家治理体系和治理能力现代化的重要举措。在当前司法工作中，执行难的存在说明法律的权威还没有达到应有的高度，这是国家治理体系和治理能力现代化的短板。如果不能切实解决执行难，国家治理体系与治理能力现代化的成果将会大打折扣。只有解决了执行难，国家治理体系与治理能力现代化才有更足的成色。因此，加强综合治理、源头治理，切实解决执行难问题，是推进国家治理体系和治理能力现代化的客观需要和必然要求，是推进国家治理体系和治理能力现代化的应有之义；推动切实解决执行难问题，实现执行工作体系和工作能力的现代化，有利于推进国家治理体系与治理能力现代化。

---

① 习近平：《高举中国特色社会主义伟大旗帜　为全面建设社会主义现代化国家而团结奋斗——在中国共产党第二十次全国代表大会上的报告》（2022 年 10 月 16 日），人民出版社 2022 年版，第 24 页。

② 周继业主编：《强制执行新实践》，法律出版社 2018 年版，第 1 页。

③ 习近平：《关于〈中共中央关于全面推进依法治国若干重大问题的决定〉的说明》（2014 年 10 月 20 日），载习近平：《论坚持全面依法治国》，中央文献出版社 2020 年版，第 85 页。

（三）综合治理源头治理执行难，是实现中国式现代化的现实需要

党的二十大报告指出，从现在起，中国共产党的中心任务就是团结带领全国各族人民全面建成社会主义现代化强国、实现第二个百年奋斗目标，以中国式现代化全面推进中华民族伟大复兴。从中国式现代化的中国特色和本质要求出发，必须同步实现中国式法治现代化，综合治理源头治理执行难，是实现中国式法治现代化的必然要求。

其一，坚持以人民为中心的发展思想，要求切实解决执行难，实现好、维护好人民群众的胜诉权益。习近平总书记在党的二十大报告中指出："坚持把实现人民对美好生活的向往作为现代化建设的出发点和落脚点，着力维护和促进社会公平正义。"综合治理源头治理执行难，就是坚持司法执行为了人民、依靠人民、保护人民，让人民群众在每一个司法案件中感受到公平正义，以法治力量更好保障人民群众的获得感、幸福感、安全感。

其二，坚持以推动高质量发展为主题，要求切实解决执行难。习近平总书记在党的二十大报告中指出："高质量发展是全面建设社会主义现代化国家的首要任务。"我国经济已经转向高质量发展阶段，经济社会发展必须以推动高质量发展为主题。为了适应高质量发展的时代要求和实践要求，必须把党中央关于综合治理源头治理执行难这一重大部署放到大局中抓好贯彻落实，发挥好司法执行的经济发展助推器、社会运行调节器作用，以公正、高效、文明、善意执行，促进社会公平正义，为高质量发展创造安全、稳定、公正、文明的政治、社会、法治环境。特别是构建高水平社会主义市场经济体制和全国统一大市场，必然要求推进执行难综合治理源头治理。只有生效的法律文书得到有效的执行，法律确定的市场规则和秩序才能得到有效的维护，才能夯实诚实信用的市场经济基石，才能有效降低制度性交易风险，从而营造市场化、法治化、国际化一流营商环境。

其三，推进综合治理源头治理执行难，是加快建设法治社会的重要举措。习近平总书记在党的二十大报告中指出："法治社会是构筑法治国家的基础。"这一重要论述深刻阐述了坚持法治国家、法治政府、法治社会一体建设的内在逻辑，强调了法治社会建设在建设社会主义法治国家中的重要地位。综合治理源头治理执行难的过程，也是全社会参与司法执行的过程，有利于弘扬社会主义法治精神，培育全社会法治信仰，强化人们的法治理念、法治思维，充分发挥法治文化的引领、熏陶作用，形成守法光荣、违法可耻的社会氛围，以生动

的法治实践引导全体人民做社会主义法治的忠实崇尚者、自觉遵守者、坚定捍卫者。

其四，综合治理源头治理执行难，是弘扬社会主义核心价值观的重要措施。中国式现代化是物质文明和精神文明相结合的现代化。综合治理源头治理执行难，是运用法治实践推动社会主义核心价值观建设的过程，也是将社会主义核心价值观融入法治实践的有效载体，有利于促进社会主义法治文化建设。

（四）综合治理源头治理执行难，是完成切实解决执行难目标任务的根本方向和路径

执行难问题长期困扰人民法院，究其原因，是各种因素交织作用、动态演进的结果。既有执行规范化水平不高、执行人员力量和能力不足、执行制度机制不够健全完善、执行工作管理不够规范等内部原因，也有社会诚信体系不够健全、执行依据复杂多样、执行标的种类繁多、法律和配套制度不够健全完善、多种经济社会矛盾交织的外部原因，[①] 但把社会制度缺失所引起的"执行难"[②] 与法院自身因素进行比较的话，社会因素无疑是造成"执行难"的根本性的原因。有学者研究认为，执行难问题更多的是一个社会机制问题，特别是国家、社会和个人的信用机制在造成或解决执行难问题方面都扮演着至关重要的角色。……伴随人口的流动、个人交往和商事交往的频繁、纠纷的增加和传统纠纷解决途径的退化和权威的衰弱，社会控制对于法律手段和司法过程及执行程序的依赖程度已大大超过了司法增长（知识、经验、资源、制度等）的速度，特别是一个法治国家实现社会控制所迫切依赖的社会信用体系未及建立，而政府自身对于社会的信用也不断受到经济发展水平和自身控制能力的冲击。[③] 由此可见，执行难是我国在特定发展阶段、特定历史时期出现的问题，其产生有着复杂的社会原因。可以说，"执行难"是国家对社会的管理能力远

---

① 周强：《最高人民法院关于人民法院解决"执行难"工作情况的报告——2018 年 10 月 24 日在第十三届全国人民代表大会常务委员会第六次会议上》，载《人民法院报》2018 年 10 月 25 日，第 1 版。

② 制度体系所引起的"执行难"主要指社会市场经济秩序不完善、社会监管机制不完善、不规范，约束市场主体的法律不健全，存在地方和部门保护主义，民众法治观念淡薄等方面。以规范、约束市场主体的法律不健全因素为例，在以企业为被执行人的一部分执行案件中，虽然《公司法》已建立了现代企业法人制度，但企业注册资金形同虚设，资不抵债的企业可以继续经营，非正常处分财产的企业可以随意解散，缺乏完备的企业破产制度等，被执行人采取躲、逃、转移、隐匿财产等手段，想方设法逃避执行，部分企业假借转制、改制之机剥离优质资产，将原企业债务悬空以规避执行等。

③ 傅郁林：《民事裁判执行的功能、"主义"和体制》，载中华人民共和国最高人民法院执行工作办公室编：《强制执行指导与参考》（总第 15 集），法律出版社 2006 年版，第 93 页。

落后于经济社会发展的集中反映，是国家的强制能力和激励守法的能力不足的突出体现。

因此，切实解决执行难是一项全局性、综合性、系统性的社会工程，也是需要长期建设的基础工程，是全党全社会的共同责任，仅靠人民法院单打独斗难以根本解决，需要各地区各有关部门通力协作、齐抓共管，构建综合治理执行难工作大格局，这是三年攻坚"基本解决执行难"取得显著成效的最重要的经验和法宝。① 而当前一些地区和部门对执行工作的重视程度、支持力度、推进速度有待加强，一些制约执行工作长远发展的综合性、源头性问题依然存在，执行联动机制仍然存在"联而不动，动而乏力"问题，且执行联动机制涉及部门多、牵涉面广，只有进一步推动各地区各有关部门重视、支持和保障人民法院执行工作，健全各部门联动协作机制，凝聚各方力量，统筹各方资源，变一元主体为多元主体、变单一治理为综合治理、变末端治理为源头治理，多方协作、多措并举，通过综合治理、源头治理，标本兼治，形成推进"切实解决执行难"强大合力，才能从根本上解决执行难问题。

（五）推进综合治理源头治理执行难，充分体现了中国特色社会主义司法制度的优越性

党的领导是中国特色社会主义法治之魂。全面推进依法治国，建设社会主义法治国家，必须坚持党的领导。习近平总书记在中央政治局第三十五次集体学习时指出，"全面推进依法治国这件大事能不能办好，最关键的是方向是不是正确、政治保证是不是坚强有力，具体讲就是要坚持党的领导，坚持中国特色社会主义制度，贯彻中国特色社会主义法治理论。"② 全面依法治国贯穿立法、执法、司法、守法各环节，涵盖法治国家、法治政府、法治社会建设各领域，涉及国家改革发展稳定各方面，必须有一个强有力的指挥中枢。实践证明，只有中国共产党才能担负起领导人民全面推进依法治国的历史使命和时代重任。

经过长期不懈的努力，人民法院执行工作中的一些问题已经得到初步解决，造成执行难的一些制度性、社会性因素随着我国经济社会的发展和国家治

---

① 周强：《进一步提升执行工作能力水平　坚定不移向着"切实解决执行难"目标奋勇前进——在全国法院执行工作视频会上的讲话》（2019 年 5 月 29 日）。

② 习近平：《全面推进中国特色社会主义法治体系建设》（2021 年 12 月 6 日），载习近平：《习近平谈治国理政（第四卷）》，外文出版社 2022 年版，第 301 页。

理能力的提升已经在一定程度上消解。然而，当前执行工作与党中央提出的"切实解决执行难"目标和人民群众期待相比还有相当大的差距，一些制约人民法院执行工作长远发展的综合性、源头性问题依然存在。这些问题成因复杂，是各种社会问题和矛盾叠加、交织的集中体现，既有法院内部原因，也有社会诚信体系不健全、法律规定不完善等复杂的外部原因，仅靠人民法院单打独斗难以根本解决。

因此，切实解决执行难，需要紧紧依靠党的领导，站在统筹推进"五位一体"总体布局和协调推进"四个全面"战略布局的高度，站在推动国家治理体系和治理能力现代化的高度，健全完善党委领导、政法委协调、人大监督、政府支持、法院主办、部门联动、社会参与的综合治理执行难工作大格局，统筹各方资源，汇聚各方力量，不断推进执行难综合治理、源头治理。

综合治理、源头治理执行难的立足点，就是要紧紧依靠党的领导。一方面，解决执行难是全党全社会的共同责任，是一项全局性、综合性、系统性的社会工程、系统工程，也是需要长期建设的基础工程。这就要求必须紧紧依靠党的领导，充分发挥党总揽全局、协调各方、总体设计、统一布局的领导作用，充分发挥我国社会主义制度集中力量办大事的政治优势，凝聚强大合力，不断深入推进执行难综合治理、源头治理。另一方面，坚持党对人民法院工作的绝对领导，是树立人民法院执行工作新理念，构建适应新时代要求的执行工作新体制机制，使人民法院执行工作在新理念新思维指引下，保持正确发展方向，不断提升工作水平，取得攻坚克难最终胜利的根本保障。

实践证明，"基本解决执行难"目标的实现，根本在于习近平总书记作为党中央的核心、全党的核心掌舵领航，根本在于以习近平同志为核心的党中央的坚强领导，根本在于习近平新时代中国特色社会主义思想的科学指导。要完成切实解决执行难目标任务，同样首先必须确保正确的政治方向，必须坚持党的领导，坚持中国特色社会主义法治道路，从中国国情和实际出发，坚持综合治理、源头治理，努力建设形成符合执行规律和当前国情的中国特色执行制度、机制和模式。

二、综合治理源头治理执行难的制度构建

尽管产生执行难的一些制度性、社会性因素随着我国经济社会的发展和国家治理能力的提升已经在一定程度上消解，但一些制约人民法院执行工作长远

专题一 坚持走中国特色社会主义法治道路 推进综合治理源头治理执行难制度化机制化

发展的综合性、源头性问题依然存在。在社会层面，完备的社会诚信体系尚未形成，执行联动工作机制尚需进一步推动完善；在制度层面，健全的强制执行法律体系尚未形成；在体制机制层面，执行统一管理体制尚未建成，执行队伍建设尚需强化。因此，综合治理源头治理执行难需要坚持问题导向，坚持靶向攻坚，努力健全长效机制，确保完成党中央提出的切实解决执行难的目标任务。

（一）健全完善综合治理执行难工作的制度化安排

中法委1号文件要求，各级党委要统筹各方资源，实行综合治理，推动建立党委领导、政法委协调、人大监督、政府支持、法院主办、部门联动、社会参与的综合治理执行难工作大格局，纳入工作督促检查范围，适时组织开展专项督查。

因此，综合治理执行难，要深入贯彻落实党中央全面依法治国新理念新思想新战略，紧紧依靠党委组织领导，进一步推动各地区各有关部门重视、支持和保障执行工作，充分发挥综合治理、源头治理对执行工作的重要推动作用，不断深化执行部门联动、社会参与的综合治理执行难工作大格局。需要把解决执行难纳入各地依法治省（区、市）指标体系，将执行工作作为社会治理创新、法治建设和营商环境考核的重要内容，设定能够真实、准确反映解决执行难工作状况的考核指标，强化目标责任，充分发挥执行工作在综治工作（平安建设）考核评价体系及营商环境评价体系中的作用。充分发挥基层党组织作用，依托基层综治中心，推动将协助执行工作纳入基层社会治安综合治理网格化管理，建立基层综治网格员协助送达、查找当事人、协查财产线索、督促履行、化解涉执信访、开展执行宣传等工作机制，实现基层社会治理与人民法院执行工作良性互动。拓宽执行辅助事务社会参与程度，在财产核查、司法拍卖辅助、促成和解、信访化解、综合事务等领域引入社会力量共同参与执行。运用信息化手段，结合智慧法院建设，搭建社会力量参与执行网络平台，实现社会力量参与执行的在线运行、全程留痕、透明公开。贯彻落实《关于深入推进律师参与人民法院执行工作的意见》，深入推进律师参与执行。

（二）健全完善综合治理执行难的工作机制

1. 健全完善执行协作联动机制

当前，虽然综合治理执行难工作大格局已经初步形成，但部分执行联动措施缺乏强制性，较难持续性开展工作。执行联动工作机制常态化运转尚需进一

· 11 ·

步推动，对"联而不动、动而乏力"的督促检查、考核问责尚需进一步加强。相关部委与最高人民法院的执行联动机制尚未完全落实到位，地方联动机制的落实缺乏中央部委层面的条线指导和实施依据，一定程度上影响综合治理执行难的效用发挥。解决执行难虽已纳入各地依法治省（区、市）指标体系，但其评价结果与人民群众实际感受仍存在差距。"找人难""扣车难"问题仍未得到根本解决。针对这些问题，需要靶向治疗、精准施治，落实中央政法委提出的"共建、共治、共享"要求，健全巩固联席会议制度，把执行联动各项工作纳入各联动部门职责范围，切实解决"联而不动、动而乏力"的问题，促进执行联动工作机制常态化运转。

在中央部委和最高人民法院层面建立常态化运行的执行协作联席会议，及时总结和推广经验、发现和解决切实解决执行难工作中遇到的重大问题。深入落实中法委1号文件，对本系统、本条线落实中法委1号文件加强政策指导，强化工作部署，明确工作要求，加强督促检查，切实抓紧抓实中法委1号文件执行联动事项在本系统、本条线上的贯彻落实。同时，建立中央部委层面执行联动考核机制，对失信被执行人信用监督、警示和惩戒机制落实情况，开展专项检查，加大考核和问责力度，确保党中央有关解决执行难工作的各项要求切实得到贯彻落实。

2. 健全完善失信被执行人联合惩戒机制

失信被执行人联合惩戒机制在推动解决执行难工作中具有不可替代的重要作用。当前，联合惩戒部门虽多，但失信被执行人信息尚未完全嵌入联合惩戒部门办公平台，实现网络化自动比对、自动提示，真正常态化发挥作用仍然仅有乘坐飞机高铁、银行贷款等领域，尚无法实现"一处失信，寸步难行"的威慑和制裁作用，联合信用惩戒机制的作用尚未得到充分发挥。因此，需要推动各有关部门尽快完成与国家"互联网＋监管"系统及全国信用信息共享平台联合惩戒系统的联通对接和信息共享，做好失信被执行人身份证、护照等所有法定有效证件全部关联捆绑制度，将人民法院发布的失信被执行人名单信息嵌入本单位"互联网＋监管"系统以及管理、审批工作系统中，实现对失信被执行人名单信息的自动比对、自动监督，自动采取拦截、惩戒措施，推动完善一处失信、处处受限的信用监督、警示和惩戒体系。

3. 健全完善打击拒执犯罪制度机制

拒不执行判决、裁定罪在强化执行威慑力、提高自动履行率方面具有重要作用。当前，拒不执行判决、裁定罪的定罪标准和自诉程序难以适应实践需要，公诉和自诉运行都不够顺畅。公诉方面，侦查机关在自身工作压力较大的情况下，积极性不高；自诉方面，由于被执行人逃避执行、下落不明等原因，当事人"自诉难"问题较为突出。因此，需要完善拒执罪公诉、自诉案件相关法律制度机制，明确公、检、法等政法机关协调配合职责，公安机关不予立案、检察机关不予起诉的，应当出具法律文书。将公安机关追究拒执罪情况纳入各地依法治省（区、市）指标体系，提高公诉立案积极性。在法律或司法解释层面明确公诉和自诉立案标准，对于当事人提出自诉，但被执行人下落不明的，明确公安机关协助查找被执行人的法律义务，畅通自诉渠道，逐步建立起以当事人刑事自诉为主的拒不执行判决、裁定罪的诉讼模式。

4. 健全完善工作保障机制

当前，司法执行条线的人员配备和能力素质难以充分满足工作需要，主要表现为执行人员数量不足、素质不高、结构不优。中央曾经提出执行人员比例应不少于法院在编人员总数15%，但目前执行案件数量已占到法院受理案件总数的约1/3，执行机构除了承担民事裁判执行外，还需承担行政执行、刑事裁判涉财产执行以及仲裁、公证债权文书执行等任务，但当前执行队伍存在数量不足、结构老化、能力不足等问题，难以满足工作要求，执行队伍建设亟待加强。中央全面依法治国委员会1号文件要求，"各地区及相关部门要进一步加强执行机构建设，强化人、财、物保障"。各地各有关部门需要全面加强组织保障和工作保障，加强执行队伍建设，在执行人员比例不少于法院在编人员总数15%的基础上，根据执行案件数量，明确有关制度机制，进一步合理调配充实执行人员数量，让执行人员在年龄、学历、数量等方面进一步优化提升，建设一支信念坚定、执法为民、敢于担当、清正廉洁的执行队伍。同时，要健全执行工作装备保障机制，加强执行物资装备保障，执行工作车辆单独预算列支，为执行人员配备移动办公终端、便携打印机、执行现场手机信号屏蔽器等必要的执行装备，构建一体化的现代执行保障体系。

（三）强化源头治理执行难

执行难成因复杂，是各种社会矛盾相互交织、叠加的集中体现，与强制执行法律体系建设、社会诚信体系建设、市场主体抗风险能力及退出机制等因素密切相关。因此，解决执行难需要高度重视对执行难的源头治理，既要加快社会信用体系建设，提高失信者的违法成本，也要通过完善市场主体有序退出，完善司法救助制度、责任保险体系及相关法律制度等方式，妥善解决无财产可供执行的"执行不能"案件。① 当前，需要瞄准社会信用体系、市场退出机制、执行救助、公司法律制度、强制执行立法等制约执行工作发展的配置制度建设，实施靶向治理、精准攻坚，祛除执行难问题的"病灶"。

1. 加快推进社会信用体系建设

完善的社会信用体系是良好营商环境的重要组成部分，是从源头解决执行难的基础工程，对于从源头上减少案件增量，提高自动履行率，具有重要意义。当前，社会诚信体系不够健全，一些公民的法治观念和诚信意识不够强，覆盖全社会的征信系统尚未形成，社会成员信用记录相对缺失，对多头开户、各种财产形式登记在他人名下等基础性信息缺乏有效掌握，部分被执行人想方设法逃避执行，采取假离婚、代持股权和房产、虚构其他债务、低价出售财产、长期出租财产等各种方式隐匿或转移财产，给人民法院查找被执行财产带来巨大困难。

因此，综合治理、源头治理执行难，需要积极参与并推进构建完善的社会诚信体系，建立覆盖全社会的信用交易、出资置产、缴费纳税、违法犯罪等方面信息的信用体系。人民法院及时向社会诚信体系建设牵头单位及联席会议反映执行中发现的各种问题，促进社会诚信信息资源整合，促进社会诚信惩戒各系统集成，形成社会诚信体系及社会信用评价体系。建立完善公共信用综合评价与披露制度，畅通市场主体获取信息渠道，引导市场主体防范交易风险。推动提升全社会法律意识、风险防范意识及诚信意识，帮助市场主体充分认识、注意防范市场风险，特别是商业陷阱，从源头上减少矛盾纠纷发生。加强强制执行法治宣传教育，增强当事人自觉履行生效法律文书的主动性、自觉性，推动形成"守法守信光荣、违法失信可耻"的社会氛围，让守法守信逐渐内化为信念，成为习惯。

2. 加快推进强制执行法律体系建设

当前，在相关法律制度层面，健全的强制执行法律体系尚未形成，制约了执行工作发展。一是我国尚未制定专门的民事强制执行法，目前民事强制执行制度的法律依据主要是《民事诉讼法》"执行程序编"中 35 个条文和最高人

---

① 中央依法治国办负责人就《关于加强综合治理从源头切实解决执行难问题的意见》答记者问（2019 年 8 月 22 日），载中华人民共和国司法部网站，http：//www. moj. gov. cn/pub/sfbgw/qmyfzg/201908/t20190822_ 150360. html。

民法院陆续制定的多个司法解释、规范性文件，执行工作缺乏全面系统的操作规范，许多问题仍无法可依。二是欠缺个人破产制度。我国尚未建立自然人破产制度，造成终本执行案件"越办越多"，成为各级法院日益沉重的负担。三是与强制执行相关的其他法律规定亟待补强。除民事执行外，人民法院执行机构还承担行政强制执行和刑事财产刑执行工作，但目前这两方面的法律规定较为简略，实际操作中存在诸多困难。四是现有规定在一些重要制度上难以适应工作需要。我国坚持以人民为中心的价值导向，因此民事强制执行制度强调法院主导，执行措施主要由法院依职权行使、执行程序主要靠法院依职权推动，这与世界其他主要国家和地区强调当事人主导存在较大差异，但这也要求人民法院执行机构的执行手段更加丰富和有力。而目前执行程序中，查找被执行人和车辆仍然欠缺有效法律手段，公安机关和电信企业协助调查被执行人、暂扣被执行人车辆方面仍然欠缺法律依据，公司随意变更法定代表人和高级管理人员等规避执行，仍然欠缺有效法律规制手段，对抗拒、逃避、规避执行的人员产生的威慑作用不足。

因此，破解执行难需要完善相关法律制度，为执行工作提供法律保障。

一是加快制定"民事强制执行法"。法律实施制度属于国家治理急需的、满足人民日益增长的美好生活需要必备的法律制度。制定"民事强制执行法"，形成系统完备的强制执行制度，是我国法律体系中亟须补强的薄弱点，对于加强和规范人民法院执行工作、推进切实解决执行难具有基础性、根本性的作用。建议立法上明确公安机关协作查找被执行人下落、协作查扣被执行人车辆、限制被执行人出境以及电信部门协助查询被执行人信息等法律义务，为协助查人、扣车提供制度依据。在有关法律公布施行之前，具备条件的地方，可以探索建立完善查找被执行人协作联动机制，推动建立网络化查人、扣车、限制出境协作新机制。同时，针对被执行人规避执行、逃避执行等现实问题，立法上予以明确规制，明确认定标准，加大对转移财产、逃避执行等违法犯罪行为的打击力度。

二是修订完善相关法律规定。修订《公司法》相关规定，依法明确法定代表人和高级管理人员任职条件和对公司资产的监管责任，限制随意变更法定代表人和高级管理人员。依法强化公司账簿管理，建立健全公司交易全程留痕制度，防止随意抽逃公司资产，从源头遏制转移、隐匿财产等规避执行行为。完善行政强制执行和财产刑执行相关法律法规，切实加强对这些领域执行工作的规范。

三是完善市场退出工作法律规范。加快推进自然人破产相关立法，配合做好破产法律修改相关工作，推进执行程序与破产程序的有效衔接，将执行转破产、破产简易程序等行之有效的经验上升为法律，充分发挥企业破产制度功能，促进"僵尸企业"有序退出市场。

3. 加快推进"诉源治理"机制构建

推进多元化纠纷解决机制建设，打造现代化的立、审、执一体化，是对人民群众多元化司法需求的积极回应。特别是近年来，随着诉讼执行案件的增长，法院总体存在"案多人少"的问题，各级法院为了保证完成最基本的审判任务，只能把政治、业务素质好的骨干优先充实到审判部门，难以从审判部门大量抽调人员充实执行机构。以江苏为例，法院在编执行人员约 3300 人，占法院在编人员比例已达到 20%，其中员额法官仅约 700 人，但每年需办理逾 80 万件执行案件，还需管理约 180 万件历史沉积的"执行不能"案件，人力资源利用已接近极限。

因此，加快推进"诉源治理"机制构建，坚持把非诉讼纠纷解决机制挺在前面，着眼源头防范，加强源头化解，推动矛盾化解从终端裁决向源头防控延伸，推进诉源治理，从源头上减少诉讼案件增量，对解决执行难可以起到釜底抽薪、事半功倍的效果。需要健全完善"一站式"诉讼服务中心，集合法律咨询、登记立案、多元调解、审执衔接、信访化解等功能于一体，充分发挥诉前、诉中调解功能，由执行人员参与诉前、诉中调解，一揽子化解矛盾，实现案件快审快执、案结事了，构建立体化、全网式的"诉源治理"机制，从源头解决执行案件过多的问题，从源头治理执行难。

4. 加快推进执行程序与社会保障、商业保险体系有效衔接

执行过程中，有相当一部分案件被执行人完全丧失履行能力、经核查确无财产可供执行，客观上不具备执行条件，即使法院穷尽一切措施，也无法实际执行到位。这类案件，一般称之为"执行不能"案件。对于"执行不能"案件，人民法院通常以终结本次执行程序的方式结案。在终结本次执行程序后，将该类案件纳入单独建立的终本案件库，每半年由网络查控系统自动查询一次，并对数据库内被执行人常态化限制高消费，一定程度上耗费了稀缺的司法执行资源。对于该部分案件，加大司法救助力度，探索社会救助、商业保险等，加强司法救助与社会救助的衔接配合，是畅通依法有序退出机制的有效

路径。

因此，要加快推进执行程序与社会保障、商业保险体系有效衔接，构建"执行不能"案件依法退出长效机制，切实做好执行案件中困难当事人的救助工作，依法有序分流"执行不能"案件。一是积极拓宽救助资金来源渠道，规范救助程序和救助标准，简化审批流程，切实做好执行过程中对困难群众的救助工作。二是建立健全人民法院与社会保障部门化解涉民生执行案件合作机制，推动将被执行人丧失履行能力的涉民生案件纳入社会保障体系。三是探索推进商业保险特别是扩大责任保险的适用范围，鼓励相关单位投保食品安全责任、环境责任、雇主责任等责任保险，发挥保险制度分担风险、分摊损失作用，充分保障大规模受害人合法权益，使人身伤害、财产侵权等非自愿债务在被执行人丧失履行能力情况下能够得到及时赔付。

（四）夯实法院主体责任，加快建成符合执行工作特点和规律的执行统一管理体制

解决执行难是一项长期工程、综合工程，既需要外部支持，打造良好的外部环境，也需要人民法院切实承担主体责任，勇于担当，久久为功，切实巩固"基本解决执行难"成果，健全完善执行工作长效机制，着力破解难题、补齐短板，不断提升执行工作的能力水平。当前，在体制机制层面，执行统一管理体制尚未建成。执行工作具有一些行政权的特点，且我国幅员辽阔、人口众多，人财物流动频率高、范围广，执行案件数量庞大，需要建立能够实现"全国一盘棋"的执行力量统一管理、统一指挥、统一协调的管理体制。但目前这一管理体制尚未完全建成，上级法院执行机构受人民法院层级监督体制的限制，难以对下级直接开展指挥、管理等工作。各地、各级法院执行力量、执行案件的统一调度、协同作战尚未实现常态化，仍然存在各自为政的问题。四级法院执行机构的职能定位尚不能完全体现各层级的工作特点，存在同质化问题，尤其是中级法院对基层法院的统一管理职能发挥不够，存在"中梗阻"现象。

2021年1月，中共中央印发《法治中国建设规划（2020—2025年）》，在第四部分"建设高效的法治实施体系，深入推进严格执法、公正司法、全民守法"第（十二）项中强调，深化执行体制改革，优化执行权配置，落实统一管理、统一指挥、统一协调的执行工作机制。因此，要加快建成符合执行工作特点和规律的执行统一管理体制，建立下级法院执行机构接受本级法院和上级法院执行机构双重领导、在执行业务上以上级执行机构领导为主的执行统一管理模式。这就要调整四级法院执行机构职能定位，中级以上法院主要履行指挥、管理、协调工作职能。建议参照主要负责刑事自由刑执行的司法部监狱管理局的配备，将负责全国法院民事、行政和刑事财产刑执行工作统一管理的最高人民法院执行局升格为副部级以上，由最高人民法院代管的人财物单独管理的执行总局或执行法院。

同时，法院执行制度机制不够健全完善问题也比较突出，主要是法院内部立案、审判、执行等环节存在衔接不畅问题，尚未有效形成内部合力，因此，人民法院内部应当完善立、审、执协调配合机制，举全院之力，加大工作力度，持之以恒，久久为功，打造现代化的立、审、执一体化，强化立、审、执各部门工作衔接的协同性、工作效果的整体性，共同建立分工明确、各司其职、相互配合、协调联动的工作格局和一体化高效运行机制，形成切实解决执行难的内部工作合力。

三、综合治理源头治理执行难的"江苏实践"

2016 年至 2018 年，在以习近平同志为核心的党中央坚强领导下，在各地各有关部门共同努力下，执行工作取得了显著成效，如期实现"基本解决执行难"目标。2019 年 7 月，中法委 1 号文件下发，就加强执行难综合治理源头治理，深化执行联动机制建设，加强人民法院执行工作等作出重大部署，明确了与切实解决执行难息息相关的有关单位工作任务和社会配套制度的建设蓝图，剑指法院鞭长莫及的关键性、基础性问题，为当前及今后一段时期的执行工作指明了前行方向。

江苏省委高度重视中央依法治国委员会决策部署，从全面落实推进国家治理体系和治理能力现代化、推进社会诚信体系建设的战略高度，把中法委 1 号文件贯彻落实作为重大政治任务来抓。时任江苏省委书记娄勤俭对贯彻落实工作作出批示。江苏省委全面依法治省委员会将加强执行难综合治理和源头治理列入 2019 年重点任务清单。江苏省委政法委于 2020 年 12 月印发《关于建立省综合治理执行难工作联席会议制度的通知》，成立综合治理执行难联席会议领导小组和联席会议办公室，召开联席会议全体会议，部署综合治理执行难工作。全省所有设区市及县（市、区）均建立健全了党委政法委牵头的执行协作联动机制，制定实施意见，常态化召开联席会议。2021 年 4 月，省委又将从源头上切实解决执行难纳入《法治江苏建设规划（2021—2025 年）》。2022 年 10 月 17 日，再次召开省综合治理执行难工作联席会议全体会议，对综合治理源头治理执行难工作进行再部署、再推动。

江苏全省法院扎实贯彻落实中法委 1 号文件，以抓铁有痕、踏石留印的精神，结合工作实际，细化分解任务，明确责任部门，制定时间表、路线图，加强综合治理和源头治理，推动江苏省委依法治省委员会制定出台《关于加强综合治理从源头切实解决执行难问题的实施意见》（以下简称《江苏实施意见》），并配套下发了具体分工方案，提出了贯彻落实中央意见的"江苏方案"，着力破解难题、补齐短板，不断提升执行工作能力和水平，积极推动社会诚信建设，有力促进营商环境改善，努力向"切实解决执行难"迈进。

（一）《江苏实施意见》的主要内容及特点

1. 《江苏实施意见》的总体要求

一是在指导思想上，坚持以习近平新时代中国特色社会主义思想为指导，全面贯彻习近平法治思想，从落实推进国家治理体系和治理能力现代化、推进社会诚信体系和法治江苏建设的高度，强调加强综合治理、源头治理，推进执行工作体系和执行工作能力现代化，为建设"强富美高"新江苏营造良好的法治化营商环境。

二是在总体思路上，既考虑解决当前面临的现实问题，又兼顾执行工作的长远发展，着重建立长效机制；既着眼于贯彻落实中央意见精神，又结合《人民法院执行工作纲要（2019—2023）》，充实内容、完善举措。中法委 1 号文件提出的各项工作任务中，考虑江苏省执行工作实际，已经落实到位以及法院自身能够完成的事项，《江苏实施意见》不再涉及，完善信用激励修复机制以及全面推进诉源治理工作，虽然中法委 1 号文件未专门强调，但属于综合治理、源头治理解决执行难的应有之义。而且，最高人民法院的执行工作五年纲要提出了明确要求，故将其纳入《江苏实施意见》中，以利于推进工作落实。

三是在工作目标上，重在实现以下目标：健全完善党委领导、政法委协调、人大监督、政府支持、法院主办、部门联动、社会参与的综合治理执行难工作大格局；综合治理执行难协作联动机制常态化运行；将执行工作融入省域治理体系和治理能力现代化建设，纳入"深化依法治国实践"考核指标；协助执行工作纳入基层社会治理网格化管理；涉诉政府债务纳入预算管理；综合治理、源头治理、标本兼治、重在治本的长效机制建设逐步完善。

2.《江苏实施意见》的主要特色亮点

根据中央意见精神，坚持问题导向、目标导向、结果导向，结合全省法院执行工作实际，提出当前以至今后一个时期需要加强完善的 17 项具有较强针对性和实践性的贯彻落实措施，促进全省法院执行工作水平再上新的台阶。

一是加强协作联动，推进执行难综合治理。《江苏实施意见》提出，将执行工作融入省域治理体系和治理能力现代化建设，纳入"深化依法治国实践"考核指标，完善党委领导下的综合治理执行难工作大格局。健全完善全省综合治理执行难协作联动机制，完善联席会议制度，执行联动各项工作纳入各联动部门职责范围。《江苏实施意见》还提出，积极依托基层综治中心（网格化服务管理中心），将协助执行工作纳入基层社会治安综合治理网格化管理内容，建立完善基层综治网格员协助送达、查找当事人、协查财产线索、督促履行、开展执行宣传工作机制，实现基层社会治理与人民法院执行工作良性互动。

二是着力诉源治理，强化执行难源头化解。《江苏实施意见》提出，坚持创新发展新时代"枫桥经验"，坚持把非诉讼纠纷解决机制挺在前面，着眼源头防范，加强源头化解，推动矛盾化解从终端裁决向源头防控延伸，从源头上减少诉讼案件增量。推动建立覆盖全社会的信用交易、出资置产、缴费纳税、违法犯罪等信息信用体系，建立完善公共信用综合评价与披露制度，畅通市场主体获取信息渠道，引导市场主体合理选择交易对象，防范交易风险，从源头上减少矛盾纠纷发生。

三是健全查控功能，完善失信联合惩戒。《江苏实施意见》提出，完善网络执行查控机制，加快执行信息化建设，建成覆盖不动产、证券、股权、车辆、存款、金融理财、住房公积金及保险产品等主要财产形式以及婚姻登记信息、社会保险缴纳信息的网络化、自动化执行查控体系，实现足不出户对被执行人财产的线上查询、查封、冻结、扣划和继续冻结、查封以及线上解除查封、冻结。实施意见还明确，推进失信被执行人信息与政府相关部门以及有关人民团体、社会组织、企事业单位实现公共信用信息资源共享。建立完善社会信用档案制度，将失信被执行人信息纳入社会信用评价体系，应用于行政管理和社会治理，作为第三方信用服务机构识别信用状况的基础性信息。完善失信被执行人联合惩戒机制，将失信被执行人名单信息嵌入各相关单位"互联网＋监管"系统以及管理、审批工作系统，实现自动比对、自动监督、自动拦截、自动惩戒。

四是坚持目标导向，着重解决实际问题。针对执行工作中面临的"找人难""扣车难"问题，《江苏实施意见》提出，完善人民法院与公安机关协作联动机制，建立健全网络化查人、扣车、限制出境协作新机制，公安机关协作查找被执行人下落、协作查扣被执行人车辆、协作限制被执行人出境。建立电信企业配合调取被执行人信息机制，省移动、省电信、省联通等电信企业配合人民法院调取被执行人通信号码、注册地等信息，为人民法院利用大数据手段深入查找被执行人下落提供了制度依据。针对近年来司法拘留中出现的"收拘难"问题，明确公安机关应当依法及时收拘。针对拒执罪自诉渠道不畅通的问题，明确公安机关不予立案、检察机关不予起诉的，应当及时出具法律文书。针对涉党政机关案件执行难问题，明确建立涉诉政府债务沟通协调机制，推进涉诉政府债务纳入预算管理。针对被执行人无财产可供执行导致申请执行人陷入生活困难问题，提出积极拓宽救助资金来源渠道，完善司法救助制度，司法救助资金纳入年度财政预算，加强司法救助与社会救助的衔接配合，切实做好对困难群众的救助工作。针对执行队伍建设的问题，提出进一步加强执行队伍建设，加快推进执行队伍的正规化、专业化、职业化建设，努力建设一支信念坚定、执法为民、敢于担当、清正廉洁的执行队伍，为解决执行难提供有力组织保障。坚持"一案双查"，持之以恒正风肃纪，下决心根除违法执行、消极执行以及乱执行问题。

五是贯彻善意文明理念，探索信用激励修复机制。《江苏实施意见》贯彻善意文明执行理念，明确提出建立依法、规范、公正、善意、文明执行机制，确保执行手段与目的相互匹配，执行效率与效果相互统一，执行强制性与人性化相互协调，各种利益关系相互平衡，最大限度降低执行行为对企业正常生产经营活动的不利影响。还提出，建立完善信用激励修复机制。主要包括建立守信激励制度，主动履行义务者的诚信记录可作为申请诉讼费减缓免的优先条件，可申请适当降低诉讼保全担保比例。各相关部门可根据有关规定相应提高诚信履行义务者的信用评级，相应缩短失信限制期限，并在办理行政审批、资质审批、资质审核、备案等方面作为参考，在政府项目招投标、实施财政性资金扶持项目和政府采购方面作为参考。被执行人虽未履行完毕债务，但以执行和解、提供担保、如实报告财产等方式积极配合执行、履行义务的，可按照信用修复有关规定，撤销失信被执行人名单，解除限制消费措施，使其回归正常生产、生活。

六是加快"854模式"迭代升级，提升智慧执行水平。当前执行工作，面临实现执行工作体系和执行工作能力现代化的任务，需要对执行工作模式迭代升级，满足现代化执行需求。为提升全省法院执行工作的智能化、智慧化水平，进一步深化以现代信息技术为支撑的执行模式改革，《江苏实施意见》明确，全面推进落实执行指挥中心实体化运行"854模式"，加快推进"854模式"迭代升级，全面建立起以执行指挥中心为核心，以"执行中间库＋无纸化"与执行事务中心为辅助的民事执行实施权"一体两翼"运行新机制，促进执行工作信息化向智能化升级，加快实现执行工作能力与机制制度体系现代化。

（二）江苏全省综合治理源头治理执行难实践

为推动《江苏实施意见》落实落地，2021年5月10日至17日，由江苏省委政法委牵头，江苏省综合治理执行难联席会议成立了评估工作领导小组，组织6个现场评估工作组，深入全省13个设区市对意见贯彻落实情况开展现场评估，召开座谈会15场，实地调研法院26家、基层综治网格单位13家，个别访谈99人次，向人大代表和政协委员、一线执行干警、律师、执行案件当事人发放调查问卷4822份，总体满意率98.11%。13个设区市也参照省级评估模式成立评估工作领导小组和工作组，对辖区贯彻落实1号文件情况进行现场评估，31家省综合治理执行难联席会议成员单位认真开展本单位、本条线贯彻落实情况自查自评。对照中法委1号文件提出的20项工作任务，属于地方事权的19项在江苏省均得到有力推进，14项已经基本落实到位，其余5项取得明显进展，综合治理执行难工作取得阶段性成果。

1. 加强综合治理，执行联动机制建设进一步深化

一是健全完善网络执行查控系统。积极配合最高人民法院"总对总"网络查控系统建设，率先从省级层面实现存款网上查询、冻结、扣划等功能，率先完成省内所有不动产登记中心接口测试。省内"点对点"网络查控系统不断完善，已覆盖17个领域，2018年以来查询量达2.76亿次。目前，对被执行人不动产、车辆、证券、股权、存款及其他金融产品等主要财产信息基本实现网络化、自动化查询或控制。

二是建立健全执行协作联动机制。省高级人民法院与省公安厅建立专网，实现被执行人身份、出入境证件、车辆登记、旅店住宿等信息网络查询；与公

安边防部门建立限制出境快速办理机制，2018 年以来限制被执行人出境 6600 多人次。南京、苏州、无锡、徐州等地公安机关借助人脸识别、铁路公路机场进出站预警、被执行人车辆轨迹分析、网络定位车辆位置等系统，协助法院建立常态化线下查人控车"临控"对接机制。结合法官进网格，积极将执行工作融入社会治理大格局，破解"被执行人难找、机动车难寻"问题。

三是建立失信被执行人信息共享机制。全面建成省级公共信用信息系统，涵盖全省 1260 万个市场主体以及 6357 万个自然人，在库信用信息数量多达 72 亿条。率先实现省公共信用信息系统与全国法院失信被执行人名单查询系统对接，确保失信被执行人信息全量入库、及时归集、共享推送，46 家省级部门、全省 13 个设区市、县（市、区）和相关第三方机构均可共享。完善社会信用档案制度，以统一社会信用代码为标识，将失信被执行人信息整合至市场主体信用档案，"信用江苏"网对外提供信用查询服务，为市场主体信息查询公示和应用服务等提供基础支撑。

四是完善失信被执行人联合惩戒机制。江苏省委办公厅、省政府办公厅在全国率先出台《关于建立对失信被执行人联合惩戒机制的实施意见》，联合实施单位达到 55 家，重点实施 68 项联动信用惩戒措施，涵盖 30 多个重点领域。12 家省级联席成员单位联合出台意见，限制失信被执行人参加招投标等活动。将失信被执行人信息嵌入联合惩戒单位办公平台，实现网络化自动比对、自动提示、精准惩戒。

五是强化对公职人员的信用监督。江苏省委办公厅、省政府办公厅下发文件，对失信被执行人限制担任党代表、人大代表和政协委员，限制招录（聘）为公务员或事业单位工作人员。建立人大、政协换届期间，对具有失信行为的代表、委员候选人全面筛查并督促履行的工作机制。无锡、泰州建立党员干部任用前信用分析、信用审查机制；徐州地区出台《关于涉特殊主体执行案件联合惩戒机制实施意见》，开展公职人员"信用先行"活动，建立公职人员信用档案。

六是加大对拒执行为打击力度。省高级人民法院、省高级人民检察院、省公安厅联合会签关于打击拒执犯罪文件，建立反规避执行工作机制，加强公诉程序衔接配合，畅通自诉渠道。

2. 健全制度机制，源头治理执行难进一步强化

一是加快社会信用体系建设。推进信用立法，出台《江苏省社会信用条

例》，为建设社会信用体系提供制度基础。依托省公共信用信息系统，面向社会提供失信被执行人信息一体化公示和查询服务，将失信情况纳入省市一体化信用查询报告和信用审查。

二是完善市场退出工作制度机制。建立省级"府院"联动、破产管理人保障基金等工作机制，在设立破产专项基金，推行"执转破"案件简易审理，引入市场化管理人选任机制等方面积极探索，大力推进"执转破"。苏州市吴江区人民法院探索完善"执转破"工作制度机制，创造了"移得了、破得掉"的"吴江经验"，受到最高人民法院主要领导和江苏省委主要领导的批示肯定，并入选全国法院司法改革案例。积极探索开展"与个人破产制度功能相当"的改革试点工作，制定出台《关于开展"与个人破产制度功能相当试点"工作中若干问题解答》，为建立个人破产制度提供规范依据，积累实践基础。

三是完善司法救助制度。积极拓宽救助资金来源渠道，加强司法救助和民政救助衔接，切实加大对生活困难申请执行人救助力度。

四是完善责任保险体系。推动各相关单位投保食品安全责任、环境责任、雇主责任等责任保险，发挥保险制度分担风险、分摊损失功能作用。积极构建"执行＋保险"机制，创新执行悬赏保险、诉讼保全保险、司法拍卖竞拍履约保证保险、司法拍卖房贷款保证保险、财产处置责任保险等。

3. 加强和改进法院执行工作，执行工作能力和水平进一步提升

一是持续推进执行信息化向智能化升级。加强现代科技与执行工作深度融合。率先全面推行网络拍卖、网络评估，执行财产处置成本大幅降低、效率大幅提升，2018 年以来拍卖成交标的 122 965 件，成交金额 2322.4 亿元。聚力智慧执行，开发人工智能"N 个一键"系统，累计使用超过 420 万次，节约人工超过 39 万小时，使办事从手动变自动；开发"微执行"系统，结合 4G 单兵设备、PAD 办案终端、便携式网络打印机，使办案从固定变移动；开发了执行标的管理系统、音视频管理系统、执行运行态势可视化分析系统，使管理由粗放变精细。

二是不断提升执行规范化水平。坚持以制度促规范，省高级人民法院2019 年以来制定业务指导文件 80 多件，其中 4 件受到最高人民法院院领导批示肯定，7 件被最高人民法院执行工作动态全文转发。推进审判权与执行权相分离的执行体制改革，设立独立于执行局的执行裁判部门，下发《关于进一步深化审执分离改革、加强执行裁判工作的意见》，进一步强化审、执分离。

率先建立无财产可供执行的终结本次执行案件单独管理机制、民事执行检察监督案件规范化办理工作机制、执行信访案件实质化办理机制、单独执行工作考核机制、执行工作"一案双查"机制等，不断强化对执行权运行的监督和规范。

三是创新和拓展执行措施。首创"物联网＋执行"，利用查封财产监管系统、电子封条和称重系统，实现对被执行财产的"智"监管、"活"查封和"快"处置，工作经验被中央全面依法治国委员会办公室督察组作为典型经验推广。首创执行行动"全媒体网络直播"，单次直播观看网民最多达到5700万人次，工作经验被最高人民法院在全国推广。全面推行执行悬赏、律师调查令等机制。率先推广"VR＋直播"司法拍卖标的推介新模式，出台《关于规范网络司法拍卖辅助工作的指导意见》，将司法拍卖中执行辅助事务适当外包。率先出台善意文明执行指导意见，探索建立查封财产自行处置、信用惩戒宽限期等制度，最大限度降低对被执行人正常生产生活的影响。

四是不断完善执行工作机制。积极推动执行工作模式迭代升级，全面推行执行指挥中心实体化运行"854模式"，建立以执行指挥中心为中枢，以"执行中间库"和"执行事务中心"为依托的民事执行实施权"一体两翼"新机制，实现全流程无纸化办案，执行事务集约化、规范化、标准化办理，起到了减负、提质、增效的效果，最高人民法院领导予以充分肯定，并在全国法院系统推广。制定指导意见，完善立审执协调配合、案件繁简分流、执行与破产有序衔接等工作机制。

五是纵深推进"三统一"执行管理体制改革。强化上级法院对辖区内法院执行工作的统一管理、统一指挥和统一协调，建立协同执行平台，强化各级、各地法院合力攻坚，形成全省执行"一盘棋"。在苏州市中级人民法院被最高人民法院确定为全国首批3个改革试点法院之一基础上，2021年9月，无锡市中级人民法院、宿迁市中级人民法院、镇江市中级人民法院被最高人民法院确定为执行管理体制机制改革试点单位，执行工作"三统一"管理体制机制持续健全完善。

专题二　推动社会诚信体系建设

党的二十大提出要"弘扬诚信文化，健全诚信建设长效机制"。完善的社会信用体系是供需有效衔接的重要保障，是资源优化配置的坚实基础，是良好营商环境的重要组成部分，对促进国民经济循环高效畅通、构建新发展格局具有重要意义。民事强制执行制度是健全诚信建设长效机制的重要组成部分。这是因为强制执行制度的生命力在于其威慑力，即通过惩戒执行失信行为，促使债务人积极履行义务、减少失信行为，形成"自动履行为主、强制执行为辅"的态势。这种威慑力的根本目的不在于对被执行人的惩罚，而在于预防。同时，社会信用体系的健全、诚信社会氛围的形成，也都有助于从源头减少矛盾纠纷发生，从而从源头上切实解决执行难。

中央全面依法治国委员会《关于加强综合治理从源头切实解决执行难问题的意见》（以下简称中法委1号文件）中提出："加快社会信用体系建设。建立覆盖全社会的信用交易、出资置产、缴费纳税、违法犯罪等方面信息的信用体系，完善失信联合惩戒机制，建立完善公共信用综合评价与披露制度，畅通市场主体获取信息渠道，引导市场主体防范交易风险，从源头上减少矛盾纠纷发生。"《最高人民法院关于深化执行改革健全解决执行难长效机制的意见——人民法院执行工作纲要（2019—2023）》中也强调："积极参与并推进构建完善的社会诚信体系。及时向社会诚信体系建设牵头单位及联席会议反映执行中发现的各种问题，促进社会诚信信息资源整合，促进社会诚信惩戒各系统集成，形成相互衔接、相互补充、布局有序、层次分明的社会诚信体系及社会信用评价体系，从根本上解决执行工作的核心难题。"这不仅反映出社会诚信体系建设对于人民法院执行工作的重大意义，也反映出人民法院在构建社会信用体系中的地位和责任。

人民法院执行案件信息是社会信用信息最为重要的组成部分之一。执行信用惩戒机制各项工作体系的建立，是社会诚信体系中一个关键环节的架构过程。① 从这个角度看，执行信用惩戒机制与社会诚信体系是一个双向互动的过程，社会诚信体系的健全完善能够推动执行信用惩戒机制的有效运行，成为解决执行难的最根本途径。而在解决执行难过程中，人民法院大力推进的执行信用惩戒机制的建立健全，也能有力推动社会诚信体系的建设。

第一节　社会信用体系

一、信用体系的发展历程及作用机理

罗马法中已在法律意义上使用信用的概念。拉丁文 Fides 表示"相信他人会给自己以保护或某种保障，它既可以涉及从属关系，也可以涉及平等关系"。② 在英美法系国家，信用被称为 Credit、Trust 或 Reliance。《牛津法律大辞典》将其解释为："为得到或提供货物或服务后并不立即而是允诺在将来付给报酬的做法。一方是否通过信贷与另一方做交易，取决于他对债务人的特点、偿还能力和提供的担保的估计。"③ 自亚当·斯密开始，经济学中一直把信用作为保证交易诚实执行的重要机制，以丧失未来收益的威胁促使双方主动履行合同。新制度经济学认为，重视个人信用是一种良好的意识形态资本，起到对经济人行为的激励作用。④ 真正的信用机制，参与者并非以获取信用为目的，而是以获得的信用去追求利益，而对于利益的持久追求又要求其不放弃良好的声誉，这里"名"和"利"是紧密相连的。⑤ 我们通常可以看到，人的良好声誉会给当事人带来长期收益。为了获得长期的收益，当事人要树立良好信誉，而要得到良好信誉，需要当事人采取他人认可、赞许的行为，虽然这些行为对于当事人现阶段而言可能是一种"损失"或负担，当事人仍心甘情愿而为之，旨在树立良好声誉，获得长期收益。⑥

---

① 黄年：《论国家执行威慑机制》，载《人民司法》2007 年第 1 期。

② ［意］朱塞佩·格罗索：《罗马法史》，黄风译，中国政法大学出版社 1994 年版，第 234 页。

③ ［英］戴维·M·沃克主编：《牛津法律大辞典》，光明日报出版社 1988 年版，第 225 页。

④ 参见皮天雷：《国外声誉理论：文献综述、研究展望及对中国的启示》，载《首都经济贸易大学学报》2009 年第 3 期。

⑤ 参见纪凤兰：《声誉机制与经理人激励》，载《东北财经大学学报》2006 年第 3 期。

⑥ 彭秀坤：《国际社会信用评级机构规制及其改革研究》，苏州大学 2012 年博士学位论文。

20 世纪 90 年代中期，我国法学界对信用的定义曾产生一定争议，此后形成较为统一的观点，即是指民事主体所具有的偿付债务的能力而在社会上获得的相应的信赖和评价。① 随着社会转型，社会结构分化，利益群体重组，很大程度上加剧了社会治理的失序，通过诚实信用的道德蕴含和法律原则逐渐演化而来的信用监管，通过可量化、可评价、可分类的信用信息，进而分别采取激励或惩戒等措施，实现规制与管理的目的。可见，信用监管是一种间接的、相对柔性化的管理方式，具有硬性管理手段所不可取代的价值。

社会信用体系在经济学领域中，其作用在于为一国市场经济发展提供良好的环境保障，保障市场交易由原始的无序的交易方式向有序的信用交易转变。② 在社会学意义上，社会信用体系包括信用道德、信用市场和信用制度等内容的逐步健全和完善，是在道德所形成的社会氛围中，依托信用市场的一种信用制度建设。③ 国际信用与监督协会对社会信用体系作了如下界定：若市场主体失信，会面临法律层面和社会层面的处罚。即整个社会对其进行行为约束，使其在正常生产生活经营中寸步难行。中国人民银行前副行长吴晓灵认为，社会信用体系是一个庞大的系统，主要涉及三个方面：一是规范、约束信用行为的法律体系；二是对企业和个人行为进行记录，促进企业自觉履行承诺的诚信体系；三是帮助债权方判别交易对象信用状况、违约风险、降低信用交易成本的征信体系。④ 也有学者将信用体系定义得更为广泛，认为信用体系实际上就是一套社会治理机制，它通过把各种与信用建设有关的社会力量有机地整合起来，通过鼓励、制约和惩罚失信行为，使信用主体行为的价值取向发生改变，并自觉自愿地从失信向守信转变，共同促进整体社会信用水平的完善和发展，从而保障社会秩序和市场经济的正常运行和发展。其构成不仅包括信用行为载体的信用工具体系、道德和制度规范体系以及保障信用行为的信用服务体系，还应当把信用教育体系内容包括进来。四大体系构成一个有机的整体，共同承担塑造社会信用的功能。⑤

党的十八届三中全会要求处理好政府和市场的关系，关键在于转变政府职能。社会诚信体系建设顺应了政府职能转变的改革需求，为新时期政府管理及

---

① 吴汉东：《论信用权》，载《法学》2001 年第 1 期。
② 参见林钧跃：《社会信用体系：中国高效建立征信系统的模式》，载《征信》2011 年第 2 期。
③ 肖进：《我国政府在社会信用体系建设中的作用》，吉林大学 2006 年硕士学位论文。
④ 吴晓灵：《以征信发展促进社会信用体系建设》，载《宏观经济管理》2003 年第 9 期。
⑤ 谢名家主编：《信用：现代化的生命线》，人民出版社 2002 年版，第 338 页。

社会治理手段的创新发展注入了活力，有效规避了传统管理模式事前重审批、事后重处罚的弊端，提升了政府监管的精准性、有效性，契合了加强事中、事后监管的改革理念。信用监管以防范风险为目的，以信息公布披露、事先告知承诺、信用报告查询制度为手段进行事前监管，以优化监管模式为目的，以信用评价分类、大数据分析、第三方信用评估监督为基础进行事中监管，以奖惩结合为目的，以实施守信激励、失信惩戒为手段进行事后监管，形成覆盖事前、事中、事后全流程的逻辑闭环。① 守信激励和失信惩戒机制直接作用于各个社会主体信用行为，是社会信用体系运行的核心机制。

二、我国社会诚信体系建设的现状

社会信用体系是社会主义市场经济体制和社会治理体制的重要组成部分。加快社会信用体系建设是完善社会主义市场经济体制、加强和创新社会治理的重要手段，对整顿和规范市场经济秩序，防范和化解金融风险，促进金融稳定和发展，维护正常的社会经济秩序，增强社会成员诚信意识，营造优良信用环境，促进社会发展与文明进步具有重要意义，能够有效推进政府更好地履行经济调节、市场监管、社会管理和公共服务的职能。

（一）全国性立法与重要规范性文件

2007 年 3 月，国务院办公厅发布《关于社会信用体系建设的若干意见》，从加快推进社会信用体系建设的重要性和紧迫性；社会信用体系建设的指导思想、目标和基本原则；完善行业信用记录，推进行业信用建设；加快信贷征信体系建设，建立金融业统一征信平台；培育信用服务市场，稳妥有序对外开放；完善法律法规，加强组织领导六个方面对推进我国社会信用体系建设提出明确意见。2007 年 4 月，为加强组织领导和统筹协调，稳步推进社会信用体系建设工作，国务院建立了社会信用体系建设部际联席会议制度，负责统筹协调社会信用体系建设工作。

2013 年 1 月，国务院颁布《征信业管理条例》，该条例明确中国人民银行是国务院征信业监督管理部门，负有对征信业进行监督管理的职责。县级以上地方人民政府和国务院有关部门依法推进本地区、本行业的社会信用体系建设，培育征信市场，推动征信业发展。该条例的出台，解决了征信业发展中无

---

① 袁文瀚：《信用监管的行政法解读》，载《行政法学研究》2019 年第 1 期。

法可依的问题，全面规范征信机构、信息提供者和信息使用者的行为，有利于发挥市场机制作用，积极推进社会信用体系建设。

2014年初，由中央文明办和最高人民法院牵头，公安部、国务院国资委、国家工商总局、中国银监会、中国民用航空局、中国铁路总公司共同签署了《"构建诚信 惩戒失信"合作备忘录》，对限制被执行人的高消费行为达成意见，对失信被执行人进行联合信用惩戒。

2014年6月，国务院发布《社会信用体系建设规划纲要（2014—2020年）》（以下简称《信用体系规划纲要》），明确了我国社会信用体系建设的指导思想、基本原则、主要目标、重点任务和保障措施。要求充分发挥政府的组织、引导、推动和示范作用，逐步建立健全信用法律法规体系和信用标准体系，立足当前，着眼长远，统筹全局，系统规划，选择重点领域和典型地区开展信用建设示范。积极推广信用产品的社会化应用，健全社会信用奖惩联动机制，营造诚实、自律、守信、互信的社会信用环境。2014年10月，国家发展和改革委员会发布《关于贯彻落实社会信用体系建设规划纲要加强当前社会信用体系建设的通知》，对贯彻落实好《信用体系规划纲要》，从加快制定信用建设规划、建立健全政务信用记录、建设地方信用信息共享交换平台、加快政府信息公开、完善信用联合奖惩措施、深化信用记录和信用报告应用、推进重点领域和重点行业试点示范、完善信用法规制度、加强工作保障体系建设、开展诚信宣传教育活动等十个方面提出具体要求。

2014年8月，国务院颁布《企业信息公示暂行条例》，主要服务于商事制度改革先照后证、放宽准入、加强事中事后监管，加大了企业信息公示力度，以保障公平竞争，促进企业诚信自律，规范企业信息公示，强化企业信用约束，维护交易安全，提高政府监管效能。

2016年1月，由国家发展和改革委员会、最高人民法院牵头，最高人民检察院、中国人民银行、中共中央组织部、中共中央宣传部、中央机构编制委员会办公室、中央精神文明建设指导委员会办公室等44家单位联合发布《关于印发对失信被执行人实施联合惩戒的合作备忘录的通知》，决定对最高人民法院发布的失信被执行人（包括自然人和单位）实施联合惩戒。国家发展和改革委员会基于全国信用信息共享平台建立失信行为联合惩戒系统，最高人民法院通过该系统向签署备忘录的其他部门和单位提供被执行人信息并按照有关规定更新动态，其他部门和单位从失信行为联合惩戒系统获取失信被执行人信息，执行或协助执行备忘录规定的惩戒措施并按季度将执行情况通过该系统反馈给最高人民法院及国家发展和改革委员会。

2016 年 5 月，国务院发布《关于建立完善守信联合激励和失信联合惩戒制度加快推进社会诚信建设的指导意见》，对健全社会信用体系，加快构建以信用为核心的新型市场监管体制，建立完善守信联合激励和失信联合惩戒制度从指导思想、基本原则、健全褒扬和激励诚信行为机制、健全约束和惩戒失信行为机制等方面对推进社会诚信建设提出具体意见。

2016 年 9 月，中共中央办公厅、国务院办公厅发布《关于加快推进失信被执行人信用监督、警示和惩戒机制建设的意见》，明确提出要通过推进信用信息共享、健全激励惩戒机制、提高全社会诚信水平，进一步提高人民法院执行工作能力，加快推进失信被执行人跨部门协同监管和联合惩戒机制建设，构建一处失信、处处受限的信用监督、警示和惩戒工作体制机制，维护司法权威，提高司法公信力，营造向上向善、诚信互助的社会风尚。

2017 年 4 月，住房和城乡建设部办公厅发布《失信被执行人信用监督、警示和惩戒机制建设分工方案》。2017 年 10 月，国家发展和改革委员会、中国人民银行发布《关于加强和规范守信联合激励和失信联合惩戒对象名单管理工作的指导意见》。对建立健全守信联合激励和失信联合惩戒制度，抓好社会信用体系建设工作提出明确具体要求。

2019 年 7 月，国务院发布了《关于加快推进社会信用体系建设 构建以信用为基础的新型监管机制的指导意见》，提出"建立健全贯穿市场主体全生命周期，衔接事前、事中、事后全监管环节的新型监管机制"，我国社会信用体系建设迎来了新的机遇。2020 年，国务院办公厅下发《关于进一步完善失信约束制度 构建诚信建设长效机制的指导意见》。2022 年，中共中央办公厅、国务院办公厅又印发《关于推进社会信用体系建设高质量发展促进形成新发展格局的意见》，这是在"十四五"开局乃至更长时期社会信用体系建设的又一重要顶层设计，是我国社会信用体系建设的新里程碑。

目前，国家发展和改革委员会正在积极推动出台《公共信用信息管理条例》和《社会信用统一代码管理办法》，预计不远的将来会出台。此外，《社会信用法》已被十三届全国人大常委会列入立法规划，确定为三类立法，即研究论证类的立法，标志着正式进入立法机关的立法程序。应当说，上述法律、规范性文件围绕社会信用体系建设，详细阐述构建"信用联合激励和惩戒机制"的原则和目标，确定了信用监管的整体制度框架。

（二）司法解释

2010 年 5 月 17 日，最高人民法院审判委员会第 1487 次会议通过了《关于限制被执行人高消费的若干规定》，将"推动社会信用机制建设"正式写入司法解释，彼时由于没有软件系统相配套，也未与协作机关互联互通共享信息，故规定中的限制内容在实际操作中较难得到落实，该规定更多的是具有宣示意义。但不可否认的是，该规定成为国内信用司法解释方面的探路者。

2011 年 7 月，中共中央、国务院《关于加强和创新社会管理的意见》中提出了建立健全社会诚信制度，并制定社会信用管理法律法规的要求。为推进社会信用体系建设，国务院指令由国家发改委和人民银行牵头，建立了部际联席会议制度。最高人民法院是社会信用体系建设部际联席会议成员单位之一。人民法院通过执法办案形成的被执行人失信信息具有极高的权威性，是社会信用信息中非常重要的组成部分。与此同时，全国各地法院积极探索，在运用执行案件信息对失信被执行人进行信用惩戒方面积累了宝贵经验。这些做法在一定程度上起到了惩戒被执行人，督促其履行法定义务的效果，但由于缺乏全国的统一规定，各地标准不一、办法各异，加之受地域局限，对被执行人的信用惩戒效果难以充分彰显，迫切需要在总结各地经验的基础上，统一法律适用标准，规范操作程序，并在全国范围内发挥对失信被执行人的信用惩戒功能。① 在这样的大背景下，起草失信被执行人名单制度相关司法解释的计划被提上日程。经过近两年调研论证，最终于 2013 年 7 月 1 日，经最高人民法院审判委员会第 1582 次会议通过，2013 年 7 月 19 日正式对外发布了《最高人民法院关于公布失信被执行人名单信息的若干规定》。

2015 年 7 月 6 日，最高人民法院审判委员会第 1657 次会议通过《关于修改〈最高人民法院关于限制被执行人高消费的若干规定〉的决定》，对此前规定作出全面修改，将司法解释名称修改为《最高人民法院关于限制被执行高消费及有关消费的若干规定》，并通过限制高消费系统与多个协作部门对接，积极遏制了被执行人的多种高消费行为。

2017 年 1 月 16 日，最高人民法院审判委员会第 1707 次会议通过《关于修

---

① 刘涛、朱燕：《〈关于公布失信被执行人名单信息的若干规定〉的理解与适用》，载《人民司法》2013 年第 19 期。

改〈最高人民法院关于公布失信被执行人名单信息的若干规定〉的决定》，对此前规定进行了大幅度修改：一是进一步明确了纳入失信名单的实质要件，对纳入失信名单的标准作了细化；二是增加规定了纳入失信名单的期限，有利于激励失信被执行人纠正失信行为，使公布失信名单制度"以惩促信"的作用得以有效发挥；三是进一步明确了救济程序，充分保障当事人的救济权利；四是增加了案件终结本次执行程序后删除失信名单的规定，确保失信名单制度效果的有效发挥。

（三）地方性法规及相关文件

全国性的信用立法颇费周折，而地方性的信用立法及相关配套规定已作出多方面的探索。

1999 年 7 月，上海成立了全国首家征信机构上海资信有限公司，在中国社会信用体系发展史上具有里程碑的意义。

2001 年 12 月，深圳出台《深圳市个人信用征信及信用评级管理办法》，个人信用征信首次以地方政府令的形式发布。

2003 年 12 月，上海出台《上海市个人信用征信管理试行办法》，是我国第一部联合征信的政策性管理办法。[①]

2017 年年底，杭州、南京、厦门等 12 个城市成为社会信用体系建设示范城市，制定了《长三角地区深化推进国家社会信用体系建设区域合作示范区建设行动方案（2018—2020 年)》和《京津冀全国守信联合激励试点工作行动方案（2019—2020 年)》。

2017 年以来，上海、浙江、河北、湖北、陕西 5 个省市陆续出台了地方信用法规，尤以 2017 年 10 月 1 日施行的《上海市社会信用条例》影响最大，是国内首部关于社会信用体系建设的综合性地方立法，对社会信用信息的归集、采集、共享和使用，信用激励与约束，信息主体权益保护，信用服务行业规范与发展等活动进行了规范。对于完善市场经济体制，创新社会治理机制，提高社会信用水平，增强诚信意识，起到积极的推进作用，在全国引起了强烈反响，得到了国家信用主管部门的高度评价。在上海的带动下，各地迎来信用地方性法规制定高潮，厦门、宿迁、广东等地制定或正在制定社会信用条例，江苏省人大常委会也已通过《江苏省社会信用条例》，并已于 2022 年 1 月 1 日

---

① 刘大玮：《我国个人征信立法若干问题研究》，内蒙古大学 2015 年硕士学位论文。

正式施行。

从域外信用体系的发展和运行来看，社会诚信体系包含三个方面：一是完备的法律体系；二是健全的征信系统；三是有效的失信惩戒机制。从我国社会诚信体系建设现状来看，国内信用规范以法规、规章及规范性文件为主体，缺少专门、核心的基本法律，大量法规、规章缺乏基本法律的指引，呈立法位阶过低的状态。[①]《社会信用法》尚在立法过程中，现有的一些地区和部门制定的单行条例存在调控能力不足、信用保障机制不充分、信用激励机制不完善等缺陷。

第二节　司法征信系统

一、构建司法征信系统的意义

司法征信系统是将法院司法过程产生的案件信息予以分类记录，为其他职能部门在进行招投标管理、信贷审批、资信审查等环节时，提供相关民事主体的司法信用信息，既有利于各职能部门作出准确判断，又有利于督促民事主体遵纪守法。就我国而言，不少行业都建立了对行业主体的评价机制，有些虽没有冠以"征信系统"的名称，但实质上发挥了征信系统的部分作用，其之所以影响力较小，是因为没有能够实现不同部门间资源的整合与共享。如果不实现资源共享，司法征信系统就仅仅是一个数据库，远远起不到征信系统的作用；而信息共享后，将司法征信系统与各行业对接，将涵盖社会生活的方方面面，对促进社会诚信建设大有裨益。各行业通过比对被征信人信息，知悉其在法院案件中承担债务及履行债务的情况，从而对被征信人信用水平作出整体判断。在法院有未结执行案件的被征信人申请注册公司或者变更工商登记的，工商行政机关可以限制其相关行为；上述被征信人向银行申请贷款的，银行可以通过降低授信额度、提高贷款利率、增加担保等手段来提高被征信人贷款门槛；上述被征信人向建设工程招投标部门申请招投标的，招投标部门可以按照规定在招投标过程中对该类企业减分处理。总之，通过纵横于生活各处的网络来限制被执行人的经济活动，令其一处失信、处处受限。司法征信系统的建

---

① 袁文瀚：《信用监管的行政法解读》，载《行政法学研究》2019 年第 1 期。

立，不仅督促被执行人积极履行义务，更重要的是有助于公民珍视自身社会信用价值观的树立，为诚信社会的建立夯实基础。

二、人民法院在司法征信系统中的角色设定

征信系统涵盖的主体主要包括被征信人、信息提供人、征信机构、信息使用人等。法院在整个司法征信系统中的角色定位，一般认为可以有两种模式：一是法院仅作为信息提供人，负责采集司法程序中民事主体的相关信息并提供给征信机构；二是法院同时承担信息提供人及征信机构的职责，不仅负责采集司法程序中民事主体的相关信息，而且负责将信息向信息使用人披露。相较而言，我们更赞成第一种模式。从国际惯例而言，鲜有司法机关独立成立征信机构的范例。世界各国征信体系的发展存在着两种模式：一是以美国、加拿大为代表的"私营模式"，即征信机构由民间投资组成，独立于政府机构与大型金融机构之外；二是以欧洲主要国家为代表的"公共征信模式"，即由政府财政出资建立覆盖面较广的信用数据库系统，一般由中央银行作为系统的管理者，实际运作机构为非营利性，直接隶属于中央银行。[①] 即便在政府主导的公共征信模式下，司法机关仍然没有独立作为或主管征信机构。究其原因，与司法机关的职能定位有关：一是司法具有被动性的本质特征，与征信机构需要积极主动搜集多方主体信息的基本定位有较大差距；二是司法工作强调专业性与单一性，司法机关掌握的仅是司法活动中主体的相关信息，而征信机构能发挥作用的重要原因是其征信范围的广泛性，在这一点上两者仍然不相适应。据此，我们认为，在我国司法征信系统的建设过程中仍然应该尊重征信发展的客观规律，人民法院立足于做好信用信息提供人的角色，向征信机构提供公正、客观、真实的信用信息。

三、司法征信系统信息涂销

已进入司法征信系统的被执行人履行完毕法律规定的义务后，在系统中予以明确标识自不待言，但是否应该对征信系统中该被执行人曾经不履行生效裁判的信息予以涂销，意见不一。有人认为，如果不进行涂销，会造成被执行人

---

① 任兴洲：《从中国征信业发展历程看未来模式选择》，载中国人民银行征信管理局编：《"征信与中国经济"国际研讨会文集》，中国金融出版社 2004 年版。

放任的心态，被执行人会认为，不论其是否履行，不良信息均已在其征信系统中记录，对其经济生活与社会生活造成重大影响，与其积极履行义务，不如消极怠于履行，因而不利于案件的执行。我们认为，该观点值得商榷。

第一，征信系统记录期限的设定防止被征信人放任情形的发生。《欧盟数据保护指南》对时限作了原则性规定，要求保留信息的时间符合收集信息的目的。西班牙规定征信机构对迟付和逾期贷款的信息只能保留 6 年。巴西对个人信息记录的时间限制为 5 年。① 各国对征信系统记录信息作时间上的限制，目的就是给被征信人重塑个人信用的机会，不会因为一次失信行为导致终身受限，防止被征信人放任情形的发生，这也从根本上杜绝了执行案件中被执行人因为会被征信系统记录信息而拒绝履行义务情形的出现。

第二，在征信系统中对被征信人是否已经履行义务作明确区分。对上述两种情形作明确区分不仅是因为被征信人是否履行义务在实体上对被征信人的信用评价影响甚巨，更重要的是被征信人履行义务完成的时间即是该信息在征信系统保存时间的起点。例如，被执行人拒不履行法院判决 5 万元，如果其一直未履行该义务，该信息会一直存在于征信系统之中，不受时间限制，只有当被执行人履行完毕义务之后，该信息在征信系统的存续时间才开始计算。

第三，征信系统记录有利于诚信社会的建立。就执行工作而言，表面上看，对于履行义务的被执行人仍然将其信息记载于征信系统似乎没有对于履行义务的被执行人立即涂销其不良信息更有利于执行，但是征信系统建立的本质就是真实反映被征信人的信用状况，在前期的个案上似乎对解决执行难没有起到立竿见影的作用，但是对被执行人可以起到极大的威慑作用，同时也有利于人民群众逐渐形成诚实守信的意识，对社会信用体系以及诚信社会的建立大有裨益。

四、被征信人的权利保障

被征信人的异议权，是征信系统数据准确性的重要保障，因为只有被征信人自己才最有动力去核实关于自己信用信息的真实性，同时也是被征信人自己最清楚自己真实的信用信息。不少国家立法中均有关于被征信人异议权保障的

---

① 方华山：《信用信息使用人行为规范研究》，载中国人民银行征信管理局编：《征信专题研究》，中国金融出版社 2009 年版，第 247 页。

相关内容。《阿根廷个人数据保护法》规定：任何个人都有权要求修改、更新其个人信息。信息控制者在接到信息主体投诉或被通知信息有误之日起最长 5 个工作日内，必须采取有效措施对错误信息进行修改、制止或更新。在信息流通和传输过程中，若信息处理受到影响，信息提供人必须在 5 个工作日内告知接收者该信息的修改或制止情况。①

就司法征信系统而言，在运行过程中，难免会因为数据更新不及时、操作人员操作失误等原因导致录入信息错误，进而影响被征信人的实体权利，此时对于被征信人提出的异议自然必须处理。但应按照我国《民事诉讼法》第 232 条的规定纳入执行异议范畴，还是设置专门的程序给被征信人提供救济？我们的观点是后者，主要因为：

第一，创设单独的救济途径有利于提高效率以保障被执行人权利。《民事诉讼法》对执行异议的审理期限是 15 天，对于因工作人员失误造成错误记载征信记录的被执行人而言，其从事商事交易时对于金融机构审批资金的及时性有迫切的需求，15 天的审理期限过长，易对其造成无法弥补的损失。因此，创设单独的救济途径，对于错误记载的征信信息及时更正，更有利于保障被执行人的利益。

第二，相关法律法规均设定单独渠道用以救济。《最高人民法院关于全国法院被执行人信息查询平台信息异议处理的若干规定》第 4 条规定："当事人对全国法院被执行人信息查询平台提供的信息内容有异议的，应及时向执行法院书面提出，并附相关证明材料。信息异议包括没有录入有关信息的异议、信息内容不准确的异议、信息发布不及时的异议。"第 5 条规定："执行法院应在接到书面异议后 3 日内予以审查核对，异议成立的，应当在 2 日内对相关信息予以补录或更正。执行法院必须在接到书面异议后 7 日内将处理结果答复异议人。"第 6 条规定："执行法院对信息异议逾期未作处理，或对处理结果不服的，异议人可以向上一级人民法院书面请求复核，并附相关证明材料。"由此可知，信息异议的期间与《民事诉讼法》对执行异议的期间规定不同，甚至复议救济途径也不相同，该异议是完全独立于执行异议的救济途径。此外，《征信业管理条例》第 25 条规定："信息主体认为征信机构采集、保存、提供的信息存在错误、遗漏的，有权向征信机构或者信息提供者提出异议，要求更

---

① 周汉华：《域外个人数据保护法汇编》，法律出版社 2006 年版，第 287 页。

正。征信机构或者信息提供者收到异议，应当按照国务院征信业监督管理部门的规定对相关信息作出存在异议的标注，自收到异议之日起20日内进行核查和处理，并将结果书面答复异议人。"按照该法规定，被征信人提出的异议依然应该区别于执行异议。

第三，被征信人异议提出时间不符合执行异议的条件。对案外人异议而言，法律明确限定案外人提起异议的时间限制是"执行过程中"，[①] 对于执行异议，法律虽然没有明确限制异议人提出异议的时间范围，但在实务中，为了防止执行案件久拖不决，往往参照案外人异议的规定，将执行异议的提出时间限制在执行过程中。但是征信系统的记录有其滞后的特点，举例而言，某执行案件的被执行人已经履行义务，故执行案件结案，但是由于工作人员操作失误该信息依然被征信系统记录，该被执行人直到数年后申请银行贷款时才知晓上述事实，遂向执行法院提出异议。此时由于原执行案件结案已久，自然不符合"执行过程中"的条件，造成被执行人无法提起执行异议。因此，对于被征信人异议而言，创设单独的救济途径更为合适。

第三节　司法征信惩戒制度之完善

中共中央办公厅、国务院办公厅《关于加快推进失信被执行人信用监督、警示和惩戒机制建设的意见》中指出，人民法院通过司法程序认定的被执行人失信信息是社会信用信息重要组成部分。对失信被执行人进行信用监督、警示和惩戒，有利于促进被执行人自觉履行生效法律文书确定的义务，提高司法公信力，推进社会信用体系建设。2013年7月，最高人民法院发布《最高人民法院关于公布失信被执行人名单信息的若干规定》，（法释〔2013〕17号，以下简称《公布失信信息规定》），并于2017年1月修正。该规定在改革执行工作体系，参与社会信用体系建设，促进当事人自动履行生效裁判等方面发挥了积极作用，但也存在一些需要健全完善之处。为了更好地发挥司法信用惩戒的作用，最高人民法院正在启动新一轮调研，拟对最高人民法院《公布失信信息规定》进行修改。本节内容结合江苏法院的司法实践，对此次司法解释的修改提出意见和建议，为进一步完善我国司法征信惩戒制度建言献策。

---

① 《民事诉讼法》第234条规定："执行过程中，案外人对执行标的提出书面异议的，人民法院应当自收到书面异议之日起十五日内审查……"

一、明确法律适用

最高人民法院《公布失信信息规定》适用过程中，许多一线执行人员反映，该规定第 1 条第 1 款第 1 项中的"有履行能力而拒不履行生效法律文书确定义务的"情形难以准确界定，并且似乎陷入逻辑陷阱。即如果法院有足够证据能认定被执行人有履行能力而拒不履行生效法律文书确定的义务，应该直接执行其"能履行"的财产，而不是纳入失信被执行人。因为纳入失信被执行人后，再去执行其"能履行"的财产，则该被执行人已履行完毕义务，应当将其在失信被执行人名单中予以屏蔽，故此次执行法院的纳失行为无实际意义。如果法院不能直接执行被执行人"能履行"的财产，则凭何认定该被执行人有履行能力？该疑问有一定道理，但并不尽然。因为执行中有很多情形，执行法院即使能够确认被执行人能履行，但如被执行人不予配合，也难以实际执行，主要集中在行为履行方面。据此，我们建议以列举形式界定"有履行能力而拒不履行生效法律文书确定义务"的情形，便于实践操作。

第一，拒不履行行为义务的，执行依据确认的行为义务必定是被告能够履行的，如果被告无法履行，则是执行依据有误，此为另一层面问题，此处不予深究。

第二，拒不交付人民法院已经查封但未实际控制的车辆、船舶等动产的，该种情形在执行实务中十分常见，执行法院查询到被执行人特殊动产信息后，实施查封，但由于动产的特性，执行法院未能实际予以控制，故无法处置。对于法院查封的被执行人财产，被执行人自有交付执行的能力与义务，但其无正当理由拒不交付的行为，符合该情形。

第三，执行法院就房屋、土地等不动产发布搬迁公告后，拒不搬迁的，该类情形本质上仍然是行为的履行。

第四，拒不提供单位财务账册等材料的。执行法院执行单位财产时，需要通过财务账册对单位的经营状况、债权债务关系进行审核甚至委托第三方机构予以审计，被执行人单位有能力也有义务配合提供财务账册，如其拒绝提供亦符合本条情形。

第五，被执行人放弃或怠于主张债权。被执行人对外的到期债权属于被执行人的责任财产，在进入强制执行程序时理应用以清偿债务，被执行人无正当理由放弃或怠于主张债权的，存在损害申请执行人恶意规避执行的嫌疑，符合

"有履行能力而拒不履行生效法律文书确定义务"的情形。

第六，被执行人的收入状况明显超出被执行人及其所扶养家属生活所必需的费用，拒不说明收入来源且拒不履行金钱给付义务。该条情形与上述几条均不同，不单单是行为履行的问题，涉及对被执行人收入和消费情况的综合判断。如果仅仅是因为被执行人的收入状况明显超出被执行人及其所扶养家属生活所必需的费用，执行法院可以直接对其收入进行冻结，每月预留其及所扶养家属生活所必需的费用，无须将其纳入失信名单进行惩戒。但如果经法院调查无法核实被执行人的收入情况，但结合其实际消费情况其收入水平明显超出被执行人及其所扶养家属生活所必需的费用的，执行法院应当对于被执行人进行信用惩戒。简言之，此类情形下，执行法院如无法对被执行人直接执行，则可以通过纳入失信名单的方式对其间接执行。

二、细化失信分类

结合被执行人是否有消极履行、规避执行或者抗拒执行的行为以及被执行人的履行能力等因素，对失信被执行人分类细化、区别惩戒，避免对失信被执行人纳入实行"一刀切"。

（一）细化纳失范围

《公布失信信息规定》规定了"应当"纳入和"不得"纳入失信名单情形，由于实务中被执行人失信情形十分复杂，过于刚性的规定虽然对规则适用能起到规范的作用，但由于规则对于实务中的情形无法穷尽，因此建议增加"可以"纳入情形，给予执行人员一定的自由裁量权。

1. 应当纳入失信名单情形

将《公布失信信息规定》第 1 条保留作为应当纳入失信名单情形，另外增加"经两次传票传唤，无正当理由拒不到庭的"情形。被执行人负有配合法院调查其财产的义务，经法院两次传票传唤拒不到庭的行为，严重损害了司法的权威，增加了司法成本，对被执行人的此种行为应当纳入失信名单予以惩戒。

2. 可以纳入失信名单情形

被执行人虽无《公布失信信息规定》第 1 条规定情形，但未在执行通知书规定的期限内履行生效法律文书确定的义务，人民法院可以将其纳入失信被执行人名单。以实务中常见的民间借贷案件为例，经法院作出生效判决后，借款人依然未归还出借人款项。即使其确实无力归还，不存在逃避执行的行为，但其借钱未还的行为也应当进行负面的信用评价。与借款人欠付银行贷款相比较，无论是信用卡还是住房贷款月供，借款人逾期归还后均会在中国人民银行征信系统留有失信记录。由于该系统无法采集民间借贷中借款人的失信信息，对于已经进入法院执行程序的此类案件而言，被执行人尚未归还借款，在执行程序中对其欠款行为如实记录，实际是为中国人民银行征信系统补充了数据源，对社会诚信体系的构建实则大有裨益。

3. 不得纳入失信名单情形

《公布失信信息规定》第3条、第4条规定了不得将被执行人纳入失信名单情形，规定适用几年以来，根据实际适用效果，不得适用情形应当进一步拓宽。

就《公布失信信息规定》第3条而言，其前提条件是在符合该条情形下，即使被执行人"有履行能力而拒不履行生效法律文书确定义务的"，也不得将其纳入失信被执行人名单。除了第4项兜底条款外，其余三项可分为两种情形。第一种为执行案件能够实际执结，已无必要将被执行人纳入失信名单。包括第1项"提供了充分有效担保"和第2项"已被采取查封、扣押、冻结等措施的财产足以清偿生效法律文书确定债务"。第二种为执行案件虽然不能实际执结，但对于该结果无可归责于被执行人的理由。即第3项"被执行人履行顺序在后，对其依法不应强制执行的"。据此分析，建议在第二种情形中增加一项"被执行人财产被多家法院多轮查封，非其原因未能及时处置"情形。此种情形下，被执行案件并无法实际执结，但此时由于多家法院查封的介入，被执行人已无法自由处分其财产，其对此结果无直接可归责事由。

就《公布失信信息规定》第4条而言，实务中有以下几种情况应一并作为不得纳入失信名单情形：一是执行案件符合《最高人民法院关于严格规范终结本次执行程序的规定（试行）》第1条情形，且不具有《公布失信信息规定》第1条情形的。简言之，执行案件符合终结本次执行程序条件，即该案件被执行人确实无财产可供执行的前提下，又不存在应当纳入失信名单的情形，则不得将该被执行人纳入失信名单。此类情形下，经法院强制执行程序，已经确认被执行人无财产可供执行，并作出终结本次执行程序裁定，再将该被执行人纳入失信名单并无实际意义。二是全日制在校生因"校园贷"纠纷成为被执行人的，一般不应纳入失信被执行人名单。全日制在校生即使已成年，也未完全进入社会，识别能力较差，而"校园贷"本身也备受诟病，从善意文明执行理念角度出发，给予全日制在校生更为宽松的偿债环境，更有利于其日后成长。三是单位作为被执行人的，人民法院不得将其法定代表人、主要负责人、影响债务履行的直接责任人员、实际控制人纳入失信名单。由于此类案件中的被执行人为单位，因此从主体上而言，该项中的"四类人"并非被执行人，而失信被执行人名单的前提即为执行案件的被执行人，"四类人"并不符合这一基本前提，从法理上自不应纳入失信被执行人名单。对于"四类人"确实对被执行人单位未实际履行法律确定的义务产生影响的，应通过其他途径追究其相应责任。

（二）细化失信分级

不少地方出台的信用条例均对失信分级分类管理进行了探索，失信被执行人名单也可作出类似尝试。将被执行人的失信情形划分为严重失信、一般失信与轻微失信三个层次，具体而言：第一，被执行人具有《最高人民法院关于公布失信被执行人名单信息的若干规定》第1条第1款第1项至第3项规定情形的为严重失信，从被执行人的主观恶意程度而言，该三种情形是最为恶劣的，据此将其归入最严重的失信等级。第二，被执行人具有《公布失信信息规定》第1条第1款第4项至第6项以及前文提及增加"经两次传票传唤，无正当理由拒不到庭"情形的为一般失信，此类情形的被执行人确实违反了相关法律规定，但其违反情形并未达到前项规定的严重程度，据此将其归入一般失信的评价等级。第三，被执行人属于前文提及的可以纳入失信名单情形的，即被执行人未在执行通知书规定的期限内履行生效法律文书确定义务的为轻微失信。如果无其他情节，则属于失信的最轻等级。

（三）细化惩戒期限

细化失信分级不是目的，只是手段，目的是根据不同的失信等级进行更完善的管理，其中重要的一条就是细化惩戒期限。类似于行政法中的"比例原则"以及刑法中的"罪责刑相适应"原则。《公布失信信息规定》第2条第1款规定："被执行人具有本规定第一条第二项至第六项规定情形的，纳入失信被执行人名单的期限为二年。被执行人以暴力、威胁方法妨碍、抗拒执行情节严重或具有多项失信行为的，可以延长一至三年。"执行实务中，不少一线人员反映该规定过于复杂，实际使用过程中类似于刑事裁判的量刑，具体情形难以把握，且易造成被执行人异议。因此建议对失信惩戒的期限尽量采取直接明确的方式予以规定，减少执行人员自由裁量的空间。具体而言，严重失信情形下，导致可供执行财产不足，阻滞人民法院执行的，纳入失信被执行人名单的期限为三年；导致案件无法执行的，纳入失信被执行人名单的期限为五年；构成拒不履行判决裁定罪的，纳入失信名单的期限为七年。一般失信情形下，纳入失信名单的期限为二年。轻微失信情形下，纳入失信名单的期限为一年。被执行人同时存在多项失信情形，按照纳入失信被执行人名单期限较长的予以失信惩戒，不叠加计算纳入期限。纳入失信被执行人名单的期限从人民法院作出的纳入失信被执行人名单决定生效之日起计算。

需要特别说明的是，《公布失信信息规定》将被执行人的失信惩戒期限分为有期限和无期限两种，实践中很多一线执行员存在困惑，对于有期限还是无期限惩戒力度哪个更大意见不一。据此建议统一确定为失信名单均设有期限。对于有可能产生执行案件尚未履行完毕但失信名单期限已届满的问题，通过限制消费令予以解决。

三、设置纳入失信名单宽限期

失信被执行人名单运行几年以来，随着使用名单的部门日趋增加，失信惩戒网络日益扩大，对被执行人起到的威慑作用也愈发增大。失信名单宽限期的设置能够充分利用信用惩戒的威慑作用，将被执行人纳入失信名单之前设置一定期限，由被执行人主动履行义务，既避免了对被执行人进行实质信用惩戒，又提高了执行效率。

（一）适用宽限期的条件

在将被执行人纳入失信名单前，被执行人出具履行承诺书后，符合下列情形之一的，人民法院可以给予其1至3个月宽限期。宽限期内，暂不发布其失信信息：（1）被执行人提供充分证据证明有到期债权已进入执行程序且到期债权数额足够清偿执行案件债务的；（2）双方当事人达成执行和解协议，被执行人承诺按期履行的；（3）被执行人具有主动履行意愿，制订可行的履行计划并提供相应担保的；（4）被执行人系为其他企业生产经营需要提供担保，本身生产经营情况良好，且积极配合执行的；（5）企业的法定代表人及其家庭成员系因为企业生产、经营需要提供担保而成为被执行人，且积极配合执行的；（6）被执行人确因自然灾害、重大突发公共卫生事件等不可抗力影响，暂时无法履行生效法律文书确定的义务的；（7）因抢险救灾、疫情防控等公共利益需要不宜纳入失信被执行人名单的；（8）人民法院认为应当暂缓纳入失信被执行人名单的其他情形。

综上，适用宽限期的被执行人分为以下几类：一是被执行人虽然未履行完毕债务，但在可以预见的将来能够实际履行完毕的，如上述第 1 项至第 3 项；二是被执行人非实际欠款人，因担保而作为被执行人，且配合执行态度积极的，如上述第 5 项、第 6 项；三是因不可抗力导致被执行人暂时丧失履行能力的，如上述第 7 项；四是纳入失信名单造成不良社会影响的，如上述第 8 项。总的来说，适用宽限期的被执行人均是失信情节比较轻微，经过短暂时间调整后能够具备履行能力偿还债务的。

（二）宽限期届满的法律后果

宽限期届满的后果只有两种：一是被执行人在宽限期内履行完毕法律文书确定的义务，则案件执行完毕，自不必将被执行人纳入失信名单；二是宽限期届满后，被执行人仍未履行生效法律文书确定义务的，再发布其失信信息并采取相应惩戒措施。

需要特别说明的是，执行法院如发现被执行人在宽限期内拒不配合法院执行或作出虚假承诺的，应当立即取消宽限期，及时将其纳入失信被执行人名单，对其予以信用惩戒。被执行人在宽限期内已有明确不配合执行的情形，说明其并非有积极履行债务的意愿，只是想利用宽限期逃避债务而已，对此情形，执行法院无须等到宽限期届满，应当立即取消宽限期。与此同时，被执行人为了获得宽限期而作虚假承诺的，经执行法院证实，可以依据《民事诉讼法》第 114 条的规定对其进行处罚，此为对违反宽限期承诺的惩戒。

四、失信惩戒的暂时解除程序

（一）适用条件

失信被执行人向人民法院申请暂时解除失信惩戒程序，经申请执行人书面同意或者人民法院依职权审查认为符合以下条件之一的，可以暂时解除：（1）积极配合人民法院执行，主动腾空房屋等不动产、提供已被查封的机动车等动产或者人民法院调查所需的其他材料的；（2）已履行 1/2 以上债务，并对剩余债务有明确履行计划的；（3）确因自然灾害、重大突发公共卫生事件等不可抗力因素暂时无法履行生效法律文书确定的义务；（4）出于抢险救灾、疫情防控等公共利益需要不宜纳入失信被执行人名单的。

失信惩戒的暂时解除程序与宽限期有一定相似之处，均为对本应纳入失信名单的被执行人暂时不予纳入，体现了善意文明的执行理念。适用失信惩戒暂时解除程序的案件主要分为以下几类：一是被执行人积极履行行为执行，如上述第 1 项；二是被执行人已履行金钱执行数额达一半以上，且有可行性履行计划的，如上述第 2 项；三是因不可抗力导致被执行人暂时丧失履行能力的，如上述第 3 项；四是纳入失信名单造成不良社会影响的，如上述第 4 项。

（二）适用程序

失信惩戒的暂时解除程序由被执行人提出，经申请执行人同意，执行法院可直接予以暂时解除。如申请执行人未同意，执行法院应组成合议庭审查，并报请院长批准。由于最高人民法院《公布失信信息规定》第 5 条规定人民法院决定将被执行人纳入失信被执行人名单的，应当制作决定书，决定书由院长签发。既然纳入失信名单由院长签发，解除失信名单也应当由院长签发。

（三）违反后果

在暂时解除失信惩戒措施期间，被执行人有以下情形的，应当立即恢复对其信用惩戒，并视其情节依法处以罚款、拘留，情节严重的追究刑事责任：（1）无正当理由未按传唤指令到达指定地点接受问询的；（2）提交虚假证据材料的；（3）隐匿或者转移财产的；（4）从事与提高履行能力无关的高消费行为的；（5）以其他方法规避、妨碍、抗拒执行的。

五、异议标注

《公布失信信息规定》第 11 条、第 12 条对被执行人纳入失信名单后的救济程序作出规定。虽然未明确规定该程序是否按照《民事诉讼法》第 232 条的异议复议程序进行审查，但实务中不少法院均完全按照异议复议程序审查处理。第 12 条规定对失信被执行人的异议在审查期限上作了严格限制，但计算一下不难发现，从被执行人提出异议到复议结束，即使严格按照规定的时间限制，也整整需要 35 日。而实际情况是该期限甚至要数倍于 35 日。如此便会造成问题，即如果法院经复议审查发现确实不应将被执行人纳入失信名单，则对于需要申请银行贷款或从事商事交易的被执行人而言，由于时间成本过高，易造成较大损失。具体而言，被执行人申请银行贷款时银行经审查发现该被执行人已被纳入失信名单，按照多数商业银行的工作规则，将无法再向该被执行人发放贷款，商事主体的资金链断裂造成的损失将十分严重。即使该被执行人在获知自己被纳入失信名单后第一时间提起异议，则经过异议复议程序，在漫长的审查期间内，其依然处于失信被执行人名单中，仍然无法获得贷款。即使最后经复议程序审查，将其于失信名单屏蔽或删除，但此前造成的既定损失将难以弥补。

在异议复议这段不短时间内，引入缓冲机制，在"是"与"非"的刚性判断外，补充"有待确认"的客观描述十分重要。既给予与被执行人从事交易的相对方以提示，又相当程度保护了错误被纳入失信名单的被执行人的利益。建议对于此类情形，引入异议标注制度。《征信业管理条例》第25条规定："信息主体认为征信机构采集、保存、提供的信息存在错误、遗漏的，有权向征信机构或者信息提供者提出异议，要求更正。征信机构或者信息提供者收到异议，应当按照国务院征信业监督管理部门的规定对相关信息作出存在异议的标注，自收到异议之日起20日内进行核查和处理，并将结果书面答复异议人。经核查，确认相关信息确有错误、遗漏的，信息提供者、征信机构应当予以更正；确认不存在错误、遗漏的，应当取消异议标注；经核查仍不能确认的，对核查情况和异议内容应当予以记载。"据此，建议对《公布失信信息规定》第12条进行如下修改：公民、法人或其他组织认为人民法院将其纳入失信被执行人名单错误，有权根据《民事诉讼法》第232条的规定申请纠正，人民法院应当对相关信息作出存在异议的标注，自收到书面纠正申请之日起15日内审查，理由成立的，应当在3个工作日内纠正；理由不成立的，决定驳回。驳回决定生效后应当取消异议标注。公民、法人或其他组织对驳回决定不服的，可以自决定书送达之日起10日内向上一级人民法院申请复议。上一级人民法院应当自收到复议申请之日起15日内作出决定。复议期间，不停止原决定的执行。

六、信用修复

纳入失信名单的被执行人履行完毕法律文书确定的义务后，执行案件应予结案。根据《公布失信信息规定》第10条的规定，执行法院应当在3个工作日内删除被执行人的失信信息，对被执行人予以信用修复。

（一）征信机构及时更新数据库的义务

征信机构使用最高人民法院失信被执行人名单数据库对相关当事人进行信

用评价的，应当及时与数据库同步更新。执行实务中经常出现金融机构等单位从第三方数据库中获取人民法院失信被执行人名单信息，因数据同步滞后等原因引发当事人信访、舆情的情况。人民法院失信被执行人名单信息具有很强的权威性和严肃性，征信机构既然需要搜集相关信息作为对信用主体信用评价的依据，理应负有确保数据与源头数据及时性与一致性的责任。因征信机构未及时履行同步更新义务导致信用主体利益受损的，信用主体有权申请赔偿。征信机构的该项义务不应只是纸面上的责任，而应落实落细、真刀真枪，一旦因其违反责任义务导致信用主体利益受损且符合侵权行为构成要件的，应当承担损害赔偿责任，以此倒逼征信机构提升数据同步频率，提高数据准确性。

这个问题的另一个方面即是，如金融机构等信用使用单位审核贷款申请人信息时，发现第三方征信机构提供的信息与最高人民法院失信被执行人名单信息不一致时，应当以何为依据？我们认为此时应当以最高人民法院失信被执行人名单库信息为准。紧急情况下，执行法院已作出撤销、屏蔽决定，但数据尚未上传至最高人民法院失信被执行人名单信息库时，应当以决定纳入失信被执行人名单或决定撤销、屏蔽失信被执行人名单信息的法院作出的书面决定为准。

（二）法院的信用修复义务

在社会统一的信用惩戒、信用修复联网建设未予完善之前，被执行人的失信信息被依法删除或撤销后，被执行人因求职、借贷等被有关单位要求提供信用修复证明的，经被执行人申请，人民法院可以就删除或撤销情况出具相关证明材料，以帮助被执行人进行信用修复。

七、守信激励

失信惩戒与守信激励互相促进，是社会信用制度能够良性运行的重要原因。2016年，国务院专门印发了《关于建立完善守信联合激励和失信联合惩戒制度加快推进社会诚信建设的指导意见》，守信激励被提到与失信惩戒同一高度进行管理规制，是全面深化改革，特别是深化"放管服"改革的一项重要举措。做到让守信者一路绿灯、失信者处处受限，从而形成引导社会成员诚实守信的正确导向。在加大对严重失信主体惩戒力度的同时，充分运用多种措施对诚实守信主体进行激励。对诚实守信者进行联合激励，重在褒扬，重在提供优先机会，重在减轻社会负担，比如优先办理行政审批，优先享受优惠政策,优先提供公共服务,减少审批环节,减少监管频次,降低市场交易成本,使守信者在市场中获得更多机会和实惠,让信用成为市场配置资源的重要考量因素,不少地方在制定地方性信用条例时均贯彻了上述精神。例如,《江苏省社会信用条例》第五章就专门对守信激励作出规定,其第49条规定:"鼓励市场主体对信用状况良好的主体采取给予优惠便利、增加交易机会、降低交易成本等措施,对信用状况不良的主体采取取消优惠便利、减少交易机会、增加交易成本等措施。鼓励行业协会商会依据章程对信用状况良好的会员采取重点推荐、表扬奖励、提高评价等级等措施,对信用状况不良的会员采取警示告诫、通报批评、降低评价等级、取消会员资格等措施。"

由于法院工作的特殊性,其在社会治理中承担的更多是居中裁判的职能,社会治理职能相对弱化,因此《公布失信信息规定》更侧重于以信用惩戒为手段,对于信用激励未予提及。建议日后修改时,可以结合法院工作实际对信用激励作出规定。例如,《诉讼费交纳办法》第44条、第45条规定了当事人诉讼费减免的情形,建议可以增加主动履行生效法律文书确定义务的当事人,凭借诚信记录可以作为申请诉讼费减缓免的优先条件。此外,在诉讼保全过程中,法院会要求保全申请人提供一定比例的担保,对于信用评价良好、诚实守信的申请人,可以适当降低诉讼保全担保比例,以作为对其良好信用的激励。

第四节　江苏法院在信用惩戒方面的探索

一、探索缘由

江苏法院对司法跨域信用惩戒的探索肇始于2012年,彼时最高人民法院《公布失信信息规定》尚未公布,中国人民银行征信系统几乎为全国唯一的有一定规模的征信平台,信息采集源头主要是金融机构贷款发放回收、信用卡违约等内部数据,使用群体也仅仅局限于银行类金融机构,整个信用平台一般被认为是全国金融系统的内部平台,起到的作用相对有限。征信与信用不论是对广大老百姓还是对法院执行人员来说都是一个陌生的概念。与此同时,法院为有效解决困扰多年的执行难问题,采取了各种方法,耗费了大量人力、物力、财力,虽然取得了阶段性成效,但却没能从根本上解决"执行难"。正是基于这样的内外部环境,江苏法院结合司法实践,认真分析原因,认为随着社会科技的发展,被执行人的财产不再像原来多以不动产和现金的方式存在，而是更加分散与隐秘，并且其转移财产以规避执行的手段日趋多样，给执行人员查找被执行人财产造成严重困难。同时对被执行人规避执行的行为，缺乏有效的制裁手段，造成被执行人规避执行成本较低，敢于以身试法。法院单打独斗式的执行方法，硬碰硬的直接执行手段，对解决执行难现状日趋捉襟见肘，创新执行手段、转变执行观念、开拓执行方法显得尤为重要。

江苏法院据此大胆设想，如果能尝试利用法院自身掌握被执行人相关信息的优势，构建完成司法领域里的征信系统，将不履行生效法律文书确定义务的被执行人信息予以记录，并且与金融、工商、招投标、税务、质监、房管、车管等多部门实现信息共享，与社会各部门形成一个密不透风的诚信网络，对未按时履行法律文书确定义务的被执行人进行行为限制，增加被执行人的失信成本，使被执行人一处失信、处处受限，从而促使被执行人积极履行义务，必然会有利于从源头解决执行难题，推动诚信社会的构建。

二、江苏法院推动建立司法征信系统的早期探索

基于上文的理论基础与制度构想，江苏省高级人民法院与人民银行南京分行于 2014 年 5 月 23 日签订《关于建立江苏法院执行案件被执行人失信惩戒机制的实施意见》，将上述设想正式落地。

（一）《关于建立江苏法院执行案件被执行人失信惩戒机制的实施意见》制定的法律依据

2012 年《民事诉讼法》第 13 条新增了民事诉讼应当遵循诚实信用原则的规定，首次在民事诉讼中确立了诚实信用原则，这是《关于建立江苏法院执行案件被执行人失信惩戒机制的实施意见》制定的原则依据。民事实体法中的诚实信用原则作为帝王条款在实体法领域起到举足轻重的作用，而民事诉讼中的诚实信用原则，则是要求任何诉讼当事人实施诉讼行为、行使诉讼权利、履行诉讼义务，都要讲求诚实、信守诺言，兼顾对方当事人的诉讼利益和社会公序良俗；要在不损害对方诉讼利益和社会利益的前提下追求自己的诉讼利益。[①]

民事执行程序是民事诉讼的重要环节，是审判活动的延续，更是债权人合

---

① 叶自强：《论民事诉讼的诚信原则》，载《检察理论研究》1996 年第 2 期。

法权利得以实现的保障。依据诚实和善良的道德准则，要求被执行人应当恪守诺言、诚实不欺地执行生效裁判。2012 年《民事诉讼法》第 255 条①规定，被执行人不履行法律文书确定的义务的，人民法院可以对其采取或者通知有关单位协助采取限制出境、在征信系统记录、通过媒体公布不履行义务信息以及法律规定的其他措施。《关于建立江苏法院执行案件被执行人失信惩戒机制的实施意见》中执行法院将失信被执行人的信息报送中国人民银行征信系统的行为即是适用在征信系统记录的执行措施。《民事诉讼法》该条也成为制定《关于建立江苏法院执行案件被执行人失信惩戒机制的实施意见》的直接法律依据。

（二）《关于建立江苏法院执行案件被执行人失信惩戒机制的实施意见》出台目的与意义

被执行人失信惩戒机制是将法院执行过程中产生的案件信息予以分类记录，与其他需求部门信息共享。为其他职能部门在进行目标管理、信贷审批、资信审查等环节时，提供相关民事主体的司法信用信息，既有利于各职能部门作出准确判断，又有利于督促民事主体遵纪守法。在我国，不少行业都建立了对行业主体的评价机制，其之所以影响力较小，是因为没有能够实现不同部门间资源的整合与共享。联网共享后，将司法信息与各行业对接，将涵盖社会生活的方方面面，对促进社会诚信建设大有裨益。各行业通过比对被征信人信息，知悉其在法院执行案件中承担债务及履行债务的情况，从而对被征信人信用水平作出整体判断。在法院有未结执行案件的被征信人申请注册公司或者变更工商登记的，工商行政机关可以限制其相关行为；上述被征信人向银行申请贷款的，银行可以通过降低授信额度、提高贷款利率、增加担保等手段来提高被征信人贷款门槛；上述被征信人向建设工程招投标部门申请招投标的，招投标部门可以按照规定在招投标过程中对该类企业减分处理。总之，通过纵横于生活各处的网络来限制被执行人的经济活动，令其一处失信、处处受限。被执行人失信惩戒机制的建立，不仅督促被执行人积极履行义务，更重要的是促进公民珍视自身社会信用价值观的建立，为诚信社会的建立夯实基础。

---

① 现对应《民事诉讼法》（2021 年修正）第 262 条。

（三）《关于建立江苏法院执行案件被执行人失信惩戒机制的实施意见》的主要内容

《关于建立江苏法院执行案件被执行人失信惩戒机制的实施意见》是被执行人失信惩戒机制的重要组成部分，通过与中国人民银行征信信息共享，各金融机构办理信贷业务时，检索查询被执行人失信信息，作为综合评定借款人信用的依据。各金融机构视被执行人失信情形作出提高贷款担保、降低贷款额度，甚至不予贷款等决定，从而极大限制被执行人的经济生活，促使其积极履行生效法律文书确定的义务。

1. 失信惩戒机制的信息项范围

报送被执行人失信信息时如果数据过细，势必涉及自然人的隐私信息或者企业法人等组织的商业秘密，如果采集数据过于粗略，则难以准确定位被执行人，从而丧失了促使其积极履行义务的作用，因此在数据采集范围的度的把握上显得尤为重要。《关于建立江苏法院执行案件被执行人失信惩戒机制的实施意见》从以下方面确定了具体信息项标准：

（1）准确定位被征信人。惩戒机制的主体包括自然人、法人与其他组织，为确保主体身份确定性，需要涵盖以下信息：就个人而言包括被执行人姓名、被执行人的证件类型（身份证、护照、港澳居民来往内地通行证、台湾居民来往大陆通行证、外国人居留证等）及被执行人证件号码。就法人及其他组织而言，包括单位名称与组织机构代码。

（2）信息项既需全面又需简练。信息项只有全面才能客观反映被执行人的信用水平，但由于系统的限制，不可能将执行案件信息事无巨细记载入系统，需要简洁凝练。主要包括：案号、执行依据文书编号、申请执行标的金额。惩戒机制更多起到的是索引的作用，因此标明正确的执行案件案号与执行依据文书编号，便于信息使用人进一步核实被执行人的具体信息。

（3）信息项要具有时效性。当今世界信息更迭迅速，征信信息的时效性显得格外重要。对于执行案件信息而言，许多信息处于变动情形之中，如已执行标的金额，随着被执行人逐步履行义务，已执行标的金额自然发生变动，如系统更新不及时，自然影响信息使用人对被征信人信用的评价。故对于此类动态数据，需要及时作出变更。

（4）其他相关信息。主要包括执行案件立案日期、结案日期与结案方式等。此外，对于司法过程中涉及自然人的隐私信息，包括宗教信仰、政治归属、身体形态、基因、血型、病史等，涉及企业的商业秘密，如管理方法、产销策略、客户名单、货源情报等经营信息，生产配方、工艺流程、技术诀窍等技术信息，均不予采集，从而权衡好被执行人信息公开与被执行人权利保障的问题。

2. 失信惩戒机制的数据采集

对于任何的征信惩戒机制而言，数据的真实性、准确性与时效性尤为重要。以江苏为例，在 2014 年前后，全省法院每年执行案件逾 20 万起，如此庞大的案件量，逐案采集工作量可想而知。《关于建立江苏法院执行案件被执行人失信惩戒机制的实施意见》中被执行人失信惩戒机制的数据信息由法院综合系统后台自动采集，既减少了工作量，又提高了正确率。法院综合系统综合管理法院立案、审判、执行、结案等各环节，每个环节均由相关工作人员在系统中填入相应数据，否则无法进入下一司法环节。需要纳入被执行人失信惩戒机制的信息，绝大部分与法院综合系统中必填的案件信息等同，因此，直接从法院综合系统中提取相关数据，通过开发软件整合输出即可。

3. 执行法院的事前告知义务

所谓被征信人的知情权，是指被征信人有权知道征信机构是否对其信用信息进行收集及所收集到的信用信息的具体内容。对于被征信人信用信息的收集，当今世界主要有两种模式：一是欧洲模式，即收集信息主体的信用信息前，一般需征得信息主体的授权；二是美国模式，即不要求收集信息主体的信用信息前必须征得信息主体的授权，只要征信机构认为某一信息对评价信息主体的信用状况有帮助，就有权收集。[①] 就欧洲模式而言，赋予信息采集方过多的义务，在征信系统及大众征信意识并不发达的国家，往往会造成被征信人的误解，导致信息提供方花费大量精力只能采集极少数数据，极其不利于征信环境的整体发展，譬如哥伦比亚法律于 1999 年规定，信息提供人向征信机构提供个人信息必须得到信息主体的事先同意，而其 2000 年宪法则取消了此项要求。[②] 就美国模式而言，则赋予数据采集方过大权力，会造成被征信人的信用信息已被采集而自己却不知晓的情形，一定程度上损害了被征信人的知情权。

---

① 朱曙光：《信息主体合法权益保护的研究》，载中国人民银行征信管理局编：《征信专题研究》，中国金融出版社 2009 年版，第 267 页。
② 陈炎：《信息提供人行为规范研究》，载中国人民银行征信管理局编：《征信专题研究》，中国金融出版社 2009 年版，第 236 页。

我国《民事诉讼法》第262条规定，被执行人不履行法律文书确定的义务的，人民法院可以对其采取或者通知有关单位协助采取限制出境，在征信系统记录、通过媒体公布不履行义务信息以及法律规定的其他措施。该条规定法院可以在征信系统记录，没有规定法院有履行告知的义务。《关于建立江苏法院执行案件被执行人失信惩戒机制的实施意见》中采取了折中的方式，更符合中国的国情。即在采集被征信主体信息前告知其采集信息的范围及内容，但无须经过其同意，信息提供方（法院）可直接采集信息，在信息采集便捷性与被征信人知情权之间做一平衡。就失信惩戒机制而言，执行人员在发出执行通知书时，将被执行人不履行义务将由征信系统记录的后果予以告知，一方面既有利于促使被执行人积极履行义务，另一方面也是对被执行人知情权的保障。

4. 被执行人异议的处理

对于惩戒机制适用过程中，被执行人提出的异议是按照《民事诉讼法》232条的规定纳入执行异议范畴，还是设置专门的程序给被征信人提供救济，《关于建立江苏法院执行案件被执行人失信惩戒机制的实施意见》采纳了后者，规定：被执行人认为将其纳入人行征信系统有误，可以向人民法院申请更正。被执行人是自然人的，应当由被执行人本人到人民法院提出并说明理由；被执行人是法人或者其他组织的，应当由被执行人的法定代表人或者负责人到人民法院提出并说明理由。人民法院经审查认为理由成立的，应当于3日内作出决定予以更正并报送省法院，由省法院提供人行南京分行。人行南京分行自收到更正信息之日起3日内传输至中国人民银行征信中心，由其导入人行征信系统，实现信息更正。

三、江苏省域被执行人联合惩戒机制的发展

2013年6月，江苏省人民政府办公厅印发《江苏省自然人失信惩戒办法（试行)》与《江苏省社会法人失信惩戒办法（试行)》，初步在全省范围内建立对失信行为进行惩戒的机制。其中，江苏省高级人民法院提供的失信被执行人信息成为上述文件进行失信惩戒的重要依据。

江苏省高级人民法院继2014年5月23日与中国人民银行南京分行签订《关于建立江苏法院执行案件被执行人失信惩戒机制的实施意见》之后，又于2014年6月6日与江苏省住房和城乡建设厅联合出台《关于建立江苏法院执行案件被执行人失信惩戒机制的实施意见》。该意见规定，江苏高院向省住建

厅提供执行案件被执行人名单及相关信息，省住建厅将接收的失信被执行人失信信息整合到"江苏省住房和城乡建设系统失信行为公共信息平台"中，供工程项目的招标人进行查询和使用。全省国有资金投资的工程项目的招标人应当在资格审查的过程中，对潜在投标人或者投标人是否被纳入失信被执行人名单及其失信信息进行查询，对存在较重失信行为的，给予信用分减半的惩戒；对存在严重失信行为的，给予在有效期内限制直至永久取消其投标资格的惩戒。非国有资金投资的工程项目的招标人参照上述规定，对失信被执行人的失信行为进行查询和惩戒。全省各级工程项目招标投标监督管理机构在依法实施对工程项目招标投标监督的过程中，发现国有资金投资的工程项目的招标人未执行规定的，应当要求招标人予以纠正；发现非国有资金投资的工程项目的招标人未进行失信被执行人信息查询和惩戒的，应当向其作出风险提示。省住建厅将根据全省住房和城乡建设系统信用体系建设的推进情况，逐步将江苏高院提供的失信被执行人信息应用于本系统其他行业的业务管理工作。

2015年1月4日，江苏省高级人民法院与江苏省工商行政管理局联合出台《关于贯彻〈最高人民法院、国家工商总局关于加强信息合作规范执行与协助执行的通知〉若干问题的意见》，江苏高院与江苏省工商局专门搭建专线，建立协助执行与惩戒失信被执行人的查控联动响应机制。江苏高院集中全省法院失信被执行人名单、依法禁止担任法定代表人的刑事罪犯名单，通过与省工商局之间的专线将数据导入省工商系统，直接纳入登记限制黑名单库。工商部门对于限制黑名单库中人员三年内限制其担任法定代表人、董事、监事、总经理等企业高级管理人员，限制其新任股东，限制其对外投资，限制其参评工商系统各类荣誉称号，对于已获取的荣誉予以撤销处理。此外，意见规定了当事人的异议程序，对执行行为的规范化也作出要求。

2017年1月25日，在江苏高院的积极推动下，中共江苏省委办公厅、江苏省人民政府办公厅联合下发《关于建立对失信被执行人联合惩戒机制的实施意见》。意见确立了合法合规、互通共享、联合惩戒和社会协同的基本原则，构建了失信被执行人信息公开与共享机制，确定了55个联合惩戒成员单位，细化了46项惩戒措施，形成了联合惩戒合力。为维护司法权威，提高司法公信力，营造良好社会环境起到了积极有效的促进作用。

2018年4月4日，江苏省高级人民法院与江苏省社会信用体系建设领导小组办公室联合牵头，省检察院、省发展改革委、省经信委、省科技厅、省财政厅、省住建厅、省交通运输厅、省水利厅、省商务厅、省政务办等十二个江苏省省级机关联合签署了《关于在公共资源交易领域的招标投标活动中建立对失信被执行人联合惩戒机制的实施意见》。各联合惩戒部门根据自身工作需要，通过与省公共信用信息平台的信息交换共享和动态更新，在业务流程中嵌入失信被执行人信息查询功能，在全省各级国有资金投资的工程建设项目承发包、政府采购、国有土地使用权和矿业权出让、国有产权交易等公共资源交易领域的招标投标活动中，对失信被执行人进行联合惩戒。

2019 年，江苏在全国率先实现省公共信用信息系统与全国法院失信被执行人名单查询系统对接，确保失信被执行人信息全量入库、及时归集、共享推送，2019 年至 2020 年底入库信息 540.11 万条，46 家省级部门、全省各设区市、县（市、区）和相关第三方机构均可共享。同时将失信信息嵌入联合惩戒单位办公平台，纳入省联合奖惩信息系统，各部门在行政管理中自动查询省联合奖惩信息系统，实现网络化自动比对、自动提示、精准惩戒，2019 年至 2020 年底已自动查询 19 万次。

至 2020 年 7 月 10 日，中共江苏省委全面依法治省委员会出台《关于加强综合治理从源头切实解决执行难问题的实施意见》，对完善失信被执行人信息共享机制、联合惩戒机制和修复激励机制作出明确规定，对完善党政机关及公职人员信用监督机制作出特殊规定。全省被执行人联合惩戒机制建设进入新阶段。

四、执行实践中对信用惩戒方式的探索

规范性文件为执行信用惩戒提供了有效依据，但仅仅依靠规范性文件是远远不够的，江苏法院在执行实践中，多措并举开展工作，对失信被执行人信用惩戒作出了切实有效的探索。

为了扩大被执行人失信惩戒机制的适用范围和社会效果，在江苏法院网主页与信用江苏网站主页上，专门设置失信被执行人曝光栏，输入被执行人的姓名或身份证号，均能查询到该被执行人在江苏法院尚未执结完毕的执行案件。有力推进了诚信江苏建设。

除此之外，全省各地都在积极探索失信被执行人惩戒机制的新路径，有的法院在户外 LED 大屏公布失信被执行人，有的法院在城市公交车、地铁屏幕上公布失信被执行人，有的法院专门开通微博、微信，通过新媒体的力量，将

失信被执行人的信息广而告之，均取得了良好的效果。以 2016 年最高人民法院组织的涉民生案件专项行动为例，江苏省高级人民法院的失信被执行人惩戒机制发挥了重要作用，较大提高了案件的执行效果。无锡法院在专项活动期间，先后在无锡市人流量最大、最核心的商业圈三阳广场、百盛商场外墙巨幅电子显示屏，以及日运营载客量达 200 余万人次的无锡公交下属 186 条公交线路共 2600 多辆公交车上的移动电视平台、无锡所有的《人民日报电子阅报栏》、无锡法院微博等数字网络媒体上，公布 2 批共 193 名失信被执行人信息，涉案标的共 4.72 亿元。镇江市中级人民法院在镇江市影剧院户外大屏幕公布失信被执行人名单，一共公布 2 批共 67 人次。南京市秦淮区人民法院在南京市新街口中央商场面积达 503 平方米的 LED 大屏上公布失信被执行人名单，首批公布 15 人，每天从 7:30 到 22:00 滚动播出，持续半个月。南京法院共通过商业中心广告屏曝光失信被执行人 180 名，其中 26 名被执行人迫于压力主动履行债务 684 万元。

随着科技日新月异地发展，江苏法院对失信被执行人的惩戒措施也在同步升级。无锡中院与中国移动、中国电信、中国联通三大电信运营商展开合作，对失信被执行人的手机号码设置专属彩铃，第三人拨打其电话时，彩铃将作出"通话人已被纳入失信被执行人，请谨慎作出交易行为"的提示。无锡中院还与"今日头条"App 展开合作，用户打开今日头条 App 之后，根据用户的地理位置，今日头条向其推送一定距离范围内的失信被执行人名单，由于被执行人的活动范围相对有限，其活动半径内的人员熟人偏多，这一做法对失信被执行人起到了极大的威慑作用，实践中发挥了良好的效果。

专题三 完善执行退出机制

第一节 执行转破产机制

一、执行转破产制度的理论基础及设立宗旨

（一）执行转破产制度的内涵及适用条件

根据《最高人民法院关于适用〈中华人民共和国民事诉讼法〉的解释》（以下简称《民事诉讼法司法解释》）第 511 条的规定，执行转破产是指人民法院在执行程序中发现作为被执行人的企业法人符合破产条件，经有关当事人同意后裁定中止对该被执行人的执行，并将执行案件相关材料移送被执行人住所地法院进行破产审查的制度。该司法解释第 512 条至第 514 条还规定了执行转破产的审查、处置、移转不能的处理等相关内容，正式确立了执行转破产制度。

《最高人民法院关于执行案件移送破产审查若干问题的指导意见》（法发〔2017〕2 号）第 2 条进一步明确规定，适用执行转破产必须同时满足三个条件：一是被执行人为企业法人；二是相关当事人的书面同意，即被执行人或者有关被执行人的任何一个执行案件的申请执行人书面同意将执行案件移送破产审查；三是被执行人具备破产原因，即被执行人不能清偿到期债务，并且资产不足以清偿全部债务或者明显缺乏清偿能力。上述司法解释关于执行转破产的适用主体的规定，较之我国《企业破产法》所规定的破产程序的适用主体范围为窄。《企业破产法》第 2 条规定适用《企业破产法》的主要对象为企业法人，但该法第 135 条规定"其他法律规定企业法人以外的组织的清算，属于破产清算的，参照适用本法规定的程序"。执行程序转入破产程序之后，应当完

全适用《企业破产法》所确立的各项破产制度，因此，将执行转破产的适用对象限定在企业法人是否妥当，值得进一步研究。

（二）设立执行转破产制度的理论基础及宗旨

执行转破产制度是司法实践中的机制创新，目的是在执行制度与破产制度两种制度之间建立起有机衔接的桥梁和纽带，即人民法院在执行程序中发现被执行人企业符合《企业破产法》规定的破产条件时，促使执行不能的案件由执行程序转换为破产程序，通过破产来化解相关矛盾纠纷。[①] 其直接功能有二：一是破解企业破产程序启动难，为破产案件来源打开另外一扇门；二是助力破解"执行难"，让丧失清偿能力的被执行人企业通过破产程序退出市场，清除执行积案，防止此类案件大量长期沉积在执行程序中，浪费司法资源。

执行转破产制度的内在逻辑或理论基础在于，执行程序与破产程序都是强制实现债权人权利的程序，二者有很大的同质性。同时，从对债务人企业财产的调查、控制和处置等实体操作层面而言，二者在功能上具有重合性。但二者的定位不同。执行程序定位于个别债权的清偿，是指通过法院对被执行人财产和人身的强制执行，使申请执行人的债权得以实现的程序。执行程序是建立在债务人有足够清偿能力基础之上的，贯彻的是"先来者先得"的优先受偿原则，其最大的优点是债权实现的高效率。破产程序则以概括清偿为宗旨，是指通过一定的法律程序，强制性地将债务人的全部财产进行变价和分配，以实现全部债权人债权利益的程序。其强调和贯彻平等受偿原则，具有社会本位的属性，并且产生消灭债务人主体资格的法律效果。

涉及企业法人的资不抵债案件，无法通过执行程序中的参与分配解决公平受偿问题。债务人的财产是其全体债权人全部债务的总担保，原则上，各个债权人均得以债务人的财产获得债权的清偿。[②] 在债务人无财产可供执行或者财产不足以清偿全部债务的情况下，再强调对单一债权的优先清偿，对其他债权人而言是不公平的，也会破坏市场信用和交易秩序。这种情况下，法律的态度和立场应当由单一清偿转向对全体债权人权益的平等保护，执行程序转为破产程序即为必要。

为了充分发挥执行程序与破产程序各自应有的法律制度功能，畅通二者功

---

① 参见 2016 年 12 月 7 日时任最高人民法院审委会专职委员杜万华在全国法院执行案件移送破产审查工作视频会议上的讲话。

② 李永军、王欣新、邹海林：《破产法》，中国政法大学出版社 2009 年版，第 10 页。

能互补的程序切换,《民事诉讼法司法解释》设计了"倒逼"机制以促进执行程序向破产程序的转换,即执行法院在执行中发现被执行企业法人达到了《企业破产法》第 2 条第 1 款规定的破产原因时,即"企业法人不能清偿到期债务,并且资产不足以清偿全部债务或者明显缺乏清偿能力",就应该在征得申请执行人之一或者被执行人同意的情况下,裁定中止执行案件,并将执行案件材料移送给被执行人住所地人民法院。申请执行人不同意移送或者被执行人住所地法院不受理破产案件的,执行人员按照采取执行措施的先后顺序清偿普通债权。这一程序转换制度包含两层含义:一是确立了执行转破产制度,以及执行程序向破产程序转换的方式。二是限制参与分配制度对企业法人的适用,倒逼顺序在后的申请执行人申请被执行人破产,以实现执行程序向破产程序的转换。

但这一制度设计实践效果并不理想,申请执行人、被执行人住所地法院、执行人员响应意愿都不高。为此,最高人民法院 2017 年 1 月 20 日下发了《关于执行案件移送破产审查若干问题的指导意见》,此后又于 2018 年下发了《关于做好"执转破"有关工作的通知》,进一步加以推动。

二、推进实施执行转破产制度的现实意义

(一)推进实施执行转破产,是依法处置"僵尸企业"、推动经济高质量发展的重要保障

党的十九大报告深刻指出,我国经济已经由高速增长阶段转向高质量发展阶段,正处在转变发展方式、优化经济结构、转换增长动力的攻关期,要贯彻新发展理念,坚持以供给侧结构性改革为主线,建设现代化经济体系。运用"执转破"制度,有利于增加破产案件来源渠道,解决破产程序启动难,加大破产制度对"僵尸企业"的依法处置力度,通过法治方式将大量闲置土地、人才、设备等生产要素从"僵尸企业"释放出来,实现市场资源的更有效配置。这对于推动经济高质量发展,深化市场改革,解决经济结构性失衡问题,至为重要。我国工业化和城镇化进程加快,土地资源需求大,但大部分地区尤其是东部沿海地区人多地少矛盾突出,"僵尸企业"不出清,优质企业难入驻,积极开展"执转破"工作,对于实现高质量发展尤其重要。

（二）推进实施"执转破"，有利于平等保护当事人的合法权益，维护市场秩序

执行程序中，当债务人财产不足以实现全部债权时，债权人之间的权利利益发生冲突成为必然。执行程序中的参与分配制度的弊端导致无法实现对所有债权人的公平清偿，也无法做到对债务人企业财产的清算，无法收回被债务人无偿转让的财产、以明显不合理的价格交易的财产、恶意个别清偿的财产、隐匿转移的财产，不能真正全面保护债权人利益，也会对市场信用和市场秩序造成威胁和破坏。这种情况下，通过执行转破产，在破产程序中可以打破执行程序中的清偿顺位，按比例对所有债权人进行公平清偿，还可以通过《企业破产法》规定的可撤销制度、无效制度和出资义务加速到期等制度，依法收回债务人不当行为所损失的财产，实现债务人财产价值的最大化，提高债权清偿率，切实维护债权人合法权益。同时，使原有的债权债务在破产程序终结后归于消灭，社会关系得以修复，市场交易信用和秩序得到维护。

（三）推进实施"执转破"，有利于挽救陷入困境的优质债务人企业

对于主营业务良好且资质较好的企业，因市场行情、资金回笼、担保牵连、财务管理等因素出现资金周转困难，而成为被执行人的，法院一旦采取查封、冻结、扣押等强制执行措施，特别是将其纳入失信被执行人名单，将会使之丧失融资能力，从而进一步导致财务恶化，无法"起死回生"。而通过执行转破产，对纯粹因为财务困难而非市场竞争本身而陷入困境的有营运价值的被执行人企业，通过破产重整、和解来进行综合施治，帮助其盘活资产、改善经营管理、调整财务结构，使其恢复生机，重新生产经营，既能合理配置生产要素和社会资源，降低社会生产成本，实现经济效益最大化，又能充分保护债权人的合法权益，防止大量社会矛盾发生和蔓延，维护社会和谐稳定。

（四）推进实施"执转破"，是破解执行难的重要措施和抓手

当前，我国执行不能案件数占到执行案件数的约60%，其中相当一部分案件是以企业为被执行人的案件。由于没有破产制度的保障，这部分案件大量沉淀下来，成为人民法院执行工作的隐患。[①] 2014年，全国法院系统开展了"转变执行作风、规范执行行为"专项活动，以自揭伤疤的勇气，对一直未能

---

① 参见2016年12月7日时任最高人民法院审委会专职委员杜万华在全国法院执行案件移送破产审查工作视频会议上的讲话。

实际执结的旧案和体外循环案件进行了系统的清理和补录，共清理出未能实际执结案件近 1600 万件，其中企业法人作为被执行人的约占 20%。① 就江苏省而言，至 2018 年 6 月底，历年累积的处于终结本次执行状态的案件中，超三成被执行人为企业法人，同一企业涉执行案件超过 50 件的达 838 个，超过 100 件的有 220 个。大量的"僵尸企业"涉执案件滞留在执行程序中，成为越来越重的历史包袱，长此以往，必将成为执行工作难以承受之重。如果通过"执转破"机制将不能清偿到期债务企业导入破产程序，审结一起破产案件，能够使一批相关执行案件得到公平清偿，从而使这些债权债务关系归于消灭，彻底退出执行程序。此外，将此类执行不能案件从执行程序中及时有序退出，能把有限的司法资源集中用于有财产可供执行的案件，将好钢用在刀刃上，从而切实构建"能够执行的依法执行，整体执行不能符合破产法定条件的依法破产"的良好工作局面，对于切实解决执行难具有重要意义。

三、江苏法院开展"执转破"工作的实践探索

《民事诉讼法司法解释》施行后，江苏法院即已率先探索建立"执转破"工作机制。2016 年 7 月，江苏省高级人民法院在总结各地实践经验的基础上，制定下发了《关于规范执行案件移送破产的若干规定》。2016 年 8 月制定下发了《执行案件移送破产专项活动方案》，明确要求各地法院积极探索"执转破"案件简易审，并要求原则上在 6 个月内审结，同时对执行案件移送破产审查的条件、程序及审理等作出明确规定。

2017 年初，最高人民法院出台《关于执行案件移送破产审查若干问题的指导意见》后，江苏省高级人民法院结合本省实际，于 2017 年 4 月制定下发《关于确定"执转破"案件简易程序审理工作示范法院的通知》，确定徐州市中级人民法院、盐城市中级人民法院、淮安市中级人民法院、苏州市吴江区人民法院、宜兴市人民法院、徐州市鼓楼区人民法院、淮安市清江浦区人民法院、南通市通州区人民法院等八家中、基层法院的执行裁判机构为审理"执转破"案件及探索破产案件简易审理程序示范单位，明确要求有条件的执行裁判庭可以办理执行程序转破产程序的破产案件。

---

① 参见 2016 年 12 月 7 日时任最高人民法院审委会专职委员杜万华在全国法院执行案件移送破产审查工作视频会议上的讲话。

作为八家试点法院之一的苏州市吴江区人民法院，着力探索完善"执转破"工作制度机制，形成了加强立审执程序衔接配合的实施意见、执行案件移送破产审查的操作规程、"执转破"案件简化审理程序的规定，以及破产保障机制、法律文书样式等一整套工作机制和制度，创造了"移得出、立得上、破得掉"可复制、可推广的"吴江经验"。2017年至2020年，吴江法院共办结执行移送破产222件，其中简化审理121件，对245家企业宣告破产，清理债务5931笔总计390亿元，清偿债权3558笔31亿元，盘活资产31.65亿元，有效释放土地资源141万平方米，妥善安置职工2804人，清偿职工债权6936万元。"执转破"的"吴江经验"，被最高人民法院主要领导批示要求总结推广，并入选《人民法院司法改革案例选编（四）》。

2019年以来，江苏法院将"执转破"工作作为优化营商环境的重要内容加以推进，成效进一步显现。2019年起，"执转破"工作被纳入全省营商环境评价指标体系；2020年起，"执转破"工作被纳入全省法院单独执行工作考核指标体系。2020年，江苏省高级人民法院推动江苏省人大常委会将"县级以上地方人民政府应当与人民法院建立企业破产处置协调联动机制"等内容写入地方性法规《江苏省优化营商环境条例》，并在《江苏省高级人民法院关于强化依法规范公正善意文明执行理念 进一步做好优化营商环境工作的指导意见》中进一步强调加大执转破工作力度。2020年，尽管受到新冠疫情影响，全省法院仍移送"执转破"企业2708家，较2019年同比翻一番。2022年，全省法院执行移送破产企业6028家，成为破产案件的主要来源。

江苏法院的实践探索，主要围绕以下七个方面展开。

（一）健全"执转破"程序启动的职权辅助模式

我国《企业破产法》确立了破产程序启动的当事人申请主义模式，但对于如何解决当事人主动申请破产动力不足问题，立法上没有作出相应规定。《民事诉讼法司法解释》第511条、第514条及《最高人民法院关于执行案件移送破产审查若干问题的指导意见》坚持破产程序启动的当事人申请主义，规定"执转破"应经过被执行人或至少一个申请执行人书面明确表示同意。然而，实践中不但被执行人企业缺乏申请执行转为破产的动力，而且申请执行人申请"执转破"的意愿也不高。原因在于执行程序比破产程序成本低、效率高，且经执行分配未足额清偿部分仍有追偿的可能，通过执行程序保护债权更加有利。而在破产程序中需要通知债权人参与分配，意味着查封在先申请执行人债权的受偿比例减少，查封在后的申请执行人也往往因为申请破产成本高、效率低、受偿比例不明等因素，申请移送破产审查的积极性也不高。为解决这一问题，《最高人民法院关于执行案件移送破产审查若干问题的指导意见》增加了当事人申请执行转破产的司法辅助内容：法院对破产原因的调查识别、主动征询当事人意见、向当事人充分披露破产效益等。

为落实司法解释的规定，建立健全执破衔接办法，无锡市中级人民法院出台《关于执行程序移送破产程序若干问题的规定》，围绕解决执行难与清理"僵尸企业"双重目标，构建"当事人申请破产的职权辅助模式"，既能公平清偿债务、彻底化解涉企纠纷，又能分类调配资源、完成企业拯救或退出。第一，通过执行程序对被执行企业法人是否具备破产原因予以调查。通过自主研发的"被执行人履行能力大数据分析系统"，当某一被执行企业涉及执行案件超过 50 起，就会自动报警，执行指挥中心将指令被执行企业所在地法院审查是否符合破产条件，通过执行查控系统等执行调查手段查询被执行企业法人的资产负债情况，符合条件的尽早移送。第二，向申请执行人和被执行企业法人释明"执转破"产生的破产效益，如对正当经营之股东的有限责任保护、对尚存生机之企业的重整和解拯救、对后位查封之债权人的受偿顺位调整、对债权人以股东未到期出资加速到期填补偿债缺口等。

（二）严格落实"执转破"征询程序

《最高人民法院关于执行案件移送破产审查若干问题的指导意见》第 4 条规定，执行法院自执行程序开始起，就应当向当事人告知"执转破"的有关规定。在执行法院采取财产调查措施后，发现作为被执行人的企业法人符合《企业破产法》第 2 条规定的，应当及时询问双方当事人是否同意将案件移送破产审查，并释明相关法律后果，从而引导其作出理性选择。2017 年 1 月，最高人民法院发布的《人民法院基本解决执行难第三方评估指标体系》对中基层法院"执行转破产"同样提出了"是否征求意见"要求。由此，"执转破"的征询工作成为法院应尽的职责，对解决破产案件少、程序启动难起着极其重要的作用。

对此，盱眙县人民法院执行局积极构建"执立审"三位一体，推动"执转破"提速换挡。该院结合在办涉企执行案件情况，通过分析企业的涉执案件数量、执行标的等情况，建立"红黄绿"的预警等级，有效筛选出一批"僵尸企业"。将严重资不抵债、申请人信访频繁、已实际歇业、法定代表人跑路的"僵尸企业"列入"红色"预警，并由执行局提前做好谋划工作，安排专人负责该企业涉诉案件的资料收集整理工作，提请局务会研究是否需要启动"执转破"程序。对于局务会研究通过的拟破产企业，通过有针对性地开展"执转破"征询工作，告知案件执行情况，征求申请破产意见，并在限定时间内完成资料收集和破产移送工作。对执行过程中执行人员消极履行征询职责的情况，强化案件的有效管理和对消极行为的监督问责，推动"执转破"告知和征询工作的规范化、常态化和实质化。

（三）积极做好"执转破"各阶段的衔接协同

为解决破产案件审理难、事务杂、问题多、周期长、审判力量相对不足等问题，江苏法院从执破衔接、联动机制等方面不断完善"执转破"各阶段的衔接协同。

一是加强执、破程序的衔接配合，建立内部协作配合机制。对于符合"执转破"立案条件的企业，经当事人申请破产后，执行局立即对执行过程中的财产查询、控制、处置、涉案情况以及关联案件等资料进行收集整理，备齐并经执行局长审核后，直接交由立案庭进行审查立案，立案庭审查后，认为符合破产条件的，直接将案件移交破产审理小组进行审理。有的法院对拟移送案件，破产法官提前介入，指导执行法官调查识别破产原因，并预估破产程序走向，为实施破产审判繁简分流作准备。根据执行程序与破产程序在财产查控、处置上的共性，强化执行强制手段的应用。通过限制出境、拘传、拘留、搜查等执行措施进行"控人、控物、控印章、控账册"，并尽量在执行阶段进行财产变价处置，发现犯罪线索及时移送公安机关侦查，为"执转破"做好充足的准备工作。通过执行、破产、刑事三种手段并用，实现程序效益的最大化。

二是加强府院联动，营造良好外部环境。积极争取党委、人大、政府对执行和破产工作的支持，推动建立常态化、制度化的府院联动机制，健全企业破产配套制度。以苏州市吴江区为例，区人大专题审议法院破产审判工作，并就建立府院联动机制向区委、区政府提出建议。苏州市吴江区人民法院提交《关于建立企业破产处置府院协调机制的报告》，获区主要领导批示。区委办公室、区政府办公室联合印发《关于建立府院联动处置"僵尸企业"工作机制的实施意见》，并成立以区委副书记、区长担任组长，常务副区长为常务副组长，分管住建、工业经济、公安的副区长和法检两长为副组长，相关职能部门、镇（区）政府一把手为成员的领导小组，下设由分管服务业、住建、工业经济、公安的副区长兼任组长的 4 个专业工作组、由 8 个镇（区）政府一把手兼任组长的地方工作组，搭建了级别层次高、参与部门广的"一总四分八纵"组织体系。区、镇两级政府从加强风险监测预警、做好职工安置保障、加大财政支持力度、落实税收优惠政策、优化管理人履职环境等 24 个方面与法院进行联动，"僵尸企业"处置工作被纳入区政府年度重点督查内容，形成了立体化、系统化的府院协调配合处置"僵尸企业"、全区支持法院执行与破产工作的大格局。2018 年，江苏省高级人民法院向省委提交《关于充分发挥企业破产制度功能 推动经济更高质量发展的报告》，积极争取建立省级"府院"联动、破产管理人保障基金等政策支持，推动江苏省人民政府于 2019 年下发《省政府办公厅关于建立企业破产处置协调联动机制的通知》，形成了由 21 家省级机关为成员单位的协调联动机制。

三是建立完善破产管理人选任、考核激励、工作规范机制，快速有效推进破产案件审理进程。称职负责的破产管理人对于保证破产案件的审理质量和效率至关重要。在破产案件的审理中，优先选择业务较为熟练的管理人。在指定管理人之前，便与多家管理人机构沟通，提出初步的要求，对比管理人的工作思路后，择优确定一到两家管理人作为备选对象。在管理人的指定过程中，通过征求申请人以及被申请人的意见，从法院确定的备选对象中直接指定业务熟练、人员充足的管理人。苏州市吴江区人民法院制定《破产管理人工作规范》，拟定《管理人考核办法》，提升管理人履职能力；制定《个人管理人指定办法》，在无产可破案件中指定入册社会中介机构的资深专业人员担任个人管理人，以利于更加集中统一激励管理人履职，提高工作效率；简化管理人报酬补偿支取程序，按件统一核定无产可破案件管理人报酬。

（四）简化简易"执转破"案件的审理程序

无锡市中级人民法院制定《关于执破衔接案件简化审理程序的规定》，将执破衔接案件由"执转破"案件扩展至所有前期开展过执行工作的破产案件，建立执行程序对简易破产案件的鉴别机制。通过执行程序，调查可分配财产的数额、无担保债务的金额、债权人人数的多少、债权债务争议的大小以及债务人财产是否足以清偿破产费用等，辨别被执行企业法人是否符合简易破产程序的适用条件。设计适用于所有简易破产案件的简化审理环节。包括：简化相关机构设置，例如，实行独任制审判、指定个人管理人、简化债权人会议方式等；简化公告送达、通知送达等相关手续；简化对破产程序的提前终结，一旦查明"债务人财产不足以清偿破产费用"即可终结破产程序；简化报酬补偿支取程序，对"无产可破"案件的管理人报酬直接予以标准化补偿。此外，还缩短了债权申报、独任案件审结、第一次债权人会议等相关期限。设计专门适用于"执破衔接"案件的简化审理环节。将执行程序的成果用于破产程序的简化。凡经过执行程序已经完成的司法成果，如在执行阶段已经固定的当事人送达地址、已查控的债务人财产、已保全的债务人账簿资料、已掌握的债权人名单、已形成的审计评估结论、已选定并开展了部分工作的审计评估机构，均为破产程序继续使用。

（五）创新疑难"执转破"案件审判方法

第一，发挥破产程序之"拯救危机企业"功能，并延伸出维护公共利益、保障社会稳定的效果。富隆成地产系无锡市中级人民法院受理的首例"执转破"案件中的破产企业，该院在分析无锡楼市行情走势和涉案楼盘运营状况的基础上，果断将之转入破产程序，先统一解封执行程序中的重重查封，再将破产清算转入重整，为绿地集团的加盟扫除后顾之忧和提供程序保障，最终推动重整成功，清结债务 14.5 亿元，其中职工债权、工程款债权 100% 受偿，百余名购房人入住新房。此后，无锡市中级人民法院以此案为样本深入研究，就如何兼顾执破衔接中的诉讼经济和程序规范、如何实现破产清算与重整之间的程序转换、如何确定房地产企业破产中各项债权的清偿顺序等一系列问题出台了规则。

第二，发挥破产程序之"高效解决纠纷"功能。江阴常攀机械制造有限公司破产清算案系江阴市人民法院受理的首个"执转破"案件。该案自受理至审结未超过一年，但清结了债权 6000 万元，其中职工债权 355 万元；并清结了 200 余件执行积案。无锡市中级人民法院在执行程序中发现，无锡汇宇投资有限公司在前期已届资不抵债的状态下，对不足额财产担保的既存债务追加了财产担保，由此剥夺了其他债权人对担保财产的受偿机会。据此，该院果断受理汇宇公司破产清算，依法行使破产撤销权，经一审、二审，撤销了前述追加的财产担保，实现了全体债权人的公平清偿。苏州市吴江区人民法院审理的方圆化纤有限公司破产案，在执行局移送破产审查时尚有未执结或以终本结案的执行案件 271 件，执行标的额 2.6 亿元。该案宣告破产后，积压的执行案件得到一揽子实体终结，还覆盖了尚未进入诉讼的隐形纠纷 29 件，涉及标的额 1.06 亿元，充分发挥了破产概括诉讼、概括执行的程序优势。

第三，深化"执转破"打击规避执行行为的效果。苏州市吴江区人民法院审理的苏州海阔业致精密五金有限公司破产清算案，"执转破"时公司名下无财产可供执行，经管理人调查后发现企业存在个别清偿、放弃应收账款、隐瞒债权、抽逃出资等逃废债行为，破产法官指导管理人行使破产撤销权，启动追收债权、股东出资的诉讼和执行，追索企业财产 465 万元。在对吴江巨诚喷织有限公司等 5 家关联企业执行过程中，发现被执行企业以租赁经营、委托加工的名义将业务和资金转至吴江瀚诚纺织有限公司等新公司，而新老公司的法人人格高度混同。"执转破"后经财务审计调查，先后将 20 家关联企业进行合并破产，追索处置财产近 12 亿元，将实际控制人夫妇以拒执罪移送公安机关立案侦查，并将在破产审理中发现的妨碍清算、隐匿会计凭证账簿等犯罪线索移送公安机关。通过发挥破产制度功能，强力破除债务防火墙，重拳打击规避执行行为，为营造良好的执行环境发挥积极的导向作用。

第四，深化"执转破"缓解担保链风险影响的效果。以苏州市吴江区为例，面对执行案件中大范围担保圈链重叠交织形势，为有效破圈解链，苏州市吴江区人民法院通过"执转破"将核心债务企业先行引入破产程序进行彻底清算，再由保证企业承担不足清偿的责任，有效缓解了担保链风险快速传导，避免波及经营良好的企业，使保证企业对执行从情绪抵触变为积极配合，有力地提升了执行的效果。同时，当担保圈链中的所有企业均不具有营运价值、盈利能力时，则通过将相关企业均有序引入破产程序，整体彻底清算，斩断所有债务和担保圈链。如炜华集团有限公司为炜华系担保圈链中的企业之一，其作为主债务人的债务为 3.27 亿元，为炜华集团提供保证担保的企业达 12 家，炜华集团为其他企业提供保证担保的债务达 13.95 亿元。在炜华集团进入破产程序前，炜华系担保圈链中的其他 7 家核心企业均已进入破产程序，炜华集团破产清算案的审结使债务担保金额高达 55.2 亿元的炜华系担保圈链从根本上得以破除。通过抽丝剥茧与重破核心企业等多种方式破圈解链，重塑吴江金融生态环境，区内银行不良贷款率从 2016 年最高峰时的 4.56% 降为 2018 年 3 月末的 1.67%。

（六）建立健全"执转破"的配套机制

首先，建立"执转破"管理人专项基金。长久以来，破产费用高是造成破产难的重要原因。破产费用保障专项基金的缺乏，在很大程度上阻碍了"执转破"案件的启动。对此，应依照相关法律法规对移送破产后确无破产财产的企业予以减免诉讼费用，并结合当地实际，选择适用利害关系人先行垫付破产费用或从其他破产案件管理人报酬中提取一定比例解决破产费用等措施。

加强与地方政府沟通协调，加快建立管理人报酬等专项破产费用保障基金，为"执转破"依法有序开展提供坚实的资金保障。例如，宜兴市人民法院开展公益管理人试点，由政府补贴"无产可破"案件的管理人报酬和破产费用；苏州市吴江区人民法院设立破产专项基金，基金目前已有成员 49 家，基金积累近 140 万元，简化管理人报酬补偿支取程序，对无产可破案件管理人的报酬按 5 万元/件的标准统一核定，仅就超过标准部分通过审计予以核定；无锡市中级人民法院修订《管理人报酬基金的管理办法》，对"无产可破"案件的管理人报酬，每件予以 2 万元的标准化补偿。

其次，建立"执转破"案件处理的配套机制。"执转破"案件涉及社会稳定、社会管理的诸多方面，单靠法院一家单打独斗难以有效解决。为此，江苏法院积极加强与政府及有关职能部门在职工安置、税费缴纳等问题方面的联动。盱眙县人民法院全面加强与县政府的沟通联络，联合制定《处置"僵尸企业"的实施办法》，将"僵尸企业"处置工作细化到各个单位和部门，形成了处置"僵尸企业"的联动模式，不仅有效解决了"僵尸企业"处置过程中的职工安置、税费缴纳等问题，还为法院依法独立行使审判权，协调破产审判中涉及的维护社会稳定、完善社会管理职能等提供了强有力的支撑。

再次，统筹规划，合理缩短"执转破"案件审理期限。一方面缩短资产交接的时间。一旦指定管理人，便安排管理人派人接管公司资产，并选择评估审计机构对公司资产进行评估审计，推进破产案件前期工作的快速进行。另一方面缩短资产变现时间。在第一次债权人会议上征求债权人以及债务人意见，是否同意在管理人对公司资产评估后按照一定的比例或者下限处理公司资产。通过此方法，一是能快速有效地将公司资产变现，二是能够避免长时间搁置而导致资产贬值，最大限度地提高债权清偿比例。

最后，多渠道保障资产处置的质量和效率。与政府招商部门联动，在招商引资过程中重点推介破产企业资产，将部分破产企业以"打包出售"等方式推动资产处置。一方面减少了投资人的资产投资周期，另一方面又实现了淘汰劣势产能企业引进优势企业的目的，最终实现通过破产案件的审理，达到腾笼换鸟、筑巢引凤的效果。盱眙县人民法院一家"红色"预警等级的企业，在该院涉及案件 17 件，经过县政府招商引资资产重组后，如今已成为年开票销售 1.2 亿元，纳税 3000 万元的优质企业。

（七）优化资源配置，夯实组织保障

以苏州市吴江区人民法院为例。一是设置专门机构。2016 年 9 月，率先在全省同时设立独立编制的执行指挥中心和清算与破产审判庭（增挂执行裁判庭牌子），扎口指挥中心专人负责执行移送破产材料的制作初审工作和执行环节的执破衔接事务，破产庭承担"执转破"案件审查和专业化审判职能，为"执转破"提供组织机构保障。二是配强审判力量。党组分工上，将执行与破产工作调整为同一副院长分管，统一领导管理。把综合素质高、审判经验丰富的青年法官放到破产审判岗位，破产庭现有法官4名、法官助理2名、书记员4名，平均年龄32岁，研究生学历4人。明确执行局3名法官和3名法官助理参加破产案件混合合议庭的审理，以提升执行法官破产业务能力，同时在其他民商事部门部署破产后援力量，通过培育破产审判专业人才，充分应对大量"执转破"案件审理的需要。三是突出履职激励。将移送破产审查列入执行工作正面清单，分配数量任务，折算执行工作量。破产案件根据财产价值、涉众程度、社会影响、复杂程度等折算相当于普通案件15至90倍的工作量，对破产岗位法官在考核激励和政治待遇上予以倾斜。

四、推进执行转破产的现实困境及其破解

（一）推进执行转破产的现实困境

毋庸讳言，人民法院在推进执行转破产工作过程中，仍然遇到很大困难和阻力，一些法院出现了"转不了""立不上""破不掉"的局面，其原因主要有以下几个方面。

1. 制度缺陷

司法解释确立的执行转破产制度，虽然意图在于建立职权主义与当事人主义相结合的破产启动模式，但本质上决定权仍然在于当事人一方。法院在执行程序转为破产程序中的作用十分有限：向当事人释明、告知和引导当事人同意移送破产，只要当事人不同意，就无法实现执行转破产。特别是在被执行人企业为无财产、无经营、无人员的"三无企业"情况下，双方当事人，尤其是申请执行人更没有任何动力申请执行转破产，这是执行转破产难以有效实施的制度根源。

2. 债权人和社会对"假破产真逃债"问题的担忧，使得制度实施缺乏外部动力

"假破产真逃债"问题是破产程序在一段时期内和部分案件中的真实状况。自1994年国务院颁布《关于在若干城市试行国有企业破产有关问题的通

知》后，由于试点城市国有企业破产享有优惠的补偿政策,① 引发了其他非试点地区争相搭便车行为。搭便车行为直接损害了抵押权人利益，客观上也由于老国企负担过重，大部分破产程序的债权清偿率基本为零，引发债权人的强烈不满。在 20 世纪末至 21 世纪初期，中小型国企和集体企业改制过程中，有部分企业通过破产程序，采取高值低估企业资产、隐瞒应收款等方式实现管理层收购企业产权，使得破产程序成为"假破产真逃债"的工具。2004 年之后，企业改制基本完成，但在一些破产案件中，仍然存在类似现象。近年来，"假破产真逃债"更多地被用来形容强制执行程序与破产程序发生冲突时的情形。这是包括申请执行人在内的全社会对破产程序不信任的内在根源。

3. 破产程序本身程序复杂，成本高昂，效率低下，导致内部、外部动力均不足

最高人民法院的司法解释关于执行程序向破产程序转换的制度设计，虽然部分解决了破产程序启动难的问题，但并未解决破产程序本身程序复杂、成本高昂、效率低下的问题。申请执行人出于规避平均分配、减少成本支出等考虑，不愿启动破产程序；被执行人对启动破产程序更没有积极性；政府主管部门出于维护稳定和职工安置方面的考虑，通常也不希望企业破产。法院自身也因为破产案件的审理程序复杂、破产衍生诉讼众多、维护稳定压力大等原因，不愿意受理破产案件。如无锡法院 2014 年 1 月至 2017 年 8 月，受理破产衍生案件 716 件，标的总额达 69.27 亿元，涉及破产企业 86 家。其中，宜兴天地龙实业有限公司破产案，总债务高达 120.59 亿元，其破产衍生案件 77 件。这些破产衍生案件除了传统的合同、侵权、劳动争议等类型外，还涉及破产撤销权、破产债权、别除权、请示撤销个别清偿、破产抵销权等专属衍生纠纷案件，审理难度大。同时，在几乎每一件破产案件审理过程中，法院都要面临企业财务混乱、资料缺失、应收款追索困难、债权审核工作量过大、审理周期过长等一系列问题，法院在一定程度上存有畏难情绪。

---

① 这种优惠政策可以概括为：为了解决老国有企业的职工安置问题，各国有银行对企业的陈欠贷款所设抵押劣后于职工安置费用。各国有银行因此产生的不良贷款由中国人民银行核销。从本质上说，中央政府动用中央财政资金履行对各个地方老国企职工的社会责任。在各地方政府看来，地方政府难以承受国企职工的安置压力以及因此传导的维稳压力，用银行的钱解决地方政府的职工安置责任完全符合地方利益，于是各地出现超越试点城市范围适用该政策的破产。此类破产损害了债权人利益，被债权人称为"假破产真逃债"。

4. 外部制度保障缺失

国家对破产制度的制度性投入较少，法院自身因为资源限制，对破产程序的投入也相对较少。对于无产可破的"僵尸企业"，因破产经费无法保证，破产启动困难。破产管理人发育不全，依赖性太强。破产管理人制度已经施行十多年，但真正能够独立完成破产清算事务的很少。清算过程中事无巨细，都要法官出主意想办法，遇到障碍总是需要法官出面解决，使得法官不堪重负。而且，企业破产案件的审理是一个系统工程，一旦进入破产程序，法院需要协调供电供水部门保持供应，需要协调公安部门防止发生突发事件，需要协调对企业采取查封冻结措施的各有关机关解除查封，需要解决企业用地等方面存在的历史遗留问题，等等。但实践中相关部门往往出于部门利益考虑，配合度不高。

5. 参与分配制度的替代功能，一定程度上缓和了对破产制度的需求

根据最高人民法院 1998 年原《关于人民法院执行工作若干问题的规定（试行）》第 96 条规定，对于未经清理或清算而撤销注销、歇业的企业法人，可以参照自然人、其他组织的规定适用参与分配。这一规定是针对当时我国破产制度不健全而作出的权宜性规定，现经过修订已经删除，《民事诉讼法司法解释》第 514 条也已经明确排除了对企业法人适用参与分配制度。但出于成本和效率的考虑，申请执行人往往宁愿通过自愿达成分配协议的方式解决问题，也不去申请破产。而执行法官也往往因为缓解维稳压力的考虑，积极促进申请执行人达成分配协议。

（二）执行转破产现实困境的破解之道

从根本上来说，要实现执行程序向破产程序的顺利转换，应当建立依职权移送破产制度或者强制破产制度，对不能清偿到期债务的企业法人为被执行人的，在债权人和债务人均不申请宣告其破产的情况下，可由执行法院依职权强制其进入破产程序，按照破产程序对被执行人的全部财产进行清算和分配。一些域外立法即有类似规定。[①] 同时，加大对破产法律制度的配套制度性投入，如借鉴我国香港特别行政区设有破产管理署的做法，设立类似机构，与法院的

---

① 如《新加坡破产法》第 3 条第 1 款（J）项规定：若地区法院的行政司法官或法警送回传票，认为债务人没有可没收的财产，从本项的目标考虑，传票在地区法院行政司法官或法警手中搁置之日应视为作出破产行为之日。再如《秘鲁民事诉讼法典》第 703 条规定：债务人在所给期限内如未指明足够的财产，则终结执行程序，并将审理文件提交竞争及知识产权局市场退出委员会或有权机构，根据有关法律进行破产宣告程序。

破产审理程序相对接，以提高破产案件审理效率。

在上述制度性构建尚未从立法层面解决之前，实践中可行的突破方法，一是规范执行案件移送破产审查的程序，确保移送过程依法有序、各部门协作配合、实现公平与效率兼顾；二是在法律许可的范围内，探索建立简易破产程序，对于当事人少、财产明、破产和解可能性高、必经程序少的执行转破产案件，适用简易程序进行破产，最大限度地缩短各类期间，合并相关程序，简化表决方式，确保程序快速推进，以最小的时间成本和费用成本尽快处置资产，在较短时间内审结。

1. 在案件管辖上，确立"基层法院管辖为主"和"本院移送为主"原则，畅通执行案件移送破产审查程序渠道

执行转破产，贵在转，难也在转。为了实现"转得了""立得上""破得掉"，2018年6月，江苏省高级人民法院修订《关于规范执行案件移送破产的若干规定》，确立了"三个为主原则"，明确执行案件移送破产审查、审理应当遵循基层法院管辖、本院移送、适用简化审理程序为主原则，对一系列程序提出了细化要求，同时下发了"执转破"的文书样式。

首先，在级别管辖上，以基层法院为主，中级法院为辅。《最高人民法院关于执行案件移送破产审查若干问题的指导意见》第3条关于级别管辖的规定，实行以中级法院管辖为原则，基层法院管辖为例外的管辖制度。其理由是，为了适应破产审判专业化建设的要求，合理分配审判任务。但现实情况是，中级法院并未全部组建破产审判庭。在人员配备上，专门的破产审判人员，一般是一至两个合议庭。他们除了负责审理普通破产案件外，还要承担普通民商事案件的审判任务，再加上全辖区执行转破产案件，其工作量是中级法院难以承受的。由于中级法院没有足够的审判人力资源承担整个辖区基层法院移送的执行转破产案件，其在实践中可能会倾向于阻止执行转破产，导致"转不了"。执行案件95%以上分布在基层法院，需要加大执行转破产工作力度的，也在基层法院；同时，不少需要执行转破产的被执行人企业，经执行阶段的调查，已经属于"三无"企业，其进入破产程序的审理相对简单，没有必要由中级法院管辖。而且，从江苏实践观察，基层法院既有必要也有能力培养破产审判专业人才，从而实现执行转破产工作困局的突破。因此，江苏省高级人民法院根据江苏实际，明确执行案件移送破产审查，实行以被执行人住所地基层法院管辖为主、中级法院管辖为例外的原则，属中级法院管辖的案件必

要时也可以直接交由基层法院审理。

其次，坚持本院移送为主，异地移送为辅。江苏法院，尤其是基层法院"案多人少"是客观现实，如果再接受来自外法院移送的"执转破"案件，无疑是进一步加剧了本院的人案矛盾。因此，异地移送"执转破"，实践中困难重重。江苏高院立足实际，明确规定，坚持本院移送为主，异地移送为辅的原则，毕竟本院各部门之间，相较不同法院之间，更加容易组织协调与沟通。

最后，明确管辖争议协调处理原则。基层法院执行移送破产案件管辖属于其本院受理的，由该基层法院执行部门直接向本院立案庭移送立案。发生争议的，由院长协调处理。基层法院执行移送破产案件管辖属于所在中级法院辖区内其他基层法院管辖的，由该基层法院直接向其他基层法院移送破产审查，发生争议的，由中级法院协调处理。基层法院、中级法院执行移送破产案件管辖属于省内其他法院管辖的，由该基层法院、中级法院直接向其他法院移送破产审查，发生争议的，由省高级法院协调处理。

2. 在工作衔接上，统筹建立"立审执破"协作配合机制

在确立本院移送为主的基础上，江苏各级法院分别设立执行案件移送破产审查协调小组，成员由执行局、执行裁判庭、民商事审判庭或破产庭、立案庭负责人组成，由院长担任组长。明确要求各法院树立全院"一盘棋"思想，细化操作规程，明确各部门工作职责，实现立、审、执、破通力合作，无缝对接。

苏州市吴江区人民法院将执行移送破产工作细化为权利告知、调查识别、征询释明、决定作出、材料移送、立案登记、破产审查七个阶段，并逐一明确责任主体、工作流程、操作标准、文书样式及模板，使各业务部门在立案、审判、执行和破产程序中，既分工明确、各司其职，又相互配合、统筹协调，从而使执行转破产有序顺畅：（1）权利的告知、材料移送由执行指挥中心专人负责；（2）调查识别、征询与释明、决定作出由执行法官负责，案件分布于多个执行法官名下的，由主办执行法官负责；（3）立案登记前的形式审查由破产庭负责，立案登记由立案庭负责；（4）破产审判由破产庭负责，并明确执行法官和破产法官的各自职责；（5）对拟移送破产案件，破产法官提前介入，指导执行法官识别破产原因，并预估破产程序工作方向，为实施破产案件繁简分流作好准备。

3. 在审判组织上，组建有执行法官参加的混合破产合议庭

执行程序移送破产程序的，破产审判团队可以由破产审理部门和执行局法官共同组成。破产作为一种概括清偿程序，其审理过程中交织大量的涉执行事务，这与普通的民商事审判大相径庭。由执行法官作为合议庭成员参与破产案件审理，有利于合议庭成员之间业务知识、专业经验互补，更有利于破产审理与执行部门之间的相互配合。

同时，建立执行转破产的考核激励机制，将移送执行转破产案件的识别、准备材料、移送及审查、审理分成两个阶段折算案件量，可以根据案件难易程度等因素确定具体折算案件量的方法。

4. 探索"执转破"案件简化审理程序

我国破产立法主要针对的是规模以上的大企业破产，对于小微企业破产，《企业破产法》未设置简易破产程序处理，《民事诉讼法》规定的简易程序又不能直接适用于破产案件，导致司法实践中，破产案件审理周期长、成本高成为一种普遍现象。据湖北省高级人民法院统计，该省法院从 2011 年至 2015 年间审结的 218 件破产案件，其中 130 件审理周期超过 1 年，占 60% 以上，有的甚至长达 10 年以上。[①] 据江苏省南京市中级人民法院统计，自 2007 年 6 月 1 日《企业破产法》实施之日起至 2017 年，南京全市两级法院共审结破产案件 80 件，平均用时约 26 个月，其中，2 年以内终结破产程序的 41 件，2 年以上 3 年以内的 22 件，3 年以上的 17 件。[②] 由于普通破产程序过于烦琐，周期过长，效率太低，其结果：一是优先权人实现债权的时间过长，普通债权实现成本同步增加，致使债权人对破产程序丧失信心，不愿申请"执转破"；二是牵扯法院和法官时间及精力过多，难以实现无财产可供执行案件快速退出的效率要求，很多法院对实施"执转破"也缺乏积极性、主动性。

而如果实行"执转破"破产案件简化审，审理效率将大大提高，从而降低债权实现成本和司法成本，提振债权人和法院对破产程序的信心，符合条件的市场主体出清更加顺畅。同时，也具有可行性。

首先，"执转破"类型的破产案件，其基本特点适合进行简化审。"执转

---

① 参见李群星、王功荣、陈旗、夏勇：《发挥破产审判职能　依法处置"僵尸企业"——湖北高院关于破产审判工作的调研报告》，载《人民法院报》2016 年 7 月 21 日，第 8 版。

② 姚志坚等：《破产案件简易审的具体构建——江苏南京中院关于破产简易审的调研报告》，载《人民法院报》2017 年 9 月 28 日，第 8 版。

破"类破产案件与普通破产案件相比，具有以下特点：一是标的企业在执行程序中，法院对其财产状况进行了详细的调查并采取相关执行措施，财产调查基本见底；二是生产经营情况基本见底；三是法定代表人及人员职工情况基本见底；四是财务账册及债权债务基本见底；五是财产查封、扣押、冻结基本到位。即经过执行程序的调查处理，执行法院对被执行人企业是否有财产可供执行、其可供执行的财产能否足额清偿申请执行标的总额、是否具备破产原因、财产处置及职工安置难易程度等情况基本清楚，同时，相关在破产程序中必须做的工作，如财产查控和处置，在执行阶段已经查封、扣押甚至变价。执行阶段对破产程序的"预处理"功能，使得此类破产案件具备简化审的现实基础和条件。

其次，从理论上分析，破产案件简化审不违反《企业破产法》的规定。如通过指定个人管理人、省略债权人管理委员会等方式简化管理组织，通过现场方式与非现场方式相结合简化债权人会议形式，通过网络公告、电子送达方式等简化送达手续，通过缩短债权申报期，通过债权人会议当场裁定等简并程序，全面压缩弹性期间，提高审理效率。这些简化措施既未突破《企业破产法》的规定，又不损害债权人合法权益，在法理上是可行的。

再次，域外立法例及司法经验可资借鉴。在域外，破产案件简化审理的立法例众多，如吴传颐先生在其 1944 年初版的《比较破产法》一书中即指出："以前所述之普通程序极为复杂，并且需要较多时间与费用。因此之故，其在经济上之利害关系，比较轻微之破产事件，即当以特别之简易程序处理之，较为适宜。此英、意、匈、奥、南、日诸国所以设置小破产制度之由来也。"此小破产制度，即指简易破产程序。

最后，从江苏各地司法实践，特别是苏州吴江经验来看，"执转破"类破产案件简易审大有可为。2017 年 4 月，苏州市吴江区人民法院被江苏省高级人民法院确定为"执转破"案件简易审示范法院，同年 8 月，该院制定《关于"执转破"案件简化审理程序的规定（试行）》，对无产可破的"僵尸企业"或已经执行变价的破产案件广泛适用简化审。截至 2018 年 9 月，已有 26 个破产案件适用简化程序在 90 天内审结，其中，19 件审理周期为 60 天，最短的 40 天，平均审限 54.73 天。实现了简单破产案件快审快结，有效提高了破产案件审理效率，"僵尸企业"快速出清，相关执行案件彻底退出执行程序，有效降低了终本率，彰显了破产程序对执行案件的终局处理功能。

江苏省高级人民法院在总结试点法院实践经验的基础上，制定下发了《关于"执转破"案件简化审理的指导意见》，最大限度简化程序，控制破产费用，实现快速立案、快速审理。该意见确立了"执转破"案件简化审理程序的指导原则、具体制度和规则。其基本原则是：

一是繁简分流原则。事实清楚、债权债务关系明确、财产状况明晰的"执转破"案件，主要由基层法院办理，应当适用简化审理程序。主要包括以下情形：（1）被执行人无财产或财产较少，可能不足以支付全部破产费用的；（2）被执行人账簿、重要文件等灭失或被执行人下落不明，无财产可供执行，且未发现巨额财产下落不明的；（3）被执行人无营业场所或者无人员安置问题的；（4）被执行人停工停产或者已经歇业，且不存在职工安置的；（5）被执行人经营地域集中或系中小微企业的；（6）被执行人未经清理已被吊销或撤销营业执照，其财产不足以清偿全部债务的；（7）被执行人全部财产或主要财产已经处置变现的；（8）被执行人财产易于变价或无须变价的；（9）申请人、被申请人及其他主要破产参与人协商一致同意简化审理程序的；（10）被执行人是个人独资企业的；（11）其他适合简化审理程序的案件。

二是快速高效原则。要切实避免程序空转以及为走程序而走程序的问题。要在不违反《企业破产法》硬性要求的前提下，最大限度地简化破产流程，并联破产事项，立案、听证、破产告知、管理人指定、债权人会议、财产查控、程序终结、公告与送达等环节中能够压缩的时间性要求应予压缩，能够简化的程序应予简化，能够合并的事项应予合并，实现快速立案，快速审理。

三是程序经济原则。要尽可能减少不必要的费用支出，最大限度控制破产成本。要充分运用执行机构已经完成的财产查控结果、评估结论及处置结果，避免不必要的重复劳动。要充分利用"总对总""点对点"查控系统，提高财产查控质量与效率。要充分借助执行程序中财产变价机制及平台，降低变现成本。要充分利用"全国企业破产重整案件信息网"发布案件流程节点、公告及法律文书，减少破产费用支出。

五、"执转破"实务中应当注意把握的关键问题与环节

执行转破产工作的推动，"难"在转，"贵"在破，最终必然要落实于破产审判，否则，案件由执行程序转入破产程序之后，破产案件长期不能审结，通过"执转破"解决破产程序启动难、进而推动解决执行难的目的仍然会落

空。因此，实践中要注意把握好以下关键环节，既要着力解决"转不了""立不上"的问题，更要解决好"破得掉"的问题。

（一）更新观念，强化激励，破解启动难

"执转破"的推动，需要法院内部整合部门职能、调配人力资源，法院外部协调党委政府完善配套工作机制，涉及工作责任落实的方方面面，只有切实按照最高人民法院的要求，将"执转破"工作作为"一把手"工程，由党组书记、院长部署重要举措、把关重大方案、协调相关环节、督促检查落实，做到敢于拍板、勇于担当、组织有力，才能打通制约"执转破"的所有环节，使"执转破"工作取得实质性突破。

实践中，执行法官不愿意进行"执转破"有以下原因：一是激励机制不足，对于"三无企业"，完全可以通过终结本次执行程序结案，手续简单，而移送破产材料复杂、程序烦琐，会增加很多工作量。而且，有些执行案件被执行人为2个以上，只宣告其中一个企业破产对执行结案没有任何实质性帮助。二是对破产制度的意义和作用认识不足。破产程序能够解决执行程序中无法解决的问题，如被执行人恶意转让债权，恶意进行个别清偿，利用法律对转投资规定的缺失转移资产、逃废债务、虚增资本、抽逃资金、空壳经营、滥用公司法人独立地位和股东有限责任等，这些问题往往让执行法官束手无策，而破产撤销制度可以有效解决。解决"不愿转""转不了"的问题，一是要建立健全激励机制，如完善考核制度，明确实施一个"执转破"折抵相应的工作量；二是加强对执行人员破产法知识的培训，明确破产制度的价值功能，更新观念，主动推进"执转破"；三是完善工作机制，对执行转破产统一到执行指挥中心，明确专人统一审查、准备移送材料，破产法官提前介入，进行预审查，提出补充材料的建议。

（二）关键前提：执行转破产案件的筛选和时机把握

被执行人企业具备破产原因的执行案件数量庞大，从中选择哪些类型的案件转为破产程序，需要认真甄别选择。最高人民法院就执行转破产工作确立了"先易后难、循序渐进、逐步推开"的工作指导方针，即首先从无财产可供执行案件中筛选一批符合破产原因且属于无经营资金、无经营场所和企业管理机构、人员下落不明的"三无"案件，首先对其启动执行转破产工作。但实践表明，对此类案件，执行部门或执行人员往往更愿意通过终结本次执行程序方式结案，而不愿花去不少时间和精力去制作复杂的移送材料和沟通、协调工作，缺乏移送的积极性。特别是在同一执行案件中，被执行人既有企业法人，又有自然人，对企业破产，并不能使执行案件彻底退出执行程序的情况下，更是如此。同时，当事人对此种"无益破产"，基于其"经济人"本能也没有动力申请执行转破产。因此，对此类被执行人为"三无"企业的执行案件实行"执转破"的，在实践中并不受欢迎。而以下三类案件移送破产审查，因能够实现多方共赢，达到破产效益最大化：一是被执行企业主要财产在执行阶段已经变价的；二是虽然有财产需要处置变价，但障碍少、难度较小的；三是在执行程序中遇到法律障碍，需要借助破产程序专属功能，才能解决推动案件进展的。

同时，执行转破产的时机把握也很关键。一般情况下，应当在执行程序中对被执行人企业主要财产已经采取查封、扣押、冻结措施，或财产处置变价之后、分配之前实行"执转破"。因为，实践中，申请执行人同意移送破产审查的占绝大多数，而且，申请执行人同意执行转破产的，主要是查封顺位在后或未申请查封的普通债权人，首封普通债权人或抵押权人一般不同意移送破产审查，只有在执行程序中财产处置难度大、周期长等情况下，才会同意移送破产审查。如果执行环节已经将财产分配完毕，申请执行的权利人失去"利益动力"，很难再推动"执转破"。

（三）建立破产审判专门团队，健全破产审判工作机制，防止"破产难"

"执转破"贵在"破得了"，最终必然落脚于破产审判。如果执行程序转为破产程序之后，长期不能审结，必将使"执行难"转化为"破产难"，陷入"两难"境地，违背建立"执转破"制度的初衷。因此，必须同步加强破产审判机制建设。

一是加强破产审判专业化建设。在基层法院正在进行内设机构改革的大背景下，如果无法设立独立编制的清算与破产审判庭，应当建立专门的审判团队，把综合素质高、审判经验丰富的法官配备到破产审判岗位。

二是探索建立执行法官办理简易"执转破"类破产案件。

三是对于破产衍生诉讼，也应当明确专人审理，防止因衍生诉讼审限过长延长破产案件审理周期。

四是建立破产审判"府院联动"机制，积极争取政府支持，为破产审判营造良好外部环境。

（四）执破配合、资源共享，实现执行与破产的深度融合，为"破得了"打下基础

加强程序衔接，实现资源共享。"吴江经验"的精髓之一，就是推进相关部门在"执转破"工作中，实现"人员共享、手段共享、程序共享"。"人员共享"就是要组成执行法官与破产法官的混合合议庭，办理破产案件，实现优势互补；"手段共享"就是要综合运用执行手段、破产手段和刑事手段，用好用足搜查、扣押等措施，执行部门要充分发挥其了解案情、善于运用司法强制措施的优势，有效调查控制企业资产、印章、财务账册，积极履行释明义务，完善破产转移手续，并切实做好破产案件受理前留守方案的制定、受理后及时移交财产等配合协助工作；"程序共享"就是充分利用执行程序的强制力和效率机制，以及破产程序的执行彻底性和分配的公平性，切实保障当事人合法权益，建立"执转破"类破产案件"执行程序破产跟进、破产程序执行跟进"工作机制，实现执行部门与破产审判部门之间高度协调、深度融合。同时，建立执行和破产的信息整合与共享机制。信息化是解决破产案件审理中财产查控难、资产变现慢、审理周期长等弊端的有效手段。执行和破产在工作上存在交叉，信息资源完全可以进行整合与共享。江苏的实践表明，通过执行案件管理系统，及时发现"僵尸企业"，并在移送破产阶段强化对企业涉诉、涉执案件信息的查询，全面了解债务人企业的相关诉讼信息；通过执行网络查控系统，及时查控破产财产；通过网络司法拍卖系统，高效变现破产财产。有的法院已经逐步实现"执转破"案件的网上移送，提升了移送工作的透明度和效率。如江阴市人民法院在法院内网开设破产审判专栏，共享破产案件审查、审理流程信息，便利执行部门依据破产审理流程节点，对执行案件依法中止、终结。

（五）强化对管理人履职的管理、监督

执行转为破产后，具体的破产事务都要由破产管理人完成。破产管理人在破产程序中的作用至关重要：自破产宣告开始到破产程序的终止，在破产程序进行过程中，破产财产的管理、处分、业务经营以及破产方案拟订和执行，都要经过破产管理人。破产管理人的业务素质和工作能力，直接影响破产审判的质量与效率。因此，必须加强对破产管理人履职的监督管理。第一，要完善公益管理人、个人管理人队伍建设，以适应"三无企业"及小微企业破产所需。在加强对破产管理人培训的基础上，探索建立管理人分级管理规则，完善破产管理人分级管理制度，推动破产管理人专业化建设。第二，改革管理人市场准入与选任机制。以维护债权人利益为出发点，以债权人会议选任为主，以法院指定为辅的方式赋予债权人选任破产管理人的权利，表达债权人的真实意愿和利益诉求。第三，加强对管理人履职的动态管理。建立管理人个案履职评价机制，由债权人及破产审判人员围绕管理人依法履职、接受监督、管理成效等情况进行综合评价；建立法院管理人资料库，为相关中介机构和个人建立信息档案，动态录入考核评价等情况，切实提升管理人选任和动态管理效果。第四，强化管理人履职监督。充分运用信息化平台向社会公示管理人团队组成、管理履历、联系方式等信息，便利债权人依法监督；建立管理人履职承诺制度，以契约形式约束管理人严格依法履职，管理人违反履职承诺的，应当依约承担相应责任；建立法院破产管理人黑名单制度，管理人存在妨碍破产程序正常进行、利用职权或地位获取不当利益等情形的，应当列入黑名单，暂停或取消管理人备选资格；建立健全管理人责任审计制度。第五，建立健全管理人履职的激励机制。督促管理人切实肩负起财产调查职责，依法保障管理人调查权力，促使其努力查找追收债务人财产；探索设立破产保障专项基金，对无产可破案件的管理人以成本补偿，最大限度维护债权人利益。

（六）从严监管，打击恶意逃废债务行为

充分调动破产管理人、债权人对于识别恶意逃废债行为的积极性，鼓励其采用审计、悬赏等形式调查破产财产状况；充分运用执行网络查控系统调查破产财产状况，对法院受理破产申请前一年内债务人财产的变动情况予以重点调查；充分发挥债务人财产申报的功能，对拒不申报、虚假申报、逾期申报等加大制裁力度；用好民事追责手段，督促管理人切实履行财产调查职责，依法保障管理人调查权力，引导运用破产无效、破产撤销等制度，努力查找追收债务人财产，要求债务人的法定代表人和其他直接责任人员按照《企业破产法》第128条的规定承担赔偿责任；向工商行政等企业注册登记管理机关通报，供相关单位依照《企业破产法》规定，在资格认定上予以惩戒。强化清算义务人责任。债务人主要财产、账册、重要文件灭失，或者债务人拒不提交有关材料或者不提交全部材料，导致无法清算或无法全面清算的，在破产终结裁定中明确告知债权人可以另行起诉主张有责任的有限责任公司股东、股份有限公司董事、控股股东，以及实际控制人等清算义务人对债务人的债务承担相应清偿

责任。当前，被执行企业转移财产的手段更加隐蔽、链条更加复杂，通过民事手段往往难以追回，应当加大刑事打击力度，对在"执转破"程序中发现的妨害清算罪，隐匿、故意销毁会计凭证、会计账簿、财务会计报告罪，虚假破产罪等犯罪线索的，及时移送相关机关侦查、审查起诉、审判，形成治理该类犯罪的整体合力。

此外，在"执转破"程序开展的初期，尤其是面对无经营资金、无营业场所和企业管理机构、人员下落不明的"无产可破"的案件，要积极推动设立破产费用保障基金，保障审计评估、管理人报酬等破产程序运行必要开支，解决债务人恶意借无费用开展破产财产调查而逃脱法律责任问题。充分发挥案例的社会导向作用，以通报典型案例的方式引导警示企业经营者切实增强风险意识、规范意识，自觉依法诚信经营，引导社会充分认识破产挽救程序价值，为挽救企业提供参照和指引。

截至 2017 年 12 月 31 日，全国法院共有首次执行案 3094.85 万件，其中 951.85 万件为终本案件。在所有终本案件中，被执行人为企业的有 250.58 万件，这些被执行人企业都已经具备破产原因。① 2008 年金融危机爆发后，全国法院破产案件受理数量仅占注销、吊销企业数量的 3‰~5‰。② 上述事实说明，我国破产程序利用率低，执行程序中本应转为破产程序的案件难以及时退出程序，执行不能案件形成久拖不决的"堰塞湖效应"，③ 成为人民法院执行工作的隐患，有的已经成了维稳信访风险点。有鉴于此，2016 年 9 月召开的全国执行工作会议提出，要建立执行与破产有序衔接机制，将被执行人中大量资不抵债、符合破产条件的"僵尸企业"依法转入破产程序，充分发挥破产法律制度的功能。一方面，可以使原有的债权债务在破产程序终结后归于消灭，信用垃圾得到消除，市场环境得到净化，促进市场秩序健康稳定；另一方面，也可以使部分执行不能案件从执行程序中依法彻底退出，从而把有限的司法资源集中用于解决有财产可供执行案件上来，争取早日实现解决执行难的目标。

---

① 参见 2018 年 4 月 26 日最高人民法院审委会专职委员刘贵祥在全国法院"执转破"工作推进会上的讲话。

② 王欣新：《破产原因理论与实务研究》，载《天津法学》2010 年第 1 期。

③ 郭洁、郭云峰：《论执行与破产的对接程序》，载《人民司法》2015 年第 11 期。

第二节 "开展与个人破产制度功能相当的试点工作"的探索

我国立法尚未建立个人破产制度，近年来随着个人债务风险日益凸显，个人破产立法越来越受到社会广泛关注。"开展与个人破产制度功能相当的试点工作"担负着为我国个人破产制度探路的使命，意义重大，影响深远。江苏法院以个人债务集中清理作为开展试点工作的主要模式，将其作为强制执行程序的延伸，在现行法律体系下，以执行和解、参与分配制度为主要依据，借鉴企业破产相关制度，以起到与个人破产制度功能相当的效果。

一、开展试点工作的社会基础及现实条件

《人民法院执行工作纲要（2019—2023）》提出了"开展与个人破产制度功能相当的试点工作"要求。改革开放以来，我国建立个人破产制度的呼声早已有之，但迟迟不能在立法和实践上有所突破。其重要原因，是建立个人破产制度的社会基础和现实条件尚未具备。但近年来，这些基础和条件已逐渐形成，也为在司法实践中开展"与个人破产制度功能相当的试点工作"提供了时机，个人破产制度"主要目的并非是基于特定债权人和债务人孤立的收益，而是基于更广泛的社会收益"，[①] 也已经日益成为社会共识。

（一）社会基础

一是鼓励大众创业的需求。我国企业的税收负担国际比较相对较重，且整体融资成本较高、利润率较低。根据国家统计局《中华人民共和国2020年国民经济和社会发展统计公报》，2020年全年规模以上工业企业每百元营业收入中的成本为83.89元，营业收入利润率为6.08%；至年末，全国规模以上工业企业资产负债率为56.1%。民营企业融资难问题长期未得到根本解决，银行要求民营企业家为企业提供担保成为常态，为民营企业贷款提供担保的人员范围也不断扩大，往往将民营企业家配偶、子女甚至亲朋好友等一同拉进连带担保责任圈，企业的有限责任变相成为无限责任。2019年1～7月，浙江省舟山

---

① 殷慧芬、张达：《世界银行自然人破产问题处理报告》，中国政法大学出版社2016年版，第33～34页。

市两级法院审理商业银行起诉民营企业的金融借款合同纠纷案件108件，标的额达27.12亿元，所有被告均有相应的民营企业家作为担保人。① 此外，还有大量的个人工商户等非企业法人主体缺少市场退出机制。截至2021年4月底，全国登记在册的个体工商户达9586.4万户，占各类市场主体总量的2/3，但整体经营活跃度不高。2020年全国个体工商户进入和退出市场的比例是2.4∶1；2021年1～4月全国新设个体工商户605.9万户，到税务部门新办税种认定、发票领用以及纳税申报的个体工商户仅187.5万户。② 开展"与个人破产制度功能相当的试点工作"，既有利于消除诚信创业者的后顾之忧，保护创业积极性，为创业失败者提供"东山再起"的机会，也有利于倒逼金融机构完善金融信贷制度，防范化解金融风险。

二是维护社会稳定的需求。我国仍然是世界上最大的发展中国家，广大农村和中西部地区相当一部分居民收入水平依然偏低，抗风险能力弱。根据国家统计局《中华人民共和国2020年国民经济和社会发展统计公报》，按全国居民五等份收入分组，低收入组人均可支配收入7869元，中间偏下收入组人均可支配收入16 443元，此两个组别户数占全部户数比重为40%。此外，大量陷入债务困境的自然人有许多属于"诚实而不幸"的情况，但由于目前没有免责解困的合法渠道，这些主体无法恢复元气、重新投入生产生活，有些甚至基本生活都难以维持。以江苏为例，截至2020年底，全省处于限制消费状态的自然人被执行人共60.58万名，其中已被限制消费3年以上的3.6万名，5年以上的3.28万名。新冠疫情重大公共卫生事件的出现，也让社会舆论自汶川地震之后再次出现要求制度性免除受意外灾难事件严重影响的自然人债务的呼声。开展"与个人破产制度功能相当的试点工作"，有利于减轻社会保障负担，减少债权人暴力催收、债务人走上绝路等影响社会稳定的问题。

三是从源头切实解决执行难的需求。截至2020年底，江苏全省法院自1995年以来累积的终结本次执行案件已达到144.05万件，其中16.52万件已终本结案超过10年。终本案件中被执行人包含自然人的有115.73万件（被执行人全部为自然人的101.72万件，被执行人中部分为自然人的14.01万件），

---

① 浙江省舟山市中级人民法院课题组：《对规范民营企业家个人担保行为的思考》，载《中国审判》2019年第18期。

② 参见2021年6月1日国务院政策例行吹风会文字实录，载中国政府网，http://www.gov.cn/xinwen/2021zccfh/20/index.htm。

占终本案件总量的 80.34%。这些案件法院已穷尽执行措施，确无财产可供执行，属于"执行不能"，但仍需长期进行动态管理，定期查询被执行人财产状况，而且越积越多，消耗大量人力物力。开展"与个人破产制度功能相当的试点工作"，有助于使其中部分案件彻底退出执行程序，减少无效执行，从而将有限的执行资源集中于有财产可供执行案件。

四是建立个人破产制度的需求。从破产法的发展历史来看，其诞生之初便是从个人破产开始，而企业破产制度直到 1844 年《英国合股公司法》问世后才逐渐形成。因未将所有市场主体纳入破产程序，我国的破产法被学术界称为"半部破产法"。将缺失的个人破产内容加入破产法版图中，形成完整的破产法法律体系，推进健全破产制度，实现市场主体有序退出，进而改善营商环境，推进建设体现高质量要求的现代化经济体系，已经在政策层面被多次提出。党的十九届四中全会就提出加快完善社会主义市场经济体制，健全破产制度；2020 年 5 月，中共中央、国务院下发《关于新时代加快完善社会主义市场经济体制的意见》更是明确提出"推动个人破产立法"；2020 年 10 月，中共中央办公厅、国务院办公厅印发的《深圳建设中国特色社会主义先行示范区综合改革试点实施方案（2020—2025 年）》进一步提出"完善自然人破产制度"，并由此推动了《深圳经济特区个人破产条例》的出台。人民法院开展"与个人破产制度功能相当的试点工作"，有利于为我国个人破产立法快速积累实践经验，探索可供选择的不同路径，并对社情民意进行前期引导。

（二）现实条件

一是司法政策基础。除了前述在中央层面关于建立个人破产制度的一系列政策，最高人民法院也作出了积极响应。早在 2019 年 2 月 27 日最高人民法院出台的《关于深化人民法院司法体制综合配套改革的意见——人民法院第五个五年改革纲要（2019—2023）》中就提出，研究推动建立个人破产制度。2019 年 6 月 11 日，最高人民法院在《人民法院执行工作纲要（2019—2023）》中提出"开展与个人破产制度功能相当的试点工作，为建立个人破产制度打下实践基础"。2019 年 7 月 16 日，最高人民法院、国家发展和改革委员会等 13 个部门联合发布《尽快完善市场主体退出制度改革方案》，进一步提出"研究建立个人破产制度，重点解决企业破产产生的自然人连带责任担保债务问题"。2019 年 11 月 14 日发布的《全国法院民商事审判工作会议纪要》中也提出加强理论研究，分步骤、有重点地推进建立自然人破产制度。上述文件为在地方立法探索之外，人民法院开展与个人破产制度功能相当的试点工作提供了政策依据。

二是法律依据基础。由于我国尚无个人破产立法，因此人民法院开展相关试点工作必须从现行法律规定中寻求依据以搭建制度框架。这些依据主要包括：有关概括清偿的参与分配制度；有关免责的执行和解制度；有关债务人行为限制的失信被执行人名单、限制消费、限制出境、行为保全等制度；有关防范破产欺诈的被执行人报告财产、搜查、审计等财产查明制度和罚款、拘留、追究拒执罪等司法惩戒制度；有关破产管理人的公职律师、法律援助、破产基金等制度；有关债务人信息公示、考察期监管的执行信息和破产信息公开制度；有关债务人案件归集和个人破产法律效力认可的执行案件指定执行、执行事项委托等制度，等等。这些制度在《民事诉讼法》《最高人民法院关于人民法院执行工作若干问题的规定（试行）》等法律、司法解释中早已有规定，近年来最高人民法院又以攻坚"基本解决执行难"为契机，进行了大量制度建设，先后出台了《最高人民法院关于执行和解若干问题的规定》等一系列司法解释和规范性文件。各地法院也通过地方司法指导性文件的方式对一些制度进一步细化规则，如江苏省高级人民法院下发的《关于正确理解和适用参与分配制度的指导意见》等。总体而言，除了对自然人债务免除尚无明确法律规定外，开展与个人破产制度功能相当的试点工作已有法可依。

三是配套制度基础。随着我国治理体系和治理能力现代化水平的不断提升，与开展试点工作相关的社会配套制度日臻完善，可以提供基本制度支撑，以防范和惩戒破产欺诈、保障各方当事人利益平衡。以江苏省为例：首先，对债务人的信用惩戒和修复机制不断完善。省内社会征信系统日益健全，根据江苏省委办公厅、省政府办公厅印发的《关于建立对失信被执行人联合惩戒机制的实施意见》，失信被执行人联合惩戒机制目前包括68项联动惩戒措施，覆盖30多个领域。省级层面已出台《江苏省完善信用修复机制保障信息主体权益办法》和《江苏省社会信用条例》。其次，对债权人的社会保障水平不断提升。全民医保基本实现，失业保险预防失业、促进就业作用明显增强，"三位一体"的工伤保险体系初步形成，社会救助法制化水平显著提升。最后，人民法院执行能力不断提升。发现被执行人财产的手段日益丰富，网络查控系统已基本覆盖各类主要财产类型，打击失信被执行人的力度持续加强，仅2019

年就开展搜查1.2万次、拘留1.5万人次、拘传2.7万人次,债务人隐瞒、转移财产难度不断增大。同时,积极推进企业"执转破"工作,并已形成了较为完善的执行移送破产工作机制。

二、江苏法院开展试点工作的情况

经最高人民法院批准,江苏法院在全国率先开展试点工作。2019年10月18日,江苏省高级人民法院下发《关于确定开展"与个人破产制度功能相当的试点工作"法院的通知》,确定苏州市吴江区人民法院、新沂市人民法院为试点法院。后经逐批申报、审核,至2022年10月,已将全省全部13个设区市两级法院纳入试点范围。各试点法院均对个人破产制度进行了较为深入的调研,相继出台了相关规范性意见。

江苏法院开展试点工作的主要模式是个人债务集中清理,将其作为强制执行程序的延伸,在现行法律体系下,以执行和解、参与分配制度为主要依据,并借鉴企业破产相关制度,以起到与个人破产制度功能相当的效果。截至2022年底,全省法院已受理此类案件647件,结案547件,167名债务人因不合条件被驳回申请,64名债务人得到免责。一批"诚实而不幸"的自然人获得了重新创业、东山再起的机会,取得了良好的社会反响,为后续试点工作积累了宝贵的实践经验。

(一)多重筛选甄别适用对象

债务人的选择是推动与个人破产制度功能相当的试点工作的基础,"诚实而不幸"则是选择债务人最为核心的要求。试点中,对于因赌博、挥霍消费等不良原因导致不能清偿债务的,或有履行能力而拒不履行生效法律文书确定义务的债务人排除适用个人债务集中清理程序,坚决杜绝债务人意图借此程序逃废债务。目前司法实践中经筛选出的适格债务人主要包括以下两类主体:

一是优先从已进入执行程序,经调查无财产可供执行或财产不能清偿全部债务的个人,或为企业提供保证担保且企业已进入破产程序的经营者中进行初步筛查,选择适格对象。南通市海门区人民法院、连云港市海州区人民法院、睢宁县法院、泰州医药高新技术产业开发区人民法院、苏州市吴江区人民法院、南京市高淳区人民法院等法院均规定了上述类似做法。其中,吴江法院受理的范某个人债务集中清理案件,债务人范某因其实际控制的天地公司在经营中为他人提供担保而陷入困境,而其作为天地公司的实际控制人对天地公司的银行贷款承担保证责任，后期又通过信用卡贷款、对外借款等方式来帮助企业清偿债务。2018年8月27日，吴江法院裁定受理对天地公司的破产清算申请，普通债权最终清偿率为0.9%。2018年12月25日，吴江法院裁定终结天地公司破产清算程序。范某作为被执行人在苏州法院系统尚有未执结或以终结本次执行程序结案的案件16件，执行标的总计3000余万元，其早已无力偿还全部债务。2020年3月5日，范某向法院提出个人债务集中清理申请。经审查查明，范某除每月有退休工资6000元及一辆价值1万元的汽车外，无其他可供执行的财产。范某有老母亲需赡养，其本人患有淋巴恶性肿瘤需治疗，目前无固定居住场所。最终在债权人会议第二次表决中，范某的个人债务清偿计划得到全体债权人一致通过，根据清偿计划内容，范某将其名下的一辆汽车交由管理人进行拍卖，另分两期共筹集20万元清偿债务。同日，吴江法院裁定批准清偿计划，终止个人债务集中清理程序。

二是将不可抗力、情势变更等原因导致生产经营严重困难的以及遭遇重大变故导致生活困难或者丧失劳动能力的、无法清偿到期债务的个人或个体工商户作为主要实施对象。其中，镇江市京口区人民法院、睢宁县人民法院明确将上述对象纳入适格债务人范围之中。在睢宁法院立案受理的刘某个人债务集中清理案件中，债务人刘某在该院作为被执行人的系列案件共26件，执行标的总额为717万元。债务人刘某已65岁，身体多病，丧失劳动能力，无经济收入，无财产可供执行，恢复履行能力的可能性极低。刘某在该院作为申请执行人案件有1件，已执行到位金额228万元，此外无其他财产可供执行。2019年8月19日，刘某向法院申请个人债务集中清理。2019年10月31日，该院依法组织当事人召开听证会，申请执行人对刘某申请个人债务集中清理均无异议，经合议裁定刘某案件退出执行程序。

（二）区分不同情况适用不同程序

针对个人债务集中清理程序简捷、快速的特点，缩短债权申报时间，简化审理流程。京口法院、吴江法院、新沂市人民法院、无锡市锡山区人民法院、盐城经济技术开发区人民法院等法院设置不同程序，协调配合。其中，锡山法院规定采取清算和个债清偿计划两种清理程序，当个债清偿计划无法通过或无法执行时，可以转入清算式债务清理。吴江法院则根据债务人有无执行案件，区分"执清""个清"两个案号，并分别交由执行部门、破产审判部门审理，吸收执行成果，发挥各自优势，体现职能分工和协调配合。无个人收入或收入不足以维持基本生活水平的债务人适用清算程序；有个人收入且超过维持基本生活水平的债务人适用重生程序，需以制订债务清偿计划方式申请债务清理。

例如，吴江法院受理的朱某个人债务集中清理案件，债务人朱某离异，其父母年满70周岁且在家务农，其目前租房居住，每月房租1000余元。其职业为中学数学教师，每月工资10 000元左右。吴江法院于2020年6月30日裁定受理朱某个人债务集中清理一案，共有9名债权人向管理人申报债权，债权申报金额共计1 620 973.28元，均为普通债权。经管理人审核认定债权金额为867 417.3元，待定债权金额660 621.88元，总计1 528 039.18元。在第一次债权人会议上，朱某提出偿债计划为在5年内分期支付债权人共计72万元，清偿率为47.12%。债权人会议共有6家债权人出席，对于清偿计划2家同意，4家不同意，故清偿计划未能通过。在第二次债权人会议表决中，朱某的个人债务集中清理清偿计划修改为5年内分期支付共77.9万元，清偿率为62.58%，最终该计划得到全体债权人一致通过。同日，吴江法院裁定批准清偿计划，终止朱某个人债务集中清理程序。该案是适用重生程序的典型案例，重生程序建立在债务人未来有稳定收入的基础之上，因有免债的预期结果，激励债务人此后积极缩减开支尽全力偿还债务，一方面提高债务清偿率维护债权人利益，另一方面债务人在可预见的时间内能彻底摆脱债务泥潭，增加其偿还债务的动力。此案中，朱某有稳定职业，在第一次偿债计划未能通过后，压缩未来预计生活开支，制订新的偿债计划提高偿债金额，最终获得通过。

（三）加强法律释明，引导债权人消除顾虑

由于我国传统文化中"欠债还钱"的观念根深蒂固，社会公众缺乏认同，可能认为一旦进行个人债务集中清理将会成为失信被执行人自我躲避债务的合法工具，对试点工作存在观望和质疑态度。债权人更是对债务人缺乏信任，对债务清理制度认可度不高。部分债权人认为债务人不会主动配合法院、管理人如实申报财产，只有通过司法强制力才能迫使债务人履行义务，不相信债务人有诚意付出真实行动主动解决债务，进而认为个人债务集中清理程序有可能会被债务人滥用进行逃废债。试点法院通过多方面的释明宣传，努力消除债权人思想顾虑。新沂法院、高淳法院从执行不能的风险、债权公平有效受偿、债权人债务人共生同赢等方面对债权人加强释明，引导债权人消除顾虑、增进理解。同时，对债务人的个人债务集中清理信息、清理流程全方位公开，充分保障债权人的知情权、参与权、异议权。吴江法院在保护债权人公平受偿的同时，增加债权人对个人债务集中清理程序赋予债务人重新开始机会的认同，停止适得其反的追债行为，赋予债务人及其家庭喘息和修复的时间和空间，促使债权人作出追偿的合理妥协。债权人会议中增加债务人诚信承诺环节，回应债权人心理需求，最大程度争取债权人理解和支持。试点法院普遍反映，制度宣传与法律释明工作在个人债务集中清理过程中耗费了法官较多精力。

（四）构建自由财产制度，平衡各方利益

自由财产制度是个人破产中核心制度之一，江苏法院在试点中对此予以吸收借鉴。努力平衡债权人与债务人之间的利益，确保试点取得良好的法律效果和社会效果。锡山法院、吴江法院从豁免财产的范围以及确定程序两方面进行了细化规定。一是明确自由财产的范围。对于维持债务人及其所扶养家庭成员基本生活水平的必要费用与生活用品，债务人工作的必要工具，以及与债务人有特定人身关系的财产准予保留，确保债务人的基本生存需求。但是如果该财产经审查价值较大，不用于清偿债务将违反公平原则的，则不予认定其为豁免财产。二是明确自由财产的确定程序。自由财产清单应当由出席债权人会议有表决权的债权人过半数同意，并且其所代表的债权额占无财产担保债权总额的2/3以上通过。未获债权人会议表决通过，经法院审查确实应当属于豁免财产的，可以直接裁定认定。

（五）确立免责功能，强化行为监督

债务人履行完毕清偿方案从而免除剩余债务是个人破产制度最为核心的价值，在试点中，由于缺乏上位法的明确依据，相关制度价值必须借助执行和解协议实现，即在债权人与债务人意思表示一致的前提下，有条件地对债务人剩余债务予以免除。根据试点法院的实践探索，免除剩余债务至少要包括以下条件：

一是建立个人债务集中清理公示制度。在信用平台公示清偿计划、信用限制，海州法院对进入程序的债务人名单定期在法院官网、公众号、微博等媒体公布、更新，强化监督制约，接受社会各界对债务人的监督。睢宁法院将退出案件情况统一入库，与相关联动单位共享。泰州医药高新法院、新沂法院、盐城经开区法院等法院也均有类似规定。

二是设置免责考察期。根据债务清偿率的高低设置长短不一的免责考察期，考察期届满前，债务人不得有高消费行为，不得担任任何企业的法定代表人、股东、董事、监事。考察期届满前或考察期届满后两年内，发现债务人存在逃废债、规避执行等有违诚信行为的，一律撤销债务免除裁定，恢复对原生效法律文书的执行。睢宁法院、锡山法院为被执行人设定观察期限，在观察期限内，被执行人如果出现射幸事件，意外恢复履行能力，仍然应当履行自身义务。吴江法院在办理邱某某个人债务清理一案中，全体债权人一致通过的个人债务清偿计划，邱某某在6个月内支付款项至债权人指定账户，清偿计划执行完毕后未予偿还的债务将免除，在终结债务清理程序之日起设置3个月的信用考验期，邱某某执行完毕清偿计划并度过信用考验期后，吴江法院未发现其存在逃废债的行为，后根据申请于2021年6月10日出具免责的裁定书。

三是充分发挥管理人的监督作用。在吴江法院立案受理的张某个人债务集中清理案件中，于2020年9月23日指定苏州苏诚会计师事务所有限公司为管理人。2020年11月4日，管理人向法院提出申请，称债务人张某在个人债务集中清理程序中未能按照要求向管理人提供完整债权清册，拒绝配合处置房屋及车辆，违反了债务人在个人债务集中清理程序中的诚信原则和基本义务，请求法院终结其个人债务集中清理程序。吴江法院查明事实后，于2020年11月9日依法裁定终结张某个人债务集中清理程序，并恢复对张某的执行程序。

（六）引入管理人制度，分担个人债务清理事务性工作

破产管理人作为企业破产程序中的重要主体，承担大量破产程序中的事务性工作。不少试点法院也均在个人债务集中清理中引入管理人制度，一方面有效缓解法院案多人少矛盾，另一方面对有利于对债务人行为进行更有效的监督。例如，镇江京口法院将网格员纳入管理人范畴，充分利用网格员的身份优势，加大对债务人财产调查及消费情况的监督。有观点对个人债务集中清理中的管理人身份提出质疑，认为《企业破产法》有明确法律规定，故管理人有权行使法律明确规定的破产事务性工作。但个人债务清理程序中由于上位法缺失，管理人的行权存在障碍。我们认为，根据《人民法院执行工作纲要（2019—2023）》第17条规定，积极引入专业力量参与执行。建立健全仲裁、公证、律师、会计、审计等专业机构和人员深度参与执行的工作机制，区分执行权核心事务与辅助性事务，建立辅助事务分流机制，探索将财产查控、网拍辅助、案款发放、送达等执行工作中的辅助事务适度外包给专业社会力量。个人债务集中清理制度中的管理人符合其中"专业社会力量"的条件，其在法院授权下从事个人债务清理事务性工作有明确依据。又如，对于管理人报酬的确定，新沂法院依托企业破产"财政预算资金＋公益基金"破产费用保障机制，优先保障个人债务集中清理工作；高淳法院积极推动府院联动机制，确保管理人报酬的资金保障。

三、江苏法院对试点工作的进一步规范

为深入推进"与个人破产制度功能相当试点"的改革工作，进一步加强对试点工作的规范和引导，积极稳妥推进试点工作，江苏高院在总结试点经验的基础上，经审判委员会讨论于2021年12月6日印发《关于开展"与个人破产制度功能相当试点"工作中若干问题解答》（以下简称《解答》）。《解答》明确此项改革试点，是依据《人民法院执行工作纲要（2019—2023）》要求，在民事执行程序中，人民法院根据申请，依照有关财产调查、参与分配、执行和解、失信惩戒等法律规定，参照《企业破产法》相关原则和精神，促成债权人与个人被执行人达成和解并同意对其债务在一定条件下免责，在免责考察期届满后终结执行。其目的是促进确无履行能力的诚信个人被执行人重新恢复正常生产、生活能力。为表述方便，《解答》中称其为类个人破产程序。

（一）制定《解答》的基本思路

一是依法依规。对个人破产我国目前尚无法律规定，因此试点工作需严格遵守现行法律及司法解释的规定，避免损害债权人的合法权益。试点工作中，主要依托民事执行程序中的执行和解制度与参与分配制度，结合财产调查、失信惩戒等制度，借鉴吸收企业破产程序中的债权人会议、管理人等制度和《深圳经济特区个人破产条例》中的免责考察期等制度，作为制定试点办法和《解答》的依据，同时充分尊重当事人的意思自治。

二是循序渐进。首先，对适用对象、适用范围、免责程序等理论和实践中争议较大的问题，在前期试点的基础上选择实践效果较好的方案。其次，将"执行转破产"作为试点工作的基本思路，注重执行程序与类个人破产程序的衔接与相互转换。最后，充分尊重基层实践，充分吸收试点法院的有益经验。

三是繁简适度。实践表明，将企业破产制度简单套用于类个人破产，将带来受理门槛过高、当事人负担过重、效率难以保障等一系列问题。《解答》在总结试点经验的基础上，对相关程序提出了较企业破产更为简便快捷的方案。

四是宽进严出。对类个人破产程序的受理条件适度从宽，鼓励债权人和被执行人提出申请；但对申请免除被执行人剩余债务的，必须具备两个基本条件：一是债务清偿和解协议履行完毕；二是经过免责考察期。对债务人是否符

合免责条件，试点法院应当予以严格审查，防范"假破产、真逃债"。

（二）《解答》的主要内容

1. 适用类个人破产程序的主体

适用类个人破产程序的主体，原则上为"诚实而不幸"的个人被执行人，同时考虑到试点必须在现行法律框架内开展以及目前大多数其他省（自治区、直辖市）尚未开展此项试点等因素，《解答》主要从 6 个方面明确了适用类个人破产程序的主体要求：一是被执行人为在江苏省居住且参加江苏省社会保险连续满 3 年的个人；二是被执行人资产不足以清偿全部债务或者明显缺乏清偿能力；三是债务非因故意违法犯罪、赌博、挥霍消费等不良行为产生；四是被执行人不存在有履行能力而拒不履行生效法律文书确定义务等违反诚信的情形；五是在江苏省辖区外没有作为被告、被执行人或者被申请人的应负或者可能应负金钱给付义务的诉讼、执行、仲裁、公证债权案件；六是被执行人主要债务均已取得执行依据。

其中有几个问题需要说明：

（1）关于个体工商户。据统计，截至 2021 年 4 月底，全国登记在册的个体工商户达 9586.4 万户，占各类市场主体总量的 2/3，但整体经营活跃度不高。2020 年全国个体工商户进入和退出市场的比例是 2.4:1；2021 年 1 ~ 4 月全国新设个体工商户 605.9 万户，到税务部门新办税种认定、发票领用以及纳税申报的个体工商户仅 187.5 万户。① 《民法典》第 54 条规定，自然人从事工商业经营，经依法登记，为个体工商户。个体工商户可以起字号。该条规定于"自然人"一章。《个体工商户条例》第 2 条规定，有经营能力的公民，依照本条例规定经工商行政管理部门登记，从事工商业经营的，为个体工商户。据此，个体工商户既非法人，也非其他组织，在民事程序及实体法律上均认定属于具有民事行为能力和民事权利能力的自然人。基于上述原因，《解答》未将个体工商户作为申请主体单独列出。个体工商户确有适用需要的，可以以个体工商户业主为主体提出申请。

（2）关于外省户籍自然人。有的兄弟省、市在试点中明确要求，申请类个人破产程序的自然人必须具有本省、市户籍。江苏省由于经济较为发达，有

---

① 参见 2021 年 6 月 1 日国务院政策例行吹风会文字实录，载中国政府网，http://www.gov.cn/xinwen/2021zccfh/20/index.htm。

大量外来务工人员长期在省内就业，他们的户籍虽然不在江苏省，但主要经济生活往来均在江苏省辖区，对于此类人员也应给予其走出债务困境的机会。同时，为了防止被执行人恶意提出申请，故有必要确定连接点并作出一定限制。因此，《解答》规定在江苏省居住且参加江苏省社会保险连续满3年的个人方能提出申请，在两者间作出衡平。对江苏省户籍自然人，无须具备上述条件就可提出申请。

（3）被执行人主要债务应在省内并已取得执行依据。对此，《解答》要求债务人同时满足以下条件：第一，在省外没有应负或者可能应负金钱给付义务的诉讼、执行、仲裁、公证债权案件；第二，没有未决案件，正在诉讼等程序中的案件必须在签订债务清偿和解协议前形成生效法律文书；第三，没有较大债务可能进入诉讼、执行、仲裁、公证债权等程序。在企业破产司法实践中，对于未决债权的认定是难点之一。一方面，《企业破产法》赋予债务人与债权人对债权登记表记载的债权不服，向人民法院提出派生诉讼的权利，即可以通过诉讼程序对债权的真实性进行审查。但在类个人破产程序中，如果被执行人存在未决债权，由于没有上位法依据，债权人难以提起派生诉讼由法院对未决债权进行实体审查，同时对未决债权的异议也会极大阻碍程序进程，故《解答》限制了有未决债务的被执行人进入类个人破产程序。另一方面，如此规定也是为了防止虚假债务的出现稀释债权，造成不良社会影响，有损试点工作实际效果。需要特别说明的是，在吴江等部分试点工作开展较早的法院，允许在法院无执行案件的债务人也可以提出申请。这些试点法院经过两年多实践，积累了相对丰富的经验，也取得了良好的实际效果，故在尊重当事人意愿的基础上仍然可以继续适用原试点做法。

2. 类个人破产程序的主要流程

完整的类个人破产程序，包括申请、受理、指定管理人、通知与公告、召开债权人会议、签订债务清偿和解协议、履行债务清偿和解协议、裁定终结类个人破产程序、经过免责考察期、裁定免除债务等10个环节。《解答》对其中主要环节的程序性要求均予以明确：

（1）如何申请。第一，被执行人以及对被执行人单独或者共同享有10万元以上到期债权的债权人可以提出申请，被执行人的配偶同为法院被执行人的，可以合并提出申请；第二，申请应向被执行人住所地、经常居住地、缴纳社会保险所在地基层人民法院提出。上述法院无被执行人执行案件的，向有权主持参与分配的法院提出；第三，提交申请书并附相关材料；第四，申请可以撤回，但无正当理由一年内再次申请的，人民法院不予受理。

其中以下问题需要说明：

首先，债权人可以提出申请。与企业破产不同，大部分省、市试点类个人破产程序，仅规定了债务人可以提出申请，没有赋予债权人提出申请的权利。试点实践中发现，因为涉及债务免除，通常债务人有较大动力提出申请，有的债务人近亲属甚至愿意代为清偿部分债务，债权人实际受偿债权比例甚至超过个案执行时能够实际执行到位的比例。故不排除债权人亦有动力提出申请，应当赋予债权人提出申请的权利。而10万元则是江苏法院关于"一次有效执行"执行案件标的金额标准，享有10万元以上债权通常意味着执行标的金额较大，据此《解答》作出上述规定。

其次，关于类个人破产程序的管辖。《企业破产法》规定，企业破产由债务人住所地法院管辖。与之类似，类个人破产程序也将被执行人住所地法院作为管辖法院之一。由于考虑到个人与企业不同，有的债务人经济活动区域与其住所地相去甚远，只规定住所地法院管辖不利于案件的后续办理。故将债务人经常居住地和缴纳社会保险所在地亦作为两个确定管辖法院的连接点。由于《解答》对债务人范围的限制，即债务人必须是在法院有执行案件的被执行人，故当上述三个连接点法院都没有债务人作为被执行人案件时，则由有权主持参与分配的法院管辖。有权主持参与分配的法院，一般为被执行人主要财产的首查封法院或者是抵押权等优先权执行法院。同时考虑审级原因，类个人破产程序案件统一由基层人民法院管辖。

（2）收到申请后人民法院如何审查和处理。第一，人民法院收到申请后，应当移送立案部门以"执个"案号立案，由执行机构审查是否符合条件并作出受理或者不予受理裁定；第二，人民法院审查时应当听取债权人的意见，重点对被执行人的财产状况、债务申报情况、有无失信行为、有无违反诚信原则等情况进行审查，必要时可以组织听证；第三，被执行人有尚未执行完毕的执行案件的，受理申请法院应当书面通知已知执行法院中止对进入类个人破产程序被执行人的执行，相关案件可以指定至受理申请法院集中执行。

其中以下问题需要说明：

首先，立案受理前后审查的区别。《解答》第4条、第5条和第6条均对被执行人是否符合类个人破产程序的主体条件作了规定，区别如下：

第一，审查时间不同。第 4 条、第 5 条针对的审查时间为作出受理裁定之前，只有符合第 4 条、第 5 条规定的条件，法院才可作出受理裁定；第 6 条针对的审查时间为立案受理之后。

第二，审查内容不同。第 4 条偏重于程序审查方面，包括被执行人是否具有申请资质、是否提交符合条件的申请资料等，第 5 条属于实体审查，主要为实体方面明显不符合情形，包括违反限制消费令、拒不履行生效法律文书、存在拒执情形等。而第 6 条涉及更为深入的实体审查，主要围绕被执行人的财产状况、债务申报情况、有无失信行为、有无违反诚信原则等情况进行审查，应当听取债权人意见，必要时可以组织听证。

第三，审查主体不同。由于审查内容的不同，导致审查主体有所区别。第 4 条、第 5 条是由执行机构负责执行立案审查人员统一审查，而第 6 条则由类个人破产案件的承办人审查。

其次，被执行人案件集中办理。为了便于类个人破产程序受理法院对被执行人案件统一处理、财产统一处置、案款统一分配，《解答》规定对于进入类个人破产程序的被执行人有尚未执行完毕的在办执行案件，或者有财产尚未处置的终结本次执行案件在省内其他法院的，受理法院可以报请共同的上级法院将相关案件指定至该院集中执行。

最后，关于债务人的执行程序应当中止。《企业破产法》第 19 条规定"人民法院受理破产申请后，有关债务人财产的保全措施应当解除，执行程序应当中止。"与企业破产一致，类个人破产程序也需要相关执行案件中止执行，以便对财产统一处置分配。但为了提高案件办理效率，《解答》作了特殊规定，即执行法院收到受理债务人类个人破产程序裁定时，债务人名下财产已经进入评估拍卖程序的，经受理申请法院同意，执行法院可以继续处置财产，但应当将变价款交付受理申请法院，或根据受理申请法院要求分配变价款，而不得对变价款径行分配和交付。

（3）如何确定管理人。类个人破产程序中，需要有管理人承担接管被执行人的财产以及相关资料、调查被执行人财产状况、管理和处分被执行人的财产、协商被执行人并提出债务清偿和解方案、监督被执行人履行债务清偿和解协议以及免责考察期内的行为、提请终结类个人破产程序等职责。

第一，被执行人符合类个人破产程序适用条件的，可以参照企业破产的相关规定指定管理人。第二，有条件的地区可以吸纳被执行人所在基层组织的网格员参与类个人破产程序，协助办理调查被执行人日常基本生活情况、监督被执行人是否存在不诚信行为等事项。第三，管理人报酬参考企业破产相关规定，各级法院可以协调当地主管部门，将破产专项基金使用范围扩大至用于支付类个人破产程序管理人报酬。

其中以下问题需要说明：

首先，特殊案件由承办人承担管理人职责。管理人对企业破产案件影响甚巨，在类个人破产程序中引入管理人制度已成共识。在前期试点实践中发现，与企业破产不同，类个人破产程序中部分案件债权人较少，相关流程也较为简单，指定管理人的必要性较弱。《解答》从立足实际、简化程序、提高效率的角度考虑，规定特殊案件可以由类个人破产案件承办人承担管理人职责。此类案件必须同时符合以下条件：一是案情简单；二是案件标的较小，即债务人债务较少；三是债务人的可处置财产较少；四是无须管理人代表债务人参加诉讼等其他法律程序。

其次，网格员承担部分管理人职能。网格员具有人头熟、地头熟的独特优势，对网格区域内的居民有更密切的接触与更深入的了解，在社会综合治理、日常管理方面具有积极作用。在解决执行难过程中，部分法院积极探索依托网格化服务管理中心，将协助执行工作纳入网格化社会治理内容，建立了网格员协助送达、查找当事人、协查财产线索、督促履行等工作机制，取得了良好效果。在此基础上，《解答》充分发挥建成的执行网络优势，在类个人破产程序中，赋予网格员对债务人的部分调查监督职能：一是调查债务人日常基本生活情况；二是监督债务人是否存在转移财产、恶意逃避债务、虚假陈述、提供虚假证据等不诚信行为；三是监督债务人履行债务清偿和解协议以及免责考察期内的行为。

（4）如何召开债权人会议。第一，人民法院应当通知已知债权人，并予以公告。第二，人民法院应当在债权申报期限届满后，召集召开债权人会议。

其中以下问题需要说明：

首先，债权人会议召开形式。在企业破产案件中，债权人会议在破产程序中起到重要作用，但召开债权人会议往往耗费大量人力、物力，对于已经资不抵债的企业来说，势必对债权人的债权清偿比例有一定影响。由于类个人破产程序中债务人的债务通常相对较少，《解答》规定债权人会议可以采取更为灵活便捷的形式，如通过网络会议或书面征询意见的方式，目的是节省成本、提高效率。

其次，债权人对债权人会议事项有异议的救济。《解答》对于债权人对管理人于会议上告知的事项有异议的，规定了不同的救济途径：

第一，债权人对债务人财务状况报告、财产管理方案及财产变价方案不服，管理人应当对报告或方案作出情况予以说明，债权人的异议确能成立的，管理人应当予以修正。之所以作此规定，是因为上述三事项的评价标准相对客观，处理方式区别不大。试点发现，对上述三事项，债权人往往并无太大异议，即使有疑问，经管理人释明，也基本能达成一致意见，故针对此异议，以沟通释明为主，确有错误的，予以纠正。

第二，债权人对债务人财产的分配方案不服，参照司法解释关于参与分配方案异议的救济途径救济。无论是执行程序还是破产程序，债权人分配获得价款均是其核心诉求，分配方案作为债权人核心诉求的载体，事关债权人的根本利益，在类个人破产程序欠缺上位法依据的情况下，价款分配环节本就是参照执行程序中的参与分配制度构建，因此按照《民事诉讼法司法解释》规定的法定程序予以救济，更有利于对债权人权利义务的保护。具体而言，债权人或者被执行人对分配方案提出书面异议的，管理人应当通知未提出异议的债权人、被执行人。未提出异议的债权人、被执行人自收到通知之日起 15 日内未提出反对意见的，管理人依异议人的意见对分配方案审查修正后进行分配；提出反对意见的，应当通知异议人。异议人可以自收到通知之日起 15 日内，以提出反对意见的债权人、被执行人为被告，向法院提起诉讼；异议人逾期未提起诉讼的，按照原分配方案进行分配。

（5）如何签订债务清偿和解协议。《解答》明确：第一，被执行人应当将债务清偿和解方案提交债权人会议表决。为提高表决通过的效率，债权人会议可以采用双重表决规则。第二，经表决同意债务清偿和解方案后，债权人签订债务清偿和解协议及被执行人免责预同意书。第三，为保障被执行人的基本生活、保持其具备履行债务的能力，明确了豁免财产的范围。第四，被执行人财务状况或者生活条件意外恶化导致不能继续履行原和解协议的，或者被执行人在债务清偿和解协议履行期间或免责考察期内获得大额资产的，管理人、债权人及被执行人可以申请重新议定债务清偿和解方案。

其中以下问题需要说明：

首先，关于表决规则。债权人会议表决规则是类个人破产程序中的核心规则，由于没有上位法依据，类个人破产程序中债权人表决无法像企业破产程序一样可以由法院"强裁"，必须基于债权人的意思自治，并且需要所有债权人达成一致意见。但是如果任何涉及需要表决的事项均须债权人一致同意，将严重影响程序的运行效率及实际效果。根据前期试点经验，在吸收锡山等法院经验做法的基础上，《解答》规定可以采用"双重表决规则"。所谓双重表决规则，是指先由全体债权人就表决规则达成一致意见，再根据通过的表决规则对各事项进行表决。双重表决规则仍然是建立在当事人意思自治的基础上，未突破法律规定，也更有利于类个人破产程序的推进。

其次，关于对债务人保留的豁免财产清单。《解答》第15条规定，除去《最高人民法院关于人民法院民事执行中查封、扣押、冻结财产的规定》明确规定可以保留的财产外，其余豁免财产由出席债权人会议有表决权的债权人过半数同意，并且其所代表的债权额占无财产担保债权总额的2/3以上通过。类个人破产程序的意义之一便在于给"诚实而不幸"的债务人东山再起的机会，给予债务人一定豁免财产自是必要。对于豁免财产的多少，充分重视债权人的意思表示，通过表决规则来确定豁免财产范围，注重效率的同时，更符合更广大债权人的根本利益。

最后，类个人破产程序中情势变更原则的适用。《民法典》第533条规定了情势变更原则，合同成立后，合同的基础条件发生了当事人在订立合同时无法预见的、不属于商业风险的重大变化，继续履行合同对于当事人一方明显不公平的，受不利影响的当事人可以与对方重新协商；在合理期限内协商不成的，当事人可以请求人民法院或者仲裁机构变更或者解除合同。在类个人破产程序中，由于个人债务清偿和解协议会有一个相对较长的履行期，当履行过程中债务人的经济状况发生重大变化时，给予债务人与债权人重新议定债务清偿和解协议的机会，更加符合公平原则。当然，如果债务人已按照清偿和解协议履行完毕，并且经过免责考察期，此时即使经济状况发生重大变化，也无情势变更原则适用余地，债权人也无权要求重新议定债务清偿和解协议。

（6）如何分配财产。第一，被执行人财产在优先清偿类个人破产程序费用和共益债务后，优先清偿赡养费、抚养费、扶养费、劳动报酬以及人身损害赔偿款。第二，被执行人财产分配完毕后或者被执行人无财产可供分配的，经债权人会议表决通过并签订被执行人免责预同意书后，人民法院可以裁定终结类个人破产程序。

其中对财产分配顺序问题作以下说明：

分配顺序作为类个人破产程序的核心内容，在《解答》起草过程中是争议较大的部分。经研究，《解答》明确按照以下顺序分配：第一，破产法理论与《企业破产法》均将对债务人的特定财产享有担保物权或享有特别优先权债权予以别除，在破产程序中就该特定财产享有优先受偿的权利。《解答》对此予以借鉴，故该类债权处于第一顺位清偿。第二，破产费用与共益债务是为了推进破产程序支出的费用，债权人均因此受益，参照《企业破产法》规定，于第二顺位清偿。第三，对于被执行人欠付的赡养费、抚养费、扶养费、劳动报酬以及人身损害赔偿款，《企业破产法》第113条规定，破产人所欠职工的医疗、伤残补助、抚恤费用等优先于普通债权清偿。《最高人民法院关于刑事裁判涉财产部分执行的若干规定》第13条规定，人身损害赔偿中的医疗费用优先于其他民事债务清偿。《深圳经济特区个人破产条例》第89条规定，债务人欠付的赡养费、抚养费、扶养费和专属于人身赔偿部分的损害赔偿金优先于普通破产债权清偿。《解答》综合借鉴上述规定，由于赡养费、抚养费、扶养费、劳动报酬以及人身损害赔偿款涉及民生，是对自然人最基本生活的保障，且具有较强的人身属性，应优先于一般普通债权清偿，于第三顺位清偿。第四，欠缴税款。参照《企业破产法》第113条的规定，与企业破产清偿顺位保持基本一致。第五，普通债权。

（7）如何对被执行人免责。被执行人符合一定条件的，人民法院经严格审查，可以依据债权人签订的免责预同意书，裁定免除被执行人剩余债务。

第一，债务清偿和解协议履行完毕或者因财产分配完毕、无财产可供分配裁定终结类个人破产程序后，免责考察期届满的，被执行人可以向人民法院申请免除剩余债务。第二，经人民法院裁定免除剩余债务的，对被执行人的行为限制、信用惩戒予以解除，相关执行案件终结执行。第三，根据债务清偿比例，设定最长不超过5年的免责考察期。为鼓励被执行人积极清偿债务，明确清偿比例越高，免责考察期越短；债务清偿和解协议履行完毕后，被执行人自愿履行未清偿债务的，可以相应缩短免责考察期。第四，被执行人不得免除的债务范围包括欠缴税款、因故意侵权行为产生的人身损害赔偿以及因履行法定抚养、扶养、赡养义务的费用等。

其中以下问题需要说明：

首先，被执行人免责的前提条件。《解答》在总结试点经验的基础上，未区分清算、和解与重整程序，提出了较企业破产程序更加简便快捷的方案。对于类个人破产程序的审查结果，均以作出终结类个人破产程序裁定结案，实质上又区分为两大类：一类为失败的终结类个人破产程序；另一类为成功的终结类个人破产程序。而被执行人能够免责的前提条件必须是后者，具体包括三种情形：一是被执行人的债务清偿和解协议履行完毕；二是被执行人财产已分配完毕，又无收入来源，或者虽有收入来源但维持其本人及扶养家庭成员基本生活后无剩余的；三是被执行人无财产可供执行，且无预期收入或者预期收入不足以维持其基本生活的。符合三种情形之一的被执行人，才有权申请免责。

其次，关于不得免除的债务。企业破产后债务人主体灭失，故对企业而言不存在不得免除的债务问题。但个人破产与之不同，自然人即使通过破产程序免除债务，但自然人仍然作为民事主体存在，不会像企业破产一样随着破产程序的终结主体身份一并终结，因而对于自然人的债务免除需要根据债务性质作出反向限制，即规定有些特殊的债务不得免除。结合前期试点经验，《解答》认为至少以下几类债务不得免除：一是债权人为国家的债务，包括欠缴税款、罚金等。在类个人破产程序中，国家作为债权人无法作出同意债务免除的意思表示，同时由于缺乏上位法的依据，法院不得直接决定免除，故此类债权仍然需要偿还。二是涉及债权人基本生活保障的债权，包括履行法定抚养、扶养、赡养义务的费用以及因故意侵权产生的人身损害赔偿费用。这里需要强调的是对侵权行为限定于故意侵权范畴。在前期试点中，有些道路交通损害赔偿案件的被执行人积极履行债务，但因履行能力有限，征得债权人同意后适用程序免除了债务，其中也包含人身损害赔偿，但此类案件中被执行人的主观方面为过失，故不受本条限制。三是对债权人采取的程序补救措施，即因不可归责于债权人的事由导致该债权人未申报债权，被执行人对该债权清偿数额未达到已申报债权受偿比例的部分不得免除。

与个人破产制度功能相当试点流程如图 3-1 所示。

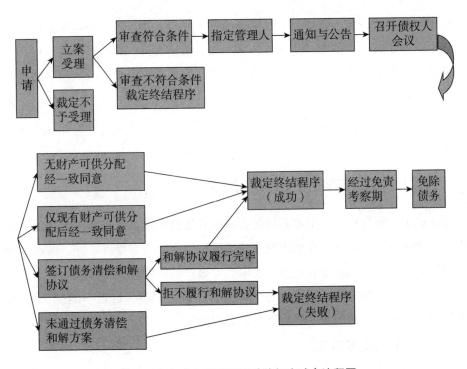

图3-1　与个人破产制度功能相当试点流程图

3. 进入类个人破产程序的被执行人应承担的义务

在类个人破产程序的不同阶段，被执行人应履行四个方面的义务：第一，在提出申请时，被执行人应如实、完整地提供申请材料；第二，人民法院受理类个人破产申请后，被执行人应当履行妥善保管其占有和管理的财产以及相关资料、按规定报告财产情况、列席债权人会议并如实回答债权人的询问、及时报告个人通讯方式和住所地变化情况等义务，且不得对个别债权人的债务予以清偿；第三，履行债务清偿和解协议；第四，在免责考察期内，被执行人不得有高消费行为，并应当每半年向管理人或者管理人指定的网格员报告个人收入、开支、财产等情况。总而言之，被执行人应当符合"诚实""积极""勤勉"的要求。

被执行人不履行上述义务的，人民法院可以裁定终结类个人破产程序，恢复原生效法律文书的执行，并可采取罚款、拘留、追究刑事责任等措施。免责考察期间或者免责考察期届满后5年内，发现被执行人存在虚假申报等情形的，人民法院应当撤销债务免除裁定，被执行人按照原债务继续清偿。

《解答》对被执行人在免责考察期内的行为限制，主要参照《最高人民法院关于限制被执行人高消费及有关消费的若干规定》第 3 条。根据试点法院反馈意见，由于试点中不少申请主体为商主体，乘坐飞机、高铁对于商务出行并非高消费，而是被执行人从事商业活动的实际需要，在类个人破产程序鼓励被执行人东山再起的价值导向下，不应对被执行人积极还债的行为过多限制。基于上述考虑，《解答》对被执行人在免责考察期间乘坐飞机、高铁的行为未作限制。

四、试点工作存在的困难和问题

试点工作还存在一些困难和问题：一是开展试点以来受理案件数量总体较少。有的试点法院目前工作仍停留在论证阶段，至今没有受理案件，试点工作未能实质性开展。二是部分试点法院以企业破产的思维开展个人破产试点，未能抓住个人破产的规律和特点，造成试点工作顾虑重重，迟迟不能打开局面，未能发挥出试点的作用。主要有以下几方面原因。

（一）制度支撑不足

试点法院普遍反映，在推进试点过程中，面临的最重大问题是个人破产制度相关的法律法规依据不足，仅依靠位阶较低的下位法难以有效发挥个人破产制度在司法实践中的作用。首先，现行法律法规中关于执行程序中的参与分配制度，可以发挥部分个人破产制度的功能，执行法官主动参与试点工作的意愿性较低。执行法官面对较大的办案压力和较烦琐的程序，在处理个人债务集中清理工作上还比较谨慎。其次，由于缺乏明确的法律规定，当涉及债权人核心权益时，试点法院难以突破法律框架，最终导致个人破产制度的运行效果类似于"执行债务和解"。最后，基层法院出台的文件效力易受质疑。不同于深圳人大具有特别立法权，基层法院出台相关文件缺少制度支撑和上级法院文件指导。

（二）适格债务人主体确定难

对于适用个人破产制度的适格债务人难以确定。根据部分试点法院的相关规定，适用个人破产程序的债务人，应不存在转移财产、规避执行等损害债权人利益的行为，但在审查是否符合受理条件时，判断债务人的诚信情况缺乏明确的证据标准。部分法院在筛选适格债务人时，选择优先从执行案件中筛选适格主体的方式，但此种筛选范围有限，且存在大量终本案件个人被执行人下落不明、躲债外出、拒不申报、因规避执行被罚款或拘留的情况。有些法院主要针对经营失败的民营企业家作为优先适用清理程序对象，但经过初筛，发现符合条件的主体并不多。

（三）金融机构一致行动难

由于与个人破产制度相关的法律法规依据不足，银行等部分金融机构对参与个人破产工作积极性不高。一是地方金融机构欠缺审批权限。涉及债务减免事项，地方分支机构大多没有减免债务的决策权，需要层报上级审批，获得上级部门明确授权同意。即使逐级上报，因缺乏明确的法律依据，金融机构担心承担不合规的责任，对所有表决事项都放弃投票，导致金融机构参与个人债务集中清理的积极性不高。二是对于执行不能案件，金融机构往往习惯于接受法院作"终本"处理，宁愿权利休眠也不愿免除债务而承担责任，影响金融机构"一致行动"的效果。三是银行内部审批流程复杂、考核要求高，经办人在一定程度上缺少参与程序的动力，如存在多家银行促其达成一致行动则更加不易。

（四）配套机制不健全

大部分试点法院认为个人破产制度的推动仅依靠法院的力量尚不为足，需要建立健全相应的配套机制。一是社会诚信体系不健全，配套管理措施不严密。财产查控结果是程序启动和债权人行使程序权利的事实基础，故对债务人等资信情况应作深入查实。但是在当前个人信用体系不健全的情况下，对债务人的资信调查也较为困难。二是缺乏信息化管理手段支撑。目前运行的执行案件管理系统中无"退出机制"模块，随着退出案件数量的增长，无法通过系统对此类案件进行科学、高效管理。三是缺乏相应的社会保障配套。虽然各试点法院对个人破产制度设定了相应的豁免财产制度和免责制度，但是并不能改变债务人在破产后生活水平发生变化，甚至失去生活来源的情况。这种情况如果不能及时解决反而会引发更多的社会问题。

五、深化试点工作的若干思考

"开展与个人破产制度功能相当的试点工作"担负着为个人破产制度探路的使命，试点工作探索越多、工作越实，就越有利于个人破产立法顺利出台，尤其对探索建立适合我国国情的个人破产制度意义重大。一是夯实个人破产制度立法与实施的社会基础。对于个人破产制度的建立，社会上仍有质疑，存在一些与其冲突的观念，如欠债还钱天经地义等，成为建立个人破产制度的障碍。试点可以以鲜活案例宣传个人破产的市场化、法治化理念，使得社会充分理解个人破产制度的重要意义，助力于个人破产的立法和实施。[①] 二是积累多方面的实践经验。制度设计层面，对个人自由财产的范围、免责考察期限的设置、债权人会议表决规则以及清算、和解与重整模式的选择等均可作出探索。实务操作层面，积累一定案件数量后，对于案件办理过程中出现的问题，债务人、债权人、管理人相互反馈、共同总结，有利于快速形成经验供个人破产立法借鉴。三是推动个人破产法的制定。社会对个人破产债务免责的接受并非一蹴而就，如日本社会和国民对个人破产债务免责也经历了逐步接受予以认可的过程。[②] 个人债务集中清理制度将成为我国个人破产制度培育的土壤，如果能够在司法实践中被广泛适用，让一定数量的债务人经过个人债务清理后重新回归社会创造价值，社会公众将逐渐认识到该项制度的意义与价值，债务免除裁定效力自然也势必会被公众认可。

对如何进一步深化试点工作，我们认为可从以下几点着手。

（一）厘清以"执转破"作为试点工作的基本思路

前期试点实践表明，将企业破产制度套用于个人破产，将带来受理门槛过高、程序成本沉重、效率难以保障等一系列问题，这些问题给个人破产制度功能的实现带来了重重障碍。而由于执行程序中通过执行查控措施已将被执行人所有债务和财产状况基本查清，在债务人财产见底、债权人范围见底且有信用惩戒措施保障、恢复强制执行保底的情况下，个人债务集中清理程序更加简便快捷、易于推进。法院在执行过程中发现被执行人现有财产不足以清偿所有债务且不存在违背诚信情形的，经被执行人同意，在做好被执行人财产调查与保全工作的前提下，就可以对该被执行人进行个人债务集中清理，由执行局、执行裁判庭和破产业务庭法官组成混合合议庭予以办理。此外，法院还可以在终结本次执行案件库中筛查符合个人债务集中清理的主体。由于终结本次执行案件库中的案件均经过执行程序确认确无可供执行财产，直接从中筛查适格主体往往能够起到事半功倍的效果。个人债务集中清理案件办理过程中，即使发现被执行人存在违背诚信情形的，也可以及时终结程序，恢复原生效法律文书的执行。

总之，以"执转破"为思路开展"与个人破产制度功能相当的试点工作"，

---

① 王欣新：《个人破产法的立法模式与路径》，载《人民司法》2020 年第 10 期。

② 参见［日］山本和彦：《日本倒产处理法入门》，金春等译，法律出版社 2016 年版，第 3 页。

更有利于有效利用现有制度资源，更有利于降低受理门槛和程序成本，更有利于确保个人债务集中清理程序在快车道上运行，以充分体现该制度应有的价值。

（二）明确以个人债务集中清理作为试点工作的主要模式

在我国尚无个人破产立法的前提下，我们认为司法机关的实践探索应当严格遵守现行法律及司法解释的规定，在现有的法律框架下展开，不得侵害债权人的合法权益。试点工作中作出的具体措施，必须有法律、法理依据。如分配方案的通过，应遵守当事人意思自治原则；债权人会议表决，应采取全票决的表决方式；在法律没有明确规定的前提下，严格限制法院强制免责裁定的适用，等等。

因此，个人债务集中清理仍应作为试点工作的主要模式。在功能选择上，不同于个别执行程序，个人债务集中清理是对债务人所有债权债务关系的集中性、概括性清理，其结果是使得所有债权能获得公平、有效的清偿，使之取得与破产相当的法律功能。在制度构建上，需要进一步整合执行程序中的执行和解制度与参与分配制度，同时吸收借鉴破产程序中的概括清偿制度和免责制度。试点案件可以立"执个"字号，结案时以"执行和解长期履行"方式，为将来恢复执行留下余地。具体的制度设计应涵盖适用范围、办理机构、与执行程序衔接、债务人行为限制、自由财产的范围、债务人考察期及监管、防范破产欺诈、破产事务管理、债务人信息公示、效力认可、文书样式等问题，以推动试点工作健康有序推进。

（三）坚持以府院联动作为推进试点工作的重要工作方法

破产程序由于涉及市场主体退出，除了要解决债务清偿、财产分配、企业重整等法律问题外，还会产生一系列如职工救济安置、市场主体信用修复、税费缴纳等社会衍生问题，这些问题并非法院单独能够解决，因此"府院联动"日益成为破产审判工作中的新机制。个人债务集中清理制度面临同样的问题。一是个人债务清理程序能够有效减少金融机构对未回收剩余债权的核销时间，金融机构均对此表示欢迎。但是囿于其内部的程序与合规要求，无法在债权人会议中作出同意免除债务人责任的意思表示。通过府院联动机制，由金融监管部门出台规范性意见，赋予金融机构相应权限，降低金融机构的决策风险，是目前最行之有效的办法。二是探索设立具有公共管理性质的个人破产事务管理机构，协助法院承担个人债务集中清理程序中的行政性事务。主要包括程序引导、案件分流及跟踪管理；建立破产管理人名单库，指定破产管理人，并对执行情况进行监督；管理和监督破产基金；监督和解协议、重整计划的执行。①将破产程序中的行政事务与裁判权相分离，使法院更专注于裁判，保证程序的公正性、权威性和公益性。深圳设立的破产事务管理部门即是对此的有益探索。②

（四）尝试以制度名称变化为突破口最大化争取社会认同

前期实践中，试点法院普遍反映，个人破产缺乏当事人和社会公众的普遍认同，是试点工作面临的重大困难。但应当看到，尽管当前社会观念总体上对自然人债务免除仍存在极高的警惕，但对"诚实而不幸"的债务人多抱有同情。试点工作应充分利用我国传统价值观和社会主义价值观中这些有利于推动建立个人破产制度的观念资源，比如可以将制度名称作为一个突破口。在债权人、债务人以及社会公众仍普遍将"破产"视为贬义词的情况下，法律实务界早有将《企业破产法》更名为《企业清算与重整法》的动议。个人破产制度面临同样的情况，而且可以预见的是，以中性化的"个人债务集中清理"作为制度名称仍然难以在短期内获得社会普遍认同。因此，或许可以借鉴《日本公司更生法》定名的有益经验，将试点工作的名称定为"诚信债务人重生程序"。这样一方面从制度名称就可以突出个人破产制度为"诚实而不幸"的债务人提供涅槃重生机会的制度内涵，另一方面也可以从制度名称上就能够最大范围争取社会公众的理解与认同。

---

① 熊杰：《个人破产救济程序的选择与建构》，载《人民司法》2020年第10期。
② 参见《深圳经济特区个人破产条例》第十一章第一节。

第二部分

执行体系现代化

专题四　审判权和执行权相分离执行体制改革

第一节　审判权和执行权相分离体制改革试点的路径抉择

一、改革方向：准确理解推动审执分离改革试点的目的和任务

党的十八届四中全会审议通过的《中共中央关于全面推进依法治国若干重大问题的决定》提出"完善司法体制，推动实行审判权和执行权相分离的体制改革试点"。但由于该决定没有直接说明"审判权和执行权相分离"（以下简称审执分离）改革的具体方向和路径，因此，理论界与实务界均存在不同的解读。最高人民法院审判委员会专职委员刘贵祥将这些不同观点归纳为三种模式[①]：一是"彻底外分"，就是将整个执行工作从法院分立出去，交给其他的司法或行政部门负责；二是"深化内分"，认为推动审执分离的工作重点是在法院内部将审判和执行作进一步彻底的分离，如将执行裁决权和执行实施权分由不同机构行使等；三是"深化内分、适当外分"，就是在深化内分的同时，将执行工作的一部分交由法院以外的其他部门来做。这些不同观点都聚焦于审执分离改革应向什么方向推进、如何推进。

在《中共中央关于全面推进依法治国若干重大问题的决定》通过半年后，

[①]　刘贵祥有关审执分离改革三种模式的论述，参见：《专访刘贵祥：解题"执行难"法院执行在行动》，载人民法治网，http://www.rmfz.org.cn/shendu/tebiebaodao/2015-01-20/4006_4.html。

中共中央办公厅、国务院办公厅下发《关于贯彻落实党的十八届四中全会决定进一步深化司法体制和社会体制改革的实施方案》，就审执分离改革进一步提出在总结人民法院内部审执分离改革经验的基础上，研究论证审判权与执行权外部分离的模式。由此，审执分离改革的目标与任务逐渐清晰。

我们认为，对《中共中央关于全面推进依法治国若干重大问题的决定》和《关于贯彻落实党的十八届四中全会决定进一步深化司法体制和社会体制改革的实施方案》所提出的审执分离改革，可从"改革为了解决什么问题""改革现阶段的任务是什么"这两个问题出发进行全面和准确的理解，进而寻求推进审执分离改革的基本思路。

（一）审执分离改革为了解决什么问题

从有关审执分离改革的文字表述所处的位置看，在《中共中央关于全面推进依法治国若干重大问题的决定》中，位于标题为"保证公正司法，提高司法公信力"的第四部分、以"优化司法职权配置"为导语的第二节。因此，从合目的性的角度解读，审执分离改革在司法改革的大框架下提出，与其他举措一样，都要着力破解影响法治社会建设的体制机制障碍，都要服从"保证公正司法，提高司法公信力"的司法改革总目标。正如习近平总书记在《关于〈中共中央关于全面推进依法治国若干重大问题的决定〉的说明》中指出的，"当前，司法领域存在的主要问题是司法不公、司法公信力不高问题十分突出"，"司法不公的深层次原因在于司法体制不完善、司法职权配置和权力运行机制不科学、人权司法保障制度不健全"[①]。同时，结合导语为"加强人权司法保障"的第五节中有关切实解决执行难的内容作整体性解读，可以发现，审执分离改革所要解决的主要问题，并不是要净化审判机关的职能，而是要"切实解决执行难"。即此项改革的总体目标，是通过审执分离改革，完善司法体制；通过完善司法体制，推动执行难问题的解决；通过执行难问题的解决，"保证公正司法，提高司法公信力"。

（二）审执分离改革现阶段的任务是什么

审执分离改革现阶段的任务，同样需要结合《中共中央关于全面推进依法治国若干重大问题的决定》和《关于贯彻落实党的十八届四中全会决定进

---

① 习近平：《关于〈中共中央关于全面推进依法治国若干重大问题的决定〉的说明》，载《人民日报》2014年10月29日，第2版。

一步深化司法体制和社会体制改革的实施方案》中上下文的相关内容全面理解。

第一，要结合同处"优化司法职权配置"一节的"健全公安机关、检察机关、审判机关、司法行政机关各司其职，侦查权、检察权、审判权、执行权相互配合、相互制约的体制机制"理解，即审执分离改革是优化司法职权配置的一部分内容。正如习近平总书记所言："推进公正司法，要以优化司法职权配置为重点，健全司法权力分工负责、相互配合、相互制约的制度安排。"①《中共中央关于全面深化改革若干重大问题的决定》在第九部分"推进法治中国建设"中，也将"优化司法职权配置，健全司法权力分工负责、互相配合、互相制约机制，加强和规范对司法活动的法律监督和社会监督"作为"健全司法权力运行机制"的核心内容提出。因此，审执分离改革，必须从优化审判权与执行权的职权配置入手展开。

第二，要结合《关于贯彻落实党的十八届四中全会决定进一步深化司法体制和社会体制改革的实施方案》所构建的分类分层、有序推进的整体布局理解。审执分离改革属于体制改革，是国家权力配置的重大调整，且涉及部门众多，较单一部门内部的体制改革情况更复杂、牵涉面更广，与司法人员分类管理、省以下地方法院人财物统一管理等重大改革举措也紧密相关。因此，审执分离改革在众多改革项目中，应属于"抓紧研究论证，尽早拿出改革方案"②的类别。

第三，要结合位处《中共中央关于全面推进依法治国若干重大问题的决定》同一段的另两项改革内容，即"统一刑罚执行体制"和"改革司法机关人财物管理体制"理解。首先，这三项改革的方式相近，都是从体制层面进行改革，需要对现行权力配置状况进行调整；其次，在执行体制方面，除了刑罚执行体制要求统一外，对其他领域执行体制（民事执行、行政执行）的改革现阶段并未明确提出必须统一的要求；最后，与其他两项体制改革比较，对审执分离改革的要求是"推动""试点"，可以理解为一方面审执如何分离的模式尚未有定论，需要通过试点来检验不同模式的效果，另一方面对审执分离

---

① 习近平：《加快建设社会主义法治国家》，载《求是》2015年第1期。
② 彭波：《积极稳妥协调有序推进司法体制和社会体制改革——中央司法体制改革领导小组办公室负责人就〈关于贯彻落实党的十八届四中全会决定进一步深化司法体制和社会体制改革的实施方案〉答记者问》，载《人民日报》2015年4月10日，第4版。

暂未要求全面施行，要经过试点后，再进一步明确是否分离、采取何种模式分离。

因此，审执分离改革的任务，首先是立足于体制改革，总结审判权与执行权在法院内部分离的经验，其次是对执行权的部分或全部从人民法院内部分离到外部的不同模式进行试点比较和研究论证，最终确定审执分离改革的具体方案，为下一阶段审执分离改革奠定基础。

二、实践经验：改革开放以来人民法院内部审执分离改革的回顾与反思

中华人民共和国成立以来，我国司法强制执行体制中，从来不存在法院内部完全的审判与执行的统一。其权力配置的总体结构特点，是执行机关的多元性，即根据不同的执行依据或同类执行依据的不同内容，将执行权配置给不同的执行机关，刑事执行、行政执行和民事执行分而治之且行权机构相互交叉。刑事强制执行，对不涉及财产的刑罚，根据刑罚种类不同，由法院、司法行政部门（监狱）、公安等不同的国家机关分别行使执行权。[①] 而行政强制执行，又区分为行政诉讼判决、裁定、调解书的执行和非诉行政行为的执行，执行权由法院和行政机关分别行使。如国有土地上的房屋征收实行裁执分离，法院作出裁决，行政机关负责执行，而行政机关作出的很多行政决定，则申请法院强制执行。只有民事强制执行，将执行权专属配置于人民法院，但其执行依据并不都是法院作出的裁判，仲裁机关作出的仲裁裁决和公证机关作出的公证债权文书在法院的执行案件中占有相当大的比例。

由于理论界和实务界关于审执分离改革争论的焦点在于民事强制执行领域，这里着重梳理民事执行体制的发展历程。

从历史沿革上看，我国法院民事执行制度的发展，大体经历了三个历史阶段。

中华人民共和国成立到 1989 年为第一阶段，基本上实行审执合一。我国出现近现代意义上的民事执行制度，始于清末。民国时期，自独立于行政机关的法院建立后，民事执行权便由负责民事裁判的法院行使。时至今日，我国台湾地区仍采用此种模式。中华人民共和国成立后，仍将民事执行权配置于人民

---

① 死刑和财产刑的执行由法院负责，自由刑由司法行政机关的监狱和公安机关分别执行。

法院。1951 年《人民法院暂行组织条例》、1954 年和 1979 年《人民法院组织法》都规定民事执行工作由人民法院负责。当时，由于案件数量不多，法律和政策没有规定专门的执行程序，也没有设立专门的执行机构，因而实践中法院采取审执合一的执行体制，执行由作出裁判的审判组织负责实施。其社会背景是当时实行计划经济体制和严格的户籍管理制度，城市人成为"单位人"，农村人成为"公社人"，人口流动极少，社会成员个人财产极少且财产形态单一，被执行人及其财产难找的问题并不突出。这种状况一直延续到 20 世纪 90 年代。但随着改革开放的不断深入，经济社会的快速发展，案件数量大幅上升和案件结构的重大变化，审判人员无法再兼顾审判与执行，审执不分所带来的重审轻执、执行拖延和"执行难"问题日益显现。为了解决实践中出现的这些问题，人民法院内部从 20 世纪 80 年代中期开始自下而上地探索审执分离改革，设专人或专门机构办理执行案件。1982 年，《民事诉讼法（试行）》开始施行，执行程序单独成为一编，立法上将审判程序与执行程序进行分离，为法院在实践中将执行机构与审判机构分离创造了初步的条件。如江苏省，到 1989 年年底，118 个法院中有 116 个相继成立执行庭，负责民商事案件的执行。

1990 年到 2008 年为第二阶段，实行法院内部审判机构和执行机构的分离。1991 年《民事诉讼法》第 209 条第 2 款规定："基层人民法院、中级人民法院根据需要，可以设立执行机构。"各级法院均设立执行庭，后又统一转为执行局。同时对各类执行权逐步实行严格的归口管理，将原本除民事执行权外仍由审判部门办理的执行案件或事项，如行政非诉执行、刑事判决涉财产部分执行、财产保全执行等，原则上统一交由执行机构负责实施。这一阶段，我国正在经历从计划经济向有计划的市场经济再向社会主义市场经济的历史性转折，人口流动加剧，公民财富快速增加，但经济发展中的不平衡出现，城乡之间、地区之间、行业之间收入的差距拉大，在执法、司法领域开始出现地方保护主义和部门保护主义现象且愈演愈烈，在民事执行领域表现尤为突出。再加上立法关于执行程序的规定过于原则，执行人员集执行实施与裁决权于一身，权力过大，失去监督，"执行难""执行乱"问题开始显现，引起人民群众强烈不满。为此，1999 年中共中央发布 11 号文件，转发了《中共最高人民法院党组关于解决人民法院"执行难"问题的报告》，号召全党重视和解决执行难问题，促使各地撤销了一批地方和部门保护主义文件，全国人大常委会于

2002 年 8 月 29 日对《刑法》第 313 条作出立法解释，将协助执行人列为拒执罪主体，将干扰执行的国家工作人员列为拒执罪的共犯，改善了执行司法环境。最高人民法院制定了《最高人民法院关于高级人民法院统一管理执行工作若干问题的规定》，开创了提级执行、指定执行、交叉执行、集中执行的执行工作格局。

2009 年至今为第三阶段，在执行局内部实行执行实施权与执行审查权的分离。2007 年《民事诉讼法》修正，在执行程序中增设了执行异议复议、执行监督、案外人异议程序，将执行实施程序与执行救济程序明确区分。2009 年《最高人民法院关于进一步加强和规范执行工作的若干意见》和 2011 年《最高人民法院关于执行权合理配置和科学运行的若干意见》，进一步将执行实施权和执行审查权明确区分，并要求"按照分权运行机制设立和其他业务庭平行的执行实施和执行审查部门，分别行使执行实施权和执行审查权"。2013 年 1 月 1 日起开始实施的新的《民事诉讼法》及其司法解释，在总结司法实践经验的基础上，对执行程序进行了进一步的完善，丰富了执行措施、完善了执行程序和强化了执行监督。

这一阶段人民法院内部的审执分离改革取得的成效非常明显：第一，形成了"当事人权利实现最大化、执行效率最大化"的执行工作理念；第二，在总结执行规律的基础上，提出了突出执行强制性、实现执行工作规范化、信息化、公开化"一性三化"的工作要求；第三，大力加强以财产信息查控平台为基础的执行指挥中心建设，建立以失信被执行人名单为主的失信惩戒制度，信息化建设方兴未艾，使法院执行能力特别是查找被执行人财产能力有了明显提高；第四，探索司法网上拍卖、变卖，提高了查封、扣押财产的变价程序的公开透明度和效率、效益。但随着户籍制度改革，人口流动的持续加大，财产形态的丰富，特别是企业和个人投资者成为证券交易的主要参与者，支付宝等第三方网上交易平台的发展，对法院执行工作能力，特别是查找被执行人及其财产的能力提出了更高的要求。而由于全社会的诚信体系建设严重滞后，法律对恶意逃债的制裁不力，法院查找被执行人及其财产仍然困难重重。再加上案多人少的矛盾持续加大，"执行难"仍然是司法领域人民群众反映强烈的突出问题。

总体而言，改革开放以来人民法院内部的审执分离改革，以解决"执行难"问题为导向，在我国法律体系沿革的基础上，不断总结实践经验教训，逐步深入推进，发展方向上越来越符合执行权与审判权相比特有的运行规律，对执行权有别于审判权的法律属性也认识得越来越清晰，形成了有别于审判工作的执行工作理念和指导原则。执行工作的制度化、规范化、信息化、公开化建设取得长足进步。初步形成了一支专业化、正规化的执行工作队伍。但人民法院内部审执分离改革中存在的一些问题也需要正视：

一是组织构造。上下级法院之间是审级监督而非领导与被领导关系，同一法院内部院长、庭长对执行法官和其他执行人员也并非完全行政化的上下级领导与被领导关系。尽管最高人民法院很早就提出了上级法院统一管人、管事、管案的要求，但由于法院本身组织构造的上述特性，"三统一"实际上未能完全落实，这影响了执行权尤其是执行实施权运行的效率和效果。

二是人员队伍。执行人员与审判人员同质化，执行法官承担了大量执行辅助工作和物理性的强制执行措施，占用大量审判人力资源。以江苏省为例，2016年执行条线干警具有法官资格的人员就达到1349名，占全省法院法官总数的近1/7。同时由于执行条线在法院体系内较为边缘且人员上升空间有限，造成执行法官与审判法官相比总体上年龄偏大、学历偏低、综合素质偏低。虽然有的法院配备了专门从事执行实施工作的执行员和参与执行工作的法警，但其整体素质通常难以单独承担执行案件办理工作。与执行工作的实际需求相比，法院系统更为缺乏的，是具有行政管理知识和经验的管理人才。

三是思维模式。由于执行人员大多来自审判部门，很多人员的思维模式难以实现从审判思维向执行思维的转变，因此，执行工作的思维模式和行为方式长期受到审判的影响。尤其是长期以来，法官普遍对执行权运行本身有别于审判权的种种特征和要求认识不足，许多工作直接套用审判工作的要求和模式，产生了种种问题。司法权本身的谦抑性、被动性和执行权本身的扩张性、主动性也常常发生冲突，即使现行法律已经赋予法院执行手段，法院囿于其审判机关中立和被动的思维惯性，也难以充分发挥出这些执行手段的作用。

四是工作能效。执行工作在法院内部一方面消耗大量资源，另一方面又无法获取优质资源，能效偏低，在基层法院尤其如此。在人身矛盾日益突出的形势下，为了应对日益繁重的执行任务，基层法院不得不在有限的审判资源中抽调力量投入执行工作。而由于执行并非法院的主业，最优质的资源较少向执行工作倾斜投放，使得执行工作的质效难如人意，从而形成恶性循环，一定程度上给司法权威和司法公信减了分。调研中发现，越到基层、越到一线的执行人员或法院院长、局长越赞成审执外部分离改革，主要原因就是认为如果将执行权从法院分离出去，将大幅减轻法院自身的工作负担，使法院的职能更为单纯，可以集中精力和资源更好地做好审判工作。

这些都是目前司法体制下法院自身难以克服的困难，也是"执行难"未能有效解决的重要因素，而且也都将成为研究论证审执外分模式并开展试点必须重视的经验和不可割裂的基础。

三、他山之石：域外执行体制的立法和实践经验

世界上各主要国家对于民事执行权的配置，根据执行机构设置方式的不同，总体上形成了法院内权力行使模式、行政机关内权力行使模式、专门法院权力行使模式、混合权力行使模式四种模式。① 采用在法院内部设立单独执行机构行使执行权力的法院内权力行使模式的，仅有西班牙、意大利、秘鲁等少数国家。大多数国家采用的是混合权力行使模式，即强制执行权由不同的机构行使，一般是由法院和其他机构分别行使执行权。属于大陆法系的法国、德国、日本，多经历了从审执合一到审执分立的过程，目前是采取执行法院和专门的执达员（执行员）分工负责的二元制方式，而且其总体发展趋势是法官越来越少地直接参与执行事务。如德国，本应由法院负责的执行事务目前已主要由设在法院内部的司法辅助官直接办理，法官仅保留对涉执行的抗议进行裁判等少数权力。②

但无论英美法系还是大陆法系国家，重大的民事执行行为、价值巨大的财产的民事执行、其他财产的民事执行、执行裁决事项等几乎都被配置于法院；而执行员或行政官员只能介入价值较低的动产的执行，其中行政官员都需要取得法院的命令后才能展开执行活动。③ 考虑到民事执行权的行使会限制或剥夺被执行人对其财产的处分权，为慎重起见，域外不仅设定了法院专有的执行领

---

① 对执行机构设置方式的分类，参考了《中外民事强制执行制度比较研究》有关执行权行使模式的分类方式。参见严军兴、管晓峰主编：《中外民事强制执行制度比较研究》，人民出版社 2006 年版，第 191 页。

② 江必新主编：《比较强制执行法》，中国法制出版社 2014 年版，第 142 页。

③ 肖建国：《民事执行权和审判权应在法院内实行分离》，载《人民法院报》2014 年 11 月 26 日，第 5 版。

域和事项，而且对参与强制执行的执行法官提出了很高的要求。例如，法国要求须由担任大审法院（相当于我国中级人民法院）院长的资深法官行使民事执行权，日本要求执行法官必须是具有丰富审判经验的资深民事法官。[①] 大陆法系国家中，仅有瑞典和瑞士将执行机构完全设在行政机关内。但这两国的共同特点是面积较小、人口集中、执行案件总量较少且相对稳定，设立集约化、集中的执行机构适合其国情，对我国没有太多参考价值。即使在英美法系国家，警察也没有独立的民事执行权，警察执行判决完全是在法院的命令之下进行。[②]

四、谋定后动：综合考量审执分离改革涉及的各种主客观因素

任何改革都是为了解决问题的。为了避免旧的问题未解决，又产生新的问题，使改革走弯路，必须综合考虑改革所涉及的各种社会因素，审慎决策。

（一）基础评估

在选择审执分离改革的实践进路的时候，有必要首先对执行难问题的成因进行剖析，并以此为基础，对我国现行强制执行制度能否"切实解决执行难"进行全方位的评估。

从社会公众认知的角度，执行难问题主要体现为执行到位率低和当事人通过执行程序实现债权耗时费力，时间、经济、精力的成本高昂；从法院自身认知的角度，执行难问题则主要体现为被执行人难找、被执行财产难寻、协助执行人难求、应执行财产难动。这些问题产生的原因非常复杂。

从外部原因看，一是法律权威尚未绝对树立。以江苏省为例，2014年新收一审民事案件进入强制执行程序的高达四成，而民事执行案件中以自动履行方式结案的仅占全部执结案件的18.99%、实际执结案件的47.43%，败诉当事人自觉履行生效裁判的比例很低。一些被执行人想方设法逃避执行、规避执行甚至抗拒执行，地方和部门保护主义也依然存在。二是完备的社会诚信体系尚未形成。缺乏保护诚信、惩戒失信的社会氛围，财产信息透明度低，被执行人不履行生效法律文书的成本不高、代价不大。三是有效的执行联动机制尚未

---

① 江必新主编：《强制执行法理论与实务》，中国法制出版社2014年版，第49页。
② 肖建国：《民事执行权和审判权应在法院内实行分离》，载《人民法院报》2014年11月26日，第5版。

形成。协助义务人消极协助、刁难执行的现象仍较普遍，而法院对执行联动部门的消极协助行为无能为力，缺少法定的手段给予惩戒。四是涉及被执行人为政府军队等特殊主体的执行案件阻力较大，被执行人为大型国有企业或者涉及群体性维稳因素的案件的执行，法院往往如履薄冰。五是健全的执行法律体系尚未形成。执行工作可适用的法律规范缺乏有效供给，法律赋予执行机构的执行手段不足，且缺少权威性和强制力。法院的执行权总体而言不全面。眼不明，剑不利，人民法院依法保障胜诉当事人及时实现权益困难重重。

从内部原因看，一是执行案件数量庞大。以江苏省为例，2014 年受理执行实施案件高达 390 503 件（新收 333 466 件、旧存 57 037 件），同比增长 22.72%。全省各市新收执行案件数量均超过 1.5 万件，其中 3 个市超过 3 万件，新收执行案件数超过 5000 件的基层法院达 13 个。执行工作陷入案件越办越多的恶性循环。二是执行队伍配备不强。根据江苏省高级人民法院执行局对基层法院执行案件饱和度所作调研，调研对象 2013 年人均结案数达到 231.75 件，个别法院人均年办案数甚至超过 600 件。而经测算，在现有的工作环境、工具、人员配备条件下，一名执行人员每年饱和工作量应为 143.36 件，基层法院执行人员普遍长年处于"超饱和"的工作状态。在人员数量不足的同时，由于执行部门在法院内部属于非核心、较边缘的部门，优质人力资源难以向执行岗位流动，而且单独序列的执行员队伍尚未建立起来，大量执行案件尤其是执行实施事务由法官办理，专业性和强制性均难以适应执行工作要求。三是统一管理机制运行不畅。执行管理体系普遍存在管案缺乏权威、管事缺乏力度、管人缺乏手段的问题。四是执行行为"乱"和"软"的问题尚未根治。执行干警违法违纪相对易发、高发。法定的执行异议、复议、监督等制度难以充分发挥作用，不能有效纠正和防止违法或不当执行行为发生。

值得注意的是，近年来执行难问题又发生了新的变化。尤其是 2016 年至 2018 年全国法院攻坚"基本解决执行难"阶段性目标如期实现，被中央全面依法治国委员会办公室列为"十三五"时期全面依法治国取得的显著成就之一。[①] 全国法院紧紧依靠党的领导，深入推进执行难综合治理、源头治理；坚持以人民为中心，着力解决人民群众反映强烈的突出问题；坚持中国特色社会主义法治道路，建设形成中国特色执行制度、机制和模式。"基本解决执行

[①] 中央全面依法治国委员会办公室：《推进法治中国建设 夯实中国之治的法治根基》，载《求是》2020 年第 22 期。

难"第三方评估机构认为，经过三年攻坚，消极执行、选择性执行、乱执行得到极大遏制，无财产可供执行案件终本程序标准和实质标准把握较严、恢复执行等相关配套机制应用较畅，新收有财产可供执行案件法定期限内基本执行完毕，被执行人规避执行、抗拒执行和外界干预执行明显改善。

尽管如此，执行难问题仍未得到根本解决。中央全面依法治国委员会2019年7月下发的《关于加强综合治理从源头切实解决执行难问题的意见》指出："一些制约执行工作长远发展的综合性、源头性问题依然存在，实现切实解决执行难的目标仍需加倍努力。"这主要体现在综合治理执行难工作格局的作用有待进一步发挥，执行协作联动机制有待进一步健全完善，执行规范化水平不高、执行人员力量和能力不足、执行制度机制不够健全完善、执行措施的强制性不够凸显、执行信息化建设和应用水平有待提高等问题都在不同程度上存在。

由此可见，执行难的存在，是内因外因交织作用的结果，不能单纯归咎于现行将执行权配置于法院内部的司法体制。如果没有强制执行立法、没有执行环境的好转、没有健全的社会体系相配套，无论执行权是否配置于法院，执行难问题都将长期存在。故审执分离改革切忌单兵突进，而应与司法体制改革的其他相关内容协调同步推进。

（二）成本考量

尽管对法院而言，将执行权分出去后会大幅减轻工作负担，但对社会整体而言，贸然把执行权完全从法院剥离，短期内可能产生巨大的、难以承受的制度变革成本。

一是法律成本。将执行权从法院分离，将涉及《民事诉讼法》《刑事诉讼法》《行政诉讼法》《人民法院组织法》《法官法》等大量法律的重大修改。现行有关执行的众多司法解释、规范性文件也须相应进行整理和修改。尽管可以通过制定《民事强制执行法》一步到位解决立法问题，但立法周期可能长达数年，这期间执行权从法院分离的合法性问题将难以解决。

二是人力、物力成本。将执行权从法院分离，需要重新培训行政机关的公务员，让他们精通民事实体法和程序法，了解执行政策和社情民意，掌握必需的执行技巧，熟悉执行的流程。① 而多年来，法院以内部的审判权和执行权分

---

① 江必新主编：《强制执行法理论与实务》，中国法制出版社2014年版，第49页。

离为导向，已经投入了巨大的人力、物力，培养了大批执行工作方面的业务骨干。这部分人员很多都具有审判资格和丰富的审判执行工作经验，彻底剥离可能造成法院内部的不稳定和人心浮动。此外，法院多年来为执行工作投入的大量执行装备，尤其是执行指挥中心大量的前期软件、硬件基础建设，都需要重新改造甚至另起炉灶重新建设。

三是程序成本。如果执行权不再由法院行使，在法院判决后，当事人不得不向执行机构申请立卷执行，这样既浪费了司法资源和行政资源，又增加了当事人的诉累，甚至可能导致两者之间"踢皮球"，相互推诿，增加了程序衔接的负担，使司法的矫正正义难以实现。① 尤其对执行中一些需要法官裁决的事项，如变更追加主体、决定罚款拘留、审查处理异议等，将出现两个完全独立的部门之间移交、等待、解释、磋商等情形，增加了当事人的时间负担，也降低了执行效率。② 而这些程序成本，必然最终由当事人"买单"。

四是社会成本。在中国近现代，自清末、民国以及中华人民共和国成立至今，法院拥有民事强制执行专属权有着悠久的传统。群众已经熟悉了执行是法院的事，这种理念很难轻易改变。如果推翻长期形成的制度安排，重新设置一套截然不同的体制，短期内难以得到公众的认同和接受。

因此，推进审执分离改革，简单地推倒重来很可能适得其反，盲目地借鉴域外制度更加不可取。必须坚持符合国情的原则，在既有的制度基础上考虑是否有完善的余地，防止由于成本过高而使改革目的难以达成。

（三）模型设计

审执分离改革是权力结构调整，而不是简单的权力机构调整，不能将"审执分离"与"行使审判权的机构和行使执行权的机构相分离"简单画等号。尽管从理论上讲，审判是法院的核心任务，只要审判权保留在法院，其他权力都可以从法院分离，但实际上，世界各国法院纯粹只行使审判权的寥寥可数。因此，所谓审执分离，也可以理解为法院除了审判权之外，还需要和必要行使哪些其他权力。即首先明确哪些权力必须由法院行使，再看可以不由法院行使的权力是否有必要保留在法院。从域外各国的经验看，对执行实施行为的

---

① 包志清、熊伟伟：《审判权与执行权分离的理性思考》，载中国法院网，http://www.china-court.org/article/detail/2013/11/id/1152494.shtml。

② 傅松苗、丁灵敏：《审执分离模式的理性选择》，载爱财经网，http://www.icaijing.com/wemedia/article928111/。

监督权几乎无一例外都由法院行使；对执行实施权，法院是否行使、行使多少，则模式众多、姿态多样。尤其值得注意的是，从各国立法例观察，执行权究竟具有何种法律性质，与执行权应当配属给什么性质的国家机关，并无必然的关联。以法国为例，按照法国现行法律制度，很难对民事强制执行程序的性质作出一概认定，而是根据财产的不同性质以及实践上的必要作出务实的安排。① 故与其争执于执行权的法律性质，在执行机构的设置上机械套用权力与机构在性质上完全对应的"机构对应型"，不如从执行权的特征入手，结合本土的权力分配传统和国家权力架构，采取权力与行使该权力人员的身份在性质上相对应的"人员对应型"，以切实解决执行难问题为导向，寻求更加务实的制度安排，让当事人和社会公众能直观见证审执分离改革的成效。如此，只有通过多样性的试点，在实践中比较不同模式的优劣，才有可能在判定何种模式才是最佳选择的基础上，明确改革方向、建立改革模型，进而全面推广。

（四）抉择过程

改革中如果出现了可以实现跨越式发展的历史机遇，固然不容错过，但确定前进方向的过程，仍以温和的渐进式较为稳妥。如德国通过 1879 年、1957 年两次立法的机遇，先后创制了执行员制度和司法辅助官制度，极大地完善了本国强制执行制度，较为彻底地解决了强制执行领域的一些顽疾，但两次改革的间隔长达 78 年。法国也从 1991 年开始，对民事强制执行制度进行了大规模的改革，并以《民事执行程序法典》的颁行为标志，将强制执行法与民事诉讼法区分开，成为独立的法律部门，但其分三个阶段才最终达致这一目标。党的十八届四中全会提出"审判权和执行权相分离的体制改革"，或可成为我国强制执行制度涅槃重生的一个起点，但当前我国社会诚信体系尚不健全，国民整体上守法、尊法的意识还不强，依法行政的水平也有待提高，而审执分离改革又属于影响比较重大的体制改革，因此，确定改革方向的过程必须务实而审慎。

五、试点方案："深化内分、适当外分"

我们认为，对推进审执分离改革，首先应根据执行依据性质的不同区分刑事执行、行政执行和民事执行，再根据不同的执行类型作出有针对性的制度安

① 江必新主编：《比较强制执行法》，中国法制出版社 2014 年版，第 12 页。

排。对于刑事执行权，鉴于《中共中央关于全面推进依法治国若干重大问题的决定》已经明确提出"统一刑罚执行体制"的要求，刑事执行权今后势必将统一配置给司法行政机关。对行政执行权，建议区分情形将执行权配置给不同的机关。对行政机关不履行行政诉讼判决、裁定、调解书的执行，仍由法院或今后专门行使民事执行权的机构负责；对行政相对人不履行行政诉讼判决、裁定、调解书的执行，以及行政决定的执行，可以借鉴目前国有土地上房屋征收执行的模式，采取"裁执分离"，由法院先行审查并作出准予执行的裁定，再由行政机关负责实施。对审执分离改革的试点，应重点放在民事执行领域。

执行体制改革作为执行权配置格局的调整，必须从不同类型执行权的特征入手，结合本土的权力分配传统、国家权力架构和现阶段司法国情，寻求务实的制度安排。"深化内分、适当外分"应当是我国审判权和执行权相分离的体制改革的最优模式。所谓"适当外分"，是在现有司法执行体制的大框架下，遵循执行工作规律，理顺执行工作机制，将一些性质特殊的执行工作归入对口部门行使，具体而言，是将财产刑执行权交给统一的刑罚执行机关行使，将行政非诉执行权交由相关行政机关负责。所谓"深化内分"，是在深刻认识目前人民法院执行机制体制特点的基础上，在人民法院内部进一步深化执行裁判权和执行实施权的内部分离。

我国当前的执行体制确有进行改革的必要，以审执分离为执行体制改革的切入点也是准确而恰当的。不同的审执分离改革模式虽然差异巨大，但均有其理论、逻辑和实践上的合理性。然而与其他模式相比，"深化内分、适当外分"应当是我国审判权和执行权相分离的体制改革的最优模式：其在理论上更符合法律的正义价值和效率价值，更有利于形成审判权和执行权之间差异性和共通性的平衡；在功能上更有利于消解目前造成"执行难"的主要因素，更有利于执行手段和资源利用效率的提升，也更有利于使执行机关获得充足且可控的资源；在操作上则更易于衔接目前的执行体制，更加契合执行工作的未来发展方向，具有其他模式无可比拟的成本优势。[①]

就民事执行而言，这一模式在以下方面较其他模式更具优势：

第一，从理论探析的角度，"深化内分、适当外分"模式较其他模式更有利于审判权和执行权的协调与配合，更有利于形成审判权和执行权之间差异性

---

① 江必新、刘贵祥：《审判权和执行权相分离的最优模式》，载《法制日报》2016年2月3日，第12版。

和共通性的平衡。一是就执行权性质理论而言，可以得出结论，将执行权配置于法院内部，还是法院的外部，这个问题无法通过简单的权力性质分析获得答案，而是需要结合其他具体因素予以论证。那种认为审判机关不能行使执行权的观点，在理论上是不能成立的。二是就法律价值理论而言，效率价值提示，执行程序中对于实体权利的救济应纳入审判程序，以更为完善的程序来保障当事人的实体权利，而当需要救济的是对当事人影响不大的程序性权利时，则可以在执行程序中解决，以体现效率价值。同时，法的形式正义所体现的秩序价值的优先性提示，对执行中的疑难问题及时给出处理规则，以尽快结束缺乏规则所引起的混乱，恢复执行工作秩序，对于已经形成了社会普遍预期的改革而言，应尽快实施并完成，故对改革的幅度和成本应根据所要解决问题的重要性及紧迫性进行控制。三是就"审执关系"原理而言，一方面，"审执关系"的差异性原理提示，在改革方向上，不仅要在整体上强化执行权，同时也需要将执行程序所处理的实体争议部分，返回给审判程序。只有将执行的归执行，审判的归审判，才能真正体现审执关系的差异性原理，理顺"审执关系"。另一方面，"审执关系"的共通性原理提示，共通性原理体现在两者共同服务于保护当事人权利的目的。过分强调两种程序的差异性并进行彻底两分，会割裂两者的关系，损害共同的目的。具体而言，应注意审执分立的程度、两种程序的衔接与配合两个问题。

第二，从解决"执行难"的角度，"深化内分、适当外分"模式在功能上更有利于消解目前造成"执行难"的主要因素，更有利于执行手段和资源利用效率的提升，也更有利于使执行机关获得充足且可控的资源。

我国当前的"执行难"问题，是各种因素交织作用、动态演进的结果。归根结底，"执行难"是国家对社会的管理能力落后于经济社会发展的集中反映，是国家的强制能力和激励守法的能力不足的突出体现。也因此可以得出结论，"执行难"问题绝非人民法院独力可以解决，更不能单纯归咎于现行将执行权配置于法院内部的司法体制。如果没有强制执行立法、没有执行环境的好转、没有社会信用体系的完善、没有健全的社会管理体系相配套，无论执行权配置在什么性质的国家机构，"执行难"问题都依然会长期存在。但如果能够找准症结、对症下药，破解"执行难"仍存在有所作为的空间。因此，审执分离体制改革应聚焦于消除当前导致"执行难"的两个主要原因（暂不考虑短期内难以扭转的观念因素和社会因素）：一是执行机关在执行中能够调动的手段与资源严重不足，二是对现有的手段和资源利用效率较低。

首先，在通过改善组织结构和行为方式来提高执行手段和资源的利用效率方面，民事执行"彻底外分"模式相对"深化内分"模式并无明显的比较优势，而且由于审执完全分开后沟通效率、程序效率将会降低，执行资源的利用率也有可能随之降低。其次，赋予执行机关更加有效的执行手段和更加丰富的执行资源，使执行机关实现国家意识的能力得到整体提升并与经济社会发展相适应，才是破解"执行难"的根本之策。而且同时要兼顾防止执行机关手中执行手段和资源无限膨胀，避免权力遭到滥用。"深化内分"模式与"彻底外分"模式相比，更有利于获得充足且可控的资源。一是相对于完全独立的专门执行机关，人民法院内设执行机构掌握和获取资源的能力更强，因为整个法院系统的资源就都是可调动的。二是相对于行使执行权的行政机关，人民法院本身相对较为弱小而所受监督较多，使用执行资源的权力更易受到控制。最后，人民法院高于一般行政机关的宪法地位以及所拥有的对消极协助行为制裁的权力，也使其能够更广泛和充分获得协助执行机关的支持，这一政治优势和法律优势，是法院之外的机关无法比拟的。

第三，从成本考量的角度，在操作上则更易于衔接目前的民事执行体制，更加契合执行工作的未来发展方向，具有"彻底外分"模式无可比拟的成本优势。

一是从当前执行改革的道路走向看，其主线是"一性两化"（强制性、信息化、规范化）工作思路的提出及其实践。"一性"就是依法突出执行工作强制性，其主要内容是强调主动推进执行、反对无原则的调和、加大对被执行人的制裁力度、实行专项活动与长效机制并重等。"两化"就是全力推进执行工作信息化、大力加强执行工作规范化。二是从今后执行改革的发展趋势看，其核心是执行信息化。所谓执行信息化，是指以全国法院执行信息系统，即四级法院纵向联网的执行案件信息系统为基础，与掌握被执行人财产和位置信息的执行联动单位建立横向联网，达到各级人民法院通过法院网络与执行联动单位信息对接，建立对被执行人财产查控一体化、对被执行人下落追踪网络化、执行工作管理科学化、执行行为公开透明化、上级法院执行指挥可视化、对失信被执行人信用惩戒社会化的工作机制。三是民事执行审执分离模式的选择，除了需要考虑与现行执行体制和今后执行工作发展趋势进行衔接的成本外，还有一些必须要考虑的成本因素，如立法修法成本、人力物力成本和社会成本。人民法院经过多年的探索与奋斗，在深入分析我国当前司法国情和发展走向、深刻把握执行权运行规律的基础上，提出"一性两化"工作思路并快速推进执行信息化，可以说是已经逐渐找到了当前解决"执行难"问题的正确路径。这一突破性的进展，已经使"脱胎换骨"但成本较高的"彻底外分"模式的价值和必要性大为降低，渐进式、步幅较小但成本较低的"深化内分"模式已经足以满足当前及今后一段时期的时代需求。同时，"一性两化"工作思路和信息化条件下，传统的执行体制机制、方式方法、法律制度等也面临着严峻的挑战，也需要进行一定的调整和升华。

这一试点方案，目前已经在中央层面的文件中得到体现。《人民法院执行工作纲要（2019—2023）》提出："加快推进审执分离体制改革。将执行权区分为执行实施权和执行裁判权，案件量大及具备一定条件的人民法院在执行局内或单独设立执行裁判庭，由执行裁判庭负责办理执行异议、复议以及执行异议之诉案件。不具备条件的法院的执行实施工作与执行异议、复议等裁判事项由执行机构不同法官团队负责，执行异议之诉案件由相关审判庭负责办理。"《最高人民法院关于进一步完善执行权制约机制、加强执行监督的意见》提出："深化执行裁决权与执行实施权分离。具备条件的人民法院可单独设立执行裁判庭，负责办理执行异议、复议、执行异议之诉案件，以及消极执行督办案件以外的执行监督案件。不具备条件的人民法院，执行异议、复议、消极执行督办案件以外的执行监督案件由执行机构专门合议庭负责审查，执行异议之诉案件由相关审判庭负责审理。充分发挥执行裁决权对执行实施权的制衡和约束作用。"2021年1月，中共中央印发《法治中国建设规划（2020—2025年)》，在第四部分"建设高效的法治实施体系，深入推进严格执法、公正司法、全民守法"第12项再次强调："深化执行体制改革，加强执行难综合治理、源头治理。深入推进审执分离，优化执行权配置，落实统一管理、统一指挥、统一协调的执行工作机制。"这些都为在司法实践中进一步深化审执分离改革试点工作提供了有力的政策依据。

第二节　审判权和执行权相分离体制改革
试点的江苏实践

自2015年1月始，最高人民法院先后批复同意广东、浙江、广西、江苏、上海、贵州、青海和河北唐山、四川成都等九个地区法院的审判权与执行权相分离执行体制改革试点方案。在最高人民法院的指导和江苏省委政法委领导下，江苏省高级人民法院结合司法体制改革，以进一步优化执行权的科学配置，促进执行权进一步公正、高效、规范行使，以推动基本解决执行难为目标，积极推进审执分离改革试点。早在2015年10月，江苏省高级人民法院就在深入调研的基础上，向最高人民法院提交了《江苏省高级人民法院关于实行法院内审判权和执行权相分离改革试点的请示报告》，在现有法律框架内，提出了设置执行裁判庭、完善执行局机构设置、确立垂直统一领导的执行管理体制、加强执行工作警务保障、实行执行实施人员分类管理等改革建议，并请求在江苏先行试点。之后，又向省委政法委提交了关于改革试点的报告。2016年年初，确定了南京、苏州、泰州三个中级法院和南京市玄武区、张家港市、泰州市姜堰区、淮安市经济开发区、淮安市清河区五个基层法院作为试点法院，先行推进审执分离改革。为协调推进改革工作，江苏省高级人民法院于2016年7月27日成立以分管副院长为组长、政治部主任为副组长的江苏省高级人民法院审执分离体制改革试点领导小组。2016年8月29日，江苏省高级人民法院印发《江苏省高级人民法院关于实行审判权与执行权相分离体制改革的实施方案》，同时配套下发江苏省高级人民法院本院实行审执分离体制改革、设立执行裁判庭等三个具体实施方案，以及各中级法院、基层法院实行审执分离体制改革的实施方案。

一、改革总体思路

改革的总体目标，是紧紧围绕让人民群众在每一个司法案件中感受到公平正义的目标，始终坚持司法为民、公正司法工作主线，结合司法人员分类管理改革、完善司法责任制改革和省以下地方法院人、财、物统一管理改革，在民事强制执行领域实行执行裁判权与执行实施权相分离，强化执行工作统一管理，实行执行人员分类管理，加强执行警务保障，进一步优化执行权的科学配置，促进执行权进一步公正、高效、规范行使，推动切实解决执行难。

改革坚持党的领导，确保始终坚持正确的政治方向；坚持尊重执行规律，使改革的成果能够切实规范执行行为、提高执行效率；坚持依法推动改革，确保改革合法合规；坚持执行工作省级统一管理、统一指挥、统一协调，整合执行资源，形成执行合力。

二、主要改革措施

（一）设立执行裁判庭

以原执行局裁决处（科）为基础组建执行裁判庭，负责行使与执行有关的裁判事项，审理执行程序中涉及实体权利的重大事实和法律争议，形成审判权对执行权的有效制约和监督。

执行裁判庭职权为办理执行异议、复议等执行审查类案件，审理执行程序中涉及实体权利的重大事实和法律争议。具体为：（1）办理执行异议案件（案号"执异"字）；（2）办理执行复议案件（案号"执复"字，基层法院除外）；（3）办理除对消极执行督办案件以外的执行监督案件（案号"执监"字）；（4）办理涉执行的诉讼案件，包括案外人执行异议之诉、申请执行人执行异议之诉、执行分配方案异议之诉、代位析产之诉等；（5）办理与上述类型案件有关的执行请示案件（案号"执他"字，基层法院除外）；（6）有条件的执行裁判庭可以办理执行程序转破产程序的破产案件和拒不执行判决、裁定罪刑事自诉案件。

执行裁判庭按照审判业务庭要求配置庭长、副庭长、法官、法官助理和书记员。

执行裁判庭分离出执行局，与其他审判业务庭平行。基层法院由于执行审查类案件和执行相关诉讼案件数量较少，执行裁判庭可与其他审判业务庭合署，并在该审判业务庭增挂执行裁判庭牌子。

（二）强化执行工作统一管理

1. 强化全省法院统一管理、统一指挥、统一协调的执行工作管理体制

全省法院执行局在纵向上行使司法监督和行政管理双重职能，即上级法院既对下级法院的执行工作行使司法监督权，又对下级法院的执行人员、实施案件、执行装备行使统一管理、调度和指挥的行政命令权。在横向上建立跨地区案件协调执行工作机制。

2. 调整并明确三级法院执行局的职能定位

高（中）级法院执行局主要职能为对辖区内各级法院执行人员、执行案件、执行装备的统一指挥、管理和调度，对下级法院执行工作的服务、监督和指导；基层法院执行局主要职能为办理执行实施案件。原由高（中）级法院

办理的执行实施案件，一般应指定到下级法院执行，其执行实施机构职能转变为提级办理下级法院存在消极执行、拖延执行、选择执行、乱执行情形的执行实施案件。

3. 全省法院执行指挥中心实体化运行

配备专职人员负责运行和维护，集中办理执行快速指挥、网络司法查控、执行线索举报电话接听、下达调度指令、网络司法拍卖、失信被执行人名单、执行公开等工作事务。

（三）实行执行人员分类管理，加强执行实施工作警务保障

第一，在执行机构配备法官以及法官助理、书记员、司法警察等司法辅助人员，分别落实相应待遇，分工负责行使执行权。

第二，执行实施人员可根据自愿原则，按照规定的条件转任司法警察，按照警务管理要求统一编队管理。各级法院法警部门设立司法警察执行支（大、中）队，派驻执行局，负责执行实施工作及执行警务保障。

（四）改革后执行局的机构设置与职权配置

1. 机构设置

江苏省高级人民法院、各市中级人民法院执行局设置实施处、综合协调处、执行指挥中心；基层法院执行局设置实施科和执行指挥中心。各级法院司法警察总（支、大）队设置执行支（大、中）队，派驻执行局。

各法院根据实际情况和工作需要，可以设立一个以上实施处（科）和司法警察执行支（大、中）队。

2. 职权配置

第一，实施处（科）职权为办理执行实施类案件。具体为以下几种：（1）办理执行实施案件（案号"执"字）；（2）办理恢复执行案件（案号"执恢"字）；（3）办理诉前保全裁定、诉讼保全裁定和申请执行前保全裁定的实施工作（案号"执保"字）；（4）办理与上述类型案件有关的执行请示案件（案号"执他"字，基层法院除外）；（5）负责快速反应机制的出警任务。

第二，综合协调处职权为对辖区内各级法院执行工作进行监督、指导、协调、综合管理及办理部分执行审查类案件和执行信访。具体为以下几种：（1）对辖区内各级法院执行工作进行统一管理和业务指导，包括管理部署、巡视督查、评估考核、专项活动组织协调等；（2）办理对下级法院消极执行进行督办的执行监督案件（案号"执监"字）；（3）协调本省（市）各中级（基层）法院之间、本省（市）法院与本省（市）外法院之间、法院与相关部门之间的执行争议（案号"执协"字）；（4）办理执行裁判庭、执行局实施处职权之外的执行请示案件（案号"执他"字）；（5）办理本院执行信访和辖区内各级法院进京访、赴省访的化解及核销工作；（6）办理跨本辖区委托执行案件和异地执行案件的协调和管理工作；（7）调研、制定有关执行工作的业务指导性文件；（8）其他综合性事务。

第三，执行指挥中心职权为集中办理执行快速指挥、网络司法查控、执行线索举报电话接听、下达调度指令、网络司法拍卖、失信被执行人名单、执行公开等工作事务。

江苏省高级人民法院、各市中院执行指挥中心还应承担以下职权：（1）规划、指导和具体推进本辖区法院执行信息化工作；（2）对辖区法院执行指挥中心工作进行管理、服务和监督，对辖区法院执行力量和执行案件进行统一指挥、统一调度。

第四，司法警察执行支（大、中）队按照"编队管理、派驻使用"的原则，派驻执行局负责执行实施工作及执行警务保障。执行支（大、中）队原则上不承担除执行工作之外的其他司法警察工作职责。

3. 人员分类管理

执行局配备法官、法官助理、书记员、司法警察等人员。执行人员应当具备从事执行工作所必需的政治素质、专业素质和任职资格。确保按照《中共中央关于转发〈中共最高人民法院党组关于解决人民法院"执行难"问题的报告〉的通知》要求，按不少于全体干警现有编制总数15%的比例配置在编执行人员，基层法院上述比例应至少达到23%。

执行局员额法官岗位和数量依照《江苏法院司法体制改革试点过渡期法官、书记员、法官助理定岗定责指导意见（试行）》，按照"以案定岗"工作要求确定，但至少应保证能够组成一个合议庭，确保对法律、司法解释规定的需要组成合议庭审查的事项依法进行合议。执行局局长、副局长、处（科）长为员额法官的，编入合议庭。

（1）实施处（科）。实施处（科）推行以法官为核心的团队协作办案模式。根据案件量建立若干执行团队，每个执行团队配备员额法官、法官助理、书记员和司法警察等人员，即"1名员额法官＋×名法官助理＋X名书记员＋

X 名司法警察"。司法辅助人员与法官的比例不低于其他业务部门且应当满足执行工作需要。

执行实施中的查封、扣押、冻结、拍卖等需以裁定方式从事的行为应依法由法官从事。重大执行实施事项应由法官组成合议庭进行审查。

（2）综合协调处。综合协调处实行合议制，根据审判业务庭同等要求配备人员，与审判业务庭一并进行人员分类管理。

（3）执行指挥中心。执行指挥中心由执行局局长兼任主任，配备专职副主任负责日常工作管理，配备必要的技术人员、查控人员、警务人员专门负责执行指挥中心的运行和维护。

（4）司法警察执行支（大、中）队。司法警察执行支（大、中）队警籍管理、警务训练由司法警察总（支、大）队负责，日常工作管理、执行业务培训、考勤、考核等由执行局负责。

隶属执行支（大、中）队的司法警察因工作调整不再从事执行工作或兼职非执行工作的，应当退出司法警察职务序列。

此外，对改革过渡期间的人员调动安排特别强调：一是在法官员额制改革中对执行部门原具备法官资格的人员与其他业务部门同等对待；二是从事执行工作的司法辅助人员在充分尊重其个人意愿的基础上，允许按照规定的条件选择法官助理、书记员、司法警察身份；三是符合条件的人员可自愿报名并经培训、考核转任为司法警察，编入司法警察执行支（大、中）队；四是对现有执行人员进行调整，杜绝将不具备相应任职资格的人员安排到执行工作岗位。

三、改革方案落实情况

（一）执行裁判庭设立情况

截至 2017 年年底，江苏省高级人民法院、全部 13 个中院和 44 个基层法院设立了执行裁判庭，其余基层法院在其他审判庭加挂执行裁判庭牌子，负责执行异议复议、执行监督（对消极执行监督除外）、案外人异议和异议之诉案件。

（二）三级法院执行局职能定位调整情况

明确中级、基层法院执行局的建制规格按照副局级配备，纳入省市领导职数预审库，这一历史遗留问题得到解决。确立执行局在纵向上行使司法监督和行政管理的双重职能，在横向上建立跨地区案件协调执行工作机制。下发文件要求下级法院任命执行局局长须经上级法院执行局考察同意。

要求高级、中级法院执行局把工作重心调整为对下监督、指导、管理和指挥，把自身执行力量集中用于提级执行下级法院执行不了、执行不好、关联案件众多和形成执行僵局的案件，将普通自执案件下放给基层法院执行。

（三）执行人员分类管理情况

截至 2017 年年底，全省法院在编执行人员数量已达到 3223 人，较 2015 年增加了 1000 余人，占法院在编人员总数的比例从不到 13% 提高到 18.89%。另配备非政法编人员 1887 人。全省 107 家基层法院，有 101 家在编执行人员占比超过 15%，其中 27 家超过 23%。13 家中级法院也有 4 家在编执行人员占比超过 15%。全省中级、基层法院共配备从事执行工作的员额法官 987 人，占员额法官总数的 15.59%，为执行办案的合法性和规范性提供了基本人员保障。其中从事执行实施工作的员额法官 750 人，从事执行裁判工作的员额法官 237 人。下发《推行执行团队办案模式的指导意见（试行）》，以执行人员分类管理为基础，推行法官主导下的法官助理、书记员、司法警察分工协作的团队办案模式。根据这一模式，团队成员的权力和责任明晰，有判断性质的裁定、决定和命令由法官作出，裁决的具体实施由法官助理、书记员、司法警察根据法官指令完成。截至 2017 年 8 月，全省法院已建立执行团队 596 个。至 2018 年 6 月，全省法院在编执行人员已经达到 3343 人，占法院在编人员总数的比例进一步提高到了 20.78%；配备员额法官 1052 名，占员额法官总数的 16.13%，建立执行实施团队 675 个。为完成攻坚"基本解决执行难"目标任务，还从其他部门临时抽调 828 人投入执行工作。

各级法院法警部门均已设立司法警察执行支（大、中）队，按照"编队管理、派驻使用"的原则，派驻执行局负责执行实施工作及执行警务保障，原则上不承担除执行工作之外的其他司法警察工作职责，警籍管理、警务训练由警队负责，日常工作管理、执行业务培训、考勤、考核等由执行局负责。

四、改革取得的成效

该部分重点介绍审执分离改革最核心的改革措施，即设立独立于执行机构的执行裁判部门后取得的成效。开展改革六年来，江苏法院执行裁判部门开拓创新，为解决争议、保护权益、规范执行进行了许多探索，初步形成了一支专业化执行裁判队伍，审理了大量执行裁判案件，依法纠正了一批不规范执行行为，执行裁判业务指导不断强化，为持续深入推进审执分离改革打下了坚实基础，也为全国法院贡献了江苏经验。2022 年 3 月，江苏省高级人民法院出台《关于进一步深化审执分离改革加强执行裁判工作的意见》，进一步强化执行裁决权对执行实施权的监督制约，促进高效公正、规范文明执行。

（一）六年来全省法院执行裁判案件基本情况

1. 六年总体情况

2017～2022 年，全省法院共受理执行裁判类案件（包括执异、执复、执监、执他以及执行异议之诉的民初、民终、民申、民再、民监、民他共 10 类案件）140 165 件，其中执行审查类案件 113 562 件，异议之诉案件 26 603 件。在改革开始实施的 2017 年，全省法院受理的执行异议、复议案件数量就较2016 年分别增长了 57.27% 和 33.40%。2022 年，全省法院共受理执行裁判类案件 32 989 件，与 2017 年相比增长 110.77%，年均增幅 22.15%。大量执行争议被导入法定渠道化解，执行救济更加规范高效，有效减少了反映违法违规执行的信访。

六年来，全省法院共审结执行裁判类案件 138 940 件，其中执行审查类案件结案 113 134 件，异议之诉类案件结案 25 806 件。2022 年，全省法院共结案 33 196 件，与 2017 年相比增长 116.74%，年均增幅为 23.35%。执行裁判类案件量呈现受理数和结案数逐年上涨态势。案件增长的主要原因有以下三个：一是受执行案件数量持续增长影响。执行裁判权衍生于执行权，执行案件增多，采取的执行行为增多，当事人、利害关系人及案外人可提起异议的对象便相应增加，执行裁判案件也会随之增加。二是审执分离改革效果逐渐深入人心，执行裁判权对执行实施权的监督由原来的执行部门自己监督变为由独立的执裁部门监督，监督的力度和及时性得到社会认可，一定程度上增加了相关主体提出异议的主动性。三是异议程序存在一定程度被滥用的倾向。六年来，执行异议及案外人异议被驳回的比例均在 60% 以上，即在人民法院审查的异议中，大部分均未得到支持，由于提出执行异议成本小，能够对执行实施程序的推进产生实质性影响，故成为部分主体规避、抗拒执行的手段，且实践中已出现反复提出异议、提出虚假异议的情形。

2017～2022 年全省法院执行裁判类案件收案、结案情况见图 4 - 1。

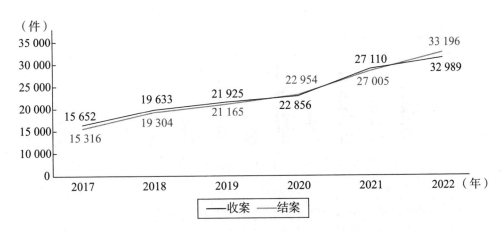

图 4 - 1　2017～2022 年全省法院执行裁判类案件收案、结案情况

2. 各地收案、结案情况

全省各中级、基层法院执行裁判案件共收案 134 937 件,其中执行审查类案件 111 939 件,异议之诉类案件 22 998 件,年平均增幅为 22.95%。2022 年,苏州、南通、常州三地同比增长超 30%,其中苏州地区增长最快,同比超过 50%。各地共审结执行裁判案件 134 349 件,其中执行审查类案件 109 791 件,异议之诉类案件 24 558 件,年平均增幅为 23.73%。历年平均新收案、结案数均居前三位的是徐州、苏州、南京,年均收、结案数均在 2000 件以上,数量最多的徐州超过 2800 件,其余市年平均收、结案数均在 1000～2000 件(注:南京海事法院因成立时间较短,分地区数据中未作统计单列,下同)。

全省法院执行裁判案件平均结案率为 99.74%。其中,南通、常州、淮安、连云港地区结案率均在 100% 以上,分别为 102.19%、100.70%、100.68%、100.28%。

2017～2022 年各地法院收案、结案情况见图 4-2、图 4-3、图 4-4。

3. 省高级法院收案、结案情况

2017～2022 年,省高级法院共受理执行裁判类案件 5228 件,其中执行审查类案件 3605 件,异议之诉类案件 1623 件。2017 年至 2020 年呈逐年上涨趋势,2019 年受理案件数陡增,增长率达到 61.10%,至 2020 年受理数达到 1285 件,同比增长 15.77%。省高级法院共审结执行裁判类案件 4591 件,其中执行审查类案件结案 3343 件,异议之诉类案件结案 1248 件(见图 4-5)。

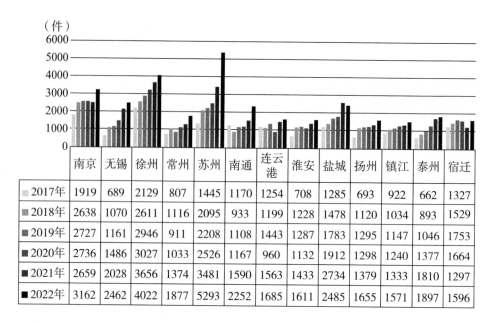

	南京	无锡	徐州	常州	苏州	南通	连云港	淮安	盐城	扬州	镇江	泰州	宿迁
2017年	1919	689	2129	807	1445	1170	1254	708	1285	693	922	662	1327
2018年	2638	1070	2611	1116	2095	933	1199	1228	1478	1120	1034	893	1529
2019年	2727	1161	2946	911	2208	1108	1443	1287	1783	1295	1147	1046	1753
2020年	2736	1486	3027	1033	2526	1167	960	1132	1912	1298	1240	1377	1664
2021年	2659	2028	3656	1374	3481	1590	1563	1433	2734	1379	1333	1810	1297
2022年	3162	2462	4022	1877	5293	2252	1685	1611	2485	1655	1571	1897	1596

图 4－2　2017～2022 年全省各地区法院新收案情况（单位：件）

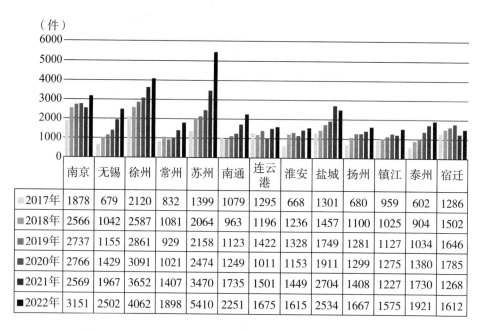

	南京	无锡	徐州	常州	苏州	南通	连云港	淮安	盐城	扬州	镇江	泰州	宿迁
2017年	1878	679	2120	832	1399	1079	1295	668	1301	680	959	602	1286
2018年	2566	1042	2587	1081	2064	963	1196	1236	1457	1100	1025	904	1502
2019年	2737	1155	2861	929	2158	1123	1422	1328	1749	1281	1127	1034	1646
2020年	2766	1429	3091	1021	2474	1249	1011	1153	1911	1299	1275	1380	1785
2021年	2569	1967	3652	1407	3470	1735	1501	1449	2704	1408	1227	1730	1268
2022年	3151	2502	4062	1898	5410	2251	1675	1615	2534	1667	1575	1921	1612

图 4－3　2017～2022 年全省各地区法院结案情况（单位：件）

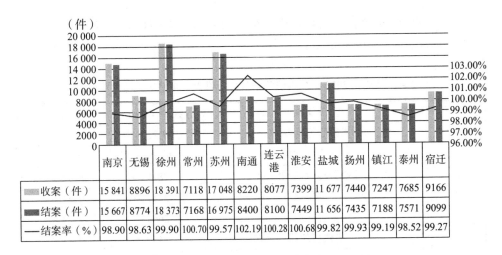

	南京	无锡	徐州	常州	苏州	南通	连云港	淮安	盐城	扬州	镇江	泰州	宿迁
收案（件）	15 841	8896	18 391	7118	17 048	8220	8077	7399	11 677	7440	7247	7685	9166
结案（件）	15 667	8774	18 373	7168	16 975	8400	8100	7449	11 656	7435	7188	7571	9099
结案率（%）	98.90	98.63	99.90	100.70	99.57	102.19	100.28	100.68	99.82	99.93	99.19	98.52	99.27

图 4－4　2017～2022 年全省各地区收案、结案情况（单位：件）

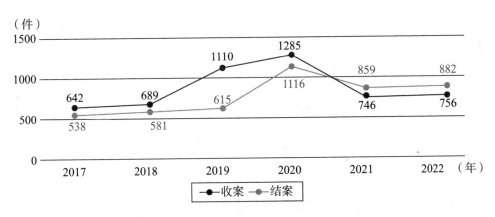

图 4－5　2017～2022 年省高级法院执行裁判类案件收案、结案情况

4. 新收案件类型分布情况

执行审查类案件数量远高于审判类案件，此与执行裁判权运行规律相关。在执行审查类案件中，主要案由分布居前五位的分别是借款合同纠纷、买卖合同纠纷、建设工程合同纠纷、劳动争议、租赁合同纠纷。因合同类纠纷引发的执行审查类案件占比最高，达 63.39%。

因借贷纠纷引发的执行审查类案件数量为 47 223 件，占所有执行审查类案件的 41.58%，全省法院在保护民间资本依法融通的同时，全力防范与打击"套路贷"等非法金融活动和虚假诉讼违法犯罪，保障全省金融持续健康稳定发展。

在执行异议之诉案件中，案外人执行异议之诉居首位，案件数量为 14 514 件，占所有异议之诉案件的 54.62%。

2017～2022 年全省法院新收执行审查类案件主要案由分布及审判类案件案由分布见表 4-1 及图 4-6。

表 4-1　2017～2022 年全省法院新收执行审查类案件主要案由情况表

排序	主要案由	数量（件）	总占比
1	借款合同纠纷	47 223	41.58%
2	买卖合同纠纷	10 286	9.06%
3	建设工程合同纠纷	7845	6.91%
4	劳动争议	3187	2.81%
5	租赁合同纠纷	2660	2.34%
6	追偿权纠纷	2437	2.15%
7	公证文书、仲裁裁决执行	1955	1.72%
8	罚金	1659	1.46%
9	房屋买卖合同纠纷	1537	1.35%
10	婚姻家庭纠纷	1283	1.13%
11	机动车交通事故纠纷	1269	1.12%
12	财产保全	1105	0.97%
13	承揽合同纠纷	904	0.80%
14	债权转让合同纠纷	897	0.79%
15	与公司有关的纠纷	829	0.73%
16	追缴、责令退赔	820	0.72%
17	保证合同纠纷	634	0.56%

注：案件管理信息系统中立案案由为其他或其他案由的案件占比为 23.80%。

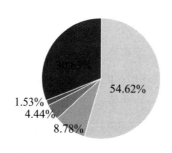

■ 案外人执行异议之诉　　■ 申请执行人执行异议之诉　　■ 执行分配方案异议之诉
■ 追加变更被执行人异议之诉　　■ 未区分执行异议之诉

图 4-6　2017～2022 年全省法院审判类案件案由占比

（二）六年来全省法院执行裁判案件审判质效情况

1. 纠正执行行为情况

一是全省法院通过执行异议程序纠正执行行为比例总体稳定。2017~2022年，全省法院共审结针对违法执行行为的异议案件 86 201 件，其中审查结果为"撤销、变更执行行为"的异议案件 18 751 件，年平均纠正比例为 21.75%（见图 4 - 7）。六年来，通过执行异议程序纠正执行行为的比例稳定在 20% 上下，2017 年至 2021 年，纠正比例大体呈缓慢上升态势，此与全省执行裁判案件数量持续上升及执行异议程序事后救济等因素有关。自 2021 年年初开始，省法院通过发布执行裁判案件发改情况通报、典型案例通报等方式，通报典型的不规范执行行为，统一疑难问题适用法律尺度，助力提升全省法院执行规范化水平，2022 年纠正比例有所下降。

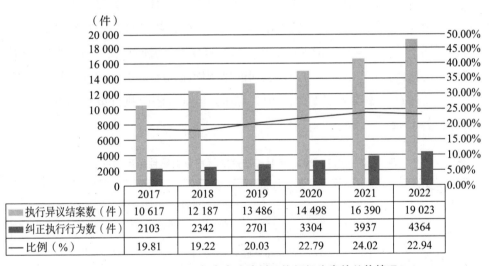

	2017	2018	2019	2020	2021	2022
执行异议结案数（件）	10 617	12 187	13 486	14 498	16 390	19 023
纠正执行行为数（件）	2103	2342	2701	3304	3937	4364
比例（%）	19.81	19.22	20.03	22.79	24.02	22.94

图 4 - 7　2017~2022 年全省法院纠正执行行为案件总体情况

二是各地区纠正执行行为力度差异较大。从全省 13 地区执行异议结案数量来看，审查结果为"撤销、变更执行行为"的案件占比分布情况如下：苏州、常州、镇江地区法院纠正率超过 25%，分别为 28.39%、28.25%、27.92%；连云港、扬州、南通、徐州地区法院纠正率低于 20%，分别为 18.47%、18.03%、16.55%、13.63%（见图 4 - 8）。纠正率最高的苏州地区是最低的徐州地区的两倍以上，其他各地区差距也较大。执行行为纠正率受各地执行规范化水平、执行案件数量等多种因素影响，也在一定程度上反映出各地执行裁判工作在纠正执行行为力度上的差异。

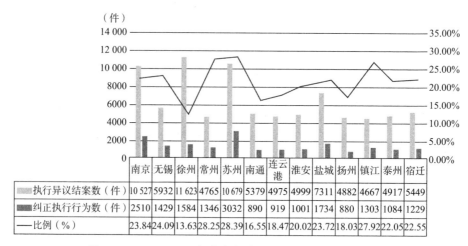

（件）

	南京	无锡	徐州	常州	苏州	南通	连云港	淮安	盐城	扬州	镇江	泰州	宿迁
执行异议结案数（件）	10 527	5932	11 623	4765	10 679	5379	4975	4999	7311	4882	4667	4917	5449
纠正执行行为数（件）	2510	1429	1584	1346	3032	890	919	1001	1734	880	1303	1084	1229
比例（%）	23.84	24.09	13.63	28.25	28.39	16.55	18.47	20.02	23.72	18.03	27.92	22.05	22.55

图4-8 2017~2022年全省各地区纠正执行行为案件情况

三是驳回异议的比例持续较高。从执行审查类案件的裁判结果看，执行异议案件中，异议成立或部分成立的比例为25.22%，超过60%的执行异议案件直接驳回了异议人的异议请求或申请，执行复议案件驳回复议申请，维持原异议裁定的比例为69.15%，与异议驳回的比例均在60%以上。即针对执行行为异议，超过60%案件未获支持，2017~2022年全省法院执行审查类案件结果统计见表4-2。

表4-2 2017~2022年全省法院执行审查类案件结果情况表

案件类型	审查结果	占比
执行异议	驳回异议或申请	61.36%
	不予受理	0.43%
	异议成立或部分成立	25.22%
	准予撤回申请	10.12%
	终结审查	0.12%
	其他	2.75%
执行复议	维持	69.15%
	准予撤回申请	6.71%
	撤销或变更原裁定	10.90%
	发回重审	8.20%
	终结审查	0.14%
	其他	4.90%

续表

案件类型	审查结果	占比
执行监督	驳回监督申请	21.35%
	撤销执行法院裁定并直接改正	9.72%
	指令重新审查	2.48%
	准予撤回监督申请	6.37%
	终结审查	20.82%
	其他	39.26%
其他执行类	变更报请法院处理意见	3.95%
	不同意报请法院处理意见	27.63%
	同意报请法院处理意见	57.90%
	撤回请求	5.26%
	销案	5.26%

2. 执行裁判案件发改情况

一是执行裁判类案件发改率较为稳定，总体偏高。执行审查类案件中，全省法院共审结复议、监督案件 20 456 件，其中撤改 3676 件，平均发改率为 17.97%。2017 年发改率超过 20%（见图 4 - 9）。

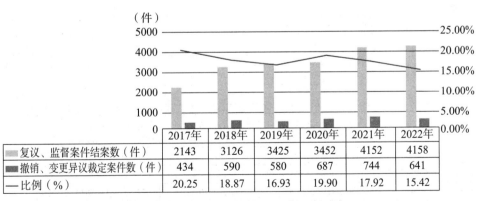

	2017年	2018年	2019年	2020年	2021年	2022年
复议、监督案件结案数（件）	2143	3126	3425	3452	4152	4158
撤销、变更异议裁定案件数（件）	434	590	580	687	744	641
比例（%）	20.25	18.87	16.93	19.90	17.92	15.42

图 4 - 9 2017~2022 年全省复议、监督案件撤改情况

二是各地区发改率差异较大。执行审查类案件，省高级法院执行复议、监督发改率平均值为 12.44%。其中，连云港、无锡、镇江、盐城、淮安、南通六地法院被发改率超过平均值，分别为 20.41%、19.29%、14.29%、13.66%、12.93%、12.50%（见图 4 - 10）。省高级法院执行复议、监督发改

率最低与最高相差 13.63%。

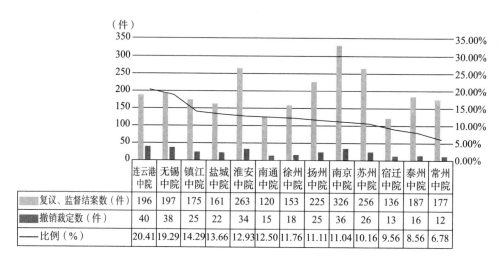

图 4－10 2017～2022 年各地被省高级法院复议、监督发改率

异议之诉案件，省高级法院二审案件发改率平均值为 20.38%，其中南通、泰州、镇江、连云港、宿迁五地法院被发改率超过平均值，分别为 30.00%、29.63%、25.84%、22.22%、20.97%（见图 4－11）。省高级法院二审案件发改率最低与最高相差 16.90%。

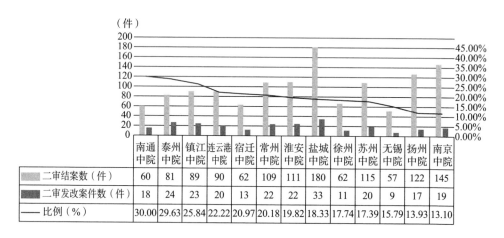

图 4－11 2017～2022 年省高级法院发改各中级法院案件情况表

3. 审判效率指标

执行裁判案件审判效率指标总体向好。2017～2022 年，执行审查类案件平均审理天数 28.87 天，2022 年为 28.80 天，比 2017 年减少 12.4 天（见图 4－12）。

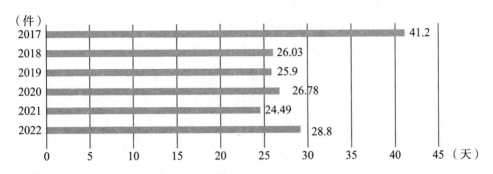

图 4 - 12　2017~2022 年执行审查类案件平均审理天数

异议之诉类案件平均审理天数为 150.01 天，其中，2022 年案件审理天数为 108.4 天，相较 2017 年减少 14.73 天。徐州、镇江、南京、常州、扬州、无锡、泰州、连云港、苏州的案件审理天数高于平均值。徐州地区平均审理天数最长，为 154.85 天，而南通地区平均审理天数最低，为 131.02 天（见图 4 - 13）。

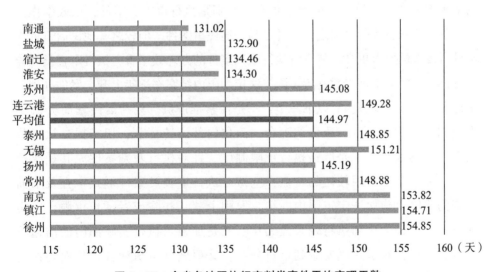

图 4 - 13　全省各地区执行审判类案件平均审理天数

（三）主要成效与基本经验

1. 执行裁判对于规范执行行为、及时救济权利的功能作用得以充分发挥

改革伊始，江苏法院探索并确立了执行裁判工作的价值取向，即加强对当事人、利害关系人及案外人的权利救济，加强对执行实施权的监督制约，规范执行行为，促进执行公正。在此价值导向下，执行裁判的功能作用主要体现为权利救济与程序保障，并可具体细分为救济、监督、规制和程序保障四项。一是绝大多数执行争议被导入法定渠道化解，一批违法违规执行行为及时被发现和纠正，切实保护了当事人、利害关系人和案外人的合法权益，有力促进了执行规范化建设和执行作风改善，对预防执行腐败也起到了积极作用。二是严禁执行裁判案件"有案不立"现象。打通执行当事人、利害关系人、案外人的执行救济程序，充分保障各方当事人的程序性权利，做到执行异议有案必立，对不依法受理执行异议案件的情况定期通报。三是制定《审查类执行监督案件办理程序指南》，推动执行信访纳入法定救济渠道实质性化解。四是全面落实执行领域"一案双查"工作机制。在执行裁判案件中发现严重违法违规执行行为，及时与监察机构会商启动"一案双查"程序，严格查处执行干警违规违法违纪执行行为。

2. "公正与效率兼顾"的裁判理念进一步得到落实

执行裁判权与执行实施权的密切关系，决定了执行裁判工作相对于其他民商事审判工作对"效率"的要求更高。特别是执行审查类案件，以效率作为首要价值追求，执行异议之诉案件虽为普通民事案件，但较之其他民商事诉讼案件对效率的要求更高。从全省执行裁判案件的办理效率看，执行审查类和异议之诉类案件的审理天数逐年下降，法定期限内结案率逐年上升，案件办理效率逐渐提升。主要原因有以下三个：一是探索推进执行裁判案件繁简分流工作机制，强化立、审、执协调配合，简化内部流转环节，切实提高执行裁判案件办案效率。二是严格执行审限制度。针对执行裁判案件尤其是执行异议、复议案件审限较短的特点，坚持对执行审查类案件形式审查及书面审查的原则，确保法定审限内办结，原则上禁止扣除或者延长审限，以实现执行效率最大化和执行效果最大化。三是加强与执行实施部门的沟通与配合。执行裁判工作既要做到审执分离，又要做到审执配合，从而确保执行程序的效率价值。

3. 培养了一支既懂执行又懂审判的专业化执行裁判队伍

执行裁判权处于执行权与审判权交叉领域，兼具权利实现与争议解决双重属性，对审判人员要求更高。六年来，江苏高院及各中级人民法院均设立了执行裁判庭，基层法院均明确由一个或两个审判部门办理执行裁判案件，形成了一个全新的审判业务条线，为实现执行裁判案件的专业化审理，提供了可靠的组织保障。六年来，全省法院执行裁判部门审结了一大批执行裁判案件，积累了较为丰富的审判经验，训练养成既有别于执行实施又有别于传统民商事审判的独特执行裁判思维，逐步锻炼和培养出一支既懂执行又懂审判的专业化执裁队伍。截至 2022 年底，全省法院已有执行裁判人员 1211 名，其中员额法官 489 名。

4. 对下业务指导不断强化，执行裁判尺度进一步统一

一是及时出台业务审理指南。2017 年以来，江苏高院先后制定三部《执行异议及异议之诉案件办理工作指引》，统一全省执行裁判尺度，规范执行裁判行为；出台《执行裁判文书样式》《关于规范和完善执行裁判文书材料立卷归档的指导性意见》等规范性文件，实现执行裁判案件法律文书撰写与立卷归档的规范化管理。二是加强业务培训。常态化开展执行裁判业务培训工作，对疑难复杂问题进行全面业务指导，提升全省执行裁判队伍的专业化素质。三是加强案例指导，建立执行裁判案件发改分析通报机制。制定《关于建立执行裁判发改案件通报、分析和问责机制的意见（试行）》，常态化下发执行裁判案件发改案件通报，对发改案件逐案评析，提炼裁判要旨，梳理归纳典型违法执行行为，防止同类错误重复发生。四是定期开展案件评查、优秀案例和优秀裁判文书评选等活动。通过案件评查，指出案件办理中存在的问题并限期整改。评选全省执行裁判条线的优秀案例及裁判文书，更好地发挥优秀案例及裁判文书的示范引领作用，不断提升文书撰写与案件办理质量。五是撰写《强制执行新实践》《执行裁判理论与实践》等业务指导用书，进一步提升执行裁判理论水平。

5. 打造工作亮点，执行裁判延伸功能得以发挥

一是开展扫黑除恶、"套路贷"虚假诉讼专项治理活动。对全省法院 2017 年以来办理的执行裁判案件进行"回头看"，全面梳理涉虚假诉讼、"套路贷"案件情况，并作出相应处理。二是积极探索"执转破"案件办理繁简分流工作机制，出台《江苏省高级人民法院关于执转破案件简化审理的指导意见》《江苏省高级人民法院"执转破"案件简化审理裁判文书样式》，获最高人民法院主要领导批示肯定。全省法院 2022 年移送"执行转破产"企业 6030 家，使"执行转破产"成为企业破产案件的主要来源。三是稳步推进"与个人破产制度功能相当试点"工作。制定《关于开展"与个人破产制度功能相当试点"工作中若干问题解答》，对 28 个重点问题进行规范和指引，为"诚信而不幸"的自然人重生提供路径，促进市场主体有序退出，优化法治化营商环境，推进切实解决执行难。四是强化对规避执行行为的打击力度。公开发布虚假转账、恶意串通、虚构租赁、律师伪造等抗拒执行、规避执行的典型案例，引导社会诚实守信，增强司法公信力，彰显法律权威。

专题五　执行人力组织机制改革

第一节　执行人员分类改革

中央全面依法治国委员会 1 号文件《关于加强综合治理从源头切实解决执行难问题的意见》提出："加强执行队伍建设。推动执行队伍正规化、专业化、职业化，努力建设一支信念坚定、执法为民、敢于担当、清正廉洁的执行队伍，为解决执行难提供有力组织保障。"然而长期以来，执行队伍人员构成较为复杂，与审判队伍相比，执行法官、法官助理、书记员行使执行权时身份和职责分工并不清晰，修订前的《人民法院组织法》及《民事诉讼法》规定了"执行员"，而"执行员"在我国法律上的地位一直未予厘清，很多执行人员具有多重身份，既是执行员又可能是法官、法官助理和书记员。由此，不仅造成案件执行过程中，各类人员权力行使边界模糊，也为队伍管理带来困难。随着司法人员分类管理改革的不断深入，法院内部员额法官、审判辅助人员、司法行政人员的分类和管理愈发清晰顺畅。在此基础上，结合执行工作实际，进一步细化执行员额法官、执行辅助人员等的分类和职责权限，成为优化执行队伍，加强执行管理的一项必修课。

一、执行人员分类改革的动因

（一）传统"执行员"身份复杂、职责交织，难以满足执行及管理需求

"执行员"最早出现于 1954 年《人民法院组织法》第 38 条，该条将其定位为与"审判人员"相对应的其他人员。1979 年《人民法院组织法》保留了此概念[①]，

[①]　1954 年《人民法院组织法》第 38 条规定："地方各级人民法院设执行员，办理民事案件判决和裁定的执行事项，办理刑事案件判决和裁定中关于财产部分的执行事项。"此规定在 1979 年修订时完整体现在第 41 条第 1 款。

并完整地体现在 1982 年的《民事诉讼法（试行）》中，该法第 163 条第 1 款规定："执行工作由执行员、书记员进行；重大执行措施，应当有司法警察参加"。到 1991 年《民事诉讼法》仅规定了"执行工作由执行员进行"①。从上述规定可以看出，执行员成为独立于法官、书记员、司法警察之外的专门从事执行工作的法院工作人员。虽然立法上早有"执行员"的规定，但从实践看，谁审判谁执行的"审执合一"一度成为法院执行工作常态，直至 20 世纪 80 年代，随着经济迅猛发展，审判执行任务日益繁重，人民法院才逐渐出现了单独的执行机构和执行员。最高人民法院于 2000 年 9 月下发《最高人民法院关于改革人民法院执行机构有关问题的通知》②，将宽泛意义上的"执行工作"，分为执行实施工作和执行裁判工作，在 2011 年出台的《最高人民法院关于执行权合理配置和科学运行的若干意见》第 3 条③进一步将"执行员"的职权限缩为部分执行实施权。法律政策文件对"执行员"职责权限的规定似乎呈现出限缩趋势，但实践中一直未予厘清。为缓解日益繁重的执行任务，很多法院将无法胜任审判业务或没有审判资格的人员任命为执行员，使得执行员的构成十分复杂，无论是具备审判资格的法官还是没有法官资格的其他人员均可以成为"执行员"，人员结构复杂，但职责权限并不清晰，成为造成"执行难""执行乱"的主要原因之一。2018 年新修订的《人民法院组织法》删除了"执行员"④，如何重新定

---

① 1991 年《民事诉讼法》第 209 条第 1 款规定："执行工作由执行员进行。"

② 《最高人民法院关于改革人民法院执行机构有关问题的通知》第 2 条规定："执行机构的改革必须强化裁判职能，确保执行人员行使裁判权。我院法（执）明传〔1999〕24 号《通知》关于'筹建执行工作管理机构，一定要科学、合理、十分慎重'，保留执行庭，以'履行一定裁判职能'，'只能加强不能削弱这一职能'等要求，应当继续落实。我们认为，在强化裁判职能的同时，应当积极探索裁判权和执行实施权相分离，裁判人员和执行人员分工负责、互相配合、互相制约的新机制。目前可以考虑由一部分有审判职称的执行人员主要从事裁判事项，其他执行人员主要从事执行事务。"

③ 2011 年《最高人民法院关于执行权合理配置和科学运行的若干意见》第 3 条规定："执行实施权的范围主要是财产调查、控制、处分、交付和分配以及罚款、拘留措施等实施事项。执行实施权由执行员或者法官行使。"

④ 2018 年 10 月修订后的《人民法院组织法》在人民法院的人员组成中删除了"执行员"，第四章人民法院的人员组成规定人民法院的人员包括审判人员（第 40 条）、审判辅助人员（第 45 条）、司法行政人员（第 45 条）。对于法官助理（第 48 条）、书记员（第 49 条）、司法警察（第 50 条）、司法技术人员（第 51 条）按照审判辅助人员和司法行政人员进行分类管理。从法律条文规定的上述人员职责看，也均没有执行的内容。对此，时任全国人大内司委副主任的王胜明在《关于〈中华人民共和国人民法院组织法（修订草案）的说明〉》中表示："有关人民法院的执行权，经商有关部门，草案对此未作规定。党的十八届四中全会提出，推动实行审判权和执行权相分离的体制改革试点。目前，审判权和执行权如何分离，尚未达成共识，还在调研论证。人民法院的执行权主要规定在民事诉讼法中，现行人民法院组织法对法院的执行权也未作规定，草案维持现行人民法院组织法的规定，不影响法院的执行工作。"

位《民事诉讼法》规定的"执行员"以及从事执行工作的人员，成为司法体制改革过程中需要考虑的问题。

随着审执分离改革的不断深入，建立一支专业化、职业化的执行队伍需求日益迫切，对原"执行员"及各类执行人员进行分类改革已势在必行。

(二) 执行权运行特点决定执行队伍要满足多层次、多类别要求

执行权是人民法院依法采取各类执行措施以及对执行异议、复议、申诉等事项进行审查的权力，包括执行实施权和执行审查权。从执行实施权的运行特点来看，其行政属性十分明显。与审判权相比，执行权运行的根本任务是运用国家公权力迅速实现权利人业已得到确认的实体权利，在执行权运行过程中具有明显的倾向性。执行权运行的核心，是财产调查、处分、交付和分配以及罚款、拘留等一系列实施事项，在执行程序中没有核心的环节和统一的载体，而是由一个个具体的节点、步骤、措施构成，其流程性特点十分明显。换言之，执行权的运行对效率的价值追求更高，倾向性更大，流程性更强，节点更多，而各个节点提出的要求可能需要不同身份及职责的人员分工配合才能得以完成，在节点与节点的流转之间，又存在着权力的交织和碰撞。基于此，与审判队伍相比，执行队伍的分工要求更细致，协调配合度更高，职责权限的边界更清晰，从而要求执行人员的分类要更多元，更能与流程节点相匹配。

此外，也正是因为执行权对效率的高度追求及其明显的流程化、节点化特点，使得社会分工理论及集约化、专业化管理运行方式在执行队伍分类改革中得以运用。基于现代社会大分工、大协作的要求，最重要、最核心、最有技术含量的环节往往被单独剥离并由少数精英分子掌握，与之相配套，其他辅助工作由数量更多的辅助人员完成。而辅助人员由于所处环节、所承担职责不同，可以进行专业化、职业化塑造，从而实现集约化运行和管理。若将社会分工理论与法院公权力行使结合起来，执行队伍中所涉及的各类人员之间的相互关系本质上是权力关系，分类改革由表面的分工走向更深层次的分权，通过分权实现监督和制衡从而实现公正应当是执行人员分类改革的底层逻辑。从这个意义上讲，执行权的运行特点决定了执行队伍的多样化，也为执行队伍分类改革提供了基础支撑。

(三) 执行实践发展对执行队伍数量和质量提出更高要求

近年来，随着执行实践发展，执行案件数量每年以较大幅度增长。以江苏

法院为例，2013年至2018年，江苏全省法院受理执行案件数从31万件飙升到78万件，翻了一倍还多。2019年，受理执行案件80余万件，2020年虽然受新冠疫情影响受理案件数有所下降，但也超过65万件，2022年达到91万余件。如此庞大的案件数量已经让执行人员应接不暇。此外，不仅案件数量惊人，近年来，案件的执行难度也在不断提高。随着经济社会发展，被执行人规避执行、逃避执行的手段越来越多样，对执行措施和手段的要求越来越高。虽然各地法院在制裁规避执行、逃避执行行为方面使尽浑身解数，但效果并不明显。再加上经济形势下滑对执行主体履行能力的影响，保护市场主体、营造良好营商环境的任务以及贯彻落实善意文明执行理念的要求，案件的执行早已不是人们印象中的"动动手、跑跑腿"的体力活，而是更讲究策略和智慧。

反观执行队伍，受传统认知影响，执行队伍的配备与同一法院其他业务部门相比，无论在数量上还是在素质、年龄等各方面都是较为薄弱的。在法官员额制改革中，执行队伍配备员额法官都是通过论证努力争取过来的。在攻坚"基本解决执行难"时期，执行队伍力量曾一度达到巅峰，但三年攻坚过后，各地法院陆续出现了人员回撤现象，执行队伍的稳定性受到冲击。以江苏法院为例，截至2022年年底，全省法院执行机构共有各类人员5823人，其中：行政编3009人，占51.67%；事业编157人，占2.70%；聘用人员2657人，占45.63%；50岁以上的，占13.26%。即便是行政编中，相当部分人员也不具有员额法官身份。

任务艰巨的执行实践和配置不高的执行队伍形成鲜明的对比，如何在现有条件下完成"切实解决执行难"的历史使命，考验着各级法院的智慧。对现有执行工作机制进行改革，构建以信息化为依托，以执行指挥中心为主体，以执行团队为核心的新的运行模式成为重要路径之一，而构建此种运行模式，必须以执行队伍分类改革为基础。将合适的人放到合适的位置，做且仅做他所擅长的工作，不断提高精细化、专业化水平。

(四)执行廉政问题多发要求对执行队伍建设进行反思

执行权运行流程节点多，与当事人直接接触频繁，直接面对钱、财、物，廉政风险较高。近年来，在查处的人民法院违法违纪案例中，执行人员占相当比例，特别是扫黑除恶专项斗争开展以来，查处的执行条线违法违纪事件创历史新高。如此频发、多发不得不让我们对执行队伍建设情况进行反思。除对执行队伍的结构和素质进行改善外，更应加强对队伍的监督和管理，通过制度化手段规制执行权运行从而加强队伍建设是必然需要考虑的路径。而对执行人员进行制度化、规范化管理和监督，需要对各类执行人员的职责分工进行明确界定，明确权力边界，在此基础上配以监督管理手段，即须以执行人员分类改革为基础。

（五）与审判业务相同的评价考核体系难以调动执行人员积极性

传统"一人包案到底"的执行模式，执行人员和审判人员一样，对每一个执行案件从执行立案开始一直到执行结案，所有工作包案到底，与此相对应，对执行人员的考核也与审判相同，更多以结果为导向，"实际执结率"被视为最为核心的一项考核指标。但与审判不同的是，执行案件是否能够执行到位不是执行人员主观意愿所能决定，与被执行人的履行能力、人民法院查人找物能力等各方面因素相关，标的大的案件不一定付出的工作量大，而标的小的案件也不一定能够执行到位。所以简单地以执行案件实际执结率等结果指标进行考核无法真实反映执行人员付出的努力，考核结果自然无法客观公正，从而难以调动执行人员积极性。[①] 在攻坚"基本解决执行难"时期，最高人民法院提出要建立符合执行工作规律的单独执行工作和执行人员考核机制。为此，对执行人员进行分级分类考核成为各级法院单独考核的主要路径，而其前提和基础亦是对执行人员进行科学分类。

二、执行人员分类改革的目标

执行人员分类改革最直接也是近期要实现的目标，首先是建立以执行法官（执行团队长）为核心的人员分类管理体系，优化配置人力资源，执行团队内部配置科学合理，职能划分明确，运行高效顺畅，执行质效不断提升，实现执行工作能力和水平持续高位运行。

其次，在人员科学分类基础上建立完善相应的管理制度，实现全流程闭环监管，杜绝执行权运行过程中可能出现的权力寻租和滥用情形，促进执行队伍

---

① 关于执行案件质效考核指标，江苏省高级人民法院曾对此作过专题调研，认为实际执结率虽具有一定历史价值，但因实际执结率的影响因素具有二元性、价值导向具有多向性、评价对象具有差异性等原因，以实际执结率为核心的考核指标无法客观公正评价执行工作。详见江苏省高级人民法院编：《强制执行新实践》，法律出版社2018年版，第278~284页。

正规化、专业化、职业化发展，从而全面重塑司法公信力，提升法院权威，让人民群众在每一个司法个案中感受到公平正义。

三、执行人员分类改革的主要内容

(一)执行权力清单

1. 执行人员分类依据——执行权力清单

从本质上看，执行人员分类是对执行权进行梳理和重新配置，厘清执行权运行过程中各种权力之间的位置和关系，以权力内容和要求为指引，对执行人员进行分类，成为执行人员分类最直接和最有效的方式。因此，梳理执行权具体内容，逐项列明权力清单，根据权力清单要求匹配具有相应职能权限的执行人员，此为执行人员分类的一个维度。

《人民法院组织法》第四章规定，人民法院的人员由法官、审判辅助人员和司法行政人员组成，同时对各类人员的职责权限进行了规定。在此框架下，结合执行工作实际，对各类人员职责权限进行细化，明确执行全流程各个节点、各类人员的职责权限，以权责为先导确定各类人员的分类及比例，此为执行人员分类的另一个维度。

2. 执行①权力清单内容

根据法律、司法解释和最高人民法院有关文件规定，执行实施事项共88项，有40余项需要法官作出裁定，数十项需要院长批准签发（见表5-1）。

表5-1 执行权力清单

序号	执行阶段	执行措施	法律依据	文书	法官职权
1	执行通知	发出执行通知书	《民事诉讼法》第247条	执行通知书	—
2	调查、查询	通知申请执行人提供被执行人财产状况	《最高人民法院关于民事执行中财产调查若干问题的规定》第1条	通知书	—

---

① 此处仅按照执行流程节点对主要的实施事项进行梳理，并不包含各类规范性文件、批复等所包含的执行行为。

续表

序号	执行阶段	执行措施	法律依据	文书	法官职权
3	调查、查询	通过网络查控系统调查	《最高人民法院关于民事执行中财产调查若干问题的规定》第1条	—	—
4		责令被执行人报告财产	《民事诉讼法》第248条，《最高人民法院关于民事执行中财产调查若干问题的规定》第3条	报告财产令	法官裁定终结报告程序
5		传唤被执行人到庭接受询问	《民事诉讼法》第112条，《最高人民法院关于民事执行中财产调查若干问题的规定》第15条	传票	—
6		悬赏	《最高人民法院关于民事执行中财产调查若干问题的规定》第21条	悬赏公告	—
7	财产控制	查封、扣押、冻结、划拨被执行人的财产（包括动产、不动产以及存款、债券、股票、基金份额等）	《民事诉讼法》第249条	裁定书	法官裁定
8		扣留、提取被执行人收入	《民事诉讼法》第250条，《最高人民法院关于人民法院执行工作若干问题的规定（试行）》第29条	裁定书	法官裁定
9		禁止有关企业向被执行人支付已到期收益	《最高人民法院关于人民法院执行工作若干问题的规定（试行）》第36条	裁定书	法官裁定
10		禁止被执行人转让知识产权	《最高人民法院关于人民法院执行工作若干问题的规定（试行）》第35条	裁定书	法官裁定

续表

序号	执行阶段	执行措施	法律依据	文书	法官职权
11		冻结被执行人投资收益或股权	《最高人民法院关于人民法院执行工作若干问题的规定（试行）》第38条	裁定书	法官裁定
12		冻结被执行人预期收益	《民事诉讼法》第251条，《最高人民法院关于人民法院执行工作若干问题的规定（试行）》第36条	裁定书	法官裁定
13		轮候查封、扣押、冻结	《民事诉讼法》第251条，《最高人民法院关于人民法院民事执行中查封、扣押、冻结财产的规定》第26条	裁定书	法官裁定
14	财产控制	预查封	《民事诉讼法》第251条，《最高人民法院关于适用〈中华人民共和国民事诉讼法〉的解释》第485条等	裁定书	法官裁定
15		责令被执行人交出储蓄存单	《最高人民法院关于人民法院执行工作若干问题的规定（试行）》第28条	通知书	—
16		责令被执行人将财产权证照交法院保管	《最高人民法院关于人民法院民事执行中查封、扣押、冻结财产的规定》第7条	通知书	—
17		委托保管被查封财产	《最高人民法院关于人民法院民事执行中查封、扣押、冻结财产的规定》第10条、第11条	委托书	—
18		解除查封、扣押、冻结等强制执行措施	《最高人民法院关于人民法院民事执行中查封、扣押、冻结财产的规定》第28条	裁定书	合议庭评议
19	财产处分	委托价格评估	《最高人民法院关于人民法院民事执行中拍卖、变卖财产的规定》第4条，《最高人民法院关于人民法院确定财产处置参考价若干问题的规定》第17条	委托书	—

续表

序号	执行阶段	执行措施	法律依据	文书	法官职权
20		通知当事人议价	《最高人民法院关于人民法院确定财产处置参考价若干问题的规定》第4条	通知书	—
21		定向询价	《最高人民法院关于人民法院确定财产处置参考价若干问题的规定》第5条、第6条	询价函	—
22		网络询价	《最高人民法院关于人民法院确定财产处置参考价若干问题的规定》第10条	网络询价委托书	—
23		审查网络询价结果	《最高人民法院关于人民法院确定财产处置参考价若干问题的规定》第12条	通知书	—
24		暂缓网络询价或委托评估	《最高人民法院关于人民法院确定财产处置参考价若干问题的规定》第28条	决定书	—
25	财产处分	撤回网络询价或委托评估	《最高人民法院关于人民法院确定财产处置参考价若干问题的规定》第29条	—	—
26		拍卖	《民事诉讼法》第254条，《最高人民法院关于人民法院民事执行中拍卖、变卖财产的规定》第3条、第11条，《最高人民法院关于人民法院网络司法拍卖若干问题的规定》第6条	裁定书	法官裁定
27		确定起拍价及其降价幅度、竞价增价幅度、保证金数额和优先购买权人竞买资格及其顺序等	《最高人民法院关于人民法院网络司法拍卖若干问题的规定》第27条	裁定书	法官裁定

续表

序号	执行阶段	执行措施	法律依据	文书	法官职权
28		拍卖成交确认	《最高人民法院关于人民法院民事执行中拍卖、变卖财产的规定》第 20 条、第 26 条，《最高人民法院关于人民法院网络司法拍卖若干问题的规定》第 6 条	裁定书	法官裁定
29		变卖	《民事诉讼法》第 254 条	裁定书	法官裁定
30		拍卖、变卖不成以物抵债	《最高人民法院关于人民法院民事执行中拍卖、变卖财产的规定》第 24 条、第 25 条	裁定书	法官裁定
31		直接以物抵债	《最高人民法院关于适用〈中华人民共和国民事诉讼法〉的解释》第 489 条、第 491 条	裁定书	法官裁定
32	财产处分	暂缓拍卖	《最高人民法院关于人民法院网络司法拍卖若干问题的规定》第 28 条	决定书	—
33		中止拍卖	《最高人民法院关于人民法院网络司法拍卖若干问题的规定》第 28 条	裁定书	法官裁定
34		变价被执行人的债券、股票、基金份额等	《民事诉讼法》第 251 条，《最高人民法院关于人民法院民事执行中拍卖、变卖财产的规定》第 31 条，《最高人民法院关于人民法院执行工作若干问题的规定（试行）》第 35 条、第 37 条、第 39 条	裁定书	法官裁定
35		将被执行人独资企业的投资收益转让给申请执行人	《最高人民法院关于人民法院执行工作若干问题的规定（试行)》第 39 条	裁定书	法官裁定

续表

序号	执行阶段	执行措施	法律依据	文书	法官职权
36	对到期债权的执行	通知第三人履行到期债务	《最高人民法院关于人民法院执行工作若干问题的规定（试行）》第45条、第51条	通知书	—
37		冻结债权	《最高人民法院关于适用〈中华人民共和国民事诉讼法〉的解释》第499条	裁定书	法官裁定
38		强制执行到期债权	《最高人民法院关于人民法院执行工作若干问题的规定（试行）》第49条	裁定书	法官裁定
39		出具第三人到期债务已履行的证明	《最高人民法院关于人民法院执行工作若干问题的规定（试行）》第53条	证明	—
40	仲裁裁决的执行	驳回执行申请	《最高人民法院关于人民法院办理仲裁裁决执行案件若干问题的规定》第3条	裁定	合议庭合议，作出裁定
41		书面告知仲裁庭补正或说明	《最高人民法院关于人民法院办理仲裁裁决执行案件若干问题的规定》第4条	告知书	—
42		不予执行仲裁裁决	《民事诉讼法》第244条，《最高人民法院关于人民法院办理仲裁裁决执行案件若干问题的规定》第11条	裁定	合议庭合议，应当询问，作出裁定
43	公证债权文书的执行	驳回执行申请	《最高人民法院关于公证债权文书执行若干问题的规定》第5条	裁定	法官裁定
44		不予执行公证债权文书	《民事诉讼法》第245条，《最高人民法院关于公证债权文书执行若干问题的规定》第18条、第19条	裁定	法官裁定

续表

序号	执行阶段	执行措施	法律依据	文书	法官职权
45	分配	制作财产分配方案	《最高人民法院关于适用〈中华人民共和国民事诉讼法〉的解释》第 509 条，《最高人民法院关于适用〈中华人民共和国民事诉讼法〉执行程序若干问题的解释》第 17 条，《民事诉讼文书样式》第二十一章"申请执行及委托执行"部分第 11 个文书样式	分配方案	—
46	责令追回财产	责令金融机构追回被转移冻结款项	《最高人民法院关于人民法院执行工作若干问题的规定（试行)》第 26 条	通知书	—
47		责令协助执行单位追回擅自支付款项	《最高人民法院关于人民法院执行工作若干问题的规定（试行)》第 30 条	通知书	—
48		责令责任人追回擅自处分的财产	《民事诉讼法》第 114 条，《最高人民法院关于人民法院执行工作若干问题的规定（试行)》第 32 条	通知书	—
49	强制措施	拘留	《民事诉讼法》第 114～120 条，《最高人民法院关于适用〈中华人民共和国民事诉讼法〉的解释》第 181 条、第 182 条，《最高人民法院关于人民法院执行工作若干问题的规定（试行)》第 57 条	决定书	院长批准
50		罚款	《民事诉讼法》第 114～120 条	决定书	院长批准
51		拘传	《民事诉讼法》第 112 条、第 119 条，《最高人民法院关于民事执行中财产调查若干问题的规定》第 15 条	拘传票	院长批准

序号	执行阶段	执行措施	法律依据	文书	法官职权
52	强制措施	限制出境	《出境入境管理法》第 8 条,《民事诉讼法》第 262 条,《最高人民法院关于适用〈中华人民共和国民事诉讼法〉执行程序若干问题的解释》第 23 条、第 24 条	决定书	—
53		限制高消费	《最高人民法院关于限制被执行人高消费及有关消费的若干规定》第 5 条	限制高消费令	院长签发
54		通过媒体公布不履行义务信息	《民事诉讼法》第 262 条,《最高人民法院关于适用〈中华人民共和国民事诉讼法〉执行程序若干问题的解释》第 26 条	公告	—
55		将被执行人纳入失信被执行人名单	《最高人民法院关于公布失信被执行人名单信息的若干规定》第 5 条	决定书	院长签发
56		将被执行人信息向其所在单位、征信机构以及其他相关机构通报	《最高人民法院关于适用〈中华人民共和国民事诉讼法〉的解释》第 516 条,《最高人民法院关于公布失信被执行人名单信息的若干规定》第 8 条	通报	—
57	搜查	搜查	《民事诉讼法》第 255 条,《最高人民法院关于民事执行中财产调查若干问题的规定》第 14 条、第 18 条	搜查令	院长签发
58	移送公安	移送公安机关侦查	《民事诉讼法》第 114 条,《最高人民法院关于人民法院执行工作若干问题的规定(试行)》第 58 条	函	院长签发

续表

序号	执行阶段	执行措施	法律依据	文书	法官职权
59	物的交付和行为义务履行	责令交出财物（票证）	《民事诉讼法》第 256 条，《最高人民法院关于人民法院执行工作若干问题的规定（试行）》第 41~43 条	通知书	—
60		选定或确定代履行人	《最高人民法院关于适用〈中华人民共和国民事诉讼法〉的解释》第 501 条	—	—
61		代履行费用的确定	《最高人民法院关于适用〈中华人民共和国民事诉讼法〉的解释》第 502 条	—	—
62		责令追回财物（票证）	《最高人民法院关于人民法院执行工作若干问题的规定（试行）》第 42 条	通知书	—
63		责令履行指定行为	《民事诉讼法》第 259 条，《最高人民法院关于人民法院执行工作若干问题的规定（试行）》第 44 条	通知书	—
64		委托完成指定行为	《最高人民法院关于人民法院执行工作若干问题的规定（试行）》第 44 条	委托书	—
65	强迁	强制迁出房屋或退出土地	《民事诉讼法》第 257 条	公告	院长签发
66	暂缓、中止、终结、恢复执行	因担保而暂缓执行	《民事诉讼法》第 238 条	决定书	—
67		决定是否暂缓执行	《最高人民法院关于正确适用暂缓执行措施若干问题的规定》第 11 条，《最高人民法院关于执行担保若干问题的规定》第 8 条	决定书	合议庭评议

序号	执行阶段	执行措施	法律依据	文书	法官职权
68	暂缓、中止、终结、恢复执行	中止执行	《民事诉讼法》第157条、第263条，《最高人民法院关于适用〈中华人民共和国民事诉讼法〉的解释》第464条，《最高人民法院关于执行和解若干问题的规定》第2条，《最高人民法院关于人民法院办理仲裁裁决执行案件若干问题的规定》第7条	裁定书	法官裁定
69		终结执行	《民事诉讼法》第157条、第264条，《最高人民法院关于适用〈中华人民共和国民事诉讼法〉的解释》第464条，《最高人民法院关于执行和解若干问题的规定》第14条	裁定书	法官裁定
70		终结本次执行程序	《最高人民法院关于适用〈中华人民共和国民事诉讼法〉的解释》第517条，《最高人民法院关于严格规范终结本次执行程序的规定（试行）》第6条	裁定书	合议庭评议，依职权终结本次执行需经院长批准
71		中止、终结本次执行程序后依职权（或依当事人申请）恢复执行	《民事诉讼法》第263条，《最高人民法院关于人民法院执行工作若干问题的规定（试行）》第60条，《最高人民法院关于严格规范终结本次执行程序的规定（试行）》第9条	通知书	—
72		和解后的恢复执行	《民事诉讼法》第237条，《最高人民法院关于执行和解若干问题的规定》第11条	裁定书	法官裁定
73	执行回转	执行回转	《民事诉讼法》第240条	裁定书	法官裁定

续表

序号	执行阶段	执行措施	法律依据	文书	法官职权
74	协助执行	通知有关单位协助执行	《民事诉讼法》第249条、第250条、第252条、第256条，《最高人民法院关于人民法院执行工作若干问题的规定（试行)》第29条、第35条	通知书	—
75	追究赔偿责任	追究擅自处分被查封、扣押、冻结财产责任人赔偿责任	《最高人民法院关于人民法院执行工作若干问题的规定（试行)》第32条	裁定书	法官裁定
76		追究擅自解除冻结款项造成后果的金融机构赔偿责任	《最高人民法院关于人民法院执行工作若干问题的规定（试行)》第26条	裁定书	法官裁定
77		追究擅自支付的有关单位赔偿责任	《最高人民法院关于人民法院执行工作若干问题的规定（试行)》第30条	裁定书	法官裁定
78		追究协同被执行人转移产物或票证的有关组织或者个人赔偿责任	《最高人民法院关于人民法院执行工作若干问题的规定（试行)》第42条	裁定书	法官裁定
79		追究擅自支付股息或办理股权转移手续的有关企业赔偿责任	《最高人民法院关于人民法院执行工作若干问题的规定（试行)》第40条	裁定书	法官裁定
80	执行担保	以担保财产赔偿损失	《最高人民法院关于适用〈中华人民共和国民事诉讼法〉执行程序若干问题的解释》第15条	裁定书	法官裁定
81		执行担保人的财产	《民事诉讼法》第238条，《最高人民法院关于适用〈中华人民共和国民事诉讼法〉的解释》第469条，《最高人民法院关于执行担保若干问题的规定》第11条，《最高人民法院关于执行和解若干问题的规定》第18条	裁定书	法官裁定

序号	执行阶段	执行措施	法律依据	文书	法官职权
82	执行担保	执行保证人财产	《最高人民法院关于人民法院执行工作若干问题的规定（试行）》第54条	裁定书	法官裁定
83	移送破产审查	征询当事人是否同意破产审查	《最高人民法院关于执行案件移送破产审查若干问题的指导意见》第4条	—	—
84		决定移送破产审查	《最高人民法院关于执行案件移送破产审查若干问题的指导意见》第5条	移送决定书	合议庭评议，院长签署移送决定
85		通知已知执行法院	《最高人民法院关于执行案件移送破产审查若干问题的指导意见》第8条	通知书	—
86		不予受理或驳回申请后的恢复执行	《最高人民法院关于执行案件移送破产审查若干问题的指导意见》第18条	通知书	—
87		宣告破产、终止和解程序、重整程序后的终结执行	《最高人民法院关于执行案件移送破产审查若干问题的指导意见》第20条	裁定书	法官裁定
88	变更、追加当事人	审查并裁定变更、追加申请执行人、被执行人	《最高人民法院关于民事执行中变更、追加当事人若干问题的规定》第2～25条、第28条	裁定书	合议庭审查

(二)执行人员结构及职责分工

根据以上梳理出的执行权力清单，按照法官、审判辅助人员等的大类进行细化，在《人民法院组织法》规定的人员类别框架下，执行人员主要包括员额法官（执行团队长）、法官助理、书记员、司法警察，而其职责权限则应结合执行工作实际在执行全流程中予以具体明确。

1. 员额法官

（1）执行实施类员额法官（执行团队长）。执行实施类员额法官主要在执行实施团队中办理实施案件，负责全局性、核心性事务及法律要求必须由法官完成的事项，主要包括以下职责：①统筹管理实施团队人员和推进本实施团队执行工作；②对本实施团队人员进行日常管理并提出初步考核意见；③制订和调整执行方案；④依法决定案件执行事项，下达执行指令，推进办案进度；⑤制作法律文书；⑥签发法律和司法解释规定应由法官签发的裁定书、决定书等法律文书；⑦主持听证，调查相关案件事实；⑧与当事人或者其他案件相关人员谈话；⑨对当事人提交的证据进行审核，提出审查意见；⑩提请合议庭评议重大事项，组织和指挥重大执行行动；⑪协调解决实施团队工作中遇到的问题；⑫其他需要法官处理的事项。

（2）执行综合类员额法官。执行综合类员额法官承担办理执行信访案件、执行监督案件、执行请示案件、执行协调案件以及其他综合性工作事务。主要承担以下职责：①统筹综合团队人员和推进综合团队工作；②对本执行团队人员进行日常管理并提出初步考核意见；③统筹管理涉执信访工作，拟订有关执行信访工作的相关管理制度，并推进建立相关工作机制；④综合分析涉执信访工作情况，提出有关规范执行的工作建议；⑤推进执行信访案件、执行监督案件、执行请示案件以及执行协调案件的办理；⑥制作法律文书；⑦签发法律和司法解释规定应由法官签发的裁定书、决定书等法律文书；⑧主持听证，调查相关案件事实；⑨与当事人或者其他案件相关人员谈话；⑩提请合议庭评议重大事项；⑪协调解决综合团队工作中遇到的问题；⑫其他需要法官处理的事项。

2. 法官助理

法官助理根据法官的指令履行以下职责：（1）受法官委托，代行制订执行方案、草拟法律文书、与当事人或案件相关人员谈话、协调团队中出现的问题等法官职责；（2）在法官指导下办理执行实施案件；（3）在法官指导下办理执行和解、外出查控财产、采取强制措施、司法网络拍卖前的准备工作等事项；（4）办理法官交办的其他事项。

3. 书记员

书记员根据法官的指令履行以下职责：（1）通过执行案件管理系统对被执行人财产实施网络查控、纳入或屏蔽失信信息等网络操作事项；（2）发送执行法律文书；（3）通知案件当事人听证、谈话；（4）制作相关笔录；（5）登记保全、继续保全、解除保全事项；（6）准备执行异议案件相关材料；（7）办理案件报结手续；（8）管理、整理、装订、归档案卷材料；（9）在互联网公布法律文书；（10）处理法官交办的其他事项。

4. 司法警察

执行司法警察主要配合实施执行措施，并对执行工作提供安全保障，主要履行以下职责：（1）按照法官指令，实施具体强制措施；（2）为外出执行工作提供安全保障；（3）快速反应出警任务；（4）执行指挥中心运行维护、值班备勤；（5）办理执行法官交办的其他事项。

5. 执行指挥中心专职副主任

按照执行信息化要求，执行指挥中心设置专职副主任，管理指挥中心日常工作，在执行权运行过程中，与员额法官、法官助理、书记员、司法警察的职责权限有所不同，具体履行以下职责：（1）监督管理执行指挥中心各项业务工作；（2）对执行指挥中心人员进行日常管理并提出初步考核意见；（3）落实执行指挥中心实体化运行"定岗、定人、定责、定时限、定标准"方案；（4）提出改进执行指挥中心实体化运行的工作建议和方案，报执行局长批准后执行；（5）协调执行指挥中心各岗位工作，协调执行指挥中心与执行团队业务工作，必要时报请执行局长协调处理；（6）其他必要的监督管理职责。

6. 领导监督人员

与"让审理者裁判，让裁判者负责"的审判权运行机制不同，执行权具有明显的行政色彩，领导职务和非领导职务之间、上下级法院执行机构之间不仅仅是指导监督关系，亦具有领导与被领导的关系，统一指挥、统一协调、统一管理体现得尤为明显。因此，除法律身份之外，具有领导职务的人员还应履行监督、管理、指挥、协调职责。结合执行工作实际，可细化为以下几种：（1）监督管理全局执行工作，审批执行案件办理过程中的重大事项；（2）研究确定各执行团队、执行指挥中心等组织的职能分工；（3）组织集中执行、清场行动等大型执行行动；（4）要求执行团队报告执行案件进程，监督管理全局执行案件进程；（5）监督管理执行案件质效；（6）根据权限签发法律文书，审批重大程序性事项；（7）召集并主持法官会议讨论疑难复杂执行案件；（8）监督合议庭根据法官会议讨论意见对案件进行复议；（9）建议院长将重大、疑难、复杂案件提请审判委员会讨论决定；（10）监督合议庭执行审判委员会决定；（11）开展执行业务指导，统一法律适用尺度；（12）其他必要的监督管理职责。

（三）轮岗交流

1. 轮岗交流的必要性

一是执行工作的综合性要求执行人员具备较强的综合业务素质。执行案件涉及人民法院审理的民事、刑事、行政案件各个方面，以数量占绝大多数的民事执行案件为例，涵盖了所有民事法律关系，业务范围可以对应人民法院所有民事审判部门，对执行人员业务素质要求极高。执行人员不仅要深谙执行程序规定，也要熟悉执行依据涉及的实体法的具体规定，厘清执行过程中可能涉及的各种实体法律关系。反观审判部门人员，其作出的判决是否具有可执行性，是否能从有利于执行的视角审视作出判决，对执行工作的开展意义重大。二是轮岗交流是减弱执行廉政风险的有效措施。执行权运行过程中直接面对当事人，直接接触钱物，具有极高的廉政风险。执行人员长期在固定岗位较易产生利益链条，适当开展轮岗交流，让执行队伍如活水一般流动起来，尽可能减少廉政风险。

2. 正确处理好轮岗交流与保持执行队伍稳定性、专业性的关系

轮岗交流一方面确实可以使执行队伍业务能力和素质更加多元，但另一方面也可能导致执行队伍流动性大，不利于队伍稳定和专业人才培养。因此，在轮岗交流时要结合人员结构、个人意愿、能力水平等因素综合考量，合理确定轮岗比例和目标岗位，坚持有序进出，内外有别的原则，不断提高执行队伍整体素质。

3. 轮岗交流的主要方式

（1）准入轮岗。即将从事执行工作作为入额成为法官的前置条件。执行业务知识无论是在法学高等教育中还是审判业务部门工作中都少有涉及，对执行基本知识及执行权运行方式不了解，导致实践中很多审判部门作出的判决无法执行，除造成审判执行部门之间配合不畅外，更损害司法权威。因此，对于未来拟进入员额法官序列的人员可安排其先行从事执行工作，熟悉执行法律制度规范，了解执行权运行模式，学习与当事人沟通技巧，掌握执行依据要求，便于其日后从事审判或执行工作过程中，能够从审执协调配合的角度作出明确具体的执行依据。执行部门可根据轮岗人员的综合素质及个人意愿，留任执行

部门或推荐至其他业务部门。

（2）审判和执行机构之间轮岗。主要指同一法院审判和执行部门之间定期轮岗交流，互相派驻学习。此种轮岗交流可以是定期的，即轮岗一段时间之后再回到原部门，主要目的在于学习相关业务部门专业知识，完善队伍知识结构，便于日后更好开展工作；也可以是轮岗人员的部门调整，目的在于吸收新鲜血液，增加执行队伍活力。

（3）执行机构内部及上下级之间轮岗。执行机构内部根据职责分工设有实施部门、执行指挥中心、综合协调部门或从事综合协调工作的岗位，与审判工作不同，执行各个岗位工作内容完全不同，加强执行机构内部人员轮岗交流，执行人员全面熟悉执行工作，在此基础上，再根据工作内容和人员素质进行匹配，在提高人员综合素质基础上强化专业素养。上级法院执行机构的重要职责之一是对下级法院进行业务指导，上下级执行机构人员之间轮岗交流，有利于上级法院真切感受执行一线，了解实践需求，而下级法院执行人员可以从更高层面了解执行工作全貌，学习借鉴其他法院经验，实现上下级法院执行机构之间的良性互动。

（四）执行人员绩效单独考核

建立区别于审判工作的评价考核体系，对执行工作和执行人员进行单独考核，是在执行人员分类改革基础上必须要解决的问题。单独执行工作考核在本书中将专门介绍，本章主要着眼于对执行人员分类后建立区别于审判人员的单独考核机制。

1. 考核方式

（1）以员额法官为核心，实现分级考核。由各法院对员额法官所在团队绩效进行考核，在各执行团队内部对各团队成员进行考核。即站在法院的角度，将执行团队作为考核对象的最小单元，对整个团队工作绩效进行评估，所在团队工作质效作为对法官绩效进行评定的主要依据，对团队各成员，则在团队内部由法院考核部门与负责团队的员额法官共同考核，以充分体现法官在团队中的核心和主导作用。

（2）对不同工作岗位设定不同的工作量要求。如执行局局长、副局长与审判庭的庭长、副庭长相比，要承担更多指挥和管理工作职责，高级、中级人民法院执行局局长、副局长更应以指挥、管理工作为主，而不能过多承担具体案件办理工作分散精力。同时，由于执行工作内容繁杂，对承担执行指挥中心工作或协调、信访等执行综合工作的法官，应根据办理工作事项种类和数量酌情确定相应的工作量任务。

2. 执行人员绩效考核的主要内容

对执行人员的绩效考核，应实行定性和定量相结合，重点是对执行员额法官的考核。对法官的绩效考核内容包括其所在执行团队工作量、工作质量和效率、违法执行责任追究情况等。对从事执行工作的辅助人员（法官助理、书记员、执行司法警察）的绩效考核，以岗位职责和承办工作为基本依据，考核指标主要包括工作量、质量效率、外部评价三个方面。其中，工作量和质量效率以所在执行团队工作绩效为基础，根据承担具体工作的类型、数量、质量和效率评定；外部评价由执行团队法官根据辅助人员工作质量效率、工作作风、工作纪律、廉洁自律情况等进行综合评分。

第二节　执行团队办案模式

执行团队化是当前司法责任制改革的重要举措，也是日后执行权力运行的重要模式。①《人民法院执行工作纲要（2019—2023）》提出："全面推行执行团队办案模式。实行以法官为主导的'法官＋法官助理（执行员）＋法警＋书记员'团队办案模式，优化团队之间、团队内部的任务分工和职权划分，完善'人员分类、事务集约、权责清晰、配合顺畅'的执行权运行模式。"

一、执行团队的概念

所谓团队，即一群人有组织地在一起工作。通常认为，高效团队需要具备以下三个特征：一是成员之间技能互补，彼此相互配合以达到共同目标；二是团队成员具有共同的目的、绩效目标以及达到目的、目标的途径；三是共享成果，共担责任。管理学认为，团队一般分为三种类型：一是部门团队，即团队成员只接受同一个人的领导，他们可以在一起工作，也可以不在一起工作。人民法院的各审判庭就属于这一类团队。二是跨部门团队，即团队成员来自不同职能部门，部分时间对团队的任务负责，部分时间对本职能部门的任务负责。

---

① 黄文俊主编：《执行工作长效机制的创新探索——门头沟法院实践》，人民法院出版社 2019 年版，第 19 页。

审判委员会即属于这一类团队。三是专门团队，即为解决某一特定问题而从不同部门抽调人员成立的临时小组，团队成员把全部时间都用在团队的工作上，而且全部时间都在一起工作。法院在某些特殊情况下组成的专案组即属于这一类团队。

执行团队，即人民法院从事执行工作的团队。执行团队内部人员的职能、职责以及评价应当坚持以下标准：

第一，职能互补性。执行程序是由一个个具体的节点、步骤、措施组成，执行措施的选择以及实施强度，都需要执行人员根据不断变化的情况灵活应对。执行工作对象的开放性决定了执行工作的碎片化，工作时间、工作地点、工作内容都是碎片化的。[①] 以简案快执团队为例，该团队是以执行程序的流程为基础，是执行案件和事务的分流，而不是执行程序的简化和异化，是通过紧凑执行节点或者集约化利用执行资源来提升执行工作效率，这在客观上要求简易快执团队内部的专业化、集约化程度要更高，成员之间的技能要能实现互补，而非技能同质化，否则无法发挥各自特长。

第二，职责明确性。执行团队能否高效运转，取决于团队成员之间的职责是否明确、评价是否科学。"三个和尚没水吃"就是团队成员职责及其之间的关系不明的失败案例，执行团队成员的职责和权限是执行团队办案模式所需明确的最核心的内容。因此，有必要对团队成员职责、关系、管理等予以明确，而团队成员职责需要结合简案快执团队的职责来确定。"执行团队主要行使执行命令权和线下实施事务权，线下实施事务权又包括事务性权力和辅助性权力……具有判断性的执行命令权宜交由执行法官行使，不具有判断性的实施事务权宜交由其他执行人员行使。"[②] 具体职责应当结合上述原则、执行实施案件办理的节点等进行"清单式"梳理、"法理式"推演。

第三，评价科学性。团队是人的组合，充分调动团队中人的积极性，需要建立科学的监督评价机制。"在目前的技术条件下……执行法官具体工作量的计算方式，为该团队办理的各类案件数量乘以相应案件的权重，然后累加之和；但各类案件权重值的设定，应以各类案件采取执行措施的种类和数量为标

[①]　江苏省高级人民法院编：《强制执行新实践》，法律出版社2018年版，第129页。

[②]　肖建国、庄诗岳：《论民事执行实施权的优化配置——以我国的集约化执行改革为中心》，载《法律适用》2019年第11期。

准"①，但具体到团队负责人的考核，在案件权重值设定时，应当综合考虑简案、繁案的异质性特征予以综合确定。对团队成员的考核权由团队负责人承担，即"由执行团队的法官对所在团队成员进行第二级考核。如何考核，涉及如何设定办案任务的问题"。对此，可以参照团队成员职责清单，结合团队负责人的考核系数，综合确定团队内部成员的考核系数，再根据团队成员职责清单完成情况、完成质量，确定团队成员的具体工作量。

二、执行团队的分类

对执行团队进行分类管理是由执行实施权以及执行案件的特点决定的，这也是防止传统"一个人包案到底"权力运行机制变相再现的必要之举，符合执行权运行规律。

（一）执行团队分类管理的原则

1. 坚持分权原则

任何权力都具有自我扩张的特性，正如孟德斯鸠所说："有权力的人们使用权力一直到遇到界限的地方才停止。"具有行政权属性的执行权也具有这种自我扩张的特性，因此，有必要通过一定的制度设计遏制其扩张倾向。通常所用的办法，就是分权。对执行权的分权，通常表现为两种方式：一种是横向的审查权与实施权的分离，将对执行实施的监督权力独立出来。这种分权机制几乎成为世界主要国家民事强制执行权配置的通例，在我国也已经得到立法和司法解释的肯定；另一种是纵向的实施决定权与实施操作权的分离，通过将执行实施权不同权能交由不同主体集约行使，以实现制约权力与提高效率的统一。该处是从第二个角度来讲的，主要是执行实施权内部的分权，根据《最高人民法院关于执行权合理配置和科学运行的若干意见》的规定，人民法院可以将执行实施程序分为财产查控、财产处置、款物发放等不同阶段并明确时限要求，由不同的执行人员集中办理，互相监督，分权制衡，提高执行工作质量和效率。执行局的综合管理部门应当实行节点控制和流程管理。该意见首次明确提出将执行实施权分权、分阶段行使，并进行流程管理的要求。具体来讲，就是将同一案件中的执行实施权分解、配置给不同团队行使。若不分权，则只不过是由"一人包案到底"变成"团队包案到底"，并不能达到分权制衡、提高

---

① 江苏省高级人民法院编：《强制执行新实践》，法律出版社 2018 年版，第 291 页。

效率的目的。

2. 坚持集约原则

执行程序的核心，是财产调查、控制、处分、交付和分配以及罚款、拘留措施等一系列实施事项。在执行程序中，没有核心环节和统一的载体，而是由一个个具体的节点、步骤、措施构成。执行措施的选择及实施强度，都需要执行人员根据不断变化的情况灵活应对。执行工作的这些特点，决定了执行人员每天要面对的是各种不同类型的碎片化的工作，工作时间、工作地点、工作内容是碎片化的。传统"一人包案到底"的执行权运行模式下，各个承办人之间、各个执行案件之间各自为政，同质性的事务由多人办理，不仅存在大量重复劳动，也无法高效配置资源，更无法实现具体事务的专业化，执行效率较低。从执行案件各类事务看，不同案件中的同质性事务较多，完全可以采取合并同类项的方式集中集约办理。所谓集约办理，就是将不同案件中的同类权力集约交由同一团队根据执行任务的类型等进行统筹分类以集中统一行使，从而节约资源和成本，提高执行事务实施效率的管理方式，这从客观上要求执行团队的专业化、集约化程度更高，需要不同工种进行有机组合。

(二) 执行团队的类型

《人民法院执行工作纲要 (2019—2023)》提出："全面推行执行团队办案模式。实行以法官为主导的'法官 + 法官助理（执行员）+ 法警 + 书记员'团队办案模式，优化团队之间、团队内部的任务分工和职权划分，完善'人员分类、事务集约、权责清晰、配合顺畅'的执行权运行模式。"同时提出："加强事务性工作集约化处理，将执行程序中的财产查控、文书制作和送达、终本案件管理、涉执信访等事务性较强的工作，统一交由专门团队进行集约化处理，提高执行工作效率。"

上述要求区分了执行团队的两个主要类型：一是执行办案团队；二是执行专门团队。

1. 执行办案团队

所谓执行办案团队，是指以法官为核心，按照"1 + N + N + N"模式配备法官、法官助理、书记员和司法警察，负责办理各类执行实施案件的工作团队。该团队中的"1"为员额法官或虽未入额但具有审判员、助理审判员职务的法官；"N"为各法院根据本地实际在执行团队中配备的不同类型的辅助人员。

执行实施案件可以分为首执案件、恢复执行案件，首执案件可以进一步分为简易执行案件、一次性有效执行案件、普通执行案件。据此，执行办案团队可以分为简易案件执行团队、一次性有效执行团队、普通案件执行团队和终本案件管理团队。

2. 执行专门团队

所谓执行专门团队，也可称为专业化执行团队，是指专门从事某一类具体执行工作的团队。办案组织模式的转换，并非执行团队负责制对承办人个人负责制的简单替换，而是在对执行实施权深度分权，进而对同质化工作集约化办理的基础上进行的资源优化配置。根据案件的类型、流程节点的差异，执行团队可以是负责具体类案的团队，也可以是办理具体事务性工作的团队。前者如不动产处置团队、动产及其他财产权利处置团队，后者如集中清空交付团队、集中网络查控团队、集中线下查控团队等。各团队负责办理具体案件的某一个或几个环节。通过规范流程推进、明确工作职责，不仅能够加快案件办理节奏，还能提升案件办理质效。在专业化分工的基础上，能够进一步实现团队成员工作的集约化、专业化、精细化，不仅有利于团队成员更好地进行专项业务学习，也为其发现执行工作中的微观问题，为深入研究执行工作规律创造了条件。[①]

三、执行团队的管理

执行管理应定位为对执行权能进行合理配置，对执行过程进行严格规范，对执行质效进行科学考评，对执行资源进行有效整合，确保执行工作的公正、廉洁、高效。[②] 从管理机制来看，执行团队实行"二级管理"。法官应在执行团队中发挥核心和主导作用，统筹、管理和协调执行团队日常工作，对案件质量、效率和效果负责；团队成员应服从法官管理，严格落实法官发出的指令。执行团队及其成员由所在法院执行局监督管理，接受统一指挥，服从统一调度。团队运行中，强调疑难事项重点办、简易环节快速办、同类事项集中办。依法应当进行合议的事项，应由执行团队的法官与其他法官共同组成合议庭办理。执行团队承办案件涉及的网络司法查控等事务性工作，应由执行指挥中心

---

① 黄文俊主编：《执行工作长效机制的创新探索——门头沟法院实践》，人民法院出版社 2019 年版，第 51 页。

② 江必新：《全面构建长效机制　实现执行工作的科学管理》，载《人民司法·应用》2011 年第 7 期。

集中办理，以进一步提高效率。

(一) 执行团队的人员构成和职责

一个团队有效运行的关键，是明确各成员的角色定位，包括各角色的职责及其相互之间的关系。执行团队成员的职责和权限，是执行团队办案模式所需明确的最核心的内容。因此，有必要对法官及法官助理、书记员、司法警察应当履行的职责进行列举，并明确各成员相互之间的关系。

1. 法官职责

确定法官职责的关键，是要确定哪些职责必须由法官来行使。主要有以下两类：一是法律规定必须由法官行使的权力。根据对法律、司法解释和最高人民法院有关文件规定的各项执行权能进行全面梳理，执行实施事项共 88 项。其中须由院长批准或签发的 10 项，须合议庭审核或评议的 7 项，须作出裁定的 40 余项，① 上述执行职权均必须由法官行使。二是法理推演必须由法官行使的权力。有学者提出，执行程序中的权力包括执行启动权、财产查控权、实体权益混同时的判断权、执行财产变价和交付权、执行救济权。权力贯穿于执行异议、复议和异议之诉等。除了实体民事权益混同时的判断权和执行救济权必须由法官行使外，其他权力有一部分可以由法官授权辅助人员办理，或由执行指挥中心集约化办理。

通过上述梳理，执行团队中的法官应当履行以下 11 项职责：(1) 制订并根据案件情况调整执行方案；(2) 依法决定案件执行事项，下达执行指令，推进办案进度；(3) 制作法律文书；(4) 签发法律和司法解释规定应由法官签发的裁定书、决定书等法律文书；(5) 主持听证；(6) 与当事人或者其他案件相关人员谈话；(7) 对当事人提交的证据进行审核，提出审查意见；(8) 提请合议庭评议；(9) 组织和指挥重大、疑难、复杂案件具体执行措施的实施工作；(10) 协调解决执行团队工作中遇到的问题；(11) 其他需要法官处理的事项。

其中第 (4) (5) (7) (8) (9) 项职责，都属于执行工作中带有判断性质的事项，因此只能由法官进行，不得委托团队其他成员办理。

---

① 《民事诉讼法》第157条第3款规定："裁定书由审判人员、书记员署名，加盖人民法院印章……"《法官法》第2条规定："法官是依法行使国家审判权的审判人员，包括最高人民法院、地方各级人民法院和军事法院等专门人民法院的院长、副院长、审判委员会委员、庭长、副庭长和审判员。"因此，执行程序中的各项裁定，均须由法官署名签发。

2. 书记员职责

书记员承担的主要是无须外出办理的事务性工作，根据法官的指令履行以下职责：（1）通过执行案件管理系统具体操作以下执行事项：①通过执行网络查控系统对被执行人财产进行查控；②建立失信被执行人名单；③对被执行人采取限制出境措施；④其他可以通过执行案件管理系统完成的执行事项；（2）发送执行法律文书；（3）通知案件当事人听证、谈话；（4）制作相关笔录；（5）登记保全、继续保全、解除保全事项；（6）准备执行异议案件相关材料；（7）办理案件报结手续；（8）管理、整理、装订、归档案卷材料；（9）在互联网公布法律文书；（10）处理法官交办的其他事项。其中，书记员在统一管理案件材料和卷宗的职责中，承担着整个团队的"经理人"的角色，将各个实施主体在案件各个环节形成的材料，尤其是新增加的材料，在一定时间内接收，交中间库扫描、上传，实现不同管理主体、实施主体在同一时间、不同空间对卷宗以及案件相关信息的多人实时共享。即便在规定时间与中间扫描上传的窗口期，由书记员负责也能实现上述目的。

3. 法官助理职责

执行团队中，最难以明确的是法官助理的职责，因为其与法官、书记员、司法警察的职责都存在一定交叉。从另一个角度看，法官助理实际上承担了法律、司法解释中规定的执行员应承担的职责，一定程度上相当于执行团队中的副核心。其承担的职责主要有三类：

（1）代行法官职责。前文所列举的法官职责中，只要不是法官非做不可的，都可以由法官助理代行。尤其是制定并根据案件情况调整执行方案、依法决定案件执行事项、制作法律文书、与当事人或者其他案件相关人员谈话这几项，可以极大减轻法官负担。

（2）在法官指导下办理执行和解、外出查控财产、采取强制措施、司法网络拍卖前的准备工作等业务。这属于需要一定法律基础，但仍然是较纯粹的辅助性、事务性工作。

（3）在法官指导下办理执行实施案件，实际上是允许法官助理在一定条件下独立办案。

4. 司法警察职责

《人民法院执行工作纲要（2019—2023）》提出："推进司法警察参与执行。按照'编队管理、派驻使用'原则，向执行机构派驻相对固定的司法警察，警队统一管理，执行机构调度使用，警队和执行机构共同考核、培训。执行机构在编的法官助理、书记员符合条件的，可以按自愿原则转为司法警察，编入警队管理。赋予司法警察在执行警务保障中体现执行工作要求的执法权限，发挥司法警察采取强制措施、打击拒执行为、收集证据等作用，提升执行效率和威慑力。"

根据《人民法院司法警察条例》，司法警察本身就负有协助法官办理执行事务并参与执行工作的职责。因此，司法警察的职责主要从两方面确定：

（1）司法警察本身参与执行工作的职责。这些职责有些法官或法官助理也可以履行，但由法警履行往往效果更好，尤其是在拘留、搜查、强制迁出等措施中，更具有威慑力和专业性，也可以充分地利用、更好地发挥法警有权使用警械的特点。

（2）办理法官交办的其他事项。在执行团队中，法官助理与法警的职责有许多重叠，其实都是以往执行员的职责。因此，可将下达指令的权力交给法官，由法官对团队内人员的具体工作进行调配。

(二)执行团队的工作流程

执行团队成员之间的协作配合，主要通过办案流程体现。因此，有必要对执行实施案件的基本办理流程，以及立案、查询、控制、采取强制措施、解除强制措施、发放执行款、结案等各环节中不同团队成员应当履行的职责，及相互工作之间的衔接进行规定。执行团队办案模式的办案流程主要解决三个问题。

1. 分案模式

（1）两级承办制：法官对本团队的全部案件负责；案件分到团队后，法官再将团队的案件随机分配给本团队的法官助理二级承办，做到每个案件都有一个内部承办人。

（2）协同推进制：案件全部分到法官名下，由法官将文书制作及送达、谈话、现场执行等事务性工作交由团队内部不同人员负责，通过指导、监督和管理，协同推进案件办理工作。

2. 如何下达、落实和反馈执行指令

团队运行中，保持团队成员之间沟通顺畅、资源共享、全程留痕非常重要。如无锡市滨湖区人民法院，通过一张"执行进度表"，将所有团队成员和执行指令串联起来，使整个团队能够顺畅地运行，各成员能够紧密协作配合。

"执行进度表"由法官制作,放在法官电脑中的共享文件夹中,所有团队成员可以通过自己的电脑查看并修改。法官每天通过"执行进度表"下达执行指令。查控指令按照紧急程度分为黑色、绿色、红色三种颜色。黑色代表非紧急但需近期完成的事项,绿色代表需抓紧时间实施的事项,红色代表非常紧急需要立即完成的事项,执行长全程监控实施情况,并根据完成情况适时调整发出指令。团队成员每天上班第一件事就是查看该表格,看有没有新的任务下达,然后根据指令自行统筹安排自己工作。如果需要借阅卷宗或携带卷宗外出,就向书记员办理卷宗借出手续。团队成员完成交办任务后,在共享文件夹中,将"执行进度表"中的指令标记为蓝色,并在备注中录入完成情况及需要注意的事项,把卷宗归还书记员。与"执行进度表"相比,在现行办案系统中实现指令下达、落实和反馈更具可操作性,也更易全程留痕,主要思路是,根据江苏高院"854模式"升级版导则要求,目前全省法院执行案件已经实现无纸化办公,执行案件办理的信息化程度越来越高。按照"854模式"升级版导则要求,执行案件办理形成的纸质材料须在完成后规定时间内通过中间库扫描录入电子卷宗,然后对应相应的节点。法官的指令根据不同流程阶段发出,并同步显示在电子卷宗中。法官以及团队内部各成员都可以通过办案系统查看案件卷宗材料、指令信息、办理进度等,执行局长等管理人员也可以通过电子卷宗查看案件办理情况,实现"电子卷宗同时多人使用",不但能够有效防范违反三个规定的情况,也能够提升执行案件管理水平,提高案件办理效率。

3. 如何监督考核

为充分调动团队每个成员的工作积极性,同时确立法官在团队中的核心作用,对执行团队的工作绩效,应进行二级考核,即由所在法院对执行团队进行第一级考核,由执行团队的法官对所在团队成员进行第二级考核。如何考核,涉及如何设定办案任务的问题。可对不同类型的辅助人员,设定不同的考核系数,以计算整个团队的考核系数。例如,可以将法官的系数设定为1,法官助理的考核系数设定为0.7,书记员的考核系数设定为0.5,法警(只承担外出实施执行措施的任务)的考核系数为0.4,那么一个1名法官+1名法官助理+2名书记员+2名法警模式的团队,办案系数就是3.5。以一审一书(系数1.5)年结案240件计算,这样的团队年结案应该在600~800件。

专题六　执行办案模式改革

第一节　执行指挥中心实体化运行"854模式"
形成与发展的过程

一、催生"854模式"的动因

江苏是一个经济大省，也是一个执行案件大省。一是执行案件数量长期位居全国前列。其中2013年至2017年，执行案件数量连续5年位居全国第一。2018年后位次有所下滑，但仍居全国前三位。二是执行案件数量持续高速增长。全省法院受理执行案件数量2013年为31.82万件，至2019年已增长至80.36万件，约为2013年的2.5倍，年均增速达到21.79%。

然而由于受到编制所限，江苏法院执行人员数量偏少，长期以全国约1/20的执行人员承担全国约1/10的执行案件，人案矛盾突出。根据2015年的统计，全省法院在编执行干警仅1883人，占所有在编干警的比例仅约13%。在攻坚"基本解决执行难"期间，各级法院普遍充实了执行力量，至2019年，全省法院在编执行干警已增加至3343人，占所有在编干警的比例提升至20.78%，另配备有聘用制书记员、聘用制法警等编外辅助人员约2000余名。物理性增加执行人员数量已接近整个法院系统所能承受的上限。尽管如此，由于案件增速远高于人员增速，加上法官员额制改革后，全省法院执行条线配备法官数量从2015年的1349名减少为2019年的700余名，人案矛盾突出问题依然未得到根本解决。

面对庞大的案件量，由于沿用传统的执行办案模式，尤其是"一人包案到底"的权力配置方式，造成执行队伍不堪重负，同时执行案件的质量和效率也难以得到保证，执行既没有速度，也缺乏力度，还因监督难以到位而存在较大的廉政风险，执行队伍违法违纪高发。

如何以有限的执行力量保持执行工作高水平运行，是江苏法院执行工作所面对的首要问题。为此，江苏法院提出"整合司法资源、科学配置权力、优化执行模式"的工作思路，以打破"一人包案到底"和"团队包案到底"的传统办案模式为突破口，以改革执行办案模式为发力方向，自2017年开始着力打造并不断升级执行指挥中心实体化运行"854模式"，不仅使人案矛盾大为缓解，而且使执行案件办理质量效率得到大幅提升。在攻坚"基本解决执行难"的2016年到2018年，江苏法院共执结案件149.58万件，已结案件执行到位金额达到2483亿元，约相当于全省同期GDP的0.97%。到2018年年底，江苏所有中级、基层法院"一个不落"全部达到最高人民法院确定的"四个90%和一个80%"核心指标要求，江苏作为全国第一批第一站接受第三方评估机构现场检查并顺利通过验收的省份，多项创新举措在全国推广。2019年6月28日，时任最高人民法院院长的周强在江苏省高级人民法院视察时指出，江苏执行工作在全国法院走在前列，积累了很多经验，发挥了重要的带头作用。

自2018年执行指挥中心实体化运行"854模式"在江苏法院全面运行以来，在执行人员数量总体未增加而执行案件数量进一步增长的情况下，推动了执行案件质效的进一步提升，巩固了攻坚"基本解决执行难"战果。2018年以来，江苏法院执行工作"4+1"核心指标保持高位运行。2022年与2017年相比，江苏法院执行案件结案平均用时从176天缩短到了92天，法定期限内结案的比例从不到70%提升到了97.15%。执行条线员额法官年饱和办案数量2013年仅143件，至2018年已基本超过400件，至2022年有的法院已超过800件。2020~2022年，即使受到新冠疫情影响，执行工作依然做到了不停摆、不打烊，执行到位金额达到3439亿元，为依法服务保障做好"六稳"工作、落实"六保"任务，夺取疫情防控和经济社会发展"双胜利"作出了积极贡献。

执行指挥中心实体化运行"854模式"，为可持续地提升执行工作体系和执行工作能力现代化水平奠定了坚实的基础，为推动"切实解决执行难"提供了有力的保障。

二、创新 "854 模式" 的条件和基础

在执行指挥中心实体化运行 "854 模式" 形成之前，江苏法院为解决执行难问题已经开展了一系列体制机制改革。至 2017 年上半年，这些前期的改革措施从四个方面为创新 "854 模式" 提供了条件和基础。

（一）审执分离体制改革试点基本落实到位

党的十八届四中全会作出的《中共中央关于全面推进依法治国若干重大问题的决定》提出 "完善司法体制，推动实行审判权和执行权相分离的体制改革试点"。江苏是最高人民法院确定的开展审判权与执行权相分离执行体制改革试点的 9 个地区之一。2016 年 8 月，江苏省高级人民法院制定下发《江苏省高级人民法院关于实行审判权与执行权相分离体制改革的实施方案》，在民事强制执行领域实行执行裁判权与执行实施权相分离，以进一步优化执行权的科学配置，促进执行权进一步公正、高效、规范行使。改革方案明确了江苏法院审执分离体制改革的目标、原则、具体措施、审执分离后执行机构与执行裁判机构的设置与职权配备、过渡期人员调动安排、执行人员转任司法警察的条件和程序等，并制定了《江苏省高级人民法院关于各中级人民法院、基层人民法院实行审判权和执行权相分离体制改革的实施方案》等配套文件同时下发。至 2017 年 6 月，改革方案所确定的改革措施已基本落实到位，主要有五个改革措施。

1. 设立与执行局相分离的执行裁判庭，强化对执行实施行为的有效制约和监督

执行裁判庭分离出执行局，负责办理执行异议复议、案外人异议和异议之诉案件，部分有条件的执行裁判庭还承办执行程序转破产程序的破产案件和拒执罪刑事自诉案件。

2. 加强统一管理，强化执行力量的高效利用

通过建立下级法院任命执行局局长须经上级法院政治部、执行局考察同意等机制，确立执行局在纵向上行使司法监督和行政管理的双重职能，在横向上建立跨地区案件协调执行工作机制。

3. 调整并明确三级法院执行局的职能定位

高（中）级法院执行局工作重心调整为对下监督、指导、管理和指挥，

把自身执行力量集中用于提级执行下级法院执行不了、执行不好、关联案件众多和形成执行僵局的案件，将普通自执案件下放给基层法院执行。

4. 推行以法官为核心的团队协作办案模式

2017 年 3 月，江苏省高级人民法院出台《推行执行团队办案模式的指导意见（试行)》，要求每个执行团队配备员额法官以及法官助理、书记员、司法警察等司法辅助人员，分别落实相应待遇，分工负责行使相应职权。执行过程中，有判断性质的裁定、决定和命令由法官作出，具体实施由法官助理、书记员、司法警察根据法官指令完成。截至 2017 年 6 月，全省各级法院基本按照执行团队模式重新调整了人员配备，并初步显现了"1 + 1 > 2"的团队整体效能。如无锡市滨湖区人民法院的"石志如团队"，在基本没有系列案件、周末基本不加班、案件质量基本有保证的情况下，2016 年由 1 名法官带领 5 名辅助人员，年结案超过 800 件。

5. 强化警务保障

在各级法院设立执行司法警察支队（大队、中队），实行"编队管理，派驻使用"，派驻执行局参加执行实施工作，原则上不承担除执行工作之外的其他司法警察工作职责，日常工作管理、执行业务培训、考勤、考核等由执行局负责。

改革后，各级法院执行局的职能聚焦于执行实施工作，三级法院执行机构的分工更加清晰合理，执行队伍结构得到进一步改善。

（二）执行信息化平台建设取得长足进展

1. 案件管理平台全面投入使用

至 2016 年年底，执行案件已全部通过法综系统进行管理，历年案件已基本补录入最高人民法院执行案件管理系统，执行案件体外循环的现象基本解决，通过网络系统管理案件的软硬件条件基本具备。立案、查控、文书制作等执行活动实现网上操作，并同步生成电子卷宗，网上办案成为工作常态。

2. 三级法院执行指挥平台全部建成并投入使用

至 2016 年年底，全省三级法院的执行指挥中心基本建成，统一了标识和标牌，大部分配备了专职副主任和专职技术、查控、警务人员负责运行和维护，初步实现了"信息灵敏、反应快速、指挥有力、协同有方"。首先，实现了远程实时指挥，协同作战能力大为提升。跨地域调度、远程指挥、视频会商等功能的应用已经成为常态，全省任意一家法院的执行指挥中心都可以与全省任意一台 4G 单兵系统连线，任意两家法院之间均可进行视频会商。各级法院均配备了 4G 单兵系统，指挥中心可实时接收执行人员在执行现场传输的音视频信号，并下达指令。上级法院也可以通过指挥中心，对辖区内所有法院的执行力量实施统一调动、统一指挥。其次，实现了案件全程留痕，有效防止了信息不对称带来的管理失效。各级法院均配备执法记录仪，在案件执行中对财产"四查"（对存款、房地产、车辆、股权的调查）、强制措施、财产处置、款物交接等关键节点全程记录，并能够即时输入案件管理系统，形成电子档案，以便随时调取。最后，建立了举报电话系统及 24 小时值班制度，快速反应能力大为提升。三级法院举报电话向社会公开，与 24 小时值班手机连通，值班手机与执行案件管理系统连通。一旦接报并核实，执行指挥中心即向距离被执行人或其财产最近的法院或执行人员下达指令，在第一时间出警实施有效控制。

2016 年，全省三级法院共接到举报电话约 8.6 万次，通过快速反应或异地协助，有效控制被执行人 3700 余人、被执行财产 5700 余次。其中，江苏省高级人民法院执行指挥中心接到举报电话 970 次，下达指令 110 次，拘人扣车成功率达到 100%，成为异地协助执行的"无障碍通道"。全省法院已配备执法记录仪 1732 台，基本实现一线执行人员"人手一台"；4G 单兵 798 台，基本实现每个执行团队一台；另配备执行指挥车 56 台，部分法院还配备了无人机等新技术装备。

（三）执行工作模式发生根本改变

1. 网络查控成为查控被执行人财产的主要方式

江苏全省法院初步建立起立体化、多方位、多层次的网络查控平台。江苏高院"点对点"查控系统的覆盖商业银行的范围从最初的 8 家扩大到 31 家，功能从仅能网上查询拓展为部分银行网上查询、控制一体。江苏省高级人民法院还在全国率先与省工商局建立了投资和股权信息的查询、冻结、公示系统，率先与省公安边防总队建立了出入边境控制网络系统，并与上海、浙江、安徽建立了银行存款互查平台。至 2017 年 6 月，"点对点"查控系统已覆盖国土、房管、车管、公积金、税务、公安、计生、中小银行、村镇银行等 17 个领域，各类信息源接口达到 152 个，各级各地信息源实现全省共享使用。部分基层法院与本地信息源的"点对点"查控系统实现了全自动电脑操作和查询、冻结、扣划一体化运行。2017 年 1~5 月，"点对点"网络查控系统查询量达到

3224.77万次，较2016年同期上升173%。其中通过江苏省高级人民法院"点对点"系统查询银行存款2996.82万次，工商登记19.54万次，公安户籍、出入境证件、车辆、实时住宿信息33.35万次，省内8家国土局不动产登记中心不动产信息49.54万次，淘宝用户送货地址和联系电话信息44.73万次。全省三级法院全部启用最高人民法院"总对总"查控系统。至2017年6月，已可查控21家全国性银行和18家江苏本地银行的存款信息，南京、苏州及省外部分地区不动产信息。2017年1月，三级法院"点对点"查控系统全部迁移到江苏"法院云"的"执行云"平台，通过计算资源和存储资源的按需分配、弹性扩充，实现所有信息源在云上共享，所有查控指令在云上快速受理、快速反馈，所有查控操作网络化、自动化，解决了执行网络查控系统以往存在的"信息孤岛"和"信息拥堵"问题。同期开发了新收执行实施案件立案24小时后自动发起针对被执行人在我省"点对点"网络查控系统中进行财产查询的软件。

2. 网络司法拍卖成为执行财产处置的主要方式

自2014年起，在全省法院全面推行司法网络拍卖，财产变现的效果和效率大为提升。江苏在全国率先实现"三个全部两个零"。"三个全部"，是指所有法院全部入驻"淘宝网"、所有需要变现资产全部网上拍卖、所有拍卖环节全部网上公开。司法网拍的全面推行，实现了"两个零"的效果：一是所有拍卖实行零佣金，仅2015年就为当事人节约佣金约9.4亿元，相当于多实现了9.4亿元的债权；二是司法网拍领域基本实现零投诉。由于网络拍卖具有流程公开透明、受众空前广泛、操作简便易行等优点，司法拍卖上网后，拍卖次数、成交金额均大幅上升。2016年全年，全省三级法院共上网拍品22 091件，进行网络拍卖55 563次，成交金额351.33亿元，是2014年的3倍，2015年的1.8倍，网上围观人次累计超过1.76亿。江苏法院网拍率已基本达到100%，仅个别特殊拍品经省法院审批后仍进行传统拍卖。除房地产、机动车、机器设备、股权等常规拍品外，还成功拍卖了生猪、金龙鱼、黄酒、商标权、加油站经营权甚至苏州园林等特殊拍品。

3. 对失信被执行人惩戒措施逐步落实

为贯彻落实中共中央办公厅、国务院办公厅《关于加快推进失信被执行人信用监督、警示和惩戒机制建设的意见》，江苏省高级人民法院推动江苏省委办公厅、省政府办公厅于2017年2月在全国率先出台《关于建立对失信被执行人联合惩戒机制的实施意见》。根据该意见，失信惩戒联合实施单位达到

55家，重点实施68项联动惩戒措施，涵盖多个重点领域，并将社会信用体系建设联席会议制度化。失信被执行人信息通过江苏省高级人民法院执行指挥中心，以网络对接方式，直接嵌入各联动单位工作平台，进行自动比对、自动拦截、自动锁定。截至2017年6月，全省法院累计向最高人民法院"失信被执行人名单"推送信息逾100万人次，约占全国总量1/8。其中2016年发布失信被执行人信息299 976例，促使52 279名被执行人主动履行了义务，同比增长192.42%。"黑名单"信息还通过省法院执行指挥中心，同步向中国人民银行南京分行、省工商局、省住建厅、省信用中心推送，使失信被执行人不仅申请贷款、乘坐飞机高铁受限，还被限制参加招投标、限制担任企业高管和股东、限制对外投资。各地法院还通过繁华地带大屏幕、公交地铁视频、互联网、手机微信、村居委会公告栏等载体公布"黑名单"，形成了有效的失信惩戒威慑态势。

4. 坚持集中执行常态化

在执行实践中，徐州两级法院认为，"互联网＋"时代的信息化手段目前和今后一段时期还无法完全取代"冷兵器"时代的传统执行手段，现阶段基本解决执行难，仍然需要继承和发扬执行工作的优良传统，以"踏遍千山万水、走进千家万户、说尽千言万语、不畏千辛万苦"的传统执行方式，清除信息化手段难以覆盖的死角。涉民生案件、农村地区案件、被执行人社会化程度较低案件、被执行人下落不明案件、需要采取强制迁退房屋土地或扣押财产等强制措施的案件、社会影响较大的案件等类型案件，尤其需要集中执行力量开展现场执行。为此，徐州法院提出"集中执行常态化"的要求，即集中执行力量，在被执行人及其财产可能出现的场所和时段，强化运用搜查、拘传、拘留、罚款等手段，常年开展"现场执行""凌晨执行""假日执行"。徐州法院的这一工作经验得到最高人民法院和江苏省高级人民法院的肯定，并在江苏全面推广。2016年，全省法院开展集中执行活动4272次，出动执行人员7.2万人次。2017年仅一季度，就开展集中执行活动1159次，出动执行人员2.2万人次，解决了大量涉民生案件、小标的案件和农村地区案件。有的大型集中执行活动，一次性集中出动执行人员超过200人。

（四）执行管理机制不断完善

1. 探索完善繁简分流机制

2016年4月，江苏省高级人民法院在全省13个市各确定了一家基层法院作为执行程序繁简分流机制试点法院。各地法院突出"简出效率、繁出精品"的工作思路，对简易案件的具体类型、简易案件的办案方式、简易案件转复杂案件的具体流程等进行积极探索。经过试点，江苏省高级人民法院出台《江苏省高级人民法院关于建立执行案件繁简分流工作机制的意见》，明确执行案件繁简分流的基本方式为不以申请执行标的、案件类型作为划分繁简的依据，而是将查控端口前移至执行案件立案后、分案前，由执行指挥中心进行集中查控，根据查控结果，以有无财产可供足额执行为标准对案件进行繁简分流，将被执行人有足额金钱可供执行及被执行人明显无财产可供执行两类案件作为简单案件快速处理。

2. 建立案件流程节点管理机制

一是三级法院全面运行执行案件流程节点管理系统，并全部与最高人民法院成功对接。目前每2分钟向最高人民法院推送一次数据，可实现对执行案件的实时、全程监控。二是坚持"以需求为导向、以应用为目的"的原则和"边建设、边使用、边完善"的方针，不断完善执行案件办案平台，使执法办案的各个环节和节点纳入规范化轨道。三是坚持"以公开促规范"，以执行实施权的运行过程为核心内容，以申请执行人为主要对象，推进执行过程和结果的信息公开。重要执行节点信息通过短信平台自动向申请执行人发送，申请执行人也可凭密码从执行信息公开平台获取。执行结案文书全部上传至裁判文书公开平台向社会公开。

3. 全面启用"一案一人一账号"执行案款管理系统

2016年11月，开发"一案一人一账号"的执行案款管理系统，为每个案件每个当事人配置专属虚拟账号，执行法院经手的所有执行案款的收取和支出，均通过该系统申请、审批和登记，有效解决了执行案款易被侵占挪用、易形成暂存款沉淀等问题。该系统自2016年7月起在部分法院试用，截至2017年6月底，除个别法院外全省三级法院已全部启用。

4. 终结本次执行程序案件管理基本到位

2015年12月，江苏省高级人民法院出台《关于依法正确适用终结本次执行程序及加强终本案件单独管理的意见》，对终本案件管理全面推行以下措施：一是进一步规范以"终结本次执行程序"方式结案的标准和程序，明确"穷尽财产调查措施"的要求和终本裁定书应当载明的内容；二是规定以终本方式结案的案件，结案前应当将被执行人纳入失信被执行人名单，并对其采取限制高消费的跟进措施；三是要求各级法院确定专门人员对已结终本案件进行单独管理，从而将终本案件从执行人员手中剥离，使其能够集中精力办理新收执行案件；四是建立终本案件动态管理机制，要求法院依职权每6个月主动、集中对涉案被执行人进行一次财产调查，一旦发现财产立即恢复执行，同时要求终本结案5年未发现财产可供执行的，法院原则上不再依职权主动启动财产调查；五是开发了终本案件管理系统，通过电脑软件对终本案件实行集中管理、分类管理、动态管理和关联案件筛查。至2016年年底，江苏已将1995年以来历年累积的83万件终本案件全部录入终本案件管理系统，由各级法院安排专人进行管理，定期自动对被执行人财产进行查询。2016年，全省法院发现被执行人财产后恢复执行的终本案件共43 518件，较2015年增长122.41%，执结34 681件，执行到位金额101.85亿元，较2015年增长187.62%。

上述诸项改革措施均坚持问题导向，在一定程度上解决了以往执行工作中长期存在的一些局部性问题，为进一步深化改革创造了条件，奠定了基础，但改革的系统性、整体性存在欠缺，亟待搭建一种全新的统一平台，对执行工作的组织模式、办案模式、分工机制、管理机制、考核机制等进行系统性、根本性的变革。执行指挥中心实体化运行"854模式"由此应运而生。

三、"854模式"的形成及发展

执行指挥中心实体化运行的"854模式"并非一蹴而就，而是一个不断探索、不断积累、不断总结、不断改进的过程。

（一）试点探索期

2016年左右，全国各地一些法院对执行权运行机制进行探索，以执行指挥中心实体化运行为抓手，形成了一些新经验。例如，北京市门头沟区人民法院的"1+N+X"执行模式，以1个执行指挥中心为信息化服务中枢，统筹协调、支持保障N个执行团队信息化、协作办案，执行团队的X名人员以执行法官为指令核心，按照流程节点的难易程度流水化、协作式办案。在执行实施部门，门头沟区人民法院组建了3个"1名法官+2名法官助理+1名司法警察+1名书记员"配置的执行团队，并且打破了传统按类型、标的、对象进行繁简分流的做法，而是按照节点事项的难易程度，通过对团队成员分岗定责，确立团队内部一般流程自动推进，重点流程执行法官指令推进的运转方法，在执行团队内部形成繁简分流体系。诸如网络财产统查、制式文书制作、银行存款查扣等一般程式化节点，会由助理按照规范要求快速办理完毕，法官不再亲力亲为，而是将主要精力用于案款分配、拘留、搜查、强制腾退及规避执行、抗拒执行等需要运用执行经验和智慧决断的重点疑难事项上。执行指挥中心则被定位为"大脑中枢"，通过其管理、监督、协调和服务职能的发挥，确保各个执行团队高效运转并联动协作起来。北京市门头沟区人民法院"1＋N＋X"执行模式见图6－1。又如北京市西城区人民法院成立执行综合事务中心，将执行工作中的"事务性工作"汇集到中心，承办法官只需专注案件本身，同时确保当事人"进门有人导引，问询有人接待，诉求有人转达"。执行案件申请立案、询问案情、提供线索、领取文书、案款发放以及恢复执行等有关执行的相关事务，当事人全部可以在该中心平台统一办理，通过"对外一站式贴心服务、对内一体化高效运转"，使执行工作质效得到全面提升。

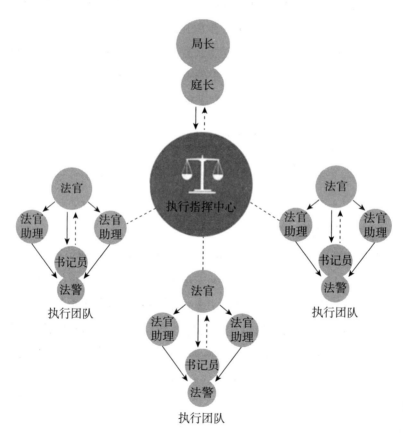

图6－1　北京市门头沟区人民法院"1＋N＋X"执行模式示意图

这种执行指挥中心实体化运行机制，可以形象地比喻为"最强团队＋最强大脑"。"最强团队"，是指以执行实施团队作为办理执行实施案件的基本单元，团队由执行法官、法官助理、书记员和司法警察组成，根据不同身份承担不同职能，解决各项执行权能在具体的案件办理中如何"分权"和"集约"的问题。"最强大脑"，是指以执行指挥中心作为执行力量统一管理和调配的中枢，将执行实施团队的事务性工作剥离并集约化办理，同时围绕执行实施团队提供各类保障与支持。

受此启发，2016年下半年江苏法院选择执行案件数量较多、人案矛盾较突出的南京市鼓楼区、徐州市铜山区、苏州工业园区、苏州市吴江区、江阴市、常州市新北区、沭阳县等8个基层法院开展试点，探索试行执行指挥中心实体化运行。

（二）全面推广期

在总结前期试点经验教训的基础上，江苏省高级人民法院于2017年6月印发《关于执行指挥中心实体化运行的意见》，在全省全面推行执行指挥中心实体化运行机制。

首先，明确执行指挥中心的目标定位。执行指挥中心的功能定位，从原先的信息技术服务中心，拓展为通过信息化手段、集约化方式，服务和支持执行工作、管理和监督执行案件、指挥和协调执行力量、兼具综合事务办理、信息交换、繁简分流、指挥调度、信访接待、执行公开、监督考核、决策分析等功能的实体化运行工作平台。其建设目标，是将执行指挥中心实体化运行与执行团队办案模式紧密结合，充分发挥信息化和集约化在执行工作中的优势，提高执行工作效率和实效，切实减轻执行办案人员的工作压力。在此基础上，结合执行工作实际，按照"整合司法资源、科学配置权力、优化执行模式"的要求，不断拓宽和完善执行指挥中心功能。

其次，明确实体化运行的执行指挥中心，主要承担四个方面的职责：

第一，集中办理事务性工作。将执行工作流程中能够集中办理的事务性工作，尽可能交由指挥中心集约化办理，这样既提高了效率、提升了各项事务性工作的质量，也将执行团队从烦琐的事务性工作和与当事人的低效沟通中解脱出来，得以集中精力于案件的研判和处理。这些事务性工作主要有七类：一是集中核对立案信息和初次接待，二是集中网络查控财产，三是集中制作、发出法律文书，四是集中发送、接收委托执行请求，五是集中录入失信被执行人信息，六是集中办理网拍辅助工作，七是集中接待来访。

第二，案件管理。执行团队的作用要得到充分发挥，基础是通过各项机制保障其执行行为的高效和规范，这就需要执行指挥中心更多地发挥其作为信息中枢的作用，进一步加强对执行团队的外部管理和服务。案件管理主要体现在五个领域：一是繁简分流管理，二是流程节点管理，三是终本案件管理，四是执行案款管理，五是案件交办、督办、检查和协调。

第三，统一指挥。当执行团队在办案过程中需要得到上级的指挥、外部的支援以及信息响应时，执行指挥中心应发挥其上下联通、内外联通的技术优势，通过举报电话系统、远程指挥系统和快速反应机制，对执行力量进行统一指挥，执行一线提供信息接收和反馈、人力和"火力"支援。主要内容包括远程现场指挥、跨层级和跨地域协调调度、集中接听执行线索举报电话等职责。

第四，技术服务。执行指挥中心通过其掌握的硬件设备、软件系统以及工作场所，为执行团队办案提供各类技术服务。包括服务远程视频会商、听证，服务执行公开，服务绩效考核和决策分析，服务舆情处置，等等。

此外，《关于执行指挥中心实体化运行的意见》还对执行指挥中心实体化运行的组织和物质保障提出了明确要求，包括机构设置和人员配备、场所建设、值班备勤、物质装备保障等。

实体化运行的执行指挥中心，成为各级法院执行工作集办案、指挥、管理、考核一体化、数据化的基础性平台，成为执行工作统一管理、指挥、协调的基础平台和抓手，使执行权运行机制真正脱胎换骨。《关于执行指挥中心实体化运行的意见》下发后，江苏省高级人民法院运用4G单兵系统，于2018年初用2个月的时间对全省所有中级、基层法院贯彻落实情况进行拉网式、随机式、实景式检查，对照文件要求设计百分制评查表格，逐岗、逐人抽查实际运行状况，定期发布检查通报，并对部分法院实地进行检查，以督促所有法院人员配备到位、场所设备到位、职能落实到位。

（三）升级完善期

1. "854模式"的定型

在前期运行的基础上，2018年8月，江苏省高级人民法院下发《执行指挥中心"854模式"实体化运行工作导则（试行）》，进一步细化工作要求和标准，"854模式"此时已基本成熟并定型。该导则与《关于执行指挥中心实体化运行的意见》相比，主要在以下方面进行了升级完善：

第一，文件形式采用导则的体例。导则一般为国家行政管理职能部门发布，用于规范工程施工、设计、管理、评估等方面的手段和方法，与其他规范性文件相比，更强调技术性和操作性，类似于某项工作的操作指南。《执行指挥中心"854模式"实体化运行工作导则（试行）》借鉴了这种体例，对执行指挥中心实体化运行中的各项工作、各个岗位的职责、程序、具体操作要求予以明确和细化，使这项改革具备了较强的可操作性和可复制性。

第二，导则对执行指挥中心的各项职责根据其任务性质重新进行梳理和整合，提出了"854模式"。即由各级法院执行指挥中心集中办理核对立案信息和初次接待、制作发送格式化文书、网络查控、收发委托执行请求、录入失信被执行人信息、网络拍卖辅助工作、接待来访、接处举报电话8类事务性工作，有力提供视频会商、4G单兵连通与执法记录仪使用、执行公开、舆情监测、决策分析5类技术服务，切实承担起繁简分流管理、流程节点管理、执行案款管理、终本案件管理4项管理职责。"854模式"对有限的执行资源进行重整和优化：一是将无须执行法官亲力亲为的事务性、辅助性工作从执行实施团队剥离，交由专人集约化、精细化、标准化办理；二是通过信息技术手段强化执行实施团队可获取的资源和支持；三是通过专用平台和信息化手段实现对执行实施团队办案全程的闭环式监管。上述整合和优化工作，均依托执行指挥中心展开，使执行指挥中心兼具事务办理、技术服务、案件管理等多方面职能，变"功能叠加"为"功能融合"，为执行实施团队高效率、高质量办理案件以及上级法院、本院的管理者实施有效管理提供全方位的系统支持，实现"最强大脑"与"最强团队"的有机结合。

同时，"854模式"的提出，也使此项改革的主要内容方便记忆、主要特点方便辨识，在同期全国各地法院推行的执行指挥中心实体化运行的不同模式中独树一帜。

第三，导则坚持系统思维，实行组织模式、办案模式、分工机制、管理机制、考核机制"五位一体"的综合改革，以保障改革的可持续发展。

2. 升级版"854模式"

2020年4月，江苏省高级人民法院又在总结"854模式"运行一段时间后出现的新情况、形成的新经验基础上，制定下发《执行指挥中心实体化运行"854模式"升级版工作导则》，再次对执行指挥中心实体化运行模式进行升级完善，主要体现在以下三个方面：

第一，提出全面建立以执行指挥中心为中枢，以"执行案件无纸化"与"执行事务中心"为依托的民事执行实施权"一体两翼"运行新机制。一是要求全面建立执行案件"中间库"，深化电子卷宗深度应用，以实现"执行案件无纸化"，从而减轻"854模式"运行中的纸质卷宗流转负担，通过强制使用电子卷宗进一步提升执行案件办理效率，同时解决执行管理中管理者与被管理者信息不对称的问题。二是要求全面建立"执行事务中心"，以执行事务中心为依托打通执行案件办理的前台和后台，合理分流执行过程中的各项事务性、辅助性工作，统一由执行事务中心集约化、流程化与规范化办理。同时，对原先"854模式"中有关事项办理、技术服务、执行管理等方面的一些具体要求加以完善和细化。

第二，强化中级法院执行指挥中心的统一管理职责。将"854模式"应用范围进一步拓展，以实现中级、基层两级法院共同依托执行指挥中心实体化运行"854模式"，强化对辖区内法院执行工作的统一管理、统一指挥和统一协调。同时确定苏州、宿迁两个中级人民法院，依托"854模式"开展执行管理体制改革试点。

第三，推进"854模式"功能模块线上运行。此前"854模式"主要是线下运行，各功能模块主要依靠手工操作。为实现各项操作线下转线上、手动变自动，江苏省高级人民法院根据"854模式"的运行要求，开发了初次接待、执行通知、网络查控、繁简分流等功能模块，并开发了一键生成格式化文书、一键网络查控、一键上拍、一键生成卷宗封面等多个"一键"人工智能应用系统，使"854模式"能够实现线上运行，以进一步提升执行案件质量效率。

《执行指挥中心实体化运行"854模式"升级版工作导则》出台后，被最高人民法院《执行工作动态》全文转载。最高人民法院审判委员会副部级专职委员刘贵祥批示认为："江苏对执行指挥中心实体化运行'854模式'进一步升级，在实体化、集约化、标准化、模块化、规范化上下足功夫，在'生产线'与管理流程结合上下足功夫，是执行实施与执行协调、指挥管理融为一体的有益尝试和生动实践。请研究推广，在动态上推介经验，向切实解决执行难稳步迈进。"

第二节 "854 模式"的内在机理：
变革执行办案模式

如前所述，如何以有限的执行力量保持执行工作高水平运行，是江苏法院执行工作所面对的首要问题。为此，江苏法院提出的工作思路是"整合司法资源、科学配置权力、优化执行模式"，以打破"一人包案到底"和"团队包案到底"的传统办案模式为突破口，以变革执行办案模式为发力方向，着力打造并不断升级执行指挥中心实体化运行"854 模式"。

一、执行办案模式的概念

模式是系统理论中的一个概念。据《辞海》（1999 年版），"模式"一词"一般指可以作为范本、模本的式样。作为术语时，在不同学科有不同的涵义"。也有学者认为，模式就是某一系统的结构特征的高度概括，是对系统内部诸要素和相互作用的特殊方式的抽象。[①] 办案模式就是在办案理念指导下建立起来的，办理某类案件的行为体系结构，简要地说，就是办案所采用的基本思想和方式。

然而执行权本身是一个外延丰富的概念。在我国，执行权通常又称为强制执行权，按照执行依据的法律性质不同，可以划分为民事执行权、刑事执行权和行政执行权，这三种执行权共同组成"强制执行"的有机整体。根据我国现行法律，刑事执行权即对刑事裁判文书的执行权，由法院和公安、司法行政机关共同行使；行政执行权即对行政裁判文书以及部分行政法律文书的执行权，由法院和行政机关共同行使；唯有对民事裁判文书及仲裁裁决、公证债权文书等其他民事法律文书的执行权，专属于人民法院。而民事执行权，又可分为执行实施权和执行审查权（执行裁判权）。根据最高人民法院《关于执行权合理配置和科学运行的若干意见》，执行权可划分为执行实施权和执行审查权两种，其中执行审查权的范围主要是审查和处理执行异议、复议、申诉以及决定执行管辖权的移转等审查事项，执行实施权的范围主要是财产调查、控制、处分、交付和分配以及罚款、拘留措施等实施事项。《人民法院执行工作纲要

[①] 陈瑞华：《刑事审判原理论》，北京大学出版社 1997 年版，第 298 页。

（2019—2023）》以类似的标准将执行权区分为执行实施权和执行裁判权，执行裁判权主要为执行异议、复议以及执行异议之诉案件的审查或审理权。

为避免视野的分散，我们将执行办案模式改革的注意力集中于民事执行实施权。

第一，在人民法院负责办理的所有执行案件中，民事执行案件数量占绝大多数，故民事执行权是法院执行权最核心、最重要的组成部分，而且民事执行权还是唯一一种由法院集中、垄断行使的执行权。因此，民事执行权办案模式改革，是人民法院承担的所有类型执行权办案模式改革的基础和根本，对其进行研究具有基础性、典型性和指导性的意义。

第二，执行实施权与执行审查权（执行裁判权）在运行方式上差异巨大。根据最高人民法院《关于执行权合理配置和科学运行的若干意见》，对执行审查事项的处理采取合议制，其权力运行方式与审判权近似；而执行实施事项的处理则采取审批制，其权力运行方式与审判权相差甚远，却更接近于行政权。《人民法院执行工作纲要（2019—2023）》进一步要求两种权力的办理机构要实行分离。其提出"加快推进审执分离体制改革""案件量大及具备一定条件的人民法院在执行局内或单独设立执行裁判庭，由执行裁判庭负责办理执行异议、复议以及执行异议之诉案件"。故执行裁判案件的办案模式，采取类似对审判案件的办案思路和方式即基本可以满足实践需求。执行实施权的办案模式，则应采取有别于审判权的、遵循执行实施权运行规律的思路和方式，这恰恰是目前法律依据和理论研究均较为缺乏、存在诸多空白需要填补、基层实践部门又极度渴求加以指导的领域，同时也是以往办案模式未能契合执行规律、不能适应实践需要，最亟待加以变革的领域。

建立有效的、遵循执行权运行规律的执行办案模式，是健全解决执行难长效机制的重要方面。最高人民法院原副院长江必新曾提出，构建执行工作长效机制的根本目的，就是"对执行权能进行合理配置，对执行过程进行严格规范，对执行质效进行科学考评，对执行资源进行有效整合，确保执行工作的公正、廉洁、高效"①。可以说，在准确把握执行权运行规律的基础上，及时应对执行工作中发生的各种变化，深化执行办案模式改革，构建科学设计和良好运行的执行办案模式，不仅对确保执行工作的公正、廉洁、高效意义重大，更

---

① 江必新：《全面构建长效机制 实现执行工作的科学管理》，载《人民司法·应用》2011年第7期。

是一项事关执行工作全局和长远发展的基础性工作。执行指挥中心实体化运行"854模式",正是人民法院通过变革执行办案模式,推进执行工作体系和执行工作能力现代化的实践样本。

探究执行指挥中心实体运行"854模式"的内在机理,就需要研究构建执行办案模式应秉承的理念,回顾人民法院传统执行办案模式存在的问题及成因,探寻新形势、新要求、新挑战下执行办案模式变革的方向和路径。

二、传统执行办案模式的症结

(一)如何评判执行办案模式是否遵循执行权运行规律

研究执行办案模式的变革,必须以遵循执行权运行规律为出发点和落脚点。评判某种执行办案模式是否遵循了执行权运行规律,一要看其目标的设定是否符合执行权运行的设计功能和价值追求,二要看其职能的设置是否符合执行权运行的基本原则、适应执行权运行的程序构造,三要看其办案主体的设立是否有利于达致执行目标、有利于落实各项职能。

执行权运行的基本追求是权利兑现最大化和执行效率最大化。遵循执行权运行规律对执行办案目标进行设定,其终极目标必然是实现这"两个最大化"。而为实现这"两个最大化",还需设定更为具体的次级目标。在执行资源(人力、物力、财力等)不可能无限量供应的情况下,要实现"两个最大化",就需要首先实现另外"三个最大化":第一,执行权在个案中所能调动资源的最大化;第二,执行资源在不同个案中同享的最大化;第三,对执行资源在每一个个案中的使用状况进行监管控制的最大化。

执行办案模式是否与执行权运行规律相适应、不与执行管理目标相悖离,需要重点考察某种办案模式下对执行资源如何组织,即如何对执行权的行使主体、行使方式、运行流程进行配置。主要有以下三个方面的原因:

第一,执行资源如何组织,决定了如何对执行活动进行计划,如何建立激励机制,如何建立对执行活动的监控机制,同时又是决定执行办案目标能否实现、执行办案主体如何确定的关键因素,可谓牵一发而动全身,是构建执行办案模式的基点所在。

第二,对民事强制执行如何组织,目前立法存在空白。《人民法院组织法》《法官法》仅对审判权的行使主体、行使方式、运行流程作出了明确的规定,对执行权的行使如何组织并未涉及;《民事诉讼法》执行编及相关司法解释，也主要侧重于对各类执行措施实施程序进行规定，对执行权由谁行使、如何行使几乎没有涉及。目前对如何建立执行组织模型，只能在理论上根据强制执行的基本原理和执行权的运行规律进行推导，在实践中以实际效果为导向不断试错。因此，如何组织资源是构建执行办案模式的难点所在。

第三，传统执行办案模式存在的最主要的问题是受到审判案件办理模式的同化、干扰，以致未能形成充分体现执行工作的特点、充分契合执行权运行规律的执行办案模式，并由此引发种种弊端。这些弊端集中体现于资源组织方面，并以此为起点，引发了一系列连锁反应，致使执行办案所追求的低资源消耗、高目标达成难以实现，这是传统执行办案模式的痛点所在。

按照上述研究思路和分析工具，就可以对传统执行办案模式是否遵循执行权运行规律、存在哪些弊端、产生弊端的原因展开细致分析，以找到问题症结并对症下药。

（二）传统执行办案模式的资源组织方式及存在的问题

研究传统执行办案模式，必须观察此种执行办案模式下，对执行所拥有的资源如何组织，对执行权的行使主体、行使方式、运行流程如何进行配置。传统执行办案模式在资源组织方面，最大的特点就是将"一人包案到底"（承办法官负责制）的审判资源组织模式简单套用于执行。

1. 什么是"一人包案到底"

有观点认为，我国审判组织呈现多元模式，大体有案件审批制、审判长负责制、承办法官负责制等模式。[①] 其中承办法官负责制，即通常所说的"一人包案到底"模式，是指审判人员在案件审理过程中全程负责"跟进进度、整理证据、开庭审理、起草判决书、签发判决书"，"无须将案件呈批庭长、院长，也相应地对案件负全责"[②]。这种模式减少了管理者对审判权的不当干预，同时具备较高的效率，而且这种模式与其他模式相比，最能体现本轮司法改革"让审理者裁判、由裁判者负责"的责任制要求，因此，承办法官负责制成为审判组织模式的主流。

---

① 李春刚：《合议制改革——审判组织模式"扁平化"设计探析》，载《中国应用法学》2017年第6期。
② 李春刚：《合议制改革——审判组织模式"扁平化"设计探析》，载《中国应用法学》2017年第6期。

如前文所述，从发展流变来看，我国法院的执行权是由审判权分化而出的，而且从机构设置来看，我国民事执行机构的设置模式属于"内置单一式"。从执行权运行的角度，这种设置模式使强制执行可以一种更低成本、更高效率的方式运行。比如，它使得执行机构与审判机构之间材料移转、情况沟通的成本更低，也更便于当事人申请执行和在执行程序中与执行机构的沟通、互动，避免了来回奔波。同时，也避免了执行机构架空审判机构所作出的终审判决、成为"最终裁决者"的风险。但这种设置模式，也极易产生一种倾向，就是将审判组织模式简单套用、复制在执行中。最典型的表现，就是将审判组织"一人包案到底"的承办法官负责制，套用于执行组织。

2. "一人包案到底"套用于执行带来的弊端

由于执行权运行规律与审判权运行规律存在很大差异，将"一人包案到底"的承办法官负责制适用于执行，带来了种种弊端：

一是效率低下。执行程序由一系列执行措施组成，执行人员每天要面对的是各种不同类型的碎片化的工作，工作时间、工作地点、工作内容是碎片化的，而且单一案件中事务性工作多、多个案件中同质性工作多。如果全部由法官包办，首先，大量技术含量低、重复性高、碎片化的工作，占用了稀缺的法官资源，人力成本过高，法官被大量琐碎的事务性工作羁绊，难以集中时间和精力用于分析、决策、裁量、沟通等工作。其次，同质性工作未能集约化办理，导致重复劳动普遍存在。尤其是目前执行信息化建设已经取得重大进展，办案平台、网拍平台、指挥平台、管理平台、公开平台陆续建立并投入应用，为同类事务的集约操作创造了有利的条件，但"一人包案到底"模式下集约操作无法实现，规模效应难以形成，执行信息化对执行效率的提升作用无法充分发挥。最后，导致执行工作缺乏连续性，执行人员需要在一个案件中完成送达、查询、控制（查封、扣押、冻结）、搜查、处置资产、拘传、拘留等多达二十几个环节的工作，其中许多工作需要外出到不同的地点办理，这些工作一个人不可能同时完成，从而导致执行各节点之间出现"空窗期"，执行程序时常处于空转状态。

在人案矛盾突出的地区，这一弊端尤为明显。根据江苏省高级人民法院2014年对执行工作饱和度所作的调研，1名执行法官按照"一人包案到底"的模式，在法定工作时间内，以当时的工作条件，在配备1~2名辅助人员且保证案件质量的情况下，年饱和工作量仅为143.36件。2018年，江苏法院受理执行案件已超过 70 万件，按照 2014 年的办案饱和度测算，仅执行实施机构就需要配备近 5000 名员额法官，而全省法院所有员额法官仅 7000 多名，这是"一人包案到底"模式无法承受之重。

二是效果不佳。搜查、拘留、腾空等物理性强制措施，往往伴随着激烈的身体接触、需要付出更多的体力，并不适合身为文职人员的法官亲力亲为。身着法院制服的法官，在执行现场直接面对当事人时，其威慑力也往往不如身着警服的法警。一些同质性强、动手能力要求高的工作，法官操作的快速性和准确性，也未必强于法官助理、书记员等司法辅助人员。"一人包案到底"要求一人同时掌握多种操作技能，既分散了执行法官的精力，也难以实现具体事务办理的专业化和精细化。

三是缺乏有力支持。"一人包案到底"虽然有利于明确责任，但往往也造成案件承办人陷入"单兵作战"的境地。当案件出现复杂情况、暴力抗法、群体事件、异地执行或超出个体负担程度的工作量时，承办人往往孤立无援，难以获得整个法院系统资源的支持。

四是廉政风险高。执行案件"一人一案一包到底"，相对于审判案件而言，承办人对案件实体及程序的权力要大得多。执行行为的主动性意味着执行程序的主要推动者是法官，而非当事人，故消极执行的风险远高于消极审判；执行行为的单向性和密行性、程序的相对封闭性，意味着执行程序两方当事人缺少类似于庭审一样进行公开诉辩、举证质证的场景，信息不公开、不对称的情况普遍存在，故违法执行的风险也远高于违法审判。执行案件"一人包案到底"，使当事人利益能否实现、何时实现、实现程度如何等，过于依赖案件承办人个人的道德水准和执法水平。

总之，将审判工作中承办法官负责制要求简单套用于执行工作，使执行既没有速度，也缺乏力度，还存在较大的廉政风险，这些都根本性地阻碍了执行权功能和价值的实现。

3. "一人包案到底"产生的资源组织问题给执行办案带来的连锁影响

执行办案在资源组织方面的缺陷，又因为激励机制不够科学、监控机制不够到位，被放大和固化。

（1）执行考核导向失焦。受"一人包案到底"的资源组织方式影响，传统执行办案模式的激励和考核机制，主要存在两大弊端：一是考核指标方面，设定考核指标较少考虑执行工作的特点和执行权运行规律，简单将用于审判考核的各项指标应用于执行考核，即使设置了一些有别于审判考核的考核指标，但受审判思维的影响，仍将"实际执结率"等反映执行结果的指标作为执行考核的核心指标，而对真正能够体现执行质量和效率的指标缺乏考虑。二是考核方式方面，将执行考核与审判考核混同。尤其是仍以"案"作为考核的基本单位，忽视了对执行权运行中诸多"事"（事务性工作）的考核。对此，有学者分析认为，诉讼案件具有个性化和不可分性，而执行案件具有同质性和可分割性。① 过去，执行案件简单地模仿诉讼案件的处理模式，将一件执行案件作为一个整体分派给固定的执行人员，并且司法统计和业绩考核也是以该"件"执行案件是否执结为标准，使得同一执行人员对于每起以"件"为单位的执行案件都不得不面临漫长的执行战线，忽视了执行程序各个环节的独立性和同质性。② 这种简单套用审判考核的做法，不仅使得执行人员的权力相对于个案而言显得过于集中和庞大，增加了执行人员的道德风险和法律风险，而且减缓了执行人员在财产查找、查控、变价等不同方面实现专业化、职业化的进程，也使得各级法院缺乏按照执行规律来配置执行资源的动力。

（2）执行监控难以到位。在"一人包案到底"的模式下，普遍存在执行监控难以到位的问题。如前所述，执行程序与审判程序在程序构造上存在很大差别。审判程序有一个核心的环节，即庭审；有一个统一的载体，即裁判文书。而执行权的范围主要是财产调查、控制、处分、交付和分配以及罚款、拘留措施等实施事项。在执行实施程序中，没有核心环节和统一的载体，而是由一个个具体的节点、步骤、措施构成。执行的主动性，要求各环节步骤主要由执行机构主动启动；执行对效率的追求，又要求赋予实施权的行使者较大的自由裁量权。执行行为的流程性、单向性、密行性以及执行程序的相对封闭性，使得执行信息被权力行使者单方掌握，管理者往往无从获取或核实执行工作的进展、内容和效果。执行管理者与管理对象的信息不对称，使管理失去基础。如果进行全流程监控，又由于执行场所的开放性、执行人员的流动性以及执行内容和工作时间的碎片化，存在成本过高的问题。

（3）办案目标发生偏移。执行资源组织方面的缺陷，不仅使正常的执行办案目标无法实现，甚至一定程度上使执行办案目标产生了一定偏移。这主要体现在以下两个方面：

---

① 肖建国：《执行管理创新的"成都模式"》，载《人民法院报》2011 年 3 月 17 日，第 5 版。
② 肖建国：《民事审判权与执行权的分离研究》，载《法制与社会发展》2016 年第 2 期。

一是将执行权需完成的任务与审判权需完成的任务相混同。如前文所述，审判的任务是确认权利，而执行的任务是实现权利，因此，审判的价值取向着重于裁判的公平与妥当，而执行的价值取向应着重于执行的确定、迅速与经济，以追求权利兑现最大化和执行效率最大化。然而长期以来，一些法院未能将权利兑现最大化和执行效率最大化作为开展执行工作的基本理念，仍习惯将执行与审判追求的目标混同，片面追求公正，对权力兑现和执行效率忽视较多。

二是忽视了执行目的的救济性。司法裁判本身就是一种事后救济，而执行则是以兑现这种事后救济为目的。这决定了法律文书中确定的权利义务并不一定都能够全部实现，被执行人有无履行能力，才是胜诉当事人合法权益能否实现的决定性因素。市场主体在经济交往中所必须承担的交易风险、社会主体在社会活动中面临的社会风险，不可能通过执行来避免。因此，执行的效果不受控制，对执行权运行的管理更多应侧重于过程管理而非结果管理。然而长期以来，社会公众对执行工作的属性缺乏了解、期望过高，很多当事人认为，只要胜诉了，人民法院就应该执行，而且要执行到位，不考虑被执行人的履行能力，也不考虑自己面临的法律风险和经济风险。很多法院也存在这种认识，导致执行办案模式设定的目标，过多注重于执行结果，而非执行过程，从而使执行办案的导向发生偏差。

总而言之，以执行资源组织这一核心问题为基点展开分析，传统执行办案模式在整体上与执行权运行规律存在偏离，可谓投入大、收益小、问题多，阻碍了执行权功能和价值的实现。

（三）为什么"一人包案到底"可以适用于审判而不能适用于执行

探析传统执行办案模式的症结所在，需要首先分析，为什么"一人包案到底"可以适用于审判而不能适用于执行。可以说，采用"一人包案到底"的承办法官负责制来配置资源，是符合审判权运行规律的，但与执行权运行规律却不相符。

1. 审判与执行对法官亲历性的要求不同

审判权的设计功能在于确定权利，因此，其价值取向必然着重于裁判的公平与妥当。在庭审中，双方当事人通过对抗性举证、质证、辩论，充分表达各自观点及论据，由居于中立地位的法官根据庭审情况查明事实、分清是非，并将其最终的判断通过裁判文书公布于众，从而确定当事人的权利义务。因此，在审判程序中，尤其强调审判法官的亲历性，即要求行使审判权的主体应当具有单一性。审判法官应当亲身经历案件审理的全过程，直接接触和审查各种证据，直接听取诉讼各方的主张、理由、依据和质辩，并据此形成内心确信，进而对案件作出裁判。"审判主体单一性有助于贯彻审判亲历性原则，对于避免审判权的'扯皮'和科学地确定审判责任意义重大。"① 可以说，审判法官在审判程序中"一人包案到底"，实则是审判权运行规律使然。这也是本轮司法改革以"让审理者裁判、由裁判者负责"为责任制要求的理论基点。

然而，在执行程序中，大量的事务性工作并无必要由执行法官亲力亲为。在执行实施权运行过程中，固然存在诸多需要法官作出判断、下达裁定或决定的事项，但这些事项必须由法官完成无外乎两个原因：一是一些事项具备一定的裁判性质，对作出裁定或决定者有亲历性要求。如裁定是否追加被执行人、制作财产分配方案、决定是否暂缓执行、决定是否移送破产审查、确认被执行人是否确无可执行财产并决定是否终结本次执行程序等。二是一些事项虽然仅需作出简单的判断或仅为程序性事务，但对当事人实体或程序权利义务影响重大，行使需特别慎重，故需要由地位较高、权威性较强的法官作出裁定或决定。这也体现出法律对所有权人或其他财产权人的权利的起码的尊重。② 例如，发出传票传唤被执行人到庭接受询问、发布悬赏公告、查封、扣押、冻结、划拨被执行人财产、解除查封、扣押、冻结等强制执行措施、提取被执行人收入、作出拍卖变卖裁定、确认拍卖成交、裁定限制出境、作出限制消费令、作出搜查令、作出拘留罚款决定书等。而不具有上述两个原因的其他大量事务性、操作性工作，法官亲力亲为对工作的完成既无必要，亦无益处，反而会带来优质人力资源浪费、效率低下、专业性不强、效果不佳等一系列问题。

2. 审判与执行的工作任务流不同

一项工作的任务流通常分为"决策"与"操作"两个阶段。在审判权运行过程中，由于审判的任务本质上就是作出判断，审判法官将"判断"的结果公布于众就是"操作"，因此，大多数情况下"决策"和"操作"结合得非

---

① 李春刚：《合议制改革——审判组织模式"扁平化"设计探析》，载《中国应用法学》2017年第6期。

② 肖建国：《民事审判权与执行权的分离研究》，载《法制与社会发展》2016年第2期。

常紧密、间隔过于短暂，或根本无法分开，于是审判程序中自然而然是"一人包案到底"。但执行工作的结果是实施，"决策"与"操作"通常分为较为明显的两个阶段。例如，法官作出查封某房产的裁定书就是决策，而具体至房产管理部门办理查封手续，至房产所在地张贴封条就是操作。因此，也有学者将执行实施权进一步区分为执行命令权和实施事务权两种不同性质的权力："作出查封、扣押、冻结、拍卖、变卖、以物抵债、分配等裁定的权力，为执行命令权；具体实施该命令的权力，为实施事务权。"[①] 执行程序中"一人包案到底"之所以容易产生专断和擅权，并非仅仅因为承办人掌握了使用所有执行措施的权力，更重要的是每一个执行措施的"决策"和"操作"都由同一人完成，这一方面使同质化、重复性的"操作"工作分散于各执行法官手中，无法通过集约办理提高效率，提升质量，也极易产生专断独行。即使对执行实施权进行了分段，在各段内，承办人仍然是"一人包段到底"，仍然难以避免专断独行。

3. 审判与执行的程序构造差异导致抑制权力扩张的能力不同

无论是审判权还是执行权，都具有自我扩张的特性。但在审判程序中，审判法官的被动性、中立性，庭审的对抗性、公开性，以及复杂案件的合议决定制，能够有效地抑制"一人包案到底"所带来的审判权力扩张的风险。但在执行程序中，法院地位具有倾向性，执行机构对程序推进具有主动性，执行程序构造具有流程性、单向性、密行性和相对的封闭性，使得执行权的行使在程序上缺乏当事人和社会公众的事中监督，法院内部的管理者也难以获取对称的信息以实现对执行权运行全程的实时监管，"一人包案到底"可能带来的权力扩张甚至滥用的风险，难以通过执行程序加以抑制。

4. 审判与执行对整个法院系统资源支持的需求不同

审判程序以庭审为核心环节，以裁判文书为统一载体，以法官的审理及裁判为主要活动，程序相对独立而封闭，通常只需审判法官（包括合议庭）辅以少量辅助人员即可完成整个审判过程，对审理者以外的资源需求极少。而执行权的运行则体现出极强的社会性和开放性，频繁地需要除办案人员以外大量的资源给予支持才有可能完成执行工作任务，而"一人包案到底"的单兵作战模式无法满足这一要求。

---

① 肖建国：《民事审判权与执行权的分离研究》，载《法制与社会发展》2016 年第 2 期。

首先，执行程序由财产调查、控制、处分、分配和交付等一个个具体的节点、步骤、措施构成，由于各种执行措施所针对的执行对象的多样性、复杂性、流动性，执行人员工作的场所不可能固定在法庭或办公地点，而是必须根据工作内容的不同和工作对象的所在，始终处于流动状态。当执行对象距执行人员的日常办公地点距离遥远时，就会带来高昂的人力、物力和时间成本。当被执行人及其财产散布在不同地域时更是如此。这就需要有被执行人及其财产所在地的执行机构予以配合、支持，以降低整个系统所承担的成本。

其次，无论诉讼案件涉及多少人员、标的、金额，裁判只需审判人员一人（或合议庭）作出，而当执行案件涉及人员众多、标的物情况复杂（如面积广大的不动产、数量众多的种类物等）时，仅靠承办案件的少量执行人员根本无力采取控制、处置、清场、交付等措施，只能依靠通过某种机制临时调动更多的人力、物力资源给予支持，才有可能完成执行工作任务。

最后，与审判工作相比，执行工作更易遭遇地方保护或部门保护、暴力抗拒、转移资产等干扰、对抗执行的情形，仅靠执行案件承办人员无法破解这些问题，只能依靠整个法院系统作为一个整体投入和运用资源，才能对这些不良现象形成有效的压制。

综上所述，在"一人包案到底"（承办法官负责制）的执行资源组织模式下，整个执行系统有限的执行资源，不仅被分散到各个法院，更被进一步分散到每一个案件的承办法官手中。在承办法官负责制下，执行权在个案中所能调动的资源极为有限，执行资源在不同个案中也难以实现同享，这种人、事、案的分散状态更进一步使得对执行资源的适用状况难以进行监管。可以说，"一人包案到底"的资源组织方式在执行程序中的弊端从根本上是无法克服的，并由此对整个执行办案产生了一系列负面影响。

三、执行办案模式变革的前期探索及反思

（一）前期探索

对传统执行办案模式存在的问题，各地法院其实早已有所认识，并围绕解决最核心的资源组织问题不断进行尝试。尤其是针对执行程序中"一人包案到底"的承办法官负责制所带来的种种弊端，对构建新型执行管理模式开展了种种探索。主要体现为三种思路：一为分权集约，即从"包案"入手，将

执行权进行分解，将不同权能或不同阶段的执行权，分由不同主体集约行使。二为执行团队，即从"一人"入手，对承办执行案件的主体进行改革，建立由多种类型人员组成的执行实施团队。三为统一管理，即从消解执行资源组织的司法属性出发，将一部分行政性质的权力注入执行过程。但在实践中，这三种方式都未能完全取得预期成效。

1. 分权集约机制

最高人民法院《关于进一步加强和规范执行工作的若干意见》首次提出"实行科学的执行案件流程管理，打破一个人负责到底的传统执行模式，积极探索建立分段集约执行的工作机制"。最高人民法院《关于执行权合理配置和科学运行的若干意见》对分权集约的要求进一步细化为："人民法院可以将执行实施程序分为财产查控、财产处置、款物发放等不同阶段并明确时限要求，由不同的执行人员集中办理，互相监督，分权制衡，提高执行工作质量和效率。执行局的综合管理部门应当对分段执行实行节点控制和流程管理。"

较早探索分权集约的法院有福建省莆田市人民法院、上海市长宁区人民法院等。这里以江苏法院的探索过程为例展开分析。

2011年，徐州市泉山区人民法院在江苏率先探索对执行实施权实行分权集约实施及流程管理，其主要特点是将执行实施权划分为执行启动、财产查控、财产处分、结案审查四项权能，由不同的执行人员分别行使，互相监督，分权制衡。根据执行实施权权能的划分，执行部门实施机构设立执行启动组、财产查控组、财产处分组、结案审查组，统筹调配执行力量，集中办理同类执行事项，提高执行实施工作集约化、专业化水平。执行启动、财产查控、财产处分、结案审查各阶段的执行事项明确办理时限和办理要求，依次推进，前清后接，不得反向流转。

以泉山区人民法院的工作经验为模板，江苏省高级人民法院于2012年11月2日下发《江苏省高级人民法院关于执行实施权分权集约实施及流程管理的若干意见（试行）》，在全省推广。经过实践检验，执行实施权分权集约实施及流程管理的价值及不足都逐步显现。

其价值主要体现在以下两个方面：第一，符合执行效率的价值取向。执行事项被分解后同类合并，由专人集中办理，有利于进一步实现规模化和集约化执行；第二，符合权力制衡理念。每一案件的执行须由若干名执行人员配合完成，以往单个执行人员拥有的能够操纵整个案件的权力被大大缩小，有利于对执行权行使的监督。

但实践中，问题也逐渐暴露：第一，工作推诿多。"这样一种由多个部门共同负责同一执行案件的情况，除了形成分权制约的效果外，也会导致实践中各个环节之间出现相互推诿责任、推脱任务的局面。"[①] 分段极易导致"责任真空"出现，并由此产生工作推诿和效率降低。任务和信息的传递和交接也增加了执行工作的时间成本。第二，监督效果弱。以"分段"为主要特征的分权集约实施机制，虽然打破了"一人包案到底"的传统模式，但在所划分的每一段权能中，具体的承办人仍然是一人决策、一人操作，以往存在的信息不对称、监督管理困难的问题依然存在。前后段的衔接，也仅是一种简单的工作交接，尚无法实现相互之间的监督验收。第三，当事人不便利。这样一种多部门共同负责一件执行案件的链条模式，也使得当事人在执行环节中处于一种更为复杂的关系网络中，客观上提高了当事人申请执行的成本，也不符合便利当事人的原则。[②] 实践中有不少当事人表示，分段实施执行事项，造成当事人无所适从，有情况、有线索不知向谁提供，还有各阶段承办人对当事人相同问题的答复口径不统一、不权威的问题。而分段也产生了执行人员各管一段，没有人员了解掌握案件全貌的问题。第四，管理成本高。目前法院对执行工作的绩效考核仍以参照诉讼案件为主，以"件"为单位进行考核。分权集约实施机制推行后，现有的工作指标和考核方式已无法准确反映出各阶段、各环节、各岗位的具体工作绩效。因此，必须将执行案件质效指标进一步细化，分解到办案各个阶段、各个环节和各承办人，构建与分权改革相适应的新的考核指标体系。然而执行工作毕竟属于一项社会工作，与工厂式的流水线生产不同，细密复杂的指标设定看似科学，实践中却往往难以操作或运行成本过高。

2. 执行团队机制

仍以江苏的探索为例。2015 年 11 月，无锡市滨湖区人民法院在江苏率先试点运行执行团队办案模式，建立了首个采用"1 + 1 + 2 + 2"运行模式的执行办案团队。该团队以 1 名执行法官为办案核心、1 名法官助理为实施主体，2 名书记员为辅助力量、2 名法警为强制保障。团队在周末基本不加班、基本没有系列案件、结案质量基本有保证的情况下，一年时间内执结案件 801 件，

---

① 杨奕：《民事执行体制改革研究》，清华大学出版社 2013 年版，第 75 页。
② 杨奕：《民事执行体制改革研究》，清华大学出版社 2013 年版，第 75 页。

执结率为 78.07%，实际执结率为 39.34%，执行到位金额为 1.36 亿元，承担了相当于滨湖区人民法院执行局 1/3 的工作量。

执行团队，是指以法官为核心，按照"1＋N＋N＋N"模式配备法官、法官助理、书记员和司法警察，负责办理各类执行实施案件的工作团队。其特点主要有以下四个：第一，从团队构成看，该团队中的"1"为员额法官，"N"为各法院根据本地实际在执行团队中配备的不同类型的辅助人员。第二，从团队规模来看，每个团队只配备 1 名法官，总人数控制在 5～9 人，以防止团队规模过大造成内部管理失灵或团队规模过小造成团队效用无法发挥。第三，从成员分工看，强调疑难事项重点办、简易环节快速办、同类事项集中办。法官、法官助理、书记员、法警分别根据法律授权以及不同人员的职业特点划分工作职责，其中签发裁定书和决定书、主持听证、审核证据、提请合议庭评议等职责为法官专属。第四，从管理机制来看，执行团队实行"二级管理"。法官在执行团队中发挥核心和主导作用，统筹、管理和协调执行团队日常工作，对案件质量、效率和效果负责；团队成员服从法官管理，严格落实法官发送的指令。

在总结滨湖区人民法院经验的基础上，江苏省高级人民法院于 2017 年 3 月 31 日下发了《江苏省高级人民法院关于推行执行团队办案模式的指导意见（试行）》，将执行团队办案模式向全省法院推广。执行团队办案模式的推行，使执行工作最基本工作单元的结构发生重大变化，工作质效得到了一定提升。但其实质仍是将法官"一人包案到底"变形为"团队包案到底"，对执行工作高效、公正、廉洁的提升效果仍受到各种制约。

3. 统一管理机制

执行工作统一管理的概念，最早提出于 20 世纪末。1999 年，中共中央转发《中共最高人民法院党组关于解决人民法院"执行难"问题的报告》的 11 号文件中，首次提出"强化执行机构的职能作用，加强执行工作的统一管理和协调"。2000 年 1 月 14 日，最高人民法院专门针对执行工作统一管理问题下发文件，即《最高人民法院关于高级人民法院统一管理执行工作若干问题的规定》，其提出："高级人民法院在最高人民法院的监督和指导下，对本辖区执行工作的整体部署、执行案件的监督和协调、执行力量的调度以及执行装备的使用等，实行统一管理。"

2009 年 7 月 17 日，最高人民法院《关于进一步加强和规范执行工作的若干意见》又进一步将统一管理机制的适用范围扩大至中级人民法院："进一步完善高级人民法院执行机构统一管理、统一协调的执行工作管理机制，中级人民法院（直辖市除外）对所辖地区执行工作实行统一管理、统一协调。进一步推进'管案、管事、管人'相结合的管理模式。"

从制度设计看，执行工作统一管理机制，既符合民事执行权的权力属性，也能够满足执行工作的实际需要。其首先用行政领导权强化了对民事执行权的有效分配、监督和制约；其次，从整体上看，执行力量的集中，有利于减少和消除执行工作中的部门保护主义和地方保护主义的不利影响。[①]

各地法院在实践中逐渐形成了一些执行工作统一管理的模式。如江苏省高级人民法院于 2016 年 7 月 13 日下发《江苏省高级人民法院关于进一步加强和完善执行工作统一管理体制若干问题的意见》。根据该意见，执行统一管理分为三个方面：

第一，强化上级法院对辖区内执行人员、实施案件、执行装备的统一管理、统一指挥、统一协调职能。上级法院可以适时组织集中执行和专项执行，统一调度下级法院的执行力量；对下级法院无法定事由超过 6 个月未执结、关联案件众多、案情疑难重大复杂、存在地方或部门保护主义因素类型等案件，上级法院有权提级、指定执行；上级法院协调执行争议所作出的处理决定，下级法院必须执行。

第二，强化上级法院对辖区法院执行案件的监督与指导。对下级法院违法、错误的执行裁定、执行行为，上级法院有权指令下级法院自行纠正或者通过裁定、决定予以纠正。下级法院无正当理由未在上级法院指定的期限内纠正的，上级法院可以采取通报批评、派员实地督办、提级执行或指定执行、直接作出裁定或决定予以纠正等措施。

第三，强化执行装备建设与保障。上级法院应根据执行工作需要，编制每一年度内辖区内人民法院的执行装备标准及各级人民法院关于执行指挥系统必要的执行装备和业务经费计划，确定相应执行装备和数量，并按规定由省级统管或由本辖区内各级法院协同当地政府予以落实。各级法院执行指挥中心必须全部配备专门人员，实现正常实体运行，并全面运行人民法院执行案件流程信息管理系统。各级法院执行局执行人员应配备必需的通讯设备、执法记录仪及

---

① 汤维建：《执行体制的统一化构建——以解决民事"执行难"为出发点》，载《现代法学》2004 年第 10 期。

车辆。

然而，在执行工作实践中，统一管理机制并未完全达到设计者对其预期的效果。主要表现为上级法院对执行工作实行统一管理的内容主要集中在案件管理上，手段不多，方式单一，存在管案缺乏权威、管事缺乏力度、管人缺乏手段的问题，制度效能没有充分发挥出来。上级法院制定的工作要求和规章制度落实不到位，存在有令不行、有禁不止的情况。一些地方尚不能实现执行力量和资源的统一调度，一些高级、中级法院只顾执行自身案件，没有很好地承担起管理职能，对下级法院执行工作中的问题和不足不敢管理。一些法院对上级法院的执行工作统一管理消极应付甚至存在抵触情绪，上级法院又缺乏有力的应对措施。上级法院不敢于监督、不善于监督和下级法院不服从监督的问题较为突出，造成上级法院执行局"软"，执行局系统整体"散"。尤其是许多基层一线办案人员，未能从执行统一管理中直接感受到获得感，执行办案中依然难以获得所需的资源。

（二）问题反思

如前所述，无论是分权集约、执行团队，还是统一管理，都未能完全取得预期成效，未能彻底打破承办法官负责制的资源组织方式，主要有三方面的原因。

1. 将分权误解为"分段"，将集约误解为"集中"

分权是遏制权力扩张最常用的办法。对执行权的分权，通常表现为两种方式：一种是纵向的按照执行程序的不同阶段分权，将每一段交由不同的人员办理；一种是横向的按照实施决定权与实施操作权的性质不同分权，通过将执行实施权不同权能交由不同主体集约行使，以实现制约权力与提高效率的统一。

以"分段"的方式分权，其实值得商榷。这是因为分段的前提是执行程序呈单向的线性流程，然而在执行实践中，查询、控制、处置、处罚等执行措施，往往需要根据不同情况灵活运用或反复运用，即对个案而言难以形成固定不变的完整流程。正如有学者指出，执行案件的处理是以法院与被执行人的关系为中心构筑起来的、以被执行人责任财产为执行标的之程序制度，具有"对物不对人"的特点。[①] 其程序虽然可以分割为不同阶段，各阶段相互独立，但程序具有多重性、反复性，一个执行标的可以反复发生多个执行程序，直到

---

① 肖建国：《民事审判权与执行权的分离研究》，载《法制与社会发展》2016 年第 2 期。

申请执行人的权利得到满足。此外，分段实施实际上仍然是执行分段后由各段承办人的集中办理，其实质是法官"一人包段到底"，既无法防止各段中承办人的恣意，也未能太多体现出集约化的优势，反而增加了程序衔接、人员沟通、管理监督的成本。尤其是各段承办人都需要对整个案件的信息重复阅读，难免会对案件产生认知的偏差，造成不必要的效率损耗和质量隐患。而在执行团队中，虽然团队内部区分不同的执行权能，在不打破承办人工作连续性的前提下，实现了一些事务性事项由特定类型人员集约化处理，但集约的事项少、规模小，对执行案件质效提升有限。

2. 对策单一而缺乏综合配套，局部改革而缺乏系统支持

首先，分权集约和执行团队机制的运行，使不同类型、不同岗位的执行人员分工更加细密，同时也带来了管理难度的增加。以业绩考评为例，以往每个执行案件承办人的工作基本上处于一种均质状态，因此，可以通过较为简单的、整齐划一的考核机制，通过办案数量指标及其他少量指标，实现对本院或下级法院执行干警业绩考评的公平。而随着执行机构的内部分工愈加细密，不同的岗位承担不同的任务，相应的也需要有更加复杂、精密的考评体系。

其次，与细密分工相伴的，是流程节点的设定也更为细密，对各节点实行有效管理监督的难度也更大。执行程序中管理者与被管理者的信息不对称造成的监督不到位，容易造成执行工作中失序、失范、失控。而在非信息化条件下，建立与这种细密分工相适应的复杂、精密的监督管理体系，成本过高。

再次，执行事务的集约办理，因为涉及不同主体之间的工作对接，对执行案件信息的充分共享与无损流转要求极高。在传统的纸质材料条件下，要实现这种信息共享与流转的要求非常困难。

最后，所有的分工、监管、考评，缺乏可以统一运作的综合性平台。由于缺失了全局统筹，碎片化的执行措施，经过分权、分工后进一步零散化，缺乏系统性，而难以长期运行。

3. 统一管理缺少制度支撑，且未能深入执行权运行的末端

第一，执行实施权的行政权性质与其行使主体的司法权性质之间的矛盾难以克服。我国民事执行制度的核心特征，是在法院内部设立专门的执行机构负责执行事务。将执行机构设置在法院内部的弊端，是无法摆脱上级人民法院在纵向层面上的监督指导关系。尽管执行工作统一管理机制赋予了上级法院"管案、管事、管人"相结合的管理职权，但重点通常放在"管案"上，而且

通常是参照类似审判权运行的层级监督方式，将"管案"与案件监督混同，再加上"管事"缺少平台、"管人"缺少手段，自然造成统一管理机制徒有其表。

第二，司法地方化的积弊。由于法院的人、财、物受制于地方，司法管辖与行政区划重叠，人民法院行使执行权的职能不能完全有效发挥，执行资源无法统一调度、集中行使。

第三，部分法院不敢大胆行使统一管理职权。由于对统一管理机制缺乏硬性要求和激励机制，对不行使统一管理职权的缺乏追责机制，使得上级法院对推行执行工作统一管理缺少内生的动力。统一管理后不仅事务性工作增加，而且增加了责任和风险。对统一管理的权限不明确，也造成一些情况下，上级法院在对下进行执行管理时，过多介入具体执行案件和事务，对下级法院正常执行案件办理形成一定干扰。这些问题使得一些高级、中级法院不愿主动推进统一管理机制或不愿行使统一管理职责。

（三）进一步变革执行办案模式的设想

通过对人民法院解决执行资源组织问题的前期探索进行回顾和反思，我们可以发现，以往在分权集约、执行团队、统一管理等方面的探索，其实都可以归于统一管理。从文义上看，"统一管理"本身就是资源组织的一种方式，与其相对的概念是"分散管理"。"分散管理"不单指执行资源分散在各法院的情况，也涵盖执行资源分散在各执行案件承办人的情况，即"一人包案到底"。因此，分权集约机制和执行团队机制也可以看成是另外两种形式的"统一管理"。分权集约是将执行个案办理中不同阶段或不同性质的权力从承办人手中部分剥离，对原本分散的权力进行"统一管理"；执行团队机制则从微观视角将执行工作最基本的工作单元从承办人扩大为执行团队，将原承办人手中的各项执行权能在执行团队内部进行"统一管理"。

执行资源组织模式要实现执行权在个案中所能调动资源的最大化、同质性工作集约办理的最大化、对执行权运行状态监督控制的最大化，就要调整权力配置，树立"大统一管理"的理念，即实现对原本"一人包案到底"模式下分散在各法院、各案件承办人手中的权力及其配套资源进行统一管理、统一指挥、统一协调。

分权集约、执行团队和统一管理这三条路径的探索，之所以未能彻底改变"一人包案到底"的执行资源组织模式，各有其原因：一是分权集约的方向出现偏差，将分权曲解为分段；二是执行团队把握住了分权的正确方向，但规模效应无法充分体现；三是统一管理偏重管理而忽视了对基层和一线的服务，加上缺乏手段保障，因此，对执行权运行末梢提升质效的助益非常有限。更为重要的原因是这三条路径未能通过一个统一的平台汇聚一处，互取所长，协调配合。

有鉴于此，可考虑以执行指挥中心为平台，建立分权集约、执行团队、传统意义上的统一管理"三合一"的"大统一管理"的执行资源组织模式：一是将执行团队机制中行之有效的执行权能分工机制扩大适用至整个执行局甚至整个执行系统；二是分权之后将同质化、重复性的工作交由执行团队之外的、实体化运行的执行指挥中心进行高度集约化的办理；三是以服务基层一线执行案件办理为导向、以执行指挥中心的信息技术手段为媒介，建立整个法院系统执行资源的统一调配机制，使执行权运行的最末端能够按需及时获取资源，同时加强对执行权运行全程的有效监管。

江苏法院按照这一思路推行的执行指挥中心实体化运行"854 模式"，是近年来成效较好、传播较广、影响较大的新型执行办案模式之一。下文将以其为新型模式的实践样本，对执行办案模式变革的可行路径进行探析。

第三节 执行指挥中心实体化运行
"854 模式" 的内容

根据江苏省高级人民法院于 2020 年 4 月下发的《执行指挥中心实体化运行"854 模式"升级版工作导则》，执行指挥中心实体化运行"854 模式"主要内容见图 6-2。

一、基本思路

执行指挥中心实体化运行的"854 模式"，就是指由执行指挥中心集中办理执行当事人初次接待、制发法律文书、线上线下查控、办理委托执行事项、录入强制措施信息、网络拍卖辅助、接待执行来访、接处举报电话 8 类事务性工作，提供视频会商、执行过程记录、执行公开、舆情处理、决策分析 5 类技术服务并承担繁简分流、案件质效提升、执行案款、终本案件处理 4 项管理职责。如图 6-2 所示，除图中核心区域由执行团队负责办理外，其余职责均由执行指挥中心承担。

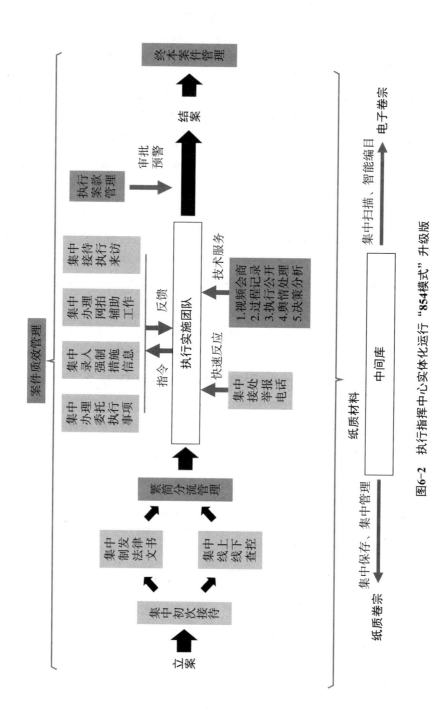

图6-2 执行指挥中心实体化运行"854模式"升级版

执行指挥中心实体化运行"854模式"的基本思路，在于遵循执行工作规律，根据程序节点分散、工作内容碎片化、工作场所流动性和开放性强等特点，以彻底打破"一人包案到底"和"团队包案到底"的传统办案模式为目标，对有限的执行资源进行重整和优化，以达到"减负、增效、提质"的目的：一是减负，将无须执行法官亲力亲为的事务性、辅助性工作从执行实施团队剥离，交由专人集约化、精细化、标准化办理；二是增效，通过信息技术手段强化执行实施团队可获取的资源和支持；三是提质，通过专用平台和信息化手段实现对执行实施团队办案全程的闭环式监管。上述整合和优化工作，均依托执行指挥中心展开，使执行指挥中心兼具事务办理、技术服务、案件管理等多方面职能。

执行指挥中心实体化运行"854模式"力图实现以下主要目标：

第一，通过变革执行办案模式，将执行指挥中心各项功能变"功能叠加"为"功能融合"，为执行实施团队高效率、高质量办理案件以及上级法院、本院的管理者实施有效管理提供全方位的系统支持，使之高效服务执行管理、支撑执行团队、保障执行决策，加快提升执行工作智能化水平，促进执行工作信息化向智能化升级，全面提升执行工作效能，加快实现执行机制制度体系与执行工作能力现代化。

第二，通过变革执行办案模式，健全完善以法官为主导的团队办案模式，优化不同团队以及团队内部职权划分，完善"人员分类、事务集约、权责清晰、配合顺畅"的执行权运行模式，充分发挥集约化执行优势，彻底改变"一人包案到底"或"团队包案到底"的传统办案模式，实现"最强大脑"与"最强团队"职能与效能的有机结合、线上执行和线下执行的有机结合。

第三，通过变革执行办案模式，充分发挥中级人民法院的枢纽作用，强化对辖区内法院执行工作的统一管理、统一指挥和统一协调，推动工作落实，组织协同执行与集中执行，实现区域执行工作平衡发展。

二、8类事务性工作

执行指挥中心实体化运行"854模式"中的"8"，是指将8项无须执行法官亲力亲为的事务性、辅助性工作从执行实施团队剥离，交由执行指挥中心安排专岗专人集约化、精细化、标准化办理。这主要有两个目的：一是大幅减轻了执行实施团队办理事务性工作的负担；二是通过提升专业性和集中度，进而提升事务性工作办理的质量和效率。

（一）集中初次接待

所谓初次接待，是指利用申请执行人或其委托代理人到法院申请执行立案的时机，由执行人员对其进行执行初次接待并制作初次接待笔录，初次接待的内容包括了解并核对相关信息、提前就执行有关事项向申请执行人征询意见、告知权利义务及执行风险等。初次接待是执行案件立案后办案人员首先需要开展的一项工作。

以往该项工作分散由各执行实施团队承担，带来许多弊端：一是需要专门通知申请执行人到法院谈话并制作笔录，就意味着申请执行人需要在申请立案后再往法院跑一趟，有时一次谈话未解决问题甚至需要申请执行人跑多趟，这与当前"让当事人少跑腿"的要求不符；二是有时因申请执行人身在异地等原因无法按照办案人员要求时间谈话，造成办案人员对一些重要执行线索无法及时获取、重要执行信息无法及时固定，影响了执行效率；三是初次接待工作分散开展造成谈话内容无法统一，由于各执行实施团队或办案人员能力、经验存在差距，有些案件不能完成初次接待的各项要求。

初次接待在执行案件立案后立即由专门人员负责，有效解决了上述问题：一是体现了便民要求，减少了申请执行人来回奔波；二是提升了初次接待的效率，使办案人员能够在立案后第一时间基本获取申请执行人所能提供或确认的所有信息，为后续工作创造了有利条件；三是通过制发统一样式的"初次接待谈话笔录"，保证了初次谈话工作内容的标准化、工作质量的一致性；四是执行立案后第一时间就对申请执行人进行初次接待，并帮助其梳理被执行人履行能力情况、告知执行风险，有利于促使申请执行人对执行工作形成不过于脱离实际的心理预期，也有利于促使申请执行人对人民法院形成信任，以积极配合后续执行工作。

为确保上述目标实现，执行指挥中心实体化运行"854模式"对集中初次接待提出了三点要求。

1. 初次接待场所

执行初次接待窗口应紧邻执行立案窗口设置。执行指挥中心办公场所与立案场所不在同一办公区域的，应将执行初次接待窗口设置在立案部门办公场所，或将执行立案窗口设置在执行指挥中心办公场所。

2. 初次接待流程

第一，执行立案窗口接收执行申请并登记立案后，应当立即将相关材料移送执行初次接待窗口，由执行局工作人员立即完成初次接待工作。第二，执行初次接待事项由执行局委派法官或法官助理负责，同时安排书记员通过执行案件管理系统中的"初次接待"模块制作初次接待笔录。执行初次接待人员数量，应当根据执行案件数量以及不同时段予以合理安排。申请执行立案人数较多的时段，应安排机动人员增开窗口，防止出现长时间排队等候接待的情况。第三，初次接待笔录应由谈话人、记录人、被谈话人在电子签名板上签名并随时形成电子卷宗引入系统。因设备故障等原因无法形成随时电子卷宗的，应将接待中形成的纸质笔录与立案材料一并移送"中间库"。初次接待谈话笔录，应当编入执行案件卷宗正卷。第四，初次接待及立案信息核对工作，应在执行案件立案当日完成。债权人申请立案执行的所有纸质材料，连同初次接待纸质笔录，应在执行案件立案当日移送"中间库"。第五，债权人网上申请执行、跨域申请执行或者通过自助设备申请执行的，由当事人在立案系统初次接待笔录模块填写相关信息并自动导入执行案件管理系统。立案系统初次接待笔录模块未启用前，执行法院应在立案受理当日与其联系，并通过微信、手机 App 等方式完成立案信息核对和初次接待工作。

3. 初次接待谈话笔录内容

执行初次接待窗口工作人员应按照"初次接待谈话笔录"样式所确定的内容和要求，完成以下工作并在"初次接待谈话笔录"中完整准确记录。

（1）确认申请执行人送达地址及联系方式。包括执行案号、执行依据案号、申请执行人身份证号、联系电话（手机）、住所地、委托代理人代理权限等。

（2）交代谈话人身份和谈话目的。以此降低申请执行人警惕心理，拉近与其心理距离。

（3）确认申请执行人送达地址及方式。为便于当事人及时收到人民法院法律文书，保证执行程序顺利进行，接待人员应告知申请执行人应当如实提供真实、准确的送达地址，如果提供的地址不准确，或不及时告知变更后的地址，使诉讼文书无法送达或未及时送达，当事人将自行承担由此可能产生的法律后果。同时询问申请执行人是否同意通过传真、电子邮件、短信或微信等方式电子送达法律文书，并填写《送达地址确认书》，确认受送达人、送达地址及送达方式。

（4）核对执行立案信息。接待人员应与申请执行人对照立案信息表逐项核对执行立案信息表中的信息是否完整、准确，主要核对以下几方面内容：①执行主体信息，包括诉讼地位、名称以及公民身份证号码和法人统一社会信用代码、组织机构代码；②执行标的种类（区分金钱给付、行为、物、财产权益四类）是否与申请执行书上的执行请求一致；③执行标的金额是否与申请执行书上的执行请求一致；④执行依据文号、内容是否准确；⑤执行案件案由（根据执行依据案由确定）。涉党政机关、涉军、涉民生、涉国企、涉金融机构以及刑事裁判涉财产部分等特殊主体或特殊类型的案件，应核对立案部门是否已经标注。立案信息不准确、不完整或者未标注的，应立即联系立案人员当场予以补充、更正或标注。由于根据最高人民法院有关执行立案信息公开的要求，执行案件一经立案即可在"中国执行信息公开网"查询被执行人信息，同时江苏法院已全面推行执行立案后系统自动根据立案信息启动"点对点"网络查控，一旦执行立案信息填写存在不准确、不完整的情况，极有可能对相关当事人或案外人造成损失，因此，核对立案信息工作必不可少且需在立案后第一时间完成。

（5）了解被执行人及其财产情况。

一是告知申请执行人，根据《最高人民法院关于民事执行中财产调查若干问题的规定》第1条的规定，申请执行人应当向人民法院提供其所了解的被执行人的财产状况或线索。

二是向申请执行人了解被执行人状况。不仅包括被执行人的实际住址、工作地点或实际经营地、联系电话（手机）等，还包括在审判阶段被执行人是否到庭参加诉讼或者是否对被执行人公告送达相关法律文书等。

三是向申请执行人了解被执行人财产状况，包括被执行人财产抵押、质押或诉前、诉讼保全情况等。

四是由初次接待人员在执行案件管理系统中查询被执行人在各级各地法院涉及执行案件的总体情况，并将被执行人涉及案件清单向申请执行人告知。同时向申请执行人告知法院将在本案立案后对被执行人财产情况发起网络查询，查询结果反馈后将及时向其告知，其也可通过执行立案时告知的用户名和密码自行到指定网站查询。

五是向申请执行人告知相关权利，主要包括以下几方面权利：在执行终结前，若发现被执行人下落或被执行人其他可供执行的财产，可拨打执行线索举报电话进行举报（同时告知申请执行人三级法院执行线索举报电话号码）；根据《律师法》第35条、《最高人民法院关于民事执行中财产调查若干问题的规定》第1条、《最高人民法院关于依法制裁规避执行行为的若干意见》第2条等相关法律和司法解释的规定，申请执行人有权聘请律师向法院申请调查令，调查被执行人的财产线索；根据《最高人民法院关于民事执行中财产调查若干问题的规定》第21条的规定，被执行人不履行生效法律文书确定的义务，申请执行人可以向人民法院书面申请发布悬赏公告查找可供执行的财产，也可以与保险公司签订悬赏保险合同并支付保险费用，如果举报线索经法院确认并符合条件，依照悬赏公告应由申请人承担的悬赏金由保险公司支付给举报人；本案立案后，法院将向被执行人发送《执行通知书》《报告财产令》《限制消费令》等法律文书，如被执行人未能履行其法定义务，申请执行人可以向法院申请将其纳入失信被执行人名单，法院经审查后将依法作出决定。

通常而言，申请执行人最为关心其债权能否实现，因此，对被执行人及其财产状况也最为了解，在初次接待中就将相关信息充分了解，既有利于法院充分掌握信息以确定执行方案，也同时帮助申请执行人梳理了相关信息，便于其在后续执行程序中及时行使权利，并促使其对债权能否实现形成合理预期。

（6）征询网络司法拍卖意见。接待人员应当就以下几方面征询申请执行人意见：法院如对查封、扣押的被执行人不动产、动产及其他财产依法进行网络司法拍卖，对司法拍卖的网络服务提供者进行选择；对网络司法拍卖的财产，是否愿意与被执行人以协商议价的方式确定参考价；如议价不能或者不成，法院将通过定向询价、网络询价的方式确定参考价，其是否同意；等等。此时征询申请执行人相关意见，既有利于降低在后续财产处置工作中与当事人的沟通成本，也有利于申请执行人了解人民法院后续可能采取的执行措施。

（7）确认收款人及其收款账户。以往法院常常在发放执行款前才与申请执行人确认收款账户，往往由于沟通不畅或因申请执行人不能及时到法院现场确认而延误执行款发放时间。在初次接待时便与申请执行人确认收款账户则基本解决了上述问题。接待人员应告知以下提交收款账户的相关注意事项：申请执行人申请立案时应当向法院提供接收执行案款的汇款账号和联系方式；如因账号挂失等客观原因需要更换接案款账号，应及时与法院联系，并携带身份证原件及复印件、本人银行卡复印件（注明户名、开户账号、卡号）到法院办理变更登记账号手续或直接来法院领款；因收款账号变更未及时书面告知人民法院，法院将案款汇入账户确认书确认的账户的，视为案款已经发放。同时应要求申请执行人本人填写开户人姓名、开户银行、支行全称、银行账号、银行账户类型、联系电话等收款账号信息（委托代理人填写的，应要求其提供特别授权委托书、身份证件复印件），并由申请执行人或其委托代理人签字（盖章）确认。

（8）告知执行风险。一些法院在执行立案时就将执行风险向申请执行人告知，但此时由于法院尚未与申请执行人充分沟通，容易使其产生"法院在推卸责任"的抵触心理。因此，执行风险宜在初次接待工作基本完成时再向申请执行人告知，此时其通过前期谈话已初步形成了对债权能否执行到位的合理心理预期，对执行风险已经产生了一定预期，更易于接受可能存在的风险，也由此提升了其后续配合法院工作的积极性。

按原人员应告知以下两方面的执行风险：一是告知申请执行人通过诉讼、仲裁等法定程序取得生效法律文书，只是为其提供执行依据。生效法律文书所确定的权利最终能否实现，最终取决于被执行人有无履行能力。强制执行作为一种公力救济手段，只能为实现权利提供一种可能性。如被执行人确无履行能力，申请执行人将承担胜诉权益不能实现的风险。二是告知申请执行人，本案执行过程中，如被执行人（企业法人）不能清偿到期债务，且资产不足以清偿全部债务或者明显缺乏清偿能力，符合《企业破产法》第2条规定的情形，其可以根据《民事诉讼法司法解释》第511条的规定，申请本案移送破产程序处理。如申请执行人、被执行人均不同意移送破产审查且无人申请破产的，法院将会根据《民事诉讼法司法解释》第514条的规定处理，对被执行人财产处置变价后所得的款项，在扣除执行费用及清偿优先受偿债权后，对于普通债权，将按照财产保全和执行中查封、扣押、冻结财产的先后顺序清偿。

（9）征询关于终结本次执行程序意见。征询内容主要为，如出现下述情况，申请执行人是否同意法院终结本次执行程序：如果申请执行人不能提供有效的关于被执行人具有履行能力的证据或线索，法院已穷尽财产调查措施并根据法律规定采取了其他执行措施，未发现被执行人有可供执行的财产或者发现的财产不能处置，根据《民事诉讼法司法解释》第517条第1款的规定，法院有权终结本次执行程序。终结本次执行程序后的5年内，法院将每6个月通过网络执行查控系统查询一次被执行人的财产，符合恢复执行条件的，法院将及时恢复执行。申请执行人享有要求被执行人继续履行债务及依法向人民法院申请恢复执行的权利，被执行人负有继续向申请执行人履行债务的义务。需要注意的是，在初次接待中征询申请执行人是否同意终结本次执行程序，不能替代进入执行程序后、结案前征询申请执行人是否同意以终本结案。这是因为初次接待时，被执行人履行能力尚未予以查明，此时征询意见主要起到程序告知和风险预告的效果。

上述初次接待工作，各级法院应使用统一设计的"初次接待谈话笔录"样式予以记录，使用中询问内容可以根据需要增加，但不得减少，以确保初次接待的各项要求不缺失、无遗漏。

人民法院申请执行人初次接待谈话笔录详见本书附录：《执行指挥中心实体化运行"854模式"升级版工作导则》之附件1。

（二）集中制发法律文书

执行程序中涉及的法律文书众多，其中大部分为格式化、程序性文书，文书要素少、篇幅短、重复性强，且无须用过多篇幅陈述事实、论证说理，因此，只要案件信息已充分获取，此类文书可以由专人集中制作和发送。以往此类文书由各执行实施团队或承办法官制作发送，不仅耗时耗力，而且无法保证文书格式和内容的统一性，有时甚至出现同一法院不同团队制发的文书格式不统一的情况。此类文书由执行指挥中心集中制发，不仅大幅提升了效率，减轻了执行实施团队负担，而且有利于实现格式文书的标准化、规范化。对此，执行指挥中心实体化运行"854模式"提出了三点工作要求。

1. 集中制发法律文书的主体

执行指挥中心应当设立格式化执行文书制作组，由书记员若干名组成，并商请邮政部门派驻EMS专员，统一负责执行文书制作及送达工作。

2. 集中制发法律文书的类型

执行文书制作组统一制作的法律文书主要包括以下类型的格式化法律文书：（1）受理案件通知书；（2）财产线索提供表；（3）执行通知书（同时将执行案件虚拟账号向被执行人告知）；（4）报告财产令；（5）财产申报表；（6）执行裁定书（总裁定）；（7）执行指挥中心或执行实施团队交办的集中制作和发送的其他法律文书。

值得注意的是，执行程序中仍有一些文书依照法律规定需要由执行法官制作，这主要是涉及一些执行程序中的判断性、制裁性事项，如限制消费令、纳入失信被执行人名单决定书、拘留罚款决定书、终结本次执行程序裁定书、结案通知书等。因此，根据法律、司法解释或者司法文件规定，必须由执行法官制作的法律文书，不得由执行文书制作组统一制作。依法应当由执行局局长或院长签发的执行文书，必须由执行局局长或院长审核后签发，执行文书制作组人员或者其他人员不得代为行使签发权。执行局局长或院长必须切实履行文书签发工作职责，不得授权他人或将自己密码告知他人通过系统签发文书。采取或解除强制措施以及相关结案法律文书，应结合个案具体情况对其原因或事由予以表述，不得简单地以执行文书模板中载明的事由予以表述。

3. 集中制发法律文书的流程

集中制作的法律文书应使用"文书自动生成系统"，以提高文书制作效率。文书自动生成后，文书制作人员要结合案卷材料认真核对。核对无异的，经执行局负责人审核后予以打印并电子签章。文书制作人员应查阅审理卷宗和初次接待笔录，调取送达地址确认信息，确定具体送达地址和送达方式。文书制作人员应向执行当事人确认的送达地址及送达方式送达执行文书；如被执行人无确认送达地址的，应同时向其户籍登记的住所、暂住地、工商登记地邮寄送达。法律文书无法通过邮寄或电子方式（包括手机短信、微信、电子邮件）送达的，应详细说明原因，并及时报告执行指挥中心或执行实施团队负责人。法律文书格式化集中制作与发送工作，应于立案之日起5个工作日内完成。所有已发送的法律文书，应在执行案件管理系统中形成电子卷宗。所有法律文书签发稿或者底根等纸质材料，应于文书发送之日起3个工作日内移送"中间库"。

（三）集中线上线下查控

所谓"查控"，即查询和控制的简称。人民法院行使财产查控权，包括对被执行人财产信息进行调查的权力以及实施强制措施将财产予以控制的权力。查询和控制被执行人责任财产，是开展强制执行最基础的工作，犹如医生在为患者治疗疾病前，首先需运用自己的感官（望闻问切）、检查器具、实验室设备对患者的身体状况进行检查。

然而，财产查控也是人民法院强制执行中最为耗时费力的工作。主要有以下几方面原因：

第一，被执行人可能拥有的财产类型多种多样，而掌握财产信息的主体则多元且分散，造成查询财产信息的途径、方式、协助执行人各不相同。

第二，尽管我国目前已经对存款、不动产等主要财产类型建立起网络执行查控系统，实现了执行工作模式的重大变革，但仍有一些财产类型尚未纳入网络查控范围，仍需"登门临柜"办理查询手续。此外，对被执行人的现金、动产等类型财产，也仍需通过搜查等现场查控手段才能发现并控制。

第三，我国的民事强制执行取向职权主义，因此，财产查控措施一方面一般由人民法院作为执行机构依职权主动发起，另一方面强调执行机构须"穷尽财产调查措施"。如《最高人民法院关于严格规范终结本次执行程序的规定（试行）》第3条就对"已穷尽财产调查措施"解读为："应当完成下列调查事项：（一）对申请执行人或者其他人提供的财产线索进行核查；（二）通过网络执行查控系统对被执行人的存款、车辆及其他交通运输工具、不动产、有价证券等财产情况进行查询；（三）无法通过网络执行查控系统查询本款第二项规定的财产情况的，在被执行人住所地或者可能隐匿、转移财产所在地进行必要调查；（四）被执行人隐匿财产、会计账簿等资料且拒不交出的，依法采取搜查措施；（五）经申请执行人申请，根据案件实际情况，依法采取审计调查、公告悬赏等调查措施；（六）法律、司法解释规定的其他财产调查措施。"执行机构在执行案件立案后通常必须将所有可能采取的查询手段全部逐一采取，而且必须在发现财产后及时采取控制措施。

同时也应看到，财产查控工作尽管耗时费力，但主要为对法官亲历性要求较低、裁量性较弱的事务性工作，且同质性强、重复性高。此类工作以往由执行法官或执行团队各自办理，每一类财产的每一项查控措施都需要由每一个承办法官或团队独立实施，不仅产生了大量重复劳动，空耗了大量在途时间，而且查控技能和经验难以积累。如果将此类工作集约交由专人办理，则不仅能够形成规模效应，以"合并同类项"的方式大幅提升了效率，而且有利于控制工作质量，提升查控工作专业性。这就犹如医院在治疗患者过程中，将血检、尿检、摄片、CT等检测工作交由专门的检验科、影像科的专业人员集中办理，再将检测结果反馈给各科室主治医生，以便于主治医生据此诊断病情并制订诊疗方案。

对集中线上线下查控工作，执行指挥中心实体化运行"854模式"提出了三点工作要求。

1. 集中线上线下查控的主体

执行指挥中心设立网络查控组和传统查控组，配备查控专员若干名，集中负责执行案件网络查控和传统查控工作。

2. 对集中网络查控的工作要求

（1）集中网络查控的启动。执行案件立案后 24 小时内，网络查控专员应发起"点对点"系统网络查询。在收到执行立案电子卷宗后 24 小时内，网络查控专员应发起"总对总"系统网络查询。

（2）网络查控系统反馈被执行人名下有 1000 元或价值 1000 元以上的银行存款、不动产、车辆、股票、股权等财产的，网络查控专员应在查询结果反馈后 24 小时内作如下处理：能够网络查封、冻结的，由网络查控专员实时发起网络查封、冻结；被执行人财产位于辖区范围（地级市）之外的，在 3 个工作日内通过人民法院执行指挥管理平台的事项委托模块委托财产所在地法院查封、扣押。

3. 对集中传统查控的工作要求

传统查控组集中负责线下查控工作，可以通过集中排班，实现同类财产查控措施由专人集中办理，即"集中后的再集中"，确保排班当日完成查控事项。集中传统查控主要有以下几方面查控事项：（1）仍需到协助执行单位登门临柜办理的查控工作；（2）对被执行人住所地或者可能隐匿、转移财产处所等进行必要调查；（3）在集中查控阶段对被执行人的财产进行现场查封、扣押；（4）配合执行实施团队实施搜查；（5）其他需要线下办理的查控工作。传统查控组可兼办现场送达法律文书工作。

在传统查控组与执行实施团队的工作衔接上，"854 模式"要求：传统查控组应当在收到执行指挥中心或执行实施团队指令后 10 个工作日内，完成需要线下办理的查控工作。必要时，发送指令的办案人员可到现场指挥线下查控工作。集中查控工作完成后，执行指挥中心应制作被执行人已查控财产清单，详细说明已采取的查控措施及结果。

（四）集中办理委托执行事项

《人民法院执行工作纲要（2019—2023）》提出："强化全国执行一盘棋的理念，健全以执行事项委托为主的全国统一协作执行工作机制……"随着执行指挥中心综合管理平台中执行委托子系统的建成，通过网络委托执行事项，已经成为人民法院跨域协作、异地采取执行措施的主要方式。该项工作可分为三个阶段：一是决定委托执行事项；二是在执行指挥中心综合管理平台发送、接收委托执行事项；三是具体实施委托执行事项。其中决定委托执行事项和具体实施委托执行事项一般由执行实施团队办理，而发送、接收委托执行事项则由执行指挥中心专人集中办理，更有利于该项工作提高效率、减少差错。

对集中办理委托执行事项，执行指挥中心实体化运行"854模式"提出了两点工作要求。

1. 集中办理委托执行事项的主体

执行指挥中心设立委托执行组，配备事项委托专员若干名，专门负责发送、接收委托执行事项。

2. 执行实施团队与委托执行组的分工与衔接

执行实施团队需要办理特定事项委托的，应制作好相应法律文书（对于扣划类，需包含执行依据、执行裁定书、协助执行通知书、双人双证；对于查封、续封、解封类，需包含执行裁定书、送达回证、协助执行通知书、双人双证）并移交给事项委托专员。事项委托专员应在1个工作日内制作委托执行函，完成事项委托工作，并负责后续跟进和催办。受托法院反馈的，事项委托专员应及时接收并告知执行实施团队。

事项委托专员应每日查看事项委托模块更新情况，对上级法院转发的受托案件及时接收，彩色打印后按银行、房产、股权、送达调查等分类转交传统查控组实施完成，完成后将反馈材料和回执彩色扫描上传到执行指挥平台该受托案件下，网上回复委托法院，即办结完成。所有受托案件需在3个工作日内接收，在规定期限内完成。

目前，执行指挥中心综合管理平台中执行委托子系统主要服务于跨省（市、自治区）的执行委托事项。但从实践看，在地域较大、案件较多的设区市，各基层法院也可以通过该系统委托执行事项以实现市域范围内的事务性工作集约化办理，从而减轻基层法院工作负担、提升事务办理质效。为此，"854模式"专门提出要求：中级法院应搭建平台，逐步实现市域范围内事务性工作的集约化办理。相关工作指令的发送、接收和办理参照事项委托。

（五）集中录入强制措施信息

此处所指强制措施，是指纳入失信被执行人名单、限制消费、限制出境等措施。此类措施的特点有三个：一是此类措施的实施、解除、撤销等目前均通过执行指挥中心综合管理平台中的失信惩戒系统、限制消费系统等子系统在网络上办理；二是实施此类措施均需通过网络向相关协助执行机关发送信息，由协助执行单位在其工作系统中采取限制措施；三是此类措施的信息均通过中国执行信息公开网向社会公开。因此，此类措施一方面对办理效率的要求更高，无论是发布还是解除，都需要在尽可能短的时间内办理完毕，才能实现或消除相关措施的效果，另一方面对信息准确性的要求更高，一旦采取措施的对象信息出现错误，极可能给相关单位、人员带来无法挽回的重大损失。

由此，有必要将此类强制措施的信息录入工作交由执行指挥中心的专人集中办理，既可实现信息的快速录入上传，也可在信息录入上传前增加一道信息核对环节，防范出现信息错误。

对集中录入强制措施信息，执行指挥中心实体化运行"854模式"提出了四点工作要求。

1. 集中录入强制措施信息的主体

执行指挥中心设立强制措施信息录入组，配备信息录入专员若干名，专门负责录入强制执行措施信息。

2. 集中录入强制措施信息的内容

以下强制措施信息需集中录入：（1）公布、撤销、更正、屏蔽失信被执行人信息；（2）公布、解除限制消费信息；（3）公布、解除限制出境信息；（4）公布、屏蔽案件信息以及被执行人信息。

3. 强制措施信息录入组的职责

一是强制措施信息录入组在收到相关法律文书后，应对强制措施对象的身份信息再次核查确认，防止错误采取强制措施。二是强制措施信息录入组应在收到办案人员指令后1个工作日内，根据相关法律文书完成信息录入工作。三是失信信息录入组应将采取强制措施信息依法依规向协助执行单位推送，并最迟在接收协助执行单位反馈信息后次日向办案人员报告。

4. 强制措施采取错误或信息录入错误的纠正及追责

执行当事人或者案外人对其被错误采取强制措施提出异议，经执行法官审查属实的，应立即采取撤销措施。信息录入人员工作不认真、不细致导致出现错误的，应予以通报批评。造成信访或者不良后果的，依法依纪严肃追究责任。

（六）集中办理网拍辅助工作

我国民事强制执行程序中司法拍卖制度的发展过程，总体可以分为三个阶段。第一阶段是从20世纪80年代至21世纪初，拍卖成为执行资产处置的主要制度，其特点是"自主型现场拍卖"，即由执行法官直接主持拍卖，拍卖活动就在法院现场进行。第二阶段是从21世纪初至2014年左右，主要采取法院委托拍卖机构进行现场拍卖的方式，即"委托型现场拍卖"。第三阶段是从2014年至今，主要采取法院借助淘宝等电商平台自主进行网络司法拍卖的方式，即"自主型网络拍卖"。尤其是2014年以来，以《最高人民法院关于人民法院网络司法拍卖若干问题的规定》施行为标志，自主型网络司法拍卖这一新机制出现后仅短短数年，就彻底取代了以往的委托型现场拍卖，被确立为民事强制执行程序中的法定变价制度。

尽管网络司法拍卖使执行资产变价成交的数量和金额取得了飞跃式的提升，而且拍卖效率、成本大幅下降，但由于拍卖方式由委托拍卖机构组织拍卖改为法院自主组织拍卖，以往由专业拍卖机构承担的诸多拍卖辅助工作，也转为由法院承担，从而增加了法院的工作负担，使原本就捉襟见肘的司法资源更显不足，一定程度上对网络司法拍卖的健康发展产生了不利影响。为此，《最高人民法院关于人民法院网络司法拍卖若干问题的规定》专门规定，实施网络司法拍卖的，人民法院可以将一些拍卖辅助工作委托社会机构或者组织承担。即便如此，仍有一些拍卖辅助工作无法委托社会机构或者组织办理，需由法院自己承担。这些工作交由执行指挥中心专人集中办理，可以极大减轻执行实施团队的工作负担，提升司法拍卖的效率和质量。此外，一些法院还专门成立了独立的财产处置团队，集中办理全院所有有关财产处置的事项，这一探索也需予以鼓励。

对集中网拍辅助工作，执行指挥中心实体化运行"854模式"提出了三方面工作要求。

1. 集中办理网拍辅助工作的主体及职责范围

执行指挥中心下设财产处置组，配备网拍专员若干名，根据执行实施团队的指令集中办理以下网络司法拍卖工作：（1）拍卖财产现状调查；（2）涤除租赁；（3）排除非法占有；（4）以当事人议价、定向询价、网络询价、委托评估等方式确定财产处置参考价；（5）税款测算；（6）拍摄财产照片或视频以及录入拍卖信息、发布拍卖公告；（7）接待意向竞买人现场看样；（8）协助办理过户和交付；（9）其他网络司法拍卖辅助工作。

需要注意的是，上述网拍辅助工作的范围远大于《最高人民法院关于人民法院网络司法拍卖若干问题的规定》第7条规定的人民法院可以委托社会机构或者组织承担的拍卖辅助工作。该条规定的拍卖辅助工作仅包括以下四方面：（1）制作拍卖财产的文字说明及视频或者照片等资料；（2）展示拍卖财产，接受咨询，引领查看，封存样品等；（3）拍卖财产的鉴定、检验、评估、审计、仓储、保管、运输等；（4）其他可以委托的拍卖辅助工作。这是因为，一些拍卖辅助工作仍具有司法裁量和判断性，如现状调查、确定财产处置参考价等，有的还具有强制性，如涤除租赁、排除非法占有等，这些拍卖辅助工作不可委托社会机构或者组织承担。

《江苏省高级人民法院关于规范网络司法拍卖辅助工作的指导意见》进一步廓清了可委托网拍辅助机构承担的辅助性事务的边界，主要包括以下五方面事项：（1）拍卖标的视频或者 VR 制作、照片拍摄、文字说明等事项；（2）拍卖标的资料，包括拍卖公告、拍卖注意事项、拍卖财产照片、视频及文字说明等上传到网络司法拍卖平台等事项；（3）相关拍卖咨询，即根据评估报告书、执行法院提供的拍卖标的信息向意向竞买人介绍详情、网拍流程以及相关竞买政策等事项；（4）引领现场看样以及登记看样信息（时间、地点、人数等）并提交给执行法院等事项；（5）拍卖标的整理、清洁与保管等事项。各法院执行局局长是网拍辅助机构监管工作的第一责任人；执行指挥中心应配备网拍辅助事务监管人员，具体履行动态监管职责；有关网拍辅助工作的未尽事宜，按照《江苏省高级人民法院关于规范网络司法拍卖辅助工作的指导意见》执行。

同时，有条件的法院可以单独成立财产处置团队，配备执行法官、法官助理、书记员、执行司法警察，集中办理全院有关财产处置事项。

2. 财产处置组与执行实施团队的工作衔接

执行实施团队决定拍卖或变卖被执行人财产的，应制作并送达拍卖或变卖裁定书。执行指挥中心财产处置组根据执行实施团队的指令集中办理网络司法拍卖工作，完成网拍辅助事项当日，网拍专员应通过执行案件管理系统向执行实施团队反馈指令完成情况。

3. 具体辅助事项的办理要求

一是现状调查。拍卖财产现状调查报告应包括以下内容：（1）拍卖财产权属、权利负担、占有使用、欠缴税费、质量瑕疵等情况以及可能影响拍卖财产上拍、竞买、交付的其他相关情况；（2）不动产现状与登记簿记载是否相符，外观及装修情况，实际占有情况（居住人员身份、年龄、身体状况等），租赁情况（附租赁合同），有无搭建无证建筑，是否越土地红线，是否已搜查，是否已换锁，是否需要清场等；（3）机动车车牌、品牌、车型、车龄、外观、行驶里程、首次上牌时间等；（4）其他财产应详细描述。

二是确定拍卖财产参考价。拍卖财产现状调查完成后，由网拍专员通过法定方式确定拍卖财产参考价，并将报告依法送达给执行当事人及利害关系人。

三是制作拍卖公告。网拍专员应在起拍价确定之日起 3 个工作日内，制作拍卖公告，交由执行实施团队法官签发后发布上网，并在网上发布之日起 3 个工作日内将拍卖公告送达当事人及利害关系人。

四是推进拍卖进程。网拍专员应关注拍卖进展，负责网络拍卖系统维护工作。当次拍卖流拍的，及时启动次拍程序或变卖；拍卖成交的，应及时打印拍卖成交确认书，并联系买受人交付拍卖尾款。拍卖款项全额缴纳后，网拍专员应在当日告知执行实施团队，由执行实施团队在 3 个工作日内制作拍卖成交裁定，交由网拍专员送达当事人。

五是核税。需要税务机关核税的，网拍专员应及时将委托函及相关材料发送税务机关，由其进行核算。

六是过户及交付。财产处置组应在拍卖成交、税费缴纳完成后 15 个工作日内办理拍卖财产过户及交付工作。

（七）集中接待执行来访

在民事审判程序中，由于审判权的功能是确认权利，因此，法院承担居中、中立的裁判者角色，也由此要求法官与当事人的距离对等均衡，通常不允许单独接待一方当事人。如《法官职业道德基本准则》第 13 条规定："自觉遵守司法回避制度，审理案件保持中立公正的立场，平等对待当事人和其他诉讼参与人，不偏袒或歧视任何一方当事人，不私自单独会见当事人及其代理人、辩护人。"

但在民事执行程序中，法院强制执行的基本目的就是为了实现债权人的债权，其重要的一个体现就是允许执行法官单独接待一方当事人，尤其是申请执行人。一些法院还明确规定，执行法官不得拒绝接待申请执行人。然而，以往对申请执行人等执行当事人到法院来访通常不作约束，而且一般均要求由承办法官或承办执行实施团队负责接待，结果造成办案人员不得不将大量时间精力用于接待执行来访，尤其是未经预约的来访。办案人员的工作节奏往往因此被打乱，甚至还会被当事人"堵"在办公室而无法外出开展工作。此外，执行来访人员的诉求多种多样，以往通常不经引导分流，一律由案件承办人员或团队接待，也加重了办案人员的工作负担。

为此，有必要建立集中接待执行来访的工作机制，由专门人员在专门场所接待未经预约的执行来访，同时对来访人员根据来访事由区分不同处理渠道进行分流。

对集中接待执行来访，执行指挥中心实体化运行"854模式"提出了三点工作要求。

1. 接待场所和人员

立案大厅或执行事务大厅应设立执行申诉来访接待窗口，实行执行机构负责人以及执行法官轮流排班值班接访制度。窗口配备有关信息查询、公开、打印、复制的设备。各级法院应引导当事人通过网上接待平台联系办案人员或反映问题，并将网上接待的途径、流程、办理要求等向社会公示。

2. 接待要求

接访人员应对来访人员的身份信息、联系方式、涉及案件案号、反映问题和诉求等进行登记，并接收来访人员提交的材料。需要完善材料的，应当场一次性告知来访人。

3. 未经预约来访人员的分类处理

（1）来访人员提交执行异议、复议、案外人异议、异议之诉申请材料的，接访人员应立即联系立案部门予以接收。执行申诉来访接待窗口与立案部门不在同一办公区域的，接访人员应接收申请材料并开具收据，在接收材料后1个工作日内移送立案部门。

（2）来访人员反映执行行为违反法律规定或对执行标的主张实体权利，请求纠正执行错误但未明确提出执行异议、案外人异议申请的，接访人员应接收申请材料并开具收据，接收材料后1个工作日内移送立案部门。

（3）来访人员反映消极执行，或者反映执行法院或下级法院不受理或拖延受理其提出执行异议，或者对已生效的执行异议、复议、监督裁定提出申诉的，应在执行信访办理系统中详细登记并做好记录。接访人员对于无法现场扫描引入系统的相关信访材料以及接访记录，应在接访当日移交信访专员，信访专员应在接访后2个工作日内依法审查处理，并将纸质材料扫描后引入执行信访办理系统，符合执行监督立案条件的，应及时移送立案。

（4）来访人员反映执行人员徇私枉法、接受吃请或收受贿赂、礼品、购物卡等，或者反映相关法院领导、在职人员或离休、退休人员请托吃请、干预办案等行为的，接访人员应接收材料、开具收据，并在接访后1个工作日内向本院纪检监察部门移交。

（5）来访人员为案件当事人或其委托代理人，要求了解相关执行案件进展情况的，接访人员应将相关案件信息向其公开。

（6）来访人员提供执行线索、悬赏举报等信息的，接访人员应立即联系案件承办人，并将有关材料向其移送。

（7）来访人员咨询法律问题、政策规定的，接访人员能够当场解答的，应向其释明。

接访人员未对来访人员按上述要求处理的，不得直接要求案件承办人员进行接待。

（八）集中接处举报电话

我国民事强制执行程序中的财产发现机制，一般认为由"三驾马车"构成：一是法院依职权调查，二是被执行人财产报告制度，三是申请执行人提供线索。以往申请执行人向法院提供被执行人行踪或财产的线索，一般都是直接向案件承办人员或团队反映，但由于具体办案人员基本不可能实现24小时实时响应，而且对不在本地的被执行人及财产无法及时控制，往往失去执行时机，使申请执行人提供的线索失去价值。同时，处理大量对案件执行价值不大的当事人电话，也无谓消耗了执行人员不少宝贵的时间和精力，有的执行人员甚至每天接听此类电话超过100个。

为解决上述问题，各级法院效仿公安机关在执行指挥中心设立执行线索举报电话，有的直接称为"执行110"，由专人接听并处理当事人提供的执行线索，以实现快速反应、跨域调度和异地控制。

对集中接处举报电话，执行指挥中心实体化运行"854模式"提出了四点工作要求。

1. 执行线索举报电话的设置

执行指挥中心应设立执行线索举报电话，确定专人负责接听与处理。本院及上级法院执行线索举报电话应向社会公开，并在执行大厅或初次接待窗口显著位置公示，初次接待时应告知申请执行人。举报电话应24小时畅通，确保随时有人接听。执行指挥中心应公布微信服务号接收执行线索举报。

2. 执行线索举报电话的接听要求

接听执行线索举报电话，在与来电人通话过程中应当完成以下工作：（1）核实来电人身份；（2）告知来电人故意提供虚假信息扰乱、妨碍人民法院执行工作的法律后果；（3）确定举报电话涉及的案件及其承办执行实施团队；（4）登记来电内容；（5）告知来电人下一步处理流程，告知其积极配合后续执行工作。举报电话的通话，应全程录音留档备查。全省各级法院应建立被执行人及其财产线索举报电话管理系统进行系统化、标准化管理，并与执行案件管理系统对接保存。

举报电话接听人员对于来电人咨询的问题或者反映的情况，能够立即答复或处理的，应立即答复或处理；需要完善材料的，应当给予指导；不能立即答复或处理的，应将相关问题和情况及时反馈给执行实施团队，并向来电人做好释明工作。

3. 执行线索举报电话的处理要求

遇到以下情形，举报电话接听人员应立即通知相关执行实施团队或报告指挥中心副主任调度执行力量进行处理：（1）发现下落不明被执行人，要求立即对被执行人采取控制措施的；（2）发现被执行财产线索，要求立即对该财产采取控制或执行措施的；（3）如不迅速采取控制或执行措施，被执行人有可能潜逃或被执行财产有可能被转移、隐匿、损毁，要求立即采取执行措施的；（4）需要立即出警处置的其他情形。

4. 执行线索举报电话下达指令的保障机制

执行指挥中心应落实工作日期间（含部分节假日）值班制度和 24 小时备勤制度。执行指挥中心值班、备勤人数应根据具体工作需要确定，值班人数不得少于一名执行工作人员和一名技术保障人员，备勤人数不得少于一个执行实施团队。备勤期间，备勤人员应确保手机 24 小时畅通，不得离开本地，不得饮酒。

三、5 类技术服务

提供执行信息化的技术服务，可以说是执行指挥中心最初也是最基本的职能。这些服务使统一指挥、统一协调、统一管理的执行统一管理机制在技术上得到保障。

（一）视频会商

执行指挥中心根据执行实施团队指令，对需要通过全省三级法院视频会议系统或者执行指挥互联网应急指挥调度平台进行的案件会商、听证、谈话、指挥协调等工作，提供技术支持服务。

1. 工作要求

执行指挥中心实体化运行"854模式"要求：第一，执行指挥中心值班指挥区应配备有执行指挥互联网应急指挥调度平台、Gis可视化管理系统和单兵执行系统，并有专用电脑分别与执行案件管理系统、因特网相联通（独享上网带宽在100M以上），确保会商期间随时登录内外网查询信息。第二，执行指挥中心应确保全省三级法院视频会议系统、执行指挥互联网应急指挥调度平台及音视频设备在工作日期间正常使用（包括发起会商和接受其他法院发来请求加入会商），在非工作日期间应能随启随用。第三，执行指挥中心应明确一名专职技术人员，负责接收上级法院视频指令，熟练使用、操作执行指挥中心各类应用系统设备。

2. 应用场景

至2020年，江苏全省法院执行协调案件、执行监督案件办理中的了解案情、沟通意见工作，上级法院对下级法院的事项交办，执行条线工作会议、业务培训等，已普遍应用视频会商系统进行。视频会商的普遍应用，节省了大量现场会商需消耗的在途时间、需准备的接待工作，也使各级、各地法院之间的沟通更加便捷。

（二）执行过程记录

执行指挥系统应与单兵执行系统、车载指挥系统联通，执行局、执行团队负责人可通过执行指挥系统了解执行现场情况或发出执行指令，及时处理突发情况。

1. 工作要求

第一，各级法院应对每个执行实施团队配备一定数量的单兵执行系统，并确保该系统能够与执行指挥系统实时联通。所谓单兵设备或单兵执行系统，是指具有平台语言对讲、4G或5G实时传输、录像、照相、录音、报警等功能，用于直播、记录执法办案过程的便携式设备。现有设备不能实现上述要求的，应及时更换。各中级法院应配备能够搭载单兵执行系统的执行指挥车、无人机等，且能够随时与执行指挥中心联通。各级法院应为执行实施团队配备充电宝等附属设备并提供充足的网络流量，确保单兵执行系统、执法记录仪在执行任务时间较长的情况下持续正常使用。

第二，上级法院组织集中执行或协同执行等大型执行活动时，可通过执行指挥系统指挥执行现场，调度辖区内执行力量。上级法院可调动辖区法院的执行指挥车、无人机等装备，开展协同执行工作。案件数量较多的基层法院，应自行配备装备单兵执行系统的执行指挥车、无人机等。

第三，实施拘传、拘留、搜查、强制腾空、现场调查、现场送达、现场接收或发放执行款物等执行工作的，必须使用执法记录仪或单兵执行系统全程记录，并在视频生成后3个工作日内上传至执行案件管理系统。执行干警在执法过程中，应当事先告知当事人使用4G单兵设备，使用以下告知规范用语："为保护您的合法权益，监督我的执法行为，本次执法过程全程录音录像、实时视频传输。"

为解决执行程序中产生的音频和视频数据存放、管理比较混乱，且未能挂接到执行案件管理系统的问题，江苏省高级人民法院建立了全省法院统一的执行案件音频、视频数据管理系统，实现音视频资料"找得到""用得了""管得好"。一是将图片、录音、文件等非结构化数据从数据库中分离，存储到FTP文件服务器、云存储OSS，空间上给数据库瘦身，减少数据库的IO，提高数据库的运行效率。二是将执法记录仪音视频、4G单兵音视频、法官接待电话录音、执行110电话录音、车载音视频、无人机视频、"微执行"音视频等，整合入音视频一体化管理系统，与执行案件系统进行关联，实行集中管理、统一应用，并与其他业务平台互联互通，既能够为其他平台可以提供视音频数据支撑，也能够从其他平台调阅数据。截至2020年年底，全省法院进入该系统实行管理的音视频已有50万条。为确保信息安全、保障当事人隐私权，明确要求未经法院许可，任何人不得复制、拍录、传播执行中产生的音视频，当事人及其代理人等须经人民法院审批后才可以查阅；对于故意毁损录音录像或者篡改其内容的，追究相关人员相应的责任。

2. 应用场景

第一，远程指挥。单兵执行系统可以将执行现场的情况实时传输回执行指挥中心，执行指挥中心可以据此对执行现场进行远程指挥和调度，现场执行干警也可以据此向执行指挥中心申请支援、请示如何采取下一步措施。其常用场景有以下四个：（1）集中大规模执行，需要执行指挥中心实时调度的；（2）统一行动，多路同时行动的；（3）经过执行风险评估，案情复杂，现场执行突发事件可能性较大的；（4）异地执行，偏远地区执行需要精确定位，利用指挥中心联动作用，请求当地法院支援配合的。

尤其是在大型清场执行活动中，远程指挥的技术支持对开展协同执行至关重要。以2018年"江苏三级法院协同执行清空万余平方米土地厂房案"为例，7月16日早晨6时50分，江苏省高级人民法院和南京市中级人民法院、淮安市中级人民法院及其辖区14家基层法院共230余人，与当地20名防暴警察抵达此次"拔钉"行动的执行地点，另调动苏州市吴江区人民法院派员参加，为本次行动提供无人机现场监控等技术支持。执行人员迅速进入执行场地，拉起警戒线排起人墙，带离无关人员，按照实施方案分成12组各赴任务区。短短15分钟内，带离执行现场内20多人，对不配合的租户依法采取一定措施。随后，12辆工程车辆进入，近70名工人进场拆除违建，将堆积的物品搬运至法院事先联系好的仓库。本次行动历时5天，至7月18日，共交付土地13 000平方米、厂房8000余平方米，拆除违建近万平方米，清运玻璃、油漆、瓷砖、废旧玻璃1000余吨以及一大批电器、机器设备。至7月20日，涉案土地周围的隔离墙修建完毕，完成了对申请人洪某的交付工作。该案入选"全国法院2018年十大执行案件"。行动期间，现场执行情况均通过无人机实时传送至江苏省高级人民法院执行指挥中心，执行局负责人据此远程对现场工作进行指挥和协调，确保了清场工作的有序推进、突发事件的即时决策和各法院的协同行动。

第二，案件管理。一是对终结本次执行案件结案是否符合实质性要件进行检查。通过调阅音视频，即可查实相关案件是否按要求开展过现场调查等工作。二是纪检监察部门根据工作需要，通过提取、调看音视频，开展执法监督和督察工作，及时发现和纠正不规范执法行为。

第三，风险预防。执行干警执法行为被投诉的，可调取相关音视频作为调查处理的重要依据。尤其是出现被执行人受伤、被执行财物毁损等情况时，调取执行现场音视频一般就可以判断是粗暴执法造成还是被执行人自身造成。执行现场音视频也是追究被执行人拒不执行生效判决、裁定罪的重要证据。

第四，执行公开。一是向申请执行人公开执行现场音视频，使其了解执行工作开展情况。二是利用丰富的现场执行视频素材，借助电视、网络等平台开展执行宣传工作。如江苏省高级人民法院挑选执行现场的视频资料制作成抖音小视频进行宣传，其中一条"诚信妻子扛钢管替父还债"的抖音视频获得349.5万点赞，此外还与江苏公共新闻频道法治在线栏目共同开展"执行365"

系列报道。

（三）执行公开

《人民法院第五个五年改革纲要（2019—2023）》强调："进一步深化司法公开……构建更加开放、动态、透明、便民的阳光司法制度体系。"依托现代信息技术，打造阳光执行，对于增进公众对司法的了解、信赖和监督，进一步提升人民法院严格、规范、公正、文明执行水平，具有重要意义。2013年11月21日出台的《最高人民法院关于推进司法公开三大平台建设的若干意见》对执行信息公开平台建设以及执行公开的对象、范围、方式等作出了规定。2014年9月3日出台的《最高人民法院关于人民法院执行流程公开的若干意见》又进一步明确了执行流程信息以公开为原则、不公开为例外的总体要求，并对公开的渠道和内容、公开的流程、职责分工、责任与考评等作出了具体规定。《人民法院执行工作纲要（2019—2023）》更是将"健全开放、动态、透明、便民的阳光执行制度体系"，作为推进切实解决执行难的10项主要任务之一。上述文件中，都尤其强调两点：一是将执行信息向当事人公开作为重点；二是现代信息技术与执行公开的密切关联。

其原因在于，保障当事人及公众的知情权是执行信息公开平台建设的核心价值。执行信息公开平台建设具有多重价值，如规范执行行为、提升执行质效、优化执行环境、抵御不当干扰、防治司法腐败等。但当事人及公众是执行公开的最大受益者和最持久的推动者。只有知情权得到保障，人民群众行使参与权、表达权、监督权才具有坚实的基础，执行公开也才拥有了在法治轨道上自我强化和持续发展的原动力。而当前执行公开面临的最突出问题，无疑是执行实施权封闭运行、执行法院与申请执行人信息严重不对称，这是造成"执行乱"和消极执行的重要原因。因此，执行信息公开平台建设的重点，应当是执行实施权运行过程向申请执行人的公开。以此为基础，又可进一步拓展执行公开效能，比如为各类征信系统提供科学、准确、全面的信息，积极推进执行信息公开平台与社会诚信体系对接等。

此外，只有充分应用现代信息技术，才有可能使执行公开成本可控且使用便捷。近年来司法改革的经验教训表明，初衷良好的改革措施如果不注意进行成本控制，很可能就是昙花一现。为使执行信息公开平台建设实现可持续发展，必须慎重考量该平台初期建设和维持运行的成本是否在法院承受范围之内。而短信、微信、手机客户端、法院网站等信息平台的使用，一方面使执行公开可以较低的成本实现，另一方面又使执行公开平台可以实现信息的兼容性、使用的互动性和管理的便利性。

根据执行指挥中心实体化运行"854 模式"，执行指挥中心主要承担四方面执行公开职能：

一是执行指挥中心应通过短信、微信、手机客户端、江苏法院网站等平台，主动向当事人告知执行案件进展信息，保障申请执行人通过密码在全省三级法院互联网平台和 12368 语音平台，对查控被执行人财产情况、处置财产情况、执行过程音视频记录等信息进行查询。系统能够自动推送的，应及时向执行当事人自动推送信息。

二是执行指挥中心应配合执行实施团队，公开执行案件流程节点信息：

（1）立案信息公开：执行案件受理后，以短信等方式将执行案号、立案时间、承办人及联系方式通知各方当事人。

（2）过程信息公开：对执行财产采取查封、扣押、冻结、扣划等查控措施和确定参考价、拍卖、变卖等处置措施，对被执行人及相关人员采取拘留、罚款、纳入失信被执行人名单、限制消费、限制出境等措施，以及接收、分配、发放执行款物等执行信息，应在 1 个工作日内通过短信等方式告知申请执行人，同时应向当事人及相关人员送达法律文书并告知救济途径。

（3）结案信息公开：执行结案后 1 个工作日内应当将结案方式、执行到位金额、未执行到位金额等信息通过短信等方式告知申请执行人，同时应向当事人送达结案法律文书并告知救济途径。

三是执行指挥中心应配合执行实施团队公开执行法律文书。除涉及国家秘密、商业秘密、执行工作保密要求以及涉及未成年人等不宜公开的文书材料外，执行过程中形成的各种法律文书一律予以公开。网上公开的执行裁定书、结案通知书、拘留或罚款决定书等法律文书，应告知当事人可以在"中国裁判文书网"查看。

四是其他执行公开工作：（1）及时在本院官方网站、微信公众号上发布执行工作规范性文件；（2）当事人申请执行立案时，告知其三级法院 24 小时执行举报电话及本院执行微信号；（3）诉讼服务中心、执行事务大厅应设置电子显示屏和告示栏，滚动播放失信被执行人名单、执行悬赏等信息；（4）告知当事人权利义务、执行风险等内容；（5）诉讼服务中心、执行事务大厅应设置专用电脑，方便当事人查询案件信息；（6）对重大执行行动进行全媒体网络直播。

（四）舆情监测

执行工作案件量大、对抗性强、涉及社会矛盾多，因此，更要求强化舆情意识，建立行之有效的舆情监测与应对处置机制。最高人民法院也多次强调，要坚持以"三同步"原则为指导，加强舆情源头防控，切实提高舆情应对处置能力和水平，尤其提出要加强舆情监测预警，确保及时发现和处置。具体要求包括实行"7×24小时"全网监测，24小时舆情值班及零报告制度，安排专人全天候监测舆情，确保监测信息全面、及时、准确，对涉及本辖区法院的相关舆情，要做到第一时间发现、第一时间应对处置。《人民法院执行工作纲要（2019—2023）》亦要求："加强舆情引导，落实专人负责制度，严格落实'三同步'原则，及时回应、有效引导，做好法律政策宣讲、解疑释惑等工作。"

为落实上述要求，根据执行指挥中心实体化运行"854模式"，执行指挥中心主要承担以下舆情处理职能：

一是落实"三同步"理念，加强执行舆情监测。执行指挥中心通过网络舆情监管系统，及时掌握舆情动态和舆情变化，锁定相关法院和执行案件，会同本院新闻宣传部门及时应对处理。

二是执行指挥中心应配备舆情监测专员，负责舆情监管等各系统的管理和处置。舆情监测专员应能够熟练操作、使用舆情监管模块。

三是舆情监测专员应每天登录人民法院执行指挥管理平台，查看、接收和办理上级法院交办的舆情信息。对交办的负面舆情信息应在当日向执行指挥中心主任报告，通过执行指挥系统要求相关法院、执行人员及时处理。舆情处理情况，应及时向交办法院反馈；交办舆情信息存在偏差（如所属地区、涉及法院错误），应立即向上级法院申请修改。

（五）决策分析

信息对称和掌握数据，是执行工作决策和管理的基础。执行指挥中心作为执行信息和数据的中枢，具有为决策分析提供基础性资料的先天优势。例如，在攻坚"基本解决执行难"期间，为全面、实时掌握全省法院攻坚情况，江苏省高级人民法院开发了决胜"基本解决执行难"战略图系统，系统可实时展示各级、各地法院执行案件主要数据和核心指标。在此基础上，2020年开发"执行工作运行态势可视化分析系统"，使用 OLAP 技术以及实时采集等方式，将全省法院执行业务系统的数据按主题汇总到数据动态展示平台，并通过可视化方式（包括各类图表、地区），在平台展现各业务主题的数据、全局业务态势和变化情况。管理者和执行人员通过该系统能够实时动态了解主要指标、数据，以服务严格管理、科学决策。目前已建立了实时动态、汇总动态、节点动态、期限预警、执行未结、终本案件、查控动态、失信限高、执行变现、强制措施、案款动态、执行监督、执行信访、4 项事务线上运行、工作态势、即席分析、当事人关联等 17 个可视化分析页面，可实时呈现 39 类指标 2100 个数据项，数据每 3 分钟刷新一次。该系统通过执行业务描述库，对全省法院各类执行业务数据进行采集，实现对全省法院执行质效的评估、考核和监督；利用数据仓库技术对各类执行业务信息进行及时、科学的汇总、分析和预测，实现业务分析自动化，为领导分析决策提供真实、全面、准确的依据。

以此为基础，根据执行指挥中心实体化运行"854 模式"，执行指挥中心主要承担以下决策分析职能：

一是执行指挥中心应通过执行案件管理系统、人民法院执行指挥管理平台，实时显示重要数据，及时捕捉、监管并抓取异常数据，为决策分析提供基础信息。

二是执行指挥中心应实时动态掌握本院及辖区法院主要执行质效指标及其他各项执行指标的情况，并定期通报。

三是执行指挥中心发现数据异常的，应加强研究分析，认真查找原因，并及时向院领导、局领导汇报。

四是各级法院对执行工作实行单独考核以及对执行人员进行单独绩效考核时，应以执行指挥中心提供的数据和信息为主要依据。

四、4 项管理职责

执行指挥中心实体化运行"854 模式"中的"4"，是指由执行指挥中心承担 4 项管理职责，包括立案后的繁简分流管理、贯穿执行全过程的流程节点管理、执行结案前的执行案款管理和执行结案后的终本案件管理。其目的主要是解决以往普遍存在的对执行案件监督管理缺位的问题：第一，原先对执行案件的监督管理主体为院长、局长，但院长、局长自身工作事务繁重，而且执行案件数量庞大，以院长、局长个人的精力往往无暇对具体案件办理展开监督管理工作。而在"854 模式"中，这些对执行案件的日常监督管理工作转由执行指挥中心承担，院长、局长开展监督管理工作有了辅助的人员和专门的机构，从而使监督管理能够真正落实落地。第二，"854 模式"中的 4 项管理职责覆盖了执行案件办理的全流程，从而使监督管理能够实现纵向到底、横向到边，基本消除了管理死角。

（一）繁简分流管理

繁简分流是人民法院深挖潜能提高审执质效的重要途径。习近平总书记 2019 年在中央政法工作会议上强调："要深化诉讼制度改革，推进案件繁简分流、轻重分离、快慢分道。"① 根据第十三届全国人大常委会第十五次会议作出的《全国人民代表大会常务委员会关于授权最高人民法院在部分地区开展民事诉讼程序繁简分流改革试点工作的决定》和最高人民法院印发的《民事诉讼程序繁简分流改革试点方案》，最高人民法院于 2020 年 1 月 15 日印发了《民事诉讼程序繁简分流改革试点实施办法》，就优化司法确认程序、完善小额诉讼程序、完善简易程序规则、扩大独任制适用范围、健全电子诉讼规则等内容作出规定。

然而关于执行工作的繁简分流，目前仍缺少高层级的文件专门作出规定。《人民法院第五个五年改革纲要（2019—2023）》仅原则性提出："推进执行案件和执行事务的繁简分流、分权实施。"《人民法院执行工作纲要（2019—2023）》也仅提出："健全繁简分流、事务集约的执行权运行机制。执行指挥中心对执行案件进行类型化处理，实现'简案快执，难案精执'。"鉴于此，执行指挥中心实体化运行"854 模式"在总结执行工作规律和实践经验的基础上，对执行繁简分流管理的标准、时点、主体、模式等进行了探索。

1. 分流标准

首先需要注意的是，由于执行权运行具有许多有别于审判权运行的特点和规律，因此，执行程序繁简分流的总体思路与诉讼程序相比也存在重大差异。从《民事诉讼程序繁简分流改革试点实施办法》看，其繁简分流的总体思路是：第一，通过优化司法确认程序，将部分可能形成诉讼的纠纷化解在诉前；第二，通过完善小额诉讼程序和简易程序，提升简单案件分流的比重；第三，通过扩大独任制的适用范围，节约司法资源；第四，通过健全电子诉讼规则，通过互联网提供普惠均等、便捷高效、智能精准的司法服务。其第 1 项、第 3

---

① 习近平：《全面深入做好新时代政法各项工作 促进社会公平正义保障人民安居乐业》，载《人民日报》2019 年 1 月 17 日，第 1 版。

项措施更多体现了"轻重分离"，第四项措施更多体现了"快慢分道"。真正体现"繁简分流"的重点在第二项措施，即通过划定标准，使具有不同特征的案件分别进入不同的程序。而执行繁简分流的总体思路，是《人民法院第五个五年改革纲要（2019—2023）》提出的"执行案件和执行事务的繁简分流、分权实施"。执行事务的分流和分权，在"854模式"中已经通过8项事务性工作交由执行指挥中心集约化、精细化、标准化办理得以实现。实践中的难点在于如何对执行案件进行类型化处理，实现"简案快执，难案精执"。

尽管总体思路存在重大差异，深入分析却可以发现，当焦点聚集于案件繁简分流时，诉讼案件和执行案件又都殊途同归，采用了相同的实质标准。这一实质标准就是"小事"。

从诉讼案件看，根据《民事诉讼法》和《民事诉讼程序繁简分流改革试点实施办法》，适用简易程序的案件标准是"事实清楚、权利义务关系明确、争议不大的简单的民事案件"，适用小额诉讼程序的案件标准是"事实清楚、权利义务关系明确、争议不大的简单金钱给付类案件，标的额为人民币五万元以下的"，同时又将人身关系、财产确权纠纷、涉外民事纠纷、需要评估、鉴定或者对诉前评估、鉴定结果有异议的纠纷、一方当事人下落不明的纠纷排除在小额诉讼程序的适用范围之外。因此，可以看出，诉讼案件繁简分流所掌握的标准实质是"小事"，而非"小额"，小额诉讼只是因为标的额较小而成为"小事"中的"小事"。

从执行案件看，难易程度同样与执行标的金额没有直接关联。有的案件尽管执行标的金额很大，但由于足额冻结了存款，只需采取划扣措施并及时发放执行款，就可以迅速执行结案；而有的案件虽然执行标的金额不大，但由于需要处置财产或进行参与分配，就需要执行机构投入大量时间和精力。因此，实践中，对执行案件仍应以是不是"小事"作为繁简分流的标准，即根据需要采取执行措施的多寡、难易对案件进行分流。

根据这一思路，《执行指挥中心实体化运行"854模式"升级版工作导则》通过以下方式确定了执行案件繁简分流的具体标准：

第一，列举了四类属于简易执行案件的类型：（1）查控的银行存款、支付宝（余额宝）账户、微信零钱账户、现金，足以清偿债权的；（2）向有关单位发送协助执行通知书即可以办结的行为执行案件；（3）不动产、机动车过户案件；（4）未查控到被执行人有可供执行财产，且同时存在被执行人下落不明、诉讼期间公告送达开庭传票和裁判文书、申请执行人不能提供准确执行线索等情形的案件。其中前三类案件，只需采取简单的执行措施案件就可迅速执结，第四类案件则基本可以迅速确认被执行人无履行能力，而以终结本次执行程序结案。

第二，列举了三类不得归入简易执行案件的类型：（1）排除妨碍、强制拆除、房屋迁让类案件；（2）被执行人虽有财产足以清偿债权，但需变价处置类案件；（3）上级法院及本院交办、督办以及矛盾易激化案件。此类案件有的虽然标的金额不大，但或者矛盾较为尖锐，或者案件办理时间较长，或者执行措施较为烦琐，均难以在短期内执结。

第三，在"简"与"繁"之间创设了"一次性有效执行"的特殊程序。前述简易执行案件的设定虽然符合繁简分流的实质标准，但适用的案件比重过低，约只有10%~20%，对执行工作整体效率的提升并不明显。究其原因，一是客观上执行案件以执行完毕结案的比例本身较低。2020年江苏全省法院执行完毕率仅27.41%。二是被执行人出于规避执行、逃避执行等目的而转移资产的情况仍大量存在，有些甚至为了躲避网络查控系统而将大量存款转为现金。为了解决这一问题，徐州市泉山区人民法院在实践中创造性地提出了"一次性有效执行"的概念。适用"一次性有效执行"的案件，为具备以下情形的小标的案件：（1）被执行人为本地常住人口；（2）被执行人有较稳定工作及社会关系，履行能力相对较强；（3）被执行人或其财产被采取强制措施后，代为履行或执行担保等方式履行义务可能性较大的案件。实践经验表明，对具有上述情形的小标的案件被执行人，通过在首次传唤或拘传时，做到案件情况一次性了解、财产状况一次性查明、法律义务一次性告知、违法后果一次性释明，确保"法律讲透、压力给够"，通常就可以充分查明其履行能力或迫使其履行。此类案件只需对被执行人及其财产一次性采取充分执行措施，不需要重复采取措施，故称为"一次性有效执行"。小标的执行案件范围，由各级中院根据本地实际确定，但原则上不超过10万元。"一次性有效执行"实际上是在"小额"执行中，又挖掘出一类相对而言属于"小事"的案件。

从目前的实践看，通过简案快执、难案精执以及"一次性有效执行"三个层次的繁简分流，简单案件占比10%~20%，复杂案件占比20%~30%，其余50%~60%均可通过"一次性有效执行"解决，从而实实在在地提升了执行效率。

2. 分流时点

由于根据民事诉讼案件繁简分流的标准，适用何种程序通常在立案时就可以作出判断，因此，民事诉讼案件的繁简分流通常在立案时进行。而执行案件繁简分流的前提，是首先对被执行人财产状况进行初步查明，因此，执行案件繁简分流的时点应为立案后并完成集中查控后，由执行指挥中心根据查控结果，以有无足额财产可供执行、有无财产需要处置、能否一次性有效执行等为标准，实施繁简分流。具体的办理程序如下：执行案件立案后，所有案件的承办人统一填写为"执行指挥中心"，并由执行指挥中心视财产查控及执行标的情况，将案件分为简易执行案件、一次性有效执行案件和普通执行案件三种类型，按团队分工随机分案。

3. 办理机构及期限

由于执行案件繁简分流具有三种类型，因此，需有针对性地组建不同的办理机构，并设定不同的办理期限要求。一是对简易执行案件，由简易执行案件办理团队或快执团队专门办理，此类团队也可配备在执行指挥中心。简易执行案件应在立案之日起 30 日内结案。二是设立一次性有效执行团队，一次性有效执行案件应在立案之日起 60 日内结案。三是普通执行团队，普通执行案件在法定期限内结案即可。简易执行案件以及一次性有效执行案件无法在期限内结案的，应转为普通执行案件办理。

（二）案件质效管理

案件质量和效率是执行办案的核心目标。这是因为，第一，司法裁判本身就是一种事后救济，而执行则是以实现这种事后救济为目的。市场主体在经济交往中承担的交易风险、社会主体在社会活动中面临的社会风险，不可能通过执行来避免。这决定了生效法律文书中所确定的权益并不一定都能够全部实现，胜诉当事人的合法权益能否实现最终取决于被执行人有无履行能力。人民法院办理执行案件所追求的目标，就是勤勉、规范地开展工作，穷尽一切执行手段查明被执行人履行能力、控制并处置其责任财产。因此，对执行实施权运行的要求，必然更侧重于执行过程的质量，即考察执行机构是否规范、勉力地行使了执行权。第二，审判工作更注重精密且周全地审理以求公正，而执行工作更注重迅速采取执行措施以求效率。

根据执行指挥中心实体化运行"854 模式"，执行案件质效管理包括执行案件收案、分案、流程节点管理、结案审查等工作，上述工作主要由执行指挥中心配备的案件质效管理专员负责，在院长、局长的指导下办理案件质效管理工作。

1. 流程节点管理

流程节点管理是执行案件质效管理最主要的抓手。《人民法院执行工作纲要（2019—2023）》提出："……全面升级案件流程信息管理系统，优化、强化关键流程节点自动回填、自动控制，实现办案流程全程在线、全程留痕、全方位多层次监控。实现文书发送、财产查控、询价评估、拍卖变卖、案款发放等案件节点的可视化、标准化监管。增强系统服务功能，升级执行节点、执行期限、前置程序等的自动预警和提示功能，提升系统操作用户体验。"在江苏法院目前运行的执行案件流程信息管理系统中，已经将执行实施案件办理中最主要的 25 个流程节点嵌入案件办理过程。各级法院还可通过"执行工作运行态势可视化分析系统"对执行案件流程节点进行动态统计。该功能可按照案件类型、承办部门、是否节点超期，以及是否为必要节点对全院的案件流程进行动态的报表统计和图形化展示。

案件质效管理专员主要从两个方面落实流程节点管理：

第一，每天对未结执行案件的主要流程节点完成情况进行检查。这些主要流程节点包括五个方面：（1）执行通知：是否已在立案之日起 5 个工作日内发出执行通知书；（2）网络查控：是否已在立案后 24 小时内自动发起"点对点"网络查询系统，是否已在电子卷宗生成后 24 小时内发起"总对总"网络查询系统，终本案件结案前是否再次发起"总对总"查询；（3）传统查控：包含调查、传唤、搜查、悬赏执行、司法审计等；（4）惩戒措施：拘传、罚款、拘留、列入失信被执行人名单、限制高消费等；（5）终本约谈：将执行情况告知申请人并听取其意见。

对关键流程节点监管应当适当提前，对即将到期的，应在发现当日以办案人员能够确定收到的方式提示其采取相应执行措施，提示情况应形成工作日志备查。对已经超期的，应向执行指挥中心主任报告。

第二，每天检查本院办案人员在执行案件管理系统中向执行指挥中心相关模块发送指令的情况，以及相关模块工作人员接收、完成、反馈指令的情况。对即将或已经超过指令要求的反馈时间的，应在发现当日以相关人员能够确定收到的方式，提示其按要求落实指令要求，提示情况应形成工作日志备查，并应将提示情况在当日向执行指挥中心主任报告。

2. 执行结案管理

一般而言，民事诉讼案件的结案只需具备裁判文书已作出并发送的这一条件即可，通常无须进行结案审查。然而执行实施案件由于其性质特殊，通常须审查是否符合一定标准后方可结案。为此，最高人民法院先后下发《最高人民法院关于执行案件立案、结案若干问题的意见》《最高人民法院关于严格规范终结本次执行程序的规定（试行）》等文件，对执行实施案件的结案标准作出规定。

案件质效管理专员主要从三个方面落实执行结案管理：

第一，负责审查报结的案件是否符合法定结案条件。同时，应审查结案信息中相关信息项是否完整、准确填写，包括申请执行标的额、结案标的额、申请人放弃标的额、执行到位标的额、案款是否退付完毕、结案日期、结案方式、结案事由等。

第二，以终结本次执行程序申报结案的，案件质效管理专员应审查下列情形：（1）是否符合终本案件的实质要件，即被执行人是否确无财产可供执行或者虽发现有财产但客观上不能处置；（2）是否符合终本案件的程序要件，即系统节点是否具备结案前再次进行"总对总"查控、对案件进行传统查控、进行终本约谈、发布限制消费令四项要件。

第三，案件质效管理专员对不符合要求的结案申请，应在审查当日以办案人员能够确定收到的方式提示其补正或纠正，提示情况应形成工作日志备查，并应将提示情况在当日向执行指挥中心主任或执行局局长报告。

（三）执行案款管理

执行人员因其工作性质特殊，在工作中直接经手案款的收发，如果管理不到位，极易出现案款信息不透明、发放不及时等问题，也容易产生挪用、侵占、贪污执行案款等廉政隐患。最高人民法院2017年下发的《最高人民法院关于执行款物管理工作的规定》明确规定了款物收发情况定期核对机制、"一案一账号"执行案款归集管理方法，并细化了执行案款收取、发放、提取流程。《人民法院执行工作纲要（2019—2023）》又进一步提出新的要求："完善'一案一账号'工作机制和信息化系统，完成款物管理系统或财务系统与案件流程信息管理系统对接，实现案款到账短信通知、逾期未发放款项预警提示等功能，全面实现款物管理的全流程化和信息化……建立执行款物管理系统，在线完成财产甄别，建立网络化收付款工作机制，确保执行案款收支便利、全程留痕、发放及时。"

实践证明，执行案款管理必须做到线上操作与线下管理并重，才能真正杜绝以往执行案款收发中易发、多发的各种问题。江苏法院一方面自2017年9月开始全面启用"一案一人一账户"费款管理系统，使款项到账后直接进入审判执行管理系统，每一笔款项都与案号、当事人对应，划付情况、沉淀时间全程记录、公开透明；另一方面在执行指挥中心实体化运行"854模式"中进一步完善执行案款管理机制。

第一，要求全省各级法院所有执行案件必须强制性使用"一案一人一账号"执行案款管理系统。除现场直接交付外，执行案款接收及发放必须通过"一案一人一账号"执行案款管理系统办理。"一案一人一账号"系统生成的执行法院虚拟案款账户，应在执行通知书中告知被执行人，不得告知执行法院主体账户，不得要求被执行人及相关人员将执行案款汇入虚拟收款账户以外的账户。

第二，要求发放执行款应符合"五级审批把关"和"线上线下双重审批"要求，以杜绝单纯线上审批无法防范盗用账号等问题的发生。所谓"五级审批把关"，是指发放执行款必须遵循以下程序：承办人提交执行款发放审批表并附相关证明材料（执行裁定书、参与分配函、分配方案、委托手续等）—执行案款管理专员初审—执行局局长或主管院领导批准—财务部门领导审核—财务人员办理支付手续。所谓"线上线下双重审批"，是指线上线下审批手续均全部齐备并能够相互印证，才能发放执行款。

第三，执行指挥中心设置执行案款管理专员岗位，专门负责案款管理工作。执行案款管理专员有如下五方面的职责：

一是在执行团队或执行人员收到案件后实时告知其点击生成执行案件虚拟账号，并告知执行案件当事人或者协助执行人（单位）。

二是对"一案一人一账号"的执行案款管理系统使用情况及相关制度落实情况进行实时监控。发现案款收发情况异常的，应形成工作日志备查，并立即报告执行局局长。执行局局长应在接到报告后立即核查情况并作出处理。调查处理情况，应形成工作日志备查。必要时，应通报本院纪检监察以及财务管理部门。

三是对不明案款的监督管理。具体包括以下两方面职责：（1）执行款直接进入相关案件虚拟账号内，无须承办人认领的，提醒承办人查看并及时发放；（2）执行款直接进入本院主体账号，通过缴款人、银行附言等主要信息查询，能够识别执行款所属案件的，督促相关承办人在3个工作日内认领到所属执行案件虚拟账号内。

四是对执行案款发放流程进行监督管理。具体包括以下两方面职责：（1）审查执行款发放是否符合"五级审批把关"和"线上线下双重审批"要求。（2）督促承办人在"一案一人一账号"系统显示执行款到账之日起30日内完成执行款核算、执行费用结算以及发放等工作。发现即将超期或已经超期仍未发放且无暂缓发放手续的，应形成工作日志备查，并于发现当日报告执行指挥中心主任。

五是上级法院的案款管理专员，有权监测辖区所有法院的执行案款情况。各级法院执行案款系统仍在不断迭代升级，目前已逐步实现了执行机构与财务部门信息互通，对执行案款进出账情况予以提醒、超期预警、实时监管、动态清理。例如，开发运行执行案款监管手机App，解决因费款管理系统部署在内网造成的执行款认领发放不及时、院领导、局领导无法及时掌握案款发放信息、案款发放审批周期长等问题。该App可实时向执行人员手机推送执行款到账信息、待认领执行款信息，连续15天为执行人员设置待办日程提醒，超期未发放的逐级向局领导、分管执行工作院领导发送提醒信息，执行案款发放的申请、审批也可通过该App进行，审批节点自动同步到内网系统。院领导、局领导还可通过该手机App实时查看全市、全局或任一法官承办的执行款到账、发放情况。同时，强化执行案款到账、发放的信息公开，执行案款到账、发放的，系统自动发送手机短信向申请执行人告知。

（四）终本案件管理

终结本次执行是执行实施案件一种最为特殊的结案方式。人民法院在已穷尽财产调查措施的情况下，未发现被执行人有可供执行的财产或者发现的财产不能处置，故暂时以终结本次执行的方式结案，结案后一旦发现财产且符合一定条件的，应当恢复执行。因此，终本案件管理的实质是结案后管理。以往终本案件管理主要存在两个问题：一是终本案件由于"案结事未了"，因此形成了"案件越办越多"的局面。以往执行案件终本结案后，仍由原承办人负责继续办理，造成执行人员办案负担不断加重，甚至只能将主要精力用于应付终本老案，而无暇办理新收案件。二是由于历年累积终本案件过多，原承办人又需办理新案，使案件终本后往往处于"脱管"状态。

为解决上述问题，江苏省高级人民法院于 2015 年在全国率先出台《关于依法正确适用终结本次执行程序及加强终本案件单独管理的意见》，提出对终本案件进行单独管理、动态管理的理念。这一经验被《人民法院第五个五年改革纲要（2019—2023)》所采纳吸收："严格规范无财产可供执行案件的结案、恢复和退出程序，全面推行终结本次执行案件集中、动态管理。"

依照这一思路，执行指挥中心实体化运行"854 模式"对终本案件管理提出了两点要求。

1. 终本案件集中管理

终本案件集中管理，是指案件终本结案后不再由原承办人负责，而是采用类似"不良资产剥离"的方式，集中交由终本案件管理组专人进行管理。终本案件管理组设在执行指挥中心，负责终本案件结案审查、终本后动态集中管理和恢复执行申请的审查与办理等事项，组长可由指挥中心副主任兼任。恢复执行案件不得由原承办人办理，但因执行和解需长期履行而终本结案的，如恢复执行，应由原承办人办理。

终本案件管理组主要负责五方面事项：（1）定期对网络查询结果进行筛查，发现有可供执行财产的应及时采取措施，符合条件的及时恢复执行；（2）终本后需要冻结、查封或限制出境事项；（3）被执行人财产在其他法院处置的，及时发起参与分配事项；（4）申请执行人申请解除查封或冻结措施经审查准许的，制作解除查封冻结裁定；（5）核实、登记并回复申请执行人等提出的针对被执行人的财产线索。

中级法院终本管理组统一负责辖区内法院终本案件的复查工作，每季度应随机抽查一定数量的终本案件，复查结果予以通报，并纳入执行工作单独考核。

2. 终本案件动态管理

终本案件动态管理是指终本案件由执行指挥中心导入终本案件管理系统，并通过终本案件管理系统定期对被执行人财产情况进行查询，一旦发现财产即由终本案件管理组审查决定是否恢复执行并采取执行措施。终本案件管理组应当在终本案件管理系统"查询设置"项下设置以下五方面信息查询内容：（1）是否启用网络自动查询；（2）查询案件范围；（3）查询频率设置；（4）银行存款自动提醒的金额标准；（5）有财产线索信息是否已设置提醒承办人等。终本案件有以下情形的，由终本案件管理组审查并恢复执行：（1）申请执行人因受欺诈、胁迫与被执行人达成执行和解协议，申请恢复执行原生效法律文书的；（2）一方当事人不履行或不完全履行执行和解协议，对方当事人申请恢复执行原生效法律文书的；（3）债权人发现被执行人有可供执行财产，需要恢复执行的；（4）执行监督或执行案件检查中发现终本案件不符合法定结案条件的。

通过上述终本案件管理机制，执行人员得以轻装上阵，全力办理首次执行案件，保障了首次执行案件的办理质效不断提升。同时，已结终本案件一旦发现财产能够实现，应及时采取措施并恢复执行。仅 2020 年，江苏全省法院恢复执行的终本案件就达到 89 319 件，其中执行完毕 61 989 件，恢复执行案件执行到位金额 388 亿元。

五、中级法院指挥中心的统一管理职责

执行实施权的法律性质接近于行政权，其管理也与审判工作实行层级监督管理为主的体制不同，需要实行以统一管理、统一指挥、统一协调为内容的"三统一"管理体制，以实现横向协同、纵向贯通、市域联动。

《人民法院执行工作纲要（2019—2023）》提出："依托执行指挥中心强化'三统一'执行管理，探索推进执行管理体制改革。支持各地法院在地方党委领导下，经最高人民法院批准，结合编制和人事管理改革，开展执行管理体制改革试点。试点模式包括：一是市（地）中级人民法院对区（县）人民法院执行机构垂直领导；二是区（县）人民法院执行机构接受本级人民法院和中级人民法院级执行机构双重领导，在执行业务上以上级执行机构领导为主。"江苏法院目前采取的是第二种模式，从 2020 年开始在苏州、宿迁两市开展试点工作。苏州市中级人民法院作为全国最早开展执行管理体制改革工作的 2 个试点法院之一，受到最高人民法院原院长周强两次批示肯定，经验向全国推广。试点的主要做法，是明确各中级法院主要履行指挥、管理、协调工作职能，进一步强化中级法院对基层法院执行工作的双重领导，将各项监管职能逐步下沉至中级人民法院执行指挥中心，明确中级、基层法院权责清单，在中级法院设立执行监管中心，加强上级法院对下级法院案、人、财、物的管理职责。

为配合执行管理体制改革，执行指挥中心实体化运行"854 模式"对中级法院指挥中心的统一管理职责也提出了一些基本要求，为全面推广改革预留了

空间。主要有七方面的职责。

（一）执行联动机制建设

中级法院执行指挥中心负责全市法院查人、找物、扣车、信用惩戒、网格化等协作联动工作。执行协作联动机制建设，原则上应接入"点对点"系统，在案件管理平台开展工作。

（二）执行信息化建设

中级法院执行指挥中心负责全市法院执行信息化建设的规划与实施工作，使信息化建设成果普惠基层。中级法院执行指挥中心应打造全市法院统一的执行案件管理平台，推动执行模式向数字化转型，为全市法院执行工作一体化开展提供系统支撑。

（三）执行装备管理

中级法院执行指挥中心负责全市法院执行装备标准的制定工作，并督促基层法院配备到位。中级法院执行指挥中心定期检查全市法院执行装备配备情况，并纳入执行工作单独考核。

（四）组织集中执行活动

中级法院执行指挥中心负责全市法院集中执行或者协同执行活动的组织实施工作，基层法院必须服从调度与指挥。中级法院执行指挥中心组织全市法院集中执行或者协同执行活动，应统一发布公告，统一人员装备，统一行动要求，统一宣传报道。

（五）案件提级、指定、交叉执行

中级法院执行指挥中心负责全市法院范围内案件的提级执行、指定执行、交叉执行。对于同一被执行人在全市多家法院有执行案件的，原则上应将案件指定至财产所在地法院、主要财产所在地法院或对财产享有处置权的法院执行。提级、指定、交叉执行应通过网上办理，此类案件的案号，可编立"执监"字号，不得编立"执他"字号。涉及多个法院或多个案件的，应编立一个案号予以实施。

（六）执行事项协调

中级法院执行指挥中心负责全市法院之间涉及参与分配、处置权转移以及协助执行等相关事务的协调和争议解决。上述协调和争议事项，应通过网上办理。

（七）督办执转破工作

中级法院执行指挥中心负责督办全市法院"执转破"工作，包括"执转破"工作开展以及数据统计等。中级法院执行指挥中心应定期筛选同一被执行人在全市范围内关联案件情况，对同一被执行人案件超过50件的，原则上应向有管辖权的辖区法院发出"执转破"督办函，督促"执转破"工作顺利开展。

六、配套改革措施

（一）"五位一体"的综合改革

执行指挥中心实体化运行"854模式"坚持系统思维，实行组织模式、办案模式、分工机制、管理机制、考核机制"五位一体"的综合改革，以保障改革的可持续发展。

一是在组织模式方面，实现执行指挥中心这一"最强大脑"与执行实施团队这一"最强团队"在职能与效能上的有机结合。执行指挥中心主任由执行局局长兼任，配备1~2名副主任，负责日常工作管理。同时，配备与其职能相适应的执行人员、技术人员、警务人员，负责技术保障、秩序维持和事务办理工作。健全完善以法官为主导的团队办案模式，优化不同团队以及团队内部职权划分。

二是在办案模式方面，彻底改变"一人包案到底"或"团队包案到底"的传统办案模式，实现工作思路从"办案"向"办事"转变。全省各中级、基层法院必须全部设立执行事务中心，执行过程中的各项事务性、辅助性工作合理分流，并统一由执行事务中心集约化、流程化与规范化办理，切实减轻执行实施团队工作压力，使之集中精力做好研判案情、确定方案、制作文书以及行为执行等必须由法官承担的核心执行事务。执行案件较少的法院，执行事务中心的规模及力量配置可相应减少，但必须能够承担起执行事务分流功能。

三是分工机制方面，全面推行"大中心、小团队"机制模式，系统化整合执行工作力量。执行指挥中心、执行团队按照其各自承担职能及工作事项，合理配置执行资源及执行力量。实现执行案件精细化管理，合理设置办案团队数量，提倡团队规模小型化，每个团队以3~5人为宜。实行人员分类管理、分工负责、团队协作，最大限度发挥执行团队的协同优势。

四是管理机制方面，要求执行指挥中心落实定岗、定责、定人、定标准、定时限的"五定"要求。执行指挥中心根据各项职责要求建立功能模块，指定专人负责，确保工作规范和信息安全。案件数量较少的法院，在不影响各岗位正常运行前提下，执行指挥中心同一人员可同时承担多项职责。制定相应规章制度、工作流程和岗位职责，并在工作场所显要位置公示。

五是考核机制方面，要求对执行工作实行单独考核以及对执行人员进行单独绩效考核。对办案人员与办事人员的考核采用不同标准和方式。对办案人员，按照"审理者裁判、裁判者负责"的原则，重点考核"4＋1"核心指标等执行案件办理的质量效率指标；对办事人员，按照"谁办理谁负责"的原则，落实执行指挥中心工作责任制，对执行指挥中心工作人员根据各岗位承担职责的不同设定相应的考评标准，重点对工作差错率、执行团队满意度等进行考评。

（二）全面推行"无纸化执行"

江苏法院无纸化办案最早在昆山市人民法院千灯法庭进行探索，并形成了智慧审判的"千灯方案"。在"千灯方案"的推广过程中，一些基层法院发现，无纸化办案在执行程序中能够发挥出更大的作用，尤其是与"854模式"深度融合后，对执行案件质效的提升作用尤为明显。"执行无纸化"从2018年开始在昆山市人民法院、徐州市泉山区人民法院进行试点，2020年上半年在苏州、徐州两级法院全面落地，至2020年年底在全省法院全面运行。

"无纸化执行"是执行指挥中心实体化运行"854模式"迭代升级的重点之一。通过"无纸化执行"，实现执行案件信息全链条可监管、全节点可查询、全进程可预期、全流程可追溯，执行指令全过程线上交办与反馈，全面提升执行工作信息化水平。

根据执行指挥中心实体化运行"854模式"要求，江苏全省所有中级、基层法院至2020年年底已全面建成执行案件"中间库"。"中间库"建成后，实现电子卷宗随案同步生成，各功能模块与执行团队共建、共享、共用，各流程节点无纸质卷宗流转。"中间库"配备专人承担集中扫描、智能编目、纸质材料管理等相关工作。要求执行过程中产生的所有纸质材料均应在形成后3个工作日内移送"中间库"，相关人员应在收到材料3个工作日内集中扫描、智能编目，形成电子卷宗后导入江苏法院执行案件流程信息管理系统。在各环节扫描材料时均在材料上打印唯一二维码，做到案件各环节纸质材料的可追溯性。执行局局长、执行实施团队、案件质效管理人员和相关工作节点的办理人员根据相应权限可以调阅电子卷宗。扫描完成后，纸质材料由"中间库"集中保存管理。结案后，经办案人员审核，由"中间库"集中将纸质材料装订归档。

需要借出"中间库"保存管理的纸质材料，须经执行局局长审批。借出、借阅、复制"中间库"保存管理的纸质材料应当进行登记。

执行"无纸化"不仅减少了纸张浪费、有益于环保，执行案件办理的流程节点交接更加顺畅，更对执行质效提升起到了良好的效果。

一是减少了纸质卷宗流转。"854模式"中，案件承办团队需要频繁下达指令给各辅助事务组，辅助事务组也要频繁将办理情况反馈承办团队。按照传统模式，实务工作指令到哪里，纸质卷就必须移送到哪里，纸质卷的流转频繁，常常因为纸质卷流转问题造成案件进程"梗阻"，也容易造成卷宗材料丢失，出现问题回溯追责也存在较大困难。实行"无纸化"之后，案件材料所有参与案件人员均可查阅，从而免去了纸质卷流转和保管的负担，避免了"流而不转"的拖延。

二是使工作流程由"串联"变"并联"。原先是"卷宗在谁手里谁干活"，实行"无纸化"之后，电子卷宗由执行指挥中心各模块以及执行实施团队共建、共享、共用，承办团队可以同时下达多项指令，不同辅助事务组可同时办理不同事项而无须等待纸质卷宗流转，从而大幅提升了效率。

三是真正实现了案件监管的全流程覆盖。无纸化办公确保了办案节点同步录入、电子卷与纸质卷同步生成，而且执行局负责人、案件承办团队、各执行辅助事务组以及上级法院，均可查阅进入案管系统的电子卷和进入档案中间库的纸质卷，从而使执行案件办理流程和进展全部置于监管之下。以往由于纸质卷由承办团队保管，造成的执行管理信息不对称，因此，监管往往滞后，而且往往需要逐案排查、费时费力。推行"无纸化"之后，执行案件实现了"三全"：全过程可掌控、全节点可查询、全进程可预期，以往在监管上存在的问题得到根本解决，真正可以实现全覆盖的实时、事中监管，而且可以避免承办人故意拖延甚至遗忘造成"抽屉案"的情况，同时也为实时向当事人公开执行信息提供了便利。

专题七 执行管理体制改革

第一节 执行管理体制改革的背景动因

执行管理体制改革是伴随着破解"执行难"问题应运而生的。《中共中央关于转发〈中共最高人民法院党组关于解决人民法院"执行难"问题的报告〉的通知》就已提出:"要强化执行机构的职能作用,加强执行工作的统一管理和协调。各省(自治区、直辖市)范围内的人民法院执行工作由高级人民法院统一管理和协调,并负责同外省(自治区、直辖市)高级人民法院执行机构协调处理执行争议案件。"《最高人民法院关于高级人民法院统一管理执行工作若干问题的规定》对执行管理作出了更为细致的规定。《中央政法委关于切实解决人民法院执行难问题的通知》进一步强调:"积极推进人民法院执行体制和工作体制改革工作,建立统一管理、统一协调、高效运行的执行工作体制,加强上下级执行协作工作,有效抵制地方和部门保护主义,加大解决执行难的工作力度。"

随着对执行权权力属性研究的不断深入,执行管理体制改革有了一定的理论基础,加上"基本解决执行难"期间的实践探索和"切实解决执行难"的目标指引,推进执行管理体制改革已经迎来"天时地利人和"的良好时机。

一、执行权的双重属性为执行管理体制改革提供了理论支撑

执行权兼具司法权和行政权双重属性,[①] 前者主要体现在执行裁判类事项中,后者则集中表现为执行实施过程中采取的各类强制措施以及上下级法院之

---

① 高执办:《论执行局设置的理论基础》,载《人民司法》2001 年第 2 期。

间的统一管理、统一指挥和统一协调。长期以来，基于审级独立的司法观念，上下级法院执行机构间主要仍为业务指导关系，执行权的行政权属性并未得到应有的重视和充分体现。由此带来的结果是，人民法院习惯于参照审判程序对执行权的运行进行规制，忽视了通过行政管理手段大力提升执行权运行效能。因此，为了更好地保障执行权公正、高效、规范行使，有必要在上下级法院之间，特别是中级法院与基层法院之间建立具有行政权特点、符合执行工作规律的纵向管理机制，推动执行资源在市域范围内产生"聚合效应""规模效应"，逐步提升地区整体执行效能。

二、执行工作的发展瓶颈对执行管理体制改革提出了现实需求

"基本解决执行难"目标如期实现后，法院执行工作还存在以下亟待解决的问题：一是人案矛盾化解不彻底。人案矛盾是执行工作中长期存在的问题，但在"基本解决执行难"阶段性任务结束后，法院的全局性工作决定了办案人员无法再向执行机构持续倾斜，人案矛盾未从根本上得到解决。二是基层法院之间发展不平衡。有的法院勇于创新，为全国执行工作贡献了地方智慧；有的法院争先创优意识不强，解决问题的办法不多，质效指标与先进法院相比仍有一定差距。此种不平衡的发展状态，必然会影响人民群众的司法获得感，以及对法院执行工作的整体评价。三是上下级法院协同不深入。"基本解决执行难"攻坚期间，上下级法院的执行协同主要停留在办理具体案件层面，但在执行理念、执行方法、人财物保障、信息化建设等方面还缺乏更深层次的协同。

以上问题制约了执行工作的长远发展，但难以通过一家法院有限的资源和力量解决，唯有通过执行体制机制的改革创新，在更大范围、更高层级优化资源配置、凝聚执行合力，打造"纵向贯通、横向协同、市域联动"的执行工作格局，才能使执行工作突破瓶颈、更进一步。

三、最高人民法院"五年纲要"为执行管理体制改革提供了政策依据

《人民法院第五个五年改革纲要（2019—2023）》再次提出："强化统一管理、统一指挥、统一协调的执行工作机制。"《人民法院执行工作纲要

（2019—2023）》进一步指出："依托执行指挥中心强化'三统一'执行管理，探索推进执行管理体制改革。支持各地法院在地方党委领导下，经最高人民法院批准，结合编制和人事管理改革，开展执行管理体制改革试点。试点模式包括：一是市（地）中级人民法院对区（县）人民法院执行机构垂直领导；二是区（县）人民法院执行机构接受本级人民法院和中级人民法院级执行机构双重领导，在执行业务上以上级执行机构领导为主。试点工作在2020年底前完成。"

《人民法院第五个五年改革纲要（2019—2023）》提供了"垂直领导"和"双重领导"两种改革模式，各地法院可以结合地区特点，研究制定改革方案并申请试点。目前，最高人民法院已批准陕西省高级人民法院、江苏省苏州市中级人民法院、广东省惠州市中级人民法院开展改革试点，江苏省宿迁市中级人民法院等地方法院也在所属高级人民法院和当地党委支持下启动了改革工作。

四、近年来执行长效机制建设为执行管理体制改革奠定了实践基础

"基本解决执行难"攻坚期间，各地法院探索出一系列行之有效的执行工作机制，强化了执行工作的"三统一"管理。以苏州地区为例，两级法院建立终本案件单独管理机制，规范执行信访案件办理程序，大范围开展提级执行、指定执行、协同执行，常态化组织集中执行行动，实行执行工作单独考核等。随着上述机制的成熟运行，全市法院执行工作实现了跨越式发展，以优异成绩通过了第三方评估验收，如期实现了"基本解决执行难"的阶段性目标。2019年，苏州市中级人民法院被最高人民法院、人力资源和社会保障部联合表彰为全国法院"基本解决执行难"工作先进单位，并与辖区内常熟市人民法院、苏州市吴江区人民法院、苏州工业园区人民法院一同被江苏省高级人民法院确定为"解决执行难长效机制建设示范法院"。在扎实推进执行长效机制建设过程中，苏州两级法院之间的执行管理模式逐渐发生改变，为推动更深层次的改革奠定了坚实基础。

第二节　执行管理体制改革的路径分析

基于上节分析，围绕行政权属性对执行权纵向运行机制进行优化改造，已

成为执行管理体制改革的基本方向。而在具体的路径选择上，根据纵向运行机制改造程度的不同，又可分为"垂直领导"和"双重领导"两种模式。

一、"垂直领导"改革模式

所谓"垂直领导"，即执行机构脱离所在法院管理，直接由上级法院执行机构领导。较早开展"垂直领导"改革的是河北省唐山市中级人民法院，该院自 2010 年年初开始探索设立跨区执行机构，积累了一定的改革经验。2015 年 7 月，该院被最高人民法院确定为审执分离体制改革试点法院，经过不断探索实践，逐渐形成了"上统下分，裁执分离，人财物案统一管理"的"两分一统"垂直管理执行工作新模式。① 以唐山法院的改革实践为例，"垂直领导"模式的核心内容主要体现在三个方面。

（一）在隶属关系上，基层法院执行局脱离所在法院，统一由中级法院领导

唐山法院组建了 5 个跨行政区域的执行分局，作为中级法院执行局的下设机构，同时撤销了基层法院执行局，将其改设为执行大队，从隶属关系上脱离基层法院。每个执行分局下辖三个执行大队，统一管理本辖区执行工作，执行大队在执行分局的统一领导下，办理法律规定由基层法院管辖的执行实施案件。中级法院执行局下设执行指挥中心、实施处、督导处、政治处等内设机构。

（二）在职责分工上，中级法院执行局侧重于统一管理，执行分局和执行大队侧重于办理具体案件和事务

中级法院执行局内设机构履行如下职责：执行指挥中心负责统一立案分案、统一管理经费、装备和案款、统一部署全市集中执行和专项执行行动，统筹安排综合性事务；实施处负责办理法律规定由中级法院管辖的执行实施案件；督导处负责统一协调解决执行争议，督办、化解执行实施类申诉信访案件，查处违法违纪行为；政治处负责对全市执行队伍的统一管理、考核和培训。执行分局和执行大队履行以下职责：部署、指挥集中执行和专项执行行动；负责队伍管理和业务考评；负责经费和装备管理；负责立案分案、信访督办、执行宣传，以及综合性

---

① 李彦明：《创建"两分一统"垂直管理模式 强力破解执行难题》，载《人民法院报》2016 年 9 月 21 日，第 8 版。

事务工作。执行局内设机构与执行分局、执行大队相互协调配合，形成执行机构统一框架。

（三）在管理模式上，中级法院执行局统一领导、指挥、管理、协调全市执行队伍、案件、经费和装备

一是统一管理执行人员。按照执行人员编制数不低于基层法院总编制数15％的比例，将基层法院符合条件的执行人员划转到中级法院，由中级法院统一平衡使用。同时，实行"一岗双责"、绩效考评、消极执行问责等管理规定，针对工作任务目标，制定专项考核办法和表彰奖励工作暂行规定。中级法院执行局政治处负责队伍管理和考核，督导处负责专项督查和指导。

二是统一管理经费装备。改革后，原基层法院执行局的办公用房、车辆等执行装备，由执行大队继续使用，后续维护和设备更新统一由市级财政保障。执行分局和执行大队的人员工资和公用经费等，悉数纳入市级财政预算。执行指挥中心负责经费和装备保障工作，实行单独管理、分账列支，确保执行经费和装备急用先配、配强配优、足额保障。

三是统一管理执行案件。通过统一提级、概括授权方式，实施"一提、一指、一分"的办案机制，破解执行分局和执行大队的执法主体资格问题，确保不因改革而增加当事人诉累。"一提"，是把法律规定由基层法院管辖的执行实施案件，统一提级至中级法院，然后交由各执行分局办理，使用中级法院案号、公章和文书。"一指"，是将执行分局在办理执行实施案件过程中发生的案外人异议及异议之诉等案件，由中级法院指定基层法院管辖。"一分"，是把执行异议审查、不予执行审查等裁决案件，从执行局分离，交由执行裁决庭审理。执行局负责执行命令、决定和程序类事项的实施。在执行分局创设执行委员会，负责研究解决疑难复杂案件，研讨总结执行工作经验。

二、"双重领导"改革模式

所谓"双重领导"，即区（县）人民法院执行机构接受本级人民法院和中级人民法院执行机构双重领导，在执行业务上以上级执行机构领导为主。在《人民法院第五个五年改革纲要（2019—2023）》明确此种模式之前，全国范围内尚无试点经验。该模式与"垂直领导"最大的区别在于，基层法院执行局并不解除与所在法院的隶属关系，但对两级法院之间的权责界限，《人民法院第五个五年改革纲要（2019—2023）》中则未作明确。实际上，"双重领导"

模式并非凭空臆造，直接来源于"三统一"管理的成熟经验。"基本解决执行难"攻坚期间，执行"三统一"管理空前强化，发挥了巨大作用，各地法院在"三统一"管理方式上进行了诸多有益探索，丰富了执行管理的内涵，为推行"双重领导"模式奠定了坚实基础。

2020年3月，陕西省高级人民法院和苏州市中级人民法院经最高人民法院批准成为全国首批执行管理体制改革试点法院，宿迁市中级人民法院在地方党委支持下也启动了试点改革，以上法院选取的改革模式虽然均是"双重领导"，但侧重点各有不同。陕西省高级人民法院试点的"双重领导"模式，重点在于强化执行"三统一"管理，落实中级法院执行局对基层法院的执行办案行使司法监督权和对执行人员、实施案件、执行装备进行统一调度、统一指挥。该试点范围较广，覆盖全省三级法院，陕西省高级人民法院、西安市中级人民法院、榆林市中级人民法院、汉中市中级人民法院及其辖区试点基层法院均参与改革，该模式有利于未来在全省范围迅速推广试点经验。苏州市中级人民法院试点的"双重领导"模式，重点在于统筹市域执行资源，从"统人""统案""统事""统标准"等方面全面强化纵向管理，在更大范围内释放工作效能。宿迁市中级人民法院试点的"双重领导"模式，重点是从"统案"的角度，在全市法院打造"中级法院抓总、县区主执、跨区（县）多起案件集中管辖、骨干下沉、合力攻坚"的工作格局，以此提升全市法院整体执行质效。

三、改革模式比较与路径选择

"垂直领导"和"双重领导"两种模式改革目标一致，都是为了进一步统筹执行资源，提升执行效能。但从二者对执行权行政属性的发挥程度看，"垂直领导"模式改革更加彻底，更有利于发挥聚合效应，但改革难度也较大，需要处理好与现行组织体制、诉讼制度相冲突的一系列问题，对上级法院执行机构的统筹管理能力要求更高。"双重领导"模式的优势在于已经具备扎实的实践基础，改革难度较小，但需要处理好上级法院执行机构与基层法院的权责分工问题，避免相互推诿。两种模式各有利弊，具体选择何种模式，需要在综合考察地区经济社会发展水平、执行案件体量、人财物保障状况等因素的基础上，结合实际情况作出合理选择。

唐山市中级人民法院选择"垂直领导"模式，是在审执分离改革背景下结合以往改革实践作出的制度安排。该院早在 2010 年年初就开始探索设立跨区执行机构，为"垂直管理"奠定了坚实基础，2015 年在推进审执分离改革过程中，又对执行权运行机制进一步加以改造，将执行权分为执行裁决权和执行实施权，裁决权交由法院内设的执行裁判庭行使，实施权则由中级法院执行局统一行使。此种模式最大的优势在于中级法院执行局统一指挥更加有力，全市范围内统一调配和整合资源后，化分散为集中，能够形成更为强大的执行合力。基层法院执行局撤销后，执行实施权变"块管"为"条管"，上下一体的垂直领导体制也能在一定程度上削减外界干预，让跨行政区域的集中执行行动更加有效，影响力更大。同时，中级法院在全市范围内协调执行争议和跨部门协作等方面的话语权也更大。从执行案件体量角度看，唐山法院年均受理执行案件 2 万多件，仅与一些案件量较大的区（县）法院相当，中级法院对案件的统管难度和压力相对较小。从人财物保障角度看，基层法院执行干警划转中级法院管理后，工资和公用经费等悉数纳入市级财政预算，有利于提升执行干警行政级别和法官等级，增加工资收入和退休待遇，因此具有很强的改革动力。

江苏省苏州市中级人民法院选择"双重领导"模式，主要是考虑市、区（县）两级的人财物保障能力以及苏州法院的执行案件体量。如果按照"垂直领导"模式开展改革，可能会面临以下问题：一方面，区（县）经济较为发达，区（县）一级对执行人财物的保障高于市级，"垂直领导"模式下保障力度不升反降，基层法院执行干警支持改革的动力不足，改革进程恐将受阻；另一方面，苏州基层法院的执行案件体量庞大，人案矛盾十分突出，"垂直领导"模式下中级法院的统筹管理能力将面临严峻考验，改革成本较高。相比较而言，"双重领导"模式下基层法院执行机构并未脱离所在法院，维持了该法院作为司法机关的完整组织构造，且不涉及人财物保障的改变，基层法院执行干警的各种待遇仍然维持原有水准，改革成本和阻力均相对较小。与此同时，中级法院执行局通过强化执行业务领导，能够在市域范围内优化配置执行资源，帮助人案矛盾突出的基层法院解决现实困难，也更易获得执行干警的普遍支持。宿迁市中级人民法院选择"双重领导"模式，也是基于对地区经济发展水平、人财物保障状况以及案件体量等因素的充分考量，大体上与苏州地区类似，此处不再赘述。

总而言之，改革模式并无优劣之分，只有合适与否。无论选择何种模式，都应把握同样的原则：从微观价值视角来看，要有利于人民法院依法公正行使执行权；从中观价值视角来看，要有利于切实解决执行难目标的实现；从宏观价值视角来看，要有利于提升执行领域的司法公信力。①

第三节　执行管理体制改革的江苏实践

一、苏州方案

苏州法院在"基本解决执行难"攻坚成果基础上，坚持"机制创新"和"技术引领"，着力破解制约执行工作长远发展的深层次问题，加快走出一条切实解决执行难的"苏州路径"。尤其是 2020 年以来，经最高人民法院批复同意，在地方党委、政府大力支持下，苏州法院以"双重领导"模式开展执行管理体制改革试点，对执行权纵向运行模式进行了系统重塑，为下一步切实解决执行难奠定了坚实制度基础。

（一）苏州法院执行管理体制改革的背景动因

1. 问题检视：基本解决执行难之后执行工作面临的发展瓶颈

"基本解决执行难"三年攻坚期间，苏州法院以高标准通过第三方评估验收，如期实现最高人民法院提出的阶段性目标任务，执行工作面貌也焕然一新，但仍存在以下亟待解决的问题：

一是人案矛盾化解不明显。随着经济社会发展，执行案件数量呈不断增长态势。2018 年，苏州法院新收执行案件 98 870 件，结案 101 397 件；2019 年，苏州法院新收执行案件 109 792 件，结案 110 668 件，同比分别增长 11.05% 和 9.14%；2020 年，受新冠疫情影响，执行案件数量增速放缓，苏州法院新收执行案件 110 847 件，结案 111 960 件，但依然同比分别增长了 0.96% 和 1.17%；2021 年新收执行案件 135 091 件，结案 133 947 件，同比分别增长 21.87% 和 19.64%；2022 年新收执行案件 135 926 件，结案 134 430 件，同比分别 0.63% 和 0.36%。与此同时，执行人员数量却无法与日益增长的案件数量相匹配。2018 年至 2022 年，苏州法院实有执行人员依次为 703 人、661 人、642 人、607 人、667 人，其中，2021 年执行员额法官人均结案 1240 件，这一

①　陈建华：《积极稳妥推进执行工作垂直管理试点》，载《人民法院报》2019 年 8 月 21 日，第 2 版。

数字严重超出江苏省高级人民法院对基层执行法官案件饱和度的调研数据。①"基本解决执行难"期间，各地法院均倾全院之力保障攻坚任务，执行人员虽有所补充，但多是临时性的。阶段性目标实现后，很多法院又将临时补充的人员调离，人案矛盾并未化解，执行干警普遍超负荷工作的状态并未改变。

二是基层法院之间发展不平衡。受地区经济发展状况和区域社会环境等因素影响，各基层法院的执行工作基础各不相同，导致各基层法院执行工作发展水平参差不齐。在人财物保障方面：有的法院办案经费充足，物质装备先进，执行人员配备到位，人员结构较为合理，能够较好地满足执行工作需要；有的法院执行力量偏弱，人员配备不足，队伍结构不合理，执行信息化建设滞后，无法满足新形势下执行工作的实践需求。在执行工作业绩方面：有的法院工作思路开阔，勇于改革创新，为全省乃至全国法院的执行工作贡献了"苏州智慧"；有的法院争先创优意识不强，解决问题的办法不多，质效指标与先进法院相比还有较大差距。基层法院之间发展不平衡，让人民群众获得不同质量标准的司法体验，最终会影响人民群众对全市法院的整体评价。

三是上下级法院之间协同不深入。执行工作的难易程度与执行部门可调用的执行资源密切相关。单个法院的执行资源是有限的，基于有限执行资源开展执行工作所产生的效果也必然是有限的。"基本解决执行难"攻坚期间，上下级法院之间的协同主要体现在办理具体案件层面，对市域执行资源的统筹利用不充分，在业务指导、队伍管理、信息化建设等方面还缺乏更深层次的协同。中级法院对基层法院的业务指导不深入，各法院执行理念、工作模式、办案尺度不统一，执行质效差距明显，各基层法院之间缺少对先进理念和经验的分享交流，没能形成共同促进、共同提升的良性发展局面。中级法院对全市法院执行队伍的培养和管理缺少有力抓手，没能充分挖掘各法院优秀执行人才，并积极发挥他们的模范带头作用，对部分法院不重视执行人才输送的问题未予以有效监管。各法院在信息化建设上各自谋划、重复投入，造成资源浪费，中级法院缺乏统筹协调，对基层法院的服务保障作用发挥不明显。

---

① 根据江苏省高级人民法院 2014 年调研结果，一名基层法院执行法官每年的饱和工作量为办理 143.36 件执行案件。参见岳彩领：《论强制执行审执分离模式之新构建》，载《当代法学》2016 年第 3 期。

2. 改革路径：根据行政权特点重塑执行权纵向运行模式

关于执行权的性质有"司法权说"① "行政权说"② 和"复合权力说"三种观点，其中"复合权力说"是目前主流观点，即认为执行权是一种兼具司法权和行政权双重属性的复合权力，该学说较为准确全面地概括了执行权的复杂特征。具体而言，执行权兼具司法权和行政权双重属性，司法权属性主要体现在执行裁判类事项中，行政权属性则体现在执行实施过程中采取的各类强制执行措施以及上下级法院之间的统一管理、统一指挥和统一协调中。

长期以来，执行工作过于关注执行权的司法权属性，对其行政权属性没有给予足够重视，习惯于参照审判程序对执行权的运行进行规制，却忽视了通过行政管理手段大力提升执行权运行效能。一方面，执行办案模式简单套用审判上的做法，没有充分体现执行权横向运行的特点。传统的执行办案模式与审判上法官"一人包案到底"的模式是相同的，没有关注到不同案件中同类事务性工作在全局甚至全市范围内集约实施的可能性，没有真正实现从"办案"到"办事"的转变。另一方面，上下级法院执行部门沿用审级指导监督关系，无法有效发挥执行权纵向运行的效能。基于审级独立观念，上级法院对下级法院执行工作的影响通常仅限于案件管理，即通过办理复议、监督案件把握案件质量，对辖区执行案件、人员、装备的统一管理、统一指挥、统一协调的职能作用没有得到充分发挥，执行资源利用效率不高，执行办案成本居高不下。

因此，为了更好地保障执行权公正、高效、规范行使，有必要通过重塑执行权纵向运行模式来提升整体执行效能。这也是苏州法院启动执行管理体制改革的动因和初衷。

（二）苏州法院执行管理体制改革的具体实践

《人民法院执行工作纲要（2019—2023）》提出了两种执行管理体制改革

---

① "司法权"说认为，执行权和审判权都是法院司法权的组成部分。行使审判权的目的在于判断是非、确定权利、解决纠纷，行使执行权的目的在于保障生效法律文书确定权利的实现，二者只有结合行使才能起到保护权利的作用，没有执行权作为后盾的审判权是不完整的，执行程序是诉讼程序中与审判程序并列的子程序，执行行为从内容上可以分为单纯的执行行为和执行救济行为，但执行权整体上依然属于司法权。参见江伟、赵秀举：《论执行行为的性质与执行机构的设置》，载《人大法律评论》第1辑，中国人民大学2000年版。

② "行政权说"认为，强制执行具有确定性、主动性、命令性、强制性等特征，执行活动是一种行政活动，执行行为是一种行政行为，执行权是国家行政权的一部分。参见谭世贵主编：《中国司法改革研究》，法律出版社2000年版，第294页。持此观点的学者进而认为，将执行权界定为行政权，并划入行政机关行使，可以充分利用行政主体所拥有的行政资源，提高执行机关的强制力，解决执行实践中强制性不足的难题。

试点方案①，即"垂直领导"模式和"双重领导"模式。从强化行政权属性的角度看，"垂直领导"模式对传统体制的改造更加彻底，但该模式对市（地）一级人财物保障能力提出了严峻考验。没有充足的人财物保障，执行工作将难以为继。苏州地区县域经济非常发达，相较于市（地）党委政府，区（县）党委政府对当地法院的人财物保障更加到位。苏州地区执行案件量大，又主要集中在基层法院，人财物保障只能加强不能减弱，因此，必须极力争取区（县）党委政府的支持。如果按照"垂直领导"模式改革，则意味着脱离地方支持，不利于维持改革动力。而在"双重领导"模式下，则可以兼顾上级法院的业务领导和地方党委政府的物质保障，更有利于各项改革措施在苏州落地见效。基于以上考虑，苏州市中级人民法院选择"双重领导"模式申请改革试点，于2020年3月得到最高人民法院批复同意，成为当时全国仅有的两家试点法院之一。在推进改革过程中，苏州法院主要有四种做法。

1. 夯实改革基础，以基本解决执行难为新起点开启"双重领导"实践探索

"基本解决执行难"期间，苏州法院在大力攻坚执行领域各项难题的同时，建立起一系列长效机制，并在实践中巩固强化。

一是开展审执分离改革，厘清执行机构职能。2017年4月，苏州市中级人民法院撤销执行局内设机构执行裁决处，在执行局外增设执行裁判庭，负责办理执行异议案件、执行复议案件、执行异议之诉以及消极执行督办案件以外的执行监督案件，实现了审判权与执行权的深度分离。随着执行裁判类事项的剥离，执行机构的职能集中于办理执行实施案件，执行权的行政权色彩更加凸显，上下级法院执行机构垂直统一领导的趋向日益清晰。

二是落实"854模式"，优化执行资源配置。2018年8月，江苏省高级人民法院在苏州工业园区人民法院"执行标准化体系"等实践经验基础上，总

---

① 《最高人民法院关于深化执行改革健全解决执行难长效机制的意见——人民法院执行工作纲要（2019—2023）》指出："支持各地法院在地方党委领导下，经最高人民法院批准，结合编制和人事管理改革，开展执行管理体制改革试点。试点模式包括：一是市（地）中级人民法院对区（县）人民法院执行机构垂直领导；二是区（县）人民法院执行机构接受本级人民法院和中级人民法院级执行机构双重领导，在执行业务上以上级执行机构领导为主。"

结提炼出执行指挥中心实体化运行"854 模式"①，按照"分权集约"的理念重组执行团队，重塑办案模式。"基本解决执行难"三年时间里，苏州两级法院全面落实"854 模式"，大范围开展提级执行、指定执行、协同执行，常态化组织集中执行行动，建立终本案件单独管理机制，规范执行信访案件办理程序，实行执行工作单独考核，有效调动了全市执行资源，为探索执行业务"双重领导"积累了丰富经验。

三是创新执行无纸化，搭建信息共享平台。2018 年前后，昆山市人民法院千灯法庭探索形成以电子卷宗随案同步生成及深度应用为基础、以纸质卷宗智能中间库为关键、以辅助事务集约化管理为保障的智慧审判"苏州模式－千灯方案"，为执行办案模式的转变打开了新思路。2019 年，全市法院将发端于审判领域的"无纸化"办案模式"嫁接"至执行领域，全面推广执行无纸化，即执行过程中产生的所有纸质材料均及时扫描形成电子卷宗，纸质材料放入中间库，各执行团队可以随时随地共享电子卷宗，并联式开展工作。执行无纸化为执行团队之间、上下级法院之间更深层次的协作与监管搭建了信息化平台。

通过上述执行长效机制建设，苏州两级法院之间的执行管理模式逐渐发生改变，"双重领导"模式已现雏形，为推动更深层次的改革奠定了坚实基础。

2. 坚持问题导向，以执行权运行规律为依据谋划"双重领导"改革图景

如前所述，"基本解决执行难"之后，苏州地区仍存在人案矛盾化解不明显、各基层法院发展不平衡、上下级法院协同不深入等问题，这些问题未能得到有效解决的深层次原因在于执行管理体制与执行权属性及其运行规律不相适应。苏州法院推动执行管理体制改革，就是要破除制约执行工作发展的体制机制障碍，重塑执行权纵向运行模式，打造"横向协同、纵向贯通、市域一体"的执行工作格局。

2020 年 4 月，苏州市中级人民法院在苏州市委组织部、市委编制委员会办公室大力支持下，联合印发《苏州法院执行管理体制改革试点方案》，从落实机构人员保障、实行双重领导管理、严格选配任用程序、推动干部轮岗交流、加大业务培训力度、优化办案工作机制、强化执行监督执纪、加强工作业

---

① 执行指挥中心实体化运行"854 模式"，是指由各级法院执行指挥中心集中办理当事人初次接待、制发法律文书、线上线下查控、办理委托执行事项、录入强制措施信息、网络拍卖辅助、接待执行来访、接处举报电话 8 类事务性工作，提供视频会商、执行过程记录、执行公开、舆情监测、决策分析 5 类技术服务，承担繁简分流、案件质效、执行案款、终本案件 4 项管理职责。

绩考核八个方面全面谋划了改革图景，改革试点方案获得最高人民法院主要领导三次批示肯定。为了防止改革出现方向偏差，将"双重领导"异化成"垂直领导"，苏州市中级人民法院制定了《苏州法院执行权力责任清单》，厘清两级法院职责定位，明确中级法院的权责范围主要在于制度供给、服务保障、标准制定以及监督考核，基层法院的权责范围主要在于执法办案、日常管理和人财物保障。此外，苏州市中级人民法院还陆续印发其他一系列改革配套文件和"1+3"善意文明执行文件等业务指导类文件。

实践证明，上述"方案"和"清单"为执行管理体制改革架起了"四梁八柱"，划定了"边界四至"，在改革试点工作中发挥了纲领性作用，其他配套文件和业务指导文件确保了改革的方向和效果，有效推动了改革进程不断走深走实。市委组织部、编制委员会办公室等部门的大力支持，成功破除了改革的最大难点，为试点工作取得预期成效提供了保障。

3. 聚焦改革重点，以市域资源统筹为核心构建"双重领导"工作格局

苏州法院执行管理体制改革的核心要义是"统"，即在市域范围内统筹执行案件、执行人员、执行装备等执行资源，最大程度释放工作效能，真正形成全市执行工作"一张网""一盘棋"格局。

首先是"统人"。一方面，抓住"局长"这个关键少数。严把政治标准，选优配强执行局局长，基层法院执行局局长由中级法院党组会同当地组织部门酝酿、提名、考察，进入所在法院党组，专职领导和管理执行实施和执行裁判工作。基层法院执行局局长每年向中级法院和所在法院党组双述职，中级法院党组认为其不称职的，可以商请当地组织部门予以调整、调离或者免职。截至2020年12月，全市10家基层法院执行局局长均已选配到位，并进入所在法院党组，执行领导力量明显增强。另一方面，抓住"人才"这个关键群体。印发《关于建立执行专业委员会的实施意见》和《关于建立执行人才库的实施意见》，遴选10名能力突出的业务骨干为首届执行专业委员会委员，将执行专业委员会打造成推动全市法院执行工作发展的"智库"，选拔13名优秀干警为首批执行实施人才、执行指挥人才、执行信息化人才和执行宣传人才，汇聚人才集体智慧攻坚克难，服务保障全市法院执行工作。建立执行工作实训基地，实行全市法院之间青年执行干警双向挂职锻炼、定向短期锻炼，搭建历练平台，储备执行生力军。督促全市法院综合考量案件基数、年龄结构、知识背景等因素，加强执行人员轮岗交流，优化队伍结构。

其次是"统案"。"双重领导"模式的重点是强化中级法院对基层法院的业务领导，亦即强化对执行案件的统一管理，具体通过统一调配案件、组织执行"会战"、开展业务培训、落实监督考核等方式来实现。早在2019年，苏州市中级人民法院即已出台《关于规范提级执行、指定执行、协同执行的实施办法》，通过长期实践，逐步形成关联案件集中管辖、执行事务属地办理的原则。2019年至2022年，全市法院提级执行488件、指定交叉执行4262件、协同执行69次，办结跨域执行事务78 039项，充分调度了全市执行资源，有效降低了执行成本。定期组织执行"会战"，针对难案积案开展集中攻坚，全市法院共同打造的"天网行动"集中执行品牌深植苏城百姓生活，"春雷季""骄阳季""秋风季""凛冬季"四大板块各具特色。坚持开展业务培训，2019年至2022年，已连续举办23期"苏州执行大讲堂"，研讨交流执行实践中的热点难点问题，促进提升执行办案水平。强化对执行案件质量的考核，以常态化开展案件评查和信访督办并定期发布通报为抓手，倒逼管理规范、质效指标的提升。

再次是"统事"。对于全市法院共同的执行需求，比如健全联动机制、出台业务规范、开发信息化系统等，由中级法院统一供给、保障，减少基层法院的重复投入，节省司法成本。2019年，苏州市中级人民法院与公安机关建立临控失信被执行人工作机制，实现对被执行人的精准查找，截至2022年已成功临控3173人，有效解决了"人难找"问题；与不动产登记、车管、公积金管理等部门签订合作协议，实现不动产、车辆及公积金的网络查控，有效解决了"财产难查"问题；与基层综治部门建立"网格＋执行"工作机制，实现协助执行工作向末端延伸，"协助难求"问题在全市范围内得到有效缓解。2020年，苏州市中级人民法院推动市委依法治市委员会出台《关于加强综合治理从源头切实解决执行难问题的实施意见》，将解决执行难工作纳入法治苏州建设工作监测评价内容，综合治理执行难大格局进一步健全完善。试点工作开展以来，苏州市中级人民法院出台《数字化执行操作规程》《关于财产集中处置流程的规定》《关于严厉打击规避执行行为的意见》等近20个规范性文件，为执法办案提供务实、有效、可操作的业务指导。此外，苏州市中级人民法院根据基层法院提出的信息化需求，统一开发"两管一控"数字化执行系统①，开

---

① 即"三统一"案管系统、"可视化"监管系统和"网络化"查控系统。

发成果由全市法院共享，推动执行工作实现数字化转型。

最后是"统标准"。一方面是统一执行工作标准，即通过加强制度供给，努力在全市范围内统一执行理念、办案模式和执法尺度，消除各法院在执行工作标准上的不平衡状态，让当事人在不同法院执行的案件中都能获得同样公正高效的司法体验。另一方面是统一人财物保障标准。在"双重领导"模式下，中级法院只是实行"业务领导"，基层法院执行局的人财物仍由所在法院负责保障。为了避免在人财物保障上出现"双不管""双虚化"的情况，苏州市中级人民法院统一编制了执行人员、装备、车辆、信息化等方面的配备标准，包括2019年印发的《全市法院执行工作业务装备标准》以及2020年11月印发的《全市基层法院执行人员配备标准》，并将上述配备标准的落实情况作为执行单独考核的重要内容，同时加大执行单独考核在全院综合考评体系中的权重，以此督促各基层法院党组对执行工作给予充分重视，确保执行力量只增不减，物质保障只升不降。

4. 依托科技赋能，以数字化执行系统为工具提升"双重领导"能力水平

2019年以来，苏州市中级人民法院在执行无纸化基础上，联合技术公司开发"两管一控"数字化执行系统，制定出台《数字化执行操作手册》，大力推进执行数字化转型。2020年7月，"两管一控"数字化执行系统获得计算机软件著作权登记证书。该系统是执行管理体制改革不可或缺的技术支撑，为执行工作"双重领导"提供了有力抓手，客观上促进了执行管理能力和水平的提升。

"两管一控"数字化执行系统横向上实现了分权集约模式下执行权运行的"可视化"监管。一是流程节点监管"可视化"。除必须线下办理的事项外，执行业务全部网上办理、网上流转、网上留痕。承办法官在执行各环节发送的工作指令及结果反馈都通过系统完成，任何工作指令未按规定期限办结，系统会自动向承办法官和管理专员发出提示预警。二是重点事项监管"可视化"。依托标的物精细化管理模块，全市每一家法院及每一位法官执行案件的涉案财产和案款均可在系统中实时呈现，院长、局长可实时动态掌握财产处置状况和案款发放进程，对怠于处置的及时催办提醒。三是法官自我管理"可视化"。执行指挥中心配置专门人员负责网络查控、查人找物、拍卖调查等事务性工作，并按照承办法官发送的指令对全部辅助事务进行"清单式"管理，承办法官可通过系统查看已派发指令的

完成情况，统筹安排案件相关工作。四是执行信息公开"可视化"。系统可自动向当事人发送短信，告知审限变更、移送评估、案款到账等重要流程节点变动情况，当事人还可以通过"执行 110"微信服务号、"智慧法院"App 等渠道获取案件信息，甚至查阅电子卷宗正卷材料。

"两管一控"数字化执行系统纵向上实现了"三统一"模式下全市执行工作的统筹推进。一是两级法院"一盘棋"架构。"两管一控"数字化执行系统打破了全市法院执行案件的信息壁垒，跨法院的执行事务也可以通过"指令发送＋事项办理＋结果反馈"的方式由属地法院办理。中级法院统筹建设"网络化"查控平台，全市法院共享建设成果。二是两级法院"一块屏"监管。依托"两管一控"数字化执行系统，中级法院可实时掌握全市法院收结案、财产查控、案款发放、失信惩戒等执行数据，综合研判执行工作发展态势，及时调整工作策略，真正实现执行管理"一竿子插到底"。三是两级法院"一体化"运作。指定执行、提级执行、交叉执行、参与分配、移交处置权、协调执行争议等事项，均可通过"两管一控"数字化执行系统的"三统一管理"模块发起、处理和反馈，相关案件信息和电子卷宗材料一键移转，纸质材料不再线下送交。

（三）苏州法院执行管理体制改革的初步成效

1. 执行资源有效统筹，执行效率进一步提高

一是有效降低执行成本。2019 年以前，在苏州市范围内跨域开展银行临柜、查人找物、协助送达等执行辅助事务时，均需按照"两人一车半天"的模式现场办理，法院之间处理参与分配、商请移交处置权、协调执行争议等"三统一"事项时，均需通过线下邮寄信件或者登门沟通等方式进行，这些做法耗时又耗力。"双重领导"模式下，实行执行事务属地办理和"三统一"事项线上办理，2019 年至 2022 年，全市法院之间相互派发执行辅助事务指令 13 444 条，线上处理"三统一"事项 5436 件，完成不动产线上查询 802 095 次，线上查封、解封、过户 88 178 次，完成车辆线上查询 688 331 次，线上查封、解封 29 466 次，接收公积金反馈数据 767 400 条，有效降低了人财物成本。

二是有效缩短办案用时。"双重领导"模式下，执行权运行各环节衔接更加通畅、流转更加迅速，简案繁案快慢分道，办案用时大幅缩短。2018 年至2022 年，全市法院首执案件结案平均用时从 132.51 天缩短为 86.92 天，执行

完毕案件结案平均用时从 82.58 天缩短为 54.36 天，法定期限内结案率则从 81.17% 提升为 95.62%（详见图 7-1）。即便仅考察特定执行环节，也能得出办案用时大幅缩短的结论，比如 2018 年苏州市中级人民法院执行案件中财产处置周期①平均为 266 天，2019 年、2020 年、2021 年、2022 年则分别缩短为 221 天、149 天、127 天、108 天。

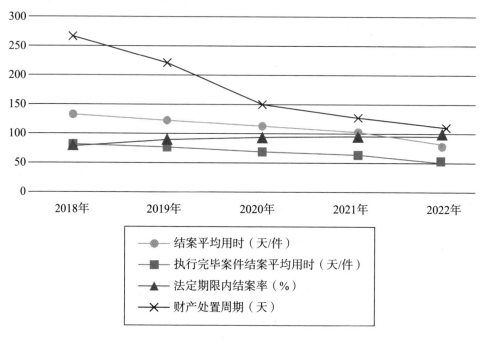

图 7-1　2018~2022 年苏州法院执行效率指标情况

　　三是有效应对人案矛盾。2018 年至 2022 年，全市法院新收各类执行案件的数量每年以 10% 左右的幅度快速增长，执行人员总数非但没相应增长反而有所下降，但依然能够实现结案数的同比例增长，结收案比每年均超过 100%，执行员额法官人均结案数连年迭升（详见表 7-1）。2022 年，全市法院以全省 10% 的执行人员，办结了全省 16% 的执行案件，执行到位金额占全省的 20.54%，执行员额法官人均结案 1011 件。在案多人少矛盾无法通过增配人员加以缓解的前提下，执行管理体制改革实现了执行资源的市域统筹，节省了执行成本，有效应对了案件增长带来的冲击。

---

　　①　财产处置周期的起点为已查封财产具备处置条件的时间（即标的物精细化管理系统中登记待处置财产的时间），终点为该查封财产变价成功的时间（即作出成交确认裁定的时间）。

表 7 - 1 2018～2022 年苏州法院执行收结案情况

年度	新收案件数	结案数	执行人员数	执行员额法官人均结案数
2018 年	98 870	10 1397	703	812
2019 年	10 9792	11 0668	661	896
2020 年	11 0847	11 1960	642	991
2021 年	13 5091	13 3947	607	1240
2022 年	135 936	134 430	667	1011

2. 执行管理不断完善，执行规范化水平进一步提升

一是队伍管理取得新进展。改革试点过程中，除了选优配强执行局局长外，全市法院对 73 名执行干警进行了轮岗交流，3 名基层法院优秀执行干警至中级法院执行局挂职锻炼，3 名中级法院优秀年轻干部下派至基层法院参与执行工作管理，有效激活了法院队伍的"一池春水"。苏州市中级人民法院综合考虑收案数、年龄结构、专业背景等因素制定了执行人员配备标准，全市基层法院按照标准进行人员调整。2022 年，全市法院执行干警平均年龄 36.7 岁，具有本科以上学历的人员占比 81.65%，执行员额法官中具有研究生以上学历的占比 36.82%，队伍结构得到合理优化。

二是案件管理开创新局面。苏州市中级人民法院对基层法院办理的重大疑难复杂案件加大提级执行和协同执行力度，做好后盾支撑，帮助基层法院消化难案积案。对同一被执行人案件超过 50 件以上的系列案件，中级法院向有管辖权的基层法院发出"执转破"督办函，推动执行案件快速出清。2022 年全市法院共计受理"执转破"案件 535 件（该数据是 2018 年的 3.5 倍，详见图 7 - 2），消化执行案件 5957 件。全市法院高度重视案件质量管理，通过案件评查和监督考核，杜绝违规终结本次执行程序和违规终结执行现象，2018 年至 2021 年，全市法院终本案件合格率从 95.78% 提升至 100%，终结率从 9.93% 下降至 8.76%。[①]

三是权力监督实现新提升。改革试点期间，全市法院通过纵横两个维度对执行权运行予以监督制约。在横向上，依托执行指挥中心实体化运行，彻底打

---

① 苏州法院历来严格控制终结执行案件数量，禁止承办法官动员债权人撤销执行申请，把办案重心放在为胜诉当事人执行到"真金白银"上，大力提升实际执行到位率、执行完毕率、执行到位金额等指标，而不是通过技术手段有目的性地改善终结率和实际执结率指标。

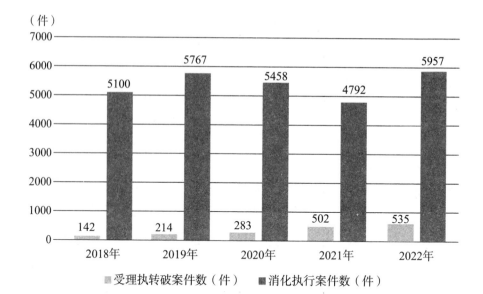

图 7 - 2　2018～2022 年苏州法院"执转破"案件办理情况

破"一人包案到底"传统办案模式，通过"两管一控"数字化执行系统对重要流程节点进行"可视化"监管，2022 年全市法院共发起 629 条催办提醒；在纵向上，中级法院依托案件评查、信访督办、"一案双查"等工作机制，及时纠正实践中执行不规范、消极执行、选择性执行、乱执行等问题。2018 年至 2022 年，全市法院执行信访办结率均为 100%，执行信访案访比（逆向指标）保持低位运行（详见表 7 - 2）。全市法院进京执行信访案访比、赴省执行信访案访比均远远低于全省平均值，在全省排名始终处于前列，全市法院执行信访化解工作受到最高人民法院点名表扬。

表 7 - 2　2018～2022 年苏州法院执行信访办理情况

年度	到京执行信访案访比（‰）	全省平均值（‰）	在全省排名
2018 年	2.05	3.4	第三
2019 年	1.76	2.73	第四
2020 年	1.2	3.22	第一
2021 年	2.69	5.61	第一
2022 年	1.73	3.53	第二

3. 社会评价积极向好，执行环境进一步优化

一是人民群众司法获得感进一步增强。改革后，全市法院办案模式和工作

标准实现统一，当事人能够对自己的案件建立合理预期，消除对法院和法官的猜忌、怀疑，全市法院执行工作水平的差距不断缩小①，让当事人在不同法院都能获得同样高质量的司法体验，从而改善对全市法院执行工作的整体评价。全市法院对于实际执行到位率、执行完毕率、执行到位金额等指标紧盯不放，这些指标的排名始终位居全省前列（详见表7-3），充分彰显最大程度兑现胜诉债权的良好效果。全市法院深化执行公开，向当事人开放电子卷宗，实时发送案款到账短信，新冠疫情期间通过电子送达、网拍VR及直播看样、视频约谈（详见图7-3），为当事人以"不见面"方式参与执行提供便利，方便当事人及时了解案件进程，依法维护自身权益。

表7-3　2018~2022年苏州法院执行质量指标情况

年度	实际执行到位率			执行完毕率			执行到位金额		
	苏州数值（%）	全省平均值（%）	在全省排名	苏州数值（%）	全省平均值（%）	在全省排名	苏州数值（亿元）	占全省比例（%）	在全省排名
2018年	30.94	26.53	第三	34.58	29.37	第二	276	21.8	第一
2019年	32.59	24.55	第三	32.38	27.86	第一	238.4	23.3	第一
2020年	30.26	22.94	第三	29.62	27.41	第三	180.2	21.7	第一
2021年	22.35	18.35	第四	30.43	28.8	第四	217.05	18.23	第一
2022年	25.05	18.96	第五	27.44	28.11	第九	249.62	20.54	第一

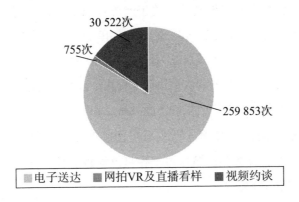

图7-3　新冠疫情期间苏州法院"不见面"执行措施统计

① 改革试点前后，全市基层法院在执行工作单独考核中的得分差距明显缩小，2018年第一名和最后一名的分差为34.9分，2022年第一名和最后一名的分差已缩小为11.1分，而且2018年排名靠后的几家基层法院进步很快，有的已排到全市法院前列。

二是社会认可度进一步提升。疫情期间，苏州市中级人民法院适时出台《关于贯彻善意文明执行理念 优化法治诚信营商环境的若干意见》，获得苏州市委主要领导批示肯定。全市法院线上线下同步开展"六稳""六保"专项行动，在全国率先推出"网拍直播周"，通过司法拍卖盘活资产7098项，释放土地4338亩，缴纳税款15.22亿元，节省佣金7.39亿元，为打造"苏州最舒心"营商服务品牌提供了有力保障。2020年，在国家发改委组织的营商环境国家评价中，苏州总分位居全国第六，其中"执行合同"指标位居全国第五，苏州市中级人民法院应邀在全国优化营商环境经验交流现场会上代表苏州地区作经验介绍。2021年初，苏州法院"一体两翼"切实解决执行难苏州方案获评苏州市改革创新"特别奖"二等奖，苏州市中级人民法院获评"法治苏州先进集体"。

三是执行环境进一步优化。2018年至2022年，全市法院深耕"天网行动"执行品牌，开展集中执行行动671次，搜查840次，拘留1304人，罚款502次，罚款金额544.03万元，执行到位金额25 504.2万元，执结案件2541件，判处拒执罪169人，在苏州地区形成了较强社会反响。2020年初，苏州市中级人民法院举行反规避执行典型案例新闻发布会暨诚信执行倡议活动，省、市级多家媒体全程报道，超94万网友在线观看发布会直播。2021年3月，苏州市中级人民法院联合政法委、检察院、公安局召开打击拒执犯罪新闻发布会，发布4则典型案例，并通过"苏州市中级人民法院""苏州检察""苏州公安微警务"等微信公众号同步推送《关于严厉打击拒不执行判决、裁定等违法犯罪行为的通告》，微信推文24小时阅读量逾10万。2022年，苏州市中级人民法院联合全市其他政法机关正式启动为期两年的集中打击拒执犯罪专项行动，出台行动方案和办案指引，开展两次拒执罪案件集中宣判。通过以上工作，苏州地区理解、支持、配合执行的社会氛围不断凝聚，执行环境进一步优化。

（四）苏州法院执行管理体制改革仍面临的困难和问题

苏州法院执行管理体制改革试点工作虽已初现成效，但仍存在以下困难和问题，需要继续突破和完善。

一是改革试点成果仍需巩固提升。各试点法院在推进"双重领导"模式改革中的侧重点和具体举措不尽相同，改革政策的落实受限于当地实际情况，改革核心内容如"执行业务以上级法院执行机构领导为主""执行局长进党组"等，需要通过更高位阶的规范性文件加以巩固，为下一步全面推广改革试点经验提供有力支撑。

二是中级法院职能发挥仍需巩固加强。"双重领导"模式下，对中级法院执行局的统筹协调能力、应急指挥能力、业务领导能力提出了较高要求。但中级法院执行局毕竟只是内设机构，不能像行政机关的二级局那样拥有较多的资源调度权能，一旦所在法院对执行工作的支持力度减弱，中级法院执行局对下管理职能就难以有效发挥，从而影响全市法院执行工作发展。

三是基层组织保障仍需持续强化。"双重领导"模式下，基层法院对执行人财物的保障尤为重要。但有的基层法院可能会混淆中级法院、基层法院的权责界限，过度依赖中级法院的业务领导，而忽视自身对执行工作的保障供给。比如对执行局副局长、执行指挥中心专职副主任不能及时配备到位，不愿意将优秀人才输送至执行部门，等等。

四是执行队伍建设仍需高度重视。尽管苏州法院在改革试点过程中强化执行队伍建设，但队伍现状与革命化、正规化、专业化、职业化的要求还有一定差距，尤其是执行干警的尊荣感还未能树立，执行事业还没有足够的底气吸引最优秀的人才，如果执行工作不能引起干警发自内心的价值认同与职业向往，那么再好的体制机制改革也是难以为继的。

二、宿迁方案

2020年年初，宿迁市中级人民法院对全市法院执行质效运行态势进行了深入调研，认为除了人案矛盾因素外，两级法院执行局职能定位不清、案件统一管理缺失，导致执行信息化、案件集约化要求未能落到实处，制约了执行质效的提升。为此，2020年2月，宿迁市中级人民法院经党组研究出台《关于深化全市两级法院执行体制机制改革的方案》，明确了"中级法院抓总、县区主执，上下一体、市区融合，资源共享、内外联动、合力攻坚"的战略定位，进一步整合两级法院执行局（重点执行指挥中心）功能，强化全市执行业务的集中统一管理，真正实现统一调度、统一指挥、集约办理。

（一）推进"执源治理"，努力分流执行案件

宿迁市中级人民法院围绕贯彻落实中央文件，结合宿迁市社会治理创新创优年活动，主动争取党委领导，起草了综合治理执行难实施意见代拟稿，将深化执行工作体制机制改革纳入对各区、县考核的重点工作任务，并由宿迁市中级人民法院负责牵头考核落实。同时，将"执源治理"工作纳入宿迁市委政法委

牵头开展的"诉源治理"工程，鼓励、奖励乡镇、街道网格员和工商调解员、特邀律师调解员参与生效法律文书的督促履行，努力从源头分流执行案件。

（二）调整职能定位，强化案件统一管理

1. 强化中级法院执行局"司令部"职能

将宿迁市中级人民法院执行局4名执行干警交流到主城区的宿迁市宿城区人民法院执行局参与一线执行攻坚，将宿迁市宿城区人民法院执行指挥中心副主任交流到中级法院执行指挥中心强化统一管理，进一步明晰了中级法院执行局和基层法院执行局的职能定位。

2. 着力打造中级法院指挥中心"最强大脑"

加强被执行人履行能力大数据分析系统平台建设，中级法院指挥中心通过对全市执行大数据的分析管理和归集、调度，使全市法院执行人员、案件、物质装备、强制执行措施之间更加有效匹配。宿迁市中级人民法院执行指挥中心重点加强了GIS作战平台以及移动执行App在全市两级法院的推广使用，不间断监控各家GIS平台在线情况，并通过连线形式检查各家执行指挥中心登录使用情况。建立同一被执行人跨县区多起执行案件、主要被执行财产跨辖区案件的集中管辖制度，每月结合大数据分析，加大交叉指令管辖的力度和对符合"执转破"条件案件的督办力度，优化执行资源配置。

3. 建立核心指标监管制度

对"3＋1"指标实施每日动态监管，分析指标背后存在的问题，通过优劣数据比较找出各基层法院执行局急需弥补的短板弱项。每月发布执行考核指标通报时，加入同期数据对比以及核心数据在全省、全市的排名情况，并对重点指标数据进行颜色强调标识，推动创先争优。

4. 建立重点案件监控督办机制

印发《关于建立全市重点执行案件动态管理制度的通知》，将市、区（县）主要领导批示案件及跨区域执行案件、超长期未结等6类案件列入每月动态监管范围，经筛查后建立全市重点执行案件数据库，采取执行局局长和分管院领导包案、中级法院执行局每月通过指挥中心平台会办、督办的方式，汇聚两级法院执行智慧与资源共同破解难题，全市长期未结案件大幅减少。

（三）强化会商协调，促进提高执行质效

健全内外协作机制，推行全市法院执行异议、执行异议之诉案件固定审判团队办理，执行法官与裁决执行裁判联席会议等制度，提高执行裁判与执行工作的协调配合度，提升执行案件办理质量，促进执行工作的规范化。宿迁市中级人民法院执行局牵头与市不动产登记中心召开专题座谈会，商讨决定联合开发数据对接，加快实现不动产信息的在线查控。宿迁市中级人民法院执行局还分别与市公安局交警支队、巡特警支队签订合作协议，统一市域范围内查车找人协作机制。下发《关于充分发挥"法官进网格"功能推进执行事项协助办理的通知》，决定在全市法院推进执行案件相关事项进网格协助办理，进一步发挥基层社会治理网格功能，优化执行过程中调查、送达、督促履行工作，充分借助外部资源，从源头汇聚解决"执行难"合力。

（四）紧盯关键少数，聚焦管理重点

1. 建立基层法院执行局局长季度积分制考评和年度述职制度

宿迁市中级人民法院印发《关于建立全市基层法院执行局长积分制考评与报告述职制度的实施意见》，在按照最高人民法院和江苏省高级人民法院要求建立执行局局长述职制度的同时，对"3＋1"核心指标、结案平均用时、案拍比等6项重点指标以及执行中心"854"模式实体化运行、打击拒执罪等7项重点工作共17项内容作出规定，建立了季度业绩考评和年度述职述廉制度。召开全市基层法院执行局长述职述廉会议，对各基层法院执行局局长进行考评打分，并由市纪委监委派驻市中级人民法院纪检组长、市中级人民法院政治部主任和分管执行工作的院领导分别从党风廉政建设、执行队伍建设和执行工作开展情况三个方面进行点评，指出问题与短板，逐一提出补强改进意见，收到良好效果。

2. 实行中级法院执行局领导深度挂钩联系5家基层法院执行局制度

宿迁市中级人民法院执行局领导参与旁听基层法院执行工作年度总结会，每季度参与重大执行活动现场指挥，每月通过视频会议逐案听取案件执行进展情况，会商解决疑难问题。

3. 落实信访案件统一实质化办理要求

宿迁市中级人民法院印发《执行信访案件分类办理工作指引》，对市委、上级法院、本院院长批办、交办、督办的重大信访案件一律由中级法院执行局正副局长承办，各基层法院执行局遇到干扰和阻力的案件，一律由中级法院执行局3位局长参与协同办理。

4. 强化重点类案专项执行

宿迁市中级人民法院执行局针对全市执行工作中存在的短板和问题，先后

组织开展有财产执行案件专项清理活动、涉企合同类纠纷案件百日专项集中执行行动、涉农民工工资案件专项执行行动、非法集资及"打财断血"执行案件清理活动，通过类案集中执行，实现了重点案件的分类办理，成效明显。

（五）扎紧监管篱笆，打造过硬执行队伍

宿迁市中级人民法院认真贯彻落实最高人民法院相关文件精神，印发《宿迁法院优化营商环境 强化善意文明执行工作指引》，切实加强全市执行干警思想政治教育，不断规范和改进执行工作方式方法。一方面，突出反面案例的警示教育。以全市法院执行条线8件党政纪处分案例和错误查封信访事件为反面教材，结合"两个坚持"专题教育和"以案释德、以案释纪、以案释法"警示教育活动，在全市法院执行局继续深入开展突出问题集中整治回头看。另一方面，健全完善常态化的业务培训、案件督查机制。建立市法院纪检监察处、市检察院民行处对区（县）法院执行队伍协同监督制度，坚决落实"一案双查"工作要求，始终保持对消极执行、选择性执行和乱执行等不规范执行的"零容忍"，努力提升群众获得感、满意度。

宿迁法院通过执行管理体制改革，已取得预期成效，主要体现在以下三方面：一是中级法院执行局实现精兵、简政、高效运转。目前，中级法院执行局仅保留1名局长（且由分管院领导兼任）和2名副局长所带执行团队（即1名法官＋1名助理＋1名书记员），其他均为执行指挥中心各具体岗位工作人员，主要职能为对下监督、指导、管理、指挥和部分疑难案件办理，各司其职，管理有序。二是实现了对基层法院执行局局长管理与案件质效管理的相互促进。以考核案件来考核局长，通过"管案"而"管人"，在促进基层法院执行局局长管理能动性提升的同时，反过来又推动案件质效的优化。三是促进核心执行指标的巩固提升。通过优化资源配置，加大管理力度，节约了有限司法资源，提高了司法效率。2021年，全市法院首次执行案件法定期限结案率97.84%，位居全省地级市第二；首次执行案件结案平均用时缩短为76.24天，位居全省地级市第二；首次执行案件中执行完毕案件结案平均用时缩短为50.51天，位居全省地级市第一。

三、评述与展望

（一）试点工作体现的共通规律

作为一项基础性变革，执行管理体制改革影响执行工作全局。随着改革的

不断深入,执行工作模式逐步转型,反映执行工作质效的各项指标也逐步发生变化。从江苏法院的试点情况看,改革成效已经初步显现,前文所述人案矛盾化解不明显、基层法院发展不平衡、上下级法院协同不深入等问题,虽未完全解决,但已大为缓解,这充分验证了改革方向的正确性,只要持续深入推进,改革成效会更加明显,改革目标必然能够实现。对照试点法院的改革举措和进展情况,可以得出几条共通规律。

1. 遵循执行规律是改革取得成功的根本条件

任何体制改革归根结底都是相关权力运行机制的优化调整。执行权运行过程中,天然地表现出对公正、廉洁、高效等价值的追求。执行管理体制改革就是要打破执行权运行的旧模式,重构符合前述价值追求的执行工作长效机制。换言之,构建执行工作长效机制的根本目的,就是综合运用法律、政策、经济、行政、道德、舆论等手段和教育、协商、疏导等方法,对执行权能进行合理配置,对执行过程进行严格规范,对执行质效进行科学考评,对执行资源进行有效整合,确保执行工作的公正、廉洁、高效。① "苏州方案"和"宿迁方案"均能准确把握执行权运行的基本规律,尤其是充分考量了执行权纵向运行特点,从"统人"和"统案"的不同角度,设计了多项有效制度,确保改革举措与改革目标相适应。

2. 调整中级法院职能是改革取得成功的关键环节

在"基本解决执行难"之前,中级法院基本上都是以一级审判组织的姿态开展执行工作,中级法院执行局的主要职能是办理自执案件,这显然无法充分体现执行工作区别于审判工作的规律和特性。最高人民法院提供的执行管理体制改革两条路径,都赋予上级法院更多权力和责任,其中中级法院的职能调整尤为重要。一方面是因为中级法院最接近基层一线,对执行实践的变化和需求更易感知,推进改革可有的放矢,另一方面是因为中级法院是执行管理链条中的第一环,在执行管理上具有天然优势。最高人民法院和高级人民法院对于个案固然可以"一竿子插到底",但对全域范围内的案件监管和资源统筹容易"心有余而力不足",而中级法院在市域范围内推行执行管理则不用耗费大量管理成本。至于怎样调整中级法院职能,基本的要求是从"自给自足"转变

---

① 江必新:《全面构建长效机制 实现执行工作的科学管理》,载《人民司法·应用》2011年第7期。

为"供给输出",从"执法办案"转变为"统筹协调",从"对下指导"转变为"业务领导"。这些都在"苏州方案"和"宿迁方案"中得到充分体现。

3. 争取地方支持是改革取得成功的必要保障

没有地方支持和保障的改革注定是难以为继、难以取得成功的。执行管理体制改革离不开地方党委政府对人员、编制、装备和经费的充足保障。最高人民法院在批复苏州市中级人民法院开展改革试点时明确指出:"鉴于改革涉及基层人民法院执行局局长的职级配备、管理权限和执行局领导职数的调整,应在征得江苏省委组织部、省委编办同意后实施。""苏州方案"能够平稳顺利推进,主要的原因是得到苏州市委组织部和市委编制委员会办公室的大力支持,两部门不仅与苏州市中级人民法院联合印发试点方案,还专门联合召开改革工作推进会,向全市组织部门、编制委员会办公室和法院传达改革方案精神,部署实施步骤,明确职责分工。另外,在推进改革过程中,试点法院为解决人案矛盾而购买辅助机构服务,或者推进执行信息化建设,必然会花费大量物力、财力成本,仅靠法院自身力量难以充分保障,必须积极争取地方财政部门的支持。

(二)深化执行管理体制改革的展望

根据"苏州方案""宿迁方案"开展的执行管理体制改革得到了党委政府的大力支持,准确把握了执行权的属性及其运行规律,充分考量了地方经济社会特点,因而具有明朗的发展前景,能够为全国法院提供执行工作"双重领导"的参考样本。为持续深化改革,不断推动执行体系和执行能力现代化,应从四个角度继续深化执行管理体制改革。

1. 赋予中级法院更多制度空间

市域是宏观和微观的转承点,是撬动国家治理现代化的战略支点。同理,中级法院在执行工作中发挥着承上启下的作用,与基层法院相比能够统筹更多执行资源,与高级人民法院相比对下指导更具体、管理更高效。现行法律制度对中级法院在统筹辖区执行案件、实行业务领导方面还缺乏明确具体的规定,有必要从法律法规、司法解释层面赋予中级法院更多制度空间,以适应新时期执行体制机制变革。

2. 在省级以上层面加强制度供给

制度供给的层级越高,效费比越高,"总对总"网络查控系统的广泛运用以及限制消费制度的巨大威力就是很好的例证。因此，在执行管理体制改革推进过程中，由最高人民法院或高级人民法院统一制定业务指导文件，统一研发普适于全国法院的智慧执行系统，相较于中级法院而言更能取得事半功倍的效果。

3. 高度重视执行人才储备与培养

落实执行人财物保障要求的关键是向执行部门源源不断地输送人才。长期以来，审判工作相对于执行工作往往更受法律人才的青睐，执行干警普遍缺乏职业尊荣感，这其中既有主观上的偏见，客观上也与部分法院没有给予二者同等重视密切相关。只有加强执行人才的储备和培养，让干警真正感受到执行工作是施展个人才华、实现理想价值的绝佳舞台，才能吸引更多人才加入执行队伍，促进执行工作健康、良性、可持续发展。

4. 理性看待执行质效指标

指标固然能够为考核提供量化参考，但我们必须认识到，考核本身并不是执行工作的目的，那种抛弃客观规律唯指标论的做法是不可取的。任何执行质效指标都有合理区间，实践中对结案平均用时、终结率等质效指标的片面追求应当引起反思。执行质效指标更应该成为研判执行态势、调整工作策略的工具，执行考核要避免单纯地"看数值""比大小"，而应该回归执行工作的基本规律。

改革只有进行时，没有完成时。改革也不可能一蹴而就，需要循序渐进，对于试点过程中发现的问题，应当及时分析研究，必要时调整改革方案。执行管理体制改革两种模式的实践效果究竟如何，还需要时间检验。"垂直领导"模式下管理手段是否有效，管理能力如何提升，"双重领导"模式下中级法院和基层法院的权责范围如何界定，强化业务领导能否大幅提升质效，这些问题还需要在实践中进一步观察。从发展前景看，随着管理方法的不断革新以及管理能力的不断提升，执行管理体制改革必然从"市域"走向"省域"乃至"全国"，"垂直领导"和"双重领导"模式也将殊途同归，最终达到执行资源全面统筹、执行合力全面凝聚、执行效能全面释放的理想状态。

专题八 执行监督机制改革

国家通过立法授予人民法院强制执行的权力，人民法院应当依法规范行使。强制执行制度不仅是权利保护与实现的制度，同时也应当是控制执行权力规范行使的制度。国家强制执行权如何行使以及是否依法行使，对强制执行程序中所有参与方的利益影响甚巨。这就需要对国家权力予以规范及限制，确保人民法院强制执行行为在法律规定的框架内有序运行。

因此，建立完善执行监督机制，将执行权控制在其边界内行使，并通过对权力的控制保护执行当事人、利害关系人及案外人合法权益，是执行工作体系和执行能力现代化建设中不可或缺的重要组成部分。

一、执行监督的内涵与外延辨析

所谓监督，一般是指察看并督促。一项复杂的工作若要有效率且有效果地完成，就需有一种机制保障该项工作按计划和要求进行，这种机制监控和评估工作情况，与预先设定的目标进行比较，并在工作目标没有实现时及时纠正，使工作重回正轨。

从党中央和最高人民法院有关要求看，都将执行监督机制放在重要位置。中法委1号文件就提出："提升执行规范化水平。……拓宽执行监管渠道，健全执行监督体系。"《人民法院执行工作纲要（2019—2023）》也提出："深化执行体制机制改革，完善执行监督管理体系，规范执行行为，转变执行作风，提高执行公信力。"并在第二部分设"健全执行监督体系"专章，对执行监督专门提出要求。

对执行监督机制这一用语，可从以下方面准确理解。

（一）监督对象

所谓执行监督机制，实际上更准确的表述应为监督执行机制。因为通常语境下，执行监督中"执行"乃"监督"的对象，而非监督的主体，这与审判监督类似，而与人大监督、检察监督、社会监督等不同。但同为执行，不同性质执行权的行使主体和运行程序又不相同。概言之，按照执行依据的法律性质不同，可以划分为民事执行权、刑事执行权和行政执行权。刑事执行权即对刑事裁判文书的执行权，由法院和公安机关、司法行政机关分享；行政执行权即对行政裁判文书以及部分行政法律文书的执行权，由法院和行政机关分享；唯有对民事裁判文书及仲裁裁决、公证债权文书等其他民事法律文书的执行权，专属于人民法院。鉴于本书主要研究领域为民事执行工作，又由于民事执行在各类执行中居于基础性地位，① 因此本章所称执行监督均指特定主体对人民法院民事执行权的监督。

（二）监督主体

对人民法院民事执行权进行监督的主体具有多样性，总体上可分为内部监督和外部监督两种类型。

1. 内部监督

内部监督指以人民法院自身为监督主体的监督活动。《民事诉讼法》有专章规定"审判监督程序"，主要解决已经发生法律效力的判决、裁定、调解书如何纠错的问题，但并未专门规定类似的执行监督程序。法院内部对执行行为的监督和纠错机制，通常认为由以下制度构成：

一是执行救济程序。包括《民事诉讼法》第 232 条规定的执行异议、复议程序，第 233 条规定的执行督办程序，第 234 条规定的案外人异议及异议之诉程序，以及相关司法解释所规定的一系列涉执行诉讼②和特定执行行为的特殊救济程序③。

二是执行监督程序。主要分两种类型：第一，对人民法院在执行救济程序中作出的生效法律文书进行监督。第二，对上级法院或本院主动发现的违法执行行为进行监督。监督依据主要是《最高人民法院关于人民法院执行工作若干问题的规定（试行）》第十三部分"执行监督"所规定的上级人民法院依法

---

① 如《行政诉讼法》第 101 条规定："……人民检察院对行政案件受理、审理、裁判、执行的监督，本法没有规定的，适用《中华人民共和国民事诉讼法》的相关规定。"

② 如许可执行之诉、分配方案之诉、代位析产之诉等。

③ 如《最高人民法院关于公布失信被执行人名单信息的若干规定》第 12 条规定的对纳入失信被执行人名单的申请纠正和复议程序；《最高人民法院关于人民法院确定财产处置参考价若干问题的规定》第 22 条、第 23 条规定的对网络询价报告或者评估报告的异议程序，等等。

监督下级人民法院执行工作的相关制度，以及《民事诉讼法》第205条规定各级人民法院院长有权对本院已经发生法律效力的执行法律文书进行监督复查。但上述执行监督程序，实为狭义上的理解。

广义上以人民法院为监督主体的执行监督程序，应既包括执行救济，也包括狭义上的执行监督。二者的相同点在于目的均为纠正错误或不当的执行行为；不同点在于前者由执行当事人、利害关系人或案外人启动，后者由上级人民法院或执行法院启动。①

值得注意的是，除了上述强制执行程序中的执行监督，还有一些管理意义上的执行监督。在最高人民法院相关文件的表述中，执行管理和执行监督往往并不明确区分，有时并列使用，有时合并使用，还有时将管理和监督分别作为手段和目的。

以并列使用为例，《最高人民法院关于落实"用两到三年时间基本解决执行难问题"的工作纲要》在"基本解决执行难的主要任务"部分，就将"实现执行管理改革"和"完善执行监督体系"分列为两项任务。但"完善执行监督体系"部分中关于加强法院内部监督的内容，尤其是"要充分运用执行综治考核办法、执行工作约谈办法两个规范性文件，切实加强和改进执行监督工作"的内容，又明显属于通常认识中"执行管理"的范畴。在《人民法院执行工作纲要（2019—2023）》中，也将"健全执行监督体系"列为十项主要任务之一，并细化了主动接受人大监督和政协民主监督、依法接受检察监督、广泛接受社会监督的要求。

以合并使用为例，《人民法院执行工作纲要（2019—2023）》在"总体要求"的"基本原则"部分，提出："深化执行体制机制改革，完善执行监督管理体系，规范执行行为，转变执行作风，提高执行公信力。"在"主要任务"的"健全规范执行行为制度体系"部分，将监督和管理一并提出："加强信息化管理，把督办案件纳入执行指挥平台督导案件系统统一办理，加强统计分析，提高办理效率，提升监督管理效果，防范化解涉执重大风险。"

此外，中法委1号文件提出："加强执行工作的系统管理，完善上下级法院执行工作管理模式，强化上级法院对下级法院执行工作的监督责任。"此处

---

① 尽管狭义上的执行监督大部分来源于执行当事人、利害关系人或案外人的信访投诉，但启动主体为人民法院，即由人民法院决定是否启动执行监督程序。

是将加强执行管理作为手段，将强化监督责任作为目标。

从管理学的角度，监督、控制各种活动以确保按计划完成目标，本身就是管理职能的重要内容之一，因此在一定的语境下，将执行监督与执行管理共同使用并无不妥。但从以完善执行监督机制为目标进行研究的角度，有必要将两个概念加以区分。至少应将以下内容排除在本专题论述的"执行监督"之外：一是涉及执行工作统一管理机制的相关内容，尤其是与上级法院对辖区执行工作统一管理、统一指挥、统一协调相关的内容；二是涉及执行管理模式的相关内容，尤其是与执行实施权运行机制（如执行指挥中心实体化运行、执行团队建设、执行人员分类管理等）相关的内容；三是涉及执行考核指标及考核评价体系相关的内容。

2. 外部监督

来自人民法院外部的执行监督主体，根据《人民法院执行工作纲要(2019—2023)》提出的要求，主要包括各级权力机关（人大监督）、政治协商机关（政协民主监督）、检察机关（检察监督）和不特定社会主体（社会监督）。此外，更广义的外部监督还包括舆论监督、纪检监察监督等。但舆论监督可以被社会监督涵盖，而不特定社会主体的社会监督难以从法律制度角度论述；纪检监察监督主要是对"人"而非对"事"，主要目的不是纠正违法、违规执行而是反腐败①。因此，社会监督、舆论监督、纪检监察监督不在本专题论述范围。

综上，本专题所论述的执行监督，是指人民法院或人大、政协、检察机关对人民法院行使民事执行权的监督。

二、执行监督机制的现状及不足

（一）内部监督

1. 规定较为分散，监督制度缺乏系统性

我国目前尚无民事强制执行法，通过对现有制度不断"打补丁"的方式建成了现行的法院内部执行监督机制，由此带来了执行监督法律规范缺乏系统

---

① 《监察法》第1条规定："为了深化国家监察体制改革，加强对所有行使公权力的公职人员的监督，实现国家监察全面覆盖，深入开展反腐败工作，推进国家治理体系和治理能力现代化，根据宪法，制定本法。"

性的问题。

以目前执行监督体系中相对较为成熟的执行救济程序为例。1991 年的《民事诉讼法》最早创设了执行异议制度，但仅限于案外人异议，这是当时我国民事强制执行程序中仅有的救济途径。该法第 208 条规定，执行过程中，案外人对执行标的提出异议的，执行员应当按照法定程序进行审查。理由不成立的，予以驳回；理由成立的，由院长批准中止执行。如果发现判决、裁定确有错误，按照审判监督程序处理。1998 年，最高人民法院发布的《关于人民法院执行工作若干问题的规定（试行）》第 71～74 条规定进一步对执行异议程序进行细化，但仍有较大局限性。主要表现为：首先，立法机关将执行异议的主体仅限于案外人，而将执行案件当事人，尤其是被执行人异议权排除在外。主要理由是，如果债务人对执行标的有异议，完全可以在诉讼中提出，若原裁判确有错误，债务人也可以申请再审予以救济，完全不必在执行程序中提出异议。① 但该规定不利于对执行案件当事人遭受侵害时实施救济，同时也违背了民事诉讼法对当事人权利予以平等、全面保护的原则，难以保证执行公正。② 其次，案外人提出的执行异议由执行员进行审查，实际上是授权执行机构对实体上的法律争议进行裁判，而不是通过诉讼程序加以解决，这与诉讼法原理相违背，也不利于保护案外人的合法权益。最后，执行机构经审查发现，原判决、裁定确有错误的按照审判监督程序处理，但并未对案外人能否参与以及如何参与再审程序加以规定。而且执行机构实行一裁终局制，如果案外人的异议被驳回，没有上诉权，也无有效的法律途径加以补救③。

针对执行异议制度的立法缺陷，立法机关在 2007 年修改《民事诉讼法》过程中对执行异议制度进行了全面改造。其中，2007 年《民事诉讼法》第 202 条规定了执行行为异议，第 204 条规定了实体权利异议。2008 年，最高人民法院发布的《关于适用〈中华人民共和国民事诉讼法〉执行程序若干问题的解释》第 5 条至第 10 条则更加详尽地规定了执行行为异议审查程序，而该解释第 11 条至第 20 条则详细规定了案外人异议审查及提起诉讼的管辖以及执行案件的处理等。至此，我国执行救济的制度框架基本上已经构建起来。

---

① 张华：《关于我国执行异议制度的法律思考》，载《当代法学》2002 年第 11 期。
② 阮国平：《执行异议制度改革的构想》，载《上海市政法管理干部学院学报》2001 年第 3 期。
③ 刘延和、张连庆：《执行异议制度的立法完善》，载《法制与社会发展》2000 年第 2 期。

2012 年修正的《民事诉讼法》基本上延续了上述规定。其中第 225 条规定了执行行为异议，第 227 条规定了案外人异议。随后，最高人民法院又相继发布《关于执行案件立案、结案若干问题的意见》《关于适用〈中华人民共和国民事诉讼法〉的解释》《关于办理执行异议和复议案件若干问题的规定》《关于民事执行中变更、追加当事人若干问题的规定》《关于执行担保若干问题的规定》《关于执行和解若干问题的规定》《关于人民法院办理仲裁裁决执行案件若干问题的规定》等多个司法解释或者司法文件，至此才建立起相对完备的执行行为异议、复议制度、案外人异议及异议之诉制度、执行分配方案异议之诉以及变更追加被执行人异议及异议之诉制度等。①

但这些有关执行救济程序的法律规定，分散在诸多法律、司法解释、规范性文件之中，系统性较为缺乏，给当事人、利害关系人、案外人寻求法定救济带来不便，也一定程度上造成执行实施机构和救济审查机构执法尺度、遵循程序上的不统一。

2. 审执不分，监督主体缺乏独立性

人民法院的内部执行监督，总体而言，以本院内部自我监督为主、上级法院层级监督为辅，执行监督的主渠道是执行异议和案外人异议程序。但长期以来，执行异议和案外人异议的办理机构仍然设置于执行局内部。对执行局内设机构，《最高人民法院关于进一步加强和规范执行工作的若干意见》（法发〔2009〕43 号）曾规定："统一执行机构设置。各级人民法院统一设立执行局，并统一执行局内设机构及职能。高级人民法院设立复议监督、协调指导、申诉审查以及综合管理机构，中级人民法院和基层人民法院设执行实施、执行审查、申诉审查和综合管理机构。复议监督机构负责执行案件的监督，并办理异议复议、申请变更执行法院和执行监督案件；协调指导机构负责跨辖区委托执行案件和异地执行案件的协调和管理，办理执行请示案件以及负责与同级政府有关部门的协调；申诉审查机构负责执行申诉信访案件的审查和督办等事项；综合管理机构负责辖区执行工作的管理部署、巡视督查、评估考核、起草规范性文件、调研统计等各类综合性事项。"因此，法院内部的执行监督职责主要由设于执行局内部的复议监督机构和申诉审查机构承担。这种机构设置虽然在一定程度上实现了执行审查权和执行实施权分由不同内设机构或人员行使，但

---

① 参见周继业主编：《强制执行新实践》，法律出版社 2018 年版，第 411～413 页。

由于均受到执行局管理，监督职责行使的独立性较弱，并由此进一步削弱了执行监督的权威性和公信力，甚至由此造成一些本应通过执行异议或案外人异议程序解决的争议无法及时进入救济程序。人民法院内部专门负责强制执行的执行局，既行使运行规律近似行政权的执行实施权，又行使运行规律近似审判权的执行裁判权，在工作理念、工作方式上存在冲突，也难以实现执行裁判权对执行实施权的有效监督。① 在一些执行实施案件较多的法院，甚至执行审查机构也参与执行实施案件的办理，或各机构均办理执行实施案件，遇有执行异议案件则交叉审查。

党的十八届四中全会作出的《中共中央关于全面推进依法治国若干重大问题的决定》提出"完善司法体制，推动实行审判权和执行权相分离的体制改革试点"。对此，曾出现"内分说""外分说"和"深化内分、适当外分说"。为此，最高人民法院确定了全国9个地区开展审判权与执行权相分离执行体制改革试点。

以江苏为例，其主要改革措施为："以原执行局裁决处（科）为基础组建执行裁判庭，负责行使与执行有关的裁判事项，审理执行程序中涉及实体权利的重大事实和法律争议，形成审判权对执行权的有效制约和监督。"②执行裁判庭职权为办理执行异议、复议等执行审查类案件，审理执行程序中涉及实体权利的重大事实和法律争议。"执行裁判庭分离出执行局，与其他审判业务庭平行。基层法院由于执行审查类案件和执行相关诉讼案件数量较少，执行裁判庭可与其他审判业务庭合署，并在该审判业务庭增挂执行裁判庭牌子。""执行裁判庭按照审判业务庭要求配置庭长、副庭长、法官、法官助理和书记员。"③改革推行后起到了良好的效果。一是对违法执行的救济渠道更为畅通。2016年至2018年，江苏全省法院受理执行异议、复议案件数量大幅增长，三年受理异议案件分别为7666件、11 666件和12 997件，受理复议案件分别为1388件、1897件和2629件。二是监督效果显著提升。2017年和2018年，江苏全省法院办结的执行异议案件中，结果为异议成立并撤销或变更相关执行行为的比例达到24.5%。

但从全国试点的情况看，仅有江苏等少数地区实现了较为彻底的"深化

---

① 参见周继业主编：《强制执行新实践》，法律出版社2018年版，第50页。
② 参见周继业主编：《强制执行新实践》，法律出版社2018年版，第52页。
③ 参见周继业主编：《强制执行新实践》，法律出版社2018年版，第52页。

内分"，大部分法院仍延续以往的审执不分模式。

3. 存在漏洞，监督程序缺乏体系性

尽管在不断完善的过程中，但现行的法院内部执行监督机制仍存在一些漏洞，使整个执行监督机制无法构成完整周延的体系。这些漏洞主要体现在以下方面：

（1）对消极执行的监督程序过于简略。消极执行是长期影响执行工作质效和规范的顽疾之一。然而现行法律、司法解释中对消极执行的救济和监督途径却较为简略。

现有的规定包括，《民事诉讼法》第 233 条规定："人民法院自收到申请执行书之日起超过六个月未执行的，申请执行人可以向上一级人民法院申请执行。上一级人民法院经审查，可以责令原人民法院在一定期限内执行，也可以决定由本院执行或者指令其他人民法院执行。"《最高人民法院关于人民法院执行工作若干问题的规定（试行）》第 74 条规定："上级法院发现下级法院的执行案件（包括受委托执行的案件）在规定的期限内未能执行结案的，应当作出裁定、决定、通知而不制作的，或应当依法实施具体执行行为而不实施的，应当督促下级法院限期执行，及时作出有关裁定等法律文书，或采取相应措施。对下级法院长期未能执结的案件，确有必要的，上级法院可以决定由本院执行或与下级法院共同执行，也可以指定本辖区其他法院执行。"

但上述规定对消极执行救济程序的案件受理范围、审查标准、结案方式等没有明确表述。从立案看，尽管通常认为，此类案件应按照执行监督案件予以立案，但同时对生效异议、复议裁定的复查亦按照执行监督案件立案，实践中两类案件混杂一处，审查方式容易混淆。从结案看，《最高人民法院关于执行案件立案、结案若干问题的意见》第 26 条虽然列举了 7 种执行监督案件的结案方式，但依然是将对消极执行的监督与对违法执行的监督杂糅一处，容易混淆。

另外，现行法律、司法解释仅将未在 6 个月执行期限内执行[①]作为启动消极执行监督程序的条件，而忽略了大量执行期限未超过 6 个月的消极执行行为如何救济的问题。如申请执行人提供执行线索，但法院未在合理期间内及时采

---

① 此处的"执行"，通常认为是执行结案。对已结案件，当事人如认为结案方式不符合法律规定，可对结案方式提起执行异议。

取查控措施；法院未在规定期间内向申请执行人发放执行款，等等。由此造成类似消极执行无法及时受到监督和纠正。

实践中，有个案中的执行裁定认为：《民事诉讼法》第 232 条规定，"当事人、利害关系人认为执行行为违反法律规定的，可以向负责执行的人民法院提出书面异议"。该法条规定的"执行行为"并未限定为执行法院在执行程序中的积极作为。申请人认为法院在收到执行款后不予及时发放的不作为行为，侵害了其合法权益，故其有权提出执行异议。① 这一观点认为特定的消极执行也可以通过执行异议程序救济，但实践中该观点未得到广泛接受。

（2）对性质特殊执行行为的救济程序存在空白。对一些性质特殊的执行行为的救济途径未明确。如对限制消费令，《最高人民法院关于限制被执行人高消费及有关消费的若干规定》未规定特定的救济途径。但性质与限制消费令相似的纳入失信被执行人名单措施，却在《最高人民法院关于公布失信被执行人名单信息的若干规定》第 12 条规定了有别于异议、复议程序的特殊救济途径："公民、法人或其他组织对被纳入失信被执行人名单申请纠正的，执行法院应当自收到书面纠正申请之日起十五日内审查，理由成立的，应当在三个工作日内纠正；理由不成立的，决定驳回。公民、法人或其他组织对驳回决定不服的，可以自决定书送达之日起十日内向上一级人民法院申请复议。上一级人民法院应当自收到复议申请之日起十五日内作出决定。"

由此，对限制消费令如何救济实践中各地法院出现了不同做法。如广东省高级人民法院，就认为利害关系人不服法院限制消费令的可以提出执行异议，法院依照异议复议程序进行处理。② 而江苏省高级人民法院，则专门发文要求对于被限制高消费和被纳入失信名单的救济，均按照《最高人民法院关于公布失信被执行人名单信息的若干规定》第 12 条规定的程序审查，并明确由执行机构负责纠正，由执行裁判机构负责复议。③ 最高人民法院在《关于在执行工作中进一步强化善意文明执行理念的意见》（法发〔2019〕35 号）第 18 条规定："畅通惩戒措施救济渠道。……对被采取限制消费措施申请纠正的，参照失信名单规定第十二条规定办理。"理论上，纳入失信被执行人名单决定和

---

① 参见最高人民法院（2017）最高法执复 58 号执行裁定书。
② 参见广东省高级人民法院（2018）粤执复 145 号执行裁定书。
③ 参见江苏省高级人民法院《关于规范被限制高消费、纳入失信名单被执行人的权利救济问题的通知》（苏高法电〔2019〕677 号）。

限制消费令，都是即时对相关人员权益造成巨大影响，且通常法律事实并不复杂，因此需要更加简便易行的救济程序使错误的执行行为快速得到纠正。故实有必要在将执行异议、复议作为执行救济的普通程序的同时，针对一些特殊的执行行为设立一些执行救济的特殊程序。

（3）被执行人异议之诉缺失。所谓债务人异议之诉，一般是指债务人主张执行名义所示之请求权，与债权人在实体法上之权利现状不符，以诉的方式请求法院判决排除执行名义之执行力的诉讼。① 在法律文书生效以后，根据法律文书的内容享有权利的人称为执行债权人，负有义务的人称为执行债务人。但是，执行债权人可能因债权已获清偿、抵销、债权让与等原因而丧失实体请求权，如果在这些情况下仍然申请强制执行，应允许债务人提起异议之诉。

在法律文书生效后，当事人之间仍然可能产生实体上的争议：一种情况是，当事人对原裁判内容的公正性仍然有争议；另一种情况是，双方虽然对原生效裁判的内容没有争议，但是执行债权人可能由于新的事实的出现而丧失了要求强制执行的请求权，由此导致双方就原裁判文书中所载的实体权利是否具有可强制执行性发生争议。对于前者，我国法律允许当事人以申请再审的方法进行救济。但对于后者，我国尚无法律明确规定。

4. 以访代诉，监督途径缺乏规范性

尽管最高人民法院反复强调诉访分离，但在执行领域，由于多种因素，目前依然存在以访代诉的问题。

《最高人民法院关于进一步加强和规范执行工作的若干意见》就提出："建立有效的执行信访处理机制。各级人民法院要设立专门的执行申诉处理机构，负责执行申诉信访的审查和督办，在理顺与立案庭等部门职能分工的基础上，探索建立四级法院上下一体的执行信访审查处理机制。上级法院要建立辖区法院执行信访案件挂牌督办制度，在人民法院网上设置专页，逐案登记，加强督办，分类办结后销号。进一步规范执行信访案件的办理流程，畅通民意沟通途径，对重大、复杂信访案件一律实行公开听证。要重视初信初访，从基层抓起，从源头抓起。要加强与有关部门的协作配合，充分发挥党委领导下的信访终结机制的作用。加大信访案件督办力度，落实领导包案制度，开展执行信访情况排名通报。完善执行信访工作的考评机制，信访责任追究和责任倒查机

---

① 王娣：《我国民事诉讼法应确立"债务人异议之诉"》，载《政法论坛》2012 年第 1 期。

制。"之后出台的《最高人民法院关于人民法院办理执行信访案件若干问题的意见》进一步提出办理执行信访案件的基本要求，将执行信访案件，定义为"指信访当事人向人民法院申诉信访，请求督促执行或者纠正执行错误的案件"，并将执行信访案件分为执行实施类信访案件、执行审查类信访案件两类，其中执行实施类信访案件，"指申请执行人申诉信访，反映执行法院消极执行，请求督促执行的案件"。此外，2018 年、2021 年，最高人民法院执行局又出台并修订了《人民法院执行申诉信访案件核销标准》，对上级法院交办的信访案件在执行申诉信访系统中核销的标准进行了详细列举。

在对消极执行的监督程序不完备的情况下，这种制度设计强化了"访"而弱化了"诉"。根据江苏省高级人民法院的统计，目前执行信访中，反映消极执行和反映违法执行的大约各占一半。其中反映违法执行的信访通常都已经过执行复议程序，故通常以执行监督案件立案审查；反映消极执行的信访则大多为越级信访，且由于对消极执行的监督程序在受案范围、审查标准、结案方式等方面都缺乏规范依据，因此大多数此类信访都是通过四级法院统一的执行申诉信访系统办理，审查程序的规范性、公开性和审查标准的科学性、统一性都存在不足。

5. 易被滥用，监督结果缺乏稳定性

根据现行制度，申请执行救济或执行监督的权利存在被滥用的情况。实践中，存在当事人、利害关系人或案外人为了拖延、干扰执行程序而频繁、反复提起异议、上访信访的情况。其原因，一是除个别特殊情况外，执行异议可在执行程序结案前任何时间提出，并可反复多次提出，而无类似诉讼时效的限制；二是提起执行异议无须支付诉讼费用，成本极低；三是尽管现行法律、司法解释规定，一般情况下执行异议、复议审查期间不停止执行，但实践中，执行法院为稳妥起见，往往主动在异议、复议审查期间停止进一步的执行工作；四是对滥用申请执行救济或执行监督权利者，目前尚无明确规定可以进行处罚；五是缺少信访终结机制，导致一些已决执行裁定多次复查，执行实施结果的稳定性、权威性受到干扰。

（二）外部监督

1. 人大、政协监督

主动接受人大监督和政协民主监督，是人民法院如期实现攻坚"基本解决执行难"目标任务的重要经验。主要体现在：

第一，主动将执行工作向各级人大报告。"用两到三年时间基本解决执行难问题"这一目标，首先就是最高人民法院在2016年3月召开的十二届全国人大四次会议上提出的。从2017年至2019年，最高人民法院工作报告均将执行工作单独列为一部分，篇幅和分量较以往有大幅增加。在2018年10月24日召开的第十三届全国人民代表大会常务委员会第六次会议上，最高人民法院又专门作了《关于人民法院解决"执行难"工作情况的报告》。在《人民法院执行工作纲要（2019—2023）》中，更进一步要求"2020年开始将执行案件与审判案件分开统计，在法院工作报告中分别表述"。

第二，积极争取人大常委会出台支持解决执行难的文件。至2018年10月，已有12个省（区、市）人大常委会专门出台支持人民法院解决执行难的决定。① 江苏全省13个地级市的人大联系当地党委、政府出台支持"基本解决执行难"的文件。②

第三，主动争取各级人大对执行工作调研、视察、监督、检查。例如，重庆市人大常委会专门成立"基本解决执行难"工作调研组，对全市法院工作情况开展专题调研，为重庆市委、市政府了解、支持全市法院"基本解决执行难"提供决策依据；吉林等地人大常委会把"基本解决执行难"工作列为专项监督事项，切实开展专题视察调研；山东省人大常委会部署三级联动开展执行工作视察，由人大常委会副主任带队赴各地市进行专项检查。③

第四，主动邀请各级人大代表、政协委员实地、现场参与和见证执行活动。如2018年，江苏法院开展多次集中执行活动及全媒体直播活动时，特别邀请各级人大代表、政协委员参与、见证现场执行活动，共邀请参与执行活动的各级人大代表有1900多人次；河南省高级人民法院开展"百日执行攻坚""集中强制腾房""集中清理涉民生案件"等系列专项活动，多名全国人大代表不辞辛苦，与执行干警一同起早摸黑，现场见证执行办案全过程。④

---

① 参见2018年10月24日第十三届全国人民代表大会常务委员会第六次会议上的《最高人民法院关于人民法院解决"执行难"工作情况的报告》，载中国人大网，http://www.npc.gov.cn/npc/c12435/201810/18a4f866ad0f4880b27040949e1fb66d.shtml，2020年4月1日访问。

② 孙航：《在监督下攻坚 在创新中克难——人民法院自觉接受人大监督攻坚执行难工作纪实》，载《人民法院报》2018年10月27日，第1版。

③ 孙航：《在监督下攻坚 在创新中克难——人民法院自觉接受人大监督攻坚执行难工作纪实》，载《人民法院报》2018年10月27日，第1版。

④ 孙航：《在监督下攻坚 在创新中克难——人民法院自觉接受人大监督攻坚执行难工作纪实》，载《人民法院报》2018年10月27日，第1版。

但人大、政协对执行工作的监督目前仍存在一些局限和问题：

一是监督手段和途径较为单一。根据《各级人民代表大会常务委员会监督法》，目前人大常委会对法院工作的监督，主要通过两种方式：一是听取和审议人民法院的专项工作报告；二是对法律法规实施情况进行检查。但这两种监督途径每年选题的数量和内容均有一定限制，不可能长期地、频繁地将选题集中于人民法院执行工作。从以往的情况看，在攻坚"基本解决执行难"的三年期间，有不少地方人大常委会甚至是第一次对当地法院执行工作报告进行专项审议。而且"民事强制执行法"尚未出台，相关法律实施情况检查也难以开展。

二是关注程度和监督强度难以形成常态。在攻坚"基本解决执行难"期间，各级各地人大、政协对人民法院执行工作给予了前所未有的关注和重视，但这种工作力度常态化的长期保持存在困难。

三是人大代表对法院执行工作的认识和了解仍需进一步加强。如有相当一部分代表、委员仍对执行工作有别于审判工作的特点缺乏了解，仍将执行结案率、到位率、执行金额上升多少作为衡量解决执行难的指标。

2. 检察监督

尽管民事诉讼程序中的检察监督早已有之，但对人民法院执行工作的检察监督，一般认为正式始于 2011 年 3 月 10 日最高人民法院、最高人民检察院联合下发的《关于在部分地方开展民事执行活动法律监督试点工作的通知》。自从 2012 年《民事诉讼法》修订增加了"人民检察院有权对民事执行活动实行法律监督"的内容，尤其是最高人民法院、最高人民检察院联合下发《关于民事执行活动法律监督若干问题的规定》以来，对人民法院执行工作的检察监督案件数量就不断上升，检察机关职能随着监察机制改革而调整后更是如此。根据 2018 年 3 月 9 日第十三届全国人大一次会议上的《最高人民检察院工作报告》，2013 年至 2017 年，全国检察机关"对民事执行活动提出检察建议 12.4 万件"。根据 2019 年 3 月 12 日十三届全国人大二次会议上的《最高人民检察院工作报告》，2018 年全国检察机关"对选择性执行、超范围查封扣押等违法情形提出检察建议 23 814 件，同比上升 12.7%"。

同时，执行检察监督也存在一些问题亟待解决。2018 年 10 月 24 日第十三届全国人大常委会第六次会议上的《最高人民检察院关于人民检察院加强对民事诉讼和执行活动法律监督工作情况的报告》曾归纳："一是民事检察监督力度与人民群众司法需求不相适应。……对人民群众反映的热点、难点问题监督不够，执行活动监督总体上比较薄弱，不善监督。……有的检察建议停留于纠正表面问题和工作瑕疵，发现和纠正深层次违法问题不够。多数案件限于个案办理、就事说事，跟进监督、类案监督不够。……二是民事检察工作与刑事检察工作相比发展不平衡。……'重刑轻民'观念仍然存在，机构设置、人员配备上存在'短板'。以最高人民检察院为例，刑事检察机构设有 5 个厅，编制 142 人；而民事检察、行政检察、公益诉讼检察三项重大职责并合一起，仅设一个厅，编制 32 人。一些检察院检察委员会很少研究民事监督案件，有的基层民事行政检察部门只有一两个人，甚至无专人负责民事检察工作。三是民事检察队伍素质能力亟待加强。……现有民事检察队伍的知识结构不够合理，民商法专业的人员比例不高，……四是上级检察院对下指导不够有力，基层民事检察工作总体薄弱。"

对人民法院而言，在依法接受检察监督方面，也存在以下不足：

第一，接收和办理执行检察建议的程序不完备。检察建议是对民事执行活动进行监督的主要方式。《关于民事执行活动法律监督若干问题的规定》第 13 条规定："人民法院收到人民检察院的检察建议书后，应当在三个月内将审查处理情况以回复意见函的形式回复人民检察院，……"但哪些检察建议应当接收，接收后以何种方式、以什么标准审查，回复意见函格式如何等，均有待明确。

第二，一些程序问题与检察机关的认识尚不统一。如检察建议的形式，《关于民事执行活动法律监督若干问题的规定》的表述为检察建议书，但一些检察机关探索开展口头检察建议，对该种形式人民法院一般均不予接受。对检察建议是否采纳的标准，两院亦存在不同认识。地方检察机关对外宣布的民事执行监督检察建议采纳率往往超过 90%，但对该指标地方法院往往难以认同。此外，检察机关能否对法院执行工作实施过程监督、启动法院内部执行监督程序后又收到执行检察监督如何处理等问题，也尚未取得明确共识。

第三，对执行检察监督的总结、转化不够。法院对民事执行检察监督仍多局限于个案的回复和纠正，较少有对检察监督所反映的问题进行系统的梳理和总结。

第四，主动邀请检察机关监督具有重大影响以及群体性、敏感性执行案件、被执行人为特殊主体或因外界干预难以执行的案件、被执行人以暴力或其他方式抗拒执行的案件等较少。《关于民事执行活动法律监督若干问题的规定》第 2 条规定："人民检察院办理民事执行监督案件，……监督和支持人民法院依法行使执行权。"因此，检察机关对人民法院执行工作，既有监督，也有支持。检察机关支持人民法院行使执行权的形式，主要为《关于民事执行活动法律监督若干问题的规定》第 18 条对不依法履行生效法律文书确定的执行义务或者协助执行义务的国家机关提出检察建议，第 19 条在办案中发现被执行人涉嫌构成拒不执行判决、裁定罪且公安机关不予立案侦查的移送侦查监督部门处理。但实践中，法院较少积极主动邀请检察机关参与执行工作，一定程度上，使得检察机关对法院执行工作的支持未能充分体现。

第五，与检察机关的信息共享、沟通交流不足。目前法、检两机关办案系统相互独立，无法实现数据互通共享。检察机关开展执行监督工作目前仍主要依赖调取纸质执行卷宗，对关联案件信息、执行实时进展缺乏查询渠道。而执行案件往往涉及关联案件较多，又不能因检察监督而停止执行，由此造成监督机关与监督对象之间信息不对称，使得监督往往不准确或不及时。

三、完善执行监督机制的基本思路

（一）执行监督主体的广泛性

我国民事执行机构的设置模式属于"内置单一式"，即把民事执行权统一交由执行局，而执行局设置于法院内部。[1] 从执行权运行的角度，这种设置模式使强制执行可以一种更低成本、更高效率的方式运行。但这种设置模式，也使得法院内部监督成为最主要的执行监督形式。法谚云：任何人不能做自己案件的法官。在审判程序中，两造争辩，人民法院居中裁判，即使是审判监督程序，再审法官也仍然处于居中裁判的地位，超然于各方当事人。但执行程序中，法院的任务是"保障胜诉当事人及时实现合法权益"，因此执行主体具有主动性，执行行为具有单向性，申请执行人与被执行人在执行程序中的地位不同等，且法院本身就是与被执行人一方相对的"执行人"，更何况执行当事人寻求救济的目的就是纠正法院作出的执行行为。因此，法院内部监督在独立性、中立性方面不可避免存在一定局限性。这也是党的十八届四中全会要求开展"审判权与执行权相分离的执行体制改革试点"的重要原因。在《人民法

---

[1] 参见周继业主编：《强制执行新实践》，法律出版社 2018 年版，第 104 页。

院执行工作纲要（2019—2023）》中，最高人民法院也再次强调："加快推进审执分离体制改革。将执行权区分为执行实施权和执行裁判权，案件量大及具备一定条件的人民法院在执行局内或单独设立执行裁判庭，由执行裁判庭负责办理执行异议、复议以及执行异议之诉案件。不具备条件的法院的执行实施工作与执行异议、复议等裁判事项由执行机构不同法官团队负责，执行异议之诉案件由相关审判庭负责办理。"

但即使实现了执行实施权和执行裁判权的内部分离，人民法院内部执行监督的独立性、中立性问题仍然难以从根本上解决。因此，有必要允许较为广泛的主体对执行活动进行监督，以作为人民法院内部监督的必要补充，克服前述弊端。正如中央全面依法治国委员会1号文件《关于加强综合治理从源头切实解决执行难问题的意见》所要求的："拓宽执行监管渠道，健全执行监督体系。"

（二）执行监督程序的效率性

根据中法委1号文件的要求，执行权的任务一是"依靠国家强制力确保法律全面正确实施"，二是"维护人民群众合法权益、实现社会公平正义"，此两项任务均落实于党的十八届四中全会提出的"保障胜诉当事人及时实现合法权益"。由此，有执行实务工作者提出，"寻求权利兑现最大化和执行效率最大化应当成为执行工作所秉持的基本理念"[1]。执行监督机制作为整个强制执行制度的一部分，也应遵循效率优先的原则，无论是内部监督还是外部监督，都应尽可能减少对正在进行的执行程序产生的影响。如内部监督，就应体现为执行审查类案件坚持效率优先、兼顾公平的审查原则，严格遵守法律及司法解释规定的办案期限，以书面审理为原则、公开听证为例外等。

而且在执行实施程序中，没有核心环节和统一的载体，而是由一个个具体的节点、步骤、措施构成，因此与审判程序相比，强制程序更强调连续性。执行人员需要在一个案件中完成送达、查询、控制（查封、扣押、冻结）、搜查、处置资产、拘传、拘留等最多达到20多个环节的工作。根据最高人民法院流程节点管理的要求，这些节点多达25个。而任一个节点都可能成为被监督的对象。故从效率角度出发，同时要求执行监督必须坚持有限性，不能无休

---

[1]　参见周继业主编：《强制执行新实践》，法律出版社2018年版，第3页。

止地循环监督、反复监督，使执行程序反复被打断从而影响执行效果，也使执行当事人合法权益长期处于不确定的状态。

（三）执行监督方式的法定性

对执行权运行的监督应当坚持依法原则，法无明文规定，不得以监督为名干扰、阻碍正常执行工作。这是执行权的法律特性所决定的。

首先，债权人通过执行程序实现债权，依靠的是国家公权力的强制性保障，因此执行权天然带有强制性特征。法院通过运用强制性措施，迫使被执行人履行义务，打击抗拒规避执行行为，帮助债权人实现合法债权。被执行人对执行措施必须服从决定，没有自由选择的余地。"执行机构行使执行权并不以被执行人的意志为转移，无论被执行人意思如何，只要条件具备，执行机构都有权采取强制性的执行措施。这区别于审判权行使的双向性。"① 因此，对人民法院行使执行权力的监督，如果不依照法定的方式和程序进行，就极易对债权人的合法权益产生损害。

其次，我国强制执行制度呈现职权主义色彩，执行措施大多由执行机构依职权行使，这主要体现为法院地位的倾向性、程序推进的主动性、当事人意思自治的有限性。这是我们党以人民为中心的发展思想的重要体现和社会主义法治理念的必然要求。然而，如果执行监督脱离了依法原则，使执行法院动辄中止、停止执行，则会使执行程序无法向前推进。

最后，执行行为在一定情况下具有密行性。为防止被执行人隐匿、转移财产，执行措施往往是在被执行人甚至申请执行人都不知晓的情况下作出的。《民事诉讼法》第247条删除了应当指定履行期间的规定，并允许法院在发出执行通知的同时立即采取强制执行措施，就是执行权密行性的体现。法定之外的执行监督，也极易造成执行工作秘密泄露，进而影响执行效果。

总之，完善执行监督机制在总体上应把握监督与保障的平衡，在目标上实现防范违法执行侵害与保障执行强制性的平衡，在程序上实现及时启动高效监督与保障执行连续性的平衡，在手段上实现深度嵌入全程监督与保障执行独立性的平衡，在透明度上实现监督主体与监督对象信息对称与保障执行密行性的平衡。

---

① 江必新主编：《民事执行新制度理解与适用》，人民法院出版社2010年版，第11~12页。

四、完善执行监督机制的具体建议

（一）内部监督[①]

1. 审、执分离

对法院内部的执行监督机构，应实行审执分离改革。在《人民法院执行工作纲要（2019—2023）》中，最高人民法院已经强调："加快推进审执分离体制改革。将执行权区分为执行实施权和执行裁判权，案件量大及具备一定条件的人民法院在执行局内或单独设立执行裁判庭，由执行裁判庭负责办理执行异议、复议以及执行异议之诉案件。不具备条件的法院的执行实施工作与执行异议、复议等裁判事项由执行机构不同法官团队负责，执行异议之诉案件由相关审判庭负责办理。"但更为彻底的审执分离改革方案：一是在执行审查类案件数量较少的法院，将执行裁判权交由固定的审判庭行使，以避免出现执行局自己执行自己监督、"做自己的法官"的局面。二是应将执行裁判权更正为更加准确的名称"执行裁判与监督权"，以此体现执行裁判权既在执行程序中进行实体裁判，又对执行实施权进行监督的双重功能。三是进一步明确执行裁判与监督权的外延，即执行裁判庭的职权范围至少应包括：（1）办理执行异议案件（案号"执异"）；（2）办理执行复议案件（案号"执复"，基层法院除外）；（3）办理除对消极执行督办案件以外的执行监督案件（案号"执监"）；（4）办理涉执行的诉讼案件，包括案外人执行异议之诉、申请执行人执行异议之诉、执行分配方案异议之诉、代位析产之诉等；（5）办理与上述类型案件有关的执行请示案件（案号"执他"，基层法院除外）；（6）有条件的执行裁判庭可以办理执行程序转破产程序的破产案件和拒不执行判决、裁定罪刑事自诉案件。[②]

尤其应当将执行裁判和监督权与执行实施中的裁定、决定和命令权进行区分，防止出现执行实施部门不保留员额法官的情况。

2. 监、督分流

传统意义上的监、督分离，是根据监督的对象不同，将执行监督区分为对

---

① 该部分内容中的"执行监督"，除特别说明外，均指广义的执行监督。如前所述，广义的执行监督程序，既包括狭义的执行监督，还包括执行救济程序。由于执行救济程序所涉问题过于宽泛，本书不作过细展开。

② 参见周继业主编：《强制执行新实践》，法律出版社 2018 年版，第 52 页。

违法执行的监督和对消极执行的监督。根据现行法律规定，这两种监督具有较大差异：一是适用的程序。对违法执行的监督，适用《民事诉讼法》第232条执行异议、复议程序和《最高人民法院关于人民法院执行工作若干问题的规定（试行）》第72条规定的执行监督程序；对消极执行的监督，适用《民事诉讼法》第233条和《最高人民法院关于人民法院执行工作若干问题的规定（试行）》第74条。二是审查的方式。对违法执行的监督通常采用类似诉讼案件的审查方式，申请异议人（或申请复议人）与对方当事人形成诉辩对抗，执行裁判法官居中裁判。对消极执行的监督则通常采用行政性的审查方式，上级法院根据统一管理职权而非审级监督职权，对下级法院是否存在消极执行进行审查。三是处理的结果。对违法执行的监督一般采用裁定的方式撤销或变更执行行为。对消极执行的监督，采用的方式是指令执行法院在一定时限作出一定行为或提级执行、指令异地执行。

鉴于此，曾有一些地方法院将这两种案件分别编立案号以示区别：前者为"执监"字，后者为"执督"字。但根据最高人民法院《关于人民法院案件案号的若干规定及配套标准》，这两类案件都被归入"执行监督案件"，使用"执监"案号。各地法院有关办理执行监督案件的指导性意见，有的将对违法执行和消极执行的监督程序合二为一，如《重庆市高级人民法院关于办理执行监督案件的规定（试行）》（渝高法〔2019〕193号）；有的只针对违法执行进行监督，如《广东省高级人民法院关于办理执行监督案件的指引》（粤高法〔2018〕243号）。

对此，笔者认为完善内部执行监督机制仍需实行"监、督分离"，但这种"监、督分离"并非区分监督对象是违法执行还是消极执行而分离，而是从监督主体的角度进行分离，将执行裁判机构基于执行裁判权对执行实施权进行监督，与上级法院执行机构基于统一管理职权对下级法院执行机构进行监督相分离。也就是说，执行条线外部的"监"与执行条线内部的"督"相分离，一方面强化执行体系外的监督渠道，另一方面保留执行体系内自我纠正的渠道。一是将执行不作为纳入执行异议范围，借鉴行政诉讼中的行政不作为诉讼，将对消极执行的监督纳入法定的异议、复议程序，从而使执行行为违法的救济渠道得以统一起来；二是保留上级法院执行机构对下级法院执行行为（包括作为和不作为）依职权进行监督并纠正的权力，以此体现执行实施权的统一管理要求。

3. 导访入诉

将执行信访尽可能引导入包括执行救济程序在内的法定执行监督程序。一是弱化执行信访考核。取消"信访案件办结率90%以上"这一核心指标，以"执行异议、复议、监督案件法定期限内结案率"取代，防止变相鼓励当事人、利害关系人越级信访，同时促进执行争议化解效率的提升。二是建立简便易用的信访终结机制。目前信访终结机制要求过高，造成大量重复访、无理访。今后可以将执行监督申请已进入法定救济渠道，作为信访终结的主要标准。三是将现有的信访办理系统改造为执行监督申请受理、转交系统，以此保障和加强上级法院对下级法院办理执行监督的管理，做到执行监督申请"应收尽收"，全部纳入法定程序处理。

4. 限制滥用申请监督权利

通过制度规则滥用申请执行监督权利的行为，保障执行监督效率，防止因执行监督程序启动过于频繁而阻碍正常执行。对此，《人民法院执行工作纲要（2019—2023）》已经提出要求："加强对滥用异议权、诉权问题的研究，进一步明确滥用异议权、诉权拖延、规避执行的处罚程序和标准。"但更加完备的机制应至少包括以下方面：

第一，明确逐级监督和穷尽救济的原则。上级人民法院负责办理对下一级人民法院进行监督的执行监督案件，一般不跨越级别对下监督。当事人、利害关系人有异议权、复议权时，未经相应程序，径行申请执行监督的，不作为执行监督案件办理。已经立案受理的执行异议、复议、监督案件审查期间，当事人、利害关系人因相同请求和理由申请执行监督的，不重复立案监督。人民法院办理执行监督案件，原则上应围绕申诉人的申诉请求进行审查；申诉事项超出复议裁定范围的，执行监督中原则上不予审查。

第二，进一步明确当事人、利害关系人、案外人申请执行监督的要件。包括什么情况下可以申请什么方式的监督、申请监督应提交哪些材料、同一案件中多人多事由申请监督的处理，等等。

一是存在以下情形之一的，应当书面或口头告知申诉人不予立案：（1）申诉人不是案件当事人、利害关系人的；（2）已经执行监督程序审查裁定驳回申诉，就相同请求向同一法院再次申诉的；（3）经在执行案件管理系统中对申诉人涉及案件情况进行查询，发现本院或者其他法院已经对申诉人以相同请求和理由提出的异议、复议或者监督申请立案审查且尚未结案的；

（4）申诉人申请撤回申诉被准许后再次申诉的，但有《民事诉讼法》第 207 条第 1 项、第 3 项、第 12 项、第 13 项规定情形，自知道或者应当知道之日起 6 个月内提出的除外。立案后发现不符合执行监督案件受理条件的，书面通知申诉人驳回申诉申请。①

二是当事人、利害关系人不服执行复议裁定向上一级人民法院申诉，应当提交以下材料：（1）申诉书（载明申诉请求及理由）。（2）申诉人的身份证明。申诉人是自然人的，应提交身份证明；申诉人是法人或非法人组织的，应提交营业执照及法定代表人或负责人身份证明。委托他人代为申诉的，应提交授权委托书和代理人身份证明。（3）据以强制执行的生效法律文书复印件。（4）申诉所指向的执行实施法律文书、执行复议裁定书复印件。（5）证据清单和证据材料。（6）法律文书送达地址确认书和联系方式。申诉人未按上述规定提交申诉材料的，执行裁判部门应当一次性告知申诉人在 7 日内补齐。期限内未补齐，但申诉人提出合理理由请求延期补齐申诉材料的，待其补齐材料后再移交立案部门登记立案；申诉人无正当理由未在期限内补齐申诉材料的，告知申诉人不予立案。②

三是当事人、利害关系人因以下情形向执行法院申诉的，执行法院应当作为审查类执行监督案件立案，参照执行异议程序相关规定审查处理：（1）未在法定期限内根据《民事诉讼法》第 232 条规定提出异议，但有证据证明存在正当理由的；（2）在异议期限之内已经提出异议，但是执行法院未予立案审查，根据《最高人民法院关于人民法院办理执行信访案件若干问题的意见》第 16 条第 1 款规定向执行法院继续申诉的；（3）根据《最高人民法院关于人民法院确定财产处置参考价若干问题的规定》第 25 条规定向执行法院提出异议的。当事人、利害关系人不服执行法院根据前款规定作出的执行监督裁定，向上一级人民法院继续申诉信访，上一级人民法院应当作为执行监督案件立案审查，以裁定方式作出结论。③

四是对于名为申请执行监督但实质为反映以下问题的申诉，人民法院应根据情况分别作出处理：（1）可以依法提出执行申请、执行异议、执行复议、执行异议之诉或者可以依照其他法定程序予以救济且本院有管辖权的，依职权

---

① 参见《江苏省高级人民法院审查类执行监督案件办理程序指南》第 4 条。
② 参见《江苏省高级人民法院审查类执行监督案件办理程序指南》第 6 条。
③ 参见《江苏省高级人民法院审查类执行监督案件办理程序指南》第 19 条。

导入法定程序解决；本院没有管辖权的，告知申诉人向有管辖权的人民法院依照法定程序解决；（2）对提级执行、指定执行、执行争议协调决定、案件请示及其复函以及其他属于人民法院内部管理行为的裁定、通知、决定、批复不服的，由执行裁判部门告知其不属于执行异议、复议、监督的受理范围。向执行法院提出以上申诉请求的，由执行法院依法裁定不予受理或驳回申请；（3）对人民法院作出的判决、裁定、调解书、公证机关作出的公证债权文书、仲裁机构作出的仲裁裁决、仲裁调解书等执行依据不服的，或者对不予执行仲裁裁决或驳回不予执行仲裁裁决申请的裁定不服的，或者对不予执行公证债权文书的裁定不服的，由立案部门审查处理；（4）要求追究执行人员违规违法违纪责任的，由督察部门处理。①

第三，调整因启动执行监督程序而停止执行的规则。尤其在案外人异议和案外人异议之诉中，将规则调整为：启动案外人异议或案外人异议之诉程序的，以不停止执行实施案件的执行为原则，案外人提供担保的除外。

第四，对执行监督申请人设置一定费用负担。如执行监督申请得到法院支持，则将申请费用退还；如未得到法院支持，则不但预交的费用不退回，还须适当承担对方当事人的应诉成本。

第五，明确罚则。发现当事人、利害关系人、案外人存在通过恶意申请异议、复议、涉执诉讼以拖延执行、抗拒执行、规避执行的，应当依法予以处罚。对存在故意缺席听证、同一事由重复申请监督、通过伪造证据等方式提起虚假监督申请等行为的，科以拘留、罚款等处罚措施，并赔偿相关当事人损失。

5. 强化一案双查

最高人民法院《人民法院执行工作纲要（2019—2023）》提出："落实责任倒查、'一案双查'制度，完善相关问题线索移交、联合调查、督办问责等工作机制，将违纪违法问题查处结果纳入综治考核。"执行工作"一案双查"，是指上级法院执行机构和监察机构协调配合，统筹督查下级法院执行案件办理、执行工作管理问题和干警违规违法违纪问题，依照法律、司法解释及有关规定作出处理。

在执行监督过程中，对"案"的监督应当与对"人"的监督紧密结合，

---

① 参见《江苏省高级人民法院审查类执行监督案件办理程序指南》第20条。

统筹督查执行案件问题和违法违纪问题。既查消极执行、选择性执行和乱执行等执行不规范问题，又查吃拿卡要、冷硬横推等纪律作风和执行腐败问题。既查执行工作的合法性、规范性问题，又查执行干警的廉洁性、纪律性问题。同时，还要查机制建设不完善、相关制度不落实、执行管理不到位问题。通过"一案双查"制度，以严明的纪律强化执行队伍建设，提升执行队伍的规范化、廉洁化水平。

2019年初，福建、江苏等省率先出台了关于建立执行案件"一案双查"工作机制的规范性文件，在此基础上，最高人民法院于2019年10月印发《关于对执行工作实行"一案双查"的规定》，提出要将"一案双查"作为落实执行工作"三统一"要求，规范执行行为，强化执行管理的重要抓手，建立健全相关工作机制，并对执行工作"一案双查"的线索来源、办理机构、办理程序、工作方式、处理形式等作出明确规定。该规定同时强调，检查案件执行情况与检查执行干警履职情况同步进行，严格查处执行干警违规违法违纪行为与完善执行干警依法履职保护机制紧密结合，既要严肃整治消极执行、选择性执行、乱执行，弄虚作假、不落实上级法院工作部署及意见等行为，确保依法规范公正廉洁执行，又要注重充分保护执行干警正当权益，防范和减少办案风险。随后，最高人民法院又在全国法院执行指挥平台上线了"一案双查"系统，以加强对全国"一案双查"工作的管理。实践表明，"一案双查"使执行工作中的司法责任制得到进一步落实，对规范执行行为、强化执行监督、促进提升执行工作水平起到了积极作用。

以江苏为例，一是完善制度机制。最高人民法院规定出台后，江苏高院第一时间下发《关于贯彻落实〈最高人民法院关于对执行工作实行"一案双查"的规定〉的通知》，随后又制定下发《关于建立健全执行工作"一案双查"线索交办机制的意见》，全省各级法院均设立专人负责一案双查线索收集、筛查与登记工作，与督察部门建立联席会议制度，通过书面会商、定期或不定期召开会议等方式共同开展一案双查工作。建立巡查督查机制，对重点地区和重点案件，成立由执行局与督察局共同参与的联合调查组，由院领导带队，对"一案双查"工作开展情况进行专项巡查督查。二是拓宽线索来源。对于执行信访、网络舆情以及上级法院交办的信访件，均作为"一案双查"线索来源。对于发现的违纪违法线索，省高级人民法院、中级人民法院利用交办系统及时向下级人民法院交办。在查处"一案双查"线索时，一方面，拓宽"一案双查"工作内涵，对于案件本身是否有问题、执行人员有无违法违纪情形、分管院领导和执行局长是否将监督管理职责落实到位，均作为查处内容；另一方面，拓宽"一案双查"工作的开展范围，将"基层法院"纳入"一案双查"工作机制考核，做到全省三级法院全覆盖。三是强化协调联动。执行部门和督察部门良性互动，对执行部门发现的违法违纪线索，线索核查专员将案件录入系统后提请局领导分办，同时与督察局对接，确定会商时间和方式，通过书面函请、召开联席会、共同召开法官会议等方式对相关案件进行会商。决定启动"一案双查"程序的，及时交办或办理，对交办或自行办理的案件，成立联合调查组对相关人员和案件进行调查，并定期通报案件进展。对督察部门发现的移送执行部门的违法违纪线索，由线索核查专员录入系统后直接交办或成立联合调查组进行办理。执行部门与督察部门之间分工合作，协调配合。通过"一案双查"，全省法院形成"应查必查"的工作氛围，执行队伍得到整肃，制度落实得以加强，有力推动了相关执行工作的开展，形成失职必问、问责必严的工作局面，为执行长效机制高效运行提供有力保障。

（二）外部监督

1. 人大、政协监督

中法委1号文件提出："各级党委要统筹各方资源，实行综合治理，推动建立党委领导、政法委协调、人大监督、政府支持、法院主办、部门联动、社会参与的综合治理执行难工作大格局，纳入工作督促检查范围，适时组织开展专项督查。"其中，人大监督是综合治理执行难工作大格局中的关键一环。尤其是人大监督是权力机关的监督，性质特殊，对形成社会共识、扭转社会风气、推动民事强制执行和社会信用建设立法有极为重要的作用。

但囿于对执行监督仅是人大对法院监督的一部分，而对法院监督又仅是人大对各类执法主体监督的一部分，因此要求人大定期听取人民法院关于执行工作的报告、常态化联合开展执法检查、定期调研执行工作有较大难度。主动争取人大、政协监督的工作重点，宜放在日常监督方面，包括：

一是丰富与人大代表、政协委员的日常联络方式。人大代表、政协委员联络工作是人民法院主动接受人大、政协监督的重要途径，也是最为日常化的形式。但以往联络工作的方式往往限于参观法院、座谈研讨、旁听庭审等，人大代表、政协委员对执行工作实际情况缺少直观感受。今后应更多采用现场见证执行的方式。从2016年起，江苏法院根据执行案件现场工作多、执行措施类型多样、与当事人直接"面对面"对抗性强等特点，探索对案件执行过程进行网络直播，同时邀请人大代表、政协委员现场全程参与执行过程，见证搜查、拘传、拘留、房产清空等执行工作，进行"体验式"监督。仅 2018 年，江苏法院开展多次集中执行活动及全媒体直播活动时，特别邀请各级人大代表、政协委员参与、见证现场执行活动，共邀请参与执行活动的各级人大代表有 1900 多人次。① 这种新颖的联络方式不仅符合执行工作的规律和特点，而且受到各级人大代表、政协委员的高度肯定和热烈欢迎，一些代表不仅在直播期间参与执行工作，还直接参与案件协调、对当事人释法析理等工作，或走入直播间对现场执行行动进行实时点评。参与现场见证执行的代表、委员普遍认为，这种方式使见证者直观感受到法院在执行工作方面所付出的努力、所面临的困难以及我国社会诚信建设的真实状况，有利于人大代表、政协委员更加全面、深入地了解执行工作的真实情况，更有针对性地提出完善立法、推动社会诚信的意见、建议。

二是健全建议、提案办理工作机制。对此，《人民法院执行工作纲要（2019—2023）》已提出较为明确的要求。其中值得重视的是建议、提案办理情况向社会公开问题，这一举措非常有必要：一方面督促人民法院重视和完善建议、提案办理工作，提高办理质量和效率；另一方面也可以通过信息公开，促进人大代表、政协委员提高建议、提案的质量和水平，并可以此减少明显属于反映个案问题或干扰正常执行工作的建议、提案。

三是通过执行工作特有的工作优势配合人大、政协自身工作，增强人大、政协工作与执行工作之间的"黏性"。如根据江苏省委办公厅、省政府办公厅联合出台的《关于建立对失信被执行人联合惩戒机制的实施意见》，失信被执行人"不作为组织推荐的各级党代会代表、各级人大代表和政协委员候选人，限制担任党代表、人大代表和政协委员"。在 2016 年底江苏市、县（区、市）的人大、政协换届期间，全省法院主动配合人大、政协机关和组织、统战等部门，对具有失信行为的人大代表、政协委员候选人进行全面筛查并督促履行。目前，这项工作已经成为江苏各级人大推选人大代表、政协委员候选人前的必经程序，客观上促使所有人大代表、政协委员时刻关注自身信用状况，关心执行工作的动态和进展。

---

① 孙航：《在监督下攻坚 在创新中克难——人民法院自觉接受人大监督攻坚执行难工作纪实》，载《人民法院报》2018 年 10 月 27 日，第 1 版。

2. 检察监督

中法委 1 号文件提出："检察机关要加强对民事、行政执行包括非诉执行活动的法律监督，推动依法执行、规范执行。"在这一总要求之下，人民法院完善长效机制、主动接受监督，主要体现在以下方面：

（1）坚持依法接受监督。人民检察院依法对民事执行活动实行法律监督，人民法院依法接受人民检察院的法律监督，这是《关于民事执行活动法律监督若干问题的规定》对执行检察监督最基本的要求。而且检察机关对民事执行活动的法律监督，"实质上是启动纠错程序，促进法院重新审视并自我纠错"。[①] 因此人民法院主动接受检察监督，首先应遵循依法原则。

第一，对检察机关依法提出的监督，进一步规范办理程序，通过法定程序立案审查、自我纠错。

一是对民事执行检察监督案件实行统一立案，扎口管理，分类办理。对民事执行监督检察建议书，由立案部门统一接收，编立"执监"字号案件予以受理，立案后移送执行机构或者执行裁判部门办理；对检察机关根据《关于民事执行活动法律监督若干问题的规定》第 10 条发出的《了解执行案件情况函》，由立案部门扎口，登记编号，移送执行机构办理。

二是法院立案审查后，应当重点围绕检察建议书提出的问题以及检察机关提交的相关证据材料进行审查，依法决定是否采纳检察建议，并相应作出裁定。

三是民事执行监督检察建议的审查处理情况，应当以《回复意见函》形式回复提出检察建议或者跟进监督的检察机关。《回复意见函》应当编立执行监督案件案号，载明人民法院查明的事实、回复意见和理由并加盖院章。采纳检察建议的，应当附相关执行裁定、决定等法律文书。必要时，可随函附上相关证据材料。

四是对检察机关业务部门在实施民事执行监督过程中出具的《了解执行案件情况函》，可由立案部门在收函后五日内编立"执检函"字号案件移送执行机构办理，不纳入司法统计范围，但应通过系统办理，实现全程留痕。

五是强化规范接受刑事、行政案件执行活动监督。目前执行检察监督仍主

要侧重于民事执行领域，对刑事、行政执行的监督相对较弱。人民法院对这方面的检察监督目前尚重视不足，今后有必要予以规范。尤其是检察机关对刑事财产刑执行发出的《纠正违法通知书》，人民法院如何受理、审查和反馈，有待进一步规范明确。

六是及时总结执行检察监督中发现的普遍性、较突出的问题，尤其是检察监督重点关注的违法拍卖、超标的查封、错误分配财产、变相变更裁判结果、终结本次执行、消极执行等方面，推进规范执行行为，从源头减少违法违规执行。

第二，检察机关对民事执行的监督活动不符合法定要求的，采取适当方式不予受理或不予采纳。

一是民事执行监督检察建议书所建议对象超出规定范围的、级别或地域管辖不符合规定的、未依法立案或未移送案卷材料的，应当书面建议检察机关予以补正或者撤回；不予补正或者撤回的，应当函告检察机关不予受理。

二是防止重复启动纠错程序。首先是检察建议监督事项法院已经自行立案监督的，应当函告检察机关不予受理，并将自行监督情况向其告知。其次是对执行当事人、利害关系人、案外人依法通过执行异议、执行复议或者应当提起诉讼而没有行使权利，明确检察机关可以提出检察建议的情形。主要包括：执行法院作出执行行为时未制作法律文书或法律文书未依法送达的；执行法院在执行裁定或相关法律文书中未告知或错误告知救济权利的；执行法院拒不受理执行异议或者执行复议案件的；违法处置执行标的或者违法终结执行，无法提出执行异议的；因意外事件或者不可抗力导致其无法在法定期限内行使权利，相关事由消除后主张权利未获受理的，等等。对执行当事人、利害关系人或者案外人应当依法行使执行救济权利，无正当理由不寻求救济而直接申请检察监督的；或者执行异议、复议或者执行监督案件审查期间，检察机关对案涉执行行为提出检察建议的，应当对检察建议不予受理或不予采纳。

三是明确对民事执行监督检察建议不予采纳的情形。主要包括：程序违法，如检察建议未经检察长批准或者未经检察委员会决定；检察建议涉及执行人员贪污受贿、徇私舞弊、枉法执行等违法行为，未提供司法机关或者纪检监察机关已经立案材料；超出《关于民事执行活动法律监督若干问题的规定》范围实施的其他情形。

（2）坚持主动争取支持。关于检察机关对人民法院执行工作进行监督的目标和定位，最高人民检察院曾提出："坚持不懈强化民事执行监督，推动从根本上解决执行难问题"；"检察机关要立足职能、积极参与，进一步加大监督、支持法院依法执行的力度"。①由此可见，法院执行工作和检察机关执行检察监督工作的目标是一致的，都是为了切实解决执行难。人民法院一方面应积极接受依法监督，另一方面也应主动争取检察机关对执行工作的支持。尤其是对长期困扰法院执行工作的党政机关不履行生效裁判问题、协助执行单位不履行协助执行义务、拒执罪追诉难的问题。虽然《关于民事执行活动法律监督若干问题的规定》第18条、第19条已有相关规定，但实践中此类检察监督数量较少。这固然有执行当事人对这一监督渠道了解较少的原因，也有各级法院与检察机关沟通不够，尤其是未与检察机关建立常态化互动机制的原因。

（3）强化信息共享。监督者与被监督者的信息对称，是保障有效监督的前提。对法院执行工作的检察监督同样如此。为此，中法委1号文件提出："人民法院、人民检察院要加强沟通，密切协作，探索建立全国执行与监督信息法检共享平台。"最高人民检察院也提出："推动建立全国执行与监督信息法检共享平台，加强动态支持与监督。"②

执行与监督信息法检共享平台建成后，势必有效消除监督者与被监督者之间的信息不对称，也更便于检察机关调阅和使用执行信息，进一步提升执行监督的效率和效果。对法院而言，也有利于更高效地自我审查和纠错，同时便于争取检察机关的支持。

人民法院作为执行信息的主要制作者和保管者，在建立法检信息共享平台方面应坚持以下原则：

第一，合法性原则。一是信息共享的范围合法。根据《关于民事执行活动法律监督若干问题的规定》第8条的规定，检察机关依照有关规定可以查阅、复制、拷贝、摘录人民法院的执行卷宗或在办案件的案件材料。但这些案件材料应只限于正卷，而不涉装订有法院执行人员办案讨论、审批等材料的副卷。所调取的案件材料，也应仅限于与检察机关已立案监督的相关案件。二是信息共享的程序合法。由于执行工作与审判工作相比具有的流程性、连续性、

---

① 2018年10月24日第十三届全国人民代表大会常务委员会第六次会议上的《最高人民检察院关于人民检察院加强对民事诉讼和执行活动法律监督工作情况的报告》。

② 2018年10月24日第十三届全国人民代表大会常务委员会第六次会议上的《最高人民检察院关于人民检察院加强对民事诉讼和执行活动法律监督工作情况的报告》。

密行性的要求，因此检察机关调取执行案件材料，必须符合一定程序要求：首先，应有正式检察机关立案监督的案件，方可查阅、复制、拷贝、摘录执行案件材料；其次，应由检察机关办案人员根据系统中设定的权限获取信息；再次，信息调取、使用的过程应全程留痕，可以倒查使用人员、时间，以防信息的不当使用；最后，信息共享平台应建设在法院执行办案系统的备份库上，不得直接进入生产库调取数据，以保障信息系统安全。

第二，互通性原则。执行信息共享平台并非只有检察机关单向调取法院执行信息，应确保法检信息的互通互动。一是法检与执行工作、执行监督工作相关的规范性文件互通交流，加强两机关工作的交流和相互了解；二是检察机关调取法院执行信息的使用方式、结果，无论是否形成检察建议，都应及时反馈法院；三是检察机关支持法院执行工作的有关信息，如对有关国家机关不依法履行生效法律文书确定的执行义务或者协助执行义务而发送检察建议的情况，发现被执行人涉嫌构成拒执罪且公安机关不予立案侦查并进行侦查监督的情况等。

专题九 执行公开机制改革

第一节 执行信息公开

民事执行公开制度（以下简称执行公开），是指将民事执行权行使过程及其结果予以公开的制度。关于执行公开，我国宪法法律没有作出直接规定，司法实践中，是把执行公开作为司法公开制度的重要组成部分提出来的，并与审判公开并列。

党的十八大以来，人民法院以习近平新时代中国特色社会主义思想为指导，将执行公开作为司法公开四大平台建设的重要内容加以推进，借助信息技术积极探索移动互联网环境下推进执行公开的新途径，内容上不断拓展，方式上不断创新，极大地拓展了司法公开的广度和深度，对促进执行公正、高效和廉洁，决胜"基本解决执行难"发挥了重要作用，当事人和社会公众对执行公开制度实施效果评价越来越高，成为司法改革的成功实践和最大亮点之一。2019年，中法委1号文件对执行公开提出了"加大执行公开力度，全面推进阳光执行"的总要求。《人民法院执行工作纲要（2019—2023）》也专门就"健全开放、动态、透明、便民的阳光执行制度体系"提出了健全完善执行公开工作机制、拓展执行公开的广度和深度、鼓励支持律师参与执行、打造集约化执行公开平台、创新执行信息公开手段等提出了新的具体要求。

然而，相较于审判公开（包括审判流程公开、庭审活动公开和裁判文书公开），执行公开的实践创新是对司法公开制度的最新拓展和突破。

一、执行公开是司法公开原则的发展与创新

（一）关于执行公开，我国立法并未作出明确规定

作为合成词，"执行公开""审判公开""司法公开"是由"执行""审判""司法"与"公开"合成的，它们之间的概念区分，主要在于定语含义的差别。在英美法上，"司法的（Judicial）"就是关于法官的术语，司法与审判在内涵和外延上是同一概念，司法公开就是审判公开，二者是可以交替使用的。而在我国，司法一词却是一个十分宽泛的概念，即使在法院内部，"司法"也并不仅指法官的审判活动，执行活动也包含在内。因而，如果"执行公开"与"审判公开""司法公开"三个概念之间边界不清，会导致认识模糊。比如，有观点认为审判公开包括执行公开，认为审判公开是以案件审理、执行为基础的，涉及审判权、执行权行使过程及结果的公开。为了使讨论有个共同的语境，必须首先厘定相关概念。

我国现行宪法和法律只规定了"审判公开"或者"公开审判"，但没有明文规定"执行公开"，也没有规定"司法公开"，甚至没有使用"司法"这一术语。《宪法》第 125 条规定："人民法院审理案件，除法律规定的特别情况外，一律公开进行。"《民事诉讼法》第 10 条规定："人民法院审理民事案件，依照法律规定实行合议、回避、公开审判和两审终审制度。"《民事诉讼法》在第二编"审判程序"中第 137 条进一步规定："人民法院审理民事案件，除涉及国家秘密、个人隐私或者法律另有规定的以外，应当公开进行。"而《民事诉讼法》第三编"执行程序"中并没有关于执行公开的规定。《刑事诉讼法》《行政诉讼法》也只是规定了审判公开。就笔者所能见到的国外民事诉讼法或强制执行法立法例中，也没有查到关于执行公开的比较法依据。

因此，"执行公开"并非一个法定制度，而是人民法院在执行工作实践中，借鉴审判公开制度而形成和发展起来的一项工作制度。最高人民法院的司法解释和司法文件在不同时期也有不同表述。最高人民法院 2006 年下发的《关于人民法院执行公开的若干规定》第 1 条即明确："规定所称的执行公开，是指人民法院将案件执行过程和执行程序予以公开。"2009 年 12 月最高人民法院发布的《关于司法公开的六项规定》，对执行公开的内容、公开的例外情况以及重点事项进行了重申和强调。2013 年 11 月最高人民法院《关于推进司法公开三大平台建设的若干意见》规定，司法公开三大平台包括审判流程公

开平台、裁判文书公开平台和执行信息公开平台，三者是并列关系。其中，审判流程就是审判过程，裁判文书就是审判结果，审判过程和审判结果公开就是审判公开的全部，显然，这里是把执行信息公开与审判公开作为"司法公开"这一属概念之下的种概念，并列使用的。

（二）执行公开制度在实践中的形成与发展

执行公开制度在实践中的形成和发展，大体经过了三个阶段。

1. 第一阶段为探索期（1985—2005 年），从公开"具体执行行为"到公开"案件执行过程和执行程序"

这一阶段主要是地方法院在实践中的摸索期。在制度层面，不但法律没有明确规定执行公开，最高人民法院的司法解释和司法政策也没有相关规定。目前可查的最早的有关执行公开的地方性司法文件，是青岛市中级人民法院 2002 年 7 月 18 日发布的《深化执行公开实行执行财产公示制度》（青中法执〔2002〕第 3 号）。但该规定中的执行公开，仅限于法院"对涉及有关非金钱形式的财产依法实施拍卖、变卖或者裁定以物抵债时"向社会进行公开。江苏省高级人民法院 2005 年制定的《关于推行执行过程公开制度的若干意见》（苏高法〔2005〕195 号），是地方法院中发布较早且较为全面的规定执行公开的文件。该文件中虽然没有对"执行公开"的概念进行定义，但其内容实际上将执行公开表述为"公开执行过程和执行程序"。在实践层面，则是简单粗放的，不但公开的内容和范围有限，而且公开的对象仅限于当事人，公开的方式和方法是原始的，如徐州等地法院以"玻璃屋"为主要特征的"阳光执行大厅"建设，试图参照审判公开的模式，通过公开执行工作的办公场所等方式，实现执行行为的即时公开，但效果有限。

2. 第二阶段为确立期（2006—2012 年），将执行公开的范围由具体的执行行为扩展到执行权运行的整个过程和程序

制度层面，最高人民法院在总结地方法院实践经验的基础上，于 2006 年制定发布了《关于人民法院执行公开的若干规定》，使执行公开在制度层面有了明确的保障，并扩大了执行公开的内容和范围。其第 1 条载明："规定所称的执行公开，是指人民法院将案件执行过程和执行程序予以公开。"案件执行各个环节和有关信息都要依法公开，但涉及国家秘密、商业秘密等法律禁止公开的信息除外。2009 年最高人民法院又制定发布《关于司法公开的六项规

定》，将执行公开的内容和范围进一步扩大，其第 3 条规定："执行的依据、标准、规范、程序以及执行全过程应当向社会和当事人公开，但涉及国家秘密、商业秘密、个人隐私等法律禁止公开的信息除外。"① 执行公开从动态的执行行为，扩展至静态的执行制度和规则，包括权力配置、权力运行规则和流程等，同时，明确公开的对象包括"社会和当事人"。在实践层面，由于当时执行信息化建设水平偏低，执行工作方法原始，案件管理粗放，执行信息的收集、存储能力不足，执行公开主要是通过通知、公告方式操作，虽然尝试通过法院内部网络、新闻媒体进行公开，但终因公开的途径有限，无法做到案件全覆盖，尤其是执行财产查控和处置、执行款物发放等关键环节的公开落实不彻底，当事人和社会公众对执行公开制度的实施效果评价不高。

3. 第三阶段为突破期（党的十八大以来至今）："执行信息"全面公开

这一阶段在制度层面更加完善，更加理性，更加符合执行工作规律。2013 年 11 月 21 日最高人民法院下发的《关于推进司法公开三大平台建设的若干意见》，将"执行信息公开平台"列为司法公开三大平台之一。根据最高人民法院的解释，"执行信息是人民法院在执行过程中产生的各类信息，它可以全面及时地反映人民法院依法进行的执行活动。人民法院通过建立执行信息公开平台，可以及时公开执行信息，让公众和当事人及时了解人民法院为实现当事人的胜诉权益所采取的执行措施……"。② 这表明人民法院认识执行公开的角度发生了重大变化，公开的重点不再是实际上难以向当事人和公众即时展示的执行行为，而转向执行活动中所产生的各类信息。同年 7 月 1 日，最高人民法院制定发布了《关于公布失信被执行人名单信息的若干规定》，要求各级法院将失信被执行人名单信息录入最高人民法院失信被执行人名单库，统一向社会公布，对失信被执行人予以信用惩戒。2014 年 7 月 9 日，最高人民法院制定发布《人民法院第四个五年改革纲要（2014—2018）》，提出"完善执行信息公开平台"，包括"整合各类执行信息，推动实行全国法院在同一平台统一公开执行信息，方便当事人在线了解执行工作进展"。同年 9 月，又发布了《关于人民法院执行流程公开的若干意见》，明确提出，执行流程信息以公开为原

---

① 《关于司法公开的六项规定》除了单独规定了"执行公开"外，在"听证公开"部分也有涉及执行的内容，即将"执行异议案件"纳入实行公开听证的范围。

② 罗书臻：《依托现代信息技术打造阳光司法工程——最高人民法院司法改革领导小组办公室负责人就〈意见〉答记者问》，载《人民法院报》2013 年 11 月 29 日，第 2 版。

则，不公开为例外。

在实践层面，实现全面突破。全面加强执行指挥中心建设，推进执行信息化，实现网络查控、远程指挥等功能，运用执行单兵和执法记录仪，执行过程全程录音录像，实行网络司法拍卖，实现拍卖程序的全程、全面、全网络公开，实现执行模式的历史性变革。2014 年 11 月，最高人民法院对全国法院失信被执行人名单信息公布与查询、被执行人信息查询、执行案件流程信息公开、执行裁判文书公开等信息平台进行有机整合，建成"中国执行信息公开网"，实现执行办案过程公开、节点全告知、程序全对接、文书全上网，实行全方位、多元化、实时性全面公开的"阳光执行"。2016 年 11 月，最高人民法院在"中国执行信息公开网"上开设执行案款领取公告查询栏目，执行法院应将联系不上当事人的案款信息予以公开。失信被执行人名单公开，加强信用惩戒，成为国家信用体系建设的重要内容，被称为我国社会诚信体系建设的重大突破和国家社会治理模式的重大创新。[①] 江苏法院开发终本案件管理系统，对程序终结案件集中、分类、动态管理，并允许当事人查询。江苏法院创新执行活动公开机制，与网易、江苏电视台合作，对徐州、苏州、无锡、盐城等地集中执行活动进行全媒体直播，将执行公开从流程节点信息的公开延伸到执行活动的全程公开，向社会展示了执行活动的细节和难度，赢得了社会舆论的理解和认可。

可见，执行公开制度的产生和发展，经历了一个渐进的过程。这一过程有三条脉络：一是从地方法院的局部探索，发展到全国法院全面推开；二是公开内容的不断扩展，逐步实现了从选择性公开向全面公开的转变；三是公开载体和方式的不断创新，既注重运用传统的公开方式，又注重新媒体的运用，使执行公开从具体的事中公开发展到整体的事中公开，再发展到事前公开与事后公开，实现了从单纯公开执行行为，向公开执行行为和公开执行信息并重的转变，形成公开的全覆盖和立体化。

（三）执行公开制度拓展了司法公开的广度与深度

我国没有专门的民事强制执行法，而是将其作为单独的一编规定在《民事诉讼法》中的，亦即民事诉讼包含审判程序和执行程序两个司法程序，性

---

① 刘贵祥：《总结经验 理清思路 加快推进智慧法院建设——关于加快智慧法院建设的思考》，载《人民法院报》2017 年 6 月 21 日，第 5 版。

质上都属于民事权利的司法救济程序。是故,理论上执行程序与审判程序都应当按照司法权固有的质的规定性予以制度上的安排,执行行为也必须依据司法权行使的一般规律进行调整。① 宪法法律虽然只有审判公开的规定,而没有关于执行公开的直接规定,但是,执行程序是以法院执行权为基础的强制性的法定程序,主要由强制执行措施和执行方式组成。执行权究竟属于一种什么性质的权力,是理论界长期以来争论不休的问题,国内主流观点有"司法权说""行政权说"和"具有行政权和司法权双重属性说"三种学说,② 我国台湾地区学者认为强制执行权应属于"行政司法权而非审判司法权"③。我们认为,执行权是法院审判权派生出来的权力,民事执行程序既体现了法院的职能,也体现了法院的职权。从宪法法律赋予法院行使的民事司法职权来看,包括审判和执行。执行属于国家赋予法院独立行使的司法权的范畴,要求审判权运行公开,也必然要求执行权运行公开。从理论根据上来说,都源于司法透明度的要求。"司法透明化作为诉讼活动的一项准则和司法活动的重要理念,根本宗旨在于保持司法制度运作的完美性和司法活动过程及结果的公正性。这是人们对国家法制的信赖感和对司法的公信力的来源。"④

执行公开制度作为提高司法透明度的重要措施,是贯彻司法民主原则的需要,也是人权保障的需要。党的十八届四中全会作出的《中共中央关于全面推进依法治国若干重大问题的决定》,将"构建开放、动态、透明、便民的阳光司法机制",作为保障人民群众参与司法的重要措施加以规定。1946 年 11 月 14 日,联合国第一次全体会议作出第 59(1)号决议⑤指出:信息公开是一项基本人权,是联合国所追求的所有自由的基石。⑥ 执行公开,是赋予当事人、利害关系人和社会公众知情权、参与权、监督权的前提和基础,有利于促进司法公正,维护当事人的合法权益。同时,也在实践层面极大地拓展了司法公开的广度与深度,是当代中国司法制度对人类司法文明的贡献。

---

① 肖建国主编:《民事执行法》,中国人民大学出版社 2014 年版,第 9~10 页。

② 江必新主编:《新民事诉讼法执行程序讲座》,法律出版社 2012 年版,第 16 页。

③ 陈计男:《强制执行法释论》,我国台湾地区元照出版有限公司 2012 年版,第 5 页。

④ 有关司法公开理论依据和现实意义的全面论述很多,如王晨光:《借助司法公开深化司法改革》,载《法律适用》2014 年第 3 期。由于本书重点不在讨论是否有必要建立执行公开制度,而是在认同这一必要性的前提下,重点讨论如何建立符合执行工作规律的执行公开制度,故这里不展开论述。

⑤ 即"召开举办信息公开国际会议决议(Calling of an International Conference on Freedom of Information)"。

⑥ 杨伟东:《政府信息公开主要问题研究》,法律出版社 2013 年版,第 48 页。

二、探索符合执行工作规律的执行公开模式和方法

按照"变被动公开为主动公开，变内部公开为外部公开，变选择性公开为全面公开，变形式公开为实质公开"的指导思想，[1] 审判公开和执行公开都应遵循"以公开为原则、不公开为例外"的要求。但"司法公开不是盲目公开，应当依法、有序、有度，严格遵循司法规律"。[2] 执行程序的本质特征决定了执行公开的特性，执行公开的特性又将对执行如何公开产生决定性影响。执行权与审判权在功能目标、价值取向、基本原则、权力构造、运行方式等方面的巨大差异，决定了执行权与审判权运行规律大相径庭，执行权行使时间维度上的不确定性、空间维度的不固定性，也使得执行公开的难度和成本高于审判公开。各级法院执行指挥中心的建立和执行信息化建设，为建立符合执行权运行特殊规律的执行公开制度，实现执行公开载体和模式创新提供了平台基础和技术支撑，有效破解了执行公开的难题。

（一）形式公开与实质公开并重原则

执行公开应当既包括执行程序性信息的公开，也包括相关实体内容的公开。前者属于形式性公开，实践中并非难事，容易做到，后者属于实质性公开，难度较大。尤其是执行过程中那些涉及当事人和利害关系人重大权益的事项，如执行措施，财产处置，案外人异议，不予执行的申请，变更、追加被执行人，终结本次执行程序等，是执行过程中至关重要而且易生恣意和武断的部分，人民法院不仅应当公开审查的过程，也应当公开据以作出裁决的事实和理由；有的执行行为也唯有公开才能取得实效，如悬赏公告；有的公开本身就属于执行强制措施，如公开失信被执行人名单。只有对这些重大事项作出裁决的过程和重大执行措施的实施过程，实质性公开到位，执行公开的制度功能才能得到有效发挥。

（二）以信息公开为主、即时公开为辅原则

权力运行状况的展示方式通常有两种：一是即时公开，是将权力运行状况在其发生的同时，同步公开。庭审公开就是最典型的即时公开。二是信息公开，是将权力运行状况转化为特定的、可以被特定对象获取的信息形态后，予

---

[1] 周强：《深化司法公开 促进司法公正》，载《人民法院报》2014年1月27日，第4版。

[2] 周强：《深化司法公开 促进司法公正》，载《人民法院报》2014年1月27日，第4版。

以公开。审判权与执行权不同的运行规律，使审判公开和执行公开在展示方式上互不相同、各有侧重。

审判公开，以即时公开为主，信息公开为辅。这是因为在审判程序中，相对固定和开放的法庭，是审判人员的主要工作场所，法官主持庭审、从事审判活动的过程本身就是公开权力运行状况的过程，其行为性质决定其可以实现向当事人和公众的即时公开。而且，庭审过程还可以视频、音频、图文、微博等方式随时公开，这可以看成是即时公开的延伸。审判权运行状况公开的另一种主要方式是裁判文书公开，由于裁判文书作为展示审判活动过程和结果的法定的、固定的、单一的载体，裁判文书公开可以看作是一种特殊的集中式的信息公开。

执行公开，则应以信息公开为主，即时公开为辅，而且信息公开的模式也是分散而非集中的。这是因为，执行实施行为无法全部在法庭或办公室完成，无论是查找被执行人及其财产，还是采取强制执行措施，在多数情况下执行人员必须走出法院到达现场。其活动由一系列碎片化的、流程性很强的行为构成，工作成果也是分散化的。这使得执行行为难以像审判行为一样即时地向当事人和公众展示，也无法以法律文书为载体完整体现。执行场所的不确定性、人员的流动性、行为的分散性、任务的机动性，是执行工作的固有属性。也就是说，大部分执行活动是无法像审判活动那样在法庭即时公开的。这就要求执行权运行过程的公开，必须转化为特定的、可以为当事人所获取的信息形态予以发布，这就是执行信息的公开。最高人民法院将执行信息公开平台列为司法公开三大平台之一，体现了人民法院对执行公开的认识进一步深化，标志着执行公开的重点，将由过去的执行行为公开转向执行信息公开。这一转变，更加符合执行工作规律。

执行信息是人民法院在执行过程中产生的各类信息，它可以全面及时地反映人民法院依法进行的执行活动。[①] 对依法应当公开、可以公开的相关信息，一律予以公开。执行工作的复杂性，决定了执行信息也极为庞杂。最高人民法院《关于推进司法公开三大平台建设的若干意见》《基于人民法院执行流程公开的若干意见》根据执行信息公开对象和公开方式的不同，将其划分为四类：

---

① 罗书臻：《依托现代信息技术 打造阳光司法工程——最高人民法院司法改革领导小组办公室负责人就〈意见〉答记者问》，载《人民法院报》2013 年 11 月 29 日，第 2 版。

1. 执行公知信息

具体包含"执行案件的立案标准、启动程序、执行收费标准和根据、执行费缓减免的条件和程序"和"执行风险提示"。此类信息主要是执行工作静态的权力配置、权力运行规则和流程等信息，属于执行公知信息。公开此类信息的作用，主要在于增进社会对执行工作的了解，也为案件当事人参与执行提供便利。

2. 公告信息

公告信息包括悬赏公告、拍卖公告等。如最高人民法院《关于依法制裁规避执行行为的若干意见》第5条规定："建立财产举报机制。执行法院可以依据申请执行人的悬赏执行申请，向社会发布举报被执行人财产线索的悬赏公告。"

3. 向公众公开并方便公众查询的信息

这类信息包括：（1）强制措施。将未结执行实施案件的被执行人信息和失信被执行人名单信息予以公开，本身属于法定的强制措施。（2）强制措施的公告。公布限制高消费被执行人名单信息、限制出境被执行人名单信息和限制招投标被执行人名单信息，其公开行为本身并非强制措施。但司法解释赋予了法院对相关执行措施进行公告的权力，在客观上也能起到对被执行人进行信用惩戒的作用。但此类信息的公开，必须以相关强制措施先行作出为前提。比如法院在公布"限制高消费被执行人名单信息"前，应先行向被执行人发出《限制高消费令》。限制出境、限制高消费、在征信系统记录、通过媒体公布不履行义务信息等新类型执行措施，越公开越能对被执行人形成有效威慑，促使其主动履行，并有利于形成失信人员寸步难行的制度约束和社会氛围。

4. 向当事人公开并允许当事人查询的信息

执行法院采取的各项执行措施及其取得的效果，通常都应当及时让当事人（主要是申请执行人）知晓。一方面可以使当事人了解执行进展，增进对法院动作的理解，减少无谓的信访，另一方面也便于当事人根据从法院获知的信息，参与执行调查，主动提供线索。

执行过程中产生的信息，是重要的公共资源。这些信息资源如能够得到充分利用，对打击和威慑失信行为、降低社会交易成本和风险、推进诚信社会建设都具有重要意义。因此，最高人民法院《关于推进司法公开三大平台建设的若干意见》第20条规定："人民法院应当为各类征信系统提供科学、准确、全面的信息，实现执行信息公开平台与各类征信平台的有效对接。"该条规定了执行信息的另一种公开方式，即向各类征信平台公开，借助征信系统的资源，增强执行信息对制裁失信行为的效能。

同时，强制执行中的即时公开虽然处于辅助性地位，但也应得到充分重视。实践中主要包括两类。

1. 执行实施权的即时公开

执行实施权的即时公开包括四种情况：

其一，如执行实施中的参与分配、对不予执行申请的审查、终结执行，必须通过听证这一类似庭审的方式公开进行。

其二，查封、扣押、冻结、搜查、拘留等执行措施的公开。随着网络信息技术的发展，一些过去无法实现即时公开的执行实施行为，如必须现场开展的查扣冻措施和搜查、拘留等措施，已经可以实现即时公开。比如电子技术的发展，使同步录音录像和视频、音频通过无线网络实时远程传输成为可能，这为即时公开提供了新的技术手段。一些法院开展执行行动的网络直播，就是对现场强制措施即时公开的有益尝试。还有一些传统的执行工作方式正逐渐被信息化手段所取代。如"总对总"与"点对点"司法金融查控系统的建立，使执行人员不再需要往返奔波于各家金融机构实施对被执行人财产查控行为，现在只需通过电脑网络、在固定的办公场所就可以做到。这同时也使过去一些难以在现场向当事人公开的行为，具备了即时公开的条件。

其三，评估、拍卖、变卖，是重要的执行措施，也是最容易出现"权力寻租"的环节，必须公开。浙江、江苏法院率先实行的网上司法拍卖，借助"淘宝网"司法拍卖平台在互联网公开拍卖，把"到场"的概念延伸到网络空间，同步向社会公众展示，使司法拍卖更为公开透明，不仅有利于最大限度实现涉诉财产价值，而且能够减少中间环节、降低交易成本、预防司法腐败，应当成为司法拍卖制度的发展方向。最高人民法院总结地方经验，于2016年将其上升为司法解释，确立了"以网络拍卖为原则，委托拍卖为例外"的司法拍卖新模式。2017年3月，最高人民法院将网络拍卖系统内嵌到法院办案平台。司法拍卖的公开要求同样适用于司法变卖。

其四，执行程序一经启动就不得停止，除非出现阻却执行或结束执行的法定事由。暂缓执行、中止执行属于执行阻却，而终结执行则使执行程序结束。此三种程序的适用，都必须具备一定的法定事由，经法院审查后作出决定或裁定。因此暂缓执行、中止执行、终结执行信息的公开，应当包括法院作出决定或裁定所依据的事实根据和法律依据，以及决定或裁定的结果及时间，并同时公开相关法律文书。对这些执行行为，应当逐步实现从事后公开向事中公开的转变，让当事人及时了解执行情况，更加主动参与执行。

2. 执行审查权的即时公开

根据最高人民法院《关于执行权合理配置和科学运行的若干意见》，执行审查权的范围，主要包括审查和处理执行异议、复议、申诉以及决定执行管辖权的移转等事项。执行审查权的即时公开主要采取公开听证方式。

（三）向当事人公开与向社会公开并重原则

执行公开既要面向当事人和利害关系人，也要面向社会公众。向社会公众公开，将执行程序和执行过程置于社会的监督之下，既有利于防止执行权的滥用，也有利于争取社会的理解和支持。但由于社会公众并不是执行程序的参与者，对相关程序及信息的体验和感受不如当事人及利害关系人直接，而且，执行结果与其没有直接的利害关系，因此，向社会公众公开的信息主要是执行服务信息和执行公告信息。但对于重大案件的执行和集中执行活动，也会通过全媒体直播方式将执行过程和结果向社会公众公开，实践中收到了较好的社会效果。当事人和利害关系人是执行程序的直接参与者，是利益相关者，他们的监督更有动力、更具体、更有针对性，且有程序的保障，因而更有效。执行公开的要求应当具体化为当事人和利害关系人的知情权和程序参与权，从程序上保障其有效参与执行程序，并以其程序权利影响、制约执行权，促进执行公正的实现。[1] 因此，如前所述，实践中从执行立案到结案的所有流程节点信息、案件进展信息、执行措施信息及其相关的文书，对案件当事人及其委托代理人的公开是全方位的、及时的。但由于执行程序中当事人地位不对等，因此针对不同的当事人，尤其是申请执行人和被执行人，公开的内容、范围、时点都有很大差异。一般地，更强调对申请执行人的公开。

（四）适时公开原则

"执行信息公开的时机和节点，应当与审判流程公开有所区别，避免影响执行效果。"[2] 为提高执行效率，防止被执行人隐匿、转移财产，执行措施往

---

① 梁宏辉：《对我国执行公开的思考》，载《广东行政学院学报》2011年第6期。

② 周强：《深化司法公开 促进司法公正》，载《人民法院报》2014年1月27日，第4版。

往是在被执行人甚至申请执行人都不知晓的情况下作出的，因此在一定程度上具有密行性。同时，执行工作的流动性、易变性、机动性，使工作秘密的范围可能随时发生变化，需要执行人员根据具体情况随时作出判断。执行公开制度在实施过程中也应考虑到执行权的这些特性，设定一定的原则和方法来合理界定工作秘密的范畴，区分不同的执行行为确定公开的节点和时机，防止执行公开成为实现执行目的的阻碍。

（五）主动公开与依申请公开相结合原则

关于公开的方式，审判公开以法院主动依职权公开为主，依当事人申请公开为辅；而执行公开，由于执行行为单向性、碎片化的特点，应依当事人及利害关系人申请公开的比重更大。一般地，向公众公开的信息，法院应当通过执行信息平台主动发布，各种程序性信息也应当主动公开；而对于具体案件实质性内容的公开，应当以满足当事人及利害关系人信息需求为导向，采取法院主动公开与当事人申请公开相结合的原则，使当事人和利害关系人及时掌握其最希望知悉的信息，强化公开效果。主动向当事人及其委托代理人公开的信息，当事人可以凭密码从执行信息公开平台或通过"微执行"小程序等渠道获取。内容包括：（1）执行立案信息。（2）执行人员信息。（3）执行程序变更信息。（4）执行措施信息（执行措施信息的公开，是执行公开制度的核心内容）。（5）执行财产处置信息。（6）执行裁决信息。（7）执行结案信息（主要包括执行案件的结案方式、结案法律文书等）。（8）执行款项分配信息。（9）暂缓执行、中止执行、终结执行信息等。允许当事人申请查阅的信息是，人民法院对重大执行案件的听证、实施过程中进行同步录音录像形成的视频、音频资料。当事人对执行行为有异议的，可以通过查阅相关录音录像获取相关信息，以更好地行使救济权和监督权。

（六）公开与沟通相结合原则

"沟通是指为设定的目标，把信息、思想和情感在个人或群体间传递的过程。"[①] 沟通双方的互动交流是实现沟通目的的前提和基础。公开只是发布和发送信息，沟通方能产生信息交流的效果并达到执行公开的目的。因此，应当将执行信息沟通机制作为执行公开制度的有机组成部分，使法院和当事人、社会之间的沟通平等化、经常化、协动化。首先，公开的内容应当回应当事人、

---

① 徐国华等：《管理学》，清华大学出版社 1998 年版，第 10 页。

利害关系人和社会的关心关切，能够引起当事人和社会的共鸣，而不应是形式化、行政化、脸谱化的公开。因此，向当事人和利害关系人发布的信息，应当是其最为关注的执行信息，如是否查找到被执行人及其财产，执行财产如何处置、何时交接，等等。只有公开的信息与当事人和利害关系人的关注点相契合，使公开的信息与当事人和利害关系人的信息需求相对应，才能产生信息交流和沟通的效果，并进而通过公开达到促进执行公正的目的。同理，要向社会公开的信息，也应当是社会公众最为关注或者需要社会参与的执行信息，如拍卖、悬赏、失信被执行人"黑名单"信息等。同时，对话与交流是实现有效沟通的必要环节，当事人和公众对公开的信息一旦提出反馈意见，应当及时回应。沟通机制的建立，为当事人更加有效地参与到执行程序中来提供了有效的途径。互联网技术的发展，让"公开＋沟通"成为可能，其最大的意义是降低公开的成本和沟通门槛，使法院和当事人及法院与社会之间因信息不对称而产生的偏见和误解得以消弭或减小。

三、执行公开制度的独特价值

（一）有利于促进执行公正

法谚云："强制执行乃法律之终局及果实也。"执行程序作为私权救济的最后一道工序，其根本目的就是兑现法律文书确定的权利，这既是使审判结果由应然转化为实然的重要保障，也是法律实施的重要环节。执行公开制度应当推动、保障"实现胜诉权利"这一根本性程序目标的实现。执行公正体现为执行过程的公正和执行结果的正确，在价值取向上更注重于执行的确定、迅速与经济。"执行程序在程序上着重效率化，即应有迅速确实之效果；而判决程序着重彻底精密且周全的审理，须有慎重确实之效果。"[①] 故寻求权利兑现最大化和执行效率最大化，应当成为执行程序所秉持的两个基本理念。所谓权利兑现最大化，意味着尽最大可能、穷尽最多措施、最大限度地实现生效法律文书确定的权利。所谓执行效率最大化，意味着执行程序强调快速和高效。

执行公开可以从两个方面促进执行公正：一是督促执行人员及时、有效地采取各项执行措施，避免消极执行和不规范执行，实现执行程序的顺畅和高效。二是有利于实现当事人程序参与权。当事人尤其是权利人基于自身利益的

---

① 赖来焜：《强制执行法总论》，我国台湾地区元照出版有限公司2007年版，第18页。

需要，具有强烈的要求时刻知晓执行进展和结果等信息的动机和愿望。当事人通过执行公开，及时、全面地了解和掌握执行信息，能够参与到执行程序中来，及时行使权利、履行义务，将自己的主张、要求和自己掌握的情况反馈给法院，从而发挥程序主体作用。

（二）有利于规范执行行为

执行程序与审判程序的权力构造不同。审判程序是由法院的审判权与诉讼参与人的诉讼权利共同构成的。审判程序中的公正，程序设计原理是通过双方当事人之间的平等对抗与法官不偏不倚的"居中"裁判而实现的。执行程序是由法院执行机构行使执行权的法定程序，主要由强制执行措施、执行方式和执行救济程序组成。执行程序中的公正，体现在及时实现生效法律文书载明的权利。因此，执行程序设计中突出了法院的司法执行权和程序主导权。它要求执行人员依法行使法定职权，积极采取各种强制措施，命令并迫使义务人履行法律文书确定的义务。执行程序权力构造的特殊性突出体现在以下三个方面。

1. 当事人地位不同等性

执行程序的根本任务，是运用国家公权力迅速实现权利人业已得到确认的实体权利，因此对申请执行人和被执行人不宜同等对待，有些权利只有申请人拥有，而有些义务只能由被执行人承担。尤其对被执行人而言，在执行程序中更多应当是承担容忍和配合执行的义务。"民事诉讼，为使两造当事人各尽攻击防御之能事，以期裁判之公平，故采当事人平等主义。强制执行，当事人之权利义务，业已确定，为迅速实现债权人之权利，自应偏重债权人利益之保护，不宜使债务人与债权人处于同等之地位。"[1] "执行程序之构造虽有对立之当事人，权利人声请后，由执行机关对义务人以强制力执行，义务人居于被动的、消极的地位，着重保护债权人利益，对于债权人及债务人之地位采当事人地位不同等原则；而判决程序则由原被告对立双方主动地攻击或防御，着重双方利益皆受同等保护，对于原告及被告之地位采当事人地位同等原则。"[2]

2. 强制性

执行程序是以法院执行权为基础的，以执行措施和方式为主构成的程序，执行过程中往往要依法采取多种强制性措施。因此，执行权天然带有强制性特

---

① 杨与龄：《强制执行法论》，中国政法大学出版社 2002 年版，第 20 页。

② 赖来焜：《强制执行法总论》，我国台湾地区元照出版有限公司 2007 年版，第 17 页。

征。强制原则主要体现在以下两个方面：一是执行的物理性。即执行结果直接作用于当事人人身、财产等权利，具有改变人身、财产的物理状态或权利状态的效果，所发生的是可见的有形行为，不仅是意思行为，还是实践行为。而审判结果则属于无形的意思行为，不直接产生限制人身或改变财产物理状态的效果。二是执行的单向性。被执行人对执行措施必须服从，没有自由选择的余地。"执行机构行使执行权并不以被执行人的意志为转移，无论被执行人意思如何，只要条件具备，执行机构都有权采取强制性的执行措施。这区别于审判权行使的双向性。"①

3. 职权主义

审判的任务是确定权利，为达致裁判公平，而实行当事人处分主义与辩论主义。而执行中，为了实现权利兑现最大化和执行效率最大化，则采用职权主义原则。这主要体现在以下三个方面：

（1）法院地位的倾向性。执行权属于国家强制力，即"不问债务人之意思如何，执行机关得以施以强制力，如遇有抗拒，亦得以威力或武力排除之"。② 因此，在执行中法院的角色是国家强制力的行使者，其行使职权的基本目的就是实现债权人的债权，故必须倾向于优先保护债权人的权利。审判权虽然也属于国家公权力，但由于其程序功能是确认权利，故法院的角色是居中、中立的裁判者，要求与当事人的距离对等均衡，主要以"坐堂听讼"的方式对当事人权利义务关系作出正确的判断，以实现对各方当事人合法权利的平等保护。

（2）程序推进的主动性。尽管执行程序与审判程序的启动都具有被动性（需要当事人提出申请或提起诉讼），然而执行程序一旦启动，就几乎完全由法院依职权主动推进。执行机构有义务在法律授予的权力范围内穷尽一切手段和措施，以达到执行的目的。被执行人自不待言，必须承担容忍和配合执行的义务，法院无须传唤被执行人并听取其意见，即可以依职权采取强制措施，而且除非出现法定事由，执行不得停止；即使是申请执行人，对采取强制措施也仅有申请权，是否实施、如何实施仍需由法院审查决定。尽管申请执行人亦负有向法院提供被执行人财产状况或线索等义务，但即使其未履行这些义务，法院仍应依职权主动开展对被执行人的财产调查，并在必要时依职权主动采取强制措施。

---

① 江必新主编：《民事执行新制度理解与适用》，人民法院出版社2010年版，第11~12页。
② 陈计男：《强制执行法释论》，我国台湾地区元照出版有限公司2002年版，第4页。

（3）当事人意思自治的有限性。当事人意思自治原则，在审判中适用于各方当事人，但在执行中的适用对象就主要是申请执行人一方。而被执行人以履行义务、配合执行为主，处于被动和受支配的地位，意思自治的范围极为狭窄。即使是申请执行人，在执行程序启动之后，其意思自治也仅限于诸如执行和解、申请延期执行、撤销申请等阻却执行的事项。

执行程序权力构造的特征表明，如果执行权失去制约，更容易被滥用并产生粗暴、渎职和腐败。为了克服和抑制执行权的恣意滥用，《民事诉讼法》及相关司法解释对执行权的运行设置了较为严格的程序规定。"程序对于权力的控制能力与程序的透明度和公开度成正比，程序越透明越公开，公众和媒体对于权力的监督作用就越大，权力行使者滥用权力的空间也就越小。"[1] 最高人民法院《关于人民法院执行公开的若干规定》中明确，执行公开的目的是："进一步规范人民法院执行行为，增强执行工作的透明度，保障当事人的知情权和监督权，进一步加强对执行工作的监督，确保执行公正。"通过执行公开制度，增强执行工作的透明度，让执行信息为当事人、利害关系人和社会公众知悉，将执行工作置于他们的监督之下，有利于促进执行权的规范行使。

（三）有利于执行救济机制的完善

执行权的主动性、强制性特征，决定了它的运行方式不同于审判权，执行实施权与审判权差异尤为明显。执行实施权主要包括财产调查、控制、处分、交付和分配以及罚款、拘留措施等实施事项。在执行实施程序中，没有核心环节和统一的载体，而是由一个个具体的节点、步骤、措施构成。它的工作场所是无法固定的，大量的工作是事务性的，具体而琐碎。执行的主动性，要求各环节步骤主要由执行机构主动启动，即使当事人提出申请也需经过审查方能决定是否实施。执行程序对效率的追求，又要求赋予实施权的行使者较大的自由裁量权。执行措施的选择及实施强度，都需要执行人员根据不断变化的情况灵活应对。而且由于执行依据中确认的执行标的与执行机构确认的执行标的并不总是一致，如果执行依据确认的是不特定物（如金钱）或者确认的虽是特定物但该特定物灭失，则执行法院需自行确认具体的执行标的，并因此承担正确确认执行标的的职责。实施行为的作出，也摒弃了效率较低的合议制，而选择了效率更高的审批制。而执行程序对效果的追求，更要求执行行为在一定情况

---

[1] 翁晓斌：《民事执行救济制度》，浙江大学出版社 2005 年版，第 12 页。

下应当具有密行性。为防止被执行人隐匿、转移财产，执行措施往往是在被执行人甚至申请执行人都不知晓的情况下作出的。《民事诉讼法》第 240 条删除了法院应当指定履行期间的规定，并允许法院在发出执行通知的同时立即采取强制执行措施，就是执行实施权密行性的体现。

即使是更接近于审判权的执行审查权，也与审判权的运行存在较大差异。执行审查权的范围主要是审查和处理执行异议、复议、申诉以及决定执行管辖权的移转等审查事项。在执行审查程序中，一是没有法定的程序设置，仅是最高人民法院在一些司法文件中提出了对执行异议、复议、信访案件可以进行公开听证的要求。二是更加强调效率。主要表现为启动更为灵活，审查方式更为简便，程序更为快捷高效。如法定的审查期限仅有 15 日，远短于审理期限，以保证迅速作出裁决，提高效率，减少执行成本，尽快实现当事人的权利。

执行权运行方式的特殊性，使其在实际运作过程中受到的程序制约较少，容易超出权力的边界而损害当事人或利害关系人的合法权益，决定了执行救济机制的独特价值：救济权利并制约权力。但执行救济权的行使以信息知悉为前提，执行公开，便于当事人或者利害关系人知悉相关信息，当其合法权益因法院的强制执行违法或不当而受影响或危害时，能够及时采取法律赋予的程序救济权，申请执行异议或者提起第三人异议之诉，以维护自己的合法权益。因此，执行公开的价值之一，是有利于完善和发挥执行救济机制的功能作用。

（四）有助于利用社会资源破解"执行难"

现阶段人民法院执行资源与执行能力的有限性与执行对象的多样性和复杂性，决定了"执行难"在不同程度上广泛存在，被执行人难找，被执行财产难寻，协助执行人难求，应执行财产难动，这"四难"的破解，需要各类社会主体的协助配合，如查封、扣押、冻结、评估、拍卖，需要相关部门、中介机构和个人的协助，仅靠法院单兵作战无法完成。执行公开制度有利于争取社会各方面对执行工作的理解、支持和协助。

（五）有利于增进社会公众对执行程序权利救济性质的理解

司法本身就是对权利的一种事后救济，而执行程序则是以兑现这种事后救济为目的。"民事执行作为国家的一种公权力救济方式，提供的只是补救程序而不是补救能力，它只是为债权的实现提供一种可能而不是保证。"[①] 受制于

---

① 石时态：《民事执行权配置研究》，法律出版社 2011 年版，第 18 页。

被执行人财产状况和法院执行能力的双重限制，法律文书中确定的权利义务并不一定都能够全部实现。特别是因为被执行人没有财产可供执行的情况下，执行不能带来的权利不能实现，是市场主体在经济交往中所必须承担的交易风险，这种情况在实践中占有大约30%的比例。[①] 但有的当事人可能不理解或者误解，认为这是"法律白条"，是法院执行不力造成的，把诉讼风险、执行风险全部转嫁给法院。如果不公开，将会加深这种误解，从而损害法律的尊严和人民法院的威信。只有将法院执行信息公开，使权利人和社会公众知晓法院已经穷尽各种执行措施，因为被执行人无财产可供执行而不能实现胜诉权益，知道商业和生活中的法律风险不可能通过司法救济得到完全弥补，反而会增加对法院执行工作的了解和理解。

四、执行公开制度的法定化

执行公开制度是司法公开的重要组成部分，对于规范执行行为、提升执行质效、促进执行公正，进而破解执行难都具有重要意义，同时，也有利于推进社会诚信体系建设。由于执行程序与审判程序的价值目标不同，运行规律各具特色，决定了执行公开在价值目标、指导原则、公开内容和方式上也区别于审判公开，而且，其实施远较审判公开复杂，因此需要在立法上进一步完善。

如前所述，我国《民事诉讼法》并无关于执行公开的直接规定。现行执行公开制度是最高人民法院在总结执行工作实践的基础上，通过相关司法解释确立下来的。党的十八届四中全会作出的《中共中央关于全面推进依法治国若干重大问题的决定》明确，要制定"强制执行法"。建议在立法过程中，将执行公开作为我国"强制执行法"的基本原则加以规定，并且通过具体程序规则使之具体化，使执行公开成为对整个民事执行程序都具有指导意义的一般法律原则，成为执行机构和执行参与人都必须遵守的行为准则，这对于进一步推动执行公开制度的完善意义重大。

第二节　执行公开新模式：集中执行全媒体直播

人民法院解决执行难工作的各项措施能否为社会公众广泛知晓，诸多成效

---

① 耿振善、张慧超：《科学配置民事强制执行权——最高人民法院原执行办副主任葛行军访谈录》，载《人民法治》2015年第7期。

能否得到社会公众普遍认可，执行工作的良好形象能否真正得以树立，社会公众对执行难问题的传统认识能否得到根本扭转，能否持续形成守信光荣、失信可耻的良好社会氛围，都有赖于正确的舆论引导和有效的司法宣传。为此，最高人民法院《关于落实"用两到三年时间基本解决执行难问题"的工作纲要》专门提出要切实加大宣传力度的要求："要充分认识新闻宣传工作的重要性，充分利用各种新闻平台，加大执行工作宣传力度，凝聚全社会理解执行、尊重执行、协助执行的广泛共识，推动形成良好的法治环境。"《人民法院执行工作纲要（2019—2023）》进一步强调："宣传工作是执行工作的重要组成部分。要进一步提高对执行宣传工作重要性的认识，加强组织领导，健全工作机制，建立执行宣传联席会议制度，形成宣传合力，强化考核指导，实现四级法院上下一体同频共振的执行宣传工作格局。突出宣传重点，拓展宣传方式，促进社会理解执行、尊重执行、协助执行，提升法治意识，促进主动履行法律义务。"

近年来，江苏法院将执行宣传工作作为解决执行难的重点工作之一，将执行工作规律与媒体传播规律紧密结合，将执行工作的特点与媒体发展的新格局紧密结合，树立"互联网＋"思维，加强媒体和司法互动合作，创新传播形式，顺应媒体融合，积极回应社会关切，尤其是创新"集中执行全媒体直播"的执行宣传新模式，有效提升了执行宣传的传播效果。

一、顺应传媒发展趋势，探寻执行宣传与媒体融合连接点

以往法院执行宣传工作，总体而言存在以下问题：一是重视不足。对执行工作保障胜诉人合法权益、彻底修复社会关系、维护社会诚信、提升司法权威的特殊价值关注不够，执行宣传特有的价值和作用，也未得到有效的挖掘、正视和论证研究。二是"自拉自唱"。以往执行宣传的目标聚焦于在中央、省市级核心媒体或法制类专业媒体、机关媒体发声，在维护了宣传的权威性和官方性的同时，有时宣传的吸引力不够，公众关注度不高。三是依样画瓢。对执行宣传往往套用审判宣传的思路和方法，无法体现执行工作自身的规律、特点，尤其是对执行工作突出强制性、追求高效率价值取向的体现严重不足。

执行宣传效果不佳，来自法院内部的主要原因是未能将强制执行自身工作规律与传播规律有效结合。从外部条件看，也有传统媒体的传播方式对强制执行自身工作特点支撑不足的问题。尤其是相对于审判工作的宣传，传统媒体在宣传执行工作方面具有一些天然的劣势。

从传播规律的角度看，由于审判与执行的特点不同，对二者传播的侧重点也不尽相同。可以归纳为"审判宣传重结果，执行宣传重过程"。

首先，公众对审判工作的关注点主要在结果。尤其是与社会热点相关的审判结果，往往容易成为新闻热点。比如最高人民法院、中央电视台联合发布的"2016年推动法治进程十大案件"中，聂树斌被宣告无罪案、白恩培受贿被判终身监禁案、福喜公司"过期劣质肉"案、天津瑞海公司爆炸案、造纸公司偷排污水公益诉讼案等，都是因为案件审判结果切中公众高度关注的纠正冤错案件、依法惩治腐败、保障公共食品药品安全、加强安全生产、加强环境保护等社会热点问题，而成为舆论焦点。反观执行工作，其结果就是兑现生效法律文书的内容，通常难以直接引发社会关注。即使其执行依据是成为新闻热点的判决，二次引发社会关注也较困难。其实在执行过程中，人民法院采取了哪些执行措施、这些执行措施如何采取、其效果如何，才是执行宣传"最有看头"的素材，但传统媒体往往因为审判宣传的惯性思维而将此忽略。而且从传播方式上看，由于执行措施存在多样性、即时性以及效果的不可预测性，无论是传统的纸媒、电视、广播，还是以新闻网站为代表的新媒体，都难以实时、动态、全程、直观地加以展示。

其次，审判案件往往由于其结果存在较大争议或因某项具有较大社会争议的事件形成判决，而成为新闻热点。新闻事件存在争议，这本身就是极易引发社会关注的新闻点。"2016年推动法治进程十大案件"中，"乔丹""QIAODAN"商标行政纠纷案件、汽车买卖"退一赔三"维权案等案件，或是因为法律适用本身存在争议，或是因为案件事实背后的社会事件本身存在争议，从而引发了广泛的社会讨论和大量的媒体关注。而执行案件以生效的法律文书为执行依据，即使审判案件本身存在争议，由于文书已生效，就执行工作而言，其执行依据和执行结果通常已不会再产生争议。执行案件的争议主要存在于其过程之中，如执行措施是否符合法定程序等，但这通常也仅限于法律适用上的争议。虽然有时也会产生新闻热点，如江苏近年来发生的江苏苏南万科物业服务有限公司阻碍执行被苏州工业园区法院处以罚款案、南京秦淮法院司法网拍因参拍人恶意抬价造成27万元"天价手机"案。但总体而言，因执行程序引发的社会争议所造成的影响力和对媒体、公众的吸引力远不及审判案件。

随着媒体融合趋势的呈现，尤其是网络直播这种新兴传播形式的出现，为解决上述问题提供了契机。

所谓"媒体融合"，一般认为，是把报纸、电视台、电台和互联网站的采编作业有效结合起来，资源共享，集中处理，衍生出不同形式的信息产品，然后通过不同的平台传播给受众。互联网技术的兴起和广泛应用，使信息传播成本大大降低。现代化的数字压缩技术，使网络传输系统兼容了文字、图片、声音、影像等传统媒体传播手段，兼具了内容的丰富性、形式的多样性和传播的互动性。借助这种超强的加载能力，网络直播平台异军突起，迅速改变了传媒格局。根据 iiMedia Research（艾媒咨询）发布的《2017上半年中国在线直播行业研究报告》，2017年中国在线直播用户规模达到3.92亿，较2016年增长26.5%，至2019年预计用户规模达到4.95亿。据中国演出娱乐行业协会网络表演（直播）分会发布的《2017中国网络表演（直播）发展报告》，仅网络表演（直播）市场，2017年整体营收规模已达到304.5亿元。另有数据表明，随着移动直播平台的发展，18岁至48岁的手机用户中，平均每三个人就有一个在参与直播活动。仍具有一定资源优势、渠道优势和持续影响力的各类传统媒体，也在尝试探索"直播＋媒体"的方向。直播撬动了媒体变革，媒体自身的全媒体融合转型需要直播助力，同时传统媒体凭借自身的团队资源优势，又可以为直播平台提供优质的内容。因此可以说，当今的新闻生产方式和分发方式已经发生了重大变革，新旧媒体之间的融合将成为未来传媒发展的主要趋势。

于是，出现了两个方向的探索：一方面，主流传统媒体在努力"把有意义的事情做得有意思"。人民日报、央视新闻等主流传统媒体都在2017年推出了移动直播平台，力图让积极、权威的内容成为直播市场的主流。各类政府机构也在努力尝试各种形式的政务直播。另一方面，受"泛娱乐化"严重困扰的网络直播平台也在寻求突破发展的瓶颈，寻找更多积极的、正能量的内容输出，努力把"有意思的事情做得有意义"。

执行宣传与媒体融合可谓不期而遇、一拍即合。尤其在网络直播方面，执行宣传与审判宣传相比，以往的劣势反而成为天然的优势。

第一，从传播内容看，网络直播需要有即时、持续的内容生产。审判工作通常只有在判决时刻才会产生内容，审判过程虽然也会有当事人庭审辩论等闪光点，但总体而言其庭审过程较为专业和枯燥，画面也较为单调，对公众吸引力有限，法官合议过程则不允许直播。而执行过程中，尤其是现场执行中，每一次寻访被执行人、每一次上门搜查、每一次房地产清场、每一次罚款拘留，都发生在不同现场、出现不同的当事人、可能产生不同的结果，犹如一部

"悬疑片"的连续剧，整个过程具有故事性、可看性，有时甚至具有一定娱乐性，对直播受众的吸引力更强。

第二，从互动性需求看，直播平台与传统媒体相比，更强调与受众的互动性。在网络直播中，受众不再是单向地接收信息，而是更加主动地参与到新闻事件中，不仅受众之间可以共同讨论，受众与媒体之间的互动也贯穿直播始终。因此受众有时甚至直接对正在发生的新闻事件产生影响，直播平台更可以根据受众的需求或观感随时调整投放的内容。在判决结果形成之前，即使有一方当事人所表达的价值观明显与公众普遍观念不符，法院也必须保障各方当事人的诉讼地位对等、诉讼权利平等，尤其是法官不宜在审判过程中表达对某一方的倾向。这就要求在审判过程中必须尽可能排除外界的干扰，以保障审判的中立性、公正性。而在直播过程中，公众有可能成为直接的干扰源，这显然与审判工作的本质要求相悖。执行工作则以及时实现胜诉当事人的合法权益为目标，具有价值观的单向性，当事人在执行程序中的地位也不对等，法官可以也应该表达明显的倾向性。因此网络直播执行工作，并不排斥互动，反倒更加欢迎互动，以更好地传播执行工作所带来的正能量，甚至可以通过互动直接接受直播受众对执行工作提供的协助，如为现场执行人员提供执行线索等。

第三，从宣传的潜在风险看，对执行工作直播的风险也处于可控范围，甚至较审判案件更小。

一是执行措施具有低强度性。与公安机关的侦查措施相比，执行措施更少使用暴力性手段。虽然会有一些现场破门、拆除、拘留等措施，但较少直接对当事人人身进行物理性的身体直接接触和控制。

二是被执行人抵抗具有低烈度性。与犯罪嫌疑人不同，被执行人作为民事案件的当事人通常并无暴力倾向，作为理性人通常也不会因为民事债务执行问题而直接以暴力对抗法院的执行措施从而招致刑事责任。

三是执行工作的保密性要求不高。公安侦查对保密性的要求非常高，而执行工作虽然具有一定密行性，但总体保密要求较低，同时还有执行公开的要求。所谓密行性主要是针对被执行人而言，防止被执行人因知晓法院可能采取执行措施的种类、时间、地点，而提前转移、隐匿财产或隐藏行踪。其实只要不提前公示执行的特定对象和采取措施的时间地点，对公众公开执行措施的实施过程不仅不会产生有人"通风报信"的问题，反而有利于媒体和公众更好地发挥监督作用，促使执行行为更加规范。

四是价值观冲突可能性小。审判案件本身往往反映的就是两种价值观的冲突，法官在判决作出之前所表达出的某种倾向，往往易被歪曲解读或引发公信力危机。而执行人员在执行过程中对申请执行人天生具有倾向性，这是由强制执行的目的所决定的，且与公众普遍道德观念以及中国传统文化中崇尚守信、痛恨失信，崇尚锄强扶弱、痛恨为富不仁等价值观十分契合。

五是随着切实解决执行难工作的深入推进，执行工作的强制性日益凸显，现场执行已经从以往的偶尔为之成为工作常态，执行行为的规范性不断强化，传播受众"找茬""挑刺"的空间越来越小。以江苏为例，从2014年开始，全省法院就依托执行指挥中心的举报电话、快速反应、远程实时指挥等系统，全面推行常态化集中执行，仅2017年就开展"凌晨执行""夜间执行""节假日执行"等集中执行活动6483次，出动警力逾10万人次，实施搜查8496次，拘留16 389人次。各地各级法院都已在实践中积累了丰富的经验，操作流程日益科学，执行行为日益规范和文明，执行人员素质明显提高。这也为大规模推广集中执行行动的网络直播打下了坚实的基础。

综上可见，执行宣传完全可以成为人民法院顺应媒体融合趋势的一个突破口，媒体融合也为执行宣传的模式变革打开了一片全新的天地。

二、创新执行宣传模式，探索集中执行行动全媒体直播

（一）合作平台的搭建

最高人民法院要求各级法院"整合各类传播资源，促进各媒体的互联互通，强化执行工作宣传的传播力、引导力、影响力"，这为执行宣传的模式创新指明了方向。

面对媒体传播方式的变革，江苏法院选择主动顺应媒体融合趋势。2016年5月25日，江苏省高级人民法院与国内最有影响力的直播平台之一"网易"签订了战略合作协议，正式开通江苏省高级人民法院网易号。其目的正如江苏省高级人民法院时任党组副书记、副院长周继业在签约仪式上所说的，是"希望通过与网易传媒的深入合作，借助网易号这一平台，将各项法院工作信息更便捷、更广泛、更精准地传递给社会公众，在推进司法公开的同时，增进社会公众对人民法院的了解，获得社会各界的认可和支持"。

战略合作协议签订后，江苏省高级人民法院围绕"切实解决执行难"这一目标任务，充分利用直播平台优势，以"网易号"为纽带，牵线搭桥做好

"红娘"，联合其他媒体展开了极具创新性的大胆尝试，策划了"江苏法院攻坚执行难"大型系列全媒体直播活动，充分发挥了传统媒体和新兴媒体融合发展、共同发力的综合传播优势，起到了前所未有的良好效果，受到社会各界广泛关注和好评。

（二）直播模式的最初尝试

2016年6月13日，江苏省高级人民法院网易号发起第一场执行行动直播，由常熟市人民法院执行。这是网易新闻首次直播执法类行动，也是全国法院首次通过网络平台直播执行工作。常熟市人民法院组织60余名干警、11辆警车，分为3个行动组，从当晚20点开始，对11名拒不履行义务的被执行人开展夜间突袭式执行。网易新闻的直播团队随同执行人员进行持续不间断的直播，并通过多路视频在直播平台呈现，网民们可实时跟进3个不同小组的执行情况。除了实时直播3组执行人员执行行动的过程，网易新闻还特别邀请苏州、常熟两级人大代表、律师代表等嘉宾坐镇设在常熟市人民法院执行指挥中心的主直播间，结合法律知识和执法经验从不同角度解读执行行动，并将近年与执行相关的政策法规、热点新闻整合到直播页面中，帮助网民更好地了解此次执行行动。直播一直持续到午夜零点，11名被执行人有3人当场偿还欠款，1人因有履行能力却拒绝履行义务被拘留，其余被执行人均未在其住所地找到。

这次直播虽然是在一个基层法院试点，但因为主题鲜明、形式新颖，短短4小时直播，参与网民就突破了250万人次，互动逾23万人次。凭借专业的报道组织和直播这一强大新闻载体的实时性和互动性优势，这次直播活动不仅成功为执行信息发布和交流找到有效突破口，更为网民关注和了解执行工作提供了全新途径，也得到了国内主流媒体的关注，新华社等中央媒体刊发了稿件和评论，对通过互联网媒体进行执行公开点"赞"。

2016年7月4日，江苏省高级人民法院发起第二场全媒体直播，由徐州市中级人民法院牵头，辖区11个基层人民法院参加。不同于常熟行动网易新闻的独家直播，此次直播特别联合江苏电视台城市频道、江苏新闻广播FM93.7、徐州电视台等多家地方媒体，第一时间在不同渠道进行多维度报道，形成司法执行的首次全媒体报道联盟，并在全网实时发起举报失信被执行人的号召，将一次地方法院的执行行动变成了具有全国性影响力的解决执行难攻坚战标杆。此次直播邀请了十多位全国人大代表和政协委员全程在执行现场监督执行、参与执行。在网易直播演播室内，嘉宾们围绕着如何破解执行难这一社会热点问题，从多角度进行了深度剖析。至 24 小时全媒体直播结束时，徐州两级法院共出动警力 619 人，拘传 51 人，拘留 25 人，搜查 32 名被执行人住所，扣押被执行人车辆 8 辆，现场强制搬迁房屋 4 处，查封、扣押物品 246 件，执行和解 16 件，执行完毕 24 件，执行到位金额 79.51 万元，参与本次直播的网民达到 687 万人次。

（三）强制执行直播的系列化、常态化

两次直播取得成功后，江苏省内多个中级人民法院和基层人民法院纷纷主动请战，希望继续围绕"攻坚执行难"这一主题，通过网络直播形式开展执行宣传工作。江苏省高级人民法院也在总结前两次直播工作经验的基础上，提出聚焦攻坚"执行难"，将网络直播品牌化、系列化、常态化。

2016 年 10 月 20 日，江苏省高级人民法院联合网易新闻等多家媒体在无锡市两级法院，开展第三次全媒体直播活动。从这一次直播开始，江苏省高级人民法院开始有意识地树立《江苏法院攻坚"执行难"》这一政务直播品牌，并在此前的基础上进一步完善工作模式：一是每次直播均确立一个主题，选择相同类型的案件集中开展执行行动。无锡直播活动的主题确定为"惩治拒不申报或虚假申报财产被执行人专项集中执行活动"。二是在与电视、报纸等传统媒体继续深化合作的基础上，进一步协调利用本地资源，以形成直播期间在当地万众瞩目、各方聚焦的宣传效果和声势。如在无锡直播期间，首次将网络直播搬上了闹市区的 LED 大屏，并在 12 个小时的直播中，穿插发布失信被执行人的信息，并发布公开举报信箱接受群众举报。受到网络直播活动的震慑，多名并未纳入本次行动的被执行人，也在直播期间主动联系当地法院，表示将积极履行判决。三是进一步拓展直播平台的宣传内容。除了对执行行动的直播外，江苏省高级人民法院还针对全面落实"两到三年基本解决执行难"工作开展情况召开了新闻发布会，并在执行行动前进行网络直播，既借助直播平台宣传了江苏法院解决执行难的举措和成效，又再次彰显了江苏法院在落实这一战略部署上的坚定决心。四是强化直播过程中法院与网民的互动。要求执行人员在执行现场与直播主持人保持互动，加强对案情的释法析理；利用前往不同执行现场的途中时间，向网民介绍和普及强制执行的法律常识；专门派员在直播平台随时解答网民提出的法律问题。直播期间，有两位基层执行法官，在带队开展执行行动时以其规范的执法行为、文明的执法态度、果断的现场决策，

展示了执行法官的风采，赢得了广大网民的关注和喜爱。根据网民的呼声，江苏省高级人民法院临时调整计划，将两位"网红"法官请进直播室，直接与网民互动对话。五是有意识地加入了一些被执行人确无履行能力的案件，强化向社会宣传执行工作面临的实际情况，引导公众正确认识"执行不能"的风险。如在直播中，有一件案件被执行人只身抚养孩子并身患重病，确无履行债务能力，执行法官在现场了解情况后，当即表示解除对被执行人的限制高消费措施，以便于其乘坐高铁赴外地就医。广大网民纷纷表示对该执行法官行为的理解和赞同。

（四）集中执行全媒体直播成熟模式的形成

随着直播模式的日益成熟，江苏省高级人民法院又先后在苏州、盐城组织了第四次、第五次全媒体直播活动，均取得了成功。尤其是 2017 年 5 月 11 日在盐城组织的"盐阜飓风"直播活动，最高人民法院新闻局、江苏省高级人民法院、盐城市中级人民法院联合 24 家媒体共同参与，6 小时不间断直播结束时，围观参与直播报道网络媒体的网民超过 1500 万人次，回放访问量达 200 余万人次，仅网易新闻客户端互动评论就达 20 余万条，成为集中执行全媒体直播的典型案例。通过这次活动主要积累了以下经验。

1. 精心谋划，精密部署

（1）活动目标明确，主旨鲜明。此次活动是继常熟、徐州、无锡、苏州四地法院执行行动直播后，第五次开展《江苏法院攻坚"执行难"》全媒体直播活动，主旨就是要通过对失信被执行人的强力执行，依法惩戒失信、褒扬诚信，凝聚社会共识赢得舆论主动，营造诚实守信光荣、违法失信可耻的社会氛围，弘扬尊重法律、诚实守信的核心价值观，充分发挥司法规范的引领作用。

（2）案件类型集中于涉民生案件。本次直播活动共准备了 138 件案件，实际执行 98 件，均经过中院、高院两级法院审查确定。这些案件主要为赡养费、抚养费、劳动报酬、道路交通事故损害赔偿等涉民生案件，都是老百姓关心的身边事，案件标的虽小，但对权利人生活影响大，社会关注度高。其中被执行人有能力履行而拒不履行和确无履行能力的案件均占有一定比例，意在体现法院强力推进执行工作情况的同时，兼顾反映法院在执行工作中的实际困难以及执行过程中对当事人的人性化关怀，最大限度争取群众理解支持。

（3）参与媒体阵容强大。网易、新浪等五大门户网站及主要中央和地方核心媒体参与了本次直播，参与媒体数量达到 24 家，为历次直播之最，包括人民网、新华网、央视网、长安网、法制网、新浪网、搜狐网、网易网、腾讯网、凤凰网、今日头条、网易江苏、新浪江苏、ZAKER 南京、新华日报、江苏电视台融媒体中心、交汇点新闻、荔枝新闻、现代快报、扬子晚报、江苏法制报、盐城电视台、盐城广播台、盐阜大众报社等。

2. 以法院为主导，实现全媒体深度融合

（1）超前策划，严谨准备。此次活动召开前，江苏省高级人民法院一方面多次与媒体召开协调会进行策划协商，让各家媒体提前介入直播，了解策划流程，破除媒体界壁，彼此交流熟悉。另一方面，最高人民法院新闻局领导亲临现场指导，江苏省高级人民法院和盐城市中级人民法院联合成立直播活动指挥部，分设执行指挥组、现场执行组、新闻宣传和技术保障组、服务保障组、安全保卫组 5 个小组，就案件选择和各项保障筹备工作逐一进行落实。

（2）直播活动与执行活动、现场与后台、线上与线下默契配合。此次活动于 2017 年 5 月 11 日 17 时开始，23 时 40 分结束，历时 6 个多小时。各大网站第一时间在主页重要位置，用醒目标题全程直播整个执行活动。本次直播共有盐城市 10 家基层法院参加，其中东台、盐都、射阳 3 家法院为全程视频直播，其余 7 家法院为图文直播。直播期间，在盐城市中级人民法院搭建演播室，江苏电视台、盐城电视台知名主持人与受邀嘉宾围绕解决执行难进行深度交流。江苏省高级人民法院执行局与新闻办、办公室共同就活动总体协调、执行现场远程指挥、文字材料准备及人大代表、政协委员邀请事宜进行分工协作。

（3）整合各类传播资源打透全网。在最高人民法院指导下、江苏省高级人民法院组织下，协调 24 家各类媒体组成全媒体报道联盟，各自出人组成 60 余人的直播报道组。参与记者没有身份只有分工，服从统一指挥，分别安排到外场出镜主持、现场图文、摄像、后台编辑、综合文字等不同的岗位上，发挥门户网站、电视台、报纸等各类媒体记者的优势，在第一时间通过不同渠道向指挥部"中央厨房"发回前方图文、视频信息，各媒体后台人员自由提取、包装、编发报道。这种模式，使得本次活动真正打透全网，做到最高人民法院提出的"整合各类传播资源，促进各媒体的互联互通，强化执行工作宣传的传播力、引导力、影响力"。

3. 法律效果和社会效果双丰收

（1）集中执行取得实效，展示了执行队伍严格执法、规范文明的良好形象。截至当晚 23 点 40 分左右，10 家法院共出动警车 84 辆，执行干警 501 人（执行人员 371 人，司法警察 130 人），司法拘留失信被执行人 21 人，拘传 35 人，搜查住所 20 处，罚款 5 件，罚款总额 24 500 元，当场履行 75.6 万余元，查扣现金 9.96 万余元，达成和解协议 18 件，查封扣押财产 105 件，强制开锁 1 起，一批"骨头案"得到有效解决。行动当日还宣判拒执罪 2 起，一起判处缓刑八个月，一起判处实刑三年。此外，在直播活动的强力震慑下，直播当天及翌日，共计有 21 名并未纳入直播范围的被执行人及其亲属主动至盐城两级法院履行了相应义务，合计履行款项 30 余万元。以射阳县人民法院执行的王某与马某民间借贷纠纷一案为例，马某一直承诺还款，但迟迟未兑现，2017 年 5 月 11 日晚，通过手机看到法院直播活动的马某整晚都坐立不安，次日一大早便主动至射阳县人民法院履行了 20 万元欠款的偿还。整个集中执行过程公开、有序，执行行为规范、文明，现场处置合法、果断，真实、直观地展示了执行队伍的专业素养和良好风纪。同时，执行干警在多起被执行人身患残疾、家庭贫困等执行不能案件中，所体现的人性化执行、生道执行，也得到了网民的充分肯定。

（2）司法宣传取得实效，受众面和参与度空前。当日，4 路视频、6 小时不间断直播，再次带领千万观众走进执行现场。至直播结束时，围观直播报道网络媒体的网民超 1500 万人次。据新浪网提供的数据，新浪网、新浪江苏 pc 端、wap 端、新浪新闻客户端等位置后续总曝光量达千万。"老人打工致残，老板私藏 198 万拒赔""失信被执行人打麻将，衣柜搜出大量现金""肇事者家庭困难，年迈父母现场凑 3 万元赔偿费""男子获百万拆迁款拒赡养，驱赶老母"等直播案件专题引发了网民的热议，整个活动成为一场受众面和参与度空前的普法教育课，内容和形式得到了网民的广泛好评。盐城范围内多处户外大屏均对此次活动进行了全程直播，吸引了过往人群驻足观看，直播活动一时之间成了人们热议的话题，活动的引导力、影响力、震慑力得以进一步强化。直播行动结束后，网易网、新浪网、腾讯网、凤凰网继续设置议题追踪报道，新华社、搜狐网、法制网、荔枝新闻、盐阜大众报等媒体在网站及新闻客户端重要位置发布、转载行动后续稿件，盐城市盐都区人民法院、盐城市中级人民法院、江苏省高级人民法院、最高人民法院等四级法院微信公众号先后发布了此次行动的专题报道，许多微信公众号大量转发，将全媒体直播行动的社会影响力推向了新一轮高潮。这次"盐阜飓风"攻坚"执行难"全媒体直播行动被媒体界评价为：全面深入践行"融合媒体"新途径，打通网上网下沟通渠道，实现了全媒体深度融合做好执行宣传工作的目的，取得了预期效果。

（3）人民法院攻坚"执行难"的努力，得到社会公众一致认可。"法官和失信被执行人斗智斗勇辛苦啦！""严惩失信被执行人，人心所向！""都像这样的法院，中国有希望！"观看直播的网民不断通过即时弹幕等形式，踊跃参与互动，对法院直播执行工作纷纷"点赞"，体现了满满的正能量。整个活动期间，各大平台各类评论数十万条，仅网易平台就有 20 余万条，对人民法院的执行工作给予了充分的认可和好评。直播过程中，有 16 名全国及省、市人大代表和政协委员受邀全程现场见证执行活动。参与本次活动的全国人大代表沈进进说，全媒体直播攻坚"执行难"是一种非常好的方式，有助于对失信被执行人形成震慑，增强执行的效果，最终在全社会形成"让失信被执行人无处可逃"的氛围，同时也是一场生动的普法活动，凝聚了社会共识，提升了老百姓对法律的敬畏。社会的认可，也极大地提振了法院干警士气，一线执行人员纷纷表示，自己的工作得到公众的充分肯定，更加坚定了实现解决执行难目标的信心。

至此，江苏省高级人民法院已在 2 年内连续 5 次组织开展全媒体直播集中执行活动，观看直播网民累计达到 4100 万人次，公众舆论呈现"一边倒"的正面评价。即使是一些案值较小的个案，通过全媒体直播，也产生了出人意料的社会影响。如在苏州组织的第四次直播中，一名女性被执行人居住在价值500 万元的豪宅中、名下拥有一辆价值 70 万元的保时捷跑车，却拒不履行 2万余元的债务。苏州工业园区人民法院对该被执行人住宅进行搜查，搜出奢侈品牌女包 10 余个、大量奢侈品牌鞋子、化妆品和衣物，并扣押了其保时捷跑车，促使其当晚写下悔过书并于翌日缴清了剩余欠款和利息。该案搜查全程通过网络进行直播，约 1200 万网民围观。"奢侈包包女拒不执行判决被搜查案"后被《新闻联播》《焦点访谈》等众多媒体广泛报道，并入选最高人民法院和中央电视台联合评选的"2017 年推动法治进程十大案件"，实现了"以一案面貌见全局，以一案惩戒树权威"的良好效果。集中执行全媒体直播也通过 5 次实践探索，逐渐完善、成熟，形成了可复制、可推广的"江苏模式"。2017 年以来，江苏各级法院根据这一模式，纷纷自发组织当地法院与地方媒体合作开展集中执行直播活动，据不完全统计已开展300 余次，围观网民从数万人次到 150 万人次不等，在各地形成了打击拒执行为的强大声势。

集中执行全媒体直播这一系列重大新闻策划的组织实施，在"互联网＋"的政策环境推动下，充分发挥了网络直播的实时性和互动性，真实而生动地还原和呈现了强制执行过程，通过媒体融合，扩大了传播范围，提升了传播质量，凝聚了社会共识，彰显了积极、正面的司法形象，最大限度获取群众理解支持，形成解决执行难的强大合力，不仅创下了惊人的用户关注度，也初步探索出一种更高层次的媒体融合模式，为执行活动如何更有效地公开和规范提供了全新的突破口。对此，最高人民法院主要领导批示"效果好，反响大"，对直播活动给予高度评价，并要求总结经验在全国推广。这一大胆创新同样获得了新闻界的高度评价。江苏省高级人民法院因全媒体直播的影响力，被中国政法大学法治传播中心评为"年度法院客户端学院奖"，被网易评为"最具传播力政务号"，被腾讯评为"2016 年司法系统优秀运营奖"，《江苏法院攻坚"执行难"》业已成为知名的网络直播"品牌"。

（五）集中执行全媒体直播在全国范围的推广

最高人民法院在江苏法院执行行动全媒体直播工作经验的基础上，从 2018 年 5 月开始，组织全国各地法院开展"决胜执行难"全媒体直播系列活动，至 2019 年 2 月已组织 46 期。攻坚"基本解决执行难"阶段性目标任务按期完成后，该项直播活动又转为"正在执行"全媒体直播活动。

2019 年 4 月 18 日，按照最高人民法院的统一部署，南京市中级人民法院成功组织实施了"春雷执行 再响金陵"2019 年"正在执行"第一期全媒体直播活动。此次直播活动联合了人民日报、央视新闻移动网、央视新闻客户端、新华社、中央广播电视总台、网易网、新浪网、腾讯网、搜狐网、今日头条、人民法院报、江苏省电视台等 50 余家中央及省、市各类媒体，3 路视频、6 小时不间断直播。现场还邀请了 14 名人大代表和政协委员全程监督见证。截至当日 22 点，除大量图、文报道外，有 5300 万网友通过各媒体平台点击观看实时直播视频，仅网易新闻平台就有 970 万人次观看直播。此次全媒体直播活动，使这种执行宣传的新模式进一步得到完善。

1. 顺应传播规律，融合媒体破除沟通壁垒

此次直播共有 50 余家媒体参与，既包括电视、广播、报纸等传统媒体，也包括门户商业网站、新闻客户端等新媒体。江苏高院、南京中院新闻宣传部门一方面多次与多家媒体沟通协商，让参与一线采集公共信号的各家媒体提前

介入，了解流程，破除媒体壁垒，彼此交流熟悉。另一方面，最高人民法院新闻局领导亲临现场指导，江苏高院和南京中院联合成立直播活动指挥部，就案件选择和各项保障筹备工作逐一进行落实。媒体间按照"打破门户、合作分工、各取所需"的原则，根据直播活动的安排和需要，将所有参加人员打乱分组，组建前方采访组、综合材料组、演播室组、媒体协调组等小组，分别安排到外场出镜主持、现场图文、摄像、后台编辑、综合文字等不同的岗位上，并建立统一的素材后台和媒体流格式转换平台，让各家媒体在第一时间就能通过"中央厨房"提取图文、视频信息，迅速编发报道。通过这种各媒体深度融合、有机协同、高效运转的全媒体工作机制，有力保障了直播活动的高质量、高效率进行。

2. 精选直播案例，真实执行赢得群众支持

满足大部分受众的新闻需求，是直播的主要任务。加强直播对受众的说服力和引导力，是执行直播的首要目的。要满足上述条件，直播内容才是真正的重点。对此，江苏高院与南京中院在前期案件挑选上做足了"功课"。这些案件都是老百姓关心的身边事，对权利人生活影响大，社会关注度高。所有的案件执行，没有编排、没有预演，原汁原味地展现执行法官的工作状态。其中被执行人有能力履行而拒不履行和确无履行能力的案件也占有一定比例，体现法院强力推进执行工作的同时，也让社会公众了解到法院在执行工作中面临的实际困难以及执行过程中对当事人的人性化关怀，让群众对执行工作感同身受，赢得群众对执行工作、执行法官的尊重与支持。

3. 打造直播品牌，借助外力提升品牌说服力

通过几年来的经验积累，聚焦"切实执行难"这一更高目标，执行直播日益品牌化。同时借助"外力"宣传，邀请了14名全国及省市人大代表、法学专家、知名律师和电视台、广播台主持人等具有一定社会影响力的各界人士参与，通过监督执行现场、点评老百姓关心的执行热点话题、与网友交流互动等多种方式，充分利用人大代表的"代表效应"、法学教授的"专家效应"、电视台和电台知名主持人的"明星效应"，吸引了更多的网友在线观看直播，用法制的权威、逻辑的力量、专业的素养提升执行宣传的说服力，取得事半功倍的良好效果。

三、坚持传播效果导向，拓展执行宣传新内容新渠道

（一）网络直播"攻坚基本解决执行难"专项总结暨先进事迹报告活动

2019 年 7 月 23 日，江苏省高级人民法院组织举行全省法院"攻坚基本解决执行难"专项总结暨先进事迹报告活动，并向全社会网络直播，在全国法院开创了总结表彰活动网络直播的先河。此次活动在总结工作、鼓舞士气的同时，通过"讲执行故事、让百姓评说"，吸引 257 万人次网民观看，向全社会充分展示了人民法院执行工作的良好形象。活动受到与会领导、参会人大代表和政协委员以及广大网民的高度评价。时任最高人民法院院长周强对此批示："请执行局总结推广江苏高院做法和经验"。

1. 活动开展情况

活动紧紧围绕"不忘初心，牢记使命"主题，分两个阶段进行：

第一阶段以"讲述·您不知道的执行故事"为题，突破以往先进事迹报告会的固有模式，在以下几个方面进行了创新：一是在表现形式上，整体采取主持人与现场大屏幕视频配合的 TED 风格，结合邀请执行法官、当事人、人大代表现场采访以及与正在开展执行行动的一线干警现场连线等方式，全方位展示 2016 年以来江苏法院攻坚"基本解决执行难"的工作成绩、发生的感人故事、涌现的先进人物。二是在展现内容上，以"讲执行故事、让百姓评说"为主线，用若干真实的执行故事，将力量、诚信、温情、未来四个主题串联起来，有优秀执行法官讲述执行经历，有"替子还债"的被执行人讲述社会诚信，有法官与女儿之间通过两篇作文讲述执行法官的温情，有专项表彰立功个人、人大代表等对未来执行手段和前景的期许，以真实打动人、以细节感动人。三是在传播手段上，对该阶段活动通过网易平台向全社会进行网络直播。直播报告活动的同时，还组织对宜兴市人民法院"雷霆行动再出击"夏日集中执行行动进行同步直播。全省法院所有执行人员通过网络直播及电视电话会议观看了活动全过程。

第二阶段为总结表彰。一是对在攻坚"基本解决执行难"专项工作中涌现的执行工作和执行宣传工作先进集体、先进个人进行表彰和颁奖。二是对2016 年以来全省法院攻坚"基本解决执行难"专项工作的成绩和经验进行总结，对下一阶段工作进行动员部署。

2. 活动取得的效果

这次活动江苏高院首次尝试将工作总结报告活动进行网络直播，取得了圆满成功，既鼓舞了士气，又展示了形象，更进一步增进了全社会对执行工作的理解和支持，取得了良好的效果，社会反响热烈。

一是传播范围广。活动第一阶段"讲述·您不知道的执行故事"网络直播从 15:00 开始到 16:05 结束，短短一个小时左右吸引 257 万人次网民观看。同步直播的宜兴法院"雷霆行动再出击"夏日集中执行行动，从 14:30 开始至 20:30 结束，共出动 60 多名执行干警，冒着 36℃的高温执行案件 18 起，搜查 3 起，拘传拘留被执行人 7 人，吸引 89 万人次网民观看。活动结束后，法制日报、新华日报、现代快报、扬子晚报、江苏新闻广播等新闻媒体围绕执行工作和诚信故事进行了宣传报道。活动中展示的 68 岁仍打工"替子还债"的丛阿姨、因外出执行总是错过女儿生日的执行法官王海忠及其女儿小果然、4 张火车票连成还款路等人物和故事，成为一时新闻热点。

二是社会评价高。与会领导和人大代表、政协委员对此次活动给予高度评价。现场参加活动的省人大代表曹玉莉表示，看完活动感觉非常震撼，对建设诚信社会的信心更足了；省人大代表吕凤显表示规模很大、效果感人。未能参加现场活动但通过网络直播观看了活动全程的全国人大代表杨恒俊，在会后专门向江苏高院负责代表联络的同志发来微信："向法院的同志们致敬！你们辛苦了！"；省人大代表柳雅训表示江苏高院敢于担当，社会认可、群众满意，值得点赞。在网络直播的评论区，网友纷纷"点赞"："厉害了江苏执行""丛阿姨是我们诚信的典范""王海忠局长好样的"。丛阿姨"替子还债"的故事被媒体报道后，感动了很多读者，知名公益平台阿里巴巴"天天正能量"将第 298 期特别奖授予丛阿姨，给予正能量奖金 5000 元，并发布颁奖词："在她的心里，信义始终大如天，再平凡的人也该活得顶天立地。对于这样了不起的老人，除了感动，唯有敬意。"

（二）充分利用执行音视频资料，在抖音等短视频平台开展宣传

2016 年以来，抖音等短视频社交软件的影响力日益扩大。抖音发布的《2020 抖音数据报告》显示，截至 2020 年 8 月，日活跃用户数突破 6 亿；截至 2020 年 12 月，日均视频搜索次数突破 4 亿。与此同时，江苏法院由于长年坚持开展"常态化集中执行"，并严格要求现场搜查、拘留、拘传、清场等执行活动必须通过执法记录仪或 4G 单兵系统录音录像，因此积累了极为丰富的执行音视频资源。至 2020 年底，江苏法院已有 50 万条音视频进入执行音视频统一管理系统进行管理。这些音视频资源成为执行宣传的优质素材，经过剪辑、编辑投入抖音等平台，吸引了大量网络注意力。2019 年，一条如皋诚信妻子扛钢管为亡夫还债的抖音视频在短短 3 小时就收获 1700 万点击量，最终得到近 350 万点赞、10 万多条评论，并被中央电视台《新闻联播》《新闻直播间》报道，成为诚实守信的典型案例，收到了良好社会效果。此外，多条在被执行人家中开展搜查活动的执法视频，如"宜兴法院带你观摩什么是豪宅"等，也收到 20 万以上的点赞量和过千万的点击量。

（三）创新"直播＋VR 看样"，丰富网络司法拍卖呈现形式

2020 年新冠疫情期间，人民法院无法组织网络司法拍卖标的物的现场看样，这对司法拍卖成交率造成极大不利影响。为此，江苏法院创新拍卖标的呈现形式，形成了"直播＋VR 看样"网络司法拍卖"云看样"新模式。

一是借助淘宝网、抖音等平台以网络直播的方式推介拍卖标的。2020 年，江苏全省法院共开展线上直播近 200 场，有 69 家法院参与，直播场次位居全国第一。2020 年 2 月 26 日，尚处于因疫情而出行不便期间，无锡市梁溪区人民法院开展全国首例厂房直播拍卖，拍卖标的最终以 3672 万元成交，溢价 1955 万元，是该院报名人数最多、溢价率最高、溢价金额最高的工业厂房类标的。该院还在全国开展首例拍卖标的清场直播，将被抵押的厂房清场后，直接上网拍卖参与天猫"618 消费季"活动，这一活动被网友称为"边抓边卖"，冲上当天头条热榜第二位热门话题，吸引了 1470 万次浏览，《经济日报》等多家媒体进行报道。2020 年 11 月 17 日，徐州市铜山区人民法院在全国开展首例涉刑事案件财产拍卖直播，"一元起拍"拍卖一名黑社会性质组织头目名下的宝马 7 系列轿车，共吸引 83 000 余人次围观，45 人报名参拍，经过 280 轮激烈竞价，最终以 367 000 元成交。2020 年 3 月 21 日，苏州市中级人民法院在全国开展首例全市司法拍卖"直播周"活动，上拍 84 辆机动车，成交 80 辆，成交率达 95.23%。

这些直播活动体现了人民法官认真的态度、丰富的才能和亲民的形象，12 次被《人民法院报》报道，5 次成为微博热搜词。其中苏州市吴江区人民法院"法官变主播带货啥缺点都说""法官直播有多实诚"两个事件性微博话题，加起来有 1300 多万次的浏览，超过 150 万次的播放量，阅读量达 1161.9 万次。

二是借助 VR 虚拟现实技术推介拍卖标的。VR 是 Virtual Reality 的缩写，即虚拟现实技术，其基本实现方式是计算机模拟虚拟环境从而给人环境沉浸感。该技术在网络司法拍卖方面的应用，主要是将作为拍卖标的的住宅、商用房、厂房等通过三维模型全景展示，使竞买人观看 VR 就犹如身临其境，无须现场看样就可以较为充分地了解拍品现状。2020 年，江苏全省共有 100 家法院使用 VR 替代现场看样，共发布 VR 全景展示标的 4831 个，数量位列全国第一，占全国发布总量的 35.72%。据统计，VR 全景展示标的成交率达到 65%，较整体成交率高出 13 个百分点。

"直播 + VR 看样"有效提升了网络司法拍卖中竞买人的用户体验，尤其在新冠疫情期间有力保障了网络司法拍卖不停摆、不打烊。受疫情影响，2020 年江苏全省法院中止/撤回标的 5840 个，受标的影响的金额规模为 231.31 亿，但是网络司法拍卖的围观、投资热情不减，标的总浏览量高达 2.47 亿次，环比增长 21.21%。

第三部分

执行能力现代化

专题十　强化核心执行能力：执行信息化建设

为适应新形势新任务，实现执行工作长远发展，最高人民法院在科学总结开展执行工作以来取得成功经验的基础上，对执行工作提出了"一性两化"的长期战略要求。所谓"一性两化"，就是要依法突出执行工作的强制性，全力推进执行工作信息化、大力加强执行工作规范化。"一性两化"形象地说，强制性是一驾马车的动力和牵引，信息化和规范化是马车两个必不可少的轮子。两个轮子对于改进动力和牵引的运转效力，适应崎岖不平的复杂路况且协调运转，均是必不可少的。在"一性两化"问题上的广泛共识，特别是以信息化为基础的联动机制的广泛建立，被普遍认为是执行工作的一场革命，其不仅提高了执行工作效率，而且对提升执行队伍素养、消除腐败行为均具有积极的功能和作用，使全社会看到了执行工作科学发展的前景。

最高人民法院多次强调，全面深化司法改革、全面推进信息化建设，是人民法院两场深刻的自我革命，是实现审判体系和审执能力现代化的必由之路，是人民司法事业发展的"车之两轮、鸟之双翼"。人民法院信息化建设是推进司法为民、公正司法、司法公开、司法民主的重要途径，是实现"让人民群众在每一个司法案件中感受到公平正义"目标的重要保障。

最高人民法院原院长周强更是多次要求各级人民法院不仅要在技术装备上实现信息化，更要在思想观念上跟上形势发展变化，运用互联网思维，以信息化建设促进人民法院现代化建设。并强调我国法院应顺应网络强国战略和国家大数据战略，积极推动信息化建设转型升级，着力打造"智慧法院"，加快构建信息化、大数据、人工智能与审执工作深度融合的司法运行新模式。

第一节　执行信息化与执行工作的关系

一、执行信息化相关研究综述

（一）执行信息化的发展

1. 执行信息化的起步阶段

执行信息化肇始于法院信息化。1996 年至 2000 年，人民法院执行信息化进入初始阶段。1996 年 5 月，最高人民法院在江苏召开了"全国法院通信及计算机工作会议"，部署全国法院计算机网络建设工作，确定 8 个高级人民法院及下辖法院作为试点单位，同时制定了《全国法院计算机信息网络系统建设规划》和《全国法院计算机信息网络建设管理暂行规定（试行）》。《全国法院计算机信息网络系统建设规划》，要求将法院的刑事、民事、经济、行政、交通、告诉申诉、执行等各项业务活动中产生的全部信息，包括案件登记、案件审理、案件执行、案件归档借阅、司法统计分析等信息或数据管理起来。这一系列信息化工作会议的召开及相关规划的具体要求，标志着执行信息化工作开始起步。1997 年召开的首届全国信息化工作会议，明确信息化是指培育、发展以智能化工具为代表的新的生产力并使之造福于社会的历史过程，它是现代信息技术助力社会发展的新产物和新需求。

2. 执行信息化的发展阶段

2002 年至 2012 年，法院执行信息化进入深入发展阶段。最高人民法院执行局于 2004 年 6 月的座谈会提出建立全国法院执行案件信息管理系统（内网），通过构建基础性的信息平台承载四级法院执行案件的所有信息，如收案、中止执行、结案等相关情况，进而建设我国的信用体系。为了解决执行难问题，2007 年 1 月，全国法院执行案件信息管理系统正式运行，该系统具有案件管理、法官管理、文件发布、案件公开等功能。2009 年，最高人民法院发布《关于进一步加强和规范执行工作的若干意见》指出，要建设、运用好该系统，同时实现各法院内部各类案件的信息互通与共享，外部实现法院之间信息交流，大力建设执行惩戒信息化，发挥信用惩戒功能惩治失信被执行人。同年，最高人民法院建立"全国法院被执行人信息查询平台"，当事人可以通过该平台查询执行案件相关信息。其后，最高人民法院执行局继续优化系统，完善升级后分为"案件信息管理系统"和"案件信息公开系统"，并新增了六大辅助功能。

3. 执行信息化的完善提高阶段

2013 年至 2015 年，最高人民法院主持举行了三次全国法院信息化工作会议，会议既是总结过去法院信息化建设的成绩与问题，更重要的是明确下一阶段的整体规划和具体工作任务。2015 年最高人民法院工作报告指出，切实完成建立具备网络执行查控、执行管理、案件公开、电子化归档等功能的四级法院执行指挥体系，提高法院执行质效，切实落实执行信息化建设。

2013 年 11 月，无锡市锡山区人民法院全面引进执法记录仪，对执行过程进行全程记录，并将执行音视频记录在全国范围内率先实现与办案系统的对接，打造全程回看、全程再现、全程公开的执行工作新常态，为执行工作真正实现全面公开夯实基础。进而，陆续研发了远程音视频谈话系统，通过网络视频实现了执行法官与当事人之间的执行谈话，"网上执行"系统初显端倪。2013 年年底，江苏省高级人民法院在锡山等地区法院试点成功的基础上，全省统一要求配置执法记录仪与 3G 单兵等设备，大大提升了执行工作规范性，实现了中级法院对地区法院的统一应急调度以及省高级法院对全省法院的统一应急调度。在此基础上，江苏省高级人民法院进而开发了举报电话应急指挥系统，当事人向执行指挥中心拨打的举报电话，系统都会自动匹配案件信息，省高院指挥中心根据案件信息，即时指挥被举报财产或被执行人所在地法院直接执行，同时通知原执行法院进行工作对接，形成了全国独有的全省法院执行工作的统一指挥的"江苏模式"。

4. 执行信息化的跨越式发展阶段

在全国法院攻坚"基本解决执行难"的三年中，各类信息化的系统平台全面上线并投入使用。2016 年 2 月，最高人民法院党组研究通过《人民法院信息化建设五年发展规划（2016—2020）》，确定顶层设计、系统建设、保障体系、应用成效四个方面 55 项重点建设任务。同年 7 月，中共中央办公厅、国务院办公厅印发《国家信息化发展战略纲要》，将建设"智慧法院"列入国家信息化发展战略。同年 11 月，最高人民法院"执行案件流程信息管理系统"在全国推广，实现全国四级法院执行案件网上办理，按照流程节点进行管控，以网络化、阳光化、智能化为标志的智慧法院已具雏形并在全国法院生根发芽。以大数据、人工智能、云计算等技术的应用陆续推进，"微法院""微执行"等微信小程序的应用也在执行领域逐步应用。2019年1月，世界执行大会在上海召开，中国在参加"信息化与强制执行的新发展"专题研讨时指出，中国法院建立并完善中国执行信息公开网，充分运用大数据、云计算、人工智能、区块链等新兴技术，建立"总对总"网络查控系统，全国推行网络司法拍卖，在全国范围内统一建设"1＋2＋N"执行全流程信息化系统，建立全国四级法院"统一管理、统一协调、统一指挥"执行规则管理新模式，大力推进信息化建设，促进现代科技与执行工作深度融合，进一步规范化、阳光化执行工作。智慧法院，尤其是智慧执行建设向全面智能化转型升级。

2019年4月，在十三届全国人大常委会第十次会议上，时任最高人民法院院长周强作《最高人民法院关于研究处理对解决执行难工作情况报告审议意见的报告》，报告指出，最高人民法院持续推进执行信息化、智能化建设，取得新进展，主要体现在以下四个方面：一是网络查控系统取得新成果；二是网络司法拍卖进展明显；三是建成全国法院询价评估系统；四是强化执行信息公开。2019年10月，《人民日报》发表时评《推动智慧法院建设转型升级》，文章指出，信息化与传统司法相结合，作用巨大，前景可期。通过近几年智慧法院建设，全国法院信息化水平已经达到了新的高度。

从上述发展历程来看，信息化不仅推动着观念变化、工作方式变化、组织形式变化，而且还推动着体制机制的变化。党的十八大再次明确了信息化作为国家战略的重要地位，并将其确定为全面建成小康社会的目标之一。党的十九大进一步要求"善于运用互联网技术和信息化手段开展工作"。信息化为中华民族带来了千载难逢的机遇，我们必须敏锐抓住信息化发展的历史机遇，推动信息领域核心技术突破，加快人民法院执行信息化建设步伐，这既是人民法院实施国家信息化发展战略的必然要求，也是提高履职能力服务经济社会发展的必然选择，对于推进执行工作体系和执行工作能力现代化建设，达到切实解决执行难的长远目标具有重要意义。

（二）执行信息化的研究综述

从民事执行信息化工作的总体理论研究来看，对于执行工作信息化最早的论述见于2010年8月19日《成都日报》的《法官"消极执行"将被系统自动锁定》一文，该文主要介绍了承办法官如在规定时间内未启动或完成相关工作，电脑系统就会自动进行锁定，被锁定案件将由系统判断承办法官完成当前工作后自动解锁，该项措施的运用旨在遏制消极执行现象，这也是最早将执行流程节点应用于实践的首例，开创了执行办案信息化流程节点管控的先河，具有重要意义，是对执行工作信息化的一次有效尝试。2011年《信息化建设》刊登了温州市中级人民法院《法院案件执行信息化建设的必经之路——解读温州市网上点对点执行查控体系》一文，介绍了温州建立全市二级法院网上点对点执行查控体系的工作情况，这也是全国首篇记载网络查控财产工作具体实践的文章，同时该文指出了利用网络化手段解决执行难的发展趋势。[①] 2012年，西南财经大学学者龚苏民从司法公开的视角分析了信息化对于司法权力运行的有效监督与制约，同时也对信息化建设对于执行财产线索的提取及执行威慑机制的有效联动发表了有价值的论述，特别是从程序正义的角度论证了信息化对于执行程序的重要支撑。[②] 2013年，时任最高人民法院执行局副局长张根大明确提出了执行信息化建设的主要任务，即"建设执行案件信息系统，实现与掌握财产信息的机关和有关社会信用体系参与单位的数据信息共享，达到通过网络查找、控制乃至处分财产，实施信用惩戒的效果""以解决被执行人和被执行财产难找的问题，并为查找和处分财产提供了最便捷、经济的途径"[③]。2014年，湖南师范大学任利军主要分析了法院信息化建设对于提升司法效率的重要意义，对于执行信息化作出了"要建设全国四级法院上下一体、内外联动、规范高效、反应快捷的执行指挥，形成覆盖全国的执行查控、冻结体系"[④] 的论述。2015年，最高人民法院出版了《人民法院执行信息化培训读本》，指出"信息化是推动执行模式深刻变革的强大动力，是促进司法公开的有效途径，是实现执行规范化的重要抓手，是破解执行难的不二法门"。2016年，于群、任宗理首次提出了智能执行的概念，即"执行智能化是信息化的高级阶段，是一种可以根据需要不断升级完善的系统。智能执行模式就是与传统人工执行模式相区别的现代化执行模式，是高度信息化、自动化、智能化的执行模式，是具有高度威慑力和超强执行效能的执行模式，体现了国家治理能

---

① 陈斌：《法院案件执行信息化建设的必经之路——解读温州市网上点对点执行查控体系》，载《信息化建设》2011年第7期。

② 龚苏民：《论法院信息化如何助力破解法院"阳光司法"工作中的问题——以云南昆明市官渡区法院的实践为例》，西南财经大学2012年硕士学位论文。

③ 李敏：《人民法院"执行难"问题的困境突围——访最高人民法院执行局副局长张根大》，载《中国审判》2013年第9期。

④ 任利军：《司法效率视野下法院信息化探析——基于湖南法院系统的实证分析》，湖南师范大学2014年硕士学位论文。

力和治理体系的现代化", 同时也指出了执行智能化的应然属性与发展路径。① 2018 年, 社会科学院王小梅清晰地阐述了全国法院执行信息化建设的具体成效、突出问题与今后的发展路径, 并以基本解决执行难为背景, 详细论述了执行信息化建设对于执行工作的重大意义与实践价值, 对于今后一段时期的执行信息化工作具有一定的指导意义。②

通过对执行信息化的相关实践与理论文章的梳理可见, 执行信息化相关研究成果相对较少, 提供的路径选择可操作性相对较差, 论述也较为分散, 没有将执行权运行的客观规律与执行信息化工作紧密联系起来进行考察, 也没有将一定的实践基础作为技术发展延伸的可靠抓手来展开讨论, 囿于此, 在一定程度上造成 "为了信息化而信息化" 的问题, 不能很好地将执行理论与信息技术进行有效结合, 从而导致部分法院执行信息化的发展并没有更好地提高执行工作的效率指标, 甚至出现多个系统多人管理, 各自为战, 耗费大量人力物力。

二、执行信息化与执行工作的具体关系

执行工作是人民法院工作的重要组成部分, 是维护社会公平正义最后一道防线的最后一个环节, 责任重大, 任务艰巨。党的十八大以来, 各级人民法院紧紧围绕 "让人民群众在每一个司法案件中感受到公平正义" 的目标, 紧抓信息时代为司法工作提供的新机遇, 大力提升执行工作质量和效率, 为最大限度实现当事人合法权益、维护社会公平正义、促进社会和谐稳定作出积极贡献。

信息化是指充分利用信息技术, 开发利用信息资源, 促进信息交流和知识共享, 推动各项工作发展转型的历史进程。正如习近平总书记在 2014 年中央网络安全和信息化领导小组第一次会议上强调的: "没有网络安全就没有国家安全, 没有信息化就没有现代化。执行工作离开信息化, 也就不可能从根本上切实解决执行难问题, 不可能最终实现执行工作的现代化。"③

---

① 于群、任宗理: 《执行模式智能化有效解决执行难》, 载《人民司法》2016 年第 31 期。
② 王小梅: 《法院执行信息化建设的成效、问题与展望——以人民法院 "基本解决执行难" 为背景》, 载《中国应用法学》2018 年第 1 期。
③ 习近平: 《总体布局统筹各方创新发展 努力把我国建设成为网络强国》, 载《人民日报》2014 年 2 月 28 日, 第 1 版。

执行工作的信息化，相比审判工作起步较晚，但人民法院执行工作与我国信息化发展之间相互作用、相互影响，形成相辅相成、共同促进的关系，这种良性关系成为不断推动人民法院执行工作改革发展的不竭动力。

（一）我国执行工作的现状对于信息化技术的实际所需

1. 财产查控工作对于信息化技术运用的实际需求

为保障民事执行正常进行，一般将民事执行权分为执行启动权、执行查控权、执行实施权（也称执行标的实体权益判断权）、执行标的变价交付权（也称财产处置权）、执行救济裁判权，[①] 而执行人员在原有执行模式下投入精力最多、面临难度最大的工作就是对于被执行人财产的查控。随着信息化时代的到来，网上银行、手机银行业务逐渐普及，当事人借助这些信息化媒介，几秒钟就可以转移账户内的所有存款。而在传统执行模式中，根据我国《民事诉讼法》和相关规范性文件的规定，查询、冻结、扣划银行存款，要到银行营业场所，出具裁定书、工作证、执行公务证等相关法律文书和证件，因此，待执行人员把查封、冻结、扣押相关审批手续履行完毕，被执行人的存款可能早就"另有所用"了。实践中，不仅仅是银行存款，相当多的当事人借助商业领域科技信息化的优势，利用人民法院执行信息化发展相对滞后的短板，规避执行，转移财产的现象比比皆是，且方式花样翻新，行为非常迅速、隐秘，传统财产查控方式已经难以适应新时代的发展，必须尽快运用信息化技术予以提高和发展。

2. 人案矛盾对于信息化技术运用的主观需求

随着我国经济快速发展，执行案件数量近20年来呈现出每5年翻一番的增长态势，而执行机构人员20年来才增长1倍左右。在信息社会的条件下，还沿用传统的执行方式方法，必然是举步维艰、难以为继。人民法院必然要适应我国信息化的发展大潮，适应社会转型和改革发展的需要，不断从观念精神到方式方法各个层面进行改革创新，不断加大执行信息化建设的力度和广度，提高工作效率，缓解人案矛盾。

3. 财产主体及形式变化对于信息化技术运用的客观需求

当今社会民事主体的财产问题急剧增加，财产分布地域日益扩大，以住所

---

① 参见马登科：《审执分离运行机制论》，载《现代法学》2019年第4期。

地为核心的财产属性日渐溢出，呈现全国性甚至全球化特征。在财产结构和财产形式已经质变的情况下，传统执行方式要穷尽查明被执行人的可供执行财产，已经完全不可能。因此，运用信息化技术，扩大查找被执行人财产范围，增加查明被执行人财产的方法手段，拓展查控被执行人财产的有效方式等已是执行工作的迫切需求。

（二）信息化技术赋能执行工作发展新路径、新方法、新理念的客观可能

1. 信息化技术为执行网络查控、联合信用惩戒等工作提供了新的思路和方案

由于我国的信息化发展，电子政务等信息化建设不断取得进展，多个掌握被执行人财产、信用等领域的行政业务及监管网络得以建立，为人民法院联网进行网络执行查控、失信名单公示以及社会信用惩戒等工作提供了技术支撑。一是通过网络查找、控制、处置被执行人财产，实现从查人找物依靠"人来人往""登门临柜"的传统模式，向大部分财产只需"轻点鼠标"就可通过网络查控、处置的新模式转变，解决被执行财产难寻、协助执行人难求、被执行财产难动以及执行力量不足、人案矛盾突出等问题。二是通过信息化释放执行威慑机制的能量，建立失信被执行人信息公示和联合惩戒网络，推进完善"一处失信，处处受限"的社会信用体系，实现从单纯依靠事后采取直接执行措施的传统模式，向事前、事中、事后全面有效威慑的新模式转变，形成"守信者得利，失信者吃亏"的良好社会氛围。三是通过信息化手段建设各级人民法院上下一体、内外联动、反应快捷的执行指挥体系，真正实现执行工作统一管理、统一指挥、统一协调的"三统一"职能，向执行力量统一调配、协同作战的新模式转变。

2. 信息化技术为执行案件的规范化管理提供更直观、更有效的方式

通过信息技术手段加强执行管理、规范执行行为，是新时期人民法院实现自身科学发展的内在要求。信息化条件下，执行案件流程可以进行网络化运行和管理，执行案件的立案、采取执行措施、制作法律文书、评估拍卖财产、执行结案、案卷归档等所有关键流程节点都一目了然。执行法官通过办案系统发布工作指令、跟踪指令完成进度、审查工作完成情况、制订执行计划、采取执行措施，办案过程处处留痕，方便快捷；院领导、局领导可随时了解本院所有执行案件的进展情况、工作完成情况，对超期节点及不规范操作的案件及时督

促、实时管理。信息化条件下，人民法院可以根据大数据时代要求，深度整合、挖掘、利用各种执行信息资源，科学分析执行工作的发展趋势和内在规律，从而更好地服务考核监督和科学决策。

3. 信息化技术为执行工作全面公开提供了更为便捷、有效的媒介

人民群众对执行工作不满意，很大程度上与执行工作透明度不高，人民群众对执行程序、执行进程等信息不了解，尤其是与信息不对称有关。信息化是促进执行公开不断深化的必要手段。信息化能够以较低的成本，将人民法院在执行过程中获取、形成的信息和资料数字化，依托政务专网、互联网、移动通信网等基础设施，实现法院内部的信息共享；同时，通过信息化技术，使执行信息能够更加方便、全面、迅速地为当事人和社会获知，从而更加有效地保障人民群众的知情权、参与权、表达权、监督权，使案件当事人更加真切地感受公平正义，增进社会公众对执行工作的认知，进而赢得他们的理解与支持。通过信息化技术，有效推进执行公开，挤压利用执行权寻租的空间，减少消极执行和乱执行，防范和减少执行领域的司法腐败问题。

（三）信息化技术是实现切实解决执行难目标的有效途径

执行难的成因是多方面的，根据是否可归因于法院可分为内部原因和外部原因，前者包括执行不规范（拖延执行、选择执行）和执行不力（如查人找物能力不足、惩戒手段运用不足），后者主要指执行不能（如经济下行等原因造成的被执行人无财产可供执行）。应对执行不规范和执行不力，应提升执行工作的"一性两化"，应对执行不能，则应该完善破产机制和社会救助体系。近年来的执行实践证明，信息化是新时代推动法院执行工作的必然要求，也是实现执行规范化和提升执行强制性的必由之路，是最终完成切实解决执行难之"利器"。执行工作所涉地域广、碎片化事务性工作多，为信息技术发挥作用提供了更为广阔的空间，从执行财产的查询控制、执行案件的办理和管理、执行行动的统一指挥到财产的拍卖处置、对失信被执行人联合信用惩戒以及执行事项的异地委托等，信息化技术均发挥着革命性作用，不仅实现执行工作的提质增效，更实现了执行体制和模式的变革，重塑了法院的执行生态。

1. 统一办案管理系统，着力消除拖延执行、选择执行现象

在传统办案模式下，执行案件由执行人员一人包办，在没有办案系统的情况下，案件办理进度不受监督，往往会出现拖延执行、选择性执行等执行不规范的情况。为规范执行案件的办理，最高人民法院依托信息化，在地方试点基

础上建成全国统一的执行办案平台和指挥管理平台，所有执行案件通过系统平台进行办理，从而实现对执行案件的节点管控和实时监督。最高人民法院会定期将各法院存在超期节点的案件、通过总对总查控有财产线索的终本案件、查封财产超期未处理信息等通过执行指挥管理平台及时下发各法院，并进行督办，限期办结。通过这种一竿子到底的监督管理模式，全国法院"拖延执行、选择执行"现象基本得到消除。同时通过省级、市级法院的分时督办制度，进一步加强了节点管理和规范执行管理，为切实解决执行难奠定基础。

2. 优化网络查控系统，着力解决查人找物困难

办理执行案件，查人找物是关键，为提升查人找物能力和效率，全国法院依托信息化构建了以最高人民法院"总对总"为主，以各地法院"点对点"为辅的网络查控系统，并不断拓宽联网查控的财产范围。截至 2019 年底，最高人民法院与中国人民银行、公安部等 10 多家单位联网，银行存款查询扩大至 3900 余家，通过该系统已可查询被执行人全国范围内的不动产、存款、金融理财产品、网络资金等 16 类 25 项信息，实现了人民法院财产调查方式的根本性变革，对各种财产形式做到全面覆盖、一网打尽。各高级法院在辖区内建设了三级联网的"点对点"网络查控系统，将辖区内的地方性银行、保险等机构均纳入查控系统范围，形成了对"总对总"查控系统的有力补充。目前在我国，一名执行法官通过信息化、网络化、自动化的财产查控体系一年执行到位的财产相当于过去十年的总和。[1] 江苏法院网络点对点查控系统更是建得早、范围广、功能全。近几年来，江苏无锡、苏州等地区法院与联动单位进一步加强合作，逐步实现了不动产查询、冻结、解冻等业务的网络双向操作；常州、无锡、苏州地区法院实现了车辆的在线查询、查封和解封。同时，各地区还针对人员临控、公积金查询、股权冻结等积极与相关部门建立联动机制，基本实现网络在线操作，让执行法官可以足不出户，高效完成执行查控措施，同时为执行案件进一步繁简分流夯实基础。

3. 全面实施网络司法拍卖，着力解决财产处置难问题

司法拍卖是对被执行人的财产进行处置变现的首选方式，但传统司法拍卖却又是执行工作中最容易发生权力寻租、滋生腐败的环节。随着互联网技术的

---

① 人民法院新闻传媒总社编：《全国法院决战执行难工作全景报告》，人民法院出版社 2019 年版，第 324 页。

发展，人民法院探索司法拍卖新模式有了更多可能，越来越多的地方法院开始在互联网上进行网络司法拍卖，大幅提升了成交率、溢价率。最高人民法院上线全国统一的网络司法拍卖管理平台，并出台了《最高人民法院关于人民法院网络司法拍卖若干问题的规定》和《最高人民法院关于建立和管理网络服务提供者名单库的办法》，对全国性网络服务提供者名单库的建立和管理进行规范，目前淘宝、京东等七家网站为全国法院提供网络拍卖平台。为简化评估程序、降低评估费用，2018 年，最高人民法院还出台了《最高人民法院关于人民法院确定财产处置参考价若干问题的规定》并专门研发了全国法院询价评估系统，具备当事人议价、定向询价、网络询价和委托评估等功能。截至2022 年 9 月底，全国法院网络拍卖量 290.23 万件，成交金额为 21 209.49 亿元，为当事人节省佣金 650.16 亿元。

江苏省三级法院是全国较早实现执行财产网络司法拍卖的法院，并率先实现"三个全部两个零"，即所有法院全部入驻"淘宝网"、所有需要变现资产全部网上拍卖、所有拍卖环节全部网上公开、所有拍卖实行零佣金以及司法网拍领域实现零投诉。

4. 全力推进联合信用惩戒，着力震慑失信行为

"执行难"的另一个主要原因是被执行人实施拒不履行或逃避履行义务等不诚信行为。为督促被执行人履行义务，最高人民法院建立执行信息公开平台，对失信被执行人进行曝光，并向社会其他部门推送失信被执行人名单，实现对失信被执行人的联合惩戒。截至 2022 年 9 月底，最高人民法院已与国家发展和改革委员会等 60 家单位签署文件，采取 11 类 37 大项 150 项惩戒措施，已公布失信被执行人 2514 万名，限制 9340 万人次购买机票，限制 1308 万人次购买高铁、动车票，取得了较好的效果，有效破解了规避执行的难题，有效缓解了执行难问题，也助推了我国的社会诚信体系建设，令失信者寸步难行。江苏省高级人民法院主动将失信名单推送给市场监督管理局，在全省范围内实现了限制失信被执行人担任新办企业法定代表人等限制措施。党委领导、政法委协调、人大监督、政府支持、法院主办、部门配合、社会各界共同参与的综合治理执行难的工作格局初步形成。

总之，信息化是实现执行工作管理精细化、执行行为规范化、执行流程阳光化的重要手段，是实现切实解决执行难目标，推动执行工作长远发展的必由之路。信息化不仅推动着观念变化、工作方式变化、组织形式变化，而且还推动着体制机制的变化。信息技术的进步，对执行工作已经产生并将进一步产生深刻影响。

第二节　执行信息化建设的实践过程

一、执行信息化建设的相关理念

所谓理念，就是理性化的想法，理性化的思维活动模式或者说理性化的看法和见解。它是客观事实的本质性反映，是事物内性的外在表征。针对目前全国法院信息化建设，尤其是执行领域信息化建设中普遍存在的问题，要真正使信息化产品好用、管用，应着重关注以下几个理念。

（一）统一门户理念

随着近几年来信息化建设、智慧法院的大力建造，从最高人民法院到各基层法院，四级法院基于 IT 环境的业务操作系统、管理系统、拓展系统日渐增多。一个执行人员在执行办案过程中要用到十几个应用系统，每个系统对应一个用户名和密码，烦琐一点的还要录入验证码，系统 5 分钟不用可能还会自动退出，如要使用还需重新录入用户名和密码。这些对于使用法院内部局域网的合法用户来说无疑是重复、冗余的操作。

因此，碎片化、分散式的身份验证模式已经无法满足目前法院内部的需求，迫切需要建立一套统一的、高安全性和高可靠性的统一身份认证解决方案，实现安全的单点登录。

统一身份认证平台将分散用户和权限资源进行统一、集中的管控，这种模式将帮助执行人员实现单点登录，简化用户访问各个系统的过程，使用户只需要通过一次身份认证就可以免登录访问授权范围内的所有业务系统。

（二）人工智能理念

人工智能是研究人类智能行为规律，构造具有一定智慧能力的人工系统，以完成通常情况下需要人类智慧才完成的工作。近年来，人工智能的应用领域日益拓宽，发展水平也已经达到前所未有的高度和广度。习近平总书记指出："人工智能是引领新一轮科技革命和产业变革的重要驱动力，正深刻改变着人们的生产、生活、学习方式，推动人类社会迎来人机协同、跨界融合、共创分享的智能时代。"① 面对来临的 5G 时代、万物互联的智能时代，我们要有新思维、新举措，已经无须考虑是否接受人工智能，而是必须学会利用人工智能等科学技术来撬动新的司法驱动力，为智慧法院建设尤其是智能执行等工作提供新思路和新方法。

在信息化技术应用中，人工智能技术介入司法强制执行领域是时代的必然选择，也是执行业务发展和管理的需要。

（三）大数据应用理念

大数据技术是一种信息整合应用的技术，主要以数据收集、储存为基础，利用 Python、R 语言分析、Node.js 等信息化手段整合、分析相关数据，深入挖掘、揭示数据背后隐藏的内在规律和发展趋势，并由此获得仅凭直觉难以发现的有用信息。司法系统自身生成的大数据，便是极其宝贵的司法宝藏，借助于对司法大数据深度挖掘，不但可以在微观层面精准把握被执行人可供执行财产的总体状况，及时有效地处置财产，实现债权人的合法权益，还可以从宏观层面揭露被执行人规避执行行为，科学预测被执行人隐匿财产的线索，精准打击被执行人的失信行为，更好地回应广大人民群众对于司法的新关切和新要求。因此，在大数据时代背景下创新司法工作，在更高的起点上推动执行信息化建设，对于实现执行工作的新突破具有重大现实意义。

（四）JTU 设计理念

传统的信息化技术研发遵循以下步骤：由业务部门领导根据工作需求或上级法院要求，提出产品需求，并由信息部门采集或集中，再由信息部门联系相关技术公司，进行研发，研发成功后再交由业务部门实际使用。

传统模式存在以下三点弊端：一是业务部门提出研发需求时，也只有较为模糊的要求，甚至往往只有某种功能设想的表达；二是信息部门承载着将业务部门需求向技术公司转述的任务，即要把业务部门的需求转化为技术公司听得懂的技术语言，但由于信息部门人员往往也缺乏业务知识或不清楚实际使用的场景，导致转述不能完全到位；三是技术部门只会用技术研发来代替需求的实现，完全不可能考虑到执行业务场景或执行人员使用过程中的实际问题。因此，传统信息化技术研发的产品往往会有用户体验感不强、使用过程复杂、不适应实际应用场景等问题。

---

① 《习近平向国际人工智能与教育大会致贺信》，载《人民日报》2019 年 5 月 17 日，第 1 版。

在信息化产品的研发过程中，应充分吸取传统信息化产品研发过程的教训，切实以问题为导向，以需求为导向，以管用、能用、好用、喜用为原则，采取执行法官（Judge）全程参与、技术公司（Technology Company）全程辅助、用户（User）全程测试体验的"JTU"研发新模式，才能真正研发出既好用，又管用的执行信息化产品。主要遵循三个步骤。

1. 法官全程参与

选择若干既懂业务又懂技术的法官，充分收集执行人员在执行过程中的工作痛点以及对于信息化技术的迫切需求；同时收集院领导、局领导在执行监督、业务管理上的需求和上级法院对执行公开、执行规范等方面的工作要求。在充分讨论后，固定研发的实际需求及预期目标。

2. 技术公司全程辅助

将研发需求公布后，吸引相关技术公司自荐无偿研发，由设计法官与技术人员进行充分沟通，论证技术是否完全支撑，研发是否如期到位，功能是否完全实现。这样使设计法官更加明了相关技术功能和特点，也让技术人员更容易摒弃技术思维，弄懂法律程序，明确设计需求，确保产品研发的目标更明确、更直接。

3. 用户全程测试体验

技术公司明确需求和研发思路后，派员驻地开发，研发过程随时沟通、即时交流，阶段性成果交由执行人员随时测试，不断打磨，修正甚至改变功能，力求简单、好用、实效。甚至有些功能可以根据执行人员的个性爱好进行设计，实用性大大增强。

JTU 设计理念明确法官（Judge）是技术开发的需求提出者、技术服务的享受者和反馈者，坚持一线法官参与系统建设全过程。由技术公司（Technology Company）、法院技术部门与精通业务的执行法官组成系统开发小组，深入执行一线调研，掌握执行干警（User）的智能化需求。以执行干警的需求为核心，法官负责从业务角度出发确定系统功能和操作步骤，技术公司运用相关技术实现需求，避免业务需求与技术开发脱节，切实解决一线执行干警工作上的难点、痛点。同时定期收集实际使用反馈意见作为改进方向，在保证功能实现的基础上尽可能提升系统使用获得感，在技术可以实现的范围内全力满足业务需求，在满足规范化管理的情况下尽可能不增加使用者的负担，真正使开发的信息化产品成为执行干警破解执行难的"利器"。

二、执行信息化顶层设计的逐渐完善

顶层设计是运用系统论的方法，从全局的角度，对某项任务或者某个项目的各方面、各层次、各要素统筹规划，以集中有效资源，高效快捷地实现目标。顶层设计的主要特征有三个：一是顶层决定性，顶层设计是自高端向低端展开的设计方法，核心理念与目标都源自顶层，因此，顶层决定底层，高端决定低端；二是整体关联性，顶层设计强调设计对象内部要素之间围绕核心理念和顶层目标形成关联、匹配与有机衔接；三是实际可操作性，设计的基本要求是表述简洁明确，设计成果具备实践可行性，因此，顶层设计成果应是可实施、可操作的。

从我国实践看，顶层设计在前些年的电子政务建设中被广泛应用，主要强调电子政务要避免重复建设，突出规划战略的地位，以及实现这一战略规划的具体实施路径。最高人民法院在总结以往工作经验的基础上，针对不同地区、不同级别法院在信息化建设工作中各自为政，容易出现重复建设、制度空白或相互矛盾等问题，着力加强顶层设计，以统一的制度和标准统领法院信息化建设。最高人民法院出台的法院信息化建设相关规定和标准皆有明确的依据，确保统筹全局。一方面，贯彻落实最高人民法院各项工作安排。按照《人民法院第五个五年改革纲要（2019—2023）》修订《人民法院信息化建设五年发展规划（2019—2023）》，对标规划，查找差距，着力指导各方面工作补齐短板。另一方面，以《智慧法院建设评价报告（2018）》和《中国法院信息化建设第三方评估报告（2019）》指标体系为依据，内外结合，有针对性地回应问题，出台工作方案。两项评估均以全国各级法院为评估对象，分别从内部和外部两个视角全方位多维度分析了全国法院在规划引领、网络化、阳光化、智能化、综合保障等方面的成效和不足。评估报告以客观数据描述法院信息化建设现状，在顶层设计方面对评估指出的问题有所回应和修正，如打通信息"孤岛"和数据壁垒，弥补智能化服务短板，支撑战略规划、项目预算、系统论证和系统研发等。同时，以解决实际问题为契机，开展系统总体设计，进一步提升信息化建设水平。在最高人民法院顶层设计统领下，各地、各层级法院分别以此为基准出台具体行动方案，确保国家层面制度安排层层传导、落实落地。

自2016年最高人民法院提出"用两到三年时间基本解决执行难"工作目标以来，执行工作面临攻坚克难的艰巨挑战，也迎来了法院智能化建设快速发展的重大机遇。在最高人民法院的统一部署下，执行智能化建设与"基本解决执行难"工作齐头并进。随着以执行指挥中心综合管理平台为核心，以执行办案系统和执行公开系统为两翼，以网络查控、评估拍卖、信用惩戒、执行委托等多个执行办案子系统为辅助的"1+2+N"执行智能化系统不断完善，运用信息化手段实现执行办案和执行管理，已成为法院执行工作的主要方式和主要内容。

全国各级法院执行案件流程信息管理日趋完善，其中除3家知识产权法院以外，全部对接或直接使用了最高人民法院执行案件流程信息管理系统，实现100%法院全覆盖；所有执行案件信息全部纳入最高人民法院统一建设的执行案件流程信息管理系统，实现执行案件信息100%全覆盖；采用对接方式进行执行办案的法院全部按照最高人民法院下发的《执行流程信息管理37个关键点管理规范》进行执行案件节点管理，即执行案件流程信息管理系统为8类执行案件设置37个关键节点，实现执行案件流程节点全覆盖。流程节点管理确立了严格的执行权运行标准，对于每一个执行案件，从立案、执行通知、查询被执行人的财产，到财产的评估、拍卖、变现、案款分配和发还等程序都要在系统内进行，每一个步骤必须严格按照流程进行，完成标准化动作之后才能进入下一个环节，没有通融的余地。流程节点管理还实行精细化的执行期限管理，通过系统跟踪，有效避免消极执行、选择性执行和乱执行。执行案件流程信息管理系统的建立，不仅有助于确立办理执行案件的标准，发挥一定的规范效应，还有助于最高人民法院实现对全国执行案件的节点管理和在线监控。

为解决法院干警办案受工作场地局限的问题，依托云技术，通过移动办案办公平台，将云桌面系统与移动终端深度融合，实现随时随地办公办案。最高人民法院开发的"智慧执行"移动 App 移动执行系统，与执行案件流程管理系统数据同步，执行法官外出办案实时调取案件电子卷宗，通过拍照、录音、录像及数据的自动回传，实现案件执行过程的全程留痕。

为加强执行公开工作，最高人民法院将2013年10月开通的"全国法院失信被执行人名单信息公布与查询"平台更名为"中国执行信息公开网"，并在首页建立了"被执行人""执行法律文书""执行案件流程"等板块。中国执行信息公开网公布了全国法院执行案件流程信息、失信被执行人名单、被执行人信息、执行裁判文书等执行相关信息，便利执行当事人查询，接受社会公众监督。为了加强执行案款管理，切实维护当事人合法权益，最高人民法院又于

2016 年 11 月 21 日创建"执行案款领取公告查询"网页，并与中国执行信息公开网建立链接，由各执行法院将联系不上当事人的案款信息予以公告。

另外，最高人民法院还积极研发上线区块链存证系统、终本案件动态管理平台，有效规范执行行为。执行办案平台、联合信用惩戒系统进一步打通与审判办案平台、人民法院外部相关系统平台的数据通道，数据共享力度和范围日益扩大；财产网络查控平台对被执行人财产的自动查询、批量控制、智能筛选、深度发掘等功能趋于完善。网络司法拍卖平台透明化、规范化、信息化水平不断提升，有效提高财产处置效率，减轻当事人负担。

应该说，近几年来，最高人民法院以理念一致、功能协调、结构统一、资源共享、部件标准化等系统论的方法，从全局视角出发，对智慧审判、智慧执行、智慧服务、智慧管理等智慧法院的各个层次、要素进行统筹考虑，加强建设，为地方各级法院作好了表率，起到了很好的引领、导向作用，各级法院也纷纷继续拓展、延伸，各自在服务司法为民、服务司法管理、服务社会治理等方面，走出了一条法院信息化的中国道路、一条百花齐放的法院信息化建设之路。

三、执行信息化江苏实践的探索和发展

自 2012 年以来，江苏法院以执行指挥中心建设为平台，坚持"以需求为导向，以应用为目的"以及"边建设、边使用、边完善"的思路，从"服务改革、服务管理、服务一线"三个维度，通过委托地区法院研发创新，试点成熟后及时进行全省推广的方式，突出实效、突出应用，突出特色，有力地推进了执行工作信息化建设工作的积极探索及转型升级。

（一）执行指挥中心建设

2013 年 5 月 30 日，江苏省高级人民法院下发《关于建立江苏法院执行指挥中心的实施方案》，对江苏法院执行指挥中心的整体定位、体制职能以及运行机制提出了明确要求。2013 年 6 月 8 日，成立江苏法院执行指挥中心筹备领导小组，主要院领导亲自挂帅，组织人事、纪检监察、执行、技术、法警、财务等部门共同参与，负责统筹、领导全省执行指挥中心建设工作。2013 年 8 月 18 日至 20 日，江苏省高级人民法院召开全省法院执行局局长座谈会暨执行指挥中心建设推进会，对全省法院推进执行指挥中心建设进行全面部署，明确了"硬件建设、制度建设、力量整合"三大任务，自此江苏省三级人民法院

执行指挥中心建设进入实质性建设时期。2013年10月23日，无锡市中级人民法院成立全省首个信息化条件下的执行指挥中心，依托执行联动网络查询平台、执行案件信息共享平台、执行快速反应平台这三大平台启动运行。2014年1月15日，江苏省高级人民法院下发《全省中级法院、基层法院执行指挥中心建设指导纲要》，对各级人民法院建设执行指挥中心的组织机构、职能定位、工作重点等加以明确。此后，先后在无锡市锡山区人民法院、淮安市中级人民法院、常熟市人民法院、睢宁县人民法院组织召开四次现场会，分层分类推进、指导各级法院执行指挥中心建设，积极构建全省法院统一指挥、协调联动、快速反应的执行工作机制。

至2015年年底，全省三级人民法院均已完成硬件设施建设，建成了能够与上下级人民法院、平级人民法院互联互通的执行指挥中心，省内执行力量统一调度、对执行线索举报的快速反应和对被执行人及其财产的异地协控功能基本实现。集案件管理、执行指挥、司法查控、司法网拍、案款管理、信用惩戒、执行公开七大功能于一体的信息化平台基本建成，并开发了执行实施分段集约管理、终本案件单独集中动态管理、执行异议复议案件管理、执行款物管理等10个子系统，网上办案成为常态；各级人民法院执行指挥中心均配备了专职技术警务人员负责日常运行维护，执行人员陆续配备3G、4G单兵系统和执法记录仪，并在江苏省高级人民法院的指导下统一了场所名称、标牌标识和工作流程。至此，全省法院执行指挥中心"信息灵敏、反应快速、指挥有力、协同有方"的建设目标基本实现，最高人民法院原副院长江必新对此专门作出批示，认为江苏法院执行信息化建设成效明显，值得深入推介。

2016年，江苏省高级人民法院进一步提出"执行指挥中心实体化运行"的思路，将执行指挥中心的功能由7项拓展到15项，把执行指挥中心打造成集案件管理、指挥调度、网络查控、繁简分流、司法拍卖、信用惩戒、案款管理、委托执行、信访处理、执行公开舆情管理、监督考核、决策分析技术支持、事务性工作集中办理等功能于一体的数据化、信息化、实体化平台。2019年，江苏三级法院执行指挥中心实体化运行创设"854"模式，即由各级法院执行指挥中心集中办理8类事务性工作，提供5类技术服务，承担4项管理职责，为执行实施团队提供全方位系统支持，大幅提升执行工作的集约化、精细化、规范化水平，有效打破"一人包案到底""团队包案到底"的传统办案模式。2020年，江苏省高级人民法院对执行指挥中心实体化运行"854"模式进行迭代升级，要求建立以执行指挥中心为中枢，加强执行案件电子卷宗"中间库"建设，以"案件无纸化"与"执行事务中心"为依托的民事执行实施权"一体两翼"运行新机制，进一步明确工作职能，细化工作流程，提升工作质效，健全完善解决执行难问题长效机制。

（二）执行案件管理平台建设

执行案件管理平台，是执行信息化建设的基础。江苏法院早在 2001 年建设全省人民法院案件管理系统时，就已将执行案件纳入系统管理。但由于该系统当时未能体现出执行案件的特点，故在执行工作实践中，除了有限的案件收结登记统计等功能外，并未发挥其应有的作用。

2014 年，江苏省高级人民法院总结了南京市中级人民法院、无锡市锡山区人民法院执行指挥中心建设的工作经验，提出建设"网上执行局"，通过案件管理软件系统明确执行流程、规范执行行为、强化案件管理。同年，利用全省法院法综系统升级改版的契机，江苏省高级人民法院执行局根据执行工作的规律和特点，起草提交了《"网上执行局"系统软件需求》《执行信访管理系统需求》《执行裁决类案件软件设计需求》等软件需求，协助技术部门共同开发。

根据软件需求，"网上执行局"系统软件应符合"三个有利于"的原则，即有利于实际操作、有利于监督管理、有利于信息公开，具备"六个特性"：一是实用性。系统设计与执行工作实际紧密结合，符合执行工作规律和科学工作流程，有助于提升执行案件办理、执行事务办理、执行工作管理的质量和效率。二是简便性。软件操作界面简洁，操作简便，易于学习和使用，人机交互和用户体验良好。三是安全性。符合执行工作对保密性的要求，用户权限划分清晰明确，同时，对用户在系统中的所有操作均在后台保留操作记录（时间、动作等）。四是兼容性。能够兼容诉讼案件系统，方便执行人员调阅诉讼案件信息；能够兼容最高人民法院执行信息系统、省信用办信用信息库、中国人民银行个人和企业征信系统等，并能够进行信息交换；能够兼容根据工作需要新增的其他软件。五是灵活性。软件设置的执行工作流程，在总体框架固定的前提下，可以允许各级人民法院根据本地工作实际，对具体流程进行微调。六是互动性。软件设计充分考虑与执行信息公开平台的衔接，尤其是通过短信平台、留言互动平台实现法院与案件当事人的互动。

同时，由于人民法院执行条线实行与审判条线相区别的统一管理体制，因此，各级人民法院执行局的工作职责和任务具有很大差别，这主要体现在执行案件办理主要集中在基层人民法院，而对执行人员、事务、案件的管理权主要集中在高级、中级人民法院，因此，在软件设计时不搞"一刀切"，而是根据法院层级不同各有侧重，即高级人民法院和中级人民法院要侧重于监督管理，基层人民法院侧重于案件办理。

"网上执行局"系统在设计之初，只包含3个子系统：执行办案系统、执行指挥系统、执行信访系统。此后根据工作需要，又陆续开发了终本案件管理系统、执行案款管理系统、统计分析系统等子系统。其中执行办案系统，亦即执行案件管理系统，是其中最核心、最基础的子系统。

执行案件管理系统的操作界面划分为三个功能区，即案件信息、执行措施、执行程序：

一是案件信息功能区，其主要功能是全面呈现案件基本信息，以便案件承办人和管理人员即时、动态了解案件情况和状态。案件基本信息包括立案信息、当事人信息、证据信息、关联案件信息和执行日志。其中，关联案件信息，是指执行办案人员可以通过案号、当事人等关联项，对与本案相关的审判、执行案件进行检索。

二是执行措施功能区，其主要功能是通过软件系统实现各类执行措施的规范化操作，包括调查、控制、处分以及各类执行威慑措施和司法制裁措施，每种措施均根据相关法律规定设计操作流程。为了与此相配合，江苏省高级人民法院制定下发了《关于全省法院执行工作中规范使用执法记录仪的规定》，强调执行实施应全程留痕，并明确在以下8种情况下必须使用执法记录仪全程记录：（1）现场查封扣押、冻结被执行人财产的；（2）对被执行人及其住所或者财产隐匿地进行搜查的；（3）强制迁出房屋或者强制退出土地的；（4）有义务协助调查、执行的单位拒绝或者妨碍人民法院调查取证，或者在接到人民法院协助执行通知书后，拒不协助执行的；（5）诉讼参加人或者其他人有妨害民事诉讼行为的；（6）采取罚款、拘留等强制措施的；（7）执行可能引发重大社会影响案件的；（8）需要现金等执行款物交接的。执行人员应当在强制执行工作结束后24小时内，将执法记录仪记录的声像资料下载、存储，引入案件电子卷，凡应当使用而未使用的，执行案件不得作结案处理。并规定不按规定使用执法记录仪、不按规定储存致使执法记录信息损毁或丢失等情形引发严重后果的，要移交纪检监察部门追究相关责任人的责任。目前江苏三级法院基本做到人手一台执法记录仪。

三是执行程序功能区，其主要功能是呈现案件程序变化的基本信息，同时实现执行程序变更的规范化管理，包括听证中止、暂缓、结案、提级指定执行、移送等。2014 年年底，执行案件管理平台全面投入使用，全省所有执行案件全部通过法综系统进行管理，历年沉积的案件也已全部补录进系统，杜绝执行案件体外循环现象，执行案件网上办理、网上监管成为工作常态。江苏省人民法院执行案件管理系统，还被最高人民法院借鉴，成为开发全国执行案件流程管理系统的重要参考。

为了对接最高人民法院执行案件流程系统，江苏省高级人民法院针对执行工作实际，提出了一系列建设性并具有可行性的意见和建议，得到了最高人民法院执行指挥中心的高度评价。同时，从 2016 年 3 月到 2016 年 11 月，江苏省高级人民法院对原有法综系统的执行案件管理系统进行升级改造，实现对执行案件 37 个节点全流程监控。至 2016 年年底，全省三级人民法院已全面运行新的执行案件流程节点管理系统，并全部与最高人民法院成功对接，目前每 2 分钟向最高人民法院推送一次数据。

2017 年以来，江苏法院彻底打破"一人包案到底"的传统办案模式，全力打造执行指挥中心实体化运行"854 模式"，"854 模式"是一种"分权、分流、分段、分工"和"定员、定岗、定责、定时"相结合的执行管理新模式，尤其基本导向是将"办案"转换成"办事"，将原本由执行实施团队分散操作的 8 类事务性工作，交由执行指挥中心集中办理，使流程分工精细化、同类事务集约化、具体操作标准化。但以往执行办案系统沿用审判办案系统"一人包案到底"的模式，执行案件立案后，承办人一般不允许变更，也无法实现一个案件中多项事务在系统中由多人分别完成。为解决上述问题，江苏省高级人民法院 2018 年对执行办案系统按照"854 模式"运行要求进行全面升级改造。

1. 改造办案流程，畅通事务流转

将"一人包案到底"的单线型流程，改造为承办团队与各执行辅助事务组互动的合作型流程。承办团队如果要将某项事务交给各辅助事务组集中办理，不必变更承办人，只需在系统中交办即可。办案遵循以下流程：（1）事务发起。承办团队在系统中发起事务。（2）事务分派。事务团队负责人将承办团队的请求分派给具体事务的办理人。（3）待办事务。具体事务办理人员根据分派的任务具体办理事务，办理完成后将办理结果反馈承办团队，承办团队接收后，待办事务变为已办事务。（4）事务管理。承办团队可以在系统中跟踪本人发起的事务，并进行催办、终止事务等操作。事务团队负责人也可以对分办的事务进行跟踪，并进行催办、办结、终止等操作。（5）查询和统计。执行局负责人、承办团队、事务团队负责人均可对事务办理情况进行查询和统计。（6）日志生成。执行日志在系统中自动生成，各流程节点、交办事务启动及办结时间、办理人的信息都能实时显现，方便查阅。

2. 实行二次分案，保障繁简分流

根据"854模式"，对执行案件进行繁简分流的时间节点是对被执行人财产进行线上线下全面查控之后、进行分案之前。因此，执行案件立案后首先进行第一次自动分案至执行指挥中心名下，由执行查控组进行线上网络查控和线下集中查控，待查控结果反馈后，再以被执行人是否有足额财产可供执行为标准，由执行指挥中心进行繁简分流：有足额银行存款、直接办理过户手续等直接可以执结的，由执行指挥中心处置后直接办理结案手续；有可供执行财产需要评估拍卖予以处置的，无足额财产予以执行的，需要进一步核实调查的等案件，则由执行指挥中心根据职能分工，进行二次分案，分别分派给财产处置团队、执行实施团队、终本管理团队执行。

3. 打通审执系统，实现信息共享

将执行办案系统与审判办案系统对接，实现了案件所有信息共享。在执行立案环节，就自动对当事人完全相同的重复案件检测，并自动引入原审判案件文书（包括判决书、调解书、裁定书等执行依据文书和送达地址确认书），同时与保全案件、相关诉讼案件进行关联。在执行办案环节，可查阅作为执行依据的审判案件、保全案件、历次执行案件案卷（首次执行＋历次恢复执行案件）以及本次执行案件的电子卷宗。

4. 减少手动环节，提升工作效率

"854模式"流程设置了一些系统自动操作环节，减少了人工手动操作环节，使工作效率进一步提升。如立案成功后即自动进行当事人身份验证，自动生成"一案一人一账号"系统虚拟账号信息，集中制作的格式化文书根据统一模板自动生成、自动签章并集成EMS封面套打。同时深度融合电子卷宗，支持材料集中扫描、材料OCR识别、要素自动提取、数据回填等功能。

5. 增设提醒功能，加强执行监督

根据用户角色分别显示超/接近审限、超/接近查封、扣押、冻结超期、流程节点超期（催办）、超长期未结、督办以及查控结果提醒等状态。优化系统的界面，简化操作，优化按钮，减少用户点击频率。

6. 管理案件标的，增强处置效率

原执行办案系统只能进入具体案件后才能对单个案件财产进行跟踪和处置，无法完全满足执行员对本人查控的财产控制处置措施的跟踪办理以及管理人员对全院所有查控的财产进行监管的需求。新增的执行案件标的物精细化管理系统模块，能够展现法官个人和执行局全局所有财产清单信息，能够对不同财产类型不同措施定义办理期限并跟踪期限，能够对各种财产的控制和处置措施的不同维度效率进行统计，并且对每种措施定义处理期限，接近或超过处理期限分别以不同的颜色提醒承办人和执行局负责人。这一模块改变了以往以案件执行措施为主干的使用操作模式，变为以被查封的财产为切入点，通过已查明的不同类型财产进行纵深流程，避免了执行人员财产处置的随意性和不可控性。截至 2022 年 9 月底，全省法院进入该模块实行管理的标的物数量已有103.1 万件。

7. 改进案款管理，落实"一案一人一账号"

根据最高人民法院下发的《全国法院"一案一账号"案款管理系统技术规范》《全国法院"一案一账号"案款管理系统建设指导意见》，对"一案一人一账号"执行案款管理系统进行改进，并额外增加以下功能：一是在系统中设置执行案款发放"五级把关"机制，即严格要求执行案款发放必须经承办人、执行案款管理专员、执行局负责人、财务部门负责人、具体办理发放财务人员五级把关，并要求线上线下必须进行双重审批，才可发放执行案款。二是开发运行执行案款监管手机 App，解决因费款管理系统部署在内网造成的执行款认领发放不及时、院领导、局领导无法及时掌握案款发放信息、案款发放审批周期长等问题。该 App 可实时向执行人员手机推送执行款到账信息、待认领执行款信息，连续 15 天为执行人员设置待办日程提醒，超期未发放的逐级向局领导、分管执行工作院领导发送提醒信息，执行案款发放的申请、审批也可通过该 App 进行，审批节点自动同步到内网系统。院领导、局领导还可通过该手机 App 实时查看全市、全局或任一法官承办的案件执行款到账、发放情况。三是强化执行案款到账、发放的信息公开。执行案款到账、发放的，系统自动发送手机短信向申请执行人告知。这既是全面推行执行公开、加强执行工作长效机制建设的需要，也是防范执行工作廉政风险、切实保护执行当事人合法权益的需要。

8. 统筹司法资源，实现区域互联

2019年，江苏省高级人民法院委托苏州市中级人民法院改造升级执行案件管理系统，以资源统筹为切入点，实现了全市两级法院互联互通，真正形成了全市执行一盘棋的格局。苏州将全市法院的资源通过案款管理系统打造成一张网，在横向和纵向两个方面实现资源管理的扁平化：纵向，实现上下级法院提级执行、指定执行、交叉执行；横向，实现兄弟法院之间的工作协调、争议解决、参与分配、协助执行、委托执行等跨区域的执行事务均通过网上办理。中级法院执行指挥中心一个指令即可实现数字卷宗网上流转和执行实施的精准指挥。通过执行案件管理系统设置"事务提交"模块，全市各法院可以互相派发工作指令，实现执行事务性工作的全市范围集约化。涉及同一被执行人的案件分布在不同法院的，由中级法院指令归并至财产所在地法院执行，或提级执行，实现全市案件的集约化。通过执行案件管理系统"统一管理"模块，苏州市范围内的提级执行、指定执行、交叉执行等所有指令及办理全部在网上实现，数字卷宗网上流转。苏州市范围内征求处置权、参与分配、协助执行、事项委托等全部在网上实现，如果发生争议需中级法院协调的，亦在网上办理，从而避免线下协助时因邮寄材料未收到、分配已完成而造成申请参与分配的法院工作被动。目前全省法院已将相关功能于2020年年底前全部部署到位，实现全省范围内司法资源的统一指挥、统一管理、统一协调。

9. 数据动态展示，服务决策分析

在攻坚"基本解决执行难"期间，为全面、实时掌握全省法院攻坚情况，江苏省高级人民法院开发了决胜"基本解决执行难"战略图系统，系统可实时展示各级、各地法院执行案件主要数据和核心指标。在此基础上，2020年开发"执行工作运行态势可视化分析系统"，使用OLAP技术以及实时采集等方式，将全省法院执行业务系统的数据按主题汇总到数据动态展示平台，并通过可视化方式（包括各类图表、地区），在平台展现各业务主题的数据、全局业务态势和变化情况。管理者和执行人员通过该系统能够实时动态了解主要指标、数据，以服务严格管理、科学决策。目前已建立了实时动态、汇总动态、节点动态、期限预警、执行未结、终本案件、查控动态、失信限高、执行变现、强制措施、案款动态、执行监督、执行信访、4 项事务线上运行、工作态势、即席分析、当事人关联 17 个可视化分析页面，可实时呈现各类指标 39 个，数据每 3 分钟刷新一次。该系统通过执行业务描述库，对全省法院各类执行业务数据进行采集，实现对全省法院执行质效的评估、考核和监督；利用数据仓库技术对各类执行业务信息进行及时、科学的汇总、分析和预测，实现业务分析自动化，为领导分析决策提供真实、全面、准确的依据。

执行案件管理系统是执行案件数据信息的生产库，江苏法院通过执行指挥中心实体化 "854 模式" 的运行，对执行流程进行重塑，对系统功能进行改造、升级，辅之各项信息化建设的发展和完善，使 "854" 模式运行流畅，取得了显著的效果。

（三）智慧执行系统建设

根据执行工作的实际需求以及执行指挥中心实体化运行的需要，江苏法院以法院设计为主导，以 "纵向贯通、横向集成、共享共用、智能联动、安全可靠、运转高效" 为目标，运用阿里达摩院算法和阿里云 ET 技术，采用 "大中台、小前台" 的架构设计思想，以人脸识别技术的智能身份核验、阿里飞狐技术的 RPA 流程自动化[①]、NLP 自然语言处理[②]、人员知识图谱分析、态势感知预警研判、人工智能语音识别[③]、GIS 轨迹分析[④]等技术为支撑，成功研发了 "智能化信息化平台" "被执行人履行能力大数据分析系统" "执行音视频管理系统" "网络执行服务平台" "电子送达平台" "智槌网拍服务平台" 等信息化产品，同时与最高人民法院 "1＋2＋N"（其中 1 是指挥管理平台，2

---

① 业务流程自动化（RPA）：基于阿里飞狐技术实现，通过自动学习人工操作过程，使执行事务性工作全流程自动化。具有完整独立的开发、应用发布、应用订阅的体系，以与人完全相同的方式访问当前系统，可以快速连接不同的系统。相对于人工操作，阿里飞狐操作速度可以达到人工处理的 5 倍或更高，并可实现 7×24 小时的全天候工作。

② NLP 自然语言理解算法：充分利用多语言分词、词性标注学习、实体抽取等技术。包括在关联分析层面，通过对接入的各种异构数据源（社会类基础数据、金融汇兑数据、资产数据、运营商话单数据）进行数据清洗、数据治理、标签打标、要素抽取，实现以 "人、事、地、物、组织" 为核心多维实体知识图谱。在智能检索层面，结合索引技术，优化检索路径，提高检索结果返回响应。

③ 人工智能语音识别：基于阿里巴巴达摩院机器智能实验室推出的新一代 DFSMN 语音识别模型建立的 DFSMN 语音识别引擎，引擎将全球语音识别准确率记录提高至 96.04%（这一数据测试基于世界最大的免费语音识别数据库 LibriSpeech），并且对司法领域的知识库进行了大量学习，大大提升了对于记录过程中法言法语的有效识别。

④ GIS（Geographic Information System，地理信息系统）技术是多种学科交叉的产物，它以地理空间为基础，采用地理模型分析方法，实时提供多种空间和动态的地理信息，是一种为地理研究和地理决策服务的计算机技术系统。

是执行办案系统和执行信息公开平台、N 是网络查控、失信惩戒、限制消费、询价评估、网络拍卖、事项委托、申诉信访、款物管理、终本监管、舆情监管、失信报备、协同执行、队伍管理等系统）整合到一个门户，结合执行指挥中心实体化运行及司法责任制改革，全面完善各项功能，打造集智能办案、执行指挥、执行监督、执行公开、智能服务、司法便民六大功能的智慧执行系统。

智慧执行系统实现一键登录，全域使用。根据执行法官的办案习惯和办案需求，为每个法官或局领导、院领导开通个人定制的系统功能，使用者界面只有自己所需的常用功能，操作人员无权或不想使用的相关系统功能都能自动屏蔽，有效避免目前使用每个系统都要录入用户名和密码的困境，避免各个系统所需运行环境差异的烦琐，避免办案人员和管理人员对系统需求的差异。主要包含 5 个工作系统。

1. 智能信息化执行平台

智能化信息化执行平台融合了智能谈话系统、智能评估系统、智能办公系统、智能管理系统，属于执行办案中最常用的辅助平台，为法院执行工作提供了更高效、更智能、更便捷的技术支持，大大提升工作效率。

第一，智能谈话系统。该系统是基于阿里巴巴达摩院推出的新一代 DFS-MN 语音识别模型的实际运用。将语音识别引擎内嵌执行视频谈话系统，可将双方视频谈话内容实时转换成文字材料，并同时整理成执行笔录，准确率高达 96.04%；登录该系统时会自动甄别谈话参与人是否与法院预设信息匹配，同时进行实名认证。认证通过后，谈话参与人录入相关编码，并可直接进入视频谈话室，与执行人员进行远程视频谈话。谈话参与人只要在有网络信号的全世界各地都可以运用手机、电脑等实时登录；系统还可以将双方远程视频谈话过程全程录制。真正实现了登录简单方便、上线实名认证、全球实时对接、笔录自动生成、全程录音录像等智能功能。

2019 年，该系统继续升级：拓展了执法音视频的文字自动转换功能，将系统中的所有执行音视频语音记录都直接转换成现场笔录；开发了系统的"学习"功能，将相关法律文书经系统扫描后，可以大大提升记录过程中法律术语的有效识别率；增加了笔录在线签名功能，执行谈话结束后，法官及当事人都可以通过手机扫二维码，实现在线签名，真正实现执行谈话网络化。

运用该系统进行执行谈话，有以下三个优点：可以不受时间、地域、空间限制，省时、省力；可以无须书记员跟随记录，有效提高工作效率；实现执行人员与当事人真正的物理隔绝，有效防范廉政风险。

目前智能谈话系统广泛运用于外地当事人的执行谈话或终本约谈，通过面对面告知执行工作进程，使当事人尤其是申请执行人更为理解法院执行工作。

第二，智能评估系统。该系统运用阿里淘宝拍卖及其所有合作商的大数据平台，实现对涉案房产、车辆、家电等财产的在线评估，准确率高达95%以上。同时，在线自动生成评估报告，报告中自动显示四个与评估标的最类似的近期拍卖实例，以进一步增强评估价格的可信度，有力提升执行财产处置效率。

江苏三级法院主动将智能评估系统的评估价作为双方当事人询价或议价的依据，同时对运用智能评估系统询价的过程全程录音录像，并将询价结果及时告知双方当事人，由于评估结果依托阿里大数据平台近期同地段、同地区相似标的实际成交结果，中间没有任何人为因素的干扰，使双方当事人对评估结果的客观性、公正性更加信服，至今没有一起案件当事人对询价结果提出异议，既省钱又省时，大大提高了评估工作效率，为清理超长期案件提供了极大的便利。最高人民法院开发的询价系统正式应用后，智能评估系统的询价结果又可以成为双方当事人议价的有力依据。

第三，智能办公系统。执行案件管理系统是执行数据的生产库，所有信息化产品的开发和应用都必须以生产库为基础，必须有利于生产库的完善和发展。执行人员办案过程中，需要将案件的各类信息如实逐项录入，每案如此，这些看似技术含量不高、烦琐、细碎的内容，加上案件基数，工作量可想而知。如果录入不一致或录入错误，则会在案件执行的下一个流程或其他流程显现出来，导致执行流程无法继续进行或停滞。

阿里飞狐技术是一款支持键盘、鼠标动作录制和回放功能，进而自动操作电脑的软件，具有完整独立的开发、应用发布、应用订阅的体系，能深度学习人工操作电脑的步骤，以与人完全相同的方式访问当前系统并快速连接不同的系统，代替人工操作完成电脑上的各类软件系统的工作和业务处理，解决法院各业务场景中重复性、事务性工作，实现自动化批量操作，高速、精准、无须看管。智能办公系统充分运用飞狐技术，将执行工作中一些标准化操作的事务性工作进行电脑拟人化操作，自动智能操作，实现提速提效，真正将法官从繁杂的事务性工作中解放出来。

智能办公系统根据具体事务，开发了"一键立案、批量文书生成、一键查控、一键拍卖、一键结案"等功能（见图10-1），基本实现了业务流程自动化。

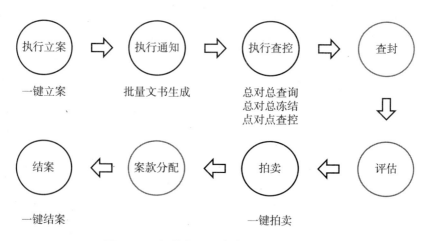

图10-1 智能办公系统功能及流程示意图

（1）一键立案。利用标准化的立案信息模板，只要律师和当事人按照模板格式填写立案信息，立案人员选择点击"一键立案"后，系统自动运行完成从系统登录到立案信息填写提交的全过程，如果一次立多个案件，也只要选择所有案号，一次性全部立案（见图10-2）。

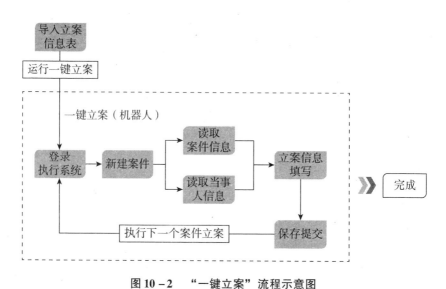

图10-2 "一键立案"流程示意图

（2）批量文书生成。批量文书生成时，根据预设的固定模板，通过执行办案系统自动提取并自动回填、替换变量，可完成一案多文书、多案多文书的一键生成（见图10-3）。

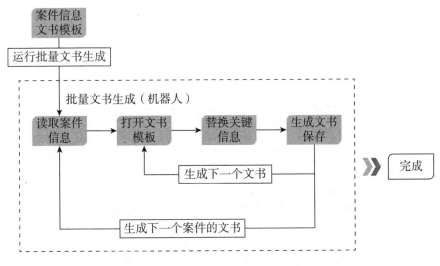

图 10 - 3　"批量文书生成"流程示意图

（3）一键查控。根据提供需要查控的案号清单，系统会自动完成案件查询、总对总查询申请发起、勾选协执单位、切换被执行人一系列的页面操作。同时定时查询是否已收到协查反馈结果，已反馈的，自动将反馈信息表保存在本地电脑的指定文件夹下（见图 10 - 4）。同时根据反馈标的金额和指定冻结规则逐一对每个案件的被执行人的每一项银行和互联网银行资产发起冻结申请的填写和提交（见图 10 - 5）。

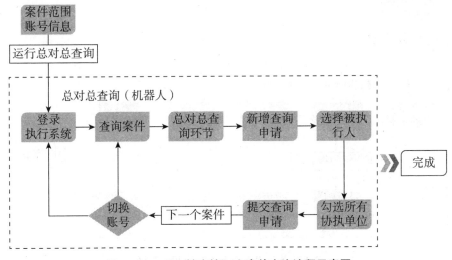

图 10 - 4　"一键查控"之案件查询流程示意图

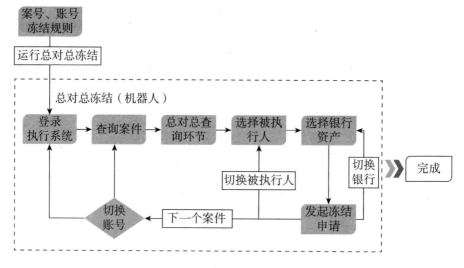

图 10 - 5　"一键查控"之冻结申请流程示意图

（4）一键上拍。系统运行后，将自动生成《拍卖公告》《拍卖须知》《标的物情况调查表》3 个拍卖文书，并自动从执行系统中对应案件的拍卖流程节点跳转到司法拍卖平台，根据法院信息自动填写执行账号信息，同时读取上拍信息表中的标的物信息在页面中填写，将生成的拍卖文书填写到对应的位置，自动从指定的本地电脑文件夹下获取拍卖物的照片、视频、附件并完成自动上传，填写拍卖设置信息后完成整个一键上拍流程（见图 10 - 6）。

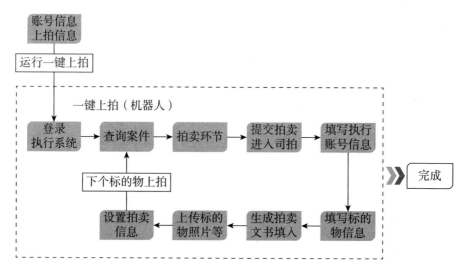

图 10 - 6　"一键上拍"流程示意图

（5）一键结案。系统自动模拟法官操作，将提取的结案报批所需信息逐项自动录入到案件系统中，提交审批人员审批结案（见图10-7）。

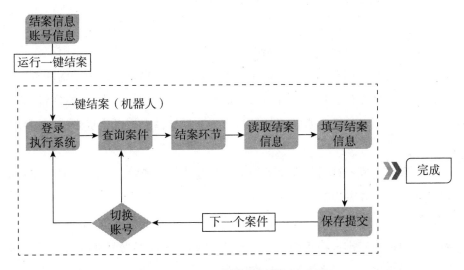

图10-7　"一键结案"流程示意图

智能办公系统可实现代替一切基于电脑系统下有逻辑的人工工作，即让系统通过人工模拟，进行自我学习，并可实现在多个系统之间切换、代替人工进行快速、精准操作，真正实现了执行立案、执行查控、文书生成、司法挂拍、案件报结等事务性工作的全流程自动化，只需轻轻一点，相关工作瞬间完成。执行立案时间从原来的平均20分钟缩短到2分钟，执行查控从平均30分钟提效到1分钟，司法上拍录入时间从原来的平均60分钟降到3分钟以内，并且在2分钟之内即可自动生成执行过程中所有法律文书。智能办公系统同时确保各项数据录入的准确性，无须反复校对，还可以预设时间进行自动操作，避开工作时间网络堵塞等情况，灵活机动。智能办公系统的上线运行，真正实现了执行工作运行一键化、操作拟人化、功能模块化、使用便捷化。

智能办公系统"N个一键"由无锡市中级人民法院率先试点启用之后，2019年5月，江苏省高级人民法院在全省123家法院进行部署，同年7月15日已全部完成上线运行。截至2022年9月底，江苏省124家法院累计启动程序使用超过420万次，累计节约人工时间约39万小时。不少法院原需多人加班加点才能完成的工作，现在只需一人就可以轻松完成。

（6）其他功能。2019年，智能办公系统根据执行实务的发展及执行管理的需要，开发出了案件信息一键采集、一键财产录入、一键失信悬赏公告生成、一键数据生成等功能。

案件信息一键采集：登录系统后，可以一键采集执行案件的所有信息变量，为文书生成及其他智能运行提供数据支撑。

一键财产录入：根据最高人民法院执行案件管理系统数据录入的要求，对查控到的财产必须按照系统设置精准录入相关标的物的描述。一键财产录入功能就是将执行人员调查的标的物信息自动录入系统。做好一键上拍的准备。

一键失信悬赏公告生成：针对需采取悬赏执行的被执行人，通过智能办公系统，只需选取案号及悬赏执行的被执行人，系统就会自动生成带清晰图片的悬赏公告。

一键数据生成：针对数据统计烦琐，容易出错等弊病，一键数据生成功能可以精准自动生成各类数据报表，为领导决策提供依据。

定时自动运行：针对智能办公系统的各项功能，操作人员可以根据工作环境及自身的任务安排，将实施时间设置为中午休息时间或下班后的空闲时间，从而避开用户较多而引发的网络堵塞问题。

智能信息化执行平台是人工智能技术介入司法执行领域的初级尝试，但已经使传统执行工作发生根本性的改变，真正实现了司法执行从实体模式向互联网＋模式的转变，也实现了司法执行从人对人管理模式向系统智能管理模式的转变。它将为执行办案创设更多的自动化功能，其发展速度、融合程度必将越来越快，越来越好。

2."智槌"网络拍卖辅助工作管理系统

为进一步拓展执行指挥中心实体化运行"854模式"的工作内涵，有效规范网络司法拍卖辅助工作，切实提升财产处置效率，江苏省高级人民法院委托无锡市中级人民法院与战略合作单位浙江淘宝网络有限公司利用大数据、人工智能技术，共同成功研发"智槌"网络拍卖辅助工作管理系统（以下简称"智槌"系统），打造集"统一管理""全程监管""智能操作"于一体的智慧辅拍模式。主要功能有：

（1）多渠道介入。"智槌"系统可以安装到法院PC端和移动手机端，具备标的调查任务、实时查看任务完成进程、查看标的物详情、拍辅机构随时接收任务、上传任务完成情况、查看各方评分、对外推介、接受咨询、预约看样管理等功能。

（2）全过程留痕。"智槌"系统统一规范每个标的需勘验调查的工作事项、工作期限、标的详情、现场照片、现场视频等描述项，并可自动生成字段与系统完全一致的标的物详情表。同时，各项工作事项及看样记录、咨询服务记录等都在系统全程记录、全程留痕。

（3）多维度评议。"智槌"系统专门设立了评分系统，执行人员、竞买人、参与咨询看样的人都可以在系统中对于每一个标的的拍辅工作质量、服务态度、专业程度等方面进行实名评分。评分结果作为服务费用结算及年终总体评议的依据，倒逼拍辅机构提高工作质量。

（4）多途径监管。"智槌"系统的"标的追踪功能"可以实时追踪每个拍卖标的自财产录入到上网挂拍的所有进程状态；"任务监督功能"可以全程监督每个标的的完成情况、逾期情况、工作量大小情况；"消息提醒功能"可以获取每个关键节点办理到期信息、标的查封、冻结到期信息等预警信息。

拍卖辅助机构接收指令后及时组织人员按照固定格式完成操作，并通过法务云盘系统，从互联网直接将标的物视频、照片及调查情况上传至网拍管理员的内部局域网，进行审核合格后，运用智能办公系统进行一键上拍。

"智槌"系统还提供每个标的在线预约看样及24小时咨询服务功能。"智槌"系统彻底打通了人民法院与拍辅机构之间的沟通联系平台，真正实现司法拍卖辅助工作线上线下一体化、服务内容标准化、服务过程可评化、服务工作全程公开化，真正做到对网络拍卖辅助工作全流程监督及对拍辅机构的统一、精细管理。

3. 被执行人履行能力大数据分析系统

被执行人履行能力大数据分析系统（以下简称大数据系统）通过数据的共享整合、共享共有及分析处理，运用大数据软件来替代人工手动操作，自动梳理汇总涉被执行人的相关信息数据，运用大数据计算履行力，获得对被执行人履行能力的精准判断。该系统主要利用信息化手段协调所有开放数据和互联网数据，整合本地数据，建设块数据资源池，通过智能学习、多维度数据支持、全流程数据服务等大数据技术，提高数据资源开发利用价值，通过界面图形可视化设计，动态描述被执行人社会关系、资金往来、流转、消费、财产信息等综合状况，对被执行人消费习惯、行为规律、财产隐匿等方面进行智能分析，揭示数据背后隐藏的客观规律和发展趋势，判断被执行人是否存在转移资产、隐匿财产等规避执行行为，确定是否存在虚假申报财产、违法高消费、有能力而拒不履行法定义务等违法行为。同时，对查控到的被执行人财产进行自动对比分析，结合被执行人的债务情况分析，建立动态模型，自动生成被执行人履行能力的综合分析报告，获得被执行人履行能力的精准判断，供当事人查阅，供执行法官决策。主要具有以下十一方面功能：

（1）模糊（精准）查询功能。输入被执行人名称或关键字可以实现对被执行人的模糊查询；输入准确名称（名字）、统一信用代码或居民身份证号码可以实现对被执行人的精准查询。系统会显示所查询被执行人在全江苏省涉及被执行人案件总数。

（2）被执行人信息展示功能。主要包括以下几个方面：第一，基础信息。主要包括主体类型、名称、证件号码、民族、性别、出生日期、住所地、是否纳入失信、联系电话等。第二，统计信息。主要包括涉执行案件金额、可执行财产金额、房产预估金额、车辆预估金额、银行存款及理财产品金额、历年纳税情况等。第三，统计示意图。主要是用各种图形描述各类财产占比情况，预估可履行能力比例。第四，电话直接拨打功能。可通过点击系统显示的电话号码，直接拨打给被执行人，并将通话过程自动录音与案件关联。

（3）资产分析功能。将执行办案管理系统中通过"总对总"和"点对点"查控系统查询到的资产进行价值分析。如银行存款分析包括开户银行、账号、余额、交易明细等信息；车辆分析功能根据系统内置的二手车辆交易市场信息及车辆销售部门的同类型车辆价格初步预估查询到的被执行人车辆价值；房产分析功能则根据同地段相近户型、面积的二手房交易记录，对被执行人房产进行对比分析，初步预估房产价值；同时执行法官另行调查了解到的被执行人的相关财产，可以及时将相关数据信息上传至系统中，保证被执行人相关信息的完整性；被执行人的纳税记录可以证明其收入情况。最终形成对被执行人主要资产情况的综合分析。

（4）关联案件分析功能。系统自动收集涉被执行人在审或审结的审理案件、在执或执结的执行案件、作为原告或申请执行人的在办案件明细及案件详细情况（包括涉案法院、案件状态、案号、案由、承办法官、立案时间、结案时间、结案方式），并可以调取相关法律文书；可以根据案件状态、涉案法院、案号等各类情况单独查询个案的详细情况；并可以将查出的涉被执行人审判、执行案件信息导出到 Excel 文档中。系统整理的均是被执行人未执行完毕的执行案件及案件标的，由此可以清晰地归纳出被执行人在全省涉执案件的欠债总额。

（5）资金流分析功能。通过对被执行人账户以及可疑账户往来明细记录的分析，系统对相关账户之间形成的资金回路信息进行警示提醒，执行法官对相关资金回路信息进行重点研判，确定被执行人是否存在通过他人账户故意转移资产、隐瞒财产的行为，有力打击被执行人抽逃注册资金、利用他人账户转移资产等规避执行行为。

（6）轨迹分析功能。可查询被执行人出行记录、出行方式、住宿记录，用图形立体展示被执行人的出行轨迹，并可根据时间段、出行地点等进行分段查询。分析被执行人是否存在违法高消费行为，是否存在有能力而拒不履行的违法行为。

（7）综合研判报告功能。通过对被执行人可供执行资产、所欠债务情况、财产权利限制或处置情况、社会信用情况等，根据预设大数据分析模板，综合分析被执行人履行能力情况及需要急于处置的财产等综合情况。最终形成条理清晰、层次分明、简单明了的被执行人履行能力分析报告，供执行法官对案件进行繁简分流，依法执行，并根据调查情况继续完善被执行人财产信息。

（8）告警管理功能。对于同一被执行人案件在全市超过一定数量时，系统会自动告警并予以提示，便于无锡市中级人民法院对全市执行案件进行统一管理，对相关执行案件进行协同执行、指定集中执行。同时，列表数据可以分组列出每个基层法院针对该同一被执行人的执行案件数量；执行法官也可以根据证件号码、被执行人名称、执行法院等实时查询被执行人分散在各个法院的案件数量，方便财产处置等协调工作。

（9）数据采集功能。除查控系统外，执行过程中查询到的财产线索或凭证，包括从各部门调取的书面材料，可以单独上传或批量上传。尤其对于有些基层法院有关被执行人财产几年的台账都可以一次性批量导入。对于执行人员在工作中调查到的财产证据书面材料，可以及时通过 OCR 扫描后及时引入系统。

（10）数据筛选功能。如将被执行人已经履行完毕的案件予以涤除，只显示未结案件标的；将被执行人子女的学籍信息与被执行人身份证号码自动匹配，展示被执行人的高消费行为；将被执行人申报财产信息与系统数据进行对比，获取被执行人申报财产是否属实的证据，并根据相关情形对申报不实的被执行人作出处罚；将人大、政协候选代表、委员身份信息等导入系统后，系统自动筛选出被执行人的匹配项，及时报送有关机关取消资格；对各部门的评先评优候选单位与失信被执行人名单进行自动比对、筛选，对失信单位及时取消评先评优资格。真正实现对被执行人高消费行为及身份限制的精准打击和联合惩戒。

（11）信用分析。该系统通过与省信用办的数据对接，从而获得被执行人（企业、个人）多维度的信息详情，包含"基本信息""良好信息""行政处罚信息""失信信息"，从而配合大数据系统运算，形成对被执行人的全面画像，帮助承办法官进行查询、评估、研判。

大数据的趋势是运用集体智慧去优化个体的意愿，这种互动是一种全新的生活方式。[①] 执行大数据弥合了法院与各部门之间的数字鸿沟，通过对失信被执行人进行联合信用监督、警示和惩戒，有利于促进被执行人自觉履行生效法律文书确定的义务，促进了社会诚信体系建设。通过对执行大数据的分析，可以勾勒出个人的信用脸谱，评估某个行业的失信风险度，进而为高效调配司法资源、服务社会管理和公共决策提供全方位、高水平的智能分析服务。执行大数据挖掘服务于"信用中国"，进而提升国家治理能力。

4. 执行音视频管理平台

执行音视频管理平台全称为"人民法院执行工作音频视频综合管理平台"，首次将执行记录仪、4G 单兵、执行指挥车、无人机、对讲机、可视电话、录音电话、短信等通信设备融合在一起，并且实现了各种型号硬件设备的全面兼容，使各法院在应用综合管理平台系统时无须更换原有执行记录仪等硬件设备，直接应用，打造执行工作中的被执行人及其财产线索举报电话音频、信访投诉电话音频、承办人电话音频、单兵和执法记录仪音视频、网拍辅助机构拍品电话咨询音频、带人看样音视频等立体化音频视频综合管理平台。综合管理平台分为三个系统，分别为执行业务电话语音智能管理系统、执行单兵及执法记录仪管理系统、网拍辅助机构咨询看样管理系统。通过执法记录仪、电话录音自动记录执行的全过程，直接引入执行案件管理，实现了每个案件、每个执行过程的全程再现；通过短信直接送达或电话通知的形式，实现执行进程的全面告知；通过系统应用真正实现执行过程的全程公开，以公开促规范，以规范促公信。主要具有以下六方面的功能：

（1）立体式指挥功能。该系统实现了执行指挥中心指挥平台与执行记录

---

① 车品觉：《数据的本质》，北京联合出版公司 2018 年版，第 374 页。

仪、4G 单兵、无人机、执行指挥车、对讲机、可视电话、手机终端之间的互联互通与相互联通。

执行人员手持任何一个终端都可以向执行指挥中心进行现场汇报并接受现场指挥，可以将执行现场的实时记录回传到执行指挥中心大屏、可视电话以及指挥人员的手机终端，指挥人员可以通过大屏、可视电话以及自己的手机在任何场合对执行现场作出指令并和执行现场进行实时交流。

执行指挥中心可以查看辖区每个执行人员外出执行的位置，并可以与每个执行人员进行实时联系、实时交流，查看执行现场。执行指挥中心还可以随时调度无人机和执行指挥车对执行现场进行全方位、立体式侦查，查看现场情况，并作出指令。

（2）执法记录统一管理功能。通过执法记录仪记录每一个执行行为、每一次执行谈话、每一项强制措施，运用系统将每一个执法记录引入执行案件管理系统，与每一个执行案件一一对应，真正形成了执行过程的全程记录，为执行工作全程公开提供了数据信息。执行人员、院领导、局领导、上级法院领导、信访部门领导、纪检监察部门领导都可以通过执行案件管理系统根据工作需要随时查看与案件相关的执行工作音视频记录。另外，引入的音视频，系统会自动将其转化为文字，方便相关人员分时浏览。

对于 4G 单兵现场拍摄的执行记录、无人机空中侦察的执行记录、执行指挥车摄录的执行现场视频，都可以通过系统导入执行案件管理系统。

（3）电话自动录音功能。执行人员使用的固定电话拨打和接听都可以自动双向录音，录音记录自动上传至管理平台，执行人员可以将执行案件过程中与当事人的电话联系记录、执行工作告知记录等导入执行案件管理系统，并且随时可以回放。

（4）短信送达功能。执行人员可以从通讯录选取联系人或直接录入手机号码，选择执行过程中常用告知信息模板或直接编辑相关文字内容，通过系统可以直接给相关人员发送短信，同时系统自动生成送达报告，打印附卷。

（5）电话举报功能。为了系统对于接听的每一个电话都可以进行自动管理，与案件信息进行自动匹配，如果是案件当事人登记电话即可自动弹出案件信息，同时自动储存相关信息，为当事人和社会公众提供财产线索的举报平台。

（6）统计管理。为了实现两级法院统一管理，上级法院可以查看辖区每个法院的执行音视频以及引入执行案件管理系统的相关情况，同时可以根据用户个人或执行法院分类统计。

5. 电子送达平台

电子送达平台同时对接三大运营商、院文印室、院邮递部门等相关部门并直接嵌入执行办案系统。主要有领取文书、邮寄送达、外勤送达、彩信送达、电话送达和短信送达等模块，具有以下三方面特点：

(1) 对接彻底，无号送达。对接三大运营商，可直接短信、彩信、电话送达。电子送达平台是嵌入到执行办案系统的平台，可直接从执行系统调取当事人身份信息、联系方式、文书模板等信息。方便、准确、快捷、安全地直接发送至当事人的手机。同时对于没有手机号的当事人，可采用身份证号码实名发送，解决了执行过程中的送达难问题，并有效地提高执行办案效率。

(2) 内网操作，功能强大。对接院文印室和院邮递部门。实现了文书送达的一条龙服务。在电子送达平台可直接从电子卷宗或者本地上传法律文书，选择案件当事人、文印份数等相关信息，继而流转至文印室，完成文印并送至邮递处。根据法官的具体需求设此条工作链，既完成了无纸化办公，又实现了各部门之间的有机统一、协调配合。

(3) 反馈及时，全程留痕。文书送达以后该系统会自动反馈送达情况，普通短信送达最快 1 分钟反馈送达情况，并生成送达报告，方便录入电子卷宗也可打印装卷。流转文印或者邮寄的将会在系统生成工作流程图，随时查看工作流程情况。整个工作进程，全程留痕，保证工作的质量，同时提高了系统的安全性。

智慧执行系统是江苏省高级人民法院委托无锡市中级人民法院自行研发的信息化系统，具有以下特点：实现司法执行从实体模式向互联网＋模式的转变，提升工作效率；实现司法执行从人对人管理模式向系统智能管理模式的转变，提升执行公开透明度；实现司法执行从法院单打独斗向全社会共同参与的转变，促进社会征信体系的建设；纵深化、全景式改变法院执行一线的执法生态，执行工作处处留迹，将执行权力关进"笼子"，助力破解执行难问题；实现执行流程的重塑和再造，为执行指挥中心实体化运行"854 模式"的升级迭代提供信息化技术的支撑，也使法院执行工作真正实现全面智能化、规范化、高效化，有力促进了执行体系和执行能力的真正现代化。

（四）执行无纸化建设

最高人民法院审判委员会副部级专职委员刘贵祥明确指出：管理的目的在于助力生产，执行信息化建设不要为了管理而管理，而要挖掘生产力，反哺生产库。因此，下一阶段执行信息化建设必须朝着两个方向发展：一是无纸化办公及电子卷宗自动生成；二是移动办公。①

1. 执行无纸化

江苏法院无纸化办案最早在昆山市人民法院千灯法庭进行探索，并形成了智慧审判的"千灯方案"。在"千灯方案"的推广过程中，一些基层法院却发现，无纸化办案在执行程序中反而能够发挥出更大的作用，尤其是与"854 模式"深度融合后，对执行案件质效的提升作用尤为明显。2019 年，江苏省高级人民法院委托苏州、徐州两地法院尝试推行执行办案无纸化。经过昆山市人民法院、徐州市泉山区人民法院近一年的试点，江苏法院于 2020 年开始向全省推广"854 模式＋执行无纸化"，在 2020 年年底已经全面推行并实现了执行无纸化。

执行无纸化，是指执行案件从立案后所有流程产生的纸质材料均由专人即时扫描为可以精准识别、信息抓取、精确查找、全程利用的数字材料，形成电子卷宗挂接至案管系统，纸质卷宗则移交新设立的档案"中间库"后不再流转。从立案环节开始，通过电子卷宗智能编目系统，将所有案卷材料扫描成电子文档，纸质卷宗交由档案"中间库"保存。后续所有实施环节产生的执行材料均由各部门归类交由"中间库"工作人员扫描后归档，而且在各环节扫描材料时均在材料上打印唯一的二维码，做到案件各环节纸质材料的可追溯。案件执行完毕，"中间库"就可以将案卷整理归档。执行人员全程借助系统内的扫描件实现同步办案，无须过手纸质案卷。

执行"无纸化"不仅减少了纸张浪费，关键是执行案件办理的流程节点交接更加顺畅，对执行质效提升发挥了良好的效果：

一是减少了纸质卷宗流转。"854 模式"中，案件承办团队需要频繁下达指令给各辅助事务组，辅助事务组也要频繁将办理情况反馈承办团队。按照传统模式，事务工作指令到哪里，纸质卷就必须移送到哪里，纸质卷的流转频繁，常常因为纸质卷流转问题造成案件进程"梗阻"，也容易造成卷宗材料丢

---

① 刘贵祥于 2019 年 6 月 6 日在全国执行指挥中心实体化运行培训班上的讲话。

失，出现问题回溯追责也存在较大困难。实行"无纸化"之后，所有参与案件人员均可查阅案件材料，从而免去了纸质卷流转和保管的负担，避免了"流而不转"的拖延。

二是大幅提升了执行工作效率。实行"无纸化"之后，电子卷宗由执行指挥中心各模块以及执行实施团队共建、共享、共用，工作流程由"串联"变"并联"，承办团队可以同时下达多项指令，不同辅助事务组可同时办理不同事项而无须等待纸质卷宗流转，从而大幅提升了效率。

三是真正实现了案件监管的全流程全覆盖。无纸化办公确保了办案节点同步录入、电子卷与纸质卷同步生成，而且执行局负责人、案件承办团队、各执行辅助事务组以及上级法院，均可查阅进入案管系统的电子卷和进入档案中间库的纸质卷，从而使执行案件办理流程和进展全部置于监管之下。以往由于纸质卷由承办团队保管，造成执行管理信息不对称，因此，监管往往滞后，而且往往需要逐案排查、费时费力。推行"无纸化"之后，执行案件实现了"三全"：全过程可掌控、全节点可查询、全进程可预期，以往在监管上存在问题得到根本解决，真正可以实现实时、事中监管全覆盖，而且可以避免承办人故意拖延甚至遗忘造成"抽屉案"的情况，同时也为实时向当事人公开执行信息提供了便利。

执行无纸化使执行案件从移送立案到财产查控、强制执行、文书审批、结案归档等各个环节均在网上办理，电子卷宗随案生成，纸质卷宗不再流转，执行过程全程留痕，它是一种新型高效的司法工作模式，在无纸化办案条件下，不同工种共享一个电子卷宗，不用来回流转，并且可以不受限制同时开工，有效提升工作效率。依托无纸化办案，实现了执行案件的数字化转型，所有的纸质卷宗转化为电子卷宗，所有的案件流程在网上流转，所有的团队协作、上下级法院之间的协同、平级法院之间的协助在网上完成；通过无纸化运行，实现了数字卷宗的共享，办案模式从"一人办一案"转化为"数人同时办一案"；通过无纸化运行，所有节点的工作指令、结果反馈均在办案系统进行，可实时呈现每个案件每个流程节点的推进状况，实现权力制衡；通过无纸化运行，实现了监管可视，任何事项未按规定期限办结，系统都会自动提示办案人员，而院长、局长也可实时监管全局所有事项的办理，亦可催办。随着现代化办案理念和数据共享机制的确立，无纸化办案模式将最终成为办理执行案件的必然选择。

2. 执行移动办公

执行信息化建设除了朝无纸化办案方向发展外，移动办公也将成为执行人员的日常工作模式。《人民法院信息化建设五年发展规划（2019—2023）》提出，要依托移动微法院应用，实现执行案件网上立案、执行现场图片视频等信息掌上展示并回传执行办案系统。

根据执行案件办案特点，案件管理系统也随着执行人员的脚步移动起来。诉讼案件的审理，有一处固定的场所即法庭，有一个完整的程序即开庭，有一份全面的文书即判决书，电脑系统中的案件管理系统已经足以满足诉讼案件审理工作的需求。但与之相比，办理执行案件既没有固定的场所，又需经过不同环节、多个节点，还需要根据情况出具诸多不同种类的法律文书，也就是说，在执行工作中，人和事是不停流动、不停变化的。这种情况下，让不停流动、不停变化的人和事，去适应固定在电脑里的案件管理系统，必然会降低执行工作的效率，而效率是执行程序的最高价值追求。要解决这些问题，只有让案件管理系统去主动适应执行工作中人和事的节奏，即让案件管理系统也移动起来。智能手机的普及及其性能的不断提升、功能的不断丰富，为实现这一目标提供了可行的技术解决方案。

根据最高人民法院《人民法院信息化建设五年发展规划（2016—2020）》关于执行信息化的要求，结合江苏执行工作实际，江苏省高级人民法院探索借助手机网络社交平台，实现执行案件管理系统的"移动化"。2017 年 11 月，江苏省高级人民法院借助微信平台，与腾讯公司联合推出全国法院系统首个移动互联全业务生态平台"微法院"。

为进一步加大执行信息公开力度，方便执行干警外出办案查询案件信息，江苏省高级人民法院执行局自 2018 年 4 月起立项建设"微执行"小程序，于 2018 年 8 月 2 日上线试运行。

"微执行"就是"微法院"其中最主要的功能之一。"微执行"平台可以提供在线预立案，智能辅助生成标准化申请材料；通过人脸识别技术，平台在执行流程的各个节点进行人脸校验，方便当事人快速参与执行活动；证据和线索提交等流程也可通过微信完成；"一案一群"设置，使流程节点告知、证据材料提供、案情交流讨论、流程文书送达更加便捷；当事人还可以通过微信申请在线阅卷、查看执行视频。面向办案法官和其他执行人员，平台可以推送关联案件，生成被执行人履行能力以及案情分析报告；提供微信听证排期、期限变更、文书审批、电子送达等服务，让执行人员可以随时随地处理案件；还可以实现远程微信听证会商，无论当事人身处何地，执行听证会商都可以有序开展。依托微信庞大的生态圈，"微执行"还可以不断完善功能设置，链接更多行业形成"微执行"生态圈。而且，将执行案件管理系统延伸至微信这一社交平台，更便于不特定使用者（当事人）的接入和使用，更便于执行人员与当事人的互动沟通，也更便于以较低的开发成本不断拓展更深层次的应用。因此，从长远的发展看，基于移动客户端微信平台的执行案件管理系统，更契合执行权的运行规律和执行工作的特点，也更符合执行工作在案件办理、管理方面的现实需求，应当成为今后一段时期执行案件管理系统进一步升级改造的主攻方向。

2019年7月，根据执行系统上"云"的要求，江苏法院"微执行"在充分保障信息安全的前提下，打通内外网信息交互壁垒，为执行干警提供移动办案、移动办公功能。借助"微执行"，执行干警在现场执行时可快速登记、拍照（图片、视频）上传，避免到院后再次上传证据材料，减轻干警的重复工作负担。执行记录和上传的信息会在5分钟内与执行系统进行同步对接，实现数据的共享统一。当事人和干警可随时添加举报信息，干警可查询线索来源、时间、描述、证据等信息，支持在线核实线索状态，并可进行"点对点"网络查询等操作。执行立案后，微法院小程序向当事人推送各个节点的执行信息，方便双方当事人及时了解案件执行的进展情况。

目前，"微执行"上线使用四年，已成为江苏全省法院执行干警外出执行的主要工具、执行案件对外公开的重要手段。

（五）物联网技术赋能执行

物联网是继计算机互联网与移动通信网之后的第三次信息产业浪潮，它将引发人类社会运转与生活方式的深刻变革，攸关国家安全和经济命脉，极大提高资源与环境的利用率，构建超乎想象的人与物理世界的互动关系。

物联网，让人们透彻、全面地感知物理世界。传统的通信网是以信息传输为目的的网络，它关注的是信息传输本身，提供的是信息传输的服务；互联网关注的是信息传输的内容，提供的是信息内容的服务。随着移动通信业务、互联网业务的外延和扩展，移动通信网和互联网开始走向融合。而物联网是以感知客观物理世界为目的的综合信息系统，它关注的是外部的客观物理世界，即提供的是感知服务。

2020 年 6 月 23 日，无锡市中级人民法院与无锡物联网产业研究院签署《物联网技术司法应用战略合作框架协议》，围绕"网络化、阳光化、智能化"基本要求，开展全方位、深层次的战略合作，结合实践开展"物联网执行"等方面可行性研究和大胆探索。2020 年 10 月 30 日，无锡市中级人民法院出台《关于运用物联网技术促进善意文明执行的指导意见（试行）》，指导和规范全市法院物联网技术在执行工作中的相关应用，积极探索物联网司法应用的"无锡模式"。这一模式运用物联网技术辅助解决了出质财产权属主体认定等难题，探索运用物联网技术研发物态可监管、生产可延续、货值可控制的智能财产保全技术，助推中小微企业降低融资成本，并使"活封"这一最能体现善意文明执行理念的执行措施的大范围、低成本应用成为可能。2020 年 11 月，江苏省高级人民法院组织召开全省法院推广"物联网＋执行"促进善意文明执行现场会，并下发《关于推广"物联网＋执行"促进善意文明执行的指导意见》，全面推广"无锡模式"。"物联网＋执行无锡模式"被评选为 2021 政法智能化建设智慧法院创新案例。

物联网技术在执行领域的应用主要有物联网电子封条、物联网称重系统和物联网财产监管系统。

1. 物联网电子封条

无锡市中级人民法院与无锡物联网产业研究院共同研发具有自主知识产权的物联网电子封条，具有以下几个特点：

一是延续传统样式，保持震慑力。基本沿用原有封条的样式，外壳是运用硅胶材质做成的长方形封条，上面印有"×××人民法院封"，中间是包含摄像头、感知卡、语音播报设备、4G 传输设备等的集成感知终端设备，与外壳相嵌配套，外观与传统封条基本保持一致。使用时在管理平台预先注册，就可以按照传统封条模式即贴即用，且不易撕毁。

二是低功耗值守，全时段感知。在无外来事件的时候，采用低功耗值守模式，每 48 小时报告一次心跳，向平台自动回传一张查封现场的照片，电池续航能力至少在 6 个月以上，可以至现场使用普通手机充电器即可直接充电并继续使用，操作简单、方便。

三是多方式感知，全方位取证。一旦有人员近距离靠近，电子封条就会自动语音提醒；如果持续振动或有外来力量强行拆除，电子封条就会自动拍摄 6 秒以上视频并拍摄 3 张现场照片，自动储存并上传至管理平台及执行人员、申请执行人的手机终端，作为预警信息及时提醒，实时监控被查封财产的现实状况。

四是可复制性强，全区域推广。物联网电子封条有防水、防晒及自动曝光装置，因此，不限于室内使用，可以张贴在传统封条适用的任何场合，下雨天、阳光照射下都能正常拍照取证；物联网电子封条的成本较低，批量生产后，成本会继续减少；每个电子封条安装、拆除都比较方便，可以重复使用；使用方便、价廉物美，可以适用于人民法院执行工作中财产查封的多种场景，具有很好的推广性。

物联网电子封条除了物联网前端感知系统和运维管理平台外，还包括执行法官和申请执行人的微信小程序客户端。通过物联网电子封条，可以最大化、全流程、无盲点、低成本地监管查封财产，实现对查封环境的异常行为感知并取证，产生不同等级的预警信息，供执行法官确认是否为需要处置的信息；通过电子封条预警信息的推送，进一步拓展了执行公开的内涵，增加申请执行人对于法院执行工作的理解与支持。

物联网电子封条可以广泛应用于对厂房、土地、机器设备等生产资料以及船舶等特殊动产的"活封"，解决善意文明执行措施监管难的问题；应用于在建工程项目的查封，既可以继续施工，又可以及时关注施工进程；应用于清场后的拍卖标的，限制当事人及其他当事人再行占有标的；应用于大型仓库内存储数量较大的动产的查封，实现全域监管。此外，还能够产生以下应用效果：一是通过电子封条语音提醒、实时取证等新的功能，产生深层次的震慑作用，促使一些被执行人选择自觉履行；二是对被执行人是否仍居住在住所地，是否属于下落不明等状态进行有效取证、甄别，有效解决执行"找人难"问题；三是防止当事人及案外人擅自进入人民法院已经清场后待拍卖标的，促进财产处置的高效进行；四是对于当事人或案外人破坏人民法院查封标的或封条的行为，可以及时固定证据，为追究相关人员的法律责任提供有力证据。

2. 物联网称重系统

物联网称重系统，是指在货物运输工具上嵌入物联网感知芯片，在查封标的物运输过程中实时显示重量，为有指导价或市场价的大宗商品确定拍卖参考价、提供计量基础的系统。将感知器安装在起重设备上，在起吊过程中，实时测量物品重量，相关结果即时回传管理平台及执行人员手机终端，真正利用感知技术有效解决执行过程中对于铜、铝、钢材等有国家交易指导价或成熟市场价的金属材料以及需要称重的大宗商品等动产的估价问题。

物联网称重系统的主要特点有：

一是自动称重，即时记录。将感知器安装在起重设备上，在钢材、铜材等大型动产起吊过程中，无须布设前端系统，即可实时测量物品重量，并将结果即时回传至管理平台及执行人员手机终端，每次吊起称重结果可自动累积计算，极大地提高了大型动产称重的便利性，提高了称重效率。

二是安全性强，适用范围广。称重过程中不因称重物的晃动或位置的偏离而影响称重效果，且安全性强，如发生超载、欠载、低电压、低电量等情形，系统会自动提醒，避免操作风险。称重系统适用范围广泛，3吨~30吨货物均可称重，可根据动产重量进行选择设置，且可以根据不同的起重设备，配置不同的感知系统。

三是减少环节，降低成本。利用物联网称重系统，法院可以直接聘请起吊公司进行称重，并可根据国家交易指导价或成熟的市场价直接确定标的价值，一次性处置完毕，省去"委托评估机构—评估机构聘请起吊公司—出具评估报告"的环节，大大降低了时间和费用成本。

3. 查封财产监管系统

物联网查封财产监管系统是在对种类物进行查封时，为不影响种类物流通，通过在正常生产经营企业安装物联网感知芯片，实时监控企业生产经营情况，并实现查封财产异常报警功能的监控系统。该系统为在执行过程中既保证被执行人企业财产价值不减少又能让企业正常生产经营提供了技术保障。

查封财产监管系统以"物联网""人工智能"等技术为支撑，其主要特点有：

一是全程动态感知监管。系统通过前端物联网设备的轮廓体积感知、重量位置感知、状态感知、异常行为感知，尤其是通过物品精准识别感知技术，动态监管被执行企业所有的原材料、成品、生产设备等有价值的财产，并实时回传至后方监管平台，实现对被执行企业财产的全流程、全时段、全方位感知和预警。

二是全方位动态评估监管。系统实时采集被执行企业生产经营中的用电、用气、原料投入、成品产出等信息，通过终端协同和边缘计算，建模还原企业日常生产运营的真实状况，帮助法院和申请执行人判断企业经营是否正常以及生产经营能力，确保"物态可监管、生产可延续、货值可稳控"。

三是全面发挥监管效果。通过使用该系统，还可以通过开工、用电、用气、用水、人员、车辆、原料投入、成品产出等 10 个维度的分值评定，动态显示被执行人生产经营能力以及经营情况是否正常。

第三节　执行信息化建设的发展完善

我国法院信息化建设朝着智慧法院的目标大踏步迈进，在标准化、系统化、精细化、智能化方面取得了一系列重大成果，有效落实了全面深化智慧法院建设的工作思路，创新应用取得重大突破。法院信息化是国家信息化发展的重要组成部分，是法院各方面工作的全面信息化，其出发点和落脚点是切实落实司法为民方针，其路径与基础是实现审判执行办案信息化。在应对 2020 年年初的新型冠状病毒疫情过程中，全国智慧法院建设成果显现了强大的威力，利用远程立案、在线庭审、线上执行等，让正义不因抗击疫情而缺位、滞后，确保了广大案件当事人足不出户，即可使自身权益及时得到救济，也极大方便了广大干警远程高效办案，在运用大数据、发挥审判执行工作助力国家治理方面作出了巨大贡献。智慧法院建设为法院抗击疫情奠定了坚实的基础，而此次疫情也为进一步深化智慧法院建设与应用提供了难得的机遇。

但必须清醒地认识到，我国法院信息化建设仍然处于发展过程中，还存在一些困难和瓶颈问题，需要逐步破解。

一、执行信息化建设尚存问题

执行信息化朝着融合和智能方向发展，取得一定成效，但是全国总体发展不平衡，各地区之间、各法院之间的信息化建设和应用能力水平也存在较大差异，同时还存在智能化水平有限、系统整合度不够、新兴技术应用不足、社会联合惩戒措施不到位、与社会综合治理平台融合不理想等问题。

（一）智能化水平有待提高

目前，执行信息化建设虽然已经引入了一些弱人工智能技术，实现了部分标准化事务性工作的半自动操作，但实际应用场景还不多，系统的智能化水平仍非常有限，同时受操作系统更新、升级的影响比较大，运行过程中仍需要较多的人工干预，批量处理能力不足，自动化、智能化程度还远远不能满足实际业务的需要。此外，操作使用过程相对比较烦琐，处置应变性不够，应用普遍性还不够，司法大数据应用还没有完全适应社会形势发展需要，智能化水平与智慧法院从数字化、网络化向高度智能化发展的理想目标还有一定差距。

（二）系统整合度明显不够

信息化建设的顶层设计不足，四级法院各自为战，导致执行信息化产品、系统问题突出，各个系统之间数据不共享，功能不融合，内外网数据不能正常交互，导致有些信息化产品反而给执行人员添加负担，严重影响执行信息化产品的应用效果以及应用积极性。因此，进一步坚持顶层设计，明确设计标准，统一操作规范，加强现有信息化系统的整合，提升系统应用的便捷性，是信息化建设能否取得成功的关键。

人民法院为解决信息化建设中的技术壁垒、"数据烟囱"等问题做了大量工作，但上述问题仍没有得到根治，相关技术壁垒尚未得到彻底突破，仍在持续影响信息化与审执工作的深度融合。目前平台与功能模块的开发者众多，特别是一些处于优势地位的大型企业，为争取垄断利益，甚至打着保护知识产权的旗号为数据对接共享设置重重障碍，挤压其他企业生存空间的同时，也为审执工作制造了障碍，削弱了司法大数据运算的数据基础，拉低了法院信息化的建设水准。

（三）新兴技术成果应用不足

近几年区块链、大数据、人工智能、物联网技术快速发展，日新月异。社会各界都在尝试从中寻找增长点和突破口，司法工作也不例外。但执行信息化建设对新兴技术成果的应用远远不够，面对执行工作中的新情况、新要求，未能充分利用新兴技术成果予以赋能，未能取得新的突破，未能出现更多的产品应用，远远落后于审判领域对于新兴技术成果的实际应用。执行信息化建设应该抓住技术发展的机会，合理运用新兴技术，占领先机，为切实解决执行难提供更强大的技术保障。

（四）社会信用联合惩戒机制需要进一步加强

尽管联合惩戒机制在"基本解决执行难"阶段性目标如期实现中发挥了重要作用，但随着形势的发展，人民群众对社会信用惩戒的司法需求也逐步提高，但人民法院与各联合惩戒成员单位之间的联合惩戒工作仍不到位，需要进一步推动联合惩戒单位将失信名单嵌入各单位的业务系统，实现对失信被执行人的自动识别、自动拦截和自动惩戒。

（五）与社会综合治理平台的融合尚不理想

目前执行工作尚未完全融合到社会综合治理的系统中，未能充分运用社会综合治理平台的相关功能助力执行工作。切实解决执行难工作也是社会综合治理的一个重要部分，因此，在推动构建和完善社会综合治理机制层面，必须进一步运用社会综合治理平台作用，加强机制建设，促进法院的各项执行信息化建设与其他社会治理主体业务平台的有机融合、共同运用。

（六）与信息化建设相配套的规章制度相对滞后

由于信息技术发展瞬息万变的特性，许多技术均已在法院工作中实际应用，却缺乏相关配套制度为其正名，一些明显不合时宜的制度限制了信息技术司法应用效益的实现。例如，对于区块链技术用于固定证据的合法性认定缺乏制度依据，难免产生争议；通过大数据对于商品房等执行标的的精准估价，能否直接应用；电子送达能否直接送达法律文书；等等。人民法院应用新技术前应当做好相关配套制度建设，以确保技术效益的充分实现。

（七）信息化产品的推广和实施不顺畅

部分执行人员遇到操作麻烦的系统就会因噎废食，放弃信息化手段；也有个别干警仍坚持传统办公办案模式，只相信也只能依靠人工将执行信息录入系统，目前已经相对成熟的文书智能生成、智能阅卷、信息回填等功能都被弃之不用；同时部分地区领导不重视，思想僵化，不愿意改变执行工作模式，仍沿用人管人、人盯人的传统管理模式，导致信息化技术资源的浪费，也严重阻碍法院信息化建设的长远发展。

二、执行信息化建设的目标和未来发展方向

人民法院始终坚持以司法为民为主线的发展道路，在信息化建设标准化、系统化、精准化、智能化方面不断迈上新台阶，但仍需要在打造品牌效应、推进深度应用、建设统一平台、提升用户体验、提高数据质量等方面进一步提升。无纸化、移动化、自动化、智能化、物联网是新时代执行工作对信息化提出的要求，也是执行工作进入现代化的标志性特征，它们互为前提、相辅相成。未来执行信息化的发展，必须要走集约化、精品化的发展路径，向着融合、智能、集约、协同的方向发展，推动司法领域核心技术全面实现迭代升级，建成一体化、集成化精品工程。

（一）全方位升级执行案件管理系统

执行案件管理系统是最高人民法院设计的全国四级法院的统一办案平台，要提升执行办案的智能化水平，必须全方位升级执行案件管理系统，以执行办案平台再造为契机，实现执行智能化全面转型升级。如打通审判与执行办案平台数据接口，实现案件信息自动校验回填、执行节点自动提醒、执行文书自动生成、违规行为自动冻结、关联案件自动推送、案件质量智能巡检等功能；加快人工智能、物联网技术在执行领域的创新发展，实现执行通知、网络查控、信用惩戒等程序性事项"自动批处理"；促进财产变现、听证约谈等常规环节全部集约线上流转；确保传统查控、执行联动等重要业务实现网络发起、统一反馈；力争执行公开、结案归档等事务性工作一键式完成。同时要将智慧执行的理念细化至具体的操作规定，继续优化网络执行查控系统，重视事务性工作的智能化操作，实现案件的科学分流与智能关联，创建大数据的深度挖掘机制，达到利用大数据技术进行智能分析与决策的效果。

同时加强顶层设计，围绕全方位智能服务，深化智慧执行建设，将人工智能、5G、区块链、大数据等现代技术进一步深度应用于执行工作，建立执行长效机制，为实现切实解决执行难目标提供最基础但又最重要的信息技术支持。

（二）大力推进司法领域各平台系统的深度集成

平台一体化、集成化是当下信息化发展的趋势。党中央、国务院高度重视全国一体化在线政务服务平台建设，2019年4月，《国务院关于在线政务服务的若干规定》明确了一体化在线平台建设的目标要求和总体架构。人民法院也应该以此为契机，不仅推动执行领域各平台的集成融合，还应该理顺各司法平台之间的逻辑关系，推动司法多平台融合，建立因人而异的"一个用户、一个密码"的统一司法办案平台，省去在各个系统、不同网络之间切换、流转，提高司法效率，也有助于信息共生共享，建立一体化的司法大数据。畅通各系统、平台间的数据对接，确保数据交换及时、全面、准确，推进数据深度开发应用，着重强化被执行人下落和被执行人财产画像功能，推动查人找物能力进一步提升。

（三）加大新兴科技成果的应用力度

马云说过：想"弯道超车"，唯一的办法便是打破惯性的旋涡。目前，法院的执行工作处于新的历史时期，应抓住时代带来的科技发展机遇，将区块链、人工智能等人类最新科技发展成果应用到执行领域，进一步优化执行联动机制和被执行人财产发现机制。例如，针对"总对总"网络查控系统存在的财产覆盖范围有限、跨行不能在线划拨、部分银行账户余额为 0 不能冻结等问题，应不断扩大财产查控范围，提高系统反应速度，利用人工智能等现代技术提高智能查控水平，实现对被执行人财产的自动查询、批量控制、智能筛选、深度发掘。另外，将人工智能、5G、区块链、大数据等现代技术运用于执行工作，是建立执行长效机制、实现切实解决执行难目标的时代选择。

以区块链技术的应用为例。2019 年，最高人民法院利用区块链技术，基于人民法院大数据管理和服务平台，建成内外网一体化的司法区块链"司法链"平台，对区块链技术与产业创新深度融合起到示范引领作用。同时还借助区块链技术研发"终本智能巡查系统""移动执行平台上线区块链功能"，北京互联网法院还在一起互联网小额借款合同纠纷执行案件中，完成首例"公证机构＋区块链"委托现场调查。通过电子诉讼平台与"天平链"，构建"公证机构＋区块链"现场调查机制，使得委托调查全过程及调查结果反馈及时上链，做到调查过程真实可靠、不可篡改、可追溯，保障执行工作程序规范化。

各法院可以通过区块链技术把审判流程、庭审活动、裁判文书、执行信息的全部数据固定，形成防篡改、可验真、可追溯的闭环式电子诉讼，确保司法数据的生产、存储、传播和使用全流程安全可信，实现区块链存证、多生物特征识别以及档案管理、执行案款管理方面的探索和应用。

（四）确保信息技术应用安全

无论是法院信息化，还是人工智能的司法应用，依托的信息技术基础都是数据、算法和网络本身，算法有算法黑洞，网络则更加不可信任。网络技术天生的、难以后天弥补的安全性缺陷，使得它给人类带来的惊喜和忧虑始终并存，人类在依赖网络的同时也从未真正信任网络。

但既然司法信息化是大势所趋，那么，法律职业者应该本着更加务实的态度来解决技术安全性、公正性及其司法应用问题，衡量某项技术的预期效益与风险的关系。在应用信息技术过程中，应事先评估其风险以判断运用何种技术，事中限定其范围以确保可控性与公正性。这是法律职业者面对信息化潮流较为积极正面的态度，同时可能也是非技术人员在无法改变技术本身的情况下唯一可以选择的行动方案。

（五）健全执行信息化应用机制

随着信息化建设的不断深入，必须让执行干警逐步转变观念，绝不能因一时的不便而对当前来之不易的信息化建设成果进行盲目否定或被动应付，一定要从"试用"提升到"会用"，从"会用"转向"善用"。为此，应加强执行干警信息化培训，选取一批信息化经验丰富或者是信息化产品的研发人员成为信息化使用技术培训主体。在培训内容上，从操作技能转向应用技巧、实用战法和操作规范转变，并根据信息化建设成果及时更新培训内容，增强培训的时效性和应用性。通过熟练应用各类信息化综合平台，及时发现各类信息化平台与执行工作之间的匹配关系，合理提出进一步改善建议。

在推广信息化建设的过程中，应逐步健全信息化考核评估制度及信息化工作绩效考核机制，将信息化技术应用情况作为执行工作年度考核的一部分，通过考核奖励机制，调动各级法院执行干警对信息化产品的应用积极性，进一步促进信息化建设成果的实务应用，同时根据信息化实际应用情况确定未来发展方向。

（六）完善执行信息化工作的配套法律依据

信息化技术与人民法院审判执行工作的融合已经是客观现实，并且呈现向更深层次发展的趋势，但相关法律制度却迟迟没有建立起来，法院在切实推进信息化工作过程中难免会遇到要对有关技术手段的正当性予以证明或者法律法规不健全导致无法可依的尴尬局面。

1. 完善文书送达方面的法律依据

现有技术和信息化产品都可实际、快速、便捷地送达所有文书。比如对于文书送达可实现短信送达、邮箱送达、电话送达，甚至还可以通过远程视频谈话，实现所有文书的在线送达；WPS 等软件公司运用区块链技术，只需向当事人发送一条专属链接，只有受送达的当事人才能打开，整个送达过程可全程再现。对于这些创新的送达方式，不仅可以大大缓解送达难的问题，而且可以节省很大的司法费用，但基于目前尚未有电子送达方式可以送达法律文书的相关规定，各法院均不敢越此雷池，很多仅限于一些程序类文书的送达。同时对于当事人提交的 PDF 格式的扫描文件是否可以与纸质材料相互替代、法律效力有何异同，这些都需要国家出台制度性规定对这些问题进行明确，以促进信息化技术运用的标准化和规范化。

2. 完善联合惩戒方面的法律依据

目前对失信被执行人实施联合惩戒的法律依据有《最高人民法院关于公布失信被执行人名单信息的若干规定》及44个部门联合出台的《关于对失信被执行人实施联合惩戒的合作备忘录》等相关规定，但对于如何惩戒，尤其是在将失信被执行人信息嵌入行政部门的相关系统，进行自动比对、自动惩戒等方面，缺乏应有的法律依据，相关协助部门在联合惩戒时，更多地考虑自身部门避免因联合惩戒而被相关当事人提起行政诉讼的风险。另外，对于各部门之间的数据共享问题，相关部门更多会以数据安全、垂直部门系统不联通等理由予以拒绝，数据共享共用缺乏法律依据。因此，必须进一步完善立法，确保数据共享、联合信用惩戒等方面工作有上位法的支撑，继续大力推动联合信用惩戒工作，借助信息化，实现与信用部门之间对于失信被执行人信息的实时推送，完善联合信用惩戒系统，争取做到将失信被执行人名单嵌入各联动单位的管理和工作系统，真正实现自动识别、自动拦截。

3. 完善查询通信信息及定位等查人找物方面的法律依据

查人一直是人民法院执行工作的痛点，而通过技术手段查找相关人员目前法律仅限于公安、监察等特殊部门办案所用。对于民事执行案件，无法运用技术侦查手段予以查找，但目前随着实名制的普及，通过电信部门查找被执行人电话或者调查银行自动推送给被执行人的通知信息等，已是非常方便的相关措施。但电信部门基于《电信条例》对于查询部门的限制，始终不肯对人民法院开放调查，对于相关问题应通过相关法律规定予以明确和完善。

（七）主动融入社会综合治理体系

人民法院执行工作体系是国家治理体系的重要组成部分，中央全面依法治国委员会下发的《关于加强综合治理从源头切实解决执行难问题的意见》进一步明确了必须整合全社会力量来解决执行难问题。人民法院应以此为契机，主动融入社会综合治理体系，从源头上解决执行难。执行信息化建设既要着眼于满足执行办案的需求，更要着眼于继续把执行工作通过网络方式融入整个社会治理体系，继续与综合治理体系内其他板块形成合力，将执行工作通过信息化产品充分融入整个社会治理体系，整合全社会力量来共同切实解决执行难问题。

以执行工作与网格化管理的联系为例。目前各地网格化建设如火如荼，法官进网格的相关工作也在推进过程中，但如何利用网格化管理，如何让网格员为法院执行做好协助工作，如何利用信息化技术将网格员工作与法院执行工作联系起来，将是人民法院执行工作融入社会治理体系的一大课题。"扫帚不到，灰尘不跑"，这是对执行工作最为真实的写照。执行法官每天面对近百件案件，对一个案件的被执行人实际住所地最多能够跑两三趟，大部分最多跑一趟。然而网格化管理中的网格员，几乎每天都要将自己的"网格"地域走访一遍，对人的情况、房屋等固定资产情况，网格员最为了解，最有发言权。因此，合理运用好网格员协助执行制度，将会使法院查人找物变得非常顺畅。运用信息化技术打造网格化统一管理平台，导入不动产中心、公安户籍、车辆管理、市场监督管理等各部门的基础数据，初期由网格员进行勘查对比，标识相关财产及人物。人民法院可以通过统一管理平台发布指令，要求网格员协助送达文书、查找被执行人财产线索、问询被执行人的现状；还可以在网格平台发布悬赏信息，充分调动辖区网格员的工作积极性，及时反馈被执行人的相关信息；另外还可以利用网格员对被执行人进行履行义务的动员工作和劝导工作，避免相关被执行人有履行能力而拒不履行而被人民法院惩戒。

此外，还应当借助信息化，继续推动联合信用惩戒工作，继续完善联合信用惩戒系统，推动失信被执行人名单嵌入联动单位的管理和审批系统，实现自动识别、自动拦截、自动惩戒。

总之，执行联动、采取强制措施的目的并不是要对每一个被执行人都采取措施，而是通过个案建立起执行威慑，让执行人员自信，让被执行人胆怯。必须要让被执行人明确，人民法院要查找被执行人，将是非常容易的事。如果被执行人态度比较诚恳，比较配合，就可不采用强制措施；如果与人民法院玩"躲猫猫"，故意避而不见，则人民法院将启动找人机制，并直接采取强制措施。要对被执行人形成威慑，增加被执行人的失信成本。

信息化发展是一个持续的、渐进的过程，不可能毕其功于一役。法院信息化建设不仅限于人民法院某一领域、某一方面，而是法院审判执行和自身全面信息化，是立足于服务审判执行、服务人民群众、服务自身管理、服务国家治理的系统工程，因此，执行信息化建设必须依托智慧法院的建设思路，坚持创新思路，以需求和问题为导向，不断充实智慧执行的应用内容，在更高层次、更高水平上推进智慧执行建设，更好地服务法官办案、服务人民群众。

专题十一　强化强制执行能力

第一节　专项执行行动

开展专项执行行动，是人民法院持续巩固"基本解决执行难"工作成果，积极应对经济社会形势发展变化，更好地服务经济社会发展大局，依法维护群众合法权益的务实举措。在执行领域开展专项行动，一方面有利于人民法院充分发挥执行职能作用，聚焦重点工作部署，积极争取党委领导和政府支持，形成工作合力，为经济社会发展大局服务；另一方面，也有利于加强统筹，集中辖区法院优势资源和力量攻坚克难，通过指定执行、委托执行、协同执行等方式，共同推动化解重大疑难复杂案件。

继圆满完成三年攻坚"基本解决执行难"目标任务后，江苏省高级人民法院紧紧围绕中央提出的"切实解决执行难"的根本目标，在全省范围内组织开展了解决执行难"巩固提高年"活动，明确提出执行核心指标只升不降，工作目标由"基本解决执行难"向"切实解决执行难"转变，工作方法由阶段性攻坚战向常态化持久战转变，工作重点由集中力量解决突出问题向建立健全长效机制转变，切实增强人民群众的胜诉获得感与幸福感。2019 年下发《关于扎实开展全面巩固"基本解决执行难"工作成果专项执行行动的通知》，2020 年制定《关于在全省法院部署开展"发挥执行职能、做好'六稳'工作落实'六保'任务"专项执行行动实施方案》，2021 年下发《关于在全省法院开展"提质增效抓执行 我为群众办实事"实践活动的通知》，连续三年对全省法院开展专项执行行动进行周密部署。

这些专项执行行动，围绕涉民生、涉企、扫黑除恶、涉党政机关、涉金融等执行工作中的热点、难点领域开展，取得良好效果。

一、涉民生案件专项执行行动

2001年，江苏高院将开展涉民生案件专项执行行动作为"我为群众办实事"的有力抓手，常态化组织开展涉民生案件专项执行行动。全省各级法院围绕"涉民生案件力争年底前全部执结"工作目标，压实工作责任，明确办理期限，做到涉民生案件在法定期限内应执尽执，切实解决好人民群众"急难愁盼"问题。2021年，全省法院共执结涉民生案件122 994件，执行到位金额53.3亿元，参与根治欠薪专项行动，为农民工追回"血汗钱"11.6亿元。

在开展涉民生专项执行过程中，我们将涉农民工工资、工伤、医疗、抚恤、抚养、赡养等案件作为集中执行重点，开辟绿色通道，坚持"优先立案、优先执行、优先发放执行案款"原则，切实提升涉民生案件执行效率。针对恶意拖欠农民工工资、规避执行、抗拒执行等群众意见较大、社会反映强烈的案件，加大执行力度，确保有财产可供执行案件尽快执结。对具备条件的案件无例外采取搜查、拘传等强制措施，常态化集中开展涉民生案件"凌晨执行""节假日执行""午间执行"，形成对被执行人的高压态势。对于被执行人确无履行能力，申请执行人又面临生活困难的案件，充分运用司法救助机制，穷尽一切措施兑现胜诉当事人合法权益。与此同时，强化对辖区内法院执行工作的统一管理、统一指挥和统一协调，建立省市县三级协同执行平台，实现实时远程指挥和全程记录，运用协同执行、提级执行等方式合力攻坚骨头案件。向社会公布执行线索举报电话，实行24小时值班，一旦接到执行线索举报，可调度全省执行力量从近从快控制被执行人或其财产，目前从接到举报到下达指令，再到出警查控，时间最短只需10分钟，大大提高了执行工作效率。

新冠疫情出现后，江苏高院制定下发《关于切实做好疫情防控期间执行工作的实施意见》，要求各级法院在严格落实疫情防控要求前提下，积极做好疫情防控新形势下执行工作，切实维护人民群众和各方当事人的合法权益。如朱某等29人与姑苏区某食府、姚某（经营者）劳动争议纠纷一案，经苏州市姑苏区劳动人事争议仲裁委员会仲裁，双方达成调解，被申请人应分期支付申请人朱某等29人工资等补偿费用合计317 675元。调解后，被申请人拒不履行付款义务，部分申请人情绪激烈。2021年9月14日，苏州市姑苏区人民法院立案执行，执行法官安抚申请执行人情绪的同时，快速采取执行措施。9月16日，指挥中心通过网络财产查控系统查询被执行人名下财产，反馈两被执行人名下均无可供执行的财产信息。9 月 23 日，执行干警先后三次前往被执行人经营地走访调查，并积极寻找被执行人姚某下落。经查，被执行人姑苏区某食府已不再经营，姚某本人亦不知去向。为查找姚某下落，执行法官积极联系公安机关协助。12 月 10 日，执行法官终于发现姚某藏匿于吴中区月浜一村的住处，并将其强制拘传至法院。虽然疫情期间采取强制措施存在相当难度，但姑苏区人民法院全力克服疫情障碍，以姚某无正当理由拒不履行法律义务为由，对其依法拘留 15 日并于 12 月 10 日送拘。12 月 13 日，在强大的执行威慑下，姚某委托家人将案涉款项 317 675 元及相应执行费全部付至法院指定账户。2021 年 12 月 20 日，姑苏法院向各申请执行人现场发放执行款，到场领款的劳动者为承办法官送来 24 面锦旗，表达了对姑苏法院及承办法官的感谢之情。长期以来，姑苏法院将包括欠薪案件在内的 13 类涉民生执行案件纳入绿色通道全力保障，坚持对财产查控到位、对被执行企业查访到位、对企业法定代表人和实际控制人调查到位，充分展现了执行力度和司法温度，取得较好的社会效果。

在开展涉民生案件专项执行过程中，江苏法院注重营造强大声势，积极营造良好社会氛围。2021 年 11 月 18 日，江苏高院组织开展"执行案款集中发放日"活动，当天全省法院向 2671 名申请执行人发放案款 6.2 亿元，邀请 1100 名人大代表、政协委员、特约监督员、律师代表及媒体记者现场见证。12 月 17 日～29 日，江苏法院联手江苏广电总台在全省范围内开展执行现场直播活动，全省共直播执行行动 15 场，涉及执行案件 50 多起，在线观看人次超过千万，取得良好的法律效果和社会效果。一是全省接力直播，形成声势强化执行威慑。江苏法院在本次直播中，首次采用"一日一市"形式，在全省 13 个地级市不间断进行接力式、全景式、沉浸式、互动式执行直播。直播在全省范围内形成失信被执行人无处藏身的强大震慑效应，直接推动半数以上的被执行人当场或事后履行完毕，另有一些案件当事人在看到直播后，迫于强制执行威慑和网络曝光压力，主动向法院履行义务，有的在开播后仅 1 个小时，便主动联系法官要求履行生效判决。二是聚焦民生案件，善意执行彰显司法温情。江苏法院将此次执行直播作为涉民生案件专项执行行动和根治欠薪冬季专项行动的重要契机，努力实现"年底前涉民生案件争取全部执结"的工作目标。直播中聚焦的均是涉民生案件，在"铁拳执行"的同时，也修复了家庭矛盾、帮助了困难群众、兑现了工人工资，通过善意文明执行，体现了关注民生、守护和谐的司法温度。直播中，江苏法院还在全省部分法院中组织开展了执行案款集中发放活动。三是千万网友见证，交流互动传递法治正能量。执行直播不仅向网友展示了法院的日常执行工作，以真实的执行现场向千万名"围观"网友普及执行知识；还以直播间"面对面"的方式为网友现场答疑，达到了良好的普法宣传效果。有网友表示，跟着执行学法律，每天都能在线学法。直播中，网友还跟随镜头，来到江苏高院执行指挥中心，现场感受了全省法院执行指挥系统"大脑中枢"，增进对执行工作的了解。此外，无锡市中级人民法院开展"雷霆执行"，淮安市中级人民法院推进"暖冬行动"，盐城法院常态化开展"盐阜风暴"等，持续加大涉民生专项执行力度，形成强大社会声势。

二、涉企专项执行行动

江苏法院将涉企执行作为专项行动重要组成部分，持续加大执行力度，及时兑现胜诉企业合法权益。同时，积极践行善意文明执行理念，尽最大可能保持企业财产运营活力，增强企业造血功能，最大限度降低对企业生产经营的不利影响。

徐州市两级法院顺利执结涉徐工集团债权案件，就是全省法院开展涉企专项行动的成功范例。2017年12月，习近平总书记到徐州市考察，在徐工集团调研时强调要高度重视发展壮大实体经济。徐州市中级人民法院以服务实体经济发展为主题，以推动涉徐工集团债权案件执行为突破口，充分发挥"三统一"执行工作机制优势，组织全市两级法院开展涉徐工集团债权案件执行攻坚专项行动，取得了良好成效。在案件执行过程中，针对徐工集团债权案件数量多、执行标的大、被执行人分布广、执行法院受理案件不平衡、执行效率不高等现状，徐州中院结合实际情况积极改革创新执行工作，对案件进行统一管理，对执行干警统一调配，对执行装备统一配置，从案件、人员、管辖等方面入手，全方位改革创新执行工作机制，具体做法如下：

一是发挥集中执行优势。针对徐工集团涉执行案件数量多、被执行人分布全国各地等特点，徐州中院执行局创新对辖区法院执行工作实行统一管理，通过案件管理平台，将涉徐工集团债权案件以被执行人及被执行财产所在地进行划分，将执行案件进行重组整合。如徐州中院提级执行被执行人及被执行财产在山西省的案件，将分散在不同法院涉及同一地域的案件分别指定11家基层法院统一执行，实现统一部署与调度，协同基层法院开展执行工作，推动解决重大疑难复杂案件。根据被执行人及被执行财产线索是否明确，进一步区分为主攻方向、重点突破、整体推进三个层次的 ABC 三类案件，即：主攻财产线索明确的 A 类案件；重点突破财产线索相对明确的 B 类案件；对被执行人下落不明、财产线索不明确的 C 类案件整体推进查人找物工作进展。

二是发挥团队化作战优势。全市 12 家法院均成立由"一把手"院长挂帅的执行攻坚领导小组，挑选精干力量组成执行攻坚组，由院领导带队执行，调度分析案情、制订执行方案，举全院之力保障攻坚行动有序开展。为保证集中执行效果，提高执行效率，执行攻坚组结合工作实际，将作战团队划分为满足不同执行任务需求的作战单元，分散部署、互为依托，既提高了执行效率，也保证了遭遇突发情况时，执行兵力的快速响应、迅速增援。在对被执行人车辆实施扣押、交付大型设备，以及采取拘传、拘留、搜查措施时，执行攻坚组统一指挥、统一行动，确保执行的兵力优势。

三是发挥执行信息化优势。信息化是推动执行模式深刻变革的强大动力，依托信息技术手段，不断推动执行模式的变革。通过最高人民法院的"总对总"网络执行查控系统和江苏高院的"点对点"网络执行查控系统，完成网络查找被执行人财产，改变以往"登门临柜"的传统模式。通过信息化手段建设上下一体、内外联动、反应快捷的执行指挥平台。依托执行指挥中心大数据库与执法记录仪等移动设备进行实时数据传输，实现高效的信息聚合功能，使得执行人员之间实现快速的信息共享与传播，利用这一信息聚合功能，建立针对被执行人及财产线索的快速反应机制，并在整个执行过程中，利用信息优势，更加科学高效配置资源。建立远程指挥系统，执行人员能够通过单兵设备及时将执行现场情况传至执行指挥中心，实现执行指挥中心远程协同指挥。

四是发挥执行合力优势。涉徐工集团执行案件被执行人遍布全国各地，执行车辆及设备散落各个施工场地，异地执行所面对的形势较为复杂，面临的风险较多，为确保执行实施过程有序、快速、平稳推进，徐州中院积极倡导"全国执行一盘棋，合力攻坚执行难"的协作攻坚理念，利用执行指挥管理平台向全国各地法院发出协助执行请求，利用协同机制解决异地执行中遇到的难题，加强执行合力攻坚执行难。至今，徐州中院向协助执行攻坚行动的全国 79 家兄弟法院发出感谢信。

涉徐工集团债权案件集中执行过程中，徐州法院累计出动警力 7584 人次，行程 83.92 万公里，走遍全国 30 个省、自治区、直辖市，执行和控制到位财产总价值约 36.92 亿元，切实维护了具有"顶梁柱"作用的国有企业胜诉权益。

三、黑财清底"打财断血"执行行动

自扫黑除恶专项斗争开展以来，江苏法院深入贯彻落实中央、最高人民法院部署要求，全力推进扫黑除恶"六清"行动，将"打财断血"专项执行行动作为工作重中之重。

一是加强组织领导。各级法院成立"黑财清底"工作专班，一把手院长挂帅，统一指挥，重大事项亲自部署，亲自协调。分管院领导、执行局局长分案分片包干，明确清案时间、责任人、挂图作战，逐案清理。江苏高院分管执行工作的院领导及执行局负责同志实行分片包干，先后多次到各市中院进行实地督查指导，通过查看台账、调阅卷宗以及对重点案件会商督办等方式，督查指导各地"黑财清底"工作。

二是明确工作目标。江苏高院常态化组织开展"打财断血"行动，明确将三个 100% 作为"黑财清底"工作的阶段性目标，即随案移送或查控到的财产能够满足执行要求的，执行到位率及执行完毕率均必须达到 100%；已查控财产不能满足执行需要的，穷尽执行措施后，执行结案率必须达到 100%；无财产可供执行案件必须做到"三必到"，终本合格率必须达到 100%。全省各级法院围绕该目标积极开展"黑财清底"工作，扎实推动"打财断血"行动走深走实。

三是加强规范指导。江苏高院出台《关于立审执协调配合推进涉黑恶案件刑事裁判财产处置若干问题的指导意见》，全省三级法院强化立审执衔接配合，开辟涉黑恶财产执行绿色通道。徐州中院牵头相关部门出台《黑恶势力刑事案件涉案资产处置工作指引》《关于加强涉黑涉恶案件涉案资产处置协作配合工作的意见》《关于涉黑涉恶案件涉案珠宝字画等特殊财产处置工作意见》，苏州中院出台《关于规范黑恶势力犯罪案件刑事裁判涉财产部分执行的意见（试行）》《关于黑恶势力犯罪刑事裁判涉财产部分执行的办案指引》，无锡中院出台《关于刑事裁判涉财产部分执行的规定（试行）》，为"黑财清底"提供制度支撑。

四是决战资产处置。建立执行提前介入机制，审判部门受理涉黑恶犯罪案件后，由执行部门同步立执行保全案件，充分运用"点对点""总对总"查控平台以及现场调查搜查等查控手段提前发现和控制财产。财产查控方面，实行被执行人服刑地、住所地、家庭"三个必到"，案件提审率、实地调查率、亲属走访率做到100%，并充分运行数字化执行手段，全链条核查涉案财产流转轨迹，将显性"浮财"、隐性"暗财"一网打尽。南京中院严格落实"513"工作机制，5日内完成立案及网络查控流程，1个月内完成财产线索核查，原则上3个月内结案，进一步压实责任，全面提升涉黑涉恶财产刑执行效率。财产处置方面，加快处置进度，银行存款、证券原则上48小时内扣划完毕；具备处置条件的车辆、房产，通过网络询价、自主定价方式快速确定处置参考价并启动网拍程序。在结案审查方面，将涉黑恶案件终本结案审批权上提至中院，要求各级法院对涉黑恶执行终本案件每半年组织一次"回头看"，全面复查被执行人财产状况，发现新的可供执行财产立即恢复执行。

五是加强规范管理。正确处理"打财断血"与依法保护民营企业合法权益的关系，准确把握法律政策界限，严格区分合法财产和非法财产界限。如苏州中院在索某某涉黑案件审理过程中，协调公安机关就相关涉案财产逐项查明财产来源、资金流转明细，明确财产权属、性质，在庭审中进行专门质证辩论，并在准确甄别涉案财产性质的基础上，以清单形式在裁判文书中予以认定，为后续执行工作打下坚实基础。执行部门在全面查控黑恶财产基础上，着眼依法服务"六稳""六保"工作，严格规范执行行为，严防不分具体情况对涉案企业经营者一律羁押、对企业财产一律查控冻结处置，充分保障案外人对有争议财产的执行异议权利。

四、涉党政机关和国有企业拖欠民营企业债务案件的执行行动

紧紧依靠党委领导，加强重点案件、大标的案件的协调，合理运用强制措施，督促党政机关和国有企业带头履行法院生效判决，对长期未结的终本案件进行筛查，逐案建立台账，逐案形成方案，持续开展专项执行行动。

一是坚持"府院联动"，强化统筹协调。江苏高院推动省发展和改革委员会将涉党政机关执行案件纳入全省清欠范围，并作为各地政务诚信考核的重要内容。省政府及江苏高院多次召开会议，研究涉党政机关执行案件清理对策，江苏高院执行局参与对全省13个市、96个县市区政务诚信建设进行评查考核。各级党委政府积极配合涉党政机关不执行生效裁判清理工作。徐州中院联合发改委部门印发《关于开展政府机构失信问题专项治理工作方案》，建立每

周调度工作机制，逐案督导，并出台《徐州市政务失信问责暂行办法》，强化责任追究。无锡中院与无锡市发改委沟通，利用"无锡市政治生态监测评估工作体系"诚信建设机制，形成数据压力，督促相关政府解决。南京中院完善政府守信践诺机制，严格兑现政府机关在招商引资中依法签订的各类合同，进而为优化营商环境提供有效助力。苏州市吴江区委、区政府联合下发《关于建立府院联动处置"僵尸企业"工作机制的实施意见》，在全区搭建起区长担任组长的"一总四分八纵"组织体系，与全区56家单位构建起跨部门执行协作和失信惩戒平台，使吴江"府院联动"机制实现常态化制度化。

二是"一把手"包案负责。江苏高院多次下发通知，要求各级法院高度重视涉党政机关案件的清理，由一把手院长亲自抓，实现"一把手抓、抓一把手"工作机制常态化，各级法院院长作为案件第一责任人，指挥督导，多次组织召开专项推进会议，最大程度提高执行款项实际到位率。对于长期未结的"骨头案"，院长包案解决，凡具有履行能力，就必须执行到位。同时严格管理案件动态，实时监测执行情况，用尽用足执行措施。南京中院对于政府机构不履行招商引资合同、不兑现奖励和政策的合同纠纷案件执行，拖欠工程款、企业货款的纠纷案件执行，政府实施征地拆迁、企业搬迁未依法予以补偿导致企业权益受损的纠纷案件执行，政府机构与企业之间的产权纠纷案件执行等四类涉府执行案件纳入专项治理重点，院长挂帅逐一排查，逐一研究，摸清案件执行的"难点""痛点"，精准发力，重点突破，综合治理从源头切实解决该类案件执行难问题。

三是因案施策用好执行措施。涉及同一党政机关执行标的总额为10万元以下的，因主观原因不能清欠的，将其纳入失信被执行人名单；对于县级以上及经济比较发达地区的党政机关，债务总额200万元以下，且年底无法清偿50%以上的，列入失信被执行人名单。涉及国有企业案件，能够一次清偿的坚决采取执行措施，实现一次性清偿完毕，负债总额较大，一次性清偿有难度，协调双方达成清偿方案或达成和解协议；符合"执转破"条件的企业，征得国资部门同意后，尽快清算退出市场。苏州市吴江区人民法院在执行指挥中心设立"执转破"专门团队，实现一站式的执行移送破产材料制作、审查、受理、审判。

四是推动涉府案件纳入财政预算。各级法院紧紧依靠党委，主动向党委汇报涉党政机关拖欠民营企业和中小企业债务执行情况。大力推动涉党政机关债务纳入本级财政预算，综合运用督促、协调、强制等方式，层层传导压力，确保涉党政机关债务全部纳入财政预算。徐州中院持续推进涉府案件清理工作，召开专门会议进行布置、分解任务，联合召开涉党政机关被执行人未结案件核查工作推进会，形成党委领导、法院主办的工作格局。盐城法院纵深推进，协调推动市政府决定对5家未履行生效民事判决的失信政府机构取消当年度参加各类荣誉评选资格并予以公开通报。对于暂时无法纳入财政预算的案件，评估被执行人履行能力和当时政府经济实力，协调推动被执行人与申请执行人达成分期履行协议，加强案件履行跟踪，分步分期纳入财政预算。

五、涉金融案件执行行动

江苏法院立足工作实际，将涉金融债权和金融犯罪案件专项执行活动作为重点内容，切实防范化解金融风险。同时，切实加大对涉及非法集资、贷款诈骗、信用卡诈骗、票据诈骗等金融犯罪相关案件的执行力度，参与处置"e租宝"案、"钱宝"案等重大非法集资犯罪案件，维护金融市场安全稳定。组织清理执行依据为仲裁裁决、公证债权文书的P2P案件，对已立案执行的P2P案件进行全面"回头看"，全面梳理可能存在虚假诉讼、套路贷风险隐患的情形，全省法院执行条线共审查执行依据为仲裁裁决、公证债权文书的P2P类案件8584件，其中以不予执行、驳回执行申请以及终结执行方式结案3893件，移送公安机关审查44件，对此后申请执行的相关P2P案件，全省法院一律不再立案执行，最大限度防范化解"P2P爆雷"引发的金融风险，维护金融市场安全稳定。依法制裁金融债权失信行为，将失信被执行人名单信息嵌入"互联网＋监管"系统，实现自动对比、自动监督、自动拦截、自动惩戒，督促失信被执行人积极履行法定义务。

在开展专项行动过程中，全省法院坚持多措并举推进金融债权案件执行工作。一是集中开展专项执行。在全省法院常态化组织开展涉金融债权案件专项执行活动，根据金融债权人申请，集中专门执行力量，强化强制手段运用，扎实开展"现场执行""凌晨执行""假日执行"等活动，最大限度兑现金融债权人胜诉权益。南京中院执行的招商银行南京分行与王某某等借款合同纠纷一案，抵押物位于湖南路商业区，执行标的1.4亿元，涉及营业商户36家，均被非法出租、转租，法律关系复杂。经组织多方主体多次协调，研究制订执行方案，最终顺利执结，切实维护了金融债权人的合法权益。江苏高院专门出台文件，为金融债权案件中无抵押权情形下移送财产处置权提供政策依据。二是深入开展协同执行。近年来，江苏高院执行局多次协调北京、上海、山东、福建等外省法院移送财产处置权，积极保障金融机构及时回收债权。2018年以来，江苏高院组织全省三级法院开展跨审级、跨地区协同执行，全力攻坚执结涉及暴力抗法、强制腾让、异地执行的"骨头案"。其中，在盱眙组织的全省最大规模强制清场行动，组织南京、淮安两地三级共14个法院230余人参加，5天时间拆除违建近万平方米，交付土地13 000平方米，清运物品1000余吨，该案也入选"江苏法院2018年度十大典型案例"。三是提升财产变现效率。制定出台一系列完善司法网拍工作机制的规范文件，开发完成大数据智能评估系统，促进执行财产快速高效变现，有效缩短金融机构回收债权时间，最大限度保障金融债权人合法权益。2022年全省法院进行司法网拍88 100次，网络司法拍卖成交标的63 885件，成交金额342.75亿元。四是深入推进"执转破"工作，积极探索"与个人破产制度功能相关的试点工作"，有效防止执行案件陷入僵局。吴江法院自2019年以来"执转破"案件立案421件，不仅盘活了大量资产，而且有力推进了当地金融生态环境重塑，区内银行不良贷款率大幅下降，"执转破"工作经验受到最高人民法院和江苏省委主要领导批示肯定。

与此同时，全省法院加强与金融监管部门、金融机构的良性互动。完善金融网络查控系统，省内所有银行均已接入最高人民法院"总对总"查控系统，基本实现网上查询、冻结、扣划。加强与金融机构沟通协调，与中国银行、中国农业银行、江苏银行、浦发银行、南京银行、中信银行等多家金融机构签订《司法网上拍卖房产个人贷款协作协议》，有效提高司法网拍成交率。与太平洋保险、平安保险等五家保险公司签订执行悬赏保险、诉讼保全保险、司法拍卖竞拍履约保证保险、司法拍卖房贷款保证保险等战略框架合作协议，既有力提升了执行效率，又实现了合作共赢。针对多家银行提出的预售商品房执行、集体土地上建造房屋处置等问题，与多家金融机构进行调研论证，并出台规范性文件，为全省法院执行工作提供有力指导。加强全省三级法院执行条线协作配合，调整优化职能定位，实现纵向上强化监督管理、横向上加强协同配合，举全省法院之力执行重大金融债权案件，扫清金融债权案件协调处置障碍。

第二节　执行案件繁简分流机制

无论起诉变得多么容易，审理也多么具有人情味，判决是如何迅速，但是只要判决的内容最终无法实现，上述的一切努力将终究成空。[①] 执行程序中存在的案多人少、案难人少矛盾是摆在人民法院执行工作面前的主要问题之一，优化资源配置、实行繁简分流，构建简案快执、繁案精执工作机制，亦已成为建立健全执行工作长效机制必须面对的问题之一。

一、执行案件繁简分流的理论基础

（一）程序分化的理念

能否执行到位，关键在于债务人是否具备履行能力。但被执行人在客观上是否具备履行能力，具备的程度如何，属于客观事实范畴。客观事实通常无法精确还原，对司法工作有意义的往往是法律事实。[②] 从法律事实上判断是否具备履行能力，需要因案而异，因被执行人而异，需要根据法律规定采取与案件类型相适应的执行措施，达到必要程度且满足特定程序之后，根据已有的线索对被执行人履行能力状况进行综合判断。[③] 因此，"千案一面"的格式化查控显然难以适应差异化的案件需要，亦不符合具体问题具体解决的哲学观点。但这并不意味着，执行案件就没有同质性，执行工作就没有规律可循。审判程序基于案件标的额大小、案件的难易程度以及争议性强弱等标准，将审判程序分化为普通程序、简易程序，简易程序项下进一步分化为小额程序、速裁程序等，以适用不同程序特点。那么执行程序能否分化？有无难易之分？如果有，以什么标准对执行程序进行分化？

我们认为，执行程序亦不例外，亦有难易之分。执行案件的办理流程是以执行立案为起点，以申请执行人权利的实现为终点的动态流程。执行案件流程之所以呈现"动态"性，主要是源于被执行财产类型的异质性以及由此而生的执行流程阶段、节点的异质性。据深圳法院课题组的不完全统计，"以处分一处房产即满足全部债权的清偿而结案为例，整个执行程序的节点可以达到一百三十多个"。[④] 最高人民法院将执行流程细化为 37 个流程节点。但并非所有执行案件都必须经过全部流程节点才能执行完毕，案件所经流程节点的多少取

---

① ［日］小岛武司：《诉讼制度改革的法理与实证》，陈刚、郭美松等译，法律出版社 2001 年版，第 106 页。
② 沈志先主编：《强制执行》，法律出版社 2012 年版，第 339 页。
③ 参见沈志先主编：《强制执行》，法律出版社 2012 年版，第 340 页。
④ 万国营主编：《法官的思维、经验与逻辑（行政、执行卷）》，人民法院出版社 2018 年版，第 238 页。

决于被执行财产的类型以及被执行人的履行意愿。由此不同执行案件流程节点是存在异质性的，执行案件流程节点的多少决定了该类型案件的难易程度，这也是执行程序可以进行繁简分流的事实基础。具体看，简案执行程序下的执行案件无须经过烦琐的财产处置程序，其一般是通过强制措施的适用促进被执行人主动履行，或者是通过网络执行查控到足额银行存款、通过现场搜查等措施查找到足额现金等直接可以执结的案件。繁案执行程序一般是需要通过财产处置、强制管理等方式实现债权的程序，同简案执行程序比，繁案执行程序经过的执行节点更多，时间更长，耗费的精力更大、资源更多。

（二）程序效益的理念

债权人的权利尽可能迅速并完全地得到实现，是强制执行制度应该力争的最基本目的。[①] 判决程序的着重点在于确保程序在过程与结果上的正当性，而执行程序则以迅速、不折不扣地实现已经被确认的权利为目标，其要义是贯彻对拥有权利者的实际保护，保持社会对法律制度的信赖，所以更偏重效率或讲求效益。[②] 权益实现的高效化和权益实现的最大化是强制执行的基本价值追求，在可能的条件下应当力争使二者同时得以实现。[③] 在案多人少、案件难度逐步加大而人员素质能力却未同步提升的基础上，如何实现程序效益目标，如何达成权利实现的高效化、最大化目标？这也是"基本解决执行难"收官之后，构建执行工作长效机制必须认真予以思考的问题。

繁简分流是在科学认识执行案件流程节点异质性的基础上，以事先设定的标准对执行案件进行繁简分类，使异质性的案件各入其道。同时对有限的执行资源进行合理的优化配置，用少量的执行团队高效办理多数的执行案件。简案快执团队无须对个案所处的执行阶段作出判断，执行事项主要是事务性事项，因此，可以不必由执行法官全程亲力亲为，而是由有经验的执行人员担任团队负责人，充分发挥执行法警、执行助理、书记员等辅助人员在事务性集约方面的优势。

同时，简案快执并非单纯的出现场执行，而是与执行信息化深度融合的执

---

① ［日］竹下守夫：《日本民事执行制度概况》，白绿铉译，载《人民司法》2001 年第 6 期。

② 参见［日］三月章：《民事诉讼法研究》（第二卷），日本东京有斐阁 1962 年版，第 49 页；［日］山木户克己：《民事执行法案讲义》，日本东京有斐阁 1984 年版，第 10 页。转引自王亚新：《社会变革中的民事诉讼（增订版）》，北京大学出版社 2014 年版。

③ 沈志先主编：《强制执行》，法律出版社 2012 年版，第 18 页。

行机制，实现了"最强团队"与"最强大脑"的深度融合，以信息化手段集约办理网络执行查控以及其他事务性工作，使简案快执团队从烦琐的事务性工作中解脱出来，得以集中精力于案件的研判和处理。同时以信息化手段对被执行人履行能力、履行状况进行大数据分析，使简案快执团队在出现场执行中能够有的放矢，真正做到精准执行。简案快执致力于消除影响执行效率的烦琐环节，从众多执行措施中找到一次有效执行的办法，其意义在于以尽可能少的执行力量去执结尽可能多的执行案件，不仅能够有效解决长期以来简繁案混杂在一起导致简案错失执行时机而不能实现快执，繁案因人手、时间等因素而长期积压的问题，而且为疑难复杂案件的精细化执行腾出人手和时间，能够更好地发挥各类执行人员特长，实现了案件难易程度与执行资源相匹配，确保"执有所专、执有所长"。同时，简案快执团队的运行模式亦能充分调动起法官助理的工作积极性，为执行人员分类管理改革提供了实践经验。

（三）程序正当的理念

"如果说审判程序危机表现为一种'程序过剩的危机'，体现为程序公正与程序效率之间的失衡……那么民事执行危机则更多地表现为'程序匮乏的危机'，执行程序缺乏有效的措施保障债权人实现债权以及保障债务人的正当利益。"[①] 现代社会中存在的财产类型、财产信息掌控主体的多样化以及财产信息掌控主体的条块分割、信息化程度不高、信息壁垒等问题，不仅给不诚信的债务人规避执行以"可乘之机"，而且增加了财产查明的难度。在案件执行过程中，如果仅依据财产调查的"规定动作"，将案件的财产调查程序走一遍，就把案件终本，将实质化的"规定动作"形式化，这种"程序空转"的做法违反程序正当理念，会受到执行当事人以及社会各界诟病。

在全国法院推进"基本解决执行难"的进程中，最高人民法院提出"3+1"核心指标，将执行评价机制由传统以执行结果为导向转为以执行过程正当性为导向，以过程中必要节点的规范完成为考核对象，符合程序正当性的程序正义要求。简案快执在综合考虑被执行人履行能力识别难、规避执行规制难的基础上，将简单的执行行为类、已足额控制存款或能自觉履行的案件以及部分小标的额的案件作为简易案件，执行过程中做到"法律讲透，压力给够"，对有履行能力而不履行的被执行人依法采取强制措施，严格限制执行和解的无原

---

① 赵秀举：《论现代社会的民事执行危机》，载《中国法学》2010年第4期。

则适用，防止假和解真拖延，原则上要求一次及时履行，让申请执行人在最短的时间内实现权益。同时，简案快执团队内部合理分配工作职责，确保案件对应执行措施的精准性、效率性，结合出现场执行时执行记录仪等单兵信息化设备的全程使用，确保执行进程的规范化，同时以信息化手段贯彻执行公开理念，充分保障执行当事人的程序参与权、知情权以及监督权，以严谨的执行程序、规范的执行行为、扎实的执行作风确保执行程序的正当性，赢得了执行当事人以及社会公众的信赖、理解与支持。

二、执行工作繁简分流的基本思路

著名法学家欧文·费斯提出的结构性变革理论认为，某些变量一定的情况下，人们可以通过对某类资源的结构重组，从而实现对该类资源的有效配置，由此来达到价值最优的选择。① 有学者认为，从最高人民法院《人民法院执行工作纲要（2019—2023）》关于"深入推进审执分离体制改革，优化执行权配置"的表述，"可以看出改革的重心已由单纯的审判权与执行权相分离推进至执行权的优化配置"②。执行权的优化配置思路对于解决执行程序中案多人少、案难人少的现实困境具有现实意义。目前执行程序中的人案矛盾已经十分突出。多年的经验告诉我们，面对人案矛盾，采取"头痛医头脚痛医脚"的方式增加人员配置并非解决问题的最优选择，重构执行权运行的资源组织方式，对现有执行资源进行优化配置，成为当下思考执行程序繁简分流机制改革的重要内容。

需要注意的是，执行案件繁简分流机制不能简单套用审判案件繁简分流机制的经验，这是由执行权的法律性质和执行工作的特点决定的。审判案件繁简分流主要体现为对案件类型根据一定标准进行分类，将相对简单易审的案件类型纳入简易审理程序。而执行案件的繁简分流，则不单纯是案件类型的繁简分流，还需考虑执行程序的繁简分流和执行事务的集约办理。在 2016 年 4 月 20 日最高人民法院召开的"基本解决执行难"动员部署会上，时任最高人民法院院长周强明确要求，要探索建立繁简分流办案机制，根据执行案件财产查

---

① 转引自王立新：《审判团队模式：我国民事执行权配置的困境与出路》，载《昆明理工大学学报（社会科学版）》2019 年第 2 期。

② 肖建国、庄诗岳：《论民事执行实施权的优化配置——以我国的集约化执行改革为中心》，载《法律适用》2019 年第 11 期。

找、争议解决、拍卖处置等环节的难易程度，建立和完善案件分配、人员组合机制，最大限度发挥执行人员专业优势，提高执行工作质效。最高人民法院关于《基本解决执行难的实施纲要》也明确提出，建立繁简分流办案机制，根据执行案件财产查找、争议解决、拍卖处置等环节的难易程度，结合执行人员的个人专长，建立和完善案件分配、人员组合机制，最大限度发挥执行人员个人优势和人民法院集体优势。

（一）执行案件繁简分流应遵循的基本原则

明确繁简分流应遵循的基本原则，对于准确指导实践、纠正错误认识具有重要作用。

一是严格遵守法律规定原则。这是进行繁简分流、简案快执的首要原则。无论人民法院如何量身定制适合执行工作的机制，都不能逾越或违背法律的规定。简而言之，根据我国现行民事诉讼制度的规定，执行案件繁简分流机制必须以符合执行程序的流程为基础，是执行案件和事务的分流，而不是执行程序的简化和异化，是通过紧凑执行节点或者集约化利用执行资源来提升执行工作效率，而不能违背法律规定，变相采用"单打独斗""脱离监督"的工作方式来实现执行效率的"提升"。

二是依法保障当事人权利原则。执行程序是公平和正义的最后一道防线，在实现正义的过程中，必须坚持程序公正，不能因为简案快执的工作要求，就忽视当事人尤其是被执行人的合法权利，甚至压制、无视当事人提出的执行异议、复议、监督等请求。

三是充分提升执行效率原则。提升效率，是建立繁简分流机制的初衷。"简出效率、繁出精品"是执行案件繁简分流的基本工作思路，要在时间和空间上有效整合执行资源，对于简单执行案件，及时筛选分类，简化程序快速办理，以缩短案件执行周期，避免人力、财力在执行程序上过多的损耗，保证执行案件的高效办理，最大限度提升执行效率。

（二）事务分流

肖建国教授认为，执行实施权包括执行命令权与实施事务权①，以法官可以不承担或不能承担为标准，来划分执行权中需要分流的事务。主要是对法官

---

① 肖建国教授认为，将执行命令权、实施事务权作为执行实施权的下位权力，为学理通说。参见肖建国、庄诗岳：《论民事执行实施权的优化配置——以我国的集约化执行改革为中心》，载《法律适用》2019年第11期。

亲历性没有要求且执行辅助人员可以胜任的事务性、辅助性工作。根据梳理，目前现行法律、司法解释和最高人民法院有关指导性文件中共规定了 88 项执行实施事项，其中须由法官作出裁定的 40 余项，须合议庭审核或评议的 7 项，须由院长批准或签发的 10 项。

在执行法官的权力范围之外，对执行实施事务权还需进行二次分权，如根据实施事务权的主次地位，将其分为简单事务性权力、复杂事务性权力、准判断性事务性权力。

1. 简单事务性权力分流

简单事务性权力又称为辅助性权力，包括核对立案信息和初次接待、制作发送格式化文书、发起网络查控、收发委托执行请求、录入失信被执行人信息、开展网络拍卖辅助工作、接待来访、接处举报电话等，将原本由执行实施团队分散操作的以上简单事务性工作，交由执行指挥中心固定专人集约集中办理，使流程分工精细化、同类事务集约化、具体操作标准化。

2. 复杂事务性权力分流

复杂事务性权力包括办理搜查、查封、扣押、冻结、拍卖、强制迁出、拘传、拘留、罚款等事项。以拍卖为例，在执行法官"一人包办"的分散式模式下，存在财产处置率低、处置效率低，财产处置价格确定尺度不一，拍卖成交率低等问题，还容易诱发廉政风险，不利于集中监管，难以避免"暗箱操作"。将拍卖事项分流集约办理，以专业化的财产处置团队，将财产处置过程中存在的问题清单式梳理排查，不仅实现有效监管，也大大提高财产处置的效率和质量。

3. 准判断性事务分流

准判断性事务分流主要是针对表面无履行能力的案件，即经执行信息化手段尚未查控到责任财产的案件，一般需要现场采取搜查、拘传、扣押等强制措施，对其因案施策、精准执行。该类事项集中采取拘传、拘留、搜查、罚款等强制措施，与复杂事务性分流中的强制措施有所区别，主要体现在该类事项办理过程中需要出现场，根据现场情况随机采取措施，类似于执行实施权中的判断性权力，而复杂事务性分流中的强制措施是根据执行法官的指令采取的。这是因为，采取执行措施要讲究执行方式方法，要与案件类型相适应，这样不仅能够避免无谓的付出，而且能够实现效益的最大化。不区分案件类型特点，不分析被执行人工作、生活规律以及职业特点，僵化采取查询银行、房地产、工商登记、股权登记、车辆信息等措施，不但容易丧失执行时机，给被执行人逃避、规避执行以空间，还浪费有限的司法资源，难免影响其他案件的执行。出现场执行在对案件类型、被执行人特点进行大数据分析的基础上，突破对物执行局限，精准采取执行措施，同时充分保障执行当事人的程序参与权，充分发挥其对执行进程的监督作用，以参与、监督、制约、公开等关键词构成的出现场执行模式，在贯彻程序穷尽理念的同时，也催生出执行程序对程序保障的强大需求以及程序保障对于实现执行程序良性循环的重要意义。

（三）案件分流

1. 案件繁简分流的标准

需要注意的是，由于执行权运行具有许多有别于审判权运行的特点和规律，因此执行程序繁简分流的总体思路与诉讼程序相比也存在重大差异。执行案件繁简分流，应当根据执行案件财产查找、争议解决、拍卖处置等环节的难易程度，建立和完善案件分配、人员组合机制，最大限度发挥执行人员专业优势，提高执行工作质效。[①]

执行案件的办理流程是以执行立案为起点，以申请执行人权利的实现为终点的动态流程。执行案件流程的"动态"性，主要是源于被执行财产类型的异质性以及由此而生的执行流程阶段、节点的异质性，反映出案件所经流程节点的多少取决于被执行财产的类型以及被执行人的履行意愿。执行案件流程节点的多少决定了案件的难易程度，进而推演出繁简分流的标准。简案执行程序下的执行案件无须经过烦琐的资产处置程序，其一般是通过强制措施的适用促进被执行人主动履行，或者是通过网络执行查控到足额银行存款、通过现场搜查等措施查找到足额现金等直接可以执结的案件。归根结底，具体单个执行案件的难易、复杂程度以及所需付出的劳动量，是由在该案中采取的执行措施的种类和数量确定的。[②] 因此，执行案件的繁简对应的是执行流程节点的多少、执行期间的长短。执行案件的简案应当是执行节点最少、执行期间最短的案件，故应当以执行节点最少化、执行期间最短化作为确定简案的首要标准。

据此，在执行实践中，首先应将执行节点多、执行期间长的案件列为

---

① 时任最高人民法院院长周强于2016年4月20日在"基本解决执行难"动员部署会上的讲话。最高人民法院《基本解决执行难的实施纲要》亦有相关要求。

② 周继业主编：《强制执行新实践》，法律出版社2018年版，第290页、第291页。

"繁案"，主要为两类：一是法院通过网络查控的被执行人财产不足以清偿所有债务需要进一步采取执行调查、惩戒措施的；二是有财产需要处置或分配的。除此之外，都可以列为"简案"。同时，财产不足以清偿债务的案件，又可以根据执行标的金额、被执行人所在地等特征，进一步细分出一部分可以快速办理的案件，其标准为是否需要经过出现场搜查、拘传、拘留等程序。

而执行案件繁简分流的时间节点，也只能是在网络财产查控完成之后，而不能与诉讼案件一样在立案后就立即进行繁简分流。

2. 简易执行案件

简易执行案件由简易执行案件办理团队办理。案件范围包括：（1）查控的银行存款、支付宝（余额宝）账户、微信零钱账户、现金，足以清偿债权的；（2）向有关单位发送协助执行通知书即可以办结的行为执行案件；（3）不动产、机动车过户案件；（4）未查控到被执行人有可供执行财产，且同时存在被执行人下落不明、诉讼期间公告送达开庭传票和裁判文书、申请执行人不能提供准确执行线索等情形的案件；但排除妨碍、强制拆除、房屋迁让类案件，被执行人虽有财产足以清偿债权，但须变价处置类案件，上级法院交办、督办以及矛盾易激化案件等不得归入简易执行案件范围。

简易执行案件应当在立案之日起 30 日内结案。

3. 一次性有效执行案件

一次性有效执行案件是一种特殊的"简案"。个案采取的执行措施的种类和数量往往在执行过程中才能显现出来，在执行准备阶段无法判断。但从大数据分析，以执行标的额为标准能够反映出执行案件的流程长短，进而反映出执行案件的难易程度。其上限可以根据执行法院受理案件数量的 60% ~ 70% 案件对应的执行标的额范围予以确定。同时兼顾简单行为执行类案件、已保全银行存款等财产到位案件以及无财产可供执行的终结本次执行程序案件。以执行标的额作为简案选定标准。原因如下：

（1）从被执行人角度来看，被执行人不履行生效法律文书确定的义务而获得的利益无法抵销执行程序中对其采取的强制措施以及各种限制而带来的成本。小标的额案件，即便呈现表面无履行能力状态，但是经过出现场执行等各种措施的综合运用，被执行人经过利益权衡后，一般会主动履行或者找人代替履行。

（2）从执行法院角度来看，小标的额案件启动财产处置程序也不符合执行比例原则。执行标的额与不动产等需要处置财产价值不成比例，且处置资产耗时更长，耗费的资源更多，被执行人需要付出的执行成本更高，而通过以"法律释明到位，强制性压力给够"为鲜明特征的简案快执程序，很多被执行人一般会选择主动履行等方式履行债务。

（3）该类小标的案件案由一般是民间借贷、赡养抚养、劳动争议等，多在亲友、熟人、生意伙伴之间发生。该种案件中，被执行人履行能力强，财产变现后履行能力大，通过他人代为履行或担保的可能性大，担保人和代为履行人履行能力较强，执行的难度相对较小。只要执行方式方法到位，即使执行不能，也能得到申请执行人的理解，同意终结或终本结案。

（4）从司法实践来看，大标的额案件，仅仅通过扣划银行存款或使被执行人主动履行来执行完毕的案件非常少见，多是需要处置抵押财产或查封财产，或者引入执行担保，或者达成较长期间的执行和解等方式予以处理，执行节点多、执行期间长，很难实现快执。农村地区的小标的案件，被执行人财产往往无法通过网络查询系统查询到，需要采取搜查措施查找财产，或通过拘留等措施迫使被执行人主动履行，尽管执行难度并不小，但是将这类案件合并同类项，以对多案一次出现场执行的方式，集中采取拘传、拘留、搜查等强制措施，能够形成执行威慑的强大磁场，给被执行人以及社会传导强制执行的威慑力，进而促使被执行人主动履行义务，多案时间上的短、节点上的少以及效果上的好，能够抵销团队化出现场执行的资源汇聚，进而实现快执，从这个意义上讲，这类案件应当归入简案范围。

一次性有效执行案件由一次性有效执行团队办理，就是指对被执行人及其财产一次性采取充分执行措施，不需要重复采取措施，即可达到高效执行的目的。案件范围主要是小标的执行案件，执行标的额应当结合当地的经济发展水平、该执行标的额以下的执行案件在全部执行案件中的比例等因素综合确定。一般来说，简案快执的效率价值体现为用较少的资源在最短的时间内完成较多的案件。简单说，执行标的额的确定，可以与执行法院受理的60%～70%的执行案件对应的执行标的额相一致，同时配备执行法院从事执行工作人员数量的20%～30%即可。按照上述标准分流的简易案件，是事先判断的，结合执行过程中发现被执行人及被执行财产的多样性、复杂性，应当健全简案执行程序向繁案执行程序的转化机制，同时限定简案执行程序的执行最短期间、发现处置财产的调查职责、转换程序的审批机制等予以配套适用，避免程序转换的随意、推诿。具体说来，一次性有效执行案件的标准应满足：（1）被执行人为本地常住人口；（2）被执行人有较稳定工作及社会关系，履行能力相对较强；（3）被执行人或其财产被采取强制措施后，代为履行或执行担保等方式履行义务可能性较大。

一次性有效执行案件类型集中在民间借贷、道路交通事故、物业纠纷、劳动争议、土地承包等纠纷类型，其特点是：信息化程度较低，经济文化水平较低，工作时间不固定，无固定工作规律，消费能力不高，执行标的较小等。在案件立案之后，根据案由、执行标的额提取符合的案件信息并合并同类项，通过首次执行约谈、被执行人申报、初次网络查控等方式，初步了解申请执行人的生存状态、被执行人的职业特点、主要财产形式、财产状况以及是否存在有履行能力拒不履行或者规避、逃避执行等相关情况，初步掌握被执行人的财产范围、财产性质、财产状态。结合关联案件查询结果以及执行信息化初查结论，按照客观情况，突破案件案由的类型化与标签化，对案件按照轻重缓急进行重新排序，按照被执行人所在地、被执行财产所在地、协助执行义务人所在地等案件基本信息，对案件重新排列组合，形成简案快执的案件集合。涉众案件、系列案件以及资产多、影响重大的其他案件可单独作为案件集合，不同法院的执行案件通过上级法院协调也可形成案件集合。据此，根据自动生成的案件集合归属确定执行团队，执行团队根据案件集合、案件特点、区域范围、被执行人活动时间等制订有针对性的执行方案。

从一般意义上讲，一次性有效执行案件范围应当是经执行信息化方式查控不到财产的案件。其中，主要包括债权人信息化程度较低的、正常经营的、可能存在高消费行为的、隐匿或可能隐匿财产的、需要完成腾房、交付等行为的等情形。对于保全财产尚未处置的、被执行人经营状况良好且积极配合的、达成和解协议正常履行的、被执行人经营陷入困境但前景良好的及被执行人无收入来源，又丧失劳动能力，生活陷入困境的案件，符合中止执行、终结执行情形的案件，不宜纳入一次性有效执行案件范围。

对一次性有效执行案件的被执行人，应当在首次传唤或者拘传时，做到对案件情况一次性了解、财产状况一次性查明、法律义务一次性告知、违法后果一次性释明，确保"法律讲透、压力给够"。被执行人确有拒不报告财产、虚假报告财产、有能力履行而拒不履行义务的，坚决采取罚款、拘留等强制性措施，督促迅速履行义务。

一次性有效执行案件应当在立案之日起 60 日内结案。

4. 普通执行案件

简易执行案件、一次性有效执行案件之外的案件为普通执行案件，一次性有效执行案件符合一定情形，可以转为普通执行案件，主要包括：（1）当事人、利害关系人或者案外人提出执行异议的；（2）需要进行财产变价处置的；（3）在限定时间内未能执行完毕的；（4）其他情形。

以需要进行财产变价处置的普通执行案件为例，其难点在于现状调查环节。实践中，由于现状调查工作不到位，导致错失执行时机、错误查封、查封争议、无法处置、处置后撤销拍卖等问题，严重损害执行当事人的利益及执行程序的司法公信力。现状调查已然成为财产处置的牛鼻子，抓实抓细现状调查环节，对于财产的顺利控制、处置无疑具有重要意义。目前，无论是现行立法，还是执行理论研究，对现状调查环节都没有给予足够的重视。由于现状调查事项种类繁多及我国财产多元化、流动高效化、缺乏统一管理等因素，导致执行实践中，执行人员对"现状调查"心生畏惧，进而失去对已查控财产进行处置的热情。通过对近年来撤销司法拍卖案例的分析，发现对拍品财产查控前的现状调查不充分、财产处置前的现状调查不充分是引起司法拍卖被撤销的重要因素。为了帮助一线执行人员，尤其是没有任何执行经验的执行新手迅速掌握现状调查的"窍门"，我们从现状调查实务困境入手，结合现行司法解释中关于现状调查的规定，全面梳理出现状调查具体内容，探索总结"现状调查事项清单"制度。将现状调查具体事项通过固定模板以表格形式呈现。同时将住宅/商铺、工业厂房/土地、机动车、动产、机器设备、生鲜活物等不同类型财产需要调查的事项内容以"清单"形式列举，由现场调查人员"照单办理"，既节省调查时间，又不会遗漏调查事项，同时帮助现场调查人员有的放矢完成调查工作。清单式现状调查事项表，能够帮助执行人员迅速熟悉执行业务，避免了现状调查过程中的遗漏，当天即可同时完成资产现状调查、拍摄视频照片、现场评估等财产处置前必须完成的工作，切实减少执行法官外出调查次数，有效推动财产处置进程。表 11 - 1 至表 11 - 5 分别是登记机动车，工业厂房、土地，机器设备，住宅、商铺，无登记动产的调查说明书。

表 11-1　动产情况调查说明书（登记机动车）

调查日期：　　　年　月　日　　　　　案号：

所有权人*			车牌号*			颜色*		
车辆品牌*			车辆型号*			排量*		
车辆类型*		燃料*	挡位形式*	发动机号*		出厂日期*		登记日期
三厢□　SUV□　4WD□		汽油□　柴油□	手动□　自动□					
两厢□　MPV□　2WD□		电动□　混合□	机械□　电子□					
表显里程*			定员*	过户次数	车架号（VIN）共17位			
km								

车辆配置	一键启动□	助力转向□ 定速巡航□	涡轮增压□	天窗□	真皮座椅□　座椅加热□ 电动座椅□　记忆座椅□	车辆违章*
	多功能 方向盘□	倒车雷达□ 倒车影像□	ABS　□ GPS 导航□	CD　□ DVD□	电动窗　□电动尾门□ 中控屏幕□　拨片换挡□	实车情况

手续*	登记证□　行驶证□　购置税证□　购车发票□　购置税票□　车船租凭证：_____年止□
	年检有效期：_____年__月止　商业保险：_____年__月止　交强险：_____年__月止
	其他：钥匙□　能否启动　停放停车场时间　停车费　电瓶是否有电□　轮胎状况
	权利负担情况：是否有抵押□　　　　　　　　是否有租赁□

发动机大修	事故状况	维修保养情况	排放标准*
有□　无□　不详□	无□　大□　中□　小□ 不详□	好□　较好□　一般□ 较差□　差□	国四以下□　国四□ 国五□

	整车描述*	
	外观	
	内饰	
	车架	

有无租赁*	
有无抵押*	
其他权利瑕疵*	
备注	

被执行人签字：　　　　　在场人员签字：　　　　　执行人员签字：

表 11-2 不动产情况调查说明书（工业厂房、土地）

调查日期： 年 月 日 　　　　案号：

厂房/土地名称					
厂房/土地位置					
四至	东至	西至	南至	北至	
所有权人					
土地性质					
权证情况					
建造年份		占地面积	建筑面积	使用现状	□自用□空置□出租
结构	□砖混　□钢结构 □其他		类型	□普通生产　□涉危险物质生产 □非生产	
厂房/土地概况	装修： 地面附着物： 附近交通情况： 其他概况：				
设施	给排水	□完好	□轻度破损	□一般破损	□严重破损
设施	电梯	□完好	□轻度破损	□一般破损	□严重破损
设施	照明	□完好	□轻度破损	□一般破损	□严重破损
设施	燃气	□完好	□轻度破损	□一般破损	□严重破损
设施	消防	□完好	□轻度破损	□一般破损	□严重破损
设施	通风	□完好	□轻度破损	□一般破损	□严重破损
权利负担	抵押				
权利负担	租赁				
权利负担	其他				
周边环境	公共配套				
周边环境	产业聚集				
备注					

被执行人签字： 　　　在场人员签字： 　　　执行人员签字：

表 11 - 3　动产情况调查说明书（机器设备）

调查日期：　　　年　　月　　日　　　　　案号：

所有权人	
现存放地点	
租赁情况	
抵押/质押情况	

财产详情

设备名称	规格型号	生产厂家/销货单位	计量单位	数量	购置日期	提供相关票据			备注
						发票	入库单	其他	

被执行人签字：　　　　　在场人员签字：　　　　　执行人员签字：

表11-4 不动产情况调查说明书（住宅、商铺）

调查日期： 年 月 日 案号：

标的坐落						
标的所在楼层/总层数： ／ 层		使用状况 □自用 □空置 □出租		建筑面积：___ m²		建造年代：
现状用途 □住宅 □办公 □商铺		户型 __室_厅_厨_卫_阳		房屋朝向 □南北 □东西 □其他		
维修保养 □良好 □一般 □较差		通风采光 □良好 □一般 □较差		房间朝阳 共_____室朝阳		
附近地标						
公共交通		公交线路： 地铁线路： 车站：				
周边环境		□小区公园 □小区园景 □望江 □人工湖 □山 □球场 □泳池 □学校_____ □无				
物业情况	电梯	□___部电梯___部货梯 每层 ___户 □无 □完好 □轻度破损 □一般破损 □严重破损		公共车位		
	水电	□完好 □轻度破损 □一般破损 □严重破损 □无				
	消防	□消防栓 □自动喷淋 □烟感报警 □无 □完好 □轻度破损 □一般破损 □严重破损		物业管理	□有物业公司管理 □无物业公司管理	
产权性质		□"大"产权房屋 □"小"产权商品房 □农村宅基地房屋 □集体土地所建其他房屋				
权利证书						
使用情况	□空置 □使用中			房屋结构	□改变_____	
权利负担情况	□抵押 □租赁 □其他_____				□未改变	
欠费情况	物业费： 水费： 电费： 燃气费：					
房屋装修						
房屋内部概况（墙体、门窗、地面等）	□完好 □轻度破损 □一般破损 □严重破损					
优先购买权人等情况						
备注						

被执行人员签字： 在场人员签字： 执行人员签字：

表 11 - 5 动产情况调查说明书（无登记动产）

调查日期： 年 月 日 案号：

财产名称	
所有权人	
财产概况	
存放地点	
保管方式	□申请执行人保管　　　　□被执行人保管 □委托其他人/单位保管＿＿＿＿＿＿＿＿＿＿＿＿＿＿＿
保管费用	
权利负担	抵押/质押情况
	租赁情况
	其他占有情况
备注	

被执行人签字：　　　　　在场人员签字：　　　　　执行人员签字：

三、执行工作繁简分流的基层实践

（一）一次性有效执行的探索

以徐州市泉山区人民法院为例，2018 年 11 月以来，该院遵循司法规律，坚持问题导向，从实际出发，创新"繁简分执、双强合力、速战速决、增量提效"的"一次性有效执行"工作机制，以 15% 的执行人员通过"一次性有效执行"程序结案 2404 件，占总结案数的 58.98%。以较小的司法成本，取得较好的法律效果，有效化解人案矛盾。

1. 创新"一次性有效执行"工作机制的基本思路

创新"一次性有效执行"工作机制的总体思路就是借鉴诉讼案件繁简分流、小额速裁等做法，吸纳以往全员能动执行、分段执行、集中执行的经验，通过更加高效地整合各种司法资源，使同质性、程序性、事务性工作得到快速处理，从而全方位、多层次、立体化地减少执行程序上的损耗，保证每一个执行案件都能得到最优执行。

（1）"一次性有效执行"是"繁简分流"的升级版。以往的繁简分流是通过筛选，将简易案件集中起来交由专人统一快速执行，通过集约执行，达到提速增效的效果。而"一次性有效执行"则是直接为不同的案件设置不同的"跑道"，从团队设置、办案流程、结案时长等方面将两类案件彻底区分开来，从而把有限的司法资源用到刀刃上，做到能执尽执，应执尽执，实现"繁简分流，快慢分道，当快则快，当慢则慢"的目标，最大限度增强人民群众的司法获得感。

（2）更加注重效率导向和效果导向。执行实施权从权力属性上讲，具有主动性、倾向性、结果性等特征，偏向债权保护，带有职权主义色彩。大众对司法效能的关注，一方面感受的是执行行为规范和执行程序的正当性，另一方面衡量的是执行程序耗费的成本以及对个案问题的反应速度和执行效率。因此，回应大众关切，既要高效执结传统意义上的有财产可供执行并且可以立即执行到位的案件，也要给那些虽然没有足额财产可供执行，但只要穷尽执行措施，可以达到让申请执行人满意而终结终本的案件找到一条迅速解决的通道。

（3）在执行局内部推行精细的裁决分离。执行分工上将执行权中司法性的权力配置给执行法官，将行政性权力配置给执行员。执行法官只有司法裁决权而无实施权，只负责受理执行案件、发出执行通知、制作法律文书、指导财产处置、决定执行中止和执行终结等，具体的实施由执行员带领辅助人员进行，这样既有利于维护法官的权威和中立地位，也有利于法院办理案件的专业化分工。

2. "一次性有效执行"具体路径设计

（1）明确何为"一次"和"有效"。"一次性有效执行"并不是一个案件只执行一次，而是从众多执行措施中找到一次有效的办法，让当事人在最短的时间内实现权益。"一次"主要体现在对被执行人和被执行人的财产原则上实行一次执行，不需要重复采取其他措施，从而达到高效执行的目的。"有效"主要体现在强制措施运用到位，在执行过程中做到"法律讲透，压力给够"，被执行人有履行能力拒不履行的坚决采取拘留、罚款、扣押措施，原则上要求一次及时履行，防止当事人借执行和解拖延执行，有效避免执行人员为了尽早结案而无原则地调和、压制和退让，从而提高执行效率。

（2）合理设定案件的适用范围。徐州市泉山区人民法院适用"一次性有效执行"的有执行标的在 15 万元以下的案件。这是在综合考虑徐州城镇人均可支配收入 33 586 元，新房均价 1.1 万元/平方米的基础上确定的，因为案件标的小，相应地债务人履行能力强，通过他人代为履行或担保的可能性大，执行的难度相对较小，被执行人躲避执行的可能性也就相对较小，只要工作到位，即使执行不能，也能得到申请人的理解，同意终结或终本结案。

（3）科学调整执行组织架构。设置一支专业化"最强团队"，挂靠在一名员额法官名下。员额法官只负责和执行裁决有关的工作，速执团队则负责办理除执行裁决之外的所有执行事务工作。团队成员共 8 人，全部为执行助理、辅警和书记员，由一名执行员负责日常管理和工作分配，将执行事务分别交由不同的人承担并科学配额。

（4）制定严格的工作规范。要求速执团队按照"每案必执，每案速执，每案尽执，每案必录，小分队作战"的要求开展工作。明确"一次性有效执行"案件的办理周期一般不得超过 20 天。其中，未完全执行到位的需终结或终本结案的案件和此类案件中未采取拘留、拘传、扣押等强制措施的实行局长和分管院长反审批制度，所有的案件都必须在 20 天内穷尽执行措施后方可结案。

3. "一次性有效执行"的运行效果

（1）执行质效大幅提升。"一次性有效执行"的最大优势在于效率。因为不把查封房产作为解决小标的案件的最优手段，原则上不主张达成和解协议，不用处置大额标的物的方式实现履行，被执行人多是通过代为履行或财产变现的方式履行义务，在实践中大幅提升执行效率。

（2）当事人满意度大幅提升。"每案必执，每案速执，每案尽执，每案必录"的工作作风和严格的"反审批制度"得到了当事人的一致认可。执行工作的群众满意度大幅提升，当事人感谢的多了，缠访闹访的少了；自觉履行的案件多了，程序性终结的结案少了；当事人自愿同意终本的多了，法官依职权终本的少了。有多起终本案件的当事人给法官送来锦旗，对案件的执行表示满意和感谢。

（3）干警满意度大幅提升。"一次性有效执行"机制实施以前，在执行团队内部，由于没有实施细则将团队内人员职责分工予以明确和固化，人员忙闲不均，工作过于集中于员额法官一人的问题普遍存在。并且随机分案的案件类型差别很大，执行法官手中案件新压陈、陈压新，很难统筹分配时间做到高效执行，超审限现象时有发生。"一次性有效执行"工作机制从源头上解决了人员分工不明、工作衔接不畅的弊端，员额法官、执行助理和其他辅助人员根据明确的"权力清单"轻装上阵开展工作，既提高了执行工作效率，又避免新的执行积案形成，极大缓解了执行人员的压力，工作积极性不断提高。

（4）有效解决案多人少的矛盾。"一次性有效执行"工作机制实施以来，70%的速执案件由15%的执行力量负责，也就意味着85%的执行力量可以腾出精力和时间定向攻坚30%的疑难复杂、大标的案件。同时，15%的执行力量并非法官的15%，其中绝大多数是年轻的助理和辅警，听从指挥，作风硬朗。经过不断的磨合和改进，速执团队的执行效率还在不断提升。

（二）财产处置专业化集约化的探索

财产处置环节涵摄不同类型的参与主体，各主体之间的利益关系纵横交错，颇为复杂，不仅关涉执行权的权威性、执行行为的可信赖性、公信力与其他利益主体私人利益之间的关系，还关涉各程序参与主体之间的私人利益关系，必须遵循严格的程序规则。然而由于现行立法不够完善、不同层级规章制度存在冲突以及财产处置环节的开放性，使得财产处置环节面临程序匮乏的危机，易造成实务操作上的混乱，这不仅会制约财产处置制度的效用，而且影响各主体的正当权益的实现。从实践来看，需要进行财产处置的案件不断攀升，该类案件存在执行周期过长，同类同值财产处置价格设定标准不一，当事人认同度不高等问题。为解决财产处置环节存在的问题，江苏省沛县人民法院在调研的基础上，对财产处置集约化、专业化工作机制进行了积极探索。

1. 财产集约处置机制的运行模式

基于财产分散处置的弊端，该院创新执行机制，将财产集约处置作为切实解决执行难的切入点，并依托"四化"机制来实现财产的集约处置。

(1) 团队配置专业化。该院按照专业化、职业化、专业人干专业事的原则，在执行局设立了执行财产处置团队，将所有有财产可处置的案件交由财产处置团队统一办理。鉴于财产处置涉及的法律关系复杂，当事人矛盾尖锐、信访隐患多等特点，财产处置团队由一名副局长和两名员额法官组成，该三名员额法官均曾从事民商事审判工作多年，具有丰富的审判工作经验，能妥善解决财产处置中出现的法律问题。另外，经统计，以往处置的财产中不动产占比达70%以上，为平衡财产处置团队法官的工作量，并结合每个人的工作特长，确定不动产由两名法官处置，动产及其他财产权益由一名法官处置，同时与驻院第三方拍卖公司合作，财产处置的专业化水平逐步提高。

(2) 事项办理集约化。围绕分段集约管理的工作思路，避免"一人包案到底"的现象出现，该院将有财产案件划为财产处置前置程序和财产处置程序，执行指挥中心负责线上所查财产的查询、查封，首执团队、终本团队负责线下财产的调查、查封、扣押，包括财产权属、他项权资料的收集。对于拍卖的财产，由执行指挥中心、首执团队、终本团队在规定期限内移交财产处置团队定价、拍卖、文书制作、财产交付。财产处置团队接收案件后和驻院第三方评估、拍卖公司对接，完成财产的定价、拍卖流程，包括拍品的拍照录像、引领竞买人看样、解答竞买人的咨询。

(3) 问题解决清单化。财产处置环节所涉问题比较复杂，为了确保执行过程中各项工作有序开展，该院建立"事项清单"制度，即将财产处置过程中需要处理、解决的重要问题通过固定模板的表格列举下来，然后由执行法官"照单办理"。例如，财产处置中非常重要的一个环节就是拍卖标的物情况调查，该院拟制了几类常见类型财产需调查项目"清单"：有登记的机动车/工程车情况调查表、无登记的动产情况调查表、住宅/商铺情况调查表、机器设备情况调查表、工业厂房/土地调查表、生鲜活物情况调查表等。将不同类型财产需要调查的事项内容以"清单"的形式列举，以避免遗漏调查事项，同时帮助执行法官有的放矢地完成调查工作。

（4）案件衔接规范化。细化流程节点，加强财产处置案件的流程节点管理，做好"三个对接"，明确工作责任，提高处置效率。一是做好执行指挥中心与财产处置团队的案件对接。首执案件立案时一般统一立在执行指挥中心员额法官名下，但如有抵押财产和保全且是首封的财产，根据财产种类，直接立案至财产处置团队法官名下办理。对申请执行人申请恢复执行并有财产可供处置的终本案件，由负责终本案件恢复执行的法官在完成相关工作后3日内移交执行指挥中心立案，执行指挥中心根据财产种类在立案后2日内将案件移交财产处置团队法官办理，以减少流转过程，提高处置效率。二是做好首执团队与财产处置团队的案件对接。首执团队法官接收案件后30日内完成线下财产的调查、查封及财产占有、租赁情况的调查等工作，对可供执行财产需移交处置的，由承办法官在3日内将案件移交财产处置团队。三是做好财产处置团队与网拍人员的对接。建立财产处置时间节点管理制度，处置团队法官接收案件后3日内熟悉标的物的情况，制作拍卖裁定，并通知相关当事人议价、询价或确定标的物价格方案，在议价、询价或评估结束后3日内将拍卖手续移交网拍人员上网拍卖，需二次拍卖、变卖的，应在流拍后3日内确定二次拍卖、变卖价格并移交拍卖。如未按照上述流程节点时限完成案件对接，影响处置效率的，依照绩效考核办法实行经济处罚。

2. 财产集约处置机制的运行规律

（1）案件的集约。根据江苏高院的统计，江苏法院执行实施案件数量连年迅速增长，2017年达到714 782件，而从事执行实施的员额法官数量仅600余名，按照传统模式，每名员额法官须承办超过1000件案件，这是根本不可能承受的办案重压。由于员额法官和辅助人员数量不可能随案件数量增长而无限量增加，繁简分流成为缓解人案矛盾困境的迫切需要和必然要求。与以案由作为确定不同案件权重值的审判程序相比，执行案件的难易程度取决于被执行人及被执行人财产的数量、被执行人财产的类型、被执行人财产的所在地等因素。由此，执行案件的难易、复杂程度，是由案件中采取的执行措施的种类和数量来确定的，而执行措施的种类和数量是事后判断标准，其对应的是执行节点的多或少、执行期间的长或短。因此，对执行节点少、执行期间短的案件实行简案快执，对执行节点多、执行期间长的案件实行繁案精执。财产处置集约化就是通过对繁案处置环节的集约，实现精执的目标。

（2）人员的集约。传统一人包案到底的执行模式下，从资产查控到财产处置以及围绕上述环节的事务性工作，均由承办人独立完成。面对财产处置环节点多面广、程序复杂、矛盾容易集中的特点，沛县人民法院立足于对案件的繁简分流，通过以20%的人力解决70%案件的简案快执，为财产处置环节的繁案精执解放了近80%的人力，同时对上述人员按照不动产、动产、其他财产的标准分为相对应的三个财产处置团队，分别负责不动产、动产、其他财产的处置以及与首执案件、快执案件、恢复执行案件的衔接。上述团队的人员并不是平均分配的，而是根据案件数量、财产处置复杂程度的标准予以优化配置。三个团队之间的日常办案由各自团队负责，遇有需要合议的重大事项，三个团队的员额法官可以组成合议庭，对相关事项进行合议，在纵向"分"的基础上，坚持横向的"合"，以人员的集约为财产处置提供保障。

（3）事项的集约。《最高人民法院关于执行权合理配置和科学运行的若干意见》第3条将执行实施权的范围设定为财产调查、控制、处分、交付和分配以及罚款、拘留措施等实施事项。而其中的财产处置环节包括对资产的现状调查、资产信息的披露与现状拍卖、不动产的腾空拍卖、拍卖成交或流拍抵债的裁定送达、拍卖财产的交付、拍卖财产的过户登记、拍卖财产涉租赁关系的认定及涤除、司法拍卖的撤销、单独拍卖与合并拍卖等若干环节。以现状调查为例，调查内容包括：财产权属（有无权属登记、有无共有权人等）、财产性质（用途）、权利负担（有无租赁权、用益物权以及优先权等）、附随义务、占有使用、位置结构（位置与登记载明位置是否一致、建筑物内部及外部结构有无改变）、附属设施、装修装饰、已知瑕疵、欠缴税费、优先购买权等影响占有、使用以及标的物价值等关涉竞买人利益的详细情况。上述事项就是该类财产处置现状调查的清单，清单事项是可以在不动产处置团队内部实现事项调查集约的，而通过事项调查的集约也可以实现事项调查的专业化，进而实现事项调查的规范化。

（4）制度的集约。将执行实践中行之有效的做法固定下来，形成具体的制度，使制度化、规范化理念渗透到财产处置的每一个节点的实施过程中，使制度与人、制度与案件紧密结合，无论财产处置时是怎样的人案组合，都能够有章可循。无论是案件集约，还是人员集约、事项集约，归根结底都要通过制度的方式予以规范化，尤其是事项集约中的清单，清单构成了财产处置环节的操作说明，一环紧着一环拧，一锤接着一锤敲，在细化中坚持，在坚持中细化，通过持续发力，把财产处置这道难题解细解实。

3. 财产集约处置机制的运行效果

（1）财产处置率同比提升。财产集约处置机制的运行、专司处置团队的建立大大减轻了多数执行法官面对众多案件的压力，避免了部分有可供执行财产案件因受法官时间精力限制而未能及时处置或未有处置即终本的问题，将所有具备可处置条件的案件都纳入处置轨道，大大提升了财产处置率。

（2）拍卖成交率同比提升。专业化处置团队加上与第三方拍卖公司的合作，该院财产处置工作的专业化程度大大提高，拍卖标的物的全方位展示、财产信息的充分披露，使围观者能够全面了解标的物的情况，拍卖价格的统一确定尺度及合理性也增加了当事人的认同和围观者的参与度，从而有效提升了拍卖成交率。

（3）执行绩效指标同比提升。财产集约处置、案件流转期限的规定，使财产处置周期明显缩短，执行效率明显提升，同时实际执结率、执行完毕率、执行到位标的额亦同比提升。

（4）执行社会效果明显提升。凡是有可供执行财产案件均予处置并实行专业化、公开化、规范化集约处置，有效、及时保障胜诉当事人的合法权益，解决"一人包案"到底带来的弊端。财产处置的专业化操作不仅积累了经验，同时对同类财产的可成交价格能够形成大致统一的把握，便于法官给予类似案件当事人以合理建议，能够让当事人作出接近成交价的议价，减少了当事人的异议，节约了评估费用。同时，在拍卖时对财产信息的充分披露，也有效减少悔拍等行为。

专题十二　强化规范执行能力

第一节　案件质效管理：全程留痕和实时监控

对执行实施案件的质效管理，就是对案件的过程管理。这是因为：首先，执行的目的具有救济性。法律文书中确定的权利义务并不一定都能够全部实现，被执行人有无履行能力，才是胜诉当事人合法权益能否实现的决定性因素。人民法院办理执行案件所追求的目标，就是勤勉、规范地行使执行权，穷尽一切执行手段查明被执行人履行能力，控制并处置其责任财产。因此对执行案件的管理必然侧重于过程管理而非结果管理。其次，执行程序与审判程序在程序构造上存在很大差别。在执行实施程序中，没有核心环节和统一的载体，而是由一个个具体的节点、步骤、措施构成。因此对执行实施案件的质效管理，最终需要分解为对一项项具体事务的质效管理。

对执行实施案件的过程管理，最终落实于执行案件流程节点管理。尽管通常认为执行案件质效管理包括了执行案件收案、分案、流程节点管理、结案审查等工作，但如果将收结案本身也视为是整个执行流程的一部分，则执行案件质效管理均可以归为流程节点管理。

一、执行案件流程节点管理的信息化基础

执行行为的流程性、单向性、密行性以及执行程序的相对封闭性，使得执行信息被权力行使者单方掌握，管理者往往无从获取或核实执行工作的进展、内容和效果。而一旦执行管理者与管理对象的信息不对称，管理便会失去基础。这就要求，在执行实施案件办理中必须做到全程留痕，以

便于管理者进行实时监控。然而在传统的非信息化办案条件下，仅依靠纸质材料落实全程留痕，必然带来成本过高的问题。因此，若要落实对执行案件的流程节点管理，必须首先建立执行案件的信息化办案平台，即"网上执行局"系统。

（一）"网上执行局"系统构建思路

2014年，江苏省高级人民法院总结了南京市中级人民法院、无锡市锡山区人民法院执行案件管理系统建设的工作经验，提出通过建设执行案件流程节点管理软件系统明确执行流程、规范执行行为、强化案件管理总体思路。同年，利用全省法院法综系统升级改版的契机，江苏省高级人民法院执行局根据执行工作的规律和特点，起草提交了《"网上执行局"系统软件需求》《执行信访管理系统需求》《执行裁决类案件软件设计需求》等软件需求，协助技术部门共同开发。

根据软件需求，"网上执行局"系统软件应符合"三个有利于"的原则，即有利于实际操作、有利于监督管理、有利于信息公开。同时应具备"六个特性"：一是实用性，系统设计与执行工作实际紧密结合，符合执行工作规律和科学工作流程，有助于提升执行案件办理、执行事务办理、执行工作管理的质量和效率。二是简便性，软件操作界面简洁，操作简便，易于学习和使用，人机交互和用户体验良好。三是安全性，符合执行工作对保密性的要求，用户权限划分清晰明确。同时对用户在系统中的所有操作均在后台保留操作记录（如时间、动作等）。四是兼容性，能够兼容诉讼案件系统，方便执行人员调阅诉讼案件信息；能够兼容最高人民法院执行信息系统、省信用办信用信息库、中国人民银行个人和企业征信系统等，并能够进行信息交换；能够兼容根据工作需要新增的其他软件。五是灵活性，软件设置的执行工作流程，在总体框架固定的前提下，可以允许各级法院根据本地工作实际，对具体流程进行微调。六是互动性，软件设计充分考虑与执行信息公开平台的衔接，尤其是通过短信平台、留言互动平台实现法院与案件当事人的互动。同时，由于人民法院执行条线实行与审判条线相区别的统一管理体制，因此各级法院执行局的工作职责和任务具有很大差别，这主要体现在执行案件办理主要集中在基层法院，而对执行人员、事务、案件的管理权主要集中在高、中级法院，因此在软件设计时不搞"一刀切"，而是根据法院层级不同各有侧重，即高院和中院要侧重监督管理，基层法院侧重案件办理。

"网上执行局"系统在设计之初，只包含三个子系统：执行办案系统、执行指挥系统、执行信访系统。此后根据工作需要，又陆续开发了终本案件管理系统、执行案款管理系统、统计分析系统等子系统。其中执行办案系统，亦即执行案件管理系统，是其中最核心、最基础的子系统。

（二）执行案件管理系统主要功能和特点

执行案件管理系统的总体设计思路，是以案号为标准，区分不同案件类型，设计不同的子系统。其中异议、复议、监督（案号分别为"执异""执复""执监"）等执行审查类案件，参照一、二审诉讼案件审理系统设计，部分信息项、期限要求根据案件特点进行调整。对执行实施案件（案号为"执""执恢""执保"），则根据执行实施案件流程性、事务性强的特点，通过系统实现对执行流程的全面覆盖、执行事务的规范操作、执行信息的内外部公开和有效利用。其核心是将执行实施权划分为启动、查控、处分、款物交接发放、研判、结案等不同环节的不同权能，逐项设定申请、指令、反馈的操作流程，使主要执行活动实现网上操作，所有执行行为全程网上留痕，并同步生成电子卷宗。同时，这一系统既是案件办理系统，又是案件管理系统，管理者可以动态监控到执行进展，实现动态管理；可以全程掌握执行信息，实现全程管理，从而改变了传统执行案件管理中信息不对称的状况，有效避免了管理失效。

执行案件管理系统的操作界面划分为三个功能区，即案件信息、执行措施、执行程序。一是案件信息功能区，其主要功能是全面呈现案件基本信息，以便案件承办人和管理人员即时、动态了解案件情况和状态。案件基本信息包括立案信息、当事人信息、证据信息、关联案件信息和执行日志。其中关联案件信息，是指执行办案人员可以通过案号、当事人等关联项，对与本案相关的审判、执行案件进行检索。二是执行措施功能区，其主要功能是通过软件系统实现各类执行措施的规范化操作，包括调查、控制、处分以及各类执行威慑措施和司法制裁措施，每种措施均根据相关法律规定设计操作流程。与此相配合，制定下发《关于全省法院执行工作中规范使用执法记录仪的规定》，强调执行实施应全程留痕，并明确在以下八种情况下必须使用执法记录仪全程记录：（1）现场查封、扣押、冻结被执行人财产的；（2）对被执行人及其住所或者财产隐匿地进行搜查的；（3）强制迁出房屋或者强制退出土地的；

（4）有义务协助调查、执行的单位拒绝或者妨碍人民法院调查取证，或者在接到人民法院协助执行通知书后，拒不协助执行的；（5）诉讼参加人或者其他人有妨害民事诉讼行为的；（6）采取罚款、拘留等强制措施的；（7）执行可能引发重大社会影响案件的；（8）需要现金等执行款物交接情形的。执行人员应当在强制执行工作结束后 24 小时内，将执法记录仪记录的声像资料下载、存储，引入案件电子卷，凡应当使用而未使用的，执行案件不得作结案处理。并规定不按规定使用执法记录仪、不按规定储存致使执法记录信息损毁或丢失等情形引发严重后果的，要移交纪检监察部门追究相关责任人的责任。在软件系统投入使用的同时，要求各级法院必须为一线执行人员人手配备一部执法记录仪，2015 年年底已配备 1330 台，至 2017 年年底增加至 2268 台。三是执行程序功能区，其主要功能是呈现案件程序变化的基本信息，同时实现执行程序变更的规范化管理，包括听证、中止、暂缓、结案、提级指定执行、移送等。

2014 年年底，执行案件管理平台全面投入使用，江苏全省所有执行案件全部通过法综系统进行管理，历年沉积的案件也已全部补录入系统，执行案件体外循环的现象基本解决，执行案件网上办理、网上监管成为工作常态。江苏法院执行案件管理系统的建设经验，还被最高人民法院吸收，成为开发全国执行案件流程管理系统的重要参考。为了对接最高人民法院执行案件流程系统，江苏省高级人民法院针对本省执行工作实际，提出了一系列建设性并具有可行性的意见和建议，得到了最高人民法院执行指挥中心的高度评价。2016 年，最高人民法院决定从内部机制运行方面进行充分有效改革，相继出台关于设立执行指挥中心、建设执行指挥系统等举措。同时为进一步掌握全国法院执行案件底数，对执行案件的立、执、结等流程环节进行有效监督管理，并为将来执行决策分析提供真实、有效数据支持，最高人民法院决定建立"全国法院执行案件流程节点管理系统"。同时 2016 年 3 月到 11 月江苏省高级人民法院对原有法综系统的执行案件管理系统进行升级改造，实现对执行案件 37 个节点全流程监控，其中包括办理实施案件的 25 个业务节点及时限和 12 个需要统计的执行措施等节点。详见表 12 - 1 和表 12 - 2。

表12-1　人民法院执行案件流程节点管理系统必要25个业务节点变更记录表

序号	全称	节点期限	启动时间	完成时间	后续节点	节点属性
1	分案期限节点	3日	分案日期	承办人系统收案日期	发执行通知书/其他	时限节点
2	发出执行通知书节点	10日	承办人系统收案日期	执行通知书发出日期	—	时限节点
3	（首次）启动传统查控时限节点	10日	承办人系统收案日期	传统查控启动日期	有财产的启动财产控制	条件+时限节点
4	自动履行	无	—	—	—	—
5	完成网络查控时限节点	30日	承办人系统收案日期	完成网络查控系统日期		
6	完成传统查控时限节点	30日	承办人系统收案日期	完成传统查控日期（传统查控结果分析日期）	财产控制、约谈	时限节点
7	无财产启动约谈时限节点	10日	认定无财产可供执行，准备终本日期	谈话日期	执行线索	时限节点
8	约谈执行线索节点	10日	自动履行、网络查控、传统查控不满足申请标的金额的（30天）	提交线索日期	线索核查	时限节点
9	线索核查节点	10日	线索提交日	核查日期	启动有财产执行程序/启动终本程序	时限节点
10	财产控制节点（查封、扣押、冻结）	2日	财产反馈日（财产录入的时间）	采取控制性措施日期	评估	时限节点
11	启动划拨时限节点	15日	冻结日期	划拨日期	—	时限节点

续表

序号	全称	节点期限	启动时间	完成时间	后续节点	节点属性
12	启动评估时限节点	15日	采取控制措施日期	委托评估日期	评估完成通知当事人	时限节点
13	送达当事人评估报告时限节点	5日	法院收到评估报告日期	评估报告送达当事人日期	启动拍卖/评估异议	时限节点
14	评估异议提起时限节点	10日	评估报告送达当事人日期	评估异议提交法院日期	评估异议审查	时限节点
15	评估异议审查时限节点	15日	评估异议提交法院日期	评估异议完成日期	启动拍卖/启动评估	时限节点
16	启动拍卖程序时限节点	15日	评估异议完成日期	拍卖裁定日期	拍卖成交裁定/启动二拍	时限节点
17	拍卖成功确认时限节点	15日	拍卖成交日期	拍卖成交确认裁定日期	结案	时限节点
18	启动二拍	30日	一拍卖流拍日期	完成二拍日期	拍卖成交裁定/启动三拍	条件+时限节点
19	以物抵债	15日	拍卖流拍日期	通知以物抵债日期	结案/启动拍卖（二/三拍）	条件+时限节点
20	启动变卖时限节点	15日	不接收以物抵债日期	发布变卖公告日期	变卖公告	条件+时限节点
21	拍卖或以物抵债移交时限节点	15日	拍卖确认日期/同意以物抵债日期	移交日期	结案	条件+时限节点
22	款物完成发放	15个工作日	款物到账日期	办理款物交付日期	款物支付	时限节点
23	结案时限节点	办理期限	立案日期	结案日期	归档	时限节点
24	归档时限节点	3个月	结案日期	归档日期	—	时限节点
25	启动恢复执行时限节点	7日	已核实有财产的日期	恢复执行裁定日期	启动有财产执行程序	条件+时限节点

表12－2　人民法院执行案件流程节点管理系统必要12个统计节点变更记录表

序号	简称	节点属性	备注
1	到账登记	统计数据分为登记总金额、发放总金额	
2	延长审限	统计数据分为延审未结、延审已结、审限内未结、审限内结案	
3	办案周期	统计数据分为延长超期未结、延期审限内结案、多次延审未结、审限内结案	
4	财产统查	统计数据分为财产查询人数、查询案件、查询到金额、督办	
5	结案管理	统计数据分为结案、执行完毕、恢复案件、继续终本	
6	失信	统计数据分为采取措施的人数、采取措施案件数	
7	限高	统计数据分为采取措施的人数、采取措施案件数	
8	拒执罪	统计数据分为采取措施的人数、采取措施案件数；需对采取措施的当事人和案外人进行区分	查询统计节点，从业务表中直接查询抽取
9	拘留	统计数据分为采取措施的人数、采取措施案件数；需对采取措施的当事人和案外人进行区分	
10	罚款	统计数据分为采取措施的人数、采取措施案件数；需对采取措施的当事人和案外人进行区分	
11	限制出境	统计数据分为采取措施的人数、采取措施案件数	
12	悬赏公告	统计数据分为采取措施的人数、采取措施案件数	

至2016年年底，江苏全省三级法院已全面运行新的"执行案件流程节点管理系统"，并全部与最高人民法院成功对接，实时向最高人民法院推送一次数据。

实践表明，信息化的执行案件流程节点管理系统充分体现出了以下特点：

第一，符合基层法院执行工作实际。依靠网络信息技术，实现了执行工作的"三个全程",即全程记录、全程规范、全程再现,有效地提升了执行工作的能力和规范化水平,符合基层法院执行工作实际。

第二,有利于促进执行工作的动态规范化管理。执行工作是碎片化的,没有像审判工作一样的固定场所、固定程序、统一载体,影响法院执行工作的不可控因素较多。基层法院执行工作的碎片化、事务性和繁杂性特征,对基层法院执行工作的规范化管理提出了不同于审判工作的特殊要求。通过执行案件管理系统,实现了对案件的动态管理,使执行行为尽可能规范化,当事人投诉的不规范执行和消极执行行为都得到了有效遏制。

第三,有利于"双向约束"。执行案件管理系统实现了对执行过程的全程记录,尤其是通过执法记录仪以视频方式记录,既是对执行人员的约束,促使其规范执行;也是对被执行人的威慑,使被执行人不敢轻易围攻和诬陷执行人员。

第四,有利于清理关联案件,打破执行僵局。执行案件管理系统将所有案件纳入系统管理,并根据当事人名称等设置关联、全网查询,江苏省高级人民法院执行指挥中心 2017 年通过该功能,发现全省法院同一被执行人涉及关联未结(含终本)案件超过 100 件的有 187 起,其中超过 500 件的有 6 起。这些案件通过执行指挥中心,统一交由案件主要集中法院的所在地中级以上法院执行,以打破财产处置权分散、执行款分配困难的执行僵局。仅江苏省高级人民法院提级执行的 4 起关联案件,共涉及案件 3671 件。其中一个被执行人涉案1300 多件,分散在全省 75 家法院,长期陷入执行僵局无法推进。但江苏高院提级执行后,很快取得明显进展。

第五,有助于最低成本地实现执行公开。执行案件管理系统建成后,实现了全程记录、全程再现,执行信息碎片的收集、交换、使用和保管问题进一步解决,执行公开的平台也就自然形成,而且在使用中没有加重执行干警的负担。当事人直观看到执行过程的所有节点,更能理解执行工作的事后救济性特征。当电子档案显示法院已经穷尽了各种手段和措施,查不到被执行人和被执行财产,或者被执行人的财产已经查实客观履行不能,那就不是法院消极执行,而是当事人应当自行承担的交易风险和社会风险。如果社会对法院的执行工作有质疑,法院也可以把电子档案向社会公开,以消除社会误解,获得社会理解和支持。

第六,为执行办案机制改革创造了广阔的空间。信息化条件下,执行人员可以通过在系统中设置不同权限的方式,根据案件类型和任务性质的不同组建团队、统筹调配执行力量，实现事务办理的专业化和集约化，既防止出现"一人包案到底"带来的问题，也有利于促进执行行为的规范化，根治"执行乱"。

第七，为执行工作大数据分析、科学决策提供了依据。执行案件管理系统将每个法院的全部案件、每个案件的全部流程纳入系统，为执行工作大数据分析奠定了基础，这包括个案信息智能分析和案件指标统计分析两个方面。在案件管理系统基础上开发的执行统计分析系统已投入使用，可以实现实时统计和显示全省三级法院收结案、财产调查、网络拍卖、信息公开以及实际执结率、到位标的金额等情况，并与同期数据对比分析。大数据分析的结论，又为微观个案研判和宏观科学决策提供了依据。

二、执行案件流程节点全程留痕技术分析及原理

（一）流程节点控制

1. 概述

案件办理过程中，为统一执行案件办案质量标准，规范执行工作，强化执行管理，需要对一些关键的流程节点进行监督和控制，实现一般节点超期预警、关键节点超期锁定，满足科学管理的要求。因此，执行案件流程节点管理系统以法官为主体、以办案为中心，以案件流程节点管理为基础，采用图形化流程管理界面，采用人性化人机互动模式，进行辅助办案。流程节点管理包括以下几个方面：

（1）流程节点控制：对案件办理流程中各个环节的关键节点进行数字化，保存并及时更新这些数据，以便跟踪审判动态、监督和分析个案的办理详情，辅助领导管理监督。

（2）自动预警和锁定：对临近各节点期限的进行"提示"（设置"提示+数字"窗口，数字闪烁，点击数字，显示案号、提示内容和倒计时时间列表）、"催办"（设置"催办+数字"窗口，案号、催示内容和倒计时时间列表滚动显示）、"锁定"（案号与锁定内容飞出，由下而上在窗口浮动，冻结的需院长或副院长审批方可解冻），达到动态监管、预警提示功能。

（3）节点考核：将绩效考核与流程节点绑定，对每个案件流程节点进行单独评分，时限内完成满分，超时限进行扣分。

（4）流程节点定义：包括：①流程节点定义：根据法院执行流程管理规

定，将案件办理分解为多个流程节点（或子节点），并配置流程节点的相关信息。②流程阶段定义：将流程节点进行分类并与案件流程的阶段对应，便于用户快速定位到流程节点。③案件流程定义：根据案件流程管理规定（或程序法），为每种案件配置流程阶段和流程节点。

（5）流程节点统计分析：案件各节点时间设置、实际运行时间和催办、锁定次数能实时统计，且需要统计的节点项、实际运行天数能任意组合生成，数字是对应案件数的，能点击查询具体的案件列表，点击案件能阅读业已形成的电子卷宗。满足全面评价、深度监督的需求。

2. 节点定义

系统以图形化方式设置流程节点的基本属性，并能根据不同法院、不同案件类型设置具体的案件流程节点。

（1）节点定义：可定义节点基本属性、前驱、后续节点，每个节点的开始日期、结束日期算法以及每个节点预警冻结类别和评分标准。

（2）案件节点定义：根据系统定义的节点生成本法院的案件流程，然后可通过增加、删除节点组成本院使用的某一类案件的流程，并实例化为案件类型流程；案件类型流程中的节点可设定其是否为必要节点。

（3）需管控节点：根据执行工作需要，主要对涉及执行实施案件的40余个重要节点进行管控：立案审查时限节点、分案节点、执行通知书节点、有足额财产案件进入程序节点、确无财产案件进入程序节点、网络查控时限节点、传统查控时限节点、保全措施时限节点、银行存款冻结时限节点、其他财产控制时限节点、开展查控时限节点、查控完成时限节点、网络查控次数节点、划拨时限节点、启动评估时限节点、委托评估机构时限节点、评估完成通知当事人时限节点、提异议权时限节点、异议复查时限节点、启动拍卖程序时限节点、启动二拍或三拍时限节点、拍卖成功确认时限节点、确定以物抵债程序节点、启动变卖时限节点、公告期限节点、启动执行制裁措施时限节点、支付执行款项时限节点、办理支付手续时限节点、结案时限节点、有足额财产报结启动节点、无财产约谈启动时限节点、提交执行新线索时限节点、启动恢复执行程序时限节点、归档时限节点、申请不计入执行期限节点、法律文书控制执行信息录入节点。

3. 节点导引

（1）主流程节点：系统通过图形化的方式展示案件主流程节点图，并能根据案件类型、标的种类动态变化，每个节点通过不同的背景颜色表示节点状态，便于法官了解案件的办理进展。

（2）子流程节点：针对执行实施案件财产处置过程中评估、拍卖、变卖，系统通过二级流程节点，对每个节点进行控制。

4. 节点预警

当法官进入流程节点管理系统时，系统对超过预警阈值的流程节点进行展示，并提供导航链接，辅助法官完成相应节点的工作。

当领导进入系统时，系统对部门各承办法官的超过预警阈值的节点进行展示，并提供催办功能，引导部门领导对本庭承办法官的预警节点进行督促、催办处理。

5. 节点锁定和解冻

对于需要锁定的节点，如果超期未完成，系统会自动预警通知并自动锁定。系统会以红色表示锁定节点，承办人不可以继续操作，必须提起解锁流程，等待部门领导审批通过后方可解锁，才被允许操作被锁定的案件。

6. 节点流转

节点流转包括完成、越过、返回、重启等几种情况。

（1）节点完成：当前节点完成后需要记载当前节点的完成情况，同时需要根据流程节点定义驱动后续节点，取消前驱节点中未处理节点。

（2）节点越过：根据案件的实际情况，需要越过相关节点进入下一个节点，可以有两种方式：①必要节点（或关键节点）由法官通过网上提交越过申请，领导审批后进入下一个节点；②非必要节点由法官自行确定是否越过。如"司法查控"一般设置为必要节点，但有些案件在审理期间有保全的财务可供执行，因此不必要经过"司法查控"节点而直接进入"财产处置"节点。

（3）节点返回：如在下一个节点完成后需要返回上一个节点进行处理。如经审委会评议后决定重新开庭的，而开庭节点已处理过时，需要提供"申请节点返回"功能，通过网上提交节点返回申请，经领导审批后重新进入某个节点。

（4）节点重启：重复启动某个节点，例如，评估后当事人提出异议可能需要再次启动评估节点。

7. 节点考核

通过节点对执行工作进行考核，节点流转过程中，系统会自动根据后台设定的标准，对每个流程节点进行单独评分，时限内完成满分，超时限进行扣分，最终每个案件会计算出一个总分。系统提供相同报表可统计分析某个区间内流程节点考核总分及平均分。

8. 节点统计分析

（1）流程节点查询：通过承办部门、承办人、案件类型、节点状态（提示、预警、锁定、超期锁定节点、超期未锁定节点）等条件查询当前时间点的流程节点情况（如案号、承办人、开始日期、届满日期、期限值、已过天数、剩余天数等）。

（2）流程节点动态统计：按案件类型统计承办部门、承办人在当前时间点的流程节点数量情况。

（3）流程节点时效统计：按案件类型统计承办部门、承办人在一定时间区间内，各流程节点平均处理天数。

（二）流程节点全程留痕

系统具备日志管理功能，系统日志记录的信息对于系统运行情况可以随时起到监控和调整的作用。系统日志针对需要跟踪操作过程的关键业务（如数据提交后的更改），或者易引发系统错误的操作（如数据导入）而设置，以便于进行操作分析和错误排除。

执行法官登录系统后，系统即开始以日志的形式记载法官的操作内容。

操作的节点包括系统登录、案件办理、执行系统核心 37 个关键节点操作处理等。

日志记载的内容包括处理人、处理时间、对应案件信息、处理人 IP 地址信息、数据提交前状态以及修改内容等。

所有的日志内容由系统自动产生，并且不能被修改和删除。

三、执行案件流程节点实时监控技术分析及原理

为了监控执行案件流程节点系统的使用情况，需要建设一套"探针"系统，以达到风险预警和态势分析的目标。

1. 探针数据汇聚流程

探针系统上报流程：

第一步：各业务系统/模块按照统一的数据上报接口规范要求，采集相应

系统模块访问性能数据，并生成日志文件。

第二步：各业务系统通过 FTP 方式上报文件到探针数据采集服务端。

第三步：探针数据采集服务端接收数据，并生成系统应用性能报告。

2. 数据采集范围

（1）系统登录。执行法官登录进入系统界面耗时。

（2）案件立案。立案法官输入立案信息后，点击案件立案编号耗时。

（3）案件查询。执行法官输入案件查询要素后，点击查询到显示结果耗时。

（4）案件报结。执行法官登记完案件结案信息，点击案件报结耗时。

（5）网络查控。执行法官从执行案件个案登录到网络查控系统，点击登录到显示页面耗时。

（6）信用惩戒。执行法官从执行案件个案登录到信用惩戒系统，点击登录到显示页面耗时。

（7）标的网拍。执行法官从执行案件个案登录到网拍系统，点击登录到显示页面耗时。

3. 执行数据上报

（1）系统登录。执行法官登录进入系统界面，按照规范约定的格式记载用户登录日志耗时情况。

（2）案件立案。立案法官输入立案信息后，点击案件立案编号耗时，按照规范约定的格式记载用户立案日志耗时情况。

（3）案件查询。执行法官输入案件查询要素后，点击查询到显示结果耗时，按照规范约定的格式记载用户查询案件耗时情况。

（4）案件报结。执行法官登记完案件结案信息，点击案件报结耗时，按照规范约定的格式记载用户报结耗时情况。

（5）网络查控。执行法官从执行案件个案登录到网络查控系统，点击登录到显示页面，按照规范约定的格式记载用户报结耗时情况。

（6）信用惩戒。执行法官从执行案件个案登录到信用惩戒系统，点击登录到显示页面，按照规范约定的格式记载用户报结耗时情况。

（7）标的网拍。执行法官从执行案件个案登录到网拍系统，点击登录到显示页面，按照规范约定的格式记载用户报结耗时情况。

4. 数据发送

系统设置定时任务，定时将生成的操作日志文件上报给探针接收 FTP 服务器。

四、流程节点管理的深化和拓展——移动办案系统和微信办案系统

（一）执行案件管理系统在实际使用中的问题

1. 信息录入滞后，且后期录入工作量大

传统执行工作信息采集方式是执行人员外出执行后，回到办公室将相关信息录入执行案件管理系统中，以此形成执行流程管理数据和电子卷宗，无法做到在信息形成的同时即录入系统。按照最高人民法院的执行管理流程平台要求，每个案件要录入 37 个执行流程节点信息，后期录入的工作量很大。

2. 执行法律文书无法现场制作

大部分执行工作需要在法院之外完成，现场执行情况难以预料，需要根据执行现场重新制作文书。例如，去外地查封被执行人的房产时，发现被执行人还有股权、车辆等财产，若从外地回到单位重新制作执行裁定，极可能丧失控制财产的最佳时机。所以，一直以来，执行人员往往采用手写法律文书的方法，现场制作执行裁定书。但是，手写的法律文书在规范性上面存在一定的缺陷，易被质疑，也存在执行人员滥用执行权的风险。

3. 执行案件流程节点多、时间要求高，容易发生疏漏

由于执行人员办理的案件多，对应在时间节点内采取的相应执行措施，难以管理，容易疏漏。如法律规定，执行人员在收到评估报告后，5 日内将评估报告送达当事人，但往往因为工作繁忙，容易出现晚一日或两日送达给当事人的问题。再如，大量案件的财产查封期限、续封期限等，都需要承办人自己记录，查封期限一般长达 3 年，让承办人做到全部记住 3 年后的期限，存在一定的困难，所以容易出现期限届满前才发现即将到期、甚至过期的问题，由此存在执行风险。

4. 执行信息公开不及时且互动性较弱

"当事人找不到承办人、不了解执行进程"，一直是当事人反映最多的问题。由于承办人经常外出执行，确实存在当事人找不到承办人的问题。即使法

院已经提供了可通过密码登录查询执行信息的网站，但由于缺乏互动性，执行信息公开的及时性和有效性仍难以满足当事人的需求。

（二）移动办案系统和微信办案系统

解决上述问题的思路，就是根据执行案件办案特点，让案件管理系统也随着执行人员的脚步移动起来。在诉讼案件的审理，有一处固定的场所即法庭，有一个完整的程序即开庭，有一份全面的文书即判决书，电脑系统中的案件管理系统已经足以满足诉讼案件审理工作的需求。但与之相比，办理执行案件既没有固定的场所，又需经过不同环节、多个节点，还需要根据情况出具诸多不同种类的法律文书，也就是说，在执行工作中，人和事是不停流动、不停变化的。这种情况下，让不停流动、不停变化的人和事，去适应固定在电脑里的案件管理系统，必然会降低执行工作人和事的效率，而效率是执行程序的最高价值追求。要解决这一问题，只有让案件管理系统去主动适应执行工作中人和事的节奏，即让案件管理系统也移动起来。智能手机的普及及其性能的不断提升、功能的不断丰富，为实现这一目标提供了可行的技术解决方案。

如南通市中级人民法院，于 2017 年自主开发并在全国率先推出与最高人民法院执行案件管理系统对接的执行 App，其主要功能包括：

一是现场采集并同步录入信息，提高执行效率。执行 App 具备现场采集录入信息、上传信息、处理信息和管理信息功能。如查封房产，在张贴公告后，现场将查封时间、查封标的信息和查封公告等录入执行信息管理系统。在查封、扣押动产时，对被查封标的录像取证后自动上传导入执行信息管理系统，以便于对执行案件流程节点的管理，同时对执行措施和现场执行情况进行后方研判，由执行指挥中心发出指令，及时在现场处置。相关查封、冻结、扣押、拘留、搜查等强制措施，都可以现场导入执行案件管理系统。执行 App 在法院专网中运行，也确保了执行流程和执行信息的安全。

二是现场制作法律文书，促进执行规范。执行 App 开发了自动生成法律文书功能，并与电子印章对接，现场生成电子文书，通过蓝牙打印机，直接打印规范文书。同时，能够落实文书签发审批制度，运用电子签章系统，将异地制作的文书远程传至执行案件管理系统，通过执行局局长在系统上审核签发后，即可依法送达，防止权力滥用。

三是实现案件流程提醒，管控执行风险。执行 App 开发了流程信息提醒功能，对查封期限等系统会提前自动发送信息给承办人和执行局局长，并告知当事人及时提出续封申请，法院及时采取措施，防止当事人利益受损和执行失职情况发生。

四是服务案件当事人，强化执行公开。执行 App 研发了当事人查询案件信息的功能模块，当事人可以通过执行 App 查询案件的进程，向承办人提供执行线索和执行建议。执行 App 通过短信功能将承办人录入采集的信息自动发送给当事人，当事人随时了解自己案件的办理进程，不会再出现"找不到承办人、不了解执行进程"的问题。当事人只要安装法院诉讼服务 App，进入执行模块，就可以了解案件相关信息，并可以通过手机与承办人进行互动沟通。

南通市中级人民法院执行 App，具备了执行法官的移动办案平台、外出执行的信息采集平台、案件信息的研判处理平台、执行风险的预警提醒平台、执行案件的移动监督平台、执行信息公开及与当事人互动的平台等功能，成为采集案件信息的"中继站"、促进执行公开的"连心桥"，提升执行质效的"助推器"。

除了手机 App 之外，江苏省高级人民法院还探索借助手机网络社交平台，实现执行案件管理系统的"移动化"。2017 年 11 月，江苏省高级人民法院借助微信平台，与腾讯公司联合推出全国法院系统首个移动互联全业务生态平台——"微法院"。"微执行"是其中最主要的功能之一，已经在全国率先投入使用。结合江苏省高级人民法院执行系统建设应用情况，搭建符合江苏执行业务需求的整体解决方案，含微信小程序公众端、微信小程序干警端，主要满足干警在外勤过程中的办公办案与在外审批等需求。基于横向体系搭建的执行平台，互联网侧属于江苏微法院生态平台体系，与各横向系统之间有着较好的兼容性与协调性，功能上干警端支持打通办公办案等模块，公众端关联微保全、微救助等模块，形成从调解、立案、保全、开庭、执行的业务闭环服务。专网侧与江苏高院数据中心能力共用、数据互通，能够为后续执行研判分析工作提供底层支撑。面向案件当事人，平台可以提供在线预立案，智能辅助生成标准化申请材料；通过人脸识别技术，平台在执行流程的各个节点进行人脸核验，方便当事人快速参与执行活动；证据和线索提交等流程也可通过微信完成；"一案一群"设置，使流程节点告知、证据材料提供、案情交流讨论、流程文书送达更加便捷；当事人还可以通过微信申请在线阅卷、查看执行视频。面向办案法官和其他执行人员，平台可以推送关联案件，生成被执行人履行能力画像以及案情分析报告；提供微信听证排期、期限变更、文书审批、电子送达等服务，让执行人员可以随时随地处理案件；还可以实现远程微信听证、会商，无论当事人身处何地，执行听证、会商都可以有序开展。依托微信庞大的生态圈，"微执行"还可以不断完善功能设置，链接更多行业，形成"微执行"生态圈。而且与手机 App 相比，将执行案件管理系统延伸至微信这一社交平台，更便于不特定使用者（当事人）的接入和使用，更便于执行人员与当事人的互动沟通，也更便于以较低的开发成本不断拓展更深层次的应用。

"江苏微执行"小程序是根据江苏法院执行业务需求定制开发，相关功能和数据自主可控，平台依靠数据中心内外网数据实时同步。"微执行"小程序宣传推广较早，截至目前已有相当量级干警和公众用户使用，微执行公众端和干警端同样基于微信小程序，不仅在使用上免除安装、注册、手机权限授予等复杂流程，而且产品 UI 和交互风格得以延续，用户无须再学习适应，随搜随用，易于推广使用。

因此，从长远的发展看，基于移动客户端微信平台的执行案件管理系统，更契合执行权的运行规律和执行工作的特点，也更符合执行工作在案件办理、管理方面的现实需求，应当成为今后一段时期执行案件管理系统进一步升级改造的主攻方向。

第二节　执行案款管理机制

执行案款管理以往是执行规范化建设的薄弱环节之一。一方面是案款收退手续烦琐，效率低下，且费款管理信息与案件信息不共享，大量不明款项积压；另一方面是案款管理的要求不完备、不周延，存在一些管理漏洞，存在挪用、侵占、贪污执行案款廉政隐患。这不仅影响当事人合法权益的及时兑现，也严重影响司法的公正和公信。《最高人民法院关于落实"用两到三年时间基本解决执行难问题"的工作纲要》为此特别提出："在全国法院部署开展执行案款专项清理，集中解决执行案款管理中的历史遗留问题。通过清理活动建章立制，制定出台执行案款管理办法，全面实现执行款物的信息化管理，确保对执行案款的流转与发放透明高效，全程留痕、全程公开。"2017 年和 2021 年，最高人民法院又先后印发了《关于执行款物管理工作的规定》和《关于进一步完善执行权制约机制加强执行监督的意见》，对执行案款管理的职责、程序、时限等提出了新的要求。

江苏法院在执行指挥中心建立案款管理平台，以清理执行暂存款为契机，以信息化为手段，改变了传统的半手工式的费款管理模式，形成了以"一案一人一账号"系统为核心的执行案款管理新机制。

一、执行案件暂存款专项清理

（一）专项清理工作的主要做法

2014 年下半年，无锡市中级人民法院对辖区基层法院执行案件暂存款进行了清理。这些暂存款主要是执行款长时间留存在法院，相当一部分无案号可查，不仅影响当事人权益的及时实现，也形成了潜在的廉政风险。江苏省高级人民法院经初步摸底，发现全省其他法院也存在类似情况。为保障当事人合法权益，健全执行款物发放制度，防范廉政风险，江苏省高级人民法院决定于2015 年 3 月至 11 月，在全省法院开展一次执行案件暂存款发还专项清理工作。经过专项清理，初步解决了执行案款管理中的历史遗留问题。在此基础上，根据最高人民法院、最高人民检察院联合下发的《关于开展执行款集中清理工作的通知》要求，2016 年再次开展执行案款专项清理工作，至 2016 年年底已基本完成清理任务。

第一，全面清查，及时发还。本次暂存款清理工作涉及的暂存款清理范围，为 2015 年 2 月 1 日前进入法院账户但尚未发还申请执行人的执行案件案款。暂存款无法甄别是否为执行案款的，先纳入清理范围，并逐笔说明情况。全省各级法院执行局与财务管理部门密切配合，认真清理滞留法院账户上的执行暂存款以及其他账户，或者个人银行账户上的执行案款。对于能够发还申请人的立即发还；对滞留时间较长，执行案件和发还对象不明的案款按照"以款找案"的方式，使款项与执行案件能一一对应，调阅卷宗查明情况后，及时联系当事人予以发还或清退；执行款物与执行案件无法一一对应导致无法发还或清退的，由各级法院建立"汇总台账"上报江苏省高级人民法院。

第二，开发软件，规范流程。为提高清理效率、规范清理流程，便于各级法院登记、统计执行案件暂存款清理工作情况，便于上级法院即时掌握、监督、检查清理工作，江苏省高级人民法院专门开发了"执行案件暂存款清理登记统计软件"，并编辑了《软件操作手册》下发。对纳入清理范围的暂存款要求逐笔登记在"执行案件暂存款清理登记统计软件"中，各级法院暂存款清理工作情况的认定以该软件登记、统计情况为准。该软件具备登记、查询、分类、统计等功能，可根据暂存款是否与执行案件案号对应、暂存款金额大小、暂存款留存法院时长进行分类，可对某法院、某地区所有法院或全省法院在某一时间区间的暂存款金额、留存时长及其清理情况自动统计，上级法院有权浏览、查询、统计辖区所有法院情况。同时加强保密措施，软件设置专用账号管理，无关人员不得使用该软件。该软件系统的设计思路，被最高人民法院"全国执行案件暂存款清理系统"参考借鉴。

第三，专业指导，严格审查。邀请专业财会人员，指导清理查找账册，查找案件线索；协调档案管理部门，对 20 世纪 90 年代以来的老档案，逐案查阅执行卷宗查找线索。对发现的可供执行的款项，按执行案件标准，予以恢复审查，坚持法律文书、暂存款线索、审批程序必须按办案流程流转，层层把关，确保支付的执行款不出差错。

第四，明确责任，强化监督。在清理工作中，全省各级法院纪检监察部门同步参与实时监督，并对现有暂存款总数、清理发还的每一笔款项、无法清退的"汇总台账"的真实性出具"审查意见"。江苏省高级人民法院还要求各级法院在清理的同时，应商请审计部门同步审计并出具审计报告，以确保所有执行款项及时清结。专项清理工作结束后，江苏省高级人民法院纪检监察部门、财务管理部门、执行部门共同组织联合检查组进行抽查，凡存在瞒报情况的，根据《人民法院工作人员处分条例》第 60 条的规定对直接责任人员进行处理。

（二）未能清退发还暂存款的主要类型

当前导致暂存款清理困难的原因主要有两个方面。一是识别困难。因地方财政管理制度要求，各级法院只设有一个对公账户，致使诉讼案件与执行案件中的来款近年来均混同到一个账户中，执行费、保全费、诉讼费、执行款等难以区分。加上有的银行协助扣款对账单或当事人缴纳款项对账单备注不详、有的被执行人缴纳执行款后没有及时通知法院、案件承办人重执行轻发放等原因，使大量款项的缴款人或对应案件识别困难。二是清退困难。有的诉讼费与执行款需要退还或发还当事人，但因间隔时间太久，有的案件因当事人灭失或联系方式变更，已无法联系，暂时无法清退；有的案件因承办人退休或调离，清退工作进行困难；还有的案件需清退的金额在百元以下，清退意义不大，且清退工作成本高。

专项清理工作中，经过梳理，发现暂存款未得到及时清退的主要有以下几种类型：

一是"长期型"。执行案件中，有一部分案件涉案金额较大，但被执行人暂无全部还款能力，只能分期履行，导致履行的期限较长，而申请执行人不愿每月往返于法院，因此，多数申请执行人愿意一年认领一次或全部履行完毕后集中领取。

二是"失踪型"。执行中，许多申请执行人为外地打工者，且长期流动务工，离开本地后，更换电话号码，承办人长期联系不到申请执行人，无法发放执行款，执行款只能滞留于法院账上。

三是"待定型"。执行款项认领不及时。执行过程中，强制扣划被执行人银行账户款项，但协助扣划的银行在汇款的过程中忽略备注被执行人的信息，加之承办人员不及时认领，从而导致该种类型的执行款滞留在法院账户上。有不少款项汇款时仅注明法院扣划款、拍卖款等，导致法院无法将这些款项与具体案件一一对应，另有一些案件由于汇款的主体并非案件当事人，故此类情形下查找对应案件十分困难。

四是"保全型"。执行中，一案申请执行人为另案的被告或被执行人是常有之情形，因此，常常会发生诉讼中财产保全和执行中财产保全，尤其是诉讼中的另案保全往往对应的期限更长，这在客观上造成了执行款未能及时拨付的假象。

五是"分配型"。执行中，存在被执行人为同一人的系列案件，该种类型的被执行人往往资不抵债，法院执行其全部财产后不能清偿所有债务，因此，需要制订参与分配方案，而制订参与分配方案及获得债权人认同的期限较长，这也在客观上影响了执行款的及时发放。

六是"流转型"。江苏法院自 2015 年启动案款管理系统，执行款项收支处理都需电脑开单。但各承办人的账户具有保密性，而执行局人员流转较为频繁，执行案件交接过程中，有时忽略了对执行款的交接问题。

（三）关于建立暂存款清理长效工作机制的思考

通过暂存款清理工作，发现目前执行案款管理中主要存在以下问题：一是法院账户单一。多年来，法院所有费款均只能使用同一个银行账户，诉讼费及执行款等涉案款项的管理仅依靠一个财务记账软件，极易导致执行案款与其他性质款项混同。二是费款管理信息与案件信息未建立关联。费款收退均需要人工对账，不仅管理效率低，而且费款信息不透明，出现问题查实困难，这也给截留、侵占、贪污执行案款留下了可乘之机。这种传统的半手工式的费款管理模式已经不能适应现代法院的管理要求。三是费款收发信息在法院与当事人之间缺乏有效沟通。有的被执行人缴纳执行款后不通知法院，也不具体告知缴款明细。有的申请执行人在申请执行时未留下联系方式、收款账号，或联系方式发生变化后未及时通知法院，导致法院无法联系放款。有的执行款到账后法院不及时通知申请执行人，结案文书（如结案通知书、终本裁定书）中有时也不写明案款收发情况，执行款发放信息未能做到公开、透明。四是费款收发程序缺乏外部监督。对执行人员现场收取和交付现金等款物，缺少严格的程序性规定。执行人员发生流动移交案件时，执行款物如何交接的要求亦不明确，造成案款一旦未及时发放，积年累月就可能成为旧账。

结合专项清理工作开展情况，江苏省高级人民法院就建立暂存款清理和执行案款管理长效工作机制向最高人民法院提出了一些建议。有的建议已经被最高人民法院在开展执行款集中清理工作中和《关于执行款物管理工作的规定》中吸收采纳，如细化执行款物收发和入账的期限要求、利用公共传媒以公告形式通知申请执行人领取长期暂存的执行款等。

有的建议尚待与相关部门进一步会商后付诸实施，如利用执行暂存款利息设立执行救助基金。一方面，尽管经过大规模清理，目前仍然在法院账户中积存了一定金额的、无人认领的执行案款，这些暂存款的利息长期闲置无法发挥效用。另一方面，在被执行人确无财产可供执行而导致申请执行人生活困难的情形下，对一些生活窘迫、陷入困境的申请执行人有必要通过国家实施救助，但执行救助资金却往往捉襟见肘、不敷使用。一边是法院账户暂存款利息闲置，另一边是申请执行人执行救助资金不足。这一"多"一"少"的矛盾，或可以通过利用执行暂存款利息设立全省执行救助基金的办法加以解决。

首先，执行暂存款利息的归属，决定了其可以作为执行救助基金。执行暂存款是人民法院通过司法强制力将被执行人应当交付给申请执行人（债权人）的款项暂时扣划至法院账户而形成的。这部分款项基于各种原因，或无法找到债权人，或债权人不愿意受领，或因涉及其他案件暂时不具备受领条件，而暂时或长期存放在法院账户中。从本质上讲，执行暂存款应为申请执行人（权利人）所有，指向是具体明确的，人民法院在此过程中仅起到类似于提存机构的作用，是暂时的保管人。但是因为时间久远申请执行人（权利人）下落不明或其他原因，导致人、案、款不一致，部分执行暂存款的指向变得模糊，无法弄清楚具体的权利人。此时，作为种类物的金钱，应依照占有即所有的公示特点，在人民法院实际占有期间，执行暂存款的所有权暂时归国家所有。当然这种所有权是具有"可回复性"的所有权，一旦申请执行人（权利人）出现或者满足受领条件，执行暂存款的所有权便应予以回复。

执行暂存款的利息作为执行暂存款的法定孳息，根据《物权法》关于法定孳息归属的规定，法定孳息有约定的，按照约定取得，没有约定或约定不明确的，按照交易习惯取得。按照交易习惯，法定孳息属于所有权人所有，即与执行暂存款相同，本质上，执行暂存款的利息归申请执行人所有。但是，因无人受领，在法院占有期间，这部分利息暂时归国家所有。既然为法院代为保管下的国家所有权，在附随于执行暂存款回复给申请执行人（权利人）之前将其作为执行救助基金便无权属上的障碍。当然，执行救助基金每年设定的具体数额要小于执行暂存款每年产生的利息，以便于申请执行人（权利人）出现或具备受领条件时，不影响对其执行款的正常发放。

其次，国家司法救助基金的有限性亟须有效补充。国家司法救助基金是为解决司法活动中对困难群众的救助而设立的，其涉及司法活动全过程，且在救助对象的范围上更倾向于刑事案件的被害人、受迫害的证人等。涉及执行领域的救助仅限于追索赡养费、扶养费、抚育费的申请执行人，范围极其狭窄。执行工作近年来成为社会矛盾聚集的领域，很多权利人经过诉讼程序获得了胜诉的判决，却因被执行人无履行能力，而使自身生活陷入困境。在法院判决没有办法得以实现的情况下，利用执行暂存款的利息对生活困难的执行权利人予以救助，可以有效缓解矛盾，弥补国家司法救助在救助对象和救助金额上的不足，全面发挥国家救助的功能。

二、"一案一人一账号"费款管理系统

为从根源上解决执行案款不清的问题，部分法院探索建立"一案一人一账号"的费款管理系统。江苏省高级人民法院自2013年起在全国率先立项研发该系统，2015年12月试运行，至2017年9月，全省三级法院已全面启用该系统。

（一）费款管理系统设计的总体思路和架构

该系统设计的总体思路，一是在审判执行系统、银行交易系统、费款管理系统、财务核算系统，以及财政非税管理系统之间搭建一个信息实时交互共享

的数据平台。二是充分将现代化的信息管理手段融入费款管理，为审判执行、当事人诉讼提供更加公开透明、高效便捷的服务。三是建立全省法院共用共享的费款数据统计分析系统，通过及时准确的数据统计分析，为审判执行工作提供更加全面精准的数据支持。

该系统设计的总体架构，一是费款管理系统和审判管理系统高度融合。审判执行人员和财务人员在各自的管理界面下进行操作，相关数据信息通过费款系统在审判执行管理系统和财务管理系统间进行实时的有识别性的共享对接，既提高了工作效率，又保护案件信息的安全。二是管理系统采取全省集中部署。江苏省高级人民法院与银行建立数据接口，全省法院的费款收付信息通过银行的省级专线在江苏省高级人民法院进行数据交换后，传入费款管理系统，并通过法院内网同步匹配到各家法院。三是全省法院费款管理财务软件采取省级集中部署的模式。即在江苏省高级人民法院内网部署一套财务管理软件系统，全省各级法院通过法院内网，以浏览器登录的方式接入江苏省高级人民法院服务器，全省法院诉讼费及执行款等涉案款项数据统一存放在江苏省高级人民法院服务器上，财务管理软件内部可实行分级分权限管理并对全省法院数据进行自动统计分析。

这种集中部署的方式，一方面便于全省法院费款的集中统一规范管理，提高数据管理的效率；另一方面也大大降低了项目的整体成本，整个项目费用由江苏高院负担，各级法院免费使用。

（二）主要功能

费款管理系统的操作流程为：执行人员通过执行系统打印具有本案虚拟账号的书面通知，告知被执行人将款项划入该账号。执行款到账后将自动匹配至该执行案号下，系统可通过专用频道或短信提醒案件承办人员，款已到账。财务人员确认后打印收费票据，系统可推送短信告知有关当事人到账信息，同时进入执行款发放的跟踪阶段。执行款发放时，系统支持一个或多个申请人的批量发放，以及执行费的同时扣划功能。承办人员在执行系统中提起发放申请，经审批后发财务人员，财务人员审核后，打印银行付款票据或通过网银直接将款项划付。款项付出后，系统可推送短信告知承办人员和有关当事人。当款项分次发放时，后次发放提起申请时，系统自动将之前的发放情况链接至申请审批表中，防止款项发错，发放金额超出收款金额时，系统将不允许发起申请。财务人员根据资金收付自动生成相关往来明细账，系统可根据财务管理和执行工作需要分类生成执行款的有关报表和分析图。

这一费款管理系统具有以下四方面的功能优势：

一是实现"一案一人一账号"的精细化管理。系统通过引入银行"收款管家"这一金融产品，在法院费款实体银行账户下，根据每个案件生成一个交款专属虚拟账号，此账号与一审案号（执行案号）关联，当事人（被执行人）将款项缴入虚拟账号后，相关信息通过系统实时与案件匹配；二审案件的专属账号由一审承办法官通过审判系统在判决书中自动生成，此账号与二审法院实体账号捆绑，并与一审案号关联，当事人若交费，信息通过一审案号自动匹配到二审案件下；专属账号实行分账标识，账户内无资金沉淀，资金直接进入专属虚拟子账号。专属虚拟子账号根据法院审判执行工作需要，事先预留足够数量。"收款管家"的使用，是费款在进入法院账户那一刻起就贴上了"案号"这一唯一性识别标签，做到了一案一人一账号、一案一款一管理，从源头上杜绝了不明款项的问题。

二是实行一站式网络化费款流转管理。通过对立案、交费、开票、退费、核算等工作流程的网络化管理，实行数据一次录入，全程共享；采用电子签章，审批手续网上完成；开通判决书随款推送，附件可扫描上传等功能；自动套打收据、银行票据，自动生成会计凭证和账簿报表，等等，建立一站式、多功能、信息化的费款管理平台，大大简化了工作程序，减少了重复劳动，提高了工作效率。

三是开通多元化的便民渠道。在当前"互联网＋"的时代，费款系统开通了包括 POS 机、ATM 机、企业网银、个人银行、自助终端、手机银行等多样化的支付方式，大大方便了当事人缴纳执行费款；在全省诉讼服务网上开通网上立案交费功能，当事人在网上点击即可跳转到开户银行网站进行交费，真正做到足不出户就能在网上完成指定类型案件的立案；通过当事人预留、银行收费信息返传等渠道，获取案件退费（款）账号，案件审结后，法官主动启动退费程序，有效解决应退未退款项沉淀问题；系统与短信平台实现无缝对接，费款收取和支付信息经法院财务部门确认后，以短信方式告知有关案件当事人，最大限度为当事人提供便捷、公开的费款信息服务，让当事人在费款管理中也能体会到公平、公开和公正。苏州吴江等地法院还进一步拓展了执行款支付方式，在法院寄送给当事人的执行通知书等文书上，法院会附上履行款"二维码"，提示当事人可通过手机扫码付款的方式履行义务。当事人收到后，运用微信或者支付宝扫描"二维码"，登录页面，按照文书所载明的金额进行转账，即可足不出户完成支付。

四是强化费款的内控监管。系统设置了费款到账提醒、诉讼费催缴提醒、执行款延期支付监控、数据分类统计分析等功能，强化费款管理的内控监督和管理。银行将到账信息传入费款系统后，系统可通过在审判管理系统中的专用提醒频道或通过短信提醒承办人员；案件审结后，判决被告承担诉讼费，系统提供催缴提醒，对拒不交款的，按程序自动移交有关部门处理；执行款进入法院账户后，系统提供专门界面，供承办人员及各级领导及时了解和跟踪款项的发放情况；通过建立全省费款数据统计系统，根据审判执行工作需要对数据进行分类统计和分析管控。

（三）应用效果

"一案一人一账号"费款管理系统投入使用以来，至2021年年底，江苏全省三级法院已使用该系统收到费款（含诉讼费、执行款、调解款等）8 650 814笔，其中执行款2 300 706笔，金额合计4913.95亿元。从各方反馈的意见看，效果良好。

一是大大提高了工作效率。审判、执行部门普遍反映：款项到账后直接进入审判执行管理系统，不再需要到财务确认；退款可在网上进行，不再需要来回找领导审批；每一笔款项划付情况、沉淀时间都有提醒，案件承办人心里更有数。财务人员也普遍反映：业务部门电话少了，再也不用每天盯着账页来回找了；再也不会开发票、支票开到手酸了；再也不用担心款退错了、退重了；再也不用来回翻档案、找凭证清理不明款了。

二是有效维护了当事人权利。系统在积极拓宽交费渠道，力推各种方便当事人的收支款方式时，更加注重对当事人在费款方面应有的合法权益的保障。如主动按时退费（款）、支付执行款时及时向当事人告知相关信息，使案款流转过程更加公开透明，当事人履行义务或兑现权利的知情权得到充分保障。

三是切实规范了费款的管理。规范费款管理一直是各级法院关心重视的问题，虽然目前的费款管理规定已日益完善，但是由于案件的数量庞大，制度真正落实到位存在难度，有的法院在管理中深感力不从心。有了费款管理系统，许多以前难以解决问题迎刃而解，如款项与案号不匹配、支付执行款期限难以管控等。更从技术层面阻断了具体办案人员挪用、截留、贪污执行案款的可能性。系统投入使用以来，2016年至2017年未发现一次涉执行案款收支的违法违纪情况。

（四）全省法院进一步规范和使用案款管理系统，规范执行款管理工作

全省法院"一案一人一账号"执行案款管理系统上线运行以来，全省大多数法院能够按照最高人民法院和江苏省高级人民法院要求，严格使用"一案一人一账号"系统，切实加强对执行案款的规范管理。但是，也有一些法院案款管理系统仍然存在管理不到位、不全部使用、系统空转、款项科目混乱、无虚拟子账号等现象。为全面实现全省法院执行案款的信息化管理，切实加强对执行案款的有效监管，确保每一笔执行款流转和发放高效透明，应对进一步规范和使用案款管理系统，规范执行款管理工作提出明确要求：

一是必须严格实行"一案一人一账号"管理。按照最高人民法院和江苏省高级人民法院党组要求，全省法院应当采取"一案一人一账号"的方式，对执行款进行归集管理，案号、款项、被执行人或交款人应当一一对应。江苏高院执行指挥中心在日常监管中发现，不少法院案款管理系统中，到账信息仅有入账金额和银行主账号，其他相关信息如案号、虚拟子账号、被执行人姓名或名称、交款人姓名或名称、交款用途等信息均缺失，到账案款无法与相关案件一一对应，每笔案款均需人工到案款管理系统中进行比对确认。各级法院要对执行案款系统是否实现"一案一人一账号"功能进行自查，坚决杜绝案款管理系统形同虚设、功能缺失，起不到任何监管作用的问题。

二是必须建立执行案款单独科目管理并对系统往来款及时清分。各级法院执行款必须实现专户管理，或在案款专户中设置执行款科目，实现对执行款的专项管理、独立核算和专款专付。目前，仍有部分法院案款管理系统中没有建立相应执行案款科目，执行案款、民事案款、刑事案款等混在一起，且没有及时确认清分。江苏高院执行指挥中心监管平台调取的案款数据，无法准确反映各级法院真实的执行款收取和支出情况。对目前尚未清分的法院必须立即进行整改。一方面，与开户银行沟通，建立执行款专户和"一案一人一账号"虚拟子账号，进行逐案清分；另一方面，在案款管理系统中设置相应的执行案款科目，确保执行款与其他案件款有效分离。

三是必须严格履行执行案款发放手续。在发放执行案款时，执行人员必须填报执行案款发放审批表，报执行局局长、主管院领导逐级审批，相关审批材料入卷。没有执行案款发放审批表的，财务部门一律不得发放案款。超30天未发放并有法定情形可延缓发放的，必须报由执行局局长、主管院领导逐级审批同意，相关证明材料入卷。财务部门在办理执行款支付手续时，除查验执行

款发放审批表外，还应根据发放审批表，在案款管理系统中对该笔执行款项进行确认；未经确认清分的无名款项，一律不予发放。当事人自动现金履行的，应当直接缴纳至法院执行案款专户；执行人员收取现金的，应当有两名执行干警在场的证据，并制作笔录，执行人员和交款人签名，相关材料入卷。

四是必须保持线上线下信息一致。账务部门和执行部门要按照工作分工，认真履行工作职责，严格规范工作流程和财务管理制度，确保案款管理系统、执行流程系统和卷宗材料显示案款信息保持一致。案款管理系统中执行款进出账金额要与执行流程系统中案款发放节点数据实时关联，并与财务记账凭证、相应票据保持一致。办理所有执行款的收取发放手续时，财务记账凭证、相关票据纸质入卷，并全部扫描到执行流程系统中，形成电子卷宗，随时可查。对案款发放材料不全的案件不得报结。

三、前瞻性运用：区块链（司法链）可信操作技术

（一）概述

从科技层面来看，区块链是数学、密码学、经济学、社会管理学、互联网和计算机编程等很多学科交叉、优势互补而来的新型科技产品。从应用视角来看，简单来说，区块链是一个分布式的共享账本和数据库，具有去中心化、不可篡改、全程留痕、可以追溯、集体维护、公开透明等特点。

遵循最高人民法院"一平台、两网络、高权威、全业务"的司法区块链建设总体思路，加强区块链（司法链）技术在法院信息化工作中的应用，利用区块链技术加强数据的真实性、安全性以及可追溯性，释放区块链技术在提高司法能力、提升司法效能和增强司法公信力等方面的应用价值。

区块链（司法链）技术在执行案款管理上的深度应用将充分发挥区块链技术的优势，立足中央全面依法治国委员会《关于加强综合治理从源头切实解决执行难问题的意见》将江苏省委全面依法治省委员会实施方案作为"一把手"工程，有机融合区块链技术与执行案款管理系统业务数据，将执行案款管理系统从收到执行案款到执行案款发放全过程的相关系统操作/审批日志、执行案款文书等信息对接进司法区块链，通过建立司法区块链存证平台，对业务系统上链数据进行存证及验证；同时建立司法区块链大数据服务平台，将各业务上链的信息进行汇总、统计，并以法院需要展示的维度进行数据展示；最后建立司法区块链智能合约平台，将执行案款发放操作以智能合约进行自动触

发，从而全方位提高司法链在执行案款中的渗透率，并发挥保障作用。

（二）价值亮点及可行性

1. 提升法院司法效能，增强司法公信力

通过打通司法区块链与法院案款管理系统，将关键的、核心的数据和信息进行上链存证，规避高发违规和高风险行为，进而提升法院司法效能，增强司法公信力。

2. 降低业务审批采信成本，提升内部管控力

通过司法链证据中心的运用，为法院管理者提供便捷的存证材料真伪核验工具，从而提高院内执行案款事务的审批效率，提升内部管控能力。

3. 打造区块链 + 执行创新应用

通过构建区块链存证平台 + 智能合约平台 + 区块链数据平台的创新型司法链应用，将司法区块链技术渗透执行案款各个环节，从而实现对执行案款发放全过程进行全方位保障。

4. 搭建司法智能合约应用，推动执行案款自动发放新模式

建设司法链智能合约在执行案款发放中的应用，以法院现有案款发放规范为基础，实时监控法院内部审批流程，根据审批情况自动触发智能合约，向当事人发放执行款，减少人为对执行案款的干预。

5. 司法区块链大数据赋能业务监管

通过建设司法区块链大数据平台，对上链信息进行汇总、统计，并按照法院对案款管理的要求，将上链信息转换成相应的管理指标，进行综合统计及可视化展示，方便法院管理者对执行案款管理情况进行管理监督和决策制定。

（三）具体业务流程

近年来江苏高院充分运用信息化网络手段规范执行案款无序管理现象，落实阳光司法、提升司法公信。但在司法实践中，执行案款的管理仍面临着诸多难题，主要表现为：第一，执行案款发放审批环节多、审批流程长，耗时耗力；第二，案款管理系统相关业务数据、操作日志，存在被篡改的风险；第三，案款发放仍需人工介入操作，人为风险仍然存在；第四，案款管理过程缺乏大数据统计分析，无法为管理者提供管控及决策支撑。

因此区块链（司法链）技术在执行案款管理上的深度应用建设主要依托最高人民法院建设的司法区块链基础设施，围绕执行案款全过程管控的目标，

通过将现有法院案款管理系统与司法区块链平台进行对接，对各个核心流程节点数据进行上链存证，从而保障执行案款管理过程的可信、可视、可控。

第一，五级审批把关环节，区块链可以将案款发放审批表及相关证明材料进行上链，各个审批环节过程中，可以对审批表及相关证明材料进行核验验真；同时可以对各环节审批操作进行上链，用于内部管理核验以及追溯核验。

第二，线上线下双重审批环节，对线上线下材料核验确认的操作进行上链存证，用于内部管理核验及追溯核验。

第三，案款异常阶段，对执行案款使用情况、案款异常收发情况、上报情况、报告核查情况、调查处理情况等相关操作日志进行上链存证，同时可结合各个环节处理的时间要求，通过对接人民法院综合业务管理平台，向法官、院领导进行消息触达。

第四，虚拟账号生成及告知阶段，对虚拟账号生成信息进行上链存证，同时对虚拟账号向当事人或者协助执行人告知通知书进行上链存证，并通过对接人民法院12368信息中心进行通知，当事人及协助执行人可在外网核验平台进行验证。

第五，不明案款监管阶段，对执行案款直接进入案件虚拟账号的信息进行上链存证，并可通过对接人民法院综合业务管理平台，向承办人进行消息触达。

对执行案款直接进入法院主账号的，将案款到账相关信息进行上链存证，并可通过对接人民法院综合业务管理平台，向承办人进行消息触达，同时对承办人认领操作进行上链存证，便于后续追溯核验。

第六，执行案款发放阶段，对执行案款核算、执行费用结算、执行案款发放等操作日志进行存证上链，并基于高院对上述操作的规范要求，对即将超期或已经超期的案件进行预警，并通过对接人民法院综合业务管理平台，向承办人进行消息触达及预警提醒。

对上报执行指挥中心的报告及操作进行上链存证。

（四）建设方案设想

1. 系统架构

区块链（司法链）技术应用的系统架构如图12-1所示。

2. 技术架构

区块链（司法链）的技术架构如图12-2所示。

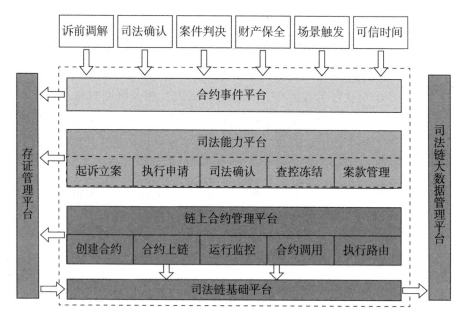

图 12 - 1　区块链（司法链）技术应用的系统架构

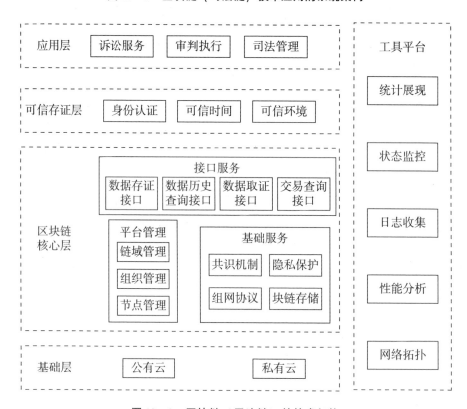

图 12 - 2　区块链（司法链）的技术架构

3. 建设内容

（1）证据中心平台。通过司法区块链应用建设区块链证据中心平台，通过系统对接或数据上传的方式，将执行案款管理过程中的数据进行上链存证，并将数据的哈希摘要存在证据平台，可随时调用，而且存证公开透明、证据稳定性高，能够有效解决追溯过程及管理过程中取证难、认定难等问题，同时也能将存证过程中的数据证据的哈希摘要在存证平台进行存证。

一是电子证据列表。证据中心平台将对存证内容以列表的形式进行展示，包括存证类型、存证时间、存证哈希值等内容，方便使用者进行检索查询，并可对存证数据文件、上链存证证书进行预览及下载。

二是司法链证据核验工具。开发司法链证据核验工具，通过司法链进行证据核验，彻底消除了证据核验工作的高耗时和高支出，让证据核验变得快速、简单和便宜。

法院可根据证据的哈希值和上传的证据源文件，通过平台上的核验工具进行校验。如不通过，就显示错误，如通过，则展示该证据的相关信息。

通过司法区块链存证的证据核验功能，法院可出具核验证明，包括存证时间、存证阶段等信息，用以证明证据核验的真实性。

法官可点击证据平台上的"证据核验"，输入哈希值、需核验内容等信息后，点击"提交"。验证内容支持各类文档、日志、压缩文件及音视频文件。

平台完成验证后，会在页面上的"验证结果"区块显示验证结果。

（2）智能合约平台。基于执行案款业务办理流程，为法院提供智能合约平台，结合案款管理系统，在司法区块链上嵌入法院认可的合约，基于内部审批规范，可通过智能合约平台自动履行，从而保证效力。当合约即将触发时，可根据法院要求自动向承办法官、当事人进行告知提醒。

一是合约溯源模块。利用区块链的连续性及不可篡改的特点，法院基于区域块链智能合约平台，提供了可配置的合约模板，法院可基于自动履行规则，定制相应的合约模板。

二是合约存证模块。上链比对模块，实际为合约本身提供上链服务，将合约视为证据存证。

三是合约存证服务模块。提供智能合约存证服务，通过区域块链管理平台接入证据中心平台，提供基于区域块链存证的合约保存服务，保证合约真实有效且被法院认可。

四是智能履约服务模块。系统提供智能履约服务模块，根据已配置好的合约模板，基于预设的规则，实时监控合约履行情况，当符合合约自动执行条件时，系统将自动履行合约，从而减少人为控制及参与的过程。

(3) 法院核心业务数据上链管理平台。对执行案款管理的核心业务数据、关键节点和存在的风险点等进行上链永久存证，并提供查看验证服务。

对执行案款的数据和行为进行上链存证，包含执行案款账户信息、案款金额等信息、被执行人信息、当事人信息、执行案款流转节点行为日志及前后案款信息，对执行案款收支管理行为进行监管。

(4) 区块链数据管理平台。建设区块链大数据可视化系统，通过对各法院的执行案款管理系统全流程节点上链，对各节点上链数据进行转换及统计分析，生成人民法院执行案款数据大屏。

法院领导可全盘了解到不同法院、不同法官、不同案件、不同执行案款管理过程的重要节点数据，从而对法院的相关管理制度进行优化，提前发现潜在问题。

在界面上，提供各类可视化数据展示工具，以及数据的实时获取及更新。

在后台，提供区块链大数据解析算法，提供数据的预警及态势分析功能。

一是区块链数据展示平台。提供各类可视化大屏展示工具：①数据可视化，提供多种大屏及统计类图表；②适配多种数据源与可视化模板的快速绑定；③使用3D等可视化场景。

地理信息可视化：使用地图（图形）、多媒体、虚拟现实以及二维可视化、三维可视化、多维动态可视化等实现多种形式的地理信息可视化。

多图表组件：采用图表进行数据可视化展示，直观地显示数据、对比数据、分析数据。

二是区块链数据连接平台。可对区块链数据全方位多维度地查询，有序地开放数据查询、提交和修改更新，构建开放服务接口标准。可与法院各平台进行数据对接。

(5) 数据接口。一是执行案款系统数据信息上链接口。司法区块链提供与法院执行案款管理等系统的对接接口，法院可将案款接收、案款审批、案款发放、案款异常处理、不明案款管理、案款发放监管、上报领导等环节的关键文书和信息上链。

二是数据信息核验接口。①证据核验。证据中心平台提供举证上传区块链证据自动核验的所需接口。②核心流程节点信息核验。司法区块链提供执行案款相关文书、通知、信息等信息核验所需接口。

三是证据调取接口。证据平台提供存证哈希值举证功能，通过接口将自动调取的证据原文与存证摘要自动比对。

总之，有机融合区块链技术与执行案款管理系统业务数据，将执行案款管理系统从收到执行案款到执行案款发放全过程做到"不可伪造""全场留痕""可以追溯""公开透明"。区块链（司法链）技术在执行案款管理上的深度应用为全国法院"切实解决执行难"中解决执行案款管理难题贡献江苏智慧。

第三节　终结本次执行程序案件管理机制

2016 年 10 月，最高人民法院出台《关于严格规范终结本次执行程序的规定（试行）》，全面系统规范终结本次执行程序，特别是明确了终结本次执行程序的实质标准和程序标准，规范了终结本次执行程序案件的管理（终结本次执行程序和终结本次执行程序案件在以下行文中，为行文简洁、便利的需要，分别简称为终本和终本案件）。2018 年 5 月，最高人民法院出台《关于进一步规范近期执行工作相关问题的通知》，对终本时距离网络执行查控调查超过 3 个月需再次通过网络执行查控系统进行财产调查，以及终本约谈、现场调查和终本后恢复执行案件再次终本是否进行限制高消费等进行了补充规定。2018 年 12 月，最高人民法院下发《关于规范终结本次执行程序案件恢复执行工作的通知》，就终本案件恢复执行的财产核查、立案的分工，以及是否恢复执行的审批进行了规范。2021 年 5 月，最高人民法院下发《关于进一步规范终结本次执行程序案件办理，切实保护各方当事人合法权益的通知》，从把好"找物关""查人关""变价关""惩戒关""结案关""恢复关""核查关"七个方面提出了系统的工作要求，使对终本案件的管理更为严密、规范。

一、加强终本案件管理的现实意义

近年来，人民法院执行工作"案多人少"压力越来越突出，而且由于执行案件没有退出机制，终本案件就像雪球一般越滚越大，随之产生的消极执行、选择性执行、乱执行成为影响司法公信的重要因素。只有加强对终本案件的规范化管理，才能实现执行工作的良性运转。

（一）加强终本案件管理是严格依法执行的必然要求

关于加强对终本案件的管理，《最高人民法院关于执行案件立案、结案若干问题的意见》第31条明确要求："实现对终结本次执行程序案件的单独管理；实现对恢复执行案件的动态管理。"2016年10月29日，最高人民法院出台《关于严格规范终结本次执行程序的规定（试行）》，全面系统地规范了终结本次执行程序，对终结本次执行程序的实质标准和程序标准进行了较为详细的规定，主要目的就是严格规范终结本次执行程序适用，防止终结本次执行程序在实践中的泛化适用，切实维护好当事人的合法权益。特别是该规定第9条对于终本后的动态管理进行了明确规定。即终结本次执行程序后的5年内，执行法院应当每6个月通过网络执行查控系统查询一次被执行人的财产，并将查询结果告知申请执行人。符合恢复执行条件的，执行法院应当及时恢复执行。第10条规定了终结本次执行程序之后，发现被执行人财产的，可以立即采取控制性措施。因此，加强终本案件管理，既是贯彻落实好最高人民法院规范性文件的现实需要，也是依法执行的必然要求，有利于规范执行案件办理，提高案件质量，维护债权人合法权益。

（二）加强终本案件管理是提高执行质效的重要抓手

"巧妇难为无米之炊"。生效裁判最终能不能执行到位，不仅仅在于执行人员是否尽职尽责，更取决于被执行人有没有可供执行的财产。实践中，有近2/3的案件被执行人完全或者部分欠缺履行能力。因此，有相当数量的案件在客观上属于执行不能而以终本结案。近年来，江苏法院终本案件数量不断增加，目前，江苏法院历年累积终本案件已突破180万件。如何管理好180多万件终本案件成为摆在江苏执行人面前的现实课题。如果不实行终本案件单独管理，并借助终本案件管理系统，利用信息化手段实行动态管理，将终本案件从执行法官手中剥离，执行法官承办的案件就会越积越多，使执行法官不堪重负，不但老旧案件难以精心办理，还会严重影响新收案件的办理。对终本案件实行单独管理、动态管理，让无财产可供执行的案件从执行法官手上剥离，交由专门人员单独管理，在具备执行条件后再恢复执行，实现新老案件分类管理，才能解决好以往新收执行案件与终本执行老案交叉管理所造成的执行连贯性不强、顾头不顾尾、执行效率低下、工作恶性循环等问题，使执行人员摆脱无财产积案形成的包袱和压力，将有限的执行资源用到有财产可供执行的案件上去，最大限度地发挥执行效能，提高执行质效。

（三）加强终本案件管理是提升执行公信的现实需要

对终本案件实行集中单独管理，让当事人知道案件由谁负责、有线索向谁反映，实现法院与当事人更好的沟通和交流，当事人才能更容易理解执行工作从而减少信访投诉。实行终本案件单独管理，让终本案件从执行人员手中剥离，执行人员才有时间和精力办理好新收执行案件，同时，终本案件单独管理人员借助终本案件管理系统对老案子实行动态管理，发现财产及时处置，当事人才能有更多的获得感，有利于提升司法执行的形象和公信力。所以，对终本案件实行集中单独动态管理，是保护债权人合法权益，提升司法公信力的现实需要。

（四）加强终本案件管理是践行"一性两化"的有效途径

"依法突出执行工作的强制性，全力推进执行工作信息化，大力加强执行工作规范化"即"一性两化"是执行工作的基本思路。其中强制性和规范化客观上要求对终本案件加强管理，同时，加强终本案件单独动态管理客观上也会推进执行信息化。从执行的规范化来看，如果不加强终本案件入口的管理，就会存在滥用终本问题，影响执行规范化建设。如果不加强终本后的单独管理，执行法官的案件就会越积越多，在时间、精力有限的条件之下，难以保障执行的规范化。从强制性来看，如果不对终本案件实行单独管理，执行法官既要办理新收执行案件，同时还要负责之前已经终本的案件，导致有的执行法官一天要接待几十个当事人，在接待谈话时间紧促的情况下，即使有些被执行人符合了拘留、罚款的条件，出于节约时间考虑，执行法官也可能不会采取拘留罚款措施，使得执行手段偏软、执行措施偏松，无法对被执行人形成威慑，申请执行人对执行不满。相反，如果对终本案件实行单独管理，面对数量庞大的终本案件，客观上倒逼专门管理人员利用信息化手段对终本案件实行集中单独动态管理，有利于推进执行信息化。因此，加强终本案件单独动态管理，是践行"一性两化"工作思路的有效途径。所以，终本案件管理虽然是一项具体工作，但关乎执行工作的全局，影响"一性两化"的执行工作思路在实践中有效贯彻落实的程度，影响执行工作能否在现有基础上再上新台阶。

二、江苏法院关于终本案件管理的地方探索

（一）"赣榆经验"——单独、动态管理

面对终本案件不断增加的形势，2013年，在江苏高院支持下，连云港市

赣榆区人民法院探索尝试终本案件单独管理。经过探索实践，形成了终本案件单独、动态管理机制。

1. 改革动因

长期以来，新收执行案件与已终本的执行旧案混合交叉，执行人员既要办理新收案件，又要办理已终本的执行旧案，往往造成"旧案未清、新案又积"，案件越积越多，办案压力越来越大，当事人满意度降低。而且，随着执行人员流动调整，案件交接频繁，执行连贯性不强，执行效率低下，容易形成"管理真空"，影响司法执行权威。以赣榆法院为例，实行终本案件单独管理之前，每年新收执行案件 7000 多件，共 15 名执行实施人员，平均每人新收近 500 件案件，多年累积的终本案件约 1.5 万件需要兼顾处理，两者相加之后，执行人员年人均在手案件近 1500 件，工作压力、执行效果可想而知，执行工作形成恶性循环。

为改变这种状况，赣榆法院经过反复调研论证，在 2013 年引入了"终结本次执行程序案件单独管理"机制，借鉴银行剥离不良资产的做法，把已终本的案件从原执行人员手中剥离出来，交给执行局新设的终本案件管理科集中管理，并自主开发终本案件信息管理系统，通过信息化手段对终本案件实行单独、动态管理，实现新、老案件分类管理。主要目的是规范终本案件管理，提升执行案件质效，实现执行案件良性运转。同时，让执行人员卸掉陈年积案的历史包袱，减轻工作压力。

2. 经验做法

赣榆法院对终本案件实施单独管理的主要做法为：

一是清理执行积案，减轻终本案件管理负担，为单独管理打牢坚实基础。对终本案件实行单独管理，首先要摸清案件底数。赣榆法院党组经过多次讨论，决定对所有终本案件进行一次集中清理，一方面摸清执行积案的底数，另一方面加大执行力度，对所有终本案件重新执行一次，清结一批终本积案，为终本案件单独管理减轻负担。2013 年，赣榆法院成立专项工作领导小组，由院领导分别带领四个清理小组，集全院之力对 2012 年以前的 8542 件终本案件按照村镇分布进行逐案清理，实际执结积案 735 件，剩余 7807 件案件全部重新登记建档，加上 2013 年至 2014 年的终本案件，截至 2015 年年底共有终本案件 1.5 万多件，摸清了终本案件底数。

二是借力信息技术，开发终本案件管理系统，为单独管理插上科技翅膀。

在清理积案的同时，赣榆法院自主开发了终本案件信息管理系统，将清理出的案件全部录入终本案件管理系统，并要求对终本新结案的，执行人员在报结3日内将执行情况、财产查明状况等案件信息录入终本案件管理系统，建立电子档案。终本案件单独管理人员依据电子档案进行脱卷管理，采取新的财产调查措施、执行强制措施所形成的材料，及时录入并更新电子档案。终本案件流转至终本案件管理科之后，只要点开案件信息采集表，不用翻卷宗，就可看到案件所有基本信息。另外，赣榆法院还将终本案件管理系统与执行服务大厅设立的智能查询机相对接，当事人只要在查询机上刷验身份证或者向大厅工作人员查询，便可调取案件信息以及承办法官联系方式，当事人亦可通过执行大厅窗口人工查询，切实做到执行公开。

三是设立专门机构，明确终本案件管理责任，为单独管理配备必要人力。2013年，赣榆法院在执行局成立了终本案件管理科，并出台《终结本次执行程序案件单独管理规定（试行）》，对终本案件进行集中管理。2015年8月，在总结经验、改进不足的基础上，对相关机制进行了完善、修订，正式出台了《终结本次执行程序案件单独管理规定》，终本案件管理机制趋于完善。终本案件管理科人员为动态管理人，根据案件不同特点对无财产可供执行的案件、被执行人下落不明的案件进行分类管理。对申请执行人提供被执行人财产线索，请求启动财产调查程序的，动态管理人及时进行调查核实。对申请执行人未提供被执行人或其财产线索的，动态管理人每6个月依职权启动一次财产调查。案件经过5年时间的动态管理，已穷尽财产调查措施和执行措施，仍未发现可供执行财产的，将不再依职权启动财产调查。但申请执行人发现被执行人财产线索的，仍可申请恢复执行。对终本案件动态管理时，赣榆法院借鉴"公安片警"管理模式，终本案件管理科对终本案件执行案件按被执行人所在乡镇实行分片管理。分片管理人员通过执行查控系统定期查询与深入基层一线实地调查相结合的方式，尽可能排查一切有价值的线索，切实增强执行工作的威慑力和实效性。

3. 效果评价

终本案件单独管理机制具有比较明显的优势。

一是减轻执行人员工作压力。通过终本案件单独管理，执行实施人员从终本案件中抽身，能够集中精力办理新收执行案件，解决了以往新收执行案件与终本执行老案交叉管理所造成的顾头不顾尾、执行效率低、工作负担越来越重等问题，执行工作步入良性循环。

二是维护申请执行人合法权益。赣榆法院在终本案件管理科设有专门举报电话和接待人员，及时受理恢复执行申请，实时接收执行线索，具备执行条件的快速处理，有效改变因执行人员流动所造成的终本案件无人负责的问题，同时，终本案件的单独管理、动态管理也能最大限度提升终本案件的执结机会，提升当事人满意度、获得感。

三是提高终本案件管理质量。通过终本案件单独、动态管理，可以填补管理空白，提高管理质量。首先强化案件源头质量管理。在终本案件单独管理之后，更加强调终本案件结案质量，确保进入终本案件单独管理系统的案件符合规定条件，终本案件质量从源头上得到把控。其次强化案件流程管理。明确终本案件管理职责以及执行流程，通过信息化手段，实现终本案件阳光管理，践行信息化、规范化要求。最后实现权力监督制衡。终本案件单独管理，分离了执行人员部分权力，改变了执行人员一人包案到底的局面，预防执行廉政风险。

4. "赣榆经验"的实质

赣榆法院探索实行的终本案件单独管理，是在执行案件基数大、增长快，特别是旧存案件多、历史包袱重的严峻现实下应运而生的，其精髓在于通过集中、动态管理和分类处置，最大限度地实现债权人权益。概括起来就是：一个机构、两个集中和三个提升。

"一个机构"是指成立单独管理机构。赣榆法院在执行局内部成立终本案件单独管理科，出台了单独管理规范性文件，为单独管理建立了章程，目标明确、职能明确、责任明确。

"两个集中"即实现人员集中和案件集中。人员集中是指赣榆法院单独管理科配备5名执行法官，而且相对固定，专职负责终本案件的管理。改变了以往人人手里都有陈年旧案的情况，防止人员流动在案件交接过程中产生混乱，避免案件无人认领和脱管。案件集中是指以往分散在各个人手中的终本案件全部剥离到终本案件管理科，新结案的终本案件也及时转入，单独管理人员和其他执行实施人员各司其职，集中精力分别负责新收案件和终本案件的执行，职能更加清晰，运行更加顺畅。

"三个提升"是指执结率提升、效率提升、群众满意度提升。执结率提升有赖于动态管理，案件进入单独管理科后，要定期进行财产查控，接受当事人提供财产线索，条件具备时及时恢复执行；效率提升得益于信息化支撑，专门开发终本案件管理系统，对终本案件实行信息化管理，实现智能化办案；群众满意度提升，源自执行更规范。赣榆法院对终本案件实行分片划区管理，设立查询终端，案件责任人、执行案件进展一目了然，当事人与法官沟通更加通畅，有利于提升当事人满意度。

实践证明，终本案件单独管理机制是经过长期探索不断总结完善的有效化解执行难的思路创新、制度创新和管理创新，契合执行工作规律，符合"一性两化"要求。

5. 赣榆经验在连云港全市法院的推广

连云港市中级人民法院在总结赣榆法院终本案件单独管理经验的基础上，将赣榆经验向全市法院进行了推广。2015 年 10 月 10 日，在赣榆法院召开终本案件单独管理工作现场会，全市法院"一把手"院长参会，时任连云港市中级人民法院院长薛剑祥对赣榆经验向全市法院推广进行了全面部署。一是成立单独管理机构。为实现终本案件管理人员集中、案件集中的目标，全市法院执行局设立终本案件管理办公室或终本案件管理科，人员不少于 4 人，负责人由执行局局长或副局长兼任，专门负责终本案件单独管理工作。二是建立单独管理工作机制。连云港中院出台《推行终结本次执行程序案件单独管理实施方案》《终结本次执行程序案件单独管理规定》，明确全市法院终本案件管理的工作目标、措施、计划和要求，统一全市法院终本案件单独管理模式。三是开发终本案件单独管理软件。连云港中院牵头开发终结本次执行程序案件管理系统，制定《终结本次执行程序案件单独管理软件运行要求》，全市法院对终本案件排查梳理，核对信息，摸清底数，并导入终本案件管理系统，实现终本案件信息实时更新与管理。

6. 赣榆经验在全省法院的推广

2013 年以来，赣榆法院经过两年多的探索实践，形成了终本案件单独管理机制，执行工作实现了良性运转。这一创新做法走在全省乃至全国前列。2015 年 9 月 17 日，江苏高院调研总结了赣榆法院终本案件单独管理的经验做法，江苏高院党组成员、副院长褚红军对赣榆法院出台的《连云港市赣榆区人民法院关于终结本次执行程序案件单独管理规定》作出批示：连云港赣榆区法院终结本次执行程序案件单独管理工作机制，借助信息化对终本案件实行集中动态管理，符合执行工作规律，促进了执行工作的良性运转，也当然地促进了执行工作的规范化，切实维护了当事人合法权益，效果良好。2015 年 10 月 20 日，江苏高院执行局将赣榆法院出台的《终结本次执行程序案件单独管理规定》转发全省法院学习借鉴。自此，拉开了全省推广赣榆法院终本案件单独管理的序幕。2015 年 11 月 11 日，在赣榆法院召开全省法院终本案件单独管理工作现场会。连云港中院和赣榆法院介绍了终本案件单独管理经验。2015 年 11 月 20 日，江苏高院下发《关于转发赣榆会议终结本次执行程序案件管理经验交流材料的通知》，将连云港市两级法院经验交流材料予以转发，供各地学习借鉴。2015 年年底制定《关于依法正确适用终结本次执行程序及加强终本案件单独管理的意见》，同时，开发终结本次执行程序案件管理系统，以信息化手段管理终本案件。自此之后，终本案件单独、动态管理在全省法院得到了深入推广和广泛运用。

（二）"南京经验"——终本结案提级审批机制

终本案件管理，不仅包括终本结案后的单独、动态管理，结案之前的终本结案审批管理也是关键环节。终本结案的质量直接影响后续的单独管理、动态管理质量。因此，严把终本结案关，让不符合终本条件的案件不能得到结案审批，这是保障终本案件质量、维护当事人权益的重要前提。最高人民法院《关于严格规范终结本次执行程序的规定（试行）》出台后，基于严格终本案件结案的考量，南京市中级人民法院开创性实行依职权终本结案上提一级审批管理机制，对依职权终本结案进行统一扎口管理，有效提升了全市法院终本案件规范化水平。

1. 改革动因

长期以来，终本案件是消极执行、选择性执行、乱执行等执行失范现象的集中领域，特别是终本制度落实不严格的法院，终本案件管理流于形式的问题尤为突出。终本案件不规范最重要的原因就是终本结案审批不规范。有的法院对终本结案审批较为随意，有的由局长审批，也有的由执行长审批；有的法院对终本结案审批流于形式，分管院长、局长没有认真审阅就直接予以审批签发。终本结案审批失范直接影响终本案件入口的把关，若随意终本，将直接影响当事人权益兑现，影响当事人的满意度和获得感。

有鉴于此，南京中院把严格终本案件审批管理，作为终本案件规范化管理的重要抓手，探索建立依职权终本结案提级审批管理机制。下发《南京市中级人民法院执行团队建设方案》，明确要求各基层法院依职权终本的案件，除了经本院局长、院长审批之外，还必须全部提交南京中院对口员额法官审批才能报结。作为提级审批管理的配套措施，南京中院在执行案件流程管理系统中自主开发了依职权终本案件提级审批管理模块，通过信息化手段对依职权终本结案实行提级审批管理，切实把好终本案件入口关。

2. 经验做法

南京中院对终本结案实行提级审批管理主要做法有以下三方面：

一是充实员额法官团队，为提级审批管理打牢基础。提级审批管理的效果如何，关键在于审批的"人"能否不折不扣贯彻落实审批程序，是否具有严格规范审批所必需的责任心和能力。南京中院执行局开展"扁平化"管理改革，改变原先的部门分割现状，实行员额法官团队负责制，安排9名员额法官分别对口全市12家基层法院，服务、督促、指导对口基层法院执行工作的开展，其中的重要职责就是赋予员额法官对基层法院依职权终本案件的审批权，统一扎口管理依职权终本结案的审批。

二是依托信息化平台，开发提级审批管理系统。南京中院自主开发了提级审批管理系统，基层法院对依职权终本案件报结时，除依照规定提交执行局长和分管院长审批外，还必须通过提级审批管理系统提交南京中院对口员额法官审批。为保障员额法官审批工作顺利开展，基层法院承办人提交审批时必须将所有案件材料形成电子卷引入案件管理平台。员额法官通过对依职权终本案件的财产查控、被执行人查找、终本理由和终本程序等事项的严格审查，对符合条件的点击同意后即可提交报结；对不符合终本条件的说明理由并退回，补充相关工作内容和材料再次提交审批。

三是严格督促检查，完善提级审批责任。建立定期通报制度，在每月《执行工作通报》中对全市法院终本案件数量及占比进行通报排名，督促各基层法院切实把好终本结案关口。对于终本裁定书全部上网公开，并每月通过"南京执行"微信公众号公布清单明细情况，接受申请执行人和社会公众的监督。定期对终本案件开展评查活动，对于经过南京中院员额法官审批结案的依职权终本案件，一旦发现存在不合格或瑕疵的情形，追究员额法官审核不严的责任，切实强化审批责任心，提高终本结案管理质量。

3. 成效评价

南京中院开创的依职权终本案件提级审批机制，取得了比较良好的效果。

一是严格规范依职权终本要求，压缩了不规范执行空间。作为提级审批管理的配套措施，南京中院细化依职权终本的具体要求，明确对银行账户本地100元以上、外地1000元以上的必须扣划；对被执行人在本地的必须上门查找。案件承办人员必须严格按照依职权终本案件报结的要求，全面完成执行措施，有效遏制了消极执行、选择性执行等不规范执行现象，当事人信访、投诉明显下降，获得感明显提升。

二是严格管控依职权终本入口，提高了终本结案质量。南京两级法院自觉将依职权终本案件管理作为执行规范化建设的重要抓手，不断加大终本案件管理力度，切实把好终本案件"入口"关，终本案件管理进入规范化良性运行轨道。

三是严格落实依职权终本管理责任，维护了当事人权益。提级审批制度实施以来，通过对终本案件情况的通报和不合格终本案件的退回，促使基层法院从源头上重视终本案件的严格把关，及时兑现了当事人合法权益。

三、江苏法院加强终本案件管理的实践经验

终本案件管理，事关生效法律文书的兑现，事关当事人在司法执行中的获得感。江苏作为案件大省，近年来，随着执行案件数量上升，终本案件"水涨船高"。实行终本案件单独、动态管理是江苏法院加强终本案件管理的主要工作思路。

（一）江苏法院加强终本案件管理的实践历程

1. 严格终本结案管理

自2009年中央政法委、最高人民法院下发《关于规范集中清理执行积案结案标准的通知》，首次明确对于无财产可供执行的案件可以裁定终结本次执行程序之后，终结本次执行程序便被广泛运用于执行结案之中。面对"案多人少"的压力和年底冲刺结案的任务，实践中，一些法院出现了扩大化适用终本的"乱终本"现象。针对"乱终本"，2010年8月，江苏高院下发《关于对全省法院执行系统2010年上半年以终结本次执行程序方式结案的案件进行专项检查的紧急通知》，对于终本案件及时加强检查，督促纠正整改，重申程序终结标准，并通报了相关法院和人员，及时刹住了"乱终本"之风。

随后，实践中出现了被执行人有财产却有意不执行，通过"拖延执行""消极执行"间接强制和解。针对这一问题，2012年12月，江苏高院下发《关于规范执行实施案件结案工作的规定》，对于终结本次执行程序适用标准

进行了细化规定，特别明确"已达成和解协议，但尚未履行完毕"不得结案终本，即使申请执行人书面同意终本，也必须"对被执行人的财产状况进行全面调查，确认无财产可供执行"才能终本，及时遏制了有财产却以达成和解或申请人同意为由终本的现象。同时，还明确了对于终结本次执行程序不服的，申请执行人可以在收到裁定书一定期限内提出异议，赋予了申请人在程序终结后的救济权；重申了以终本方式结案的，应当经合议庭一致同意，合议庭未形成一致意见的，报局务会讨论，局务会未形成一致意见的，报分管院长决定提交审委会讨论，从程序上严格终本案件的报结管理，强化对终本结案的监督审批，严格审查结案标准和程序，切实防止了随意"终本"问题。

2. 终本案件的单独、动态管理

随着时间的推移，终本案件数量与日俱增。如何有效管理好数量庞大的终本案件，成为亟须解决的问题。江苏高院在连云港赣榆县人民法院先行先试、连云港全市法院推广试行的基础上，大力推行终结本次执行程序案件单独管理机制。2015年年底，江苏高院制定《关于依法正确适用终结本次执行程序及加强终本案件单独管理的意见》，重申严格适用终结本次执行程序，强调要加强对终本案件单独管理，并配套开发了终结本次执行程序案件管理系统（以下简称终本案件管理系统），所有终本案件有序纳入该系统进行信息化管理。其中最大的亮点在于，首次明确了终本的单独管理和动态管理。

所谓单独管理，是指执行法院应确定专门人员对已结终结本次执行程序案件进行单独管理。裁定终结本次执行程序的案件结案后，原案件承办人不再负责该案件管理，让执行人员全身心办理新收执行案件，终本案件由专门人员借助江苏高院开发的终本案件管理系统专门集中管理。所谓动态管理，是指对于终本案件，执行法院应依职权每6个月主动、集中对涉案被执行人的财产，通过终本案件管理系统对接的网络执行查控系统进行一次自动查询，一旦发现被执行人有可供执行的财产，可以恢复执行程序。执行法院对终本案件动态查询满5年，仍未发现可供执行的财产的，可不再依职权主动启动财产调查。但申请执行人发现被执行人财产线索，符合恢复执行条件的，仍可向执行法院申请恢复执行。对于涉民生案件及申请执行人系老弱病残等举证能力较弱，不能自行提供可供执行财产线索的案件，要依职权对被执行人的财产线索进行续行调查。采取通过执行查控系统定期查询和深入基层一线实地调查相结合的方式，尽可能排查一切有价值的线索。对于被执行人下落不明的案件，动态管理人应根据申请执行人提供的执行线索，到被执行人的住所地或经常居住地调查了解被执行人行踪，并根据调查结果制定相应的执行预案。

通过终本案件单独、动态管理机制，让终本案件从执行人员手中剥离交给专门人员实行单独、动态管理，实现专人管理终本案件更尽责、执行人员办理新收案件更从容的目标。之所以能够实现以较少的专门人员对于数量庞大的终本案件进行单独、动态管理，关键在于开发了终本案件管理系统，所有终本案件均纳入终本案件管理系统进行信息化管理。通过信息化技术，将终本案件管理系统对接网络执行查控系统，实现对被执行人名下存款、土地、房产、车辆等财产的自动搜索，一旦发现有财产或财产线索，即可恢复执行。

江苏高院《关于依法正确适用终结本次执行程序及加强终本案件单独管理的意见》规定的终本案件单独、动态管理，符合终本案件管理规律，对加强终本案件管理科学有效，被最高人民法院制定的《关于严格规范终结本次执行程序的规定（试行）》所吸收。

3. 终本案件的退出机制

为进一步加强对终本案件动态管理，节约司法资源，以便更有效地执行有财产可供执行案件，2016 年 7 月，江苏高院下发了《关于建立无财产可供执行案件退出和恢复执行机制的若干意见》，标志着江苏法院对终本案件的退出机制开始了规范性探索。终本案件退出机制，是指执行法院对以终本方式结案的无财产可供执行案件，纳入终结本次执行程序案件管理系统动态管理满 3 年或 5 年，如果仍未发现可供执行财产或财产线索的，则将案件从终本案件管理系统中退出，不再依职权对案件进行动态管理。终本案件从终本案件管理系统退出后，申请执行人发现被执行人财产或财产线索的，仍然可以申请恢复执行。需要说明的是，终本案件从终本案件管理系统中退出后，执行法院对被执行人采取的限制高消费、纳入失信名单、限制出境等执行措施依然有效，并不会受到影响。但终本案件动态管理期间，经过严格筛查，发现被执行人确实生活困难，无财产可供执行且没有故意逃避执行的情形的，可以将被执行人从失信被执行人名单中删除。

（二）江苏法院强化终本案件管理的经验总结

终本案件管理，事关生效法律文书的兑现，事关当事人在司法执行中的获得感。最高人民法院在 2018 年 3 月 29 日召开的全国法院决胜"用两到三年时间基本解决执行难"动员部署会上，明确要求终本案件 90% 以上要符合规范要求，符合程序标准和实体标准，穷尽法定的一切执行措施，严禁随意终本、滥用终本。但实践中，由于"案多人少"的压力，面对一些比较棘手或者难以执行的案件，存在利用"终本"消极执行、选择性执行的现象。有鉴于此，江苏法院多年来坚持对终本案件单独、动态管理以及严格终本审批结案，切实解决随意终本、滥用终本问题，取得显著成效。2017 年 1 月 5 日，江苏被最高人民法院确定为终本案件管理试点省份。

1. 完善终本案件管理规范，明确管理依据

为加强终本案件管理，在最高人民法院出台《关于严格规范终结本次执行程序的规定（试行）》之前，江苏高院于 2015 年 12 月下发《关于依法正确适用终结本次执行程序及加强终本案件单独管理的意见》，强调各级法院确定专门人员对已结终本案件实行单独管理，将终本案件从执行人员手中剥离，使其集中精力办理新收执行案件。同时，强调对终本案件进行规范化管理，并多次对终本案件进行抽查。高院抽查中院、中院抽查基层法院，一级管一级，层层抓管理，切实提升终本案件管理水平，提高终本案件质量。最高人民法院出台《关于严格规范终结本次执行程序的规定（试行）》之后，江苏高院于 2016 年 11 月下发《关于落实最高人民法院关于严格规范终结本次执行程序规定进一步加强和规范终结本次执行程序案件管理的通知》，要求严格贯彻落实最高人民法院《关于严格规范终结本次执行程序的规定（试行）》，并重申了全省各级法院必须全面贯彻落实终本案件单独管理、专人管理、动态管理机制，做到四个"必须"：一是所有法院必须确定专门人员对已结终本案件进行单独管理，原案件承办人原则上不再负责该案件管理；二是所有已结终本案件必须录入终本案件管理系统，每 6 个月通过网络执行查控系统查询一次被执行人财产；三是所有具备恢复执行条件的已结终本案件必须依法恢复执行；四是恢复执行后符合再次终本结案条件的案件必须依法依规终本结案。

2. 开发终本案件管理软件，强化信息化管理

终本案件是法院的"包袱"，很多问题包括消极执行、选择性执行、干预执行、僵局案件无法破解等，都能在终本案件中找到原因，因此，江苏高院一直把加强终本案件管理作为一项重要工作。为此，江苏高院在 2015 年开发了终本案件管理软件，将历年累积的终本案件全部纳入该系统，实行信息化、动态性管理。同时，将终本案件管理系统和网络执行查控系统对接，鉴于江苏案件量大、查询速度慢，2016 年年底建立"执行云"，提高查询速度，提高动态

管理的信息化水平。在执行指挥中心安排专人对终本案件实行集中专门动态管理，最高人民法院《关于严格规范终结本次执行程序的规定（试行）》要求5年内每6个月查询一次，江苏要求单独管理人员每个月利用终本案件管理系统动态查询一次，发现财产立即恢复执行。

3. 发挥执行指挥中心效能，强化管理主体责任

全面推广使用终本案件管理系统，进入该系统的终本案件，从原承办人手中剥离，交由执行指挥中心下设的终本案件管理组集中管理，通过终本案件管理系统定期自动发起财产网络查询，一旦发现财产提示恢复执行。这项工作已成为执行指挥中心的日常职责。2017年5月12日，江苏高院下发《关于对终结本次执行程序案件进行抽查的通知》和《关于核查新结终本案件的财产线索并及时恢复执行的通知》，明确江苏高院执行指挥中心每季度对新结终本案件通过网络执行查控系统集中筛查一次，对有可供执行财产线索的案件，集中交办各法院核查并视情况恢复执行，加强终本案件的动态管理，有财产线索的及时恢复执行，形成了"季度筛查交办"常态化工作机制。2017年6月2日，江苏高院下发《关于对5月份新结终本案件财产线索进行检查的通知》，明确自6月开始，江苏高院执行指挥中心对全省法院将每月对全省法院新结终本案件进行筛查一次，对有财产线索的交办执行法院核实，将"季度筛查交办"机制升级为"每月筛查交办"机制，对终本案件动态管理力度更强、频度更高。2017年6月5日，江苏高院下发《关于对旧存终本案件财产线索进行检查的通知》，明确对于旧存终本案件，江苏高院执行指挥中心要通过网络执行查控系统每半年筛查一次，有财产线索的交给执行法院处理，同时，强调了中级法院、基层法院执行指挥中心也要每半年筛查交办一次，并作为执行指挥中心的日常工作。实现了单独、动态管理对于新结案件、旧存案件集中筛查交办全覆盖，使终本案件管理再上新的台阶。2018年以来在三级法院全面推行执行指挥中心"五员"坐班机制。工作日期间，执行局局长、副局长、处长轮流到执行指挥中心坐班，通过案件管理系统随机抽检终本案件质量，发现问题的及时视频连线案件所在法院，当面指出问题，限期整改，有财产可供执行的，责令限期恢复执行，并定期通报抽检法院的终本案件存在的问题。建立全省法院终本案件质量负面名单制度，将终本案件检查中发现的终本质量较差的法院纳入终本案件质量负面名单，凡该院终本结案的，提交上一级法院审批，严把终本结案关口，有效提高终本案件质量。

4. 借助信息化管理优势，强化线下集中执行

对于终本案件的管理，江苏法院已经形成了一整套制度。对于被执行人下落不明的案件，动态管理人应根据申请执行人提供的执行线索，到被执行人的住所地或经常居住地调查了解被执行人行踪，并根据调查结果制定相应的执行预案。[①] 经终本案件管理系统关联筛查，对区域或被执行人较为集中的案件，定期或不定期地采取线下集中执行活动，查找被执行人下落，调查被执行人财产信息。[②] 为贯彻落实终本案件管理要求，徐州两级法院运用大数据思维常态化开展集中执行，开启精准执行模式。由于徐州地处苏北地区，农村人口多，小标的案件比重高，仅仅依靠信息化手段查找财产具有局限性。例如，对农村被执行人的财产查控中，一些农村被执行人不在金融机构开立账户，信息化查控手段无能为力。因此，徐州法院在终本案件管理时，大力推行"出现场""集中化""常态化"的执行行动，形成了"踏遍千山万水、走进千家万户、说尽千言万语、历经千辛万苦"的集中执行方式。主要做法是经终本案件管理系统关联筛查，确定区域或被执行人较为集中的案件，根据居住位置，统筹规划集中执行路线，开展分片集中执行活动，查找被执行人下落，全力破解执行难。针对被执行人难找问题，实行"错时执行"，执行人员在下班之后，利用休息时间，在被执行人凌晨熟睡时，快速出击；针对被执行人春种夏收返乡时节，开展"麦芒行动"，促使许多案件得以执结，充分发挥了"错时作战""现场作战""集中作战"的优势，强化执行威慑力，提高执行成功率。

（三）执行指挥中心实体化运行"854模式"下加强终本案件管理的新实践

终本案件管理是一个逐渐探索完善的动态过程，不可能一蹴而就，也不可能一劳永逸。必须根据实践中发现的问题和实践需要，逐步健全完善终本案件管理机制。2020年4月，江苏高院印发《执行指挥中心实体化运行"854模式"升级版工作导则》，进一步从终本结案入口把关、终本结案后终本案件管理组单独、动态管理，以及强化中级法院对终本案件的监督管理职能等方面，

① 参见江苏省高级人民法院《关于依法正确适用终结本次执行程序及加强终本案件单独管理的意见》（苏高法电〔2015〕793号）第10条。

② 参见2016年7月4日江苏省高级人民法院审判委员会第13次全体委员会讨论通过的江苏省高级人民法院《关于建立无财产可供执行案件退出和恢复执行机制的若干意见》（〔2016〕7号江苏省高级人民法院审判委员会会议纪要）第2条。

不断健全完善终本案件管理机制。

1. 强化终本结案入口管理

只有严防不符合终本结案条件的案件进入"终本库"，才能避免加重终本案件单独管理负担，这就要求要严格把控好终本案件结案入口关、质量关，避免终本被宽泛使用以及终本案件越积越多。主要做法为全省法院执行指挥中心配备案件质效管理专员。案件质效管理专员负责审查报结的案件是否符合法定结案条件。以终结本次执行程序申报结案的，案件质效管理专员审查下列情形：（1）是否符合终本案件的实质要件，即被执行人是否确无财产可供执行或者虽发现有财产但客观上不能处置。（2）是否符合终本案件的程序要件，即系统节点是否具备以下四项内容：结案前再次进行"总对总"查控；对案件进行传统查控；进行终本约谈；发布限制消费令。案件质效管理专员对不符合要求的结案申请，在审查当日以办案人员能够确定收到的方式提示其补正或纠正，提示情况形成工作日志备查，并将提示情况在当日向执行指挥中心主任或执行局长报告。

2. 完善终本案件管理组专职管理职能

全省法院执行指挥中心下设终本案件管理组，负责终本案件结案审查、终本后动态集中管理和恢复执行申请的审查与办理等事项。终本案件管理组负责将终本案件导入终本案件管理系统，并通过终本案件管理系统定期对被执行人财产情况进行查询，定期对网络查询结果进行筛查，发现有可供执行财产的应及时采取措施。终本案件管理组在终本案件管理系统"查询设置"项下设置信息查询内容，主要包括：（1）是否启用网络自动查询；（2）查询案件范围；（3）查询频率设置；（4）银行存款自动提醒的金额标准；（5）有财产线索信息是否已设置提醒承办人等。终本案件管理组负责的事项还包括：终本后需要冻结、查封或边控事项；被执行人财产在其他法院处置的，及时发起参与分配事项；申请执行人申请解除查封或冻结措施经审查准许的，制作解除查封冻结裁定；申请执行人等提出的针对被执行人的财产线索核实、登记并回复。

3. 加强中级法院终本案件管理职能

中级法院终本管理组统一负责辖区内法院终本案件的复查工作，每季度应随机抽查一定数量的终本案件，复查结果予以通报，并纳入执行工作单独考核。以苏州市中级人民法院为例，苏州中院除对照系统检查全市法院终本案件合格率外，每季度还组织一次终本案件卷宗专项评查，随机抽取终本案号，中院派员至基层法院档案室直接调取终本卷宗，围绕财产调查、财产处置、终本约谈、款项发放等11个重点项目和17个子项目是否符合办理要求进行交叉评查，并根据执行信访反映问题进行个案卷宗抽查，最终形成终本案件评查情况通报。对于连续两次排名最后的法院，中院将上收终本案件审批权。通过多次评查后，全市法院终本案件质量稳步攀升。

4. 合理确定恢复执行案件的办理人员

在执行指挥中心实体化运行"854模式"下，恢复执行案件不再由原承办人办理，避免执行人员在执行部门办案越久，恢复执行案件就会越积越多的弊病。

（四）以终本案件专项评查为抓手，促进终本案件质量提升

江苏高院将整治违规终本问题作为加强终本案件管理的重要手段，定期不定期组织全省法院执行条线开展终本案件评查、自查专项行动，从严从细从实开展终本案件专项评查、自查工作。

1. 明确评查重点

江苏高院专门下发通知，组织全省各级法院认真按照《最高人民法院关于严格规范终结本次执行程序的规定》等开展自查、抽查和督查，重点检查弄虚作假，以终本方式提高结案率；过度依赖线上财产查控措施，线下查控措施未开展或未穷尽；未有任何实质性工作即终本结案；终本约谈、文书制作送达不规范；以违规终本掩盖消极执行、拖延执行；终本前以及终本后查控到的财产未查封或未扣划等问题，严查终本案件"找物关""查人关""变价关""惩戒关""结案关""恢复关""核查关"等是否符合法定要求。

2. 坚持全面自查

组织全省法院对一定期间内，以终结本次执行程序方式报结的全部首次执行案件开展全面自查，特别是对信访当事人反映的违规终本案件以及办理期限存在异常情况的案件，做到自查全覆盖。实行专人负责，填写"一案一表"，严把自查标准，确保发现问题及时整改，合格案件质量过硬。各级法院自查自评案件完成后，按要求汇总《评查案件明细表》，并形成综合性评价报告，着重写明评查中发现的主要问题及整改措施。

3. 开展重点督查

江苏高院分管副院长带队督查检查，对部分基层法院终本案件现场评查，

并当场反馈评查结果。江苏高院执行局、执裁庭组成联合案件评查组，同时抽调部分中级法院骨干力量，对近 3 年平均终本率在 50% 以上的所有基层法院进行实地评查，每家随机抽查执行终本、终结案件 50 件，同时通过执行指挥中心视频会商系统进行实时视频督查。对于超过 40% 不到 50% 的基层法院，由中级法院重点评查，每家随机抽查案件不少于 100 件，同时根据辖区法院情况，对终本率较高或超过当地平均水平的法院一并纳入督查范围。

4. 强化督促整改

针对终本案件评查反映的问题，省法院执行局、执裁庭进行类型化分析并形成工作通报，认真分析问题原因，列出整改清单和责任清单，督促下级法院整改落实，确保违规终本案件整改落实到位。

（五）突出建章立制，强化终本案件监督管理的制度供给

为进一步规范终本案件办理，加强终本案件监督管理，提高案件办理质量，江苏高院于 2021 年 11 月制定了《关于进一步强化终结本次执行程序案件监督管理工作规范》（以下简称《终本管理规范》），经审判委员会第 34 次全体委员会讨论通过后，附《终结本次执行程序案件全景式执行裁定书样本》向全省法院印发，增强《终本管理规范》的指引性、操作性，加强规则供给，强化条线指导，进一步细化完善终本案件办理、监督管理及终本后续工作的监督管理，推动执行工作高质量发展，切实维护当事人合法权益。

1. 坚持靶向治疗，严格防范违规终本

针对终本案件办理中频发易发的问题，主要包括过度依赖线上财产查控措施，线下查控措施未开展或未穷尽；终本约谈、终本裁定制作不规范；终本前及终本后查控到的财产未查封或未扣划，提供财产线索找不到法官、对当事人提供财产线索未进行核查，已经查控到财产无正当理由未处置等问题，江苏高院坚持问题导向、靶向治疗、精准攻克，《终本管理规范》明确以终本报结案件，应当符合终本程序标准和实质标准，严把"找物关""查人关""变价关""惩戒关""结案关"，确保措施到位、约谈充分、文书规范。

第一，明确不得终本结案的情形。具有下列情形之一的执行案件，不得终本结案：（1）尚未依法进行现场调查或委托调查尚未收到反馈结果，但申请执行人书面认可被执行人无财产的除外；（2）被执行人下落不明，尚未到被执行人工作单位、住所地（实际居住地）或经营地（登记注册地）等实地查找被执行人下落，但申请执行人已实地查找被执行人或书面认可被执行人不在

上述地点，以及人民法院已通过户籍地公安、村（居）委会、网格员等查找被执行人或在关联案件中已进行查找未超过 12 个月且无新的线索的除外；（3）未对被执行人或其法定代表人、负责人、实际控制人、影响债务履行的直接责任人进行调查询问，但上述人员下落不明、执行法院因其逃避执行未能确定其下落而无法调查询问的除外；（4）对申请执行人、其他人员提供的具体财产线索或被执行人报告的财产尚未进行核查；（5）网络执行查控系统对查询请求及查封、冻结措施尚未反馈结果，但对于线上查控事项已采取线下查控措施的除外；（6）轮候查封法院应当协调处置权，但尚未进行协调或尚在协调中；（7）发现被执行人有可供处置的财产，无法定理由未采取查封、扣押、冻结措施；（8）被执行人有可供处置的财产，无法定理由未启动处置或正在处置中；（9）依法应当约谈申请执行人，尚未进行约谈；（10）其他不应终本结案的情形。

第二，以终本方式结案应当制作全景式终本裁定书。裁定书内容应包含案件执行的全过程、告知异议权，载明有财产线索的可以向终本案件管理团队提供，终本案件管理团队联系方式应在执行谈话中或以通知书形式明确告知。同时，制作内容详尽的终本裁定书样本，突出操作性，促进终本裁定的规范性。

第三，明确专人核查财产线索。针对财产线索核查中的问题，明确执行法院应当在执行指挥中心（执行事务中心）安排专人负责日常接收当事人或其他人在终本结案后提交的被执行人财产线索。申请执行人提供财产线索要求恢复执行的，执行法院应当审查判断是否为有效财产线索。对无效的财产线索，应当向当事人进行充分释明，争取当事人理解。对有效的财产线索，应当录入终本案件管理系统进行统一管理，并应当在 7 个工作日内进行核查；情况紧急的，应当在 3 个工作日内核查，根据核查情况决定是否恢复执行。对于当事人提供的财产线索冷硬横推或置之不理的，一经查实，严肃处理。

第四，设置专门人员为案件质效管理专员。案件质效管理专员负责对终本案件结案把关，着重审查线上调查是否全面、线下调查是否深入、财产处置是否见底、案款发放是否穷尽、约谈告知是否充分、文书内容是否规范。

2. 严格规范财产处置，把好变价关

针对实践中出现的发现财产不予处置而宽泛适用"发现的财产不能处置"违规终本问题，《终本管理规范》严格界定"发现的财产不能处置"情形，明确只有符合下列情形之一的，才能视为《最高人民法院关于严格规范终结本次执行程序的规定（试行）》第 1 条第 3 项中的"发现的财产不能处置"：（1）财产经依法拍卖流拍、变卖未成，债权人不接受抵债或依法不能交付其抵债，又不能对该财产采取强制管理等其他执行措施，且流拍未超过 6 个月；（2）人民法院在登记机关查封的被执行人车辆、船舶等财产，未能实际扣押；（3）轮候查封被执行人的财产且无优先权，已经发出参与分配申请或冻结、提取变价款的裁定及协助执行通知；（4）申请执行人或案外人就查控财产已提起申请执行人或案外人异议之诉；（5）财产处置后，因债权人或被执行人提起分配方案异议之诉，争议部分案款无法发放；（6）存在《最高人民法院关于人民法院民事执行中拍卖、变卖财产的规定》第 6 条规定的"无益拍卖"情形，且申请执行人未申请继续拍卖；（7）财产客观上不能处置的其他情形。适用上述第（7）项终本结案的，应当经执行局法官会议研究同意或上一级法院批准。

3. 强化违法终本救济，畅通恢复执行渠道

第一，强化违法终本救济。《终本管理规范》明确，当事人、利害关系人认为终本结案违反法律规定，提出执行异议的，不适用《最高人民法院关于对人民法院终结执行行为提出执行异议期限问题的批复》规定的 60 日限制。异议成立的，裁定撤销终本裁定，予以恢复执行。

第二，畅通恢复执行渠道。《终本管理规范》明确，执行法院经审查认为被执行人确无可供执行财产，决定不予恢复执行的，应当经合议庭评议后以原执行案号出具裁定书，并告知救济权，但经释明后申请执行人书面认可不予恢复执行行为的除外。申请执行人对不予恢复执行的裁定不服，提出执行异议或者向上级法院申请执行监督的，人民法院应当按照异议、复议或者执行监督有关规定处理。其中，申请上级法院执行监督的，按照下列具体情形分别处理：（1）被执行人确有可供执行财产的，责令立即恢复执行；（2）执行法院对申请执行人提供的财产线索未予核查的，责令限期核查；（3）被执行人确无可供执行财产，不符合恢复执行条件的，驳回监督申请。

第三，明确应予恢复执行情形。《终本管理规范》明确，具有下列情形之一的，应当恢复执行：（1）终本结案后取得财产处置权；（2）已经裁定变更、追加被执行人；（3）在登记机关查封的车辆、船舶等财产已被实际扣押；（4）拍卖、变卖未成交的财产，经过一定时间具备重新处置条件；（5）终本裁定被依法撤销；（6）发现可供执行财产。

4. 加大监督管理力度，压紧压实工作责任

突出上级法院和执行局局长的监督管理职责，强化终本案件监督管理。

第一，强化"三统一"管理。明确执行法院执行局局长对于终本案件质量负有主体责任，执行法官负有直接责任，上级法院负有监督管理责任，共同对终本案件质量负责，确保终本案件质量。执行法院执行局局长应当定期、不定期组织执行干警特别是新进人员集中培训学习，确保执行干警熟练掌握、精准适用终本有关规定。终本质量及整改效果应当作为执行局局长述职的重要内容。上级法院应加强对下级法院终本案件的监督管理。通过交叉评查、随机抽查等多种方式，加强对辖区法院终本案件的督导检查。对于终本率较高及信访、舆情反映违规终本问题突出的重点地区、重点法院，应当重点抽查。上级法院对于抽查结果，应当形成通报，责令限期整改。省高级法院执行局在每周一次的执行局局长例会上，将终本案件检查列为规定动作，随机抽查辖区法院终本案件，现场剖析存在的问题和不足，并将抽查结果与年底考核挂钩，有力保障终本案件质量提升。

第二，建立自查工作机制。执行法院应当建立自查工作机制。定期对终本案件开展自查，每季度对各执行法官所结终本案件按照一定比例或数量开展交叉评查，并通过执行例会、案例分析会或其他形式，对于发现的问题进行通报点评、自查自纠、堵塞漏洞。自查情况形成书面报告，及时报上一级法院备查。执行法院应当将终本案件质量作为一项重要考核内容，考核结果作为执行人员评先、评优的重要参考。

第三，强化责任落实。一方面，对于上级法院责令整改，未按要求整改到位的，上级法院应当通过执行局局长《督办令》进行重点督办。对于连续两次抽查均发现有不合格案件的法院，上级法院应当约谈该院执行局局长。约谈后拒不整改或整改效果欠佳的，应将有关问题通报所在法院党组，并视情将终本结案审批权上提至上一级法院审批把关。整改取得明显效果的，恢复终本结案审批权。另一方面，上级法院对于发现的违法违规终本，情节较轻的，责令相关法院限期纠正；发现未开展任何工作或未依法处置财产即终本结案，胁迫当事人同意终本、认可被执行人无财产及虚构有关材料等，以及上级法院责令整改拒不整改的，启动"一案双查"，依法依规严肃处理，并在执行工作单独考核中予以扣分。

第四节　单独执行工作考核机制

业绩评价是管理学中一个重大理论与实践问题，所谓"不能评价，就不能管理"。推进执行工作体系和执行工作能力现代化，健全切实解决执行难长效机制，也需要通过特定机制以持续、客观、全面地对各级各地法院执行工作情况进行评价，从而发现问题、纠正偏差、激励创新、引导发展。这种特定的评价机制，目前主要体现为单独执行工作考核机制。《人民法院执行工作纲要（2019—2023）》明确提出："加强执行工作考核。2019 年底前，各级人民法院要修订执行考核指标，遵循执行工作规律，突出执行工作特点，建立有别于审判工作的单独执行工作考核机制。"然而，最高人民法院近年来虽然先后下发《最高人民法院关于建立执行考核指标体系的通知》《人民法院基本解决执行难第三方评估指标体系（地方三级法院版）》，但完备的单独执行工作考核机制至今尚未成型。

建立单独执行工作考核机制的工作进度之所以滞后于工作要求，其难点就在于"单独"。执行工作的规律和特点在诸多方面有别于审判工作，但以往各级法院往往简单套用审判工作考核机制来考核执行工作，由此产生了种种弊端，对完成切实解决执行难目标任务产生了不利影响。对此，最高人民法院提出的解决思路是建立有别于审判工作的单独执行工作考核机制。早在 2017 年，时任最高人民法院副院长江必新就指出："建立对执行工作的单独考核机制刻不容缓。"[①] 然而，"单独"这一要求如何在考核机制中落实，由于缺乏实践经验积累和域外经验借鉴，仍需深入研究思考。

一、建立单独执行工作考核机制的必要性

（一）执行工作考核机制的发展过程

推进执行工作体系和执行工作能力现代化，需要通过不断完善考核机制，客观、公正地评价执行工作和执行人员工作业绩，这既是落实司法责任制的必然要求，也是健全解决执行难长效机制的内在要求，在推动具体工作、加强监

---

① 江必新：《真抓实干 确保基本解决执行难关键之年取得卓越成效》，载《法律适用》2017 年第 9 期。

督管理方面也具有关键性的评估和导向作用。

人民法院的执行工作考核机制有一个逐步发展完善的过程，总体可分为四个阶段：

1. 第一阶段：审执混同阶段

在这一阶段持续到 21 世纪初，主要特征是缺少体现执行工作特点的考核指标和考核方式，执行考核基本混同于审判考核。

2. 第二阶段：初步体现执行工作特点阶段

2009 年《最高人民法院关于进一步加强和规范执行工作的若干意见》提出："实施严格的执行工作考评机制。要完善和细化现有的执行工作考核体系，科学设定执行标的到位率、执行申诉率、执行结案率、执行结案合格率、自行履行率等指标，合理分配考核分值，建立规范有效的考核评价机制。考核由各级人民法院在辖区范围内定期、统一进行，考核结果实行公开排位，并建立末位情况分析制、报告制以及责任追究制。"根据这一指导思想，各地法院对执行考核进行了一些实践探索。如江苏省高级人民法院《全省法院执行工作良性运行指标体系（试行）》（苏高法审委〔2009〕44 号）、广东省高级人民法院《关于执行质量和效率管理考核的规定（试行）》（粤高法发〔2009〕71 号）、北京市高级人民法院《北京市法院执行工作考评办法（试行）》（〔2012〕247 号）和《北京市法院执行工作专项考核实施细则（试行）》（京高法发〔2013〕260 号）等。这一阶段的主要特征：一是出现了一些有别于审判考核、体现执行工作特点的考核指标；二是出现了有别于审判工作层级监督、体现执行工作统一管理要求的考核方式。但总体上，尚未形成系统性的执行单独考核机制。

3. 第三阶段：基本解决执行难阶段

攻坚基本解决执行难期间，为了有效落实"用两到三年时间基本解决执行难问题"的工作目标，充分发挥执行考核在推进执行工作，加强执行监督管理方面的导向作用，各级法院对单独执行考核又进行了新的探索。这一阶段的主要特征：

一是明确提出了单独执行考核的要求。2017 年 2 月 15 日全国法院执行工作视频会议及《2017 年最高人民法院执行工作要点》中均将"推动建立执行工作独立考核指标体系"作为重要工作安排。地方法院如江苏省高级人民法院于 2017 年 9 月出台了《关于执行工作单独考核的意见（试行）》和《执行人员绩效单独考核指导办法（试行）》，探索对法院执行工作和执行人员绩效实行单独考核。

二是形成了较为完整、系统的执行考核指标体系。最高人民法院于2017年10月19日下发《最高人民法院关于建立执行考核指标体系的通知》，首次较为系统地设计了执行统计指标体系及考核指标体系，并将其作为衡量各级人民法院执行工作情况的统一量化标准。该指标体系的特点：（1）系统性。该指标体系较为全面地涵盖了执行工作的各方面内容，且数据易采集、结果可量化，通过该指标体系能够较为系统、全面地反映执行工作的真实情况。（2）科学性。该指标体系首次科学划分了考核指标和统计指标、执行案件质效指标和执行综合管理指标，这一划分符合执行工作实际和规律。（3）指导性。该指标体系充分发挥了"指挥棒"的作用，并通过最高人民法院常态化的指标通报分析充分发挥了激励先进和督促后进的作用。

三是提出基本解决执行难"4＋1"核心指标要求。"围绕执行难问题的关键症结，最高人民法院充分考虑执行案件数量和执行队伍现状，本着自我加压、倒逼执行质效，同时坚持实事求是、防止定出不切实际目标的原则，将'四个基本'具体化为'四个90%，一个80%'的核心指标要求，作为阶段性目标，即90%以上有财产可供执行案件在法定期限内执结，90%以上无财产可供执行案件终结本次执行程序符合规范要求，90%以上执行信访案件得到化解或办结，全国90%以上法院达标，近三年执行案件整体执结率超过80%。"①

四是由单纯的执行案件考核转变为对执行工作全面情况的综合考核。受最高人民法院委托，中国社会科学院法学研究所于2017年1月发布《人民法院基本解决执行难第三方评估指标体系及说明》，2018年5月又发布《关于"人民法院基本解决执行难第三方评估指标体系"的调整说明》《人民法院基本解决执行难第三方评估指标体系（地方三级法院版）》。该指标体系囊括了综合治理大格局建设、规范化建设、信息化建设、执行体制机制建设、执行管理机制变革、法治宣传、执行队伍建设等执行工作的各方面内容；同时根据不同法院层级设置了不同的指标要求，基层人民法院的指标体系由"规范执行""阳

---

① 周强：《最高人民法院关于人民法院解决"执行难"工作情况的报告——2018年10月24日在第十三届全国人民代表大会常务委员会第六次会议上》，载《人民法院报》2018年10月25日，第1版。

光执行""执行保障""执行质效"4个一级指标构成；中级人民法院的指标体系由"规范执行""阳光执行""监督管理""执行保障""执行质效"5个一级指标构成；高级人民法院的指标体系由"制度机制建设与落实""监督管理""执行保障"3个一级指标构成。该指标体系虽然是作为一次性的评估依据提出，但在全国各地实践中，其基本思路和指标设定被不少法院开展执行考核工作时借鉴吸收。

4. 第四阶段：推进执行工作体系和执行工作能力现代化阶段

攻坚基本解决执行难工作取得阶段性胜利后，面对"切实解决执行难"这一更高层次的目标，建立健全执行工作考核机制的需求更为迫切。首先，攻坚基本解决执行难工作的阶段性成果需要通过考核机制加以巩固；其次，执行工作体系和执行工作能力现代化的一系列新要求，需要通过考核机制加以推进。面对新形势新任务，最高人民法院也提出了新的要求。《人民法院执行工作纲要（2019—2023）》特别提出："加强执行工作考核。2019年底前，各级人民法院要修订执行考核指标，遵循执行工作规律，突出执行工作特点，建立有别于审判工作的单独执行工作考核机制。"为贯彻落实上述要求，部分地方法院已经开始了新的探索，如江苏省高级人民法院2020年6月出台《关于完善全省法院单独执行工作考核指标体系的指导意见》（苏高法〔2020〕122号）。这一阶段目前刚刚起步，其特征尚有待观察和总结。

（二）遵循执行工作规律，建立单独执行工作考核机制

回顾执行工作考核机制的发展过程，可以发现随着人民法院对执行工作规律的认识日益深入，对建立执行考核机制的思路也在日益清晰。今后发展方向最重要的特点，就是要在"遵循执行工作规律，突出执行工作特点"的基础上，"建立有别于审判工作的单独执行工作考核机制"。

准确把握我国当前法治发展阶段的执行工作规律，须以党的十八届四中全会提出的"保障胜诉当事人及时实现合法权益"为出发点，结合我国现行法律体系和执行工作实际，以审判工作规律为参照系，以实证性的方法、差异化的视角展开分析。

第一，从设计功能看，人民法院行使审判权的任务，是查明事实、分清是非，确认当事人之间已经发生争议的民事权利义务关系并依法作出裁判。而执行权，则是人民法院以国家强制力为后盾，实现生效法律文书确定权利义务的权力。简而言之，即审判的任务是确认权利，而执行的任务是实现权利。

第二，从价值取向看，由于审判权的设计功能主要在于确定权利，因此其价值取向必然着重于裁判的公平与妥当。而执行权则不同，其设计功能在于使权利得到事实上的实现，因此价值取向就应着重于执行的确定、迅速与经济。故寻求权利兑现最大化和执行效率最大化，应当成为确定、迅速与经济价值取向下，执行权运行的两个基本追求。

第三，从基本原则看，执行具有一些与审判基本原则截然相反或相对的基本原则。主要体现为：一是当事人地位不同等原则。执行权运行的根本任务，是运用国家公权力迅速实现权利人业已得到确认的实体权利，因此对申请执行人和被执行人不能同等对待，有些权利只有申请人拥有，而有些义务只需被执行人承担。尤其对被执行人而言，在执行程序中更多应当是承担容忍和配合执行的义务。二是强制原则。债权人通过执行程序实现债权，依靠的是国家公权力的强制性保障，因此执行权天然带有强制性特征。三是职权主义原则。人民法院行使执行权的过程中，为了实现权利兑现最大化和执行效率最大化，采用职权主义原则，主要体现为法院地位的倾向性、程序推进的主动性、当事人意思自治的有限性。

第四，从程序构造看，审判程序有一个核心的环节，即庭审；有一个统一的载体，即裁判文书。但在执行实施程序中，没有核心环节和统一的载体，而是由一个个具体的节点、步骤、措施构成。执行的主动性，要求各环节步骤主要由执行机构主动启动，即使当事人提出申请也需经过审查方能决定是否实施。执行对效率的追求，又要求赋予实施权的行使者较大的自由裁量权。执行措施的选择及实施强度，都需要执行人员根据不断变化的情况灵活应对。而执行对效果的追求，更要求执行行为在一定情况下应当具有密行性。

第五，从管理体制看，执行工作统一管理，是执行管理体制最主要的特点。执行工作有别于审判工作的运行规律，决定了执行工作管理必须采取有别于审判工作管理的体制。《中共中央关于转发〈中共最高人民法院党组关于解决人民法院"执行难"问题的报告〉的通知》就已提出："要强化执行机构的职能作用，加强执行工作的统一管理和协调。"最高人民法院此后陆续下发的文件中，又进一步明确对执行工作统一管理的要求。如《最高人民法院关于高级人民法院统一管理执行工作若干问题的规定》要求："高级人民法院在最高人民法院的监督和指导下，对本辖区执行工作的整体部署、执行案件的监督和协调、执行力量的调度以及执行装备的使用等，实行统一管理。"《最高人民法院关于进一步加强和规范执行工作的若干意见》要求："进一步完善高级人民法院执行机构统一管理、统一协调的执行工作管理机制，中级人民法院（直辖市除外）对所辖地区执行工作实行统一管理、统一协调。进一步推进'管案、管事、管人'相结合的管理模式。"《关于执行权合理配置和科学运行的若干意见》要求："上级人民法院有权对下级人民法院的执行工作进行考核，考核结果向下级人民法院通报。"《人民法院执行工作纲要（2019—2023）》要求："依托执行指挥中心强化'三统一'执行管理，探索推进执行管理体制改革。"这些要求，目前被概括为"管案、管事、管人"相结合的管理模式和统一管理、统一指挥、统一协调的"三统一"机制。上述要求，在《中央全面依法治国委员会关于加强综合治理从源头切实解决执行难问题的意见》中进一步强化："加强执行工作的系统管理，完善上下级法院执行工作管理模式，强化上级法院对下级法院执行工作的监督责任。"

上述执行规律，决定了执行权运行呈现诸多有别于审判权的特点。然而，由于我国民事执行机构的设置模式属于"内置单一式"，[①] 即民事执行权统一交由设置于法院内部的执行局行使，以往执行考核受此影响一直被审判考核吸收、同化和干扰，未能形成充分体现执行工作特点、充分契合执行权运行规律的执行考核机制，由此造成了执行考核"指挥棒"的失灵现象。

第一，考核对象未能体现执行权力特有的配置形态。一是从执行权的横向分配看，区分为执行实施权和执行裁判权。执行实施权的范围，主要是财产调查、控制、处分、交付和分配以及罚款、拘留措施等实施事项；执行裁判权的范围主要是办理执行异议、复议以及执行异议之诉案件。法律属性上，前者具有更多行政权的性质，后者则与审判权相近。二是从执行权的纵向分配看，地方三级法院的执行机构具有不同的职责定位及任务要求。基层法院执行局主要职能为办理执行实施案件；高（中）级法院执行局主要职能为对辖区内各级法院执行人员、执行案件、执行装备的统一指挥、管理和调度，对下级法院执行工作的服务、监督和指导。三是从执行权的内部分配看，执行实施权又可进一步区分为执行命令权和实施事务权两种不同性质的权力："做出查封、扣押、冻结、拍卖、变卖、以物抵债、分配等裁定的权力，为执行命令权；具体实施该命令的权力，为实施事务权。"[②] 然而，以往执行考核沿用审判考核

---

① 周继业主编：《强制执行新实践》，法律出版社 2018 年版，第 104 页。

② 肖建国：《民事审判权与执行权的分离研究》，载《法制与社会发展》2016 年第 2 期。

"一把尺子量到底"的做法，导致考核目标失焦，让执行权运行强行向审判权看齐，使执行工作分权、分级、分工的权力配置特点无法体现，进而使执行资源无法得到最优配置、执行功能无法得到充分实现。

第二，考核指标未能体现执行案件特有的价值导向。司法裁判本身就是一种事后救济，而执行则是以兑现这种事后救济为目的。这决定了法律文书中确定的权利义务并不一定都能够全部实现，被执行人有无履行能力，才是胜诉当事人合法权益能否实现的决定性因素。市场主体在经济交往中所必须承担的交易风险、社会主体在社会活动中面临的社会风险，不可能通过执行来避免。因此，执行的结果无法控制，对执行权运行的管理也应更多侧重于过程管理而非结果管理。然而长期以来，社会公众对执行工作的属性缺乏了解、期望过高，很多当事人认为，只要胜诉了，人民法院就应该执行，而且要执行到位，不考虑被执行人的履行能力，也不考虑自己面临的法律风险和经济风险。很多法院也存在这种认识，导致执行考核设定的目标发生偏差，过多注重于执行结果，而非执行过程。此外，一些法院长期以来未能将执行效率最大化作为开展执行工作的基本理念，仍习惯将执行与审判追求的目标混同，片面追求公正，在考核指标设定上对执行效率重视不足。

第三，考核方式未能体现执行管理特有的管理机制。执行工作管理机制最大特点就是统一管理。早在1999年《中共中央关于转发〈最高人民法院党组关于解决人民法院"执行难"问题的报告〉的通知》的11号文件中，就已提出"强化执行机构的职能作用，加强执行工作的统一管理和协调"。2000年1月14日最高人民法院专门下发《关于高级人民法院统一管理执行工作若干问题的规定》。2007年中央政法委《关于完善执行工作机制加强和改进执行工作的意见》丰富了统一管理机制的内涵："推进执行管理体制改革，完善高级人民法院执行机构统一管理、统一协调本辖区执行工作的管理机制，积极探索'管案、管事、管人'相结合的管理模式，从工作部署、案件、人员、经费和装备等方面加强管理。"2009年最高人民法院《关于进一步加强和规范执行工作的若干意见》进一步将统一管理机制的适用范围扩大至中级人民法院。2019年中法委1号文件再次强调："加强执行工作的系统管理，完善上下级法院执行工作管理模式，强化上级法院对下级法院执行工作的监督责任。"从制度设计看，执行工作统一管理机制，既符合民事执行权的权力属性，也能够满足执行工作的实际需要。其首先用行政领导权强化了对民事执行权的有效分配、监督和制约；其次，从整体上看，执行力量的集中，有利于减少和消除执行工作中的部门保护主义和地方保护主义的不利影响。① 然而，执行工作统一管理的上述要求，显然已经超越了目前以层级监督为主要特征的审判管理体制所能涵盖的范围。这就要求执行考核一方面应当在方式手段上充分利用执行统一管理机制的先天优势，另一方面在执行考核的指标设置、考核方式和结果运用等方面需充分体现执行统一管理机制的特点。

综上可以得出以下结论：第一，执行规律决定了执行考核在对象范围、评价导向、指标设定、考核方式、结果运用等方面与审判考核相比都存在巨大差异，而且这些差异是现行的审判考核机制所无法兼容或难以涵盖的。因此，建立单独执行工作考核机制势在必行。第二，建立单独执行工作考核机制，必须以执行规律为根本遵循，根据执行权力、执行案件、执行管理有别于审判工作的特点，作出特殊的制度设计。

二、单独执行工作考核需遵循的基本原则

单独执行工作考核机制既要遵循人民法院工作考核的一般性要求，更须遵循执行工作特有的规律和特点。正如《人民法院执行工作纲要（2019—2023）》提出："坚持遵循执行规律。既遵循司法活动的一般规律，又尊重执行工作自身规律，建立健全符合执行权运行规律的配套改革措施、履职保障机制和执行单独考核机制，确保各项工作举措符合实际，经得起检验。"遵循执行规律，是建立执行工作考核机制所要坚持的首要原则，也是基础性、统领性的原则。由此根据执行权力特有的配置形态可以引申出分类施策原则，根据执行案件特有的价值导向可以引申出质效导向原则，根据执行管理特有的管理机制可以引申出统一管理原则。

（一）分类施策原则

执行权横向分权、纵向分级、内部分工的配置形态，使执行考核的对象呈现多元性和复杂性，这就是要求在执行考核机制的设计上必须针对考核对象的不同分类施策。

1. 根据考核对象性质的分类

《中共中央关于全面推进依法治国若干重大问题的决定》提出"完善司法

---

① 汤维建：《执行体制的统一化构建——以解决民事"执行难"为出发点》，载《现代法学》2004 年第 10 期。

体制，推动实行审判权和执行权相分离的体制改革试点"。从 2016 年开始，最高人民法院部署在全国部分省市开展该项试点工作。《纲要》进一步明确要求："加快推进审执分离体制改革。将执行权区分为执行实施权和执行裁判权，案件量大及具备一定条件的人民法院在执行局内或单独设立执行裁判庭，由执行裁判庭负责办理执行异议、复议以及执行异议之诉案件。"由于执行异议、复议案件的性质类似审判权，而执行异议之诉案件本身就属于审判权范畴，因此对执行裁判权可参照应审判考核机制进行考核。对法律性质与审判权差异较大的执行实施权，则需建立单独执行工作考核机制。

2. 根据考核对象职能的分类

审判和执行不同的程序构造，使得诉讼案件具有个性化和不可分性，而执行案件具有同质性和可分割性。[①] 据此，执行实施权可进一步区分为执行命令权和实施事务权，实施事务权还可根据具体事务的主次地位，再细分为事务性权力和辅助性权力：事务性权力包括办理搜查、查封、扣押、冻结、拍卖、强制迁出、拘传、拘留、罚款等核心事项；辅助性权力包括立案登记、信息录入、信息核对、卷宗扫描、笔录制作、文书送达、档案装订、卷宗整理等辅助事项。[②] 从各地法院执行工作模式改革的趋势看，越来越多的法院将实施事务权从执行法官手中剥离，转由执行指挥中心或执行事务中心的司法辅助人员集约化办理。这使得执行实施案件的办理逐步由"办案"向"办事"转变，于是要求对执行工作的考核内容需注重对"案"的考核与对"事"的考核相结合。这主要体现在两个方面：

一是对执行人员的考核，要区分不同岗位的不同工作性质，设定不同的考核要求。对办案岗位人员，参照"让审理者裁判、由裁判者负责"的原则重点考评执行命令权行使的质量和效率；对办事岗位人员，按照"谁办理谁负责"的原则，根据各岗位承担职责的不同设定相应的考评标准，重点对实施事务权行使的差错率、执行团队满意度等进行考评。

二是对执行法院的考核，在指标设定方面区分案件指标和综合指标。案件指标用于评估执行案件质量、效率情况。综合指标则反映各项管理性要求的落实情况和事务性工作的办理情况，包括上级法院执行监督意见或交办事项落实

---

① 肖建国：《执行管理创新的成都模式》，载《人民法院报》2011 年 3 月 17 日。
② 肖建国、庄诗岳：《论民事执行实施权的优化配置——以我国的集约化执行改革为中心》，载《法律适用》2019 年第 11 期。

情况、开展协同执行情况、执行装备保障情况、执行指挥中心实体化运行情况、履行对下监督管理职能情况、对执行人员统一管理情况、对辖区法院及执行人员落实单独考核情况等。

3. 根据考核对象层级的分类

对不同层级法院执行机构的工作考核必须结合其职能定位，合理设计不同的考核内容及指标权重。可参考第三方评估指标体系的有益经验，根据不同法院层级设置不同的指标要求：一是设置三级法院通用的执行案件质效考核指标和执行综合管理考核指标；二是设置仅适用于高（中）级法院的"三统一"管理职责落实情况考核指标。上述两类指标在不同级别法院的权重也需根据定位不同区分设定：对基层法院考核，应赋予执行案件质效考核指标较高权重；对高（中）级法院考核，则应赋予内部管理及长效机制建设考核指标、"三统一"管理职责落实情况考核指标较高权重。由于高（中）级法院执行局一般自办案件较少，可考虑将其辖区所有法院总体情况进行捆绑式考核，一方面避免仅考核高（中）级法院自身办案指标由于案件数量少带来的指标数值巨大波动，另一方面也促使高（中）级法院执行局集中精力履行对辖区法院统一管理职责。

（二）质效导向原则

考核指标尤其是对执行案件的考核指标以何为导向进行设定，是建立单独执行工作考核机制的核心问题之一。

1. 执行效果指标的内在缺陷

以往对执行案件考核指标的设定，偏重于以实际执行效果为导向，故而将实际执结率、实际执行到位率、执行完毕率、终本率、恢复执行案件实际执行到位率等作为考核的重点。然而，上述执行效果指标实际上并不能客观体现执行案件办理情况的优劣，因此不宜作为执行案件考核指标。

由于"实际执结率"往往被视为考核执行工作最核心的一项指标，也是各级法院以往广泛和长期使用的一项指标，我们试以"实际执结率"作为解剖对象，对其为何不适宜作为衡量执行工作优劣的考核指标进行分析，并以此为起点，提出传统执行案件考核指标的替代方案。

（1）何为实际执结率。实际执结率一般指在一定期间内某一单位（法院或办案人员）实际执结案件数量与执行结案数量的比例。在不同时期、不同地区，也有法院将这一指标表述为"实际执行率""有效执结率""实际执行完毕率"等。最高人民法院2017年10月19日下发的《关于建立执行考核指标体系的通知》，仍保留了"实际执结率"这一指标，但计算公式调整为：（首次执行案件实际执结案件数＋恢复执行案件实际执结案件数）/执行实施案件数。公式调整最重要的变化是将分母由结案数改为受理数，目的是防止出现为抬高指标而对不能实际执结的案件长期不予结案的情况。但其考核导向并未发生本质变化。最高人民法院此后下发的《人民法院基本解决执行难第三方评估指标体系（地方三级法院版）》，进一步明确实际执结率的计算公式为：实际执结的案件数（实际执行完毕＋达成和解协议并履行完毕＋法定终结执行＋销案＋不予执行＋驳回申请）/首次执行实施案件数（统计口径：首次执行，不含恢复执行、保全案件及审查案件）。

以往，实际执结率被各级各地法院广泛运用于执行工作考核，有的还设定了一定的比例要求。如江苏省高级人民法院在其2009年出台的百分制的《全省法院执行工作良性运行指标体系（试行）》就规定："2.执行案件有效执结指标（7分）：考核期内自动履行、强制执行履行、和解履行完毕以及依民诉法规定终结执行的执行案件结案数与同期所有执行案件结案总数的比例，中级法院达到50%以上，基层法院达到60%以上的，得7分；中级法院达到45%以上，基层法院达到55%以上的，得5分；中级法院达到40%以上，基层法院达到50%以上的，得3分。"该指标体系在2013年虽进行了修订，但仍规定："实际执结率指标用于评估申请人债权的实现情况，实际执行率越高，表明人民法院执行力度大、工作到位，执行效果好。"在2017年1月中国社会科学院法学研究所制定的《人民法院基本解决执行难第三方评估指标体系及说明》中，也将实际执结率设定为"法院一定时期内执结的案件中执行完毕案件的比率"，并列为正相关执行质效评估指标之一。

（2）实际执结率的历史价值。从历史发展的眼光看，实际执结率这一考核指标的提出，本身就是人民法院对执行工作特点和规律的认识不断深化的结果。

从改革开放之初直至20世纪90年代末，对执行工作的考核基本参照审判工作的考核方式，"结案率"或"执结率（执行案件结案率）"是这一时期评价执行工作优劣的核心指标。然而，由于当时执行案件的结案标准也参照诉讼案件，即只有执行到位或终结执行方能结案，导致每年均有大量的案件因未能执行到位而积压。结案率低、案件大量积压，成为这一时期"执行难"问题的主要表象。也由此，这一时期解决"执行难"的目标，被定位于"当事人申请执行的案件基本能得到执行，实现执行收结案的动态良性循环"①，"继续大力清理执行积案"② 则成为这一时期解决执行难的主要手段。

随着对执行工作认识的逐步深化，各级法院日益认识到，由于经济的活跃、社会的发展、利益格局的分化以及人们对审判和执行工作更多的需求，人民法院已经不可能再像计划经济时代那样，有能力把所有的裁判都执行到位，而权利人也必须承受由于商业风险、社会风险所造成的执行不能。于是"发放债权凭证""终结本次执行"等结案方式在实践中被提出，解决"执行难"的目标导向，也逐步转变为"最大限度地实现债权人的合法权益"③，"最大限度实现生效裁判所确认的权益，维护司法权威"④。这一时期，"执结率"作为考核指标的缺陷日益显露出来。

实际执结率也在这一时期被作为执行工作的考核指标而提出。与"结案率"相比，将实际执结率作为考核指标更接近于执行案件的特点和规律。首先，考察实际执结率，意味着人民法院已经普遍接受了有一部分执行案件必定无法"实际执结"的客观规律。其次，实际执结率将法院执行工作的努力与执行工作所取得的效果建立了关联，在案件类型、经济环境、执行手段较为同质化的考察范围内，在一定程度上能够对执行工作的优劣起到较为客观、公正的评价作用。

（3）实际执结率不能作为评价执行工作优劣的考核指标。然而，如果进一步深入分析，就会发现实际执结率同样不适宜作为一项考核指标用于评价执行工作的优劣。

第一，实际执结率的影响因素具有二元性。民事执行工作本质上是一种司法救济途径。申请人的债权能否实现、执行案件能否实际执结，固然与执行法院是否勤勉、是否规范地开展执行工作有着密切的关系，但更具有决定性的因素，则是被执行人的履行能力。就个案而言，被执行人有无履行能力系客观存在的法律事实，并非法院的执行工作所能决定。如果被执行人无履行能力，则无论法院采取多少执行措施、多大执行力度，申请人的债权都不可能得到实现

---

① 参见 2000 年 3 月 10 日在第九届全国人民代表大会第三次会议上的《最高人民法院工作报告》。
② 参见 2000 年 3 月 10 日在第九届全国人民代表大会第三次会议上的《最高人民法院工作报告》。
③ 参见 2007 年 3 月 13 日在第十届全国人民代表大会第五次会议上的《最高人民法院工作报告》。
④ 参见 2008 年 3 月 10 日在第十一届全国人民代表大会第一次会议上的《最高人民法院工作报告》。

或完全实现。这正如对审判工作的考核，绝不能以"原告胜诉率"为考核指标一样——尽管原告能否胜诉与法官是否公正审判具有直接的关联，但这并非唯一的影响因素，更不是决定性的影响因素。诉讼请求是否具有事实根据和法律依据，才是决定原告能否胜诉的根本原因。

这种"二元"而非单一的影响因素，意味着实际执结率在考核一个变量（执行工作优劣）的同时，还要面对另一个变量（被执行人整体履行能力）。实际执结率的高低，实际是这两种变量叠加作用的结果。而被执行人整体履行能力，又恰恰是一个不确定性极强的变量，会受到很多因素的影响，在不同的时间、空间里存在极大的差异。

从地域看，被执行人群体的履行能力受地区经济发展总体程度、宏观经济环境、当地经济波动等因素的影响非常明显。以江苏为例，经济较为发达的苏南地区相较于经济相对滞后的苏北地区，实际执结率通常高出 10 个至 20 个百分点，但如果出现宏观经济滑坡，实际执结率也会有较大幅度下滑。而县域经济的波动，对于基层法院实际执结率的影响则更为明显。如江苏省新沂市人民法院，受本地民间借贷案件群体性爆发影响，实际执结率从往年的 40% 左右猛降到 2014 年的 13%，之后又逐年回升。江苏省江阴市人民法院 2013 年的实际执结率，也因为当地钢贸市场纠纷爆发，短时间内集中涌入 3000 余件案件无法执行到位，实际执结率断崖式下降了约 20 个百分点。

执行案件的类型结构，也是影响实际执结率的一个重要因素。就民事案件而言，通常来说，婚姻家庭、继承类案件的实际执结率较高，而合同类案件的实际执结率次之，最低的是权属、侵权和借贷类案件。因此，在 20 世纪 80 年代至 90 年代，由于婚姻家庭、继承类案件在民事案件中比重极大，而经济纠纷数量较少，尽管执行手段较为落后，但实际执结率却不低。如根据最高人民法院提供的数据，1995 年至 1998 年，全国法院执行案件实际执结率为89.09%、87.69%、84.60% 和 78.81%。反观 2014 年，全国法院执行案件的实际执结率仅 66.33%。同样，各地由于案件类型不同，经济欠发达地区通常传统民事案件较多，而发达地区则通常经济纠纷案件较多，在同样的执行条件和努力程度下，实际执结率也会存在较大的差异。

"被执行人整体履行能力"的不确定性、易波动性，使得实际执结率实际上根本无法反映出执行工作优劣，在不同时期、不同法院难以进行客观的比较。这种没有可比性的考核指标，显然已经失去了其作为考核指标本身的评价意义。更为严重的是，这使得社会公众难以对法院执行工作进行客观公正的评价，一些因客观原因产生的实际执结率数值正常向下波动或地区之间的正常落差，有可能被公众误解，将原因归咎于法院执行不力。

第二，实际执结率的价值导向具有多向性。执行工作的优劣不仅体现为执行实施案件的实际执结情况，还体现在信用惩戒、对拒执行为的处罚和打击力度等方面。信用惩戒以及对拒执行为的打击越是到位，对被执行人以及潜在被执行人（败诉当事人）的威慑力越大，越能够促使债务人主动履行生效裁判履行的义务，而使案件无须进入强制执行程序。此时即产生了提升生效裁判自动履行率的效果。类似地，诉讼保全比例的提升、诉讼调解的加强都属于基本解决执行难的措施，都会产生提升生效裁判自动履行率的效果。

然而，这却产生了一个悖论：当生效裁判自动履行率提升时，更多有履行能力的败诉当事人会主动履行义务而使案件不须再进入强制执行程序，但当这种基本解决执行难所期待的形势出现时，其结果却是实际执结率不但没有提高，反而降低了。通过观察实际执结率的公式就可以发现，当分子和分母同时减去同一数值时，得出的比率是小于原比率的，即"（实际执结案件数 – N）/（执行结案数 – N）＜实际执结案件数/执行结案数"。

这引发我们更深入的思考，即实际执结率到底是不是越高越好呢？因为按照上面的推论，实际执结率不仅不是越高越好，而应该是越低越好才对。当实际执结率达到 0 时，才是执行工作应有的最佳状态。即所有具有履行能力的败诉当事人，全部在案件进入执行程序之前就主动履行了义务；这种状况下，进入执行程序的只剩下被执行人没有履行能力的案件。此时实际执结率的公式中，无论分母有多大，分子都是 0（所有进入执行程序的案件都无法实际执结），因此实际执结率为 0。相反，实际执结率 100% 倒理应成为执行工作最糟糕的状态，因为此时不仅大量有履行能力却不主动履行的被执行人把案件拖入了执行程序，需要国家耗费大量资源去强制执行到位，同时一些被执行人本无履行能力的案件也由于法院执行了不应执行的财产、采取了不应采取的手段而居然"执行到位"了。此时，实际执结率已然成为一个评价执行工作的负相关指标。

由此可见，实际执结率作为一项指标，具有正负双向的指引作用。当实际执结率的正负双向因素同时发挥作用时，这一考核指标实际上已经失去了具有导向性的评价功能。即实际执结率高，既有可能是因为直接执行工作有效，也有可能是因为执行工作在威慑机制方面的无效，造成法院作出裁判后有履行能力的败诉当事人自动履行率低，从而使更多有实际执结条件的案件进入了执行程序；同理，实际执结率低，既有可能是因为执行直接强制措施不到位，也有可能是因为征信体系和执行威慑机制作用发挥得好，有履行能力的当事人自觉履行法院裁判的比例高，从而减少了有条件实际执结的案件进入执行程序数量。

第三，实际执结率的评价对象具有差异性。以往司法实践中对实际执结率的考核，往往将各类执行案件统括在一起进行统计，忽视了作为评价对象的各类执行案件，其自身也存在巨大的差异。

从执行依据的类型看，最高人民法院在《1999 年—2009 年 8 月全国法院办理执行案件情况分析》中，就已经认识到不同类型执行案件执行实际到位率的差异："刑事附带民事诉讼案件执结率和执行到位率呈'双低'态势。十年来，全国法院共执结刑事附带民事诉讼案件 380 245 件，案件执结率为 75.72%，比平均执结率低近 10 个百分点；申请执行标的金额 577.05 亿余元，执结标的金额 196.85 亿余元，执行实际到位率为 34.11%。""十年来，全国法院行政非诉执行案件的结案率高达 92.28%，但执行实际到位率却只有 48.80%。"尤其是刑事附带民事案件，通常为暴力犯罪，被告人往往自身经济情况较差、缺乏履行能力，此类案件实际执结率极低，与民事执行案件一同统计，难以准确反映执行工作实际情况。

从执行阶段的类型看，各类案件实际执结率也存在很大差别。如案号为"执"字的初次执行案件，通常实际执结率较低；而案号为"执恢"字的终本结案后恢复执行案件，由于一般是在发现被执行人有财产可供执行的情况下才恢复执行，因此实际执结率较高。而案号为"执保"字的诉讼保全类实施案件，则压根就没有实际执结或执行完毕的结案方式，不应纳入实际执结率的统计范围。

综上可见，一名勤勉的执行人员即使已经竭尽所能将被执行人有履行能力的案件全部实际执结，但由于实际执结率计算公式中的分子和分母都存在极大的、无法控制的不确定性，其对实际执结率是否能够提高着实无能为力。这使得实际执结率只能在案件类型、被执行人履行能力、经济社会环境、执行条件和手段等同质化程度极高的理想环境中，才可能作为考核指标使用。一旦将空间、时间、对象范围扩大，实际执结率就会失去其对执行工作优劣的评价作用。即使是在上述的理想状态下，实际执结率也难以全面反映执行工作的努力程度。这是因为实践中有大量无法实际执结的案件，债权人的权益已经在执行人员的努力下实现了部分甚至大部分。尤其在金融债权案件中，受制于金融机构的坏账核销规则以及法务人员缺乏放弃部分债权的权限，尽管未实现的债权比例或金额极小，法院也只能以终本结案。而完全没有执行到位的案件，据估算大约仅占终本案件总量的1/3左右。这种情况下，如果仍将实际执结率作为考核指标，势必会严重挫伤执行人员的积极性。

如果片面追求提高实际执结率，可能会出现一些错误的做法：一是动员权利人放弃部分权益，以达到尽可能通过执行完毕方式结案的目的。尤其在执行和解的案件中，法院主动介入和推动和解协议履行，忽视申请执行人要求恢复执行的申请。二是只把已经实际执结的案件结案，无法实际执结的案件则宁愿长期搁置也不以终结本次执行的方式结案。三是把精力集中在可以完全执行到位的案件上，对仅能部分执行到位而无法实际执结的案件不管不顾。四是只立有可能实际执结的案件，将无法执行到位的案件直接挡在法院门外，或者干脆"先执后立"，不执行到位就不立案。五是"先保再立"，即利用《民事诉讼法司法解释》第163条关于执行前保全的规定，对执行申请先立"执保"字案件开展财产查控工作，发现财产可足额执行到位的再立案执行。这些做法不仅会严重损害权利人利益，损害司法公信，也完全悖离了基本解决执行难"四个基本"的目标任务。

更为严重的是，执行效果指标的评价结果可能误导社会认知。通过攻坚基本解决执行难期间的大量司法宣传，目前社会公众已经逐步理解并接受对执行难与执行不能进行区分。但如果继续强调对执行效果进行考核，可能又会使社会公众重新对执行工作产生误解，甚至出现将实际执结率、实际执行到位率、执行完毕率高与切实解决执行难画等号的认识偏差。

当然，实际执结率以及终本率、实际执行到位率、执行完毕率、终本率、恢复执行案件实际执行到位率等以执行效果为导向的指标并非无用武之地。首先，这类指标可以作为统计指标使用，用于分析执行环境、服务科学决策；其次，在案件类型、被执行人履行能力、经济社会环境、执行条件和手段等同质化程度较高的情况下，基层法院可以将此类执行效果指标作为对本院执行团队或执行法官工作业绩的考核指标，以促进在同质化环境下执行人员发挥主观能动性、切实提升执行效果。

2. 执行质效指标的设定思路

从执行案件有别于审判案件的特点出发，对执行案件考核指标的设定应弱化效果导向而强化质效导向。首先，从现阶段对执行工作的总体要求看，中法委 1 号文件对"加强和改进人民法院执行工作"的要求，集中于提升执行规范化水平、加大强制执行力度等方面，并没有提出执行效果的要求。其体现的基本导向是：案件能否执行到位、债权人权益能否完全实现，人民法院只能"尽力而为"；在办理执行案件中"应为尽为"，确保执行行为的合法和高效，才是执行工作中人民法院的职责所在。其次，执行效果应理解为执行工作总体而非个案所达到的效果。这一总体效果，即最高人民法院在攻坚基本解决执行难阶段提出的"四个基本"总体目标。[①] 而基本解决执行难"3＋1"核心指标[②]所体现的目标导向，也是将执行案件质量效率作为评估重点，即只要执行案件质量效率符合法定要求，无论是否实际执结、是否执行到位，都应当给予正面的肯定评价。

第一，以质效为导向的执行案件考核指标，可作以下细分：一是结案合格情况指标，用于正面评价案件质量，包括首次执行案件终本合格率、案件结案情况抽查合格率；二是执行信访情况指标，用于负面评价案件质量，包括信访案件办结率、案访比、执行信访所涉案件被认定存在消极执行或违法执行情况；三是特殊类型案件办理情况指标，用于评价特殊类型案件是否符合相应特殊办理要求，这些案件类型包括党政机关为被执行人案件、国有企业拖欠民营企业债务案件、涉民生案件、涉扫黑除恶"打财断血"案件、执行转破产案件等；四是执行程序权利保障情况，用于评价执行案件是否应收尽收、瑕疵案件是否及时纠正，同时起到防止数据弄虚作假的作用，包括执行实施案件和执行异议案件不依法立案情况、执行行为被执行异议或复议程序撤改后未及时纠正情况；五是执行

---

① 根据《最高人民法院关于落实"用两到三年时间基本解决执行难问题"的工作纲要》（法发〔2016〕10 号），"四个基本"总体目标被执行人规避执行、抗拒执行和外界干预执行现象基本得到遏制；人民法院消极执行、选择性执行、乱执行的情形基本消除；无财产可供执行案件终结本次执行的程序标准和实质标准把握不严、恢复执行等相关配套机制应用不畅的问题基本解决；有财产可供执行案件在法定期限内基本执行完毕，人民群众对执行工作的满意度显著提升，人民法院执行权威有效树立，司法公信力进一步增强。

② 根据最高人民法院 2018 年 10 月 24 日在第十三届全国人民代表大会常务委员会第六次会议上的《最高人民法院关于人民法院解决"执行难"工作情况的报告》，"3＋1"核心指标将"四个基本"具体化为"四个 90%，一个 80%"的核心指标要求，作为阶段性目标，即 90% 以上有财产可供执行案件在法定期限内执结，90% 以上无财产可供执行案件终结本次执行程序符合规范要求，90% 以上执行信访案件得到化解或办结，全国 90% 以上法院达标，近三年执行案件整体执结率超过 80%。

效率情况，用于评价执行案件办理是否符合相关效率要求，包括有财产可供执行案件法定期限内执结率、法定期限内结案率、结案平均用时等。

第二，各项执行案件质效考核指标权重，应根据工作导向予以明确。最高人民法院执行考核指标体系暂未明确各项指标的具体权重，仅在最高人民法院此后定期下发的通报中针对相应考核指标进行分项排名。但目前，各地各级法院经过攻坚基本解决执行难，对于各项指标的计算依据及考核方式已相对熟悉，执行案件流程管理系统和执行指挥平台建设已较为成熟，对于各项考核指标设定相应权重实现整体考核、综合考核的条件已经具备。如确定具体指标权重分值存在难度，可考虑先将各项指标根据重要程度分类，具体权重仍由各级法院根据本地实际情况、存在短板自行设定。例如，可将"3＋1"核心指标设定为一类指标；法定期限内结案率、结案平均用时等设定为二类指标；涉执进京访案访比等设定为三类指标。

（三）统一管理原则

建立单独执行工作考核机制应高度重视执行考核的管理性需求，充分体现执行工作统一管理机制的特点和要求。

1. 指标设置

"要积极探索、不断完善单独考核体系，注意将基本解决执行难各项重大决策部署的贯彻落实情况纳入日常考核范围……"[①] 在推动建立健全综合治理执行难协作联动机制方面，可以将推动召开"综合治理执行难"工作联席会议情况、本辖区"点对点"网络执行查控系统建设情况等列为考核指标；在上级法院履行对下监督职能方面，可以将组织抽查辖区法院执行案件结案合格情况、辖区法院执行案件按规定使用"一案一人一账号"执行案款管理系统情况、辖区法院发生违规超期发放执行案款情况、组织执行案款清理活动情况、辖区法院存在消极执行或违法执行等问题被媒体曝光引发负面舆情情况、执行信访申诉接待、登记和挂网督办情况等列为考核指标；在执行工作统一指挥方面，可以将组织辖区法院开展协同执行行动情况、完成上级法院组织的专项执行活动情况列为考核指标。

同时，还可适当增加一些加分项目，对各级法院在执行工作方面取得突出

[①] 江必新：《确保基本解决执行难决策部署落地生根》，载最高人民法院网站，http：//www. court. gov. cn/zixun－xiangqing－49842. html，2017 年 7 月 5 日。

业绩的赋予额外分值，以鼓励改革创新，形成争先创优的工作氛围。比如执行法院在某些方面，如信息化、智慧化建设成果等，成绩突出，形成工作经验，并经上级法院如最高人民法院转发经验、表彰，或有国家级其他部门表彰、通报；执行法院年度工作突出，受到同级党委、政府表彰的，等等。

2. 考核方式

一是实行逐级考核，即由高级法院考核各中级法院执行工作，中级法院考核辖区内基层法院执行工作；二是日常考核与年度考核相结合，通过半年、季度、月度考核或者不定期抽查或评查等方式，加强日常考核工作，切实解决执行工作发展不均衡问题；三是考核基础数据来源兼顾线上提取和线下检查。

以往执行指标体系基础数据的采集力求以执行指挥管理系统、执行案件流程信息管理系统自动生成的数据为准，避免了随意性以及主观性过大问题。但同时，也应考虑到目前的执行实施工作尚无法实现全程留痕、可视、可追溯，片面依靠电脑系统提取数据无法全面反映真实情况，因此仍需保留一些需要通过人工以抽查、检查或评查方式予以采集数据的项目。

3. 结果运用

单独执行考核机制，需要坚持单位与个人相结合，将执行机构职责履行情况、执行局长职责履行情况纳入考核范围。上级法院对下级法院执行工作的考核结果，应当作为被考核法院确定执行机构或其负责人评先表彰、晋级晋职的重要参考依据。

需要注意的是，单独执行工作考核机制应作为人民法院综合考评机制的重要组成部分，而非新设一项独立的考核机制。尤其是 2018 年以来，中共中央办公厅先后印发《关于统筹规范督查检查考核工作的通知》《关于解决形式主义突出问题为基层减负的通知》，反复强调对督查检查考核工作要"严格控制总量，坚持以上率下，不断增强督查检查考核工作的科学性、针对性、实效性，切实减轻基层负担"，"着力解决督查检查考核过多过频、过度留痕的问题"。因此在表述上，应表述为"单独执行工作考核机制"或"单独执行工作考核指标体系"，并明确将其列为人民法院综合考评机制的一部分，而不宜表述为"执行工作单独考核机制"，以尽量避免产生误解。具体操作中，可由各级法院政治部会同派驻纪检监察部门、监察局、审判管理部门、执行局组织检查考核，考核结果折算相应分值后归并到综合考评。但考虑到执行考核的内容庞杂、性质特殊，对考核情况以单独进行通报为宜。

三、执行案件质效考核指标的设定

如何设定能够客观、公正评价人民法院执行案件办理情况的考核指标，是当前建立单独执行工作考核机制的最大难点。如前所述单独执行工作考核机制的导向性要求，决定了执行案件考核指标应从侧重实际执行效果转为侧重执行案件质量效率。这就需要首先对以往一些在实践中长期使用、业已形成固有观念的考核指标是否能够真正发挥其导向作用和激励功能进行反思，在此基础上结合执行工作的新模式、新机制、新体制，提出替代方案，探索设定能够体现基本解决执行难"四个基本"目标导向的、符合执行工作特点和规律的执行案件质效考核指标。

执行案件质量效率考核指标的设定，可以从以下方面考虑。

（一）执行案件质量指标

1. 结案合格情况

执行案件按照法律和最高人民法院有关文件要求结案，是对执行案件质量最基本的要求。从性质上看，执行案件结案合格情况与审判案件发改率等考核指标具有价值判断上的同一性，因为审判案件的发改率等评判的实际上就是审判案件的合格率。从规范上看，最高人民法院先后出台的《关于执行案件立案、结案若干问题的意见》《关于严格规范终结本次执行程序的规定（试行）》等文件，对执行实施案件各类结案方式结案条件的规定已经较为完备，使考察结案合格情况具备了统一的标准和规范。从技术上看，执行案件流程管理系统的全面应用，使案件选取、数据提取、卷宗调阅等检查工作，较以往大为简便，也使对结案合格情况进行高频率、全覆盖的考核成为可能。

实际执结率等执行效果指标自身难以克服的弊端，也可以通过对结案合格情况的考核加以克服。从影响因素看，影响结案合格情况的因素单一，就是执行行为的合法性、规范性、及时性，在同一时期不同法院或执行人员之间、同一法院或执行人员的不同时期之间完全具备可比性。从价值导向看，结案合格情况是一个单向的正面评价指标，不会产生价值导向的冲突和混乱。从评价对象看，无论民事执行、刑事执行还是行政执行，无论是"执"字、"执恢"字还是"执保"字案件，都可以无差别地适用结案合格情况进行考核。

对结案合格情况的考核，可设定以下三个主要指标：

一是首次执行案件终本合格率。"无财产可供执行案件终结本次执行的程序标准和实质标准把握不严、恢复执行等相关配套机制应用不畅的问题基本解决"，是基本解决执行难"四个基本"总体目标之一。据此，在基本解决执行难"4+1"核心指标中，将"要求90%以上无财产可供执行案件终结本次执行程序符合规范要求"作为其中之一。尽管基本解决执行难阶段性目标任务已完成，但无论是巩固攻坚成果，还是继续促进执行案件提升质量，都有必要继续保留该考核指标。

二是终本案件抽查情况。根据《最高人民法院关于建立执行考核指标体系的通知》，以往终本案件是否合格主要看五点：（1）是否超过3个月结案①；（2）传统查控节点信息项是否为零；（3）是否采取限高措施②；（4）结案前3个月内是否进行总对总查控；（5）终本约谈节点信息项是否为空。但上述要求其实仅考察终本结案是否符合程序标准，且全部依靠办案系统自动提取数据。对终本结案是否符合实质标准（被执行人是否确无财产可供执行），由于目前无法通过办案系统自动判断和提取，暂未进行考察。由此造成全国各地终本案件合格率指标基本达到100%，但这既与实际情况不完全符合，也与当事人和社会公众的现实感受存在距离。因此可在保留原通过线上提取"终本合格率"数据的同时，增加"终本案件抽查合格情况"指标，通过上级法院定期在线下抽查一定比例案件评定终本结案是否合格。上级法院随机抽查下级法院终本结案案件的比例可设定在2%~3%，不符合法定条件或者虽符合法定条件但存在重大质量瑕疵的，每件扣除相应分值。

三是非终本案件抽查情况。首次执行案件和恢复执行案件的结案方式除了终结本次执行程序以外，还有执行完毕、终结执行、不予执行、驳回申请等。实践中，有少数法院对这些其他结案方式也存在把握不严的问题，如未执行到位案件以执行完毕结案、应终本结案案件以终结执行结案等，因此有必要纳入考核范围。考核采用抽查方式，上级法院随机抽查下级法院非终本结案案件的比例可设定在1%~2%，不符合要求或者虽符合要求但存在重大质量瑕疵的，每件扣除相应分值。

---

① 《最高人民法院关于进一步规范近期执行工作相关问题的通知》已修改了该项要求："二、……（二）在严格按照《终本规定》的程序标准和实质标准完成必要的执行措施后，人民法院终结本次执行程序，可不受《终本规定》第一条第四项三个月期限的限制。"

② 《最高人民法院关于进一步规范近期执行工作相关问题的通知》已修改了该项要求："二、（一）原终结本次执行程序中已发出限制消费令的恢复执行案件，人民法院再次终结本次执行程序的，可无须再根据《终本规定》第一条第二项发出限制消费令。"

2. 执行信访情况

《最高人民法院关于人民法院办理执行信访案件若干问题的意见》规定："执行信访案件，指信访当事人向人民法院申诉信访，请求督促执行或者纠正执行错误的案件。"执行信访的数量和办理情况，一定程度上能够反映执行案件办理过程的质量，同时也能够反映法院解决当事人合理投诉的情况。就如《人民法院基本解决执行难第三方评估指标体系（地方三级法院版）》提出的："针对执行工作中的存在的突出问题，最高人民法院强调：……（3）为了依法妥善化解信访诉求，解决部分当事人的合理主张投诉无门的问题，增强人民群众的获得感，要求执行信访的办结率不低于90%。"

对执行信访情况的考核，可设定以下三个主要指标：

一是进京、赴省访案访比。该指标考核信访案件（无理访、重复访除外）在执行案件中的占比，执行案件包括当年全部实施案件。执行信访是否发生虽然非执行机构所能左右，但根据信访应化解在源头、化解在基层的基本要求，进京、赴省访案访比高一定程度上能够反映中级、基层法院信访受理渠道不畅、源头化解不力的问题，因此可以作为执行案件质量考核指标。考核方式可以考核地区的进京、赴省访案访比中位数水平为标准，高于中位数水平的，每高一个万分点扣除相应分值。

二是进京访办结率。该项指标为基本解决执行难"3＋1"核心指标之一，应予以保留。进京访办结率低于90%的，每低1个百分点扣除相应分值。需要注意的是，该指标考核的是执行信访办结率而非化解率。执行信访能否化解非执行部门所能左右，如将其作为考核指标，可能导致执行法院片面追求信访化解而违法违规操作，甚至损害其他当事人或案外人合法权益。

三是执行信访所涉案件被认定存在消极执行或违法执行情况。执行信访案件办理结果，是对执行案件（执行行为）质量最直接的评判。执行信访所涉案件被认定存在消极执行或违法执行的（以上级法院执行监督案件审查结果为准），每件应扣除相应分值。

3. 特殊类型案件办理情况

执行案件办理质量除了体现在结案方式和办理过程两方面外，还需考察对一些特殊类型案件的特殊办理要求有无落实。根据《最高人民法院平安建设考评办法（执行难综合治理暨源头治理部分）》《人民法院执行工作纲要（2019—2023）》以及营商环境评价等文件或考评体系要求，有必要纳入考核范围的特殊类型案件主要有：一是党政机关（不含村、居委会）为被执行人案件，未协调将其纳入地方财政预算的；二是国有企业拖欠民营企业债务案件，未协调将其纳入清欠范围的；三是涉民生有财产可供执行案件无正当理由未在法定期限内执结的；四是涉扫黑除恶"打财断血"等特殊类型案件未常态化开展专项执行行动的；五是企业法人被执行人符合"执转破"条件，涉同一被执行人 10 件以上终本案件未移送破产立案审查的；六是涉及"套路贷"执行案件未对执行依据合理审查，导致违法犯罪分子借由执行程序实现权利的。以上特殊类型案件不符合相应特殊要求办理的，每件扣除相应分值。

4. 执行程序权利保障情况

开展任何一项考核工作的基础，都在于数据的真实性，单独执行工作考核机制也是如此。有必要设定一些保障性的考核指标，通过考察当事人执行程序权利的保障情况，防止数据弄虚作假等不规范操作。

需要考核的指标有：一是不依法受理执行实施案件或者执行案件应恢复未恢复执行的；二是收到执行异议或执行监督申请未依法移送立案的；三是执行行为被执行异议或复议程序撤改后未及时纠正的。考核方式为从已结执行案件中定期按一定比例随机检查，存在以上问题的每件扣除相应分值。

（二）执行案件效率指标

如前所述，寻求权利兑现最大化和执行效率最大化，应当成为确定、迅速与经济价值取向下，执行权运行的两个基本追求。在基本解决执行难"四个基本"总体目标中，也将"有财产可供执行案件在法定期限内基本执行完毕"列为其一。执行工作对效率的追求体现在考核中，就是执行案件效率指标的设定。

对执行案件效率的考核，可设定以下四个主要指标：

1. 有财产可供执行案件法定期限内执结率

该指标为基本解决执行难"3 + 1"核心指标中最重要的指标，要求"90% 以上有财产可供执行案件在法定期限内执结"，目的是"推动有财产可供执行案件在法定期限内尽快处置完毕，及时实现胜诉当事人的合法权益"[1]。根据最高人民法院《关于"'3 + 1'核心指标"系统全国开放的说明》，这一指标仅适用于首次执行案件，计算公式为：有财产可供执行案件法定期限内执

---

[1] 见《关于"人民法院基本解决执行难第三方评估指标体系"的调整说明》。

结率＝法定审限内结案数/（旧存＋新收－终本－法定审限内未结案件数）×100%。其中，分子"法定审限内结案数"的计算公式为：法定审限内结案数＝法定审限内执行完毕＋法定审限内终结执行＋法定审限内销案＋法定审限内不予执行＋法定审限内驳回申请；法定期限包括绝对期限和扣除、延长执行期限之后的法定期限。考虑到被执行财产评估拍卖耗时较长，该说明根据不同情况对绝对期限作了区分规定：无网络拍卖案件为 6 个月，有网络拍卖案件为12 个月。

2. 法定期限内结案率

该指标来源于《最高人民法院关于建立执行考核指标体系的通知》，仅适用于首次执行案件，计算公式为：法定期限内结案率＝法定期限内结案数/首次执行案件结案数，首次执行案件结案数包括实际执结案件和终本案件。该指标有别于"有财产可供执行案件法定期限内执结率"，覆盖范围更广，要求无论被执行人是否有财产可供执行均应在法定期限内结案。但由于其涉及的案件情况更为复杂，对该指标可根据各地情况设定为不低于80%或不低于85%。

3. 结案平均用时（天）

该指标来源于《最高人民法院关于建立执行考核指标体系的通知》，仅适用于首次执行案件，计算公式为：结案平均用时（天）＝办结案件用时总和/首次执行案件结案数。但该考核指标有两点值得注意：一是由于各地法院情况差异较大，对该指标不宜设定一个固定数值作为考核标准，可以考虑采用全国或全省上年度（或本年度）该指标数值的中位数作为考核标准，达到该中位数的不扣分；未达到的，每超过 10 天扣除相应分值；二是这一指标并非越短越好。如果不顾执行案件正常需要消耗的时间，片面要求缩短结案平均用时，有可能导致"先执后立"等弄虚作假问题出现。当结案平均用时基本达到当前执行资源配置和体制机制所能达到的限度时，该考核指标可不再使用。

4. 执行完毕结案平均用时（天）

该指标来源于《最高人民法院关于建立执行考核指标体系的通知》，仅适用于首次执行案件，计算公式为：执行完毕结案平均用时（天）＝执行完毕结案用时总和/首次执行案件执行完毕结案数。该考核指标除了具有促使执行案件效率提升的意义，对考量法院执行案件繁简分流的成效也具有一定价值。使用该考核指标的注意事项同"结案平均用时（天）"。

（三）不宜列为执行案件质量效率考核指标的其他指标

以往各级法院曾经使用过的部分其他指标，由于其不具有考核意义，因此不宜作为执行案件质量效率考核指标。

1. 终本案件恢复执行平均用时

该指标未说明恢复执行用时是越长越好还是越短越好。且用时长可能反映首执案件质量好，被执行人确无财产可供执行；用时短也可能说明案件终本后继续保持执行力度，迅速重新发现被执行人财产。因此该指标并无明确导向性，不具考核意义。

2. 保全率

保全案件数量、比例非执行部门所能左右，建议不作为执行考核指标。

3. 信访化解率

执行信访能否化解非执行部门所能左右。如将其作为考核指标，可能导致执行法院片面追求信访化解而违法违规操作，甚至损害当事人合法权益。

4. 网络司法拍卖率

该指标在网络司法拍卖制度建立初期具有积极促进工作的作用。但目前网络司法拍卖已深入人心，继续考核网络司法拍卖率，可能导致执行法院将一些价值微小的小件物品上网拍卖以追求网拍数量增加。且全国各地经济发展状况存在差异，造成被执行人可供拍卖的财产数量差异较大，该指标不能完全真实反映执行工作优劣。

5. 人均结案数、执行员额法官人均结案数

全国各地执行人员配置状况差异较大，员额法官配备状况也有很大差异。部分法院对执行工作较为重视，配备员额法官多，造成人均结案数少；有的法院对执行工作重视不足，配备员额法官少，人均结案数反而多。如果考核人均结案数，会造成执行机构配备法官和其他人员数量进一步减少、比例进一步降低。同时由于司法体制机制改革，部分法院执行机构配备员额法官数量很少但辅助人员配备很多，还有部分法院由执行员或司法警察办理执行案件。因此，人均结案数、执行员额法官人均结案数在不同地区之间比较并无考核意义。

四、执行综合管理考核指标的设定

《最高人民法院关于建立执行考核指标体系的通知》的一项重要贡献，是将对执行工作的考核内容划分为执行案件质效考核和执行综合管理工作考核："执行综合管理工作考核从执行指挥中心事项管理、信息化建设及应用管理、队伍及其他管理三个方面着手,考核事项委托期限内办结率、督办事项期限内办结率等共17个指标。"但如前文所述,考虑到地方三级法院的执行机构具有不同的职责定位及任务要求,综合管理考核指标应区分不同法院层级设定不同的考核指标或对相同的考核指标设定不同的要求。

以江苏省高级人民法院2020年6月出台《关于完善全省法院单独执行工作考核指标体系的指导意见》为例,该意见将执行综合管理考核指标主要分为两个层次。

（一）地方三级法院均适用的考核指标

地方三级法院均适用的考核指标包括:（1）无正当理由未在期限内落实上级法院执行监督意见的,每件扣除相应分值。（2）未认真落实上级法院执行工作部署的,每件扣除相应分值。（3）未尽审慎审查责任,造成失信被执行人名单被撤销的,每件扣除相应分值。（4）案拍比未达到全省中位数的,每低1个千分点扣除相应分值。（5）未按照要求参加上级法院组织的协同执行的,每次（件）扣除相应分值。（6）未按要求完成上级法院组织的专项执行活动的,视问题严重程度每次扣除相应分值。（7）未按要求办理上级法院交办的事项被上级法院通报的,视问题严重程度每次扣除相应分值。（8）执行局长在办理任免手续前,未征得上级法院同意的,每次扣除相应分值。（9）未按规定且未根据执行工作发展需要,配备能够满足执行工作需要的执法车辆、通讯系统、执法记录系统、单兵系统、存储系统、警务装备以及其他必要的物质装备的,酌情扣减分值。（10）未单独对本院及本辖区法院执行工作和执行人员进行考核的,扣除相应分值。

（二）仅适用于高（中）级法院的"三统一"管理职责落实情况考核指标

1. 推动建立健全综合治理执行难协作联动机制

（1）未推动召开"综合治理执行难"工作联席会议,扣除相应分值。

（2）本辖区"点对点"网络执行查控系统建设不符合上级法院要求,扣除相应分值。

2. 履行监督职能

（1）未组织每季度抽查辖区法院执行案件结案合格情况并对抽查结果进

行通报，扣除相应分值。

（2）执行款物管理。辖区法院执行案件未按规定使用"一案一人一账号"执行案款管理系统，并被高级法院通报的，每次扣除相应分值；辖区法院（含中院）发生违规超期发放执行案款的，每件扣除相应分值；未组织执行案款清理活动的，扣除相应分值。

（3）查控系统管理。辖区法院违规使用执行查控系统，查询他人财产或相关信息的，每起扣除相应分值；违规泄露执行查控信息的，每起扣除相应分值。

（4）舆情处置管理。辖区法院存在消极执行或违法执行等问题被媒体曝光，造成严重不良影响的，视后果严重程度每起扣除相应分值。

（5）信访申诉接待、登记和挂网督办。

3. 执行指挥中心建设

（1）辖区法院执行指挥中心场所建设、人员配备和执行应用系统开发升级。

（2）执行指挥中心"854模式"实体化运行情况。

（3）辖区法院电子卷宗"中间库"建设及无纸化运行。

（4）组织对辖区法院执行指挥中心"854＋无纸化"建设开展检查并通报检查情况。

（5）未按照高级法院要求使用执行指挥管理平台、执行案件管理系统、微执行或其他应用系统的，视问题严重程度扣除相应分值。

4. 对执行人员的统一管理

未组织辖区基层法院执行局长述职的，或未组织全市执行人员业务培训的，或未常态化开展"一案双查"工作并进行通报的，扣除相应分值。

5. 组织协同及专项执行情况

（1）组织辖区法院开展协同执行行动次数少于"N"次的（N为辖区法院数量），每少一次，扣除相应分值。

（2）对辖区存在消极执行、干预执行等情形的案件应指定执行未指定执行的，每次扣除相应分值。

（3）未按要求完成上级法院组织的专项执行活动的，视问题严重程度每次扣除相应分值。

（4）未通过新闻发布会、微信公众号等方式发布全市拒执罪典型案例的，或未发布全市失信守信典型案例的，或未发布全市执行不能典型案例的，或未组织全市法院开展集中执行行动网络直播的，扣除相应分值。

专题十三　强化善意文明执行能力

强制执行是实现公平正义的"最后一公里"，随着"基本解决执行难"工作目标向"切实解决执行难"的转变，人民群众对法院执行工作提出了更高的要求，不仅要强化执行措施，切实维护胜诉当事人的合法权益，促进社会诚信体系建设，也要充分考量被执行人的合法权益，最大限度减少因为人民法院的强制执行对被执行人产生的影响，以维护营商环境，助力经济发展。特别是2020年突如其来的新冠疫情，对许多诚信被执行人造成严重影响，如何平等保护各方当事人合法权益，助力企业复工复产，营造市场化法治化国际化营商环境考验着各级法院执行工作的能力和水平。为此，最高人民法院在2019年12月出台《关于在执行工作中进一步强化善意文明执行理念的意见》。随后，在疫情期间又出台《关于依法妥善办理涉新冠肺炎疫情执行案件若干问题的指导意见》，对善意文明执行提出具体要求。执行实践中，如何理解和把握"善意文明执行"理念，如何将"善意文明执行"的理念落实到执行各个环节，需要进一步思考和明确。

第一节　善意文明执行的基本内涵和总体要求

一、善意文明执行的基本内涵

善意文明执行，是在追求依法保护胜诉当事人合法权益这一执行目的的同时，最大限度地减少对被执行人权益的影响，以平衡双方当事人利益，实现成本最低、价值最大、效率最高。其要求执行权力的行使要能够实现执行目的，即采取的执行措施，必须围绕保障兑现胜诉当事人合法权益这一执行目的进行，不合目的的措施和手段不得采取；其要求在众多实现执行目的的执行措施中选择对被执行人生产、生活影响最小、损害最少的措施；其要求采取执行措施使执行债权人获得的利益与被执行人因此所受到的损害成一定比例，不能造成被执行人受到的损害明显超过债权人获得的利益，以避免显失公平。

正确理解善意文明执行理念，需要厘清其与三个概念之间的关系。

（一）善意文明执行与依法规范执行的关系

执行权本身具有行政权和司法权的双重属性，应遵循"法无授权皆禁止"的基本原则，换言之，依法规范执行是人民法院执行工作最基本的要求，也是执行程序有效运转的前提和基础。善意文明执行是在依法规范执行基础上对执行工作提出的更高层次、更高标准、更高水平、更高质量的要求。所有体现善意文明理念的执行措施均应在合法规范的基础上进行，不能因为追求所谓的"善意"，违法违规采取或不采取执行措施，损害当事人、利害关系人或社会公共利益。从这个层面上来讲，依法规范执行就是一定意义上的"善意"。而在合法规范的基础上，要以善意文明的理念为指引，进一步衡量合理性，找准利益平衡点，避免过度执行或消极执行。在法无明文或赋予自由裁量权的领域，更要强化善意文明的理念，妥善合理采取执行措施，避免权力滥用。

（二）善意文明执行与强制执行的关系

善意文明执行既然要求执行法院在实现债权人利益的同时，进行利益平衡，最大限度减少对被执行人权益的影响，实践中，可能会出现执行人员以"善意文明执行"为借口，消极执行、选择性执行，或者以降低对被执行人的影响为借口无原则促成当事人和解，损害债权人利益的现象，而当事人特别是被执行人可能利用人民法院善意文明执行所提供的各种有利条件，规避、逃避或恶意拖延执行，损害执行权威和司法公信力。值得注意的是，强制性是执行的本质属性，当前，突出执行工作的强制性，持续加大执行力度，严厉打击规避执行、逃避执行和抗拒执行行为，仍然是执行工作的主线。强制执行的目的在于利用国家强制力，实现当事人已经确定的合法权益，即将"纸面上的权益"变为真金白银，故善意文明执行的前提是要确保执行目的的实现，即必须首先依法全面保障胜诉当事人的合法权益，在此基础上选择更恰当的时机、采取更适宜的手段实现各方利益保护的最大化。只有厘清善意文明执行与强制执行之间的关系，才能在具体采取执行措施时进退有度，找准利益平衡点。

（三）善意文明执行与及时救济之间的关系

权利救济的及时性是执行程序公正的必然要求和重要保证。在贯彻善意文明执行理念的过程中，必然会涉及执行法院依职权采取或不采取某一执行措施、变更或解除某一执行措施、增设或减免权利负担、推进或暂缓执行程序等重大事项，而这些事项对执行当事人、利害关系人、案外人的利益影响甚巨。执行法院秉持的"善意文明理念"，对当事人而言是否能够实现利益平衡的目的，当事人最有发言权，故对人民法院秉持善意文明执行理念采取的执行措施，执行当事人、利害关系人、案外人有权提出异议，人民法院应对其异议及时受理，并按法定程序予以审查作出结论，对权利进行及时救济，防止出现执行法院独断专行，以"善意文明执行"为借口，实施徇私枉法行为，确保相关利益主体的关切能够得到及时有效的回应。

二、贯彻落实善意文明执行理念的指导思想

贯彻善意文明执行理念是对执行体系和执行能力现代化提出的新要求，是人民法院回应实践需求，服务经济社会发展大局的自我加压。要坚持以习近平新时代中国特色社会主义思想为指导，全面贯彻落实党的二十大以及中央全面依法治国委员会1号文件精神，紧紧围绕"努力让人民群众在每一个司法案件中感受到公平正义"的根本目标，坚持树立依法执行、规范执行、公正执行、善意执行、文明执行的工作理念，落实推进国家治理体系和治理能力现代化、推进社会诚信体系建设的各项要求，加快推进执行工作体系和执行工作能力现代化，确保最大化地实现执行手段与目的相互匹配，执行效率与效果相互统一，执行强制性与人性化相互协调，执行中的各种利益关系相互平衡。通过深入贯彻善意文明执行理念要求，严格遵循执行比例原则，切实提升办案效果，依法保护各类市场主体的合法权益，助力营造法治化营商环境，切实提升人民法院执行工作的规范化水平，在依法实现申请执行人胜诉权益的同时，最大限度降低对被执行人正常生产生活的影响。

三、贯彻落实善意文明执行理念的基本原则

执行程序中不仅涉及债权人与债务人之间的利益平衡与保护问题，而且往往涉及执行当事人与案外人或者利害关系人之间的多重利益关系问题。这就要求执行程序中贯彻善意文明执行理念必须始终坚持以下四项基本原则。

（一）合法性原则

合法性原则，是指执行活动必须以生效的法律文书为依据，并且依照法定程序和方式进行。执行合法性原则要求法院的执行活动既要符合实体法，又要符合程序法。[①] 依法执行是良法善治原则在执行程序中的重要体现，也是执行程序对各方当事人应当始终秉承的最大善意。由此推之，执行程序的启动、推进、展开或终结都必须严格符合法律及司法解释规定的条件与程序。执行程序必须注意防止与克服把实现权利视为单纯工具主义的理念，既要依法保护产权，严格区分个人财产与企业法人财产、被执行人财产与案外人或利害关系人财产、非法所得和合法财产，切实规范执行措施与执行行为，也要依法规制失信背约行为，坚决惩治规避执行及抗拒执行行为，充分发挥执行工作在社会治理以及省市域治理进程中的特殊作用，推动实现良法善治在社会治理体系中的重要功能。

（二）比例性原则

比例性原则是制约国家公权力以保护《宪法》所规定的公民基本权利的一种公法上的基本原则，是指在达成法定目的前提下，国家机关不得采取过度的措施。换言之，目的和手段之间的关系必须具有客观的对称性，即禁止任何国家机关采取过度的措施，并且在实现法定目的之前提下，国家行为对公民的损害应当减少到最低限度。[②] 人民法院在依法执行并追求实现债权人或者胜诉当事人利益的同时，必须合理兼顾债务人的利益诉求及利益关切，切实防止发生过度执行及滥用强制措施情形，切实防止因实现债权人利益给债务人带来过重或者不必要的负担，确保强制执行措施适度且具有必要性，执行手段与执行目的、债权人实现的利益与债务人付出的代价大致相称，合乎比例。尤其体现在涉及债务人人身及财产等重大利益的执行查控、财产处置、民事制裁以及信用惩戒等强制执行措施时，必须考虑强制措施是否合乎执行目的及是否合乎债务人的实际状况。

---

① 肖建国主编：《民事执行法》，中国人民大学出版社 2014 年版，第 35 页。

② 参见［德］哈特穆勒·毛雷尔：《行政法学总论》，高家伟译，法律出版社 2000 年版，第 106～107 页。关于比例性原则是否能够作为强制执行法的基本原则以及在民事执行领域中的具体运用，学术上有争议，但基于比例性原则包含的合目的性、最少侵害性、相称性等方面的要求，结合执行权单向性、主动性、强制性等公权力特点，本专题采肯定说。详见肖建国主编：《民事执行法》，中国人民大学出版社 2014 年版，第 36～39 页。

（三）合理性原则

合理性原则是比例性原则的应有之义，即执行权的行使必须正当合理，严格遵循"两害相权取其轻，两利相权取其重"的通常情理，充分体现法律及司法解释中蕴含的善意、善良及善治精神。在不严重影响执行目的实现的前提下，执行法院应当权衡利弊，按通常情理选择那些烈度更小、对被执行人影响更少的执行手段，最大限度降低执行行为对债务人不利影响，确保执行行为不给债务人造成生存困难。企业法人作为债务人的，要充分降低执行行为对其正常生产经营活动造成的不利影响，为企业持续发展创造条件。公民个人作为债务人的，要坚持基本生存权利得到尊重与保护原则，保障其必需的生活及生产资料。在具体执行措施的采取上，主要体现在以下几个方面：一是在对被执行人财产的执行顺位上，应按照财产类型和执行难易程度合理确定执行顺位；二是在对被执行人财产的执行数额上，要基本相当，严禁超标的额查封、扣押、冻结或拍卖；三是在执行措施的选择上，要选择对被执行人生产生活影响最小的措施；四是在法益的维护上，要遵循生存权高于财产权，自由法益高于财产法益的基本顺位，对被执行人生存必需品予以豁免等。

（四）效益性原则

执行程序必须坚持执行效果与社会效果的有机统一，追求实现各方利益的最大公约数，确保执行效果与执行效益的最大化。效益性原则主要体现在以下几个方面：一是探索采取各种积极有效措施，力争以最短时间最低成本实现胜诉当事人权利，以最优方案最大价值释放被执行财产的资源效能，最大可能最大限度兼顾债务人利益。二是充分考虑企业法人有限的财产个别清偿后可能对其带来的生存危险，有效防止因个案执行导致具有挽救余地的债务企业彻底失去生存条件，尽可能帮助那些有发展前景的企业化解债务获得新生，使其为社会创造更多财富，并使更多的债权人能够获得更充分受偿。

四、贯彻落实善意文明执行理念的总体目标

善意文明执行是更高层次、更高水平的执行，除实现债权人合法权益外，要通过强化依法、规范、公正、善意、文明执行理念，积极助推社会诚信体系及法治化营商环境建设，积极服务保障省域治理体系和治理能力现代化建设，确保每个执行案件及每项执行措施都充分体现司法公正、社会正义及良法善治精神。贯彻落实善意文明执行理念要实现的目标主要包括以下八个方面：一是

实现执行行为规范化，有效根除消极执行、选择性执行以及违法执行等乱执行问题。二是实现执行效果最大化，追求实现执行程序所涉各方当事人利益的最大公约数。三是实现执行效率最大化，做到能快则快、应执尽执，快速有效地实现胜诉当事人的合法利益。四是实现财产价值最大化，充分实现被执行财产的最大价值，切实保护被执行人的合法权益。五是实现执行成本最低化，以智慧执行为引领，切实提升执行效能，最大限度降低权利实现成本。六是实现不利影响最小化，每个案件都能最大限度降低对被执行人正常生产经营活动的不利影响。七是实现执行程序公开化，确保执行程序中的公平正义以人民群众看得见的形式得以实现。八是实现执行监督全面化，确保当事人、利害关系人、案外人依法行使执行救济权利，及时纠正违法执行、消极执行。

第二节　善意文明执行理念在执行各个环节的具体要求

一、依法规范财产保全行为

财产保全的目的是控制及有效防止债务人转移其责任财产或者避免债务人为其责任财产设定权利负担，确保充分及时实现胜诉当事人的合法权益。但采取财产保全措施，势必给被保全人的生产、生活及其相关经营活动造成不利影响，从而带来不同利益之间的冲突、比较以及平衡问题。因此，人民法院采取财产保全措施时，必须注意权衡保全目的与保全手段对各方当事人权利可能造成的影响，尽可能在不同利益主体之间寻求实现大致或者合理的平衡点。

（一）善意选择保全财产

选择具体的保全财产类型，要坚持以方便执行及实现保全目的为前提，坚持以不降低债务人履行能力、不减损被保全财产效能为限度。一是债务人有多项或多个类型财产可供保全的，在不影响保全目的实现情形下，原则上应按照现金或存款、其他动产、不动产的顺序选择保全财产。二是被保全人有不动产、银行账户、机器设备、原材料、半成品、产品可供保全，且正常生产经营的，应当优先选择对其生产经营活动影响较小的财产予以保全。三是被保全人请求对其某一特定财产予以保全的，在不影响财产保全目的情形下，应当准许；不准许的，应说明理由。四是债权人请求实现的权利已设定担保或质押权，且担保或质押财产能够清偿债权的，原则上仅对担保或质押财产予以保全。五是被保全人作为上市公司，有其他财产可以实现保全目的的，原则上不对其股票采取保全措施。

（二）适时变更保全财产

实践中，被保全财产种类繁多，对被执行人影响程度各不相同，为保障双方当事人的合法权益，人民法院可以依职权或依申请，对满足一定条件的保全财产予以变更。但人民法院变更保全财产毕竟影响债权人利益实现的现实可能性，故实践中必须遵循一定的程序，满足一定的条件。

1. 可变更保全财产的情形

出现下列情形的，被保全人或被执行人可以向人民法院提出变更保全财产，人民法院根据案件实际情况决定是否准许：（1）为盘活资产、缓解生产经营或生活困难，提供充分有效担保的；（2）被冻结账户内资金已达到保全或执行金额，申请将相应数额资金划转至其他账户予以冻结，同时解除该账户冻结的；（3）被保全人通过银行、保险公司、证券公司等提供独立保函、信用担保等，申请解除保全的；（4）申请以被查封、扣押、冻结财产融资，并用融资款置换被查封、扣押、冻结财产的，在确保能够严格控制相应融资款的前提下，可以准许，但人民法院应当监督被保全人按照合理价格融资，并协调有关部门做好财产解封、抵押或质押登记等事宜；（5）冻结上市公司股票后，被保全人申请将冻结措施变更为可售性冻结的，但应当提前对被保全人在证券公司的资金账户采取明确具体的限额冻结措施。

2. 保全财产变更的程序性要求

（1）审查机构。对财产的保全可能发生在诉前、诉讼中、判决生效后进入执行程序前及执行程序中。在不同的阶段，人民法院内部对查封财产变更的审查机构略有不同：诉前财产保全所涉案件尚未立案，由立案部门依法审查处理；财产保全所涉案件正在审理或者已经审结尚未立案执行，由审判部门依法审查处理；财产保全所涉案件已经立案执行，由执行机构依法审查处理；执行案件办理中，被执行人请求变更保全财产的，由执行机构依法审查处理。

（2）程序要求。被保全人或被执行人提出变更保全财产申请的，人民法院应当事先征求申请保全人或申请执行人意见。申请保全人或申请执行人同意的，可以直接裁定置换或解除；不同意的，应当严格审查申请理由的合理性以及提供担保的合法性、充分性、可执行性、可变现性、变现难易程度、价值稳定性等，并依法作出是否准许的决定。提供担保的合法性、充分性、可执行性、可变现性及变现难易程度、价值稳定性等的举证责任，由提出变更申请的当事人承担。当事人对是否变更查封财产争议较大的，人民法院应当组织双方当事人进行听证。

值得注意的是，类似商品房预售资金监管账户、农民工工资专用账户和工资保证金账户等具有特定用途的账户，或者他人具有优先权的账户，由于其专款专用的性质，执行程序对其无法采取实质性扣划措施，故除确有证据证明提供担保的账户有多余资金可供保全或执行外，不得作为变更保全的担保账户。被保全人或案外人申请用账户资金置换被保全财产的，对该账户的性质以及是否有多余资金可供保全或执行，应当提供相应证据予以证明。

（三）合理确定保全范围

1. 保全范围的确定

诉讼保全的财产价额应当与债权人请求实现的债权数额大致相当，执行保全的财产价额应当以足以实现胜诉当事人利益及申请执行费为限，不得明显超标的查封。一是查封的不动产价值明显超出保全金额，如果能够分割保全的，应当对分割后的相应价额部分予以保全。二是查封的不动产价值明显超出保全金额，但在使用上可以分割的，应及时协调相关部门办理分割登记，并解除对超标部分的查封。三是财产保全系轮候查封的，在先查封措施解除或基于其他情形消灭的，应对查封财产价值重新衡量，及时解除超标的部分财产的查封。四是查封财产上设有他人享有的抵押、质押等担保物权，该担保物权基于其他财产已实现的，及时解除超标的部分财产的查封，但法律法规另有规定的除外。五是被保全财产因市场发生变化，其价额已明显超出诉讼或执行标的范围的，应依职权或当事人申请对超出部分的财产解除查封措施。

2. 保全财产的价值估算方法

实践中，对于查封财产价值的估算方法，一般可以根据下列情形进行：（1）冻结银行存款、公积金等资金账户的，以实际冻结的金额（含冻结后转入的金额）计算。（2）查封住宅、商铺类房产的，参照同地段、同条件房产的市场价格估算。查封房屋为一手房的，参照房地产开发企业的销售价格、当地房地产管理部门发布的指导价格，以及同类房屋买卖合同备案价估算；查封房屋为二手房的，参照同地段或相近地段的房屋司法拍卖成交价、二手房市场成交价、房产中介机构发布的二手房报价、司法网络询价、该房屋抵押时所用评估报告载明的价格等，并结合装修情况估算。（3）查封工业用房地产的，参照周边土地及工业用厂房市场价格、税务机关核定价格，结合建设规划调整等因素估算。（4）查封土地使用权的，参照土地出让合同记载的出让金额，并结合相近地段同类土地使用权的市场价格估算。（5）预查封在建工程的，参照该工程投资额、完成工程量、销售情况、工程欠款、拆迁安置、欠缴税费等估算。（6）查封车辆、船舶等特殊动产并实际扣押的，参照二手市场同类型动产报价估算。（7）查封机器设备、成品和半成品、原材料等动产并已实际控制该动产的，以发票上载明的购买价格或新品出厂价格，结合使用年限等综合因素估算。（8）冻结投资型保险、基金、信托收益等的，参照票面价值、市场价值估算。（9）冻结到期债权的，以生效法律文书确定的债权数额或者第三人确认的到期债权数额，并结合执行可能性估算。（10）冻结上市公司股票的，以冻结前一交易日收盘价为基准，结合股票市场行情估算。（11）冻结上市公司股票以外的其他有价证券，该有价证券有公开交易市场的，参照冻结上市公司股票的方法估算实际冻结到位金额；该有价证券无公开交易市场的，以票面价值估算。（12）冻结有限责任公司股权、非上市股份有限公司股权的，参照公司最近一期财务报表载明的所有者权益总额及实际出资额估算；无法获取财务报表的，以该公司股东实际出资额估算。（13）查封、扣押、冻结其他财产或权益的，以能证明该财产或权益价值的相关材料估算。除银行存款外，当事人对查封、扣押、冻结财产的价值有约定的，可以参照当事人的约定估算。

估算查封、扣押、冻结财产的价值，还应当考虑查封、扣押、冻结财产的从物价值和孳息。查封、扣押、冻结的财产灭失、毁损或被依法征收的，该财产的价值以该财产的替代物、赔偿款（物）或征收补偿款（物）确定。

此外，对某些特殊情形，保全财产的价值不应计入，主要包括：（1）银行存款账户系为他人设置的保证金账户，但该账户内承担保证金功能之外的剩余资金，应计入实际查控到位金额；（2）查封但未实际扣押的机动车、船舶等特殊动产；（3）查封、扣押、冻结设有其他建设工程价款优先受偿权、抵押权、质权、留置权等已知受偿顺位在先的优先债权的财产；（4）轮候查封、扣押、冻结的财产，但该财产转为首轮查封、扣押、冻结的，应计入实际查控到位金额；（5）执行他人到期债权，他人未确认或者虽确认但明显不能清偿的债权数额。

被查封、扣押、冻结的财产系与他人按份共有的，按照被保全人或被执行人享有的份额计算实际查控到位金额；与他人共同共有的，除有相反证据证明外，按照各共有人平均份额计算实际查控到位金额。

（四）充分发挥财产效用

被保全财产能够创造价值或者具有使用价值的，在不影响债权实现或者不构成财产价值严重贬损前提下，应当充分发挥其效用或保值增值功能，提高债务人生存及履行债务能力。一是查封厂房、土地、机械设备等生产资料，能够创造价值或使用价值的，应当允许债务人继续生产经营。二是查封债务人正在建设的工程项目的，应当允许其继续施工建设。三是查封的建筑物已具备销售条件的，可允许债务人在债权人或者人民法院监管下予以销售，并对销售款予以保全。四是查封债务人需要继续加工的半成品物件的，应当允许其继续生产加工。五是被保全人请求以查封财产融资偿还债务，在能够控制融资款情形下，人民法院应予准许，并积极配合做好相关解封、抵押或质押登记等事项。六是查封债务人的动产或不动产，在不损害债权人利益情况下，允许被查封人在债权人或者人民法院监督下处置财产，尽可能增强资产的流动性，提高资产的经济效能。

（五）依法确定豁免财产

查封债务人财产，应当充分考虑债务人必要的生产生活及生存需要。根据法律、法规以及司法解释规定，不得对债务人下列财产或资金账户采取查封措施：一是《最高人民法院关于人民法院民事执行中查封、扣押、冻结财产的规定》第5条列举的债务人财产；二是农民工工资专用账户资金和工资保证金，但支付为该项目提供劳动的农民工工资除外；三是金融机构在人民银行的准备金存款；四是信托财产人民币专用存款账户；五是债务人名下的社会保险基金账户；六是医院、学校、幼儿园、公共图书馆、科学技术馆、博物馆、美术馆、少年宫、工人文化宫、敬老院、残疾人福利基金会等具有公益性质的设施；七是重大突发事件期间因疫情防控、应急处置或者复工复产需要，被执行人必要的流动资金和往来账户以及正在投入生产运营，正在用于科技创新、产品研发的设备、资金和技术资料等，原则上不予查封、扣押、冻结；八是依照法律或司法解释不得查封的债务人其他财产。

二、依法高效推进执行程序

执行程序的目的是实现生效债权。人民法院应当坚持效率优先原则，积极探索各种有利于实现胜诉债权、有利于实现被执行财产价值最大化的有效措施，尽可能降低被执行人偿还债务的实际成本。同时，要优先采取方便执行且对当事人生产经营影响较小的执行措施，以有效降低强制执行成本及强制执行对债务人造成的不利影响。

（一）合理选择执行财产

被执行人有多项财产可供执行或者存在多个被执行人的，应选择最有利于债权人及时实现债权及最大化实现被执行人财产价值的财产执行。原则上可以按照以下顺序选择被执行财产：一是被执行人有现金、存款等货币类财产的，优先执行其货币类财产；二是被执行人已就其债务提供抵押、质押等担保财产的，优先执行其提供担保的财产；三是被执行人有不动产及动产类财产，动产类财产能够满足债权的，优先执行其动产类财产；四是被执行人有多项财产可供执行，优先执行可最大化实现其价值的财产；五是被执行人有多个可变价财产，优先执行其容易变价的财产；六是被执行人有多个主体且均有执行便利性相同的财产的，优先执行主债务人的财产。

（二）合理控制执行成本

执行成本无论是时间成本还是费用支出，最终是由被执行人负担。人民法院的执行效率和执行措施采取的方式将直接影响执行成本的大小。故在对被执行人财产采取处分措施时，应最大限度减少不必要的时间拖延和费用支出，切实减轻被执行人负担。一是压降平均结案用时。有财产可供执行案件应在法定时间以及最短时间内执行到位，降低被执行人迟延履行利息和加倍部分债务利息负担。二是压降财产变价成本。坚持优先采取当事人协商定价或网络询价方式确定拍卖保留价，降低被执行财产变价过程中不必要的费用支出。三是切实提升首拍成交率。合理确定拍卖保留价，提升被执行财产首拍成功率，有效防止因再次拍卖或变卖导致执行财产价值贬损。四是完善繁简分流工作机制。坚持"简案快执，难案精执"，结合"一次性有效执行"①，不断提高执行效率。

（三）充分实现财产价值

实现财产价值是强制执行的核心，直接关系到债权人利益实现的程度和被执行人财产效用的发挥。执行过程中，应充分发挥市场的价值发现功能，坚持

---

① "一次性有效执行"是江苏法院首推的执行模式，是对被执行人及其财产一次性采取充分的执行措施，即在首次传唤或拘留时，做到"法律讲透、压力给够"，案件情况一次性了解、财产状况一次性查明、法律义务一次性告知、违法后果一次性释明，用足、用好罚款、拘留等处罚性措施，督促被执行人立即、主动履行义务，达到高效执行的目的。

以公开竞价的方式处置执行财产，通过市场手段发现执行财产最大价值。随着网络司法拍卖的普及，全国法院通过网络平台处置被执行人财产已是通行做法，同时也要注重加强网络司法拍卖的宣传，引入更多金融机构进驻拍卖平台，吸引更多潜在的买受人参与竞拍，最大限度提高执行财产溢价率。

在实现拍卖财产价值时，需要注意几种特殊的情形：一是执行财产系整栋整层楼盘、连片商铺或别墅等不动产，数量较多且属于同一类型，应按照有利于最大限度实现财产价值的原则，选择分别变价、分批次变价或者整体变价。二是在对多项财产采取分别拍卖的方式予以变价时，部分财产的变价款足以清偿债务的，应当停止处置剩余财产，但被执行人同意全部变价的除外。三是被执行人申请对查封财产直接变卖偿还债务，变卖款足以清偿所有执行债务或者债权人同意的，人民法院可以准许。

（四）积极探索债务人自行处置执行财产制度

被执行人对其财产价值最为关注，特别是一些有特定功能受众较小或价值特别巨大的财产，通过网络司法拍卖方式可能难以变现或虽然能够变现，但无法充分体现财产价值，不利于实现债权人利益，也会造成被执行人利益受损，故在某些情形下，应当允许被执行人在一定期限内自行处置财产，以实现财产效用最大化。

通常情形下，被执行人提出不经拍卖或变卖程序，由其自行变卖查封财产清偿债务，执行法院在能够控制变价款，且符合下列情形之一的，可以准许并监督被执行人在最长不得超过 60 日期限内予以变卖：一是执行财产为鲜活、易腐、时令性等需要快速变价的物品或专业性强受众面小的物品；二是申请执行人同意，且经审查不存在被执行人与他人恶意串通的情形；三是变价财产价值明显高于债权数额，变价款足以清偿所有执行债务的；四是执行当事人经自主协商，同意以查封财产抵偿申请执行人全部债务，且不损害其他债权人利益的，但执行法院不得据此作出以物抵债裁定；五是被执行人以网络询价或评估价过低为由提出异议，申请以不低于网络询价或评估价自行变卖查封财产清偿债务且不存在被执行人与他人恶意串通低价处置财产情形的。

（五）尽力避免财产价值贬损

执行财产处置中，容易产生执行财产权益或价值减损问题，且最终均由被执行人负担。执行法院应当根据以下情形，予以避免：一是执行财产处置前，被执行人提出以执行财产融资偿还债务，且融资数额足以实现债权人利益的，可予支持，并监督其在最长不超过 60 日内予以融资。二是执行财产第二次流拍后，被执行人提出以流拍价融资的，应结合拍卖财产情况、流拍价与市场价差异程度等因素酌情考虑。准许融资的，暂不启动强制变卖程序。三是执行财产流拍或变卖不成后，债权人愿意接受以物抵债，被执行人提出以该抵债价额融资偿还债务的，可以监督其在最长不得超过 60 日内进行变卖。四是执行财产系债务人唯一住房等不动产，整体价值过高且无法分割处置，债权数额仅占执行财产价值较小部分，被执行人提出通过抵押贷款方式偿还债务的，可予同意。五是执行财产系不动产，被执行人提出在特定期限内按成交价赎买拍卖物且愿意按成交价额支付适当高于银行同期贷款利息的，可酌情考虑。准许赎买的，应在拍卖公告中予以详细说明，并在确认拍卖裁定中予以表述。六是债权人撤回执行申请、被执行人履行全部债务以及当事人达成执行和解协议的，应停止财产处置行为。七是被执行人在拍卖或变卖日前提交足额金钱清偿债务，要求停止拍卖且愿意负担因拍卖支出的必要费用，请求撤回拍卖或变卖行为的，人民法院应当准许。

（六）及时兑现胜诉权益

执行案款到账后，除案外人或利害关系人提出执行异议以及其他债权人申请参与分配等法定情形外，应当及时发放，以及时兑现债权人的胜诉权益。执行实践中，因执行款发放不及时导致债权人利益难以实现或执行款被侵吞挪用等情形时有发生，成为"执行难""执行乱"的表现之一，故贯彻落实善意文明执行理念，也要在执行款的管理和发放上下功夫，严禁截留以及拖延发放执行案款，严禁违法将执行案款发放给其他案件债权人。一是严格落实"一案一人账号"执行案款管理制度。全面落实执行案款到账短信通知、逾期未发放款项预警提示等系统功能，确保无争议执行款在到账后 30 日内发还给债权人。二是健全完善执行款物管理系统。建立网络化收付执行款工作机制，确保执行案款收支便利、全程留痕、发放及时。三是严格不明案款清理监管。彻底清理历史沉淀的不明执行案款，能够甄别出债权人的应尽快发放，无法甄别的，可暂交财政部门监管或者探索提存等方式予以单独管理，并严格落实线上线下五级审批制度。①

---

①　所谓"五级审批"是指发放执行款的程序必须为：承办人提交执行款发放审批表并附相关证明材料（执行裁定书、参与分配函、分配方案、委托手续等）——执行案款管理专员初审——执行局长或主管院领导批准——财务部门领导审核——财务人员办理支付手续。所谓"线上线下双重审批"是指线上线下审批手续均全部齐备并能够相互印证，才能发放执行款。

三、依法创新拓展执行措施

善意文明执行要求实现债权人利益以及债务人利益的最大化，注重发挥执行财产的效益效用，特别是面对暂时陷入困境的被执行人企业，善意文明执行注重对企业的挽救，对债务企业持续经营和实现整体转让提出更高要求。因此，在现有执行措施的基础上，需要发挥执行人员的智慧，不断探索和拓展新的更精准、更灵活、更能实现利益衡平的措施。

（一）精准采取执行措施

执行实践纷繁复杂，执行财产丰富多样，面对被执行人不同的境况，面对执行财产的不同情形，应"量体裁衣"、因案施策，不能简单地机械执法，以确保执行财产价值最大化。需要执行法院关注的较为常见的情形主要有：

一是执行财产系整体价值过高且无法分割处置的不动产，债权数额仅占执行财产价值较小部分，被执行人提出通过租金收入偿还债务的。此时，若机械对执行财产予以整体处置，会造成被执行人利益损失与申请执行人获益之间不相匹配，不符合比例原则，故需要执行法院根据案件具体情况，结合债权数额、财产整体价值、租金数额等因素予以综合考量，而不是机械地一律予以拍卖变价。

二是被执行人系市场前景较好企业法人，处置其现有财产可能导致企业陷入困境或被迫破产清算，人民法院可以积极推动执行当事人达成分期履行债务的和解协议，或者通过兼并重组、引入第三方资金等方式盘活企业资产，帮助企业恢复生机，提质增效，重返市场。

三是被执行人系市场前景较好企业法人，且涉及拖欠职工工资及职工安置等问题，被执行人财产类型众多，如有机器设备、原材料、厂房等，能够满足继续生产的基本需要，对被执行人财产整体处置有利于债权实现、被执行企业发展以及职工利益的，可对被执行人予以整体处置，以避免单独处置某一类财产影响财产整体功能发挥，进而影响财产价值和财产处置的有效性。

四是被执行人系企业法人，涉及职工工资及职工安置等问题，且处置其仅有资产将影响职工权益或职工安置的，可探索适用附条件拍卖方式对执行财产予以处置，但应在拍卖公告中特别注明竞买人应书面承诺愿意承担实现职工权益、安置企业职工等条件，并在拍卖成交确认书及裁定书中予以表述。

（二）妥善处置在建工程

在建工程牵涉利益甚广，且往往难以处置，以往执行实践中，对在建工程往往采取现状处置的方式予以变现，不仅成交率低，对被执行人利益影响也较大，特别是还在正常建设的在建工程，一旦进入处置程序，可能引发很多后续矛盾，造成利益失衡。所以，善意文明执行在在建工程处置领域更有必要。执行财产为尚未建设完毕的工程项目，无法现状处置或者现状处置可能会严重贬损财产价值，不利于保护被执行人利益的，应区分下述情形合理选择变价措施：一是建设项目为被执行人所有且仍在正常建设的，执行法院应积极促成执行案件当事人达成执行和解协议，暂缓执行，待工程建设完毕后再行变价。无法达成和解协议，但被执行人提供相应担保并承诺在合理期限内完成建设的，可以暂缓采取变价措施。二是建设项目为被执行人所有，但已经停止建设，且被执行人已丧失或基本丧失复工续建能力的，执行法院可探索协调政府有关部门及执行案件当事人，通过委托第三方代建等方式予以复工建设，促进该建设项目尽快竣工，实现其价值最大化。

（三）合理运用破产保全功能

《民事诉讼法司法解释》为企业被执行人退出市场提供了"执行转破产"的路径，各地也在探索与"个人破产制度功能相当"的改革试点工作，以期能够通过破产保全制度，鼓励执行当事人尽早运用破产程序处理债务，有效维护债务人资产的完整性，确保有运营价值企业继续经营，为债权人公平受偿创造条件，服务现代化经济体系建设。在运用破产保全功能过程中，需要注意以下几个方面：

一是对于现有财产不能偿还其全部债务的企业法人的案件，加大破产保护理念宣传，充分发挥破产重整制度拯救与救治功能，合理平衡债权人、债务人、出资人、职工等利害关系人的利益，实现资源优化配置和社会整体价值最大化。

二是对于具有发展前景和挽救价值的危困企业为被执行人的案件，积极推动执行当事人达成分期履行债务的和解协议，或者通过兼并重组、引入第三方资金等方式盘活企业资产，帮助企业恢复生机，提质增效重返市场，让市场配置资源更加高效。

三是对于具有发展前景和挽救价值的危困企业为被执行人的案件，执行当事人无法达成执行和解协议的，应依法转入破产审查程序，并尽可能通过破产重整或破产和解方式解决债务危机，或者综合运用债务延期、债转股等方式，最大程度发挥各类要素和资源潜力，促进生产要素优化组合和企业产能升级，减少企业破产对社会经济造成的损害。

四是对于不符合国家产业政策、丧失经营价值企业为被执行人的案件，应促进企业优胜劣汰，依法保护各方主体合法权益，推进其尽快市场出清，使其彻底退出执行程序。继续推进落实"执转破"案件繁简分流机制，将简单破产案件纳入快速审理及简化审理范围，切实提升"执转破"制度经济效益，降低破产程序运行时间和成本，提高破产财产处置效率和破产清偿率。推动设立破产费用专项基金，为无产可破案件提供费用支持。

五是对于因生产经营或生活消费等陷入财务困境的自然人为被执行人的案件，积极稳妥、分步骤、有重点地推进个人债务集中清理制度探索，逐步扩大试点范围，及时总结试点工作经验，进一步推动健全市场主体退出制度，促进债务人尽快走出困境，重新创业，为社会作出贡献。

（四）合理设置宽限期

对被执行人采取信用惩戒如纳入失信被执行人名单、采取限制高消费措施，是法律规定的间接执行措施，对促进被执行人主动履行义务有着积极作用。随着社会诚信体系建设的深入，信用惩戒措施对被执行人生产经营及生活的影响越来越大。最高人民法院也多次对采取纳入失信被执行人名单措施予以规范，并规定可以对采取失信惩戒措施设置宽限期。根据最高人民法院的规定，结合执行实践，案件进入执行程序后，债务人具有下述情形之一的，可结合案件具体情形，合理确定给予其1至3个月的履行债务宽限期，暂缓对其采取惩戒措施：一是债权人未提出对债务人予以信用惩戒，且债务人提出履行债务宽限书面申请的；二是债务人暂时陷入财务困境，暂缓采取惩戒措施有利于提高其债务履行能力的；三是债务人已提供充分证据，表明其正在积极筹资或融资用于偿还债务的；四是执行当事人正在积极协商，均愿意通过执行和解或者其他方式解决债权债务关系的；五是债务人因重大突发事件或者其他不可抗力因素，导致其暂时丧失履行债务能力的；六是债务人暂时陷入财务困境，且不存在曾因失信被信用惩戒，给予宽限期有利于债务人救治的；七是其他可以给予合理宽限期的债务人。

四、依法规范适用司法制裁及信用惩戒措施

（一）严格规范适用司法制裁措施

执行程序中的司法制裁，是指人民法院对妨害执行的行为人采取的制裁措施，目的是保证人民法院执行的顺利进行。制裁措施主要包括拘传、罚款、拘留、限制出境等。《民事诉讼法》及其司法解释对每一类制裁措施的适用条件和程序均作了明确规定，并在罚款数额、拘留期限等制裁程度上为执行法官留有自由裁量空间。在具体适用时，需特别注意的是既要对执行案件当事人、利害关系人或者案外人抗拒执行、拒不履行协助执行义务或者妨碍他人协助执行的行为予以制裁，以彰显执行权威，但同时制裁程度亦应与行为性质、违法情节以及制裁目的成比例。一是对自然人或者企业法人及其主要负责人或者直接责任人员采取罚款措施的，应当综合考虑其行为性质、过错程度、行为后果、经济能力以及制裁效果，合理确定罚款数额，做到罚款数额与被处罚行为相适应，避免畸轻畸重。二是对自然人采取制裁措施，应当综合考虑其行为性质、过错程度、行为后果以及制裁效果，合理确定是否对其并处拘留及罚款措施。三是对企业法人采取制裁措施，应当综合考量其行为性质、行为后果以及制裁效果，决定是否对企业法人及其主要负责人或者直接责任人员同时采取罚款措施。四是需要对自然人或者企业法人主要负责人或者直接责任人单独选择适用拘留或者罚款时，罚款措施能够达到制裁效果的，应当予以罚款，尽可能不限制其人身自由。五是自然人被采取司法拘留措施后，应当综合考虑其日常表现、认错悔过、履行意愿，被拘留人属于初犯偶犯、能够主动悔改且积极履行相关义务的，应酌情提前解除司法拘留措施。

（二）依法规范失信惩戒措施

1. 严格信用惩戒措施的适用条件和程序

对失信被执行人采取纳入失信名单或者采取限制消费措施的，应当审慎规范，严格符合法律或司法解释规定的条件、程序及期限，注意防止不经提示、不问事由、不分情形等泛化或者过度适用惩戒措施问题。一是注重失信惩戒的事先告知程序，执行通知书中应当善意提醒被执行人可能面临的被纳入失信被执行人名单或限制消费的风险，敦促其主动履行义务。二是被执行人或其法定代表人、主要负责人、影响债务履行的直接责任人员以及相关人员被纳入失信

被执行人名单或限制消费的，应当依法送达决定书并告知相应的救济权利。三是发布失信被执行人名单或采取限制消费措施之前，应当严格核对其身份信息，以免错误将案外人纳入失信被执行人名单或者采取限制消费措施。四是被执行人的法定代表人、主要负责人、影响债务履行的直接责任人员被采取单位限制消费措施后，因私消费提出申请且经审查属实的，应予同意。五是依法确定纳入失信被执行人名单期限，被执行人以暴力、威胁方法妨碍、抗拒执行情节严重或具有多项失信行为的，应当合理确定其延长的期限；积极履行生效法律文书确定义务或主动纠正失信行为的，应当酌情提前删除失信信息。

2. 依法不得采取纳失措施的情形

依法审慎采取纳失措施，根据司法解释规定，不得将下列人员纳入失信被执行人名单：（1）《最高人民法院关于公布失信被执行人名单信息的若干规定》第3条、第4条规定的被执行人；（2）被执行人为企业法人或其他组织的法定代表人、主要负责人、影响债务履行的直接责任人员；（3）因"校园贷"纠纷成为被执行人的全日制在校生；（4）以其财产或财产性权利为胜诉债权人提供担保或质押且担保或质押财产或财产性权利尚未灭失的被执行人；（5）确实无履行债务能力的被执行人；（6）突发事件防控或者处置期间，参与突发事件处置或者涉及突发事件急需物资生产或供应的被执行人；（7）重大突发事件防控或处置期间，根据防控或处置需要，急需复工复产且需要获取信用的被执行人；（8）其他依法不应纳入失信名单的被执行人。

3. 细化信用惩戒分级机制

信用惩戒对被执行人影响较大，除严格适用的条件和程序外，各地也在积极探索信用惩戒的分级机制，实现信用惩戒的精细化、精准化管理。根据比例原则，对不同程度的失信行为采取相应力度的惩戒措施。一是严格区分债务人有能力履行而拒不履行和确无履行能力的情形，严格避免将不该纳入的予以纳入现象。二是严格区分债务人拒不履行义务的性质、手段与后果，合理界定轻微失信行为、一般失信行为和严重失信行为的界限，相应地确定对其采取失信惩戒的措施、期限及方式。三是严格区分债务人拒不履行义务的主观过错及其次数，对主观过错较小或者诚信记录较好的债务人不予惩戒，或者对其选择较轻或较短的惩戒措施。

4. 积极探索守信激励及信用修复措施

信用惩戒的直接目的在于督促被执行人积极主动履行生效法律文书确定的

义务，同时推动社会诚信体系建设。惩戒本身不是目的，采取惩戒措施后，被执行人认识到失信的后果主动履行义务，应当对其予以鼓励，并为其修复信用。为使信用惩戒机制功能更好发挥，各地法院联合当地信用部门，也在积极探索完善守信激励和信用修复工作机制。主要做法有：一是建立守信激励制度，主动履行义务的债务人的诚信记录可作为其申请诉讼费减缓免的优先条件，可申请适当降低诉讼保全担保财产的比例。二是配合各相关部门根据有关规定相应提高诚信履行义务者的信用评级，在公共服务、财政性资金和项目支持、公共资源交易以及日常监督管理中给予便利、支持和优待。三是被执行人虽未履行完毕债务，但以执行和解、提供担保、如实报告财产等方式积极配合执行或履行义务的，可撤销失信被执行人名单，解除限制消费措施，使其回归正常生产、生活。

5. 畅通信用惩戒救济途径

被纳入失信被执行人名单的当事人认为执行法院纳入信息错误或者其不符合纳入条件的，有权申请将其从失信被执行人名单中删除，执行法院发现其所采取的纳失措施有错误的，亦应主动依职权予以撤销。这主要包括两种情形：一是依法不应被纳入失信名单或者依法应当删除其失信信息，被执行人或案外人请求删除或撤销其失信信息的，执行法院应当在 3 个工作日内作出删除或者撤销失信信息决定书，并在系统中进行相应操作。二是执行案件终结本次执行程序后，申请执行人或他人未提供有效财产线索，且经网络查询两次以上均未发现被执行人有可供执行财产的，应当删除失信信息。

五、依法制裁逃避执行、规避执行行为

（一）依法适用制裁措施

执行实践中，被执行人与案外人通过各种手段逃避执行、规避执行的情形较为普遍，且手段越来越隐蔽，识别的难度越来越大。法律及司法解释规定的制裁逃避执行、规避执行行为的手段既包括拒不执行判决裁定罪等刑事责任，也包括罚款、拘留等制裁措施，实践中，需要精准适用。准确把握罪和非罪的界限，依法将民事制裁和刑事处罚有机结合起来，不断提高执行效率，强化执行效果。一是依法加大拒执犯罪打击力度，畅通执行当事人刑事自诉渠道，逐步建立起公诉、自诉相协调、相补充的拒不执行判决、裁定罪的诉讼模式。二是依法加大民事制裁力度，对执行异议、执行复议、执行监督以及执行异议之

诉程序中发现的规避执行行为和滥用执行异议权的行为依法采取拘留或罚款措施。三是健全完善反规避执行工作制度，有效甄别发现被执行人转移、隐匿财产等规避执行的具体形式，依法追回被执行人财产用于清偿债务。

（二）准确界定逃避执行、规避执行行为

依法规制逃避执行、规避执行行为的前提是能够准确识别上述行为，结合实践经验，在诉讼或执行期间，债务人单独实施或与案外人串通实施下述行为之一的，可以认定为逃避执行、规避执行行为：（1）以无偿或者明显不合理低价将其财产转让给案外人的；（2）以明显不合理高价受让他人财产或为他人债务提供担保的；（3）放弃对第三人享有债权或者提前清偿其关联公司或特定关系人未到期债务的；（4）以明显不符合交易习惯方式订立长期租赁协议，将其不动产低价租赁给案外人的；（5）以离婚方式将财产转移至配偶一方的；（6）隐匿或故意毁损财产，导致财产不能处置、迟延处置、价值贬损的；（7）与他人串通，通过虚假异议、虚假诉讼、虚假公证或虚假仲裁虚增债务或转移财产的；（8）与他人串通，对其财产恶意设置抵押、质押等妨碍执行的；（9）以搬迁住所、转移场地、变更主要人员、注销电话号码、变更登记地址等方式逃避执行的；（10）其他转移、隐匿财产逃避执行、规避执行的情形。

（三）准确界定滥用异议权行为

及时救济权利是法律、司法解释对执行裁判权提出的要求，当事人、利害关系人和案外人对执行法院的执行行为不服，有权依法提出执行异议，以保障执行行为始终在合法合规的轨道上运行，防止侵害相关主体的权利。但是法律赋予当事人、利害关系人和案外人的异议权，却在某些情形下成为相关主体逃避执行、规避执行的手段，特别是利用案外人异议审查期间停止执行的规定，恶意拖延时间的情形相对较为普遍。执行过程中既要切实保障法律或司法解释赋予执行当事人、利害关系人或者案外人的执行救济权，也要严格防止其滥用执行异议权行为。根据实践经验，具有下列情形之一的，可认定为滥用异议权行为：（1）以同一或不同事由对同一执行行为或者执行标的反复提出异议，均被生效裁定驳回的；（2）以不同异议人名义相继提出异议，均被生效裁定驳回的；（3）以明显不合理事由提出异议，均被生效裁定驳回，情节严重的；（4）执行法院已明确书面告知其不属于执行异议审查范围，仍坚持提出异议且被生效裁定驳回的；（5）其他滥用执行异议权拖延、规避执行的行为。

六、依法加大执行监督力度

狭义上的执行监督是上级法院发现下级法院存在错误执行或消极执行行为，或执行法院发现自身错误时，依照一定的程序予以纠正的制度。《最高人民法院关于人民法院执行工作若干问题的规定（试行）》确立了较为完善的执行监督制度，该规定修订后的第71条至第78条沿袭了原来的规定，对执行监督的事项、启动程序、处理方式等作出了规定。广义上的执行监督既包括上级法院对下级法院的监督，也包括法院外部的监督，即当事人的监督和社会的监督。

（一）全面推行执行全流程信息公开

坚持阳光执行，切实保障当事人的知情权与监督权。重大执行措施、重要流程节点信息，尤其是事关各方当事人切身利益的执行信息，应当在第一时间向当事人公开。

（二）严格落实执行信访案件实质化办理工作要求

严格规范执行信访案件办理工作，坚决纠正执行救济渠道不畅、执行信访程序空转以及有错不纠问题，依法保护当事人、利害关系人、案外人的合法权益。

（三）强化执行工作监督管理

全面落实"一案双查"机制，持续整治消极执行、选择性执行、乱执行等行为，确保执行工作依法、规范、公正、廉洁运行。坚持正风肃纪，持续加强执行队伍教育整顿，坚决整治执行领域突出问题。

（四）切实提升执行裁判案件办理质效

杜绝执行异议有案不立、先审后立等违法违纪现象，提高执行裁判办案质量和效率，切实保障执行当事人等主体合法救济权利，及时发现案件在执行过程中的错误。

（五）主动接受监督

主动向人大报告执行工作，认真听取人大代表、政协委员的意见建议；自觉接受检察机关的法律监督；加强和改进执行宣传，邀请新闻媒体、群众代表参与、观摩法院执行工作，充分保障人民群众知情权、参与权、表达权和监督权。

第三节　运用物联网技术贯彻善意文明执行理念的探索

充分运用现代信息技术，强化善意文明执行理念，既是巩固深化"基本解决执行难"成果、维护人民群众合法权益的必然要求，也是营造法治化营商环境的有力举措。江苏省高级人民法院制定下发了《关于推广"物联网＋执行"促进善意文明执行的指导意见》，为推动全省法院运用现代化技术促进善意文明执行提供了路径指引，初步探索出一条"物联网＋执行"促进善意文明执行的新路径。

物联网技术在执行领域的应用主要有物联网电子封条、物联网称重系统和物联网财产监管系统。相关应用的技术特点，详见本书专题十第二节，本节不再赘述。

一、物联网电子封条

物联网电子封条是指在传统封条内嵌入物联网感知芯片并内置摄像头，感知数据信息和监控画面实时回传至电子卷宗，并实现查封标的物移动自动报警功能的电子封条。

（一）物联网电子封条的适用范围

目前，物联网电子封条主要适用于下列范围：一是查封厂房、土地、机器设备等生产资料，以及船舶等能够创造价值或具有使用价值，允许债务人继续生产经营的，以解决善意文明执行措施监管难的问题；二是查封正在建设的工程项目，具备继续施工建设条件，允许其继续施工建设的，既可以保障工程正常进度，又能实施有效监控；三是查封的建筑物已具备销售条件，允许债务人自行销售的；四是查封需要继续加工的半成品物件，允许其继续生产加工的；五是查封限制当事人进入的不动产的；六是其他可以使用物联网电子封条的情形。

（二）物联网电子封条的应用效果

物联网电子封条除了物联网前端感知系统和运维管理平台外，还包括执行法官和申请执行人的微信小程序客户端，通过物联网电子封条，可以最大化、全流程、无盲点、低成本地监管查封财产，实现对查封环境的异常行为感知并取证，产生不同等级的预警信息，供执行法官确认是否为需要处置的信息；通过电子封条预警信息的推送，进一步拓展了执行公开的内涵，增进申请执行人对于法院执行工作的理解与支持。

二、物联网称重系统

执行实践中，钢材、电缆等体积大、难移动、难称重的特殊动产一般需要委托专业评估机构进行称重、估价，成本较高，且部分评估机构不受理，无法处置，物联网称重系统有效破解了上述难题。

根据物联网称重系统的特点，该系统适用于需要对铜材、铝材、钢材等有国家指导价或市场价格明晰的贵金属等大宗商品进行称重的案件。

三、物联网查封财产监管系统

物联网查封财产监管系统为在执行过程中既保证被执行人企业财产价值不减少又能让企业正常生产经营提供了技术保障，是物联网技术在对财产查封、监管方面的综合应用，包含物联网电子封条和称重系统的运用，成本也相对较高。主要适用于查封财产价值较大，作为被执行人的企业经营正常，当事人申请使用的案件。

例如，某铜业公司因担保产生的债务约 8 亿元，先后被 7 家金融机构诉至法院，经审理后进入强制执行程序。江苏省无锡市中级人民法院经财产调查，发现该公司可供执行财产只有 4.4 万平方米的厂房及相关机器设备，生产经营尚属正常，如果采取以往的查封后拍卖等措施，不仅会影响该公司的正常经营，还会因此导致该公司财产情况进一步恶化，最终损害申请执行人的利益。为实现在执行中保障企业正常生产经营的目标，无锡中院利用"物联网查封财产监管系统"，在该公司安装了近 300 个电子封条、40 多台监控设备，组成严密的物联网电子查封财产监管系统，全时段动态监管该公司所有的厂房、原材料、生产设备等财产，实时感知和预警现场情况，并及时回传至监管平台，实现企业"边查封边经营"。同时，借助系统实时采集该公司生产经营中用电、原料投入、成品产出等十个维度信息，通过终端协同和边缘计算，建模还原企业日常生产状况，帮助法院判断企业经营是否正常以及查封的财产价值是否发生变化。上述执行措施实施后，变"死封"为"活封"，既看住了厂房设备，又能让企业正常生产经营，让人民法院看似冷冰冰的执行更有了温度。这一温度也提升了拍卖热度，由于是一家仍在正常生产的"活着的企业"，在随后对该公司的司法拍卖中，该公司整体资产的拍卖价达 1.6 亿元，溢价 4000万元，远超第一次流拍的拍卖底价。

该案例入选最高人民法院 2022 年 4 月发布的人民法院助力中小微企业典型案例。最高人民法院认为其典型意义在于："通过物联网查封财产监管系统，不仅贯彻了'适度、合理、必要'的善意文明执行理念，而且扩大了'活查封'范围，使查封财产监管由物理控制变为信息控制，真正实现'活查封'。最终达到了既最大限度降低对被执行企业正常生产经营影响，又最大程度兑现了胜诉方实体权益的双赢效果。"并认为："执行法院利用'物联网查封财产监管系统'对财产进行全面灵活监管，确保企业'边查封边经营'，开创了大数据时代人民法院执行工作的新模式。"

值得注意的是，在探索物联网技术在执行领域的运用时，需要特别关注风险防控和成本控制。一是要注意保护知识产权，物联网技术运用在执行领域，需要根据执行的需要研究开发一系列软硬件，人民法院要注重获取相关软硬件的知识产权，防止技术提供方"反客为主"，设置知识产权障碍。二是要注重数据信息安全，对技术提供方关于其掌握或知悉的数据信息的保护提出要求，严禁篡改、泄露、倒卖获知的信息等情形发生。强化数据来源的合法性及信息保存的安全性，明确权责，划清边界，防止利用物联网感知技术侵害他人合法权益。三是要注重成本控制。运用物联网技术本是为了贯彻善意文明执行理念，以最小成本实现效益最大化，故采用物联网技术的费用应控制在合理范围，通过技术升级、缩短审理、执行周期等方式，减少物联网感知技术在使用过程中产生的流量、电量消耗、人工维护等成本。

附　录

江苏省关于民事
强制执行主要规范性文件

中共江苏省委全面依法治省委员会
关于加强综合治理从源头切实解决
执行难问题的实施意见

（苏委法〔2020〕4 号）

　　为深入贯彻落实党的十八届四中全会提出的"切实解决执行难""依法保障胜诉当事人及时实现权益"重大决策部署，根据中央全面依法治国委员会《关于加强综合治理从源头切实解决执行难问题的意见》（中法委发〔2019〕1 号）要求，构建完善综合治理执行难工作大格局，为建设"强富美高"新江苏营造良好的法治化营商环境，现就加强我省综合治理执行难问题，提出如下实施意见。

一、进一步推进执行联动机制建设

　　1. 完善网络执行查控机制。加快执行信息化建设，集聚整合现有信息化系统，实现网络化查找被执行人和控制财产的执行工作机制。通过省电子政务系统实现人民法院执行查控网络与公安、民政、人力资源社会保障、自然资源、住房城乡建设、交通运输、农业农村、市场监管、金融监管等部门以及各金融机构、互联网企业等单位之间的网络连接，建成覆盖不动产、证券、股权、车辆、存款、金融理财、住房公积金及保险产品等主要财产形式以及婚姻登记信息、社会保险缴纳信息的网络化、自动化执行查控体系，实现足不出户对不动产以及车辆、船舶等特殊动产线上查询、查封，金钱、股权等线上冻结、扣划，实现线上解除冻结、查封以及查询婚姻登记信息、劳动保险信息等功能。

　　2. 完善人民法院与公安机关协作联动机制。建立健全网络化查人、扣车、限制出境协作新机制，公安机关协作查找被执行人下落、协作查扣被执行人车辆、协作限制被执行人出境。公安机关对决定拘留、逮捕或者批准逮捕的被执行人、协助执行人，及时收拘；对暴力抗拒执行行为，接警后应当及时出警处置，依法追究暴力抗法者责任。

　　3. 完善失信被执行人信息共享机制。通过"互联网＋监管"系统及信用信息共享平台，推进失信被执行人信息与公安、民政、人力资源社会保障、自然资源、住房城乡建设、交通运输、文化旅游、财政、金融监管、税务、市场监管、科技等部门以及有关人民团体、社会组织、企事业单位实现公共信用信息资源共享。建立完善社会信用档案制度，将失信被执行人信息纳入社会信用评价体系，应用于行政管理和社会治理，作为第三方信用服务机构识别信用状况的基础性信息。

　　4. 完善失信被执行人联合惩戒机制。失信被执行人名单信息嵌入各相关单位"互联网＋监管"系统以及管理、审批工作系统，实现自动比对、自动监督、自动拦截、自动惩戒。限制失信被执行人转让其名下不动产或其他需要办理过户登记的财产，或为其名下不动产设置抵押或担保；在星级以上宾馆酒店等住宿及消费；以其财产支付其子女入读高收费私立学校。

5. 完善信用激励修复机制。建立守信激励制度，主动履行义务者的诚信记录可作为申请诉讼费减缓免的优先条件，可申请适当降低诉讼保全担保比例。各相关部门可根据有关规定相应提高诚信履行义务者的信用评级，相应缩短失信限制期限，并在办理行政审批、资质审批、资质审核、备案等方面作为告知承诺制的重要参考，在政府项目招投标、实施财政性资金扶持项目和政府采购方面作为参考，在金融机构贷款授信额度和利率等方面给予相应优惠，在诚信评定以及各行业信用平台信息采集中给予肯定。被执行人虽未履行完毕债务，但以执行和解、提供担保、如实报告财产等方式积极配合执行、履行义务的，可按照信用修复有关规定，撤销失信被执行人名单，解除限制消费措施，放宽其在政府采购、招标投标、行政审批、政府扶持、融资信贷、市场准入、资质认定等方面限制，使其回归正常生产、生活。

6. 建立电信企业配合调取被执行人信息机制。省移动、省电信、省联通等电信企业，积极配合人民法院调取被执行人通信号码、注册地等信息。完善信息调取、使用等制度机制，严格信息调取权限、程序及责任，确保数据安全，防止公民、企业信息外泄。

7. 完善党政机关及公职人员信用监督机制。各级党政机关及公职人员应当带头自觉履行人民法院生效裁判。党政机关、国有企业、党员、公职人员等主体的诉讼和执行信息，实现自动比对。党员、公职人员拒不履行生效法律文书以及非法干预、妨害执行等情况，应当及时提供给组织人事部门等单位掌握，共同督促改正。党员、公职人员拒不履行生效法律文书、非法干预或妨碍执行，构成违纪违法的，及时移送纪检监察机关，分别按照《中国共产党纪律处分条例》和《中华人民共和国监察法》等有关规定处理。

8. 完善依法打击拒执犯罪工作机制。政法机关应当加强协调配合，统一立案标准，建立常态化打击拒执犯罪工作机制。公安机关对依法移送的涉嫌拒不执行生效判决、裁定罪、妨害公务罪以及非法处置查封、扣押、冻结的财产犯罪等案件，应当及时立案侦查，不予立案的应在接收移送材料后60日内出具书面答复意见。检察机关应当依法及时批准逮捕和审查起诉，不予起诉的应当及时出具法律文书。对以转移财产、逃避执行为目的提起的虚假诉讼、虚假公证、虚假仲裁等当事人以及为此提供帮助的律师、基层法律服务工作者、公证员、仲裁员等法律服务人员，由行业协会和司法行政主管部门依法依规予以惩处；构成犯罪的，依法追究刑事责任。

9. 完善强制执行配套工作机制。建立依法、规范、公正、善意、文明执行机制，确保执行手段与目的相互匹配，执行效率与效果相互统一，执行强制性与人性化相互协调，各种利益关系相互平衡，最大限度降低执行行为对企业正常生产经营活动的不利影响。探索直接交付、资产重组、委托经营等执行措施，推进委托审计调查、公证方式取证、悬赏举报等制度。建立执行核心事务与辅助事务分流机制，将执行辅助性事务适度外包给专业社会力量。建立涉诉政府债务沟通协调机制，推进涉诉政府债务纳入预算管理。积极拓宽救助资金来源渠道，完善司法救助制度，司法救助资金纳入年度财政预算，加强司法救助与社会救助的衔接配合，切实做好对困难群众的救助工作。发挥清欠工作联席会议机制作用，推进国有企业拖欠民营企业及中小企业债务纳入清欠整体工作部署。

二、进一步加强源头治理执行难制度建设

10. 全面推进诉源治理工作。坚持创新发展新时代"枫桥经验"，坚持把非诉讼纠纷解决机制挺在前面，着眼源头防范，加强源头化解，推动矛盾化解从终端裁决向源头防控延伸，从源头上减少诉讼案件增量。推动建立覆盖全社会的信用交易、出资置产、缴费纳税、违法犯罪等信息信用体系，建立完善公共信用综合评价与披露制度，畅通市场主体获取信息渠道，引导市场主体合理选择交易对象，防范交易风险，从源头上减少矛盾纠纷发生。探索扩大责任保险覆盖范围，鼓励各相关单位投保食品安全责任、环境责任、雇主责任等责任保险，发挥保险制度分担风险、分摊损失的功能作用。

11. 全面加强立审执协调配合工作。全面落实立案阶段风险提示制度，告知当事人可能面临的诉讼及执行风险，使其对诉讼及执行结果有合理预期。全面完善立案及审判阶段财产保全释明制度，推广运用财产保全责任险、独立保函等保全担保，提高财产保全案件比例。全面完善审判兼顾执行制度，增强裁判文书主文的确定性及可执行性，督促简单民事案件当事人主动履行义务，调解案件当事人当场执行调解协议，及时就地化解矛盾纠纷，压降裁判案件进入执行程序的比例。人民法庭审理的案件，原则上由人民法庭负责执行。全面推行执行中律师调查令制度，充分发挥代理人作用。严格防范"套路贷"虚假诉讼或者虚假公证债权文书、仲裁裁决等执行依据进入执行程序，切实维护人民群众合法权益。健全刑事裁判涉财产部分执行工作机制，规范刑事涉案财物查封、扣押、冻结及处置工作。探索建立跨部门的涉案财物集中管理信息平台，完善涉案财物先行处置、审前返还程序，加大追缴、退赔工作力度。攻坚非法集资积案，避免形成新的积案。

12. 全面加强市场主体有序退出工作。探索完善市场主体救治和退出制度机制，对具有营运价值的企业通过破产重整、破产和解解决债务危机，充分发挥破产制度的拯救功能，帮助企业走出困境，实现资源配置优化和社会整体价值最大化。积极探索立案、审判及执行转破产工作，及时引导当事人申请破产，稳妥推进"僵尸企业"处置工作，促进"僵尸企业"有序退出市场。探索建立破产案件繁简分流及简易审理机制，将简单破产案件纳入快速审理范围。完善"破产审判便利化"府院联动机制，完善破产审判配套制度，有条件的地方可设立专项破产基金，推动无产可破或者缺乏启动资金的企业及时启动破产程序。

三、进一步加强切实解决执行难的工作保障

13. 进一步完善协作联动机制。将执行工作融入省域治理体系和治理能力现代化建设，纳入"深化依法治国实践"考核指标。健全完善全省综合治理执行难协作联动机制，完善

联席会议制度，执行联动各项工作纳入各联动部门职责范围。积极依托基层综治中心（网格化服务管理中心），将协助执行工作纳入基层社会治安综合治理网格化管理内容，建立完善基层综治网格员协助送达、查找当事人、协查财产线索、督促履行、开展执行宣传工作机制。

14. 进一步完善执行监督机制。建立健全党委政法委对执行工作的常态化执法监督机制。加强检察机关对民事、行政执行包括非诉执行活动的法律监督，推动人民法院依法执行、规范执行。加强人大监督和政协民主监督，健全代表委员联络常态化工作机制，邀请代表委员调研、参与执行活动。全面推行阳光执行，强化执行信息公开，广泛接受人民群众监督。

15. 进一步完善执行信息化建设。全面建立起以执行指挥中心为核心，以"执行中间库＋无纸化"与执行事务中心为辅助的民事执行实施权"一体两翼"运行新机制。全面推进落实执行指挥中心实体化运行"854模式"，加快推进"854模式"迭代升级，使之高效服务执行管理、支撑执行团队、保障执行决策，加快提升执行工作智能化水平，促进执行工作信息化向智能化升级，全面提升执行工作效能，加快实现执行工作能力与机制制度体系现代化。

16. 进一步加强执行队伍建设。加快推进执行队伍的正规化、专业化、职业化建设，努力建设一支信念坚定、执法为民、敢于担当、清正廉洁的执行队伍，为解决执行难提供有力组织保障。坚持"一案双查"，持之以恒正风肃纪，下决心根除违法执行、消极执行以及乱执行问题。

17. 进一步加强舆论宣传工作。综合运用各种手段，切实加强执行典型案件宣传报道，充分展现加强执行工作、切实解决执行难问题的决心和成效，切实增强当事人自觉履行生效法律文书的自觉性。加强法律政策宣传释明，在全社会营造形成理解、支持、配合人民法院执行工作的普遍共识。

江苏省高级人民法院
关于立审执协调配合全流程
推进切实解决执行难的指导意见

（苏高法〔2020〕131号）

为进一步加强立案、审判与执行工作的协调配合，建立全流程推动切实解决执行难工作机制，保障胜诉当事人及时实现合法权益，根据《中央全面依法治国委员会关于加强综合治理从源头切实解决执行难问题的意见》（中法委发〔2019〕1号）《最高人民法院关于深化执行改革健全解决执行难长效机制的意见——人民法院执行工作纲要（2019—2023）》

《最高人民法院关于人民法院立案、审判与执行工作协调运行的意见》等文件要求，结合全省法院执行工作实际，制定本指导意见。

一、指导思想和基本原则

1. 切实解决执行难是中央作出的重大决策，是党的十八届四中全会以及中法委发〔2019〕1 号文件提出的具体要求，是人民法院肩负的政治责任。人民法院作为责任承担主体，必须持续举全院之力，步步为营，久久为功。

2. 立审执协调配合全流程推进切实解决执行难工作应当坚持以下基本原则：

（1）坚持权益保障原则。人民群众提起诉讼的目的，既在于确认权益，更在于实现权益。立案、审判、执行等诉讼链条全流程的每个环节都与此密切相关，都必须承担相应的责任，依法保障胜诉当事人及时实现权益。

（2）坚持源头治理原则。各级人民法院要更加注重诉源治理，更加注重案结事了，更加注重纠纷实质性化解和即时履行，从源头上减少诉讼和执行案件增量。

（3）坚持协同治理原则。立审执各部门要强化工作衔接的协同性、工作效果的整体性，立案、审判部门要切实提升生效法律文书的可执行性，执行机构要切实维护法院裁判权威，共同建立分工明确、各司其职、相互配合、协调联动的工作格局和一体化高效运行机制，形成切实解决执行难内部工作合力。

二、立案工作

3. 诉讼案件立案时，立案部门应当向当事人提示可能面临的诉讼及执行风险，说明申请财产保全的必要性和具体流程，告知其提供对方当事人准确身份信息、下落、联系方式，使其对诉讼及执行结果有合理预期。

4. 执行案件立案时，立案部门要按照国家征信体系建设标准建立当事人信息识别系统，准确采集公民身份证号码和法人统一社会信用代码、组织机构代码等信息，确认送达方式、送达地址（电子送达地址）及其联系方式，确认执行案款接收账户等信息。

审判部门或执行机构在办理案件中发现立案部门采集的当事人信息不全面、不准确或者发生变化的，应当及时予以补充或更正。

5. 执行案件立案时，立案部门应当向申请执行人了解是否具有以下情况并予以标注：

（1）执行当事人为党政机关、军事单位、国有企业、金融机构；

（2）执行当事人或其法定代表人、主要负责人具有人大代表、政协委员、中共党员、公职人员等特殊身份；

（3）执行案件为涉民生、刑事裁判涉财产部分、"扫黑除恶"专项斗争中"打财断血"等特殊类型案件。

6. 立案部门在对刑事裁判涉财产部分移送执行立案审查时，重点审查《移送执行表》载明的以下内容：

（1）被执行人、被害人的基本信息；

（2）已查明的财产状况或者财产线索；

（3）随案移送的财产和已经处置财产的情况；

（4）查封、扣押、冻结财产的情况；

（5）移送执行的时间；

（6）被执行人服刑情况、联系方式；

（7）其他需要说明的情况。

《移送执行表》信息存在缺漏的，应当要求刑事审判部门及时补充完整。

7. 各级法院应当紧邻执行立案窗口设立执行初次接待窗口。执行立案窗口工作人员接收执行申请并登记立案后，应当立即将相关材料移送执行初次接待窗口，由执行局工作人员按照《执行指挥中心实体化运行"854模式"升级版工作导则》要求立即完成初次接待工作，并对执行案件立案信息是否准确完整进行核对、补充和更正。

当事人网上申请执行、跨域申请执行或者通过自助设备申请执行的，执行法院应当通过立案系统初次接待笔录模块或通过微信、手机App等方式完成立案信息核对和初次接待工作。

8. 强化执行立案审查，建立执行局、执行裁判庭参与特定案件执行立案审查工作机制。

以下案件的立案审查工作由执行局负责：

（1）恢复执行；

（2）调解书、仲裁裁决、公证债权文书执行；

（3）针对消极执行的执行监督案件。

以下案件的立案审查工作由执行裁判庭负责：

（1）执行异议案件；

（2）执行复议案件；

（3）针对违法执行的执行监督案件。

9. 立案部门在受理申请撤销仲裁裁决、执行异议之诉、变更追加执行当事人异议之诉、参与分配异议之诉、履行执行和解协议之诉等涉及执行的案件后，应当及时向执行法院或者本院执行机构告知有关情况。

三、审理工作

10. 审判部门审理确权诉讼时，应当查明所要确权的财产权属及现状。需要确权的财产已被人民法院查封、扣押或冻结的，应当裁定驳回起诉，并告知当事人可以依照民事诉讼法第二百二十七条的规定主张权利。需要确权的财产未被人民法院查封、扣押或冻结的，应当向原告提示可申请财产保全以防范财产被转移或被其他案件采取保全措施。

财产被人民法院因执行案件查封、扣押或冻结后，审判部门作出确权判决或调解书的，该确权判决或调解书应当通过审判监督撤销。

11. 审判部门审理涉及交付特定物、恢复原状、排除妨碍等诉讼案件时，应当查明标的物是否存在、原状能否恢复、妨碍能否排除等基本事实。

对于特定标的物已经灭失、严重毁损等不能恢复原状或者无法排除妨碍的，应当告知当事人变更诉讼请求。当事人不予变更的，应当驳回其诉讼请求。

确实不宜恢复原状、排除妨碍的，应当通过释明引导当事人提出替代性金钱赔偿的诉讼请求。

12. 审判部门审理行为给付内容的案件时，应当根据诉讼请求的性质向当事人释明可以选择将诉讼请求变更为替代性金钱给付或者增加不履行行为时给付金钱的诉讼请求。

诉讼请求行为给付内容为协助转移登记不动产、机动车等财产的，审判部门应当查明当事人办理转移登记的材料是否齐全、是否符合有关部门相关规定等情况。

13. 审判部门在调解中应当释明，引导权利人在调解协议中增加有利于协议自动履行的保障性条款。当事人在协议中设定违约责任的，应当具体明确，要尽量避免使用附有多重条件或者若干假设性条件的调解协议。能够即时履行的，应当督促当事人即时履行完毕。对调解协议处分的财产，应当查明财产的权属及现状。

14. 审判部门制作的法律文书主文，应当具体明确，具有可执行性，避免表述不准确产生理解上的歧义：

（1）支付抚养费、赡养费、扶养费的，应当明确支付数额、时间、方式等；

（2）离婚等案件需要交付、分割财产的，应当明确财产名称、权属、数量、数额、交付条件、交付方式、交付时间、逾期责任等；

（3）在遗产继承范围内承担责任的，应当明确遗产继承的数额或者财产名称、数量等；

（4）建设工程施工合同发包人在欠付工程款范围内对实际施工人承担责任的，应当尽可能明确欠付工程款的具体数额，避免笼统地判决当事人在"欠付工程款范围"承担责任；

（5）确定逾期借款利息计算方式的，应当明确表述为：以××为基数，自××日起至实际给付之日（或判决另行确定的给付之日）止，按××利率计算；

（6）修复生态环境的，应当明确修复的期限、方式、标准以及修复效果确定方式；

（7）交付水面或土地的，应当明确其位置、面积以及四至范围；

（8）移交工程竣工资料的，应当明确何时移交、如何移交以及移交哪些资料；

（9）查阅财务报告、财务报表以及账册等赋予股东知情权情形的，应当明确查阅主体、地点、时间、方式、内容及其具体范围等；

（10）排除妨碍、恢复原状的，应当明确描述排除妨碍、恢复原状的标准、方式、时间及具体要求。文字难以准确、清晰描述的，应当通过拍摄现场照片或视频、制作现场示意图、标明四至方位等方式加以说明；

（11）赔礼道歉的，应当明确道歉时间、道歉方式或具体媒体及版面等；

（12）确定子女探视权的，应当明确探视的具体方式、时间和地点以及交接办法等；

（13）继续履行合同的，应当明确当事人继续履行合同的内容、方式、期限等。合同文本篇幅较长且继续履行合同的内容、方式、期限等在事实认定及裁判说理部分中已进行认定的，可不在法律文书主文中详细表述；

（14）判决合同有效但解除合同，或者判决撤销合同，或者判决合同无效的，应当通过释明引导当事人提出合同解除、撤销或合同无效后各方当事人应当承担责任的诉讼请求，并在法律文书主文中对相关责任予以明确；

（15）当事人之间互负给付义务的，应当明确各自的履行顺序；

（16）执行异议之诉，应当明确准许或者停止执行的执行标的的具体内容；

（17）刑事裁判涉财产部分的裁判内容，应当明确具体。涉案财物或者被害人人数较多，不宜在判决主文中详细列明的，可以概括叙明并另附详细清单。判处没收部分财产的，应当明确没收的具体财物或者金额、持有人或保管人。判处追缴或者责令退赔的，应当明确追缴或者退赔的金额或财物的名称、数量等有关情况。

15. 审判部门应当按照《最高人民法院关于加强和规范裁判文书释法说理的指导意见》的具体要求，加强案件事实认定和法律文书说理，提高法律文书的自动履行率，减少进入执行程序的案件。

16. 诉讼中、上诉期间或法律文书生效后至债权人申请执行前，债务人要求通过法院履行义务的，由审理诉讼案件或作出法律文书的审判部门负责办理。审判部门办理后，应当将相关款物交接手续及时附审判卷宗。

17. 审理减刑、假释案件的审判部门可以向涉案财产执行机构核实罪犯履行刑事裁判涉财产部分判项情况。执行机构应当出具相关证明，作为对相关人员减刑、假释的参考，进一步推动被执行人积极履行刑事裁判涉财产部分的义务。

四、执行工作

18. 执行机构发现本院作出的生效法律文书内容不明确的，应当书面征询审判部门意见。审判部门应当在15日内作出书面答复或者裁定予以补正。审判部门未及时答复或者不予答复的，执行机构可层报院长督促审判部门答复，审判部门应当在院长督促后15日内作出书面答复或者裁定予以补正。审判部门仍未及时答复或者不予答复的，执行机构应当裁定驳回执行申请；导致部分无法执行的，应当裁定驳回该部分的执行申请；导致部分无法执行且该部分与其他部分不可分的，应当裁定驳回执行申请。

执行依据系上级法院作出的，应当层报上级法院执行机构，按本条第一款原则处理。执行依据系其他法院作出的，可向作出生效法律文书的法院执行机构发函，按相同原则处理。

当事人对依据本条作出的驳回执行申请裁定不服，可以自裁定送达之日起十日内向上一级人民法院申请复议。执行法院应当在驳回执行申请裁定中告知申请执行人申请复议的权利和期限。上一级法院经复议审查后认为可以执行的，应当裁定撤销原裁定，执行法院应当继续执行。

19. 人民法院作出的生效法律文书具有下列情形之一导致无法执行的，属于内容不明确：

（1）权利义务主体不明确；

（2）金钱给付具体数额不明确或者计算方法不明确导致无法计算出具体数额；

（3）交付的特定物不明确或者无法确定；

（4）行为履行的标准、对象、范围不明确；

（5）仅确定继续履行合同，但对继续履行的权利义务，以及履行的方式、期限等具体内容不明确。

生效法律文书具有第一款列举情形，但在事实认定及裁判说理部分中对有关内容已进行认定的，视为执行内容明确。

20. 对人民法院生效法律文书中的文字、计算错误以及审判部门已经认定但在裁判主文中遗漏的事项，可以补正或说明的，执行机构应当书面告知审判部门补正或说明，审判部门应当在 15 日内作出书面答复或者裁定予以补正。

审判部门不补正也不说明的，执行机构可层报院长督促审判部门补正或说明，审判部门应当在院长督促后 15 日内作出书面补正或说明。审判部门仍未及时补正或说明的，执行机构应当裁定驳回执行申请；导致部分无法执行的，应当裁定驳回该部分的执行申请；导致部分无法执行且该部分与其他部分不可分的，应当裁定驳回执行申请。

21. 执行程序中发现执行依据存在虚假诉讼嫌疑或可能存在错误的，应当及时移送相关审判业务庭进行复查。

22. 加强并改进执行工作统一管理，推动形成以执行信访案件实质化办理为主导，辅之以执行监督与执行协同三位一体的统一管理工作格局，对跨地区关联案件以及疑难复杂案件，以协同方式攻坚克难；对重大疑难案件，实行挂牌督办，限期办结；对消极执行与违法执行问题，全面启动"一案双查"机制予以根治。

23. 执行裁判庭办理执行异议、复议、监督等执行审查类案件以及涉执诉讼案件，应当确保在法定审理期限内审结，防止因久拖不结造成执行实施工作无法推进。

执行审查类案件的办理结果应当及时向执行机构反馈，促进规范执行。执行机构和执行裁判庭应当就执行工作存在的难点、热点问题建立定期会商机制，确保法律认识和执法尺度的统一。

执行裁判庭发现当事人、利害关系人、案外人存在通过恶意申请异议、复议、涉执诉讼以拖延执行、抗拒执行、规避执行的，应当依法予以处罚。

五、财产保全工作

24. 立案及审判部门应当积极引导当事人以财产保全责任保险、独立保函等方式提供财产保全担保,增强生效裁判的可执行性。

25. 立案、审判部门作出的财产保全裁定,应当及时送交立案部门编立"执保"字案号的执行案件,立案后一般应当移送执行机构实施。

26. 当事人提供明确的财产线索及信息的,保全裁定应当明确被保全财产的名称、数量、数额、所在地点、期限、保全费用等信息。未提供明确的财产线索及信息的,保全裁定应当确定保全的具体数额。

确定财产保全数额时,除申请人请求对方当事人给付的金额之外,还应当综合考虑诉讼费、迟延履行利息、执行费、被保全人及其所扶养家属所必需的生活费用等相关因素。

27. 申请保全人、被保全人、利害关系人认为保全裁定实施过程中的执行行为违反法律规定提出书面异议的,人民法院应当依照民事诉讼法第二百二十五条规定审查处理。

人民法院对诉讼争议标的以外的财产进行保全,案外人对保全裁定或者保全裁定实施过程中的执行行为不服,基于实体权利对被保全财产提出书面异议的,人民法院应当依照民事诉讼法第二百二十七条规定审查处理并作出裁定。案外人、申请保全人对该裁定不服的,可以自裁定送达之日起十五日内向人民法院提起执行异议之诉。

28. 诉讼保全中,不宜由人民法院直接保管的财产,应当指定保管人,并明确其保管义务。

对季节性商品、鲜活、易腐烂变质以及其他不宜长期保存的被保全物品,应当由申请保全人提供保存条件和设施。申请保全人无法提供的,由作出保全裁定的部门作出变价的裁定和保全价款的裁定,由执行机构及时处分并保全相应价款。

29. 采取财产保全措施的人民法院发现案件不属于本院管辖的,应当将案件和财产保全材料一并移送给依法享有管辖权的人民法院。案件移送后,保全期限依法连续计算。

30. 执行机构应当优质高效办理保全执行案件,依法依规通过网络执行查控系统查询被保全人的财产、通过网络司法拍卖平台办理先予执行和保全标的变价工作。

审判部门裁定解除保全的,执行机构应当及时采取解除保全措施。

六、其他

31. 立案、审判、执行程序中发现被执行人可能符合破产条件的,应当加强对当事人的法律释明工作,积极引导案件进入司法破产重整、和解或清算程序的渠道,充分发挥企业破产制度功能,促进"僵尸企业"有序退出市场。

深入开展与个人破产制度功能相当的试点工作,为建立个人破产制度打下实践基础。

32. 畅通当事人自诉渠道,探索建立刑事公诉和当事人自诉相结合、相补充的拒不执行判决、裁定罪诉讼模式,加大对以虚假诉讼、虚假仲裁、虚假公证等方式转移财产、逃避执行违法犯罪行为的打击力度。

执行机构在办理执行案件过程中，应当按照刑事案件审理要求注意相关证据材料的收集、甄别、固定、保存。

33. 调解和裁判内容的可执行性以及判决书、裁定书、调解书即时履行的比例等，应当作为考核审判部门以及审判法官案件质效和工作绩效的重要参考因素。

34. 本意见自下发之日起施行。本院之前的相关规定与本意见不一致的，不再适用。

江苏省高级人民法院
关于规范执行案件移送破产的若干规定

（江苏省高级人民法院审委会会议纪要〔2018〕2 号）

为了规范执行案件移送破产审查程序，根据《中华人民共和国民事诉讼法》《中华人民共和国企业破产法》及相关司法解释的规定，结合我省司法实践，对本院 2016 年 7 月 4 日作出的《关于规范执行案件移送破产的若干规定》进行修订。

第一条 （基本原则） 执行案件移送破产审查，应当遵循依法有序、协作配合、公平与效率兼顾原则。

第二条 （三个为主原则） 执行案件移送破产审查、审理应当遵循基层法院管辖、本院移送、适用简化审理程序为主原则。

第三条 （权利的告知与释明） 执行部门向申请执行人发送受理案件通知、向作为被执行人的企业法人（以下简称被执行人）发送执行通知时，应该同时告知民事诉讼法司法解释关于在执行程序中执行案件移送破产审查的规定。

在执行过程中和终结本次执行程序之前，执行部门发现被执行人符合本规定第四条规定条件的，应当在执行分配或终结本次执行程序之前及时向申请人、被执行人征询执行案件移送破产审查的意见并释明法律后果。执行法官征询释明时，可邀请本院破产审判部门人员参加。

执行部门发现终结本次执行程序的案件符合本规定第四条规定条件的，可在恢复执行后，依照第二款向申请执行人、被执行人征询执行转破产意见。

第四条 （执行案件移送破产审查的条件） 执行部门向本院破产审判部门或受理破产案件的法院移送执行案件进行破产审查应当符合以下条件：

（一）被执行人是企业法人；

（二）被执行人不能清偿到期债务，并且资产不足以清偿全部债务或者明显缺乏清偿能力；

（三）被执行人或者有关被执行人的任一执行案件的申请执行人同意移送破产程序。

第五条（执行案件移送破产审查的管辖） 执行案件移送破产审查，实行以被执行人住所地基层法院管辖为主、中级法院管辖为例外的原则，属中级法院管辖的案件必要时也可以直接交由基层法院审理。

基层法院执行移送破产案件管辖属于其本院受理的，由该基层法院执行部门直接向本院立案庭移送立案；

基层法院执行移送破产案件管辖属于所在中级法院其他基层法院管辖的，由该基层法院直接向其移送破产审查，发生争议的，由中级法院协调处理；

基层法院、中级法院执行移送破产案件管辖属于省内其他法院管辖的，由该基层法院、中级法院直接向其移送破产审查，发生争议的，由省法院协调处理。

第六条（不同意的处理） 被执行人符合本规定第四条条件的，但申请执行人或被执行人均不同意移送破产程序的，执行法院应按《最高人民法院关于适用〈中华人民共和国民事诉讼法〉的解释》第五百一十六条的规定清偿债权，企业法人作为被执行人的其他已经取得执行依据的债权人申请参与分配的，执行法院不予支持。

第七条（移送决定书） 执行案件符合本规定第四条规定的，执行部门合议庭评议同意移送破产审查的，经执行部门负责人审批、院长签发，执行部门应当作出移送破产审查的决定书。决定书应载明案号、案件来源、申请执行人与被执行人信息、移送部门、移送人、移送时间，被执行人具备破产资格和破产原因的事实和理由。案号使用同意移送的申请执行人所属执行案件的案号；多个申请执行人或被执行人同意移送的，由执行法官选择其中的一个执行案号，可选择处置被执行人主要财产的执行案号。

执行法院作出移送决定后，应当于 5 日内将决定书送达申请执行人和被执行人，并告知被执行人如对决定有异议的，可以在受移送法院破产审查期间提出，由受移送法院一并处理。

第八条（中止执行） 决定移送破产审查的案件，执行法院应当同时作出对移送破产程序的被执行人中止执行的裁定，中止对该被执行人的执行。被执行人在其他法院有执行案件的，执行法院应当书面通知其他法院中止执行，其他法院被告知后应当及时中止执行；其他法院不予中止执行的，由执行法院报共同的上级法院协调，上级法院可对辖区内的执行案件直接作出中止执行的裁定。

受移送法院作出不予受理破产申请，申请人对该裁定提起上诉的，自不予受理裁定作出之日至上级人民法院作出裁定之日之前，执行法院应当中止执行。

对移送破产审查的被执行人中止执行的，不影响对同一执行案件中其他被执行人的执行。

第九条（不宜保管物品的处置） 中止执行裁定作出后被执行人进入破产程序前，必要时执行法院可以对被执行人所有的季节性、鲜活、易变质等不宜保管或保管费用过高的财产，以及其他宜先行处置的财产变价处置，待被执行人进入破产程序后将所得价款移交受理破产案件指定的管理人。

第十条（保全延续）执行法院决定执行案件移送破产程序的，在受移送法院裁定受理破产案件之前，对被执行人的查封、扣押、冻结等保全措施不予解除。保全期限届满，申请执行人可以向执行法院申请延长保全期限，由执行法院负责办理延期手续。

执行法院与破产受理法院系同一法院的，破产案件受理后，该执行法院对被执行人采取的查封、扣押、冻结措施可以不解除，其效力自然延续至破产程序中。

第十一条（移送材料）执行法院决定执行案件移送破产立案的，应当移送以下材料：

（一）决定书；

（二）申请执行人或被执行人同意执行案件移送破产审查的书面意见或笔录；

（三）执行案件移送破产审查报告；

（四）申请执行人提供财产线索、被执行人申报财产、执行法院穷尽财产调查措施的相关材料；

（五）执行法院已分配财产清单及相关材料；

（六）执行立案信息表、强制执行被执行人财产的民事执行裁定及其他执行文书；

（七）被执行人涉执债务清单，查封、扣押、冻结财产清单；

（八）对被执行人中止执行的民事执行裁定书；

前款第（三）项执行案件移送破产审查报告应载明如下事项：

（一）被执行人基本信息；

（二）被执行人所涉案件执行概况；

（三）已查明的资产状况；

（四）已处置的资产情况；

（五）已采取的强制措施情况；

（六）已掌握的账簿、财务、印章等情况；

（七）已分配财产清单情况；

（八）案件执行过程中存在的风险；

（九）有必要在报告中列明的其他情况。

无财产可供执行或债权债务明确、财产状况清晰的案件，执行法院在作出破产审查报告后，无须移送上述全部材料，仅移送决定书、申请执行人或被执行人同意执行案件移送破产审查的书面意见或笔录即可。

第十二条（立案登记审查）执行法院在作出移送决定当日内将本规定第十一条规定所列材料移送破产法院立案庭，该立案庭以决定书、申请执行人或被执行人同意执行案件移送破产审查的书面意见或笔录作为立案条件，不得以材料不完备等为由拒绝接收。立案庭应当自收到移送材料之日起当日内录入全国破产重整案件信息网，以"破申"作为案件类型代字编制案号登记立案，并在1个工作内移送给破产审判部门进行审查，审判部门在收到移送材料之日起 5 日内作出是否受理的裁定。

移送材料不完备或内容错误，破产法院可以要求执行法院补齐、补正，执行法院应于 7 日内补齐、补正。该期间不计入破产法院审查的期间。

第十三条（立案通知及异议处理）破产审判部门应当在立案登记后 5 日内将立案及合议庭组成情况通知申请执行人、被执行人，申请执行人同意移送破产程序的，应当同时告知被执行人如对移送破产有异议，可以在收到通知后 7 日内提出异议，破产审判部门依照企业破产法第 10 条规定处理。

第十四条（执行案件移送破产审查的监督）受移送法院拒绝接收移送的材料，或者收到移送的材料后不按规定的期限作出是否受理裁定的，执行法院可函请受移送法院的上一级法院进行监督。上一级法院收到函件后应当指令受移送法院在 5 日内接收材料或作出是否受理的裁定。

受移送法院收到上级法院的通知后，5 日内仍不接收材料或不作出是否受理裁定的，上一级法院可以径行对移送破产审查的案件行使管辖权。上一级法院裁定受理破产案件的，可以指令受移送法院审理。

第十五条（裁定受理前撤回申请）破产审查期间，原同意移送破产审查的申请执行人或被执行人自愿撤回申请的，可予以准许，并在准许决定之日起 3 日内退回执行法院移送的材料。

第十六条（裁定受理后材料补充）受移送法院破产审判部门裁定受理破产案件后 3 日内，将受理裁定移送执行法院；破产审判部门认为移送的材料需要补充的，向执行法院发送补充材料清单，执行法院收到清单后 7 日内将清单材料移送给受移送法院。

第十七条（受理后的衔接）执行法院应于收到受理破产案件的裁定书后 7 日内完成以下工作：

（一）将本院有关被执行人的所有执行案件的债权受偿情况或财产分配情况汇总成表，移送受理破产案件的法院；

（二）根据受理破产案件法院的要求，及时解除相关保全措施或出具函件，将查封、扣押、冻结财产的处置权交破产受理法院；

（三）将查控的尚未执行或者尚未执行完毕的被执行人的财产，移交受理破产案件的管理人；

（四）告知有关申请执行人依法在破产程序中申报债权。

执行法院收到破产受理裁定后，拒不解除查封、扣押、冻结措施或出具移交处置权函件的，破产法院可以层报共同上级法院解除保全措施，上级法院自收到报请后 3 日内立案监督，符合条件，自立案后 15 日内进行裁定解除保全措施。

第十八条（不属于被执行人财产的界定）符合下列情形之一的，不属于被执行人的财产，执行法院或执行部门不再移交：

（一）已通过拍卖程序处置且成交裁定书已送达买受人的拍卖财产；

（二）通过以物抵债偿还债务且以物抵债裁定已送达接受抵债的申请执行人的抵债财产；

（三）已完成转账、汇款、现金交付的执行款。

第十九条（不予受理或驳回申请的衔接）受移送法院裁定不予受理破产案件的，应当在裁定作出之日起 5 日内送达申请执行人和被执行人，并通知执行法院。申请执行人、被执行人对裁定不服的，可以自裁定送达之日起 10 日内向上一级人民法院提起上诉。未在法定期限内上诉或上级人民法院维持原裁定的，受移送法院应及时将接受的材料退回执行法院，执行法院应及时恢复对该被执行人的执行。

受理移送法院裁定驳回申请的，适用前款规定。

破产法院作出不予受理、驳回申请或者准许撤回申请的裁定后，执行法院不得重复启动执行案件移送破产审查程序。但是，申请执行人或被执行人可依照企业破产法的规定直接向有管辖权的法院提出破产申请。

第二十条（裁定书当事人的确定）裁定受理或裁定不予受理破产的裁定书，申请人为同意移送破产的申请执行人或被执行人，被申请人为不予同意移送破产的申请执行人或被执行人；申请执行人、被执行人均同意移送破产的，列双方为申请人。

第二十一条（特殊财产先行处置）执行部门在移送执行转破产案件之前，对难以处置的财产，如司法网拍流拍的财产、集体土地上违法建造的厂房、小产权房等先行处置，并将拍卖所得款项交付给受理破产案件的法院或管理人。

第二十二条（裁定终结执行）破产程序出现下列情形之一的，破产法院应于 7 日内将情况反馈给执行法院。执行法院应当裁定终结对该被执行人的执行：

（一）裁定宣告破产的；

（二）裁定批准重整计划并终止重整程序的；

（三）裁定认可和解协议并终止和解程序的。

第二十三条（破产专项基金）基层法院、中级法院、省法院应当积极争取设立破产专项基金，用于管理人报酬补偿、业务培训、特困民生救助等事项；破产专项基金来源于政府财政拨款、管理人报酬提取资金及其他途径。

第二十四条（公益管理人）基层法院、中级法院针对无财产可供执行的移送破产案件建立公益管理人制度，从入库管理人中轮候确定公益管理人，对不愿意充当公益管理人的进行业务上限制。

在府院联动过程中，各级法院应当积极推动政府设立破产公益管理人，公益管理人可以从财政、司法、国有资产管理公司、律师事务所、会计事务所等单位中推选具有法律、会计、管理专业知识的人员担任。

第二十五条（执行机构协助配合破产案件审理）破产案件审理过程中，破产审判部门利用最高法院"总对总"网络查控系统、网络司法拍卖平台及时查控、变现破产财产，执行机构应积极配合破产审判部门各项执行措施的推进；破产审判部门可以直接使用省法院"点对点"网络查控系统。

第二十六条 （设立执行移送破产协调机构） 全省各级法院分别设立执行案件移送破产审查协调小组，成员由执行局、执行裁判庭、民商事审判庭或破产庭、立案庭负责人组成，由院长担任组长。

第二十七条 （破产团队组成） 执行程序移送破产程序的，破产审判团队可以由破产审理部门和执行局法官共同组成。

第二十八条 （执转破考核激励） 各级法院应当建立执行移送、审理破产案件的激励机制，对移送执行转破产案件的识别、准备材料、移送及审查、审理分成两个阶段折算案件量，可以根据案件难易程度等因素确定具体折算案件量的方法。

第二十九条 （附则） 本规定自下发之日起施行，2016 年 7 月 4 日通过的《关于规范执行案件移送破产的若干规定》不再适用。

法律、司法解释对执行案件移送破产审查有新规定的，以法律、司法解释为准。

江苏省高级人民法院
关于"执转破"案件简化审理的指导意见

（苏高法电〔2018〕392 号）

为推进"执转破"工作的有效开展，切实提高"执转破"案件的审判效率，根据《中华人民共和国企业破产法》《最高人民法院关于适用〈中华人民共和国民事诉讼法〉的解释》《最高人民法院关于执行案件移送破产审查若干问题的指导意见》《全国法院破产审判工作会议纪要》等规定，结合全省法院工作实际，现对"执转破"案件简化审理程序工作提出如下意见。

一、"执转破"案件简化审理程序的基本原则

1. 繁简分流原则。事实清楚、债权债务关系明确、财产状况明晰的"执转破"案件，主要由基层法院办理，应当适用简化审理程序。

2. 快速高效原则。要切实避免程序空转以及为走程序而走程序的问题。要在不违反破产法硬性要求的前提下，最大限度地简化破产流程，并联破产事项，立案、听证、破产告知、管理人指定、债权人会议、财产查控、程序终结、公告与送达等环节中能够压缩的时间性要求应予压缩，能够简化的程序应予简化，能够合并的事项应予合并，实现快速立案，快速审理。

3. 程序经济原则。要尽可能减少不必要的费用支出，最大限度地控制破产成本。要充分运用执行机构已经完成的财产查控结果、评估结论及处置结果，避免不必要的重复劳动。要充分利用"总对总""点对点"查控系统，提高财产查控质量与效率。要充分借助执行程序中财产变价机制及平台，降低变现成本。要充分利用《全国企业破产重整案件信息网》（以下简称破产信息网）发布案件流程节点、公告及法律文书，减少破产费用支出。

二、"执转破"案件简化审理程序的案件范围

1. 被执行人公司股权结构简单、资产规模不大、无风险隐患，且具备下列情形之一的"执转破"案件，应当简化审理程序：

（1）被执行人无财产或财产较少，可能不足以支付全部破产费用的；

（2）被执行人账簿、重要文件等灭失或被执行人下落不明，无财产可供执行，且未发现巨额财产下落不明的；

（3）被执行人无营业场所或者无人员安置问题的；

（4）被执行人停工停产或者已经歇业，且不存在职工安置的；

（5）被执行人经营地域集中或系中小微企业的；

（6）被执行人未经清理已被吊销或撤销营业执照，其财产不足以清偿全部债务的；

（7）被执行人全部财产或主要财产已经处置变现的；

（8）被执行人财产易于变价或无须变价的；

（9）申请人、被申请人及其他主要破产参与人协商一致同意简化审理程序的；

（10）被执行人是个人独资企业的；

（11）其他适合简化审理程序的案件。

2. 具有下列情形之一的"执转破"案件，原则上不适用简化程序进行审理：

（1）涉及国有企业或者关联企业合并破产的；

（2）涉及破产和解或者破产重整的；

（3）涉及职工安置等复杂情形的；

（4）债务人资产难以变现且无法实物分配的；

（5）债权债务关系复杂，可能需要审计的；

（6）存在未决诉讼或仲裁案件，或者可能存在多个衍生诉讼的；

（7）涉及刑民交叉的案件；

（8）其他不宜适用简化程序审理的案件。

3. "执转破"案件是否适用简化程序审理，由受理法院依职权决定。但应在"执转破"案件受理公告中告知简化审理程序的相关事项，并对破产参与人予以指引。

已按简化程序审理的破产案件，如发现不宜继续适用简化审理程序的，应按破产法及其司法解释规定的一般程序进行审理。

4. 适用简化程序审理的"执转破"案件，应由执行法官以及破产案件审理部门、执行

裁判部门的法官组成审判团队，负责对"执转破"案件进行审查及审理。

三、"执转破"案件简化审理程序的破产申请审查与受理

1. "执转破"案件审判团队应提前介入本院执行机构移送破产审查案件的梳理与审查，参与研究需要移送的材料准备及财产变价等前置性工作。符合移送条件并决定移送的，执行机构可不制作移送决定及移送函，直接移送本院立案部门立案。但应将本院研究及决定移送破产审查的过程性材料一并移送。

申请执行人同意移送破产的，执行机构应在移送立案当日通知被执行人，告知其如有异议，可按破产法第十条第一款规定向本院"执转破"案件审理部门提出。被执行人同意移送破产审查的，可不必再向其发出异议权利通知。

2. 立案部门对本院执行机构移送的材料进行形式审查，材料完备的，应在1个工作日内将相关信息录入破产信息网，以"破申"案号登记立案后移送"执转破"案件审判团队进行审查。

3. "执转破"案件审判团队应在接收案件后10日内作出是否受理裁定。被执行人提出异议的，由"执转破"案件审判团队进行审查。裁定受理的，应同时决定是否适用简化审理程序，并送达债权人、债务人及执行机构。

受理裁定作出后，审判团队应在3日内将案件材料移送立案。立案部门应在1个工作日内将相关信息录入破产信息网，以"破"案号登记立案后移送"执转破"案件审判团队审理。

四、"执转破"案件简化审理程序中的破产管理人及债权申报

1. "执转破"案件审判团队裁定受理"执转破"案件的，应提前通知司法技术部门通过随机方式在管理人名册中指定管理人，可以通知同意执行案件移送破产审查的债权人或债务人到场，并进行同步录音录像。被通知的债权人或债务人未按时到场的，不影响随机摇号工作。

司法技术部门原则上应在接到通知后3个工作日内完成管理人指定工作。名册中已有个人管理人的，原则上应指定个人为管理人。政府相关部门已经成立清算组的，可直接指定该清算组为管理人。管理人确定后，应告知其本案是否适用简化程序并给予相应指引。

2. 管理人应在接受指定之日起5日内接管债务人财产、印章、账簿、文书等资料，并在破产信息网管理人工作平台完成信息录入工作。同时应明确具体步骤和完成时间，定期披露工作进展。无产可破案件，可不开立管理人银行账户。

3. "执转破"案件审判团队应在裁定受理破产申请之日起，3个工作日内通知已知债权人，并在破产信息网法官工作平台发布公告，除载明企业破产法第十四条规定必须载明的内容外，还应载明适用简化程序审理的内容以及第一次债权人会议的时间及方式。

4. 债权人申报债权的期限为30日，自发布受理破产申请公告之日起计算。管理人应

在债权申报期限届满之日起 5 个工作日内提交债务人财产状况报告。

五、"执转破"案件简化审理程序中的财产查控及变价

1. 管理人应在接受指定后 30 日内完成债权审查及财产调查工作。必要时，可申请调查令。

2. 管理人需要查控债务人名下房产、存款、股权、车辆和股票等财产的，应指引其提出申请，由审判团队中的执行法官通过"总对总""点对点"系统进行查控。执行机构在移送前六个月内已进行查控的，可不必再次调查。

3. 执行程序中作出的评估、鉴定或审计报告，在所涉案件移送破产审查后仍在有效期之内的，不再重新委托评估、鉴定或审计。

上述报告虽然在移送破产审查后超过有效期，但如该财产或其财产性权利的市场价值未发生明显变化，或未对债权人、债务人或其他破产参与人权利造成明显影响的，除债权人或利害关系人自愿承担相关费用之外，可不再重新委托评估、鉴定或审计。

所涉财产在执行程序中流拍后移送破产审查再行拍卖的，不受评估、鉴定及审计报告有效期的影响。

4. 执行机构原则上应将被执行人财产变现后再将案件移送破产审查。如破产程序中涉及财产变现的，应优先适用网络司法拍卖，并由审判团队中的执行法官负责实施。

5. 破产财产可以实物分配，或者存有可以径行分配的股权或者债权的，除债权人或利害关系人自愿承担相关费用之外，可不做变价处理，依法直接予以分配。

6. 破产财产拍卖时需要确定底价的，有市场价的按市场价确定；没有市场价，但可通过询价确定的，除债权人或利害关系人自愿承担相关费用之外，应通过询价确定。

7. "执转破"案件需要采取保全措施的，经管理人申请，由审判团队中的执行法官予以实施。

六、"执转破"案件简化审理程序中的债权人会议

1. 债权人会议原则上采取书面形式召开。确需现场召开债权人会议的，应减少次数，最多不超过两次。第一次债权人会议由法院负责召集。

2. 债权人会议及破产事项表决可采用书面、数据电文等形式，也可在破产信息网平台进行。

3. 第一次债权人会议自债权申报期限届满之日起 5 日内召开。确需召开第二次债权人会议的，管理人应当提前 15 日通知已知债权人。

4. 债权债务明确，债务人财产确定，符合宣告破产条件的，管理人原则上应提请人民法院在第一次债权人会议上宣告债务人破产，并将资产处置方案和分配方案提交债权人会议表决。

5. 第一次债权人会议上宣告债务人破产的，可同时作出裁定并宣告，并在 5 日内向债

务人、管理人送达，并通知已知债权人，同时予以公告。

6. 管理人未提请人民法院在第一次债权人会议上宣告破产的，应在会议结束之日起15日内决定是否提请宣告债务人破产。符合条件的，受理法院应在收到申请之日起5日内作出宣告破产裁定，并在裁定作出之日起5日内送达给债务人、管理人，并通知已知债权人，同时予以公告。

7. 无财产可供分配或破产财产不足以支付破产费用，或者债务人没有财务账册或者财务账册不齐、无法审计，或者债务人人员下落不明或财产状况不清，管理人未追收到财产或者未发现有财产可供分配的，且债权人或其他利害关系人不愿意足额承担破产费用或其垫付的费用不足以支付破产费用的，可以不召开债权人会议，提前终结破产程序。

管理人在查明上述情况后5日内，应当向人民法院提请终结破产程序，人民法院应在收到申请后5日内作出裁定。

七、"执转破"案件简化审理程序中的程序性事项

1. 可以采用电话、短信、微信、电子邮件、传真等简便方式传唤相关人员以及送达除民事裁定书以外的法律文书。

2. 管理人因债务人账册、重要文件灭失，无法清算或无法全面清算的，人民法院应在终结破产程序的裁定书中列明上述事由。

3. 管理人因债务人歇业或营业执照被吊销，人员下落不明或者财产状况不清，且未追收到破产财产，无财产可供分配的，人民法院应在终结破产程序的裁定书中列明破产程序终结后2年内发现有依法应当追回的财产或者有应当供分配的其他财产的，债权人可以请求追加分配。

4. 破产财产分配方案经法院裁定确认，且主要财产已分配完毕，但因客观原因尚未完成个别事项的，管理人可在该裁定作出同时提请法院裁定终结破产程序。

5. 适用简化程序审理的"执转破"案件应当在"破"字号案件立案之日起3个月内审结。因特殊情况需要延长的，按相关规定履行报批手续。

6. 管理人应当自破产程序终结之日起5日内，持终结破产程序裁定等法律文书，向登记机关办理注销登记。

7. 除受理破产申请、宣告破产、终结破产程序必须公告外，其余事项可不予公告。通过破产信息网以及法院官网发布的公告，与纸质媒介上发布的公告效力相同。

8. 适用简化审理程序的破产案件，可以按照《诉讼费用交纳办法》第十六条规定在依法计算受理费的基础上再减半收取。

无任何财产可供分配或者财产不足以支付破产费用的"执转破"案件，经管理人提出申请，可以免交案件受理费。

江苏省高级人民法院
关于开展"与个人破产制度功能相当试点"工作中若干问题解答

（苏高法〔2021〕225号）

为深入开展"与个人破产制度功能相当试点"工作，促进确无履行能力的诚信被执行人个人依法有序退出民事执行程序，根据《最高人民法院关于深化执行改革健全解决执行难长效机制的意见——人民法院执行工作纲要（2019—2023）》，依照《中华人民共和国民事诉讼法》等法律、司法解释，参照《中华人民共和国企业破产法》等法律规定，结合我省法院实际，就试点中相关问题作如下解答。

一、基本要求

1. 什么是"与个人破产制度功能相当试点"工作？试点工作应当遵循什么样的原则和方针？

答：与个人破产制度功能相当试点，是依据《最高人民法院关于深化执行改革健全解决执行难长效机制的意见——人民法院执行工作纲要（2019—2023）》，在民事执行程序中，人民法院根据申请，依照有关财产调查、参与分配、执行和解、失信惩戒等法律规定，参照企业破产法相关原则和精神，促成债权人与被执行人达成和解并同意对其免责，在免责考察期届满后终结执行，以促进确无履行能力的诚信被执行人个人重新恢复正常生产、生活能力的一项工作。为表述方便，以下称类个人破产程序。适用该程序的被执行人个人以商事主体为主，其他符合条件的被执行人个人可以参照适用。

类个人破产程序应当遵循依法依规、诚实信用、公平清偿、利益衡平、公正高效的原则，贯彻循序渐进、逐步推开、宽进严出的工作方针。

二、申请

2. 申请适用类个人破产程序应当提供哪些材料？

答：被执行人或者被执行人的债权人向人民法院申请适用类个人破产程序的，应当提交申请书。申请书应当载明以下事项：

（1）申请人的基本情况；

（2）申请事项；

（3）申请的事实和理由。

被执行人提出申请的，还应提交以下申请材料：

（1）被执行人（含配偶和未成年子女）财产及收入状况报告；

（2）债权债务明细；

（3）申请之日前两年内被执行人单次超过一万元支出的财产变动情况；

（4）请求保留的豁免财产清单；

（5）人民银行征信报告等个人信用证明材料；

（6）诚信承诺书；

（7）申请人有收入来源且超过维持其本人及其扶养家庭成员基本生活水平的，应当提交债务清偿计划。

债权人提出申请的，还应当提交到期债权证明及被执行人不能清偿到期债务的相关材料。

申请人提供虚假申请材料的，人民法院可以根据情节轻重对其予以罚款、拘留。

3. 申请人撤回申请的，应当如何处理？

申请人以书面形式撤回申请的，人民法院经审查认为不损害其他当事人合法权益的，应当裁定准许。申请人无正当理由在裁定准予撤回申请之日起一年内再次就相同被执行人提出申请的，人民法院应当裁定不予受理。

三、受理

4. 人民法院对类个人破产程序如何进行立案审查？

答：人民法院收到申请后，应当于五日内移送立案部门以"执个"案号立案，经执行机构审查符合以下条件的，应当于收到申请之日起三十日内作出受理裁定：

（1）被执行人为在江苏省居住且参加江苏省社会保险连续满三年的个人；

（2）被执行人资产不足以清偿全部债务或者明显缺乏清偿能力；

（3）申请人为被执行人、对被执行人单独或者共同享有10万元以上到期债权的债权人；

（4）申请向被执行人住所地、经常居住地、缴纳社会保险所在地基层人民法院提出。上述法院无被执行人执行案件的，向有权主持参与分配的法院提出；

（5）申请人提交符合本解答要求的申请书和申请材料。

被执行人的配偶同为法院被执行人的，可以合并提出申请。

两个以上符合条件的人民法院收到针对同一被执行人的申请的，由最先立案的人民法院启动类个人破产程序。

5. 哪些情形下，人民法院应当直接裁定不予受理类个人破产程序？

答：人民法院经审查认为被执行人有下列情形之一的，应当裁定不予受理：

（1）债务因故意违法犯罪、赌博、挥霍消费等不良行为产生；

（2）有履行能力而拒不履行生效法律文书确定义务；

（3）以伪造证据、暴力、威胁等方法妨碍案件审理、抗拒执行；

（4）以虚假诉讼、虚假仲裁或者以隐匿、转移财产、放弃债权、虚构债务等方法妨害诉讼、规避执行；

（5）违反限制消费令；

（6）存在无正当理由拒不履行执行和解协议等违反诚实信用原则的情形；

（7）在江苏省辖区外有作为被告、被执行人或者被申请人的应负或者可能应负金钱给付义务的诉讼、执行、仲裁、公证债权案件；

（8）有作为被告、被申请人的可能应负金钱给付义务的正在审理中的诉讼、仲裁、公证债权案件，上述案件在签订债务清偿和解协议前形成生效法律文书的除外；

（9）被执行人有其他数额较大债务可能进入诉讼、仲裁、公证等法律程序；

（10）不符合本解答第4条受理条件的。

因第（1）至（6）项情形裁定不予受理之日起三年内，申请人再次提出申请的，无论是否符合受理条件，人民法院均应当裁定不予受理。

6. 立案受理后，人民法院应当如何对被执行人是否符合类个人破产程序适用条件进行审查？

答：人民法院审查时应当听取债权人的意见，重点对被执行人的财产状况、债务申报情况、有无失信行为、有无违反诚实信用原则等情况进行审查，必要时可以组织听证。人民法院可以向被执行人所在社区或者单位、税务机关、信用管理部门送达申请书副本并征询意见。

债权人认为被执行人提供的财产及收入状况说明不实或者认为被执行人存在本解答第5条所列情形的，应当及时向人民法院提出。人民法院经审查存在上述情形的，裁定终结类个人破产程序。

7. 被执行人其他执行案件如何处理？

答：进入类个人破产程序的被执行人有尚未执行完毕的在办执行案件或者有财产尚未处置的终结本次执行案件在省内其他法院的，受理申请法院应当在受理裁定作出后，书面通知已知执行法院中止对进入类个人破产程序被执行人的执行，并可以报请共同的上级法院将相关案件指定至该院集中执行。执行法院收到通知后应当中止执行；执行案件符合终结本次执行程序条件的，可以裁定终结本次执行程序。

被执行人名下财产已经进入变价程序的，经受理申请法院同意，执行法院可以继续处置，但不得对变价款进行分配和交付。

8. 人民法院受理类个人破产申请后，被执行人应当履行什么义务？

答：人民法院受理申请后，被执行人应当履行下列义务：

（1）妥善保管其占有和管理的财产以及相关资料，并根据人民法院、管理人要求及时完整移交；

（2）根据人民法院、管理人的要求进行工作；

（3）根据《最高人民法院关于民事执行中财产调查若干问题的规定》第五条至第七条的规定报告财产情况；

（4）列席债权人会议并如实回答债权人的询问；

（5）及时向人民法院或者管理人报告个人通讯方式、住所地变化情况。

第（1）至（3）项适用于被执行人的近亲属、利害关系人。

被执行人及其近亲属、利害关系人未履行上述义务的，人民法院可以裁定终结类个人破产程序，符合恢复执行条件的，恢复原生效法律文书的执行，并根据情节依法对被执行人及其他当事人采取罚款、拘留等措施，构成犯罪的，依法追究刑事责任。

9. 被执行人有个别清偿行为如何处理？

答：人民法院受理申请后，被执行人不得对个别债权人的债务予以清偿，但符合下列情形之一的除外：

（1）被执行人为维持日常基本生活需要支付的费用；

（2）个别清偿行为使被执行人财产受益的。

被执行人违反规定进行个别清偿的，人民法院应当裁定终结类个人破产程序，符合恢复执行条件的，恢复原生效法律文书的执行。

四、管理人

10. 类个人破产程序如何指定管理人？

答：人民法院经审查认为被执行人符合类个人破产程序适用条件的，可以指定管理人。被执行人以个人名义借款实际用于公司经营或者为公司债务提供担保，该公司已经进入破产程序的，一般由企业破产案件的管理人担任类个人破产程序管理人；其他管理人参照《最高人民法院关于审理企业破产案件指定管理人的规定》予以指定。

案情简单、被执行人债务及财产较少且无需代表被执行人参加诉讼等其他法律程序的，可以不指定管理人，由类个人破产案件承办人承担管理人职责。

11. 管理人的职责有哪些？如何确定管理人报酬？

答：管理人履行下列职责：

（1）接管被执行人的财产以及相关资料；

（2）通知已知符合条件的债权人申报债权，接受债权申报、进行审查并提交债权人会议核查；

（3）调查被执行人财产状况，制作财产状况报告；

（4）监督被执行人的日常开支和其他必要开支；

（5）管理和处分被执行人的财产；

（6）经被执行人授权后，代表被执行人参加诉讼、仲裁或者其他法律程序；

（7）提议召开债权人会议；

（8）拟定被执行人财产变价方案、财产分配方案；

（9）协商被执行人并提出债务清偿和解方案；

（10）监督被执行人履行债务清偿和解协议以及免责考察期内的行为；

（11）提请终结类个人破产程序；

（12）人民法院认为管理人应当履行的其他职责。

有条件的地区可以吸纳被执行人所在基层组织的网格员参与类个人破产程序。经人民法院审查批准，网格员可以协助下列事项：

（1）调查被执行人日常基本生活情况；

（2）监督被执行人是否存在转移财产、恶意逃避债务、虚假陈述、提供虚假证据等不诚信行为；

（3）监督被执行人履行债务清偿和解协议以及免责考察期内的行为；

（4）人民法院或管理人要求网格员协助的其他事项。

管理人报酬参照最高人民法院《关于审理企业破产案件确定管理人报酬的规定》执行。各级法院可以协调当地主管部门，将破产专项基金使用范围扩大至用于支付类个人破产程序管理人报酬。

类个人破产案件承办人承担管理人职责的，不支付报酬。网格员的报酬由管理人根据工作量提出书面意见，报人民法院审核确定。

五、债权人会议

12. 人民法院通知已知债权人的方式和事项包括哪些？

答：人民法院应当自通知执行法院中止执行之日起十日内，通知已知债权人，并予以公告。通知和公告应当载明下列事项：

（1）对类个人破产程序进行简要释明；

（2）被执行人姓名、身份证、其他有效证件号码；

（3）人民法院立案受理的时间；

（4）申报债权的债权人应当已经取得生效执行依据或对被执行人的财产有优先权、担保物权；

（5）申报债权的期限、地点和注意事项；

（6）被执行人的债务人或者财产持有人应当清偿债务或者交付财产的要求；

（7）第一次债权人会议召开的时间和地点；

（8）管理人或者承担管理人职责的类个人破产案件承办人的姓名、名称及联系方式；

（9）人民法院认为应当通知或者公告的其他事项。

债权申报期限自受理申请公告之日起计算，最短不少于三十日，最长不超过六十日。债权人应当在公告确定的债权申报期限内申报债权。

13. 债权人会议应当如何召开？

答：人民法院应当在债权申报期限届满后十五日内召集召开第一次债权人会议，并提前七日通知债权人。债权人会议可以通过网络会议或者书面形式召开。被执行人财产少、债权人数量少于三人且争议不大的案件，可以不召开债权人会议，直接征询债权人意见。

申报债权的债权人有权参加债权人会议，案件承办法官或管理人应当于会议上告知债权人下列事项：

（1）被执行人财务状况报告；

（2）被执行人保留的豁免财产清单；

（3）被执行人财产的管理方案；

（4）现有财产变价方案；

（5）现有财产的分配方案。

债权人对第（1）（3）（4）项内容有异议并说明理由的，管理人应当作出说明或修正；债权人对第（5）项内容有异议并说明理由的，可以按照《民事诉讼法司法解释》第五百一十一条、第五百一十二条的规定寻求救济。

14. 类个人破产程序审查过程中，人民法院立案受理被执行人新的执行案件的，应当如何处理？

答：人民法院在第一次债权人会议召开后、债务清偿和解协议及被执行人免责预同意书签订前受理的执行案件，当事人申报债权的，受理类个人破产程序法院应当对被执行人是否故意隐瞒该债权进行审查。如存在故意隐瞒情形的，裁定终结类个人破产程序。如不存在故意隐瞒情形的，可以再行召开债权人会议。

15. 被执行人的豁免财产如何确定？

答：《最高人民法院关于人民法院民事执行中查封、扣押、冻结财产的规定》第三条规定的财产，被执行人可以保留。被执行人请求保留上述规定以外财产的，应当由出席债权人会议有表决权的债权人过半数同意，并且其所代表的债权额占无财产担保债权总额的三分之二以上通过。

六、和解

16. 债务清偿和解协议主要内容和表决规则是什么？

答：被执行人应当在债权人会议上提交债务清偿和解方案，载明下列事项：

（1）债权基本情况；

（2）债务清偿期限与方法。分期清偿的履行期一般不得超过五年，超过五年的应当具有可行性；

（3）债务清偿比例；

（4）权利恢复请求；

（5）有利于债务清偿的其他方案。

债权人会议可以采用双重表决规则，即先由全体债权人一致同意通过表决规则，再根据通过的表决规则对各事项进行表决。经表决同意债务清偿和解方案后，债权人签订债务清偿和解协议及被执行人免责预同意书。

债务清偿和解方案经债权人会议两次表决未通过的，人民法院应当裁定终结类个人破产程序。

17. 被执行人财务状况或者生活条件出现巨大变化时如何处理？

答：被执行人财务状况或者生活条件意外恶化导致不能继续履行原和解协议的，或者被执行人在债务清偿和解协议履行期间或免责考察期内获得大额资产的，管理人、债权人及被执行人可以申请重新议定债务清偿和解方案。

重新议定的债务清偿和解方案经债权人会议两次表决未形成一致意见，经管理人或者债权人请求，人民法院应当裁定终结类个人破产程序，符合恢复执行条件的，恢复原生效法律文书的执行。

类个人破产程序期间和免责考察期内，出现《中华人民共和国民事诉讼法》第二百五十七条情形的，人民法院应裁定终结类个人破产程序，并裁定执行案件终结执行。

18. 债务清偿和解协议履行完毕后如何处理？

答：债务清偿和解协议履行完毕的，经管理人或者被执行人请求，人民法院应当裁定终结类个人破产程序。

为了防止出现超长期积案，债务清偿和解协议确定的履行期超过六个月的，人民法院可以以"达成和解"方式对类个人破产案件结案，相关执行案件可以依据《最高人民法院关于进一步规范近期执行工作相关问题的通知》相关规定终结执行。

类个人破产案件结案后，出现类个人破产程序终结情形的，应当以"执个恢"案号恢复类个人破产程序，并裁定终结类个人破产程序。

19. 被执行人不履行债务清偿和解协议如何处理？

答：被执行人有能力履行但不履行债务清偿和解协议的，经管理人或者债权人申请，人民法院应当裁定终结类个人破产程序，符合恢复执行条件的，恢复原生效法律文书的执行。

七、分配

20. 被执行人的财产如何处置？应当按照什么顺序分配？

答：被执行人财产变价处置应当通过网络拍卖进行，但是债权人会议另有决议的除外。

对债务人的特定财产享有担保物权等优先权的权利人，对该特定财产享有优先受偿的权利。

被执行人财产在优先清偿类个人破产程序费用和共益债务后，其他债务依照下列顺序清偿：（1）被执行人欠付的赡养费、抚养费、扶养费、劳动报酬以及人身损害赔偿款；（2）欠缴税款；（3）普通债权。被执行人财产不足以清偿同一顺序债权的，按照比例分配。

21. 被执行人财产分配完毕后类个人破产程序如何处理？

答：被执行人无收入来源，或者虽有收入来源但维持其本人及扶养家庭成员基本生活后无剩余的，其财产分配完毕，经债权人会议表决通过，并签订被执行人免责预同意书后，人民法院可以裁定终结类个人破产程序。

22. 被执行人无财产可供分配的类个人破产程序如何处理？

答：被执行人无财产可供执行，且无预期收入或者预期收入不足以维持其基本生活的，经债权人会议表决通过并签订被执行人免责预同意书后，人民法院经审查确认可以裁定终结类个人破产程序。

23. 被执行人的保证人和连带被执行人是否需要继续承担后续责任？

答：被执行人的保证人以及与被执行人承担连带债务的其他被执行人，对债权人经过类个人破产程序未受清偿的债权，继续承担清偿责任。

八、免责

24. 被执行人如何申请免除债务？

答：依照本解答第18条履行完毕债务清偿和解协议和第21条、第22条裁定终结类个人破产程序后，被执行人免责考察期届满的，被执行人可以向人民法院申请免除剩余债务。

被执行人申请免除剩余债务的，管理人应当向法院出具考察报告以及是否同意的书面报告。

对申请免除剩余债务的，人民法院应当严格审查并充分尊重债权人的意思自治。经人民法院裁定免除剩余债务的，对被执行人的行为限制、信用惩戒予以解除，相关执行案件依照《中华人民共和国民事诉讼法》第二百五十七条第（六）项的规定裁定终结执行。

25. 免责考察期如何确定？

答：被执行人符合下列情形之一的，视为免责考察期届满：

（1）清偿全部债务的，自债务全部清偿之日；

（2）债务清偿率达到80%以上的，自裁定终结类个人破产程序之日起满半年；

（3）债务清偿率达到60%以上不足80%的，自裁定终结类个人破产程序之日起满一年；

（4）债务清偿率达到30%以上不足60%的，自裁定终结类个人破产程序之日起满二年；

（5）债务清偿率达到20%以上不足30%的，自裁定终结类个人破产程序之日起满三年；

（6）债务清偿率达到10%以上不足20%的，自裁定终结类个人破产程序之日起满四年；

（7）债务清偿率不足10%的，自裁定终结类个人破产程序之日起满五年。

债务清偿和解协议履行完毕后，被执行人自愿履行未清偿债务的，应当按照原债务清偿比例追加分配。自愿履行的金额与和解协议中已履行的金额合并计算后，可以相应缩短免责考察期。

26. 被执行人在免责考察期内的行为有何限制？如何监督？

答：被执行人在免责考察期内不得从事《最高人民法院关于限制被执行人高消费及有关消费的若干规定》第三条第一款第（二）至（八）项规定的行为，但债权人会议另有决议的除外。

在免责考察期内，被执行人应当每半年向管理人或者管理人指定的网格员报告个人收入、开支、财产等情况，管理人应当就被执行人财产状况、阶段个人信用情况、履行债务清偿和解协议情况等形成书面报告告知债权人并报告人民法院。

人民法院应当建立进入类个人破产程序诚信被执行人个人名录，定期在人民法院网站、微信公众号等相关媒体公布，对依照本解答启动类个人破产程序的被执行人进行公示。被执行人在免责考察期届满前，应当受到行为限制，接受社会监督。

27. 被执行人不得免除的债务有哪些？

答：被执行人欠缴税款不得免除。

人民法院裁定免除剩余债务的，被执行人对以下债务应当继续清偿，但债权人同意减免的除外：

（1）被执行人因故意侵权行为产生的人身损害赔偿债务；

（2）被执行人因履行法定抚养、扶养、赡养义务的费用；

（3）因不可归责于债权人的事由导致该债权人未申报债权，被执行人对该债权清偿数额未达到已申报债权受偿比例的部分；

（4）法律、司法解释规定的其他应当继续清偿的债务。

28. 类个人破产程序中，相关主体违反相应义务的，需要承担哪些法律责任？

答：免责考察期间或者免责考察期届满后五年内，发现被执行人存在本解答第 5 条、第 8 条规定情形的，人民法院应当依职权或者依管理人、债权人的申请撤销债务免除裁定，并根据情节对被执行人依法采取罚款、拘留等措施，涉嫌犯罪的，依法追究其刑事责任。被执行人应当按照原债务继续清偿。

管理人怠于履行或者不当履行职责的，由人民法院责令改正，并可以采取降低管理人报酬、依职权更换管理人等措施。管理人与他人恶意串通，妨害类个人破产程序和执行程序正常进行的，人民法院可以依法予以训诫、罚款、拘留；构成犯罪的，依法追究刑事责任。

江苏省高级人民法院
关于进一步深化审执分离改革、加强执行裁判工作的意见

（苏高法〔2022〕60 号）

为深入贯彻最高人民法院《关于深化执行改革健全解决执行难长效机制的意见——人民法院执行工作纲要（2019—2023）》和《关于进一步完善执行权制约机制加强执行监督的意见》，强化对执行权的监督制约，促进高效公正规范文明执行，现就深化审判权与执行权相分离体制改革、加强执行裁判工作提出以下意见。

一、进一步提高思想认识

党的十八届四中全会提出要开展"审判权与执行权相分离体制改革试点"工作，中共

中央印发的《法治中国建设规划（2020—2025年）》提出要"深入推进审执分离"。为贯彻落实中央要求，最高人民法院《关于深化执行改革健全解决执行难长效机制的意见——人民法院执行工作纲要（2019—2023）》提出要加快推进审执分离体制改革，《关于进一步完善执行权制约机制加强执行监督的意见》再次强调要深化审执分离改革，充分发挥执行裁决权对执行实施权的制衡和约束作用。各级法院要充分认识审执分离改革对于推进切实解决执行难的重要意义，充分认识执行裁判工作在促进高效公正规范文明执行方面不可替代的重要作用，高度重视、全力推进审执分离改革，推动执行裁判工作持续健康发展。

二、进一步明确改革目标

全省法院要以习近平新时代中国特色社会主义思想为指导，深入贯彻落实江苏省第十四次党代会提出的"使法治和诚信成为江苏推进社会主义现代化建设的显著优势和核心竞争力"的部署要求，切实推进最高人民法院《关于进一步完善执行权制约机制加强执行监督的意见》中"两个深化"要求落地落实，促进高效公正规范文明执行，优化法治化营商环境，切实维护人民群众合法权益，推进切实解决执行难。

1. 深化审判权与执行权分离。要有效发挥审判、破产、国家赔偿程序对执行权的制约作用。执行中的重大实体争议问题，应当严格按照民事诉讼法及司法解释的规定，通过相应诉讼程序解决，避免违规以执代审。执行中发现企业法人不能清偿到期债务，并且资产不足以清偿全部债务或者明显缺乏清偿能力的，应当暂缓财产分配，及时询问申请执行人、被执行人是否申请或者同意将案件移送破产审查，避免影响各债权人的公平受偿权。对于符合条件的无财产可供执行的终本案件，要及时启动"执转破"程序，清理"僵尸"企业，有序消化终本案件存量。积极探索将"执转破"案件由执行局或执行裁判部门办理工作机制。人民法院收到移送破产审查决定书面通知的，应依法中止执行，坚决杜绝在破产案件受理后不配合解除相应保全措施、搞地方保护等现象。执行错误的应当依法及时启动国家赔偿程序，有效及时挽回因执行错误给当事人造成的损失，维护当事人的合法权益。

2. 深化执行裁决权与执行实施权分离。全省各级法院应由独立于执行机构的执行裁判部门负责办理执行裁判案件，包括执行异议、复议、执行异议之诉案件以及消极执行督办案件以外的执行监督案件。充分发挥执行裁决权对执行实施权的制衡和约束作用，建立健全独立、专业、高质、高效的执行裁判权运行体系，充分发挥执行裁判工作救济、监督、规制、保障的职能作用，完善执行权监督制约机制，使执行裁判部门成为合法权益的守护人、规范执行的质检员、规避执行的拦阻网、涉执纠纷的终结者。

三、进一步完善工作机制

3. 完善执行裁判职权配置。各市中级人民法院应当设立执行裁判庭，在同一设区市内的基层人民法院应当将执行裁判职能统一归口在同一民商事审判部门。执行裁判部门兼办其他类型案件的，应当确定专业审判团队集中办理执行裁判案件。除变更、追加被执行人的执行异议案件外，执行机构不得办理执行异议、复议、执行异议之诉以及消极执行督办案件以外的执行监督案件等执行裁判案件。确保执行救济渠道的畅通，坚决杜绝执行裁判案件有案不立、先审后立。

4. 健全执行裁判案件审判组织。执行裁判案件应当组成合议庭审理，组成人员应当全部由员额法官担任。重大疑难执行裁判案件，可以与执行机构、相关审判业务部门组成跨部门专业法官会议讨论。执行机构与执行裁判部门原则上由同一名院领导分管，以便于适用法律的统一和部门之间协调配合。

5. 加强执行裁判队伍建设。办理执行裁判案件的员额法官应当具备民商事审判或者执行工作经验。既无执行工作经验又无民商事审判经验的，应于任职前进行专业化培训。对执行裁判人员考核适用对审判人员的考核方法，中级、基层法院执行异议、复议案件参照一审、二审民事案件折算工作量。

四、进一步加强监督指导

6. 提升执行裁判案件审理质量。上级法院应当通过加强业务培训、制定下发业务指导性文件、定期开展案件评查、加强疑难问题调研、组织评选优秀案例和优秀裁判文书等方式，着力促进裁判尺度统一、提升案件审理质量。中级法院要发挥好监督指导作用，在全市范围内促进执行裁判水平的不断提升。

7. 切实贯彻落实发改案件通报、分析、问责机制。执行裁判人员发现执行行为存在明显违法而不予纠正或者相同问题重复发生导致案件多次被撤改的，要依法依规启动"一案双查"。

8. 提高执行裁判案件审理效率。要强化执行裁判案件审限管理，执行异议、复议案件原则上应在法定期限内审结。全面推行要素式审判方法，充分利用"执行无纸化"改革成果辅助查明案情，切实提升执行裁判案件审理效率。

五、进一步加强协调配合

9. 执、裁协同推动涉执纠纷实质性化解。执行机构与执行裁判部门要加强沟通协作，共同促进执行规范和执行公正。执行裁判部门应将案件立案、审理、结案情况及时通知执行机构。执行机构应将异议申请及时移送执行裁判部门，并积极配合材料移交、案情调查、矛盾化解等工作。执行裁判案件审理期间，执行机构发现案涉执行行为存在违法违规的，应当及时自行纠正。执行裁判案件审理结果为撤销、变更执行行为或者阻却对执行标的执行的，执行机构应当及时落实，无故拖延或拒不落实的应当依法依规予以问责。

江苏省高级人民法院
关于中级法院、南京海事法院执行局长向省法院
述职述责工作办法（试行）

（苏高法〔2021〕72号）

为贯彻落实《最高人民法院关于深化执行改革健全解决执行难长效机制的意见——人民法院执行工作纲要（2019—2023)》《江苏省高级人民法院关于完善全省法院单独执行工作考核指标体系的指导意见》，进一步强化省法院对各中级法院、南京海事法院执行工作监督责任，不断加强执行局班子建设，强化执行工作统一指挥、统一管理、统一协调，结合执行工作实际，制定本办法。

1. 全省中级法院、南京海事法院执行局长每年应当向省法院述职述责，原则上在每年第一季度进行。特殊情况下，可根据实际情况需要，随时启动述职述责程序。

2. 执行局长述职述责要坚持问题导向、目标导向和效果导向，聚焦"制度落实和纪律作风"两大任务，紧盯"消极执行、选择性执行、违法执行"以及司法拍卖、案款管理等重点问题，着力推进局长履职尽责，推进发现问题、分析问题、解决问题，达到促进工作的目的。

3. 省法院组成评议小组听取执行局长述职述责工作。评议小组由省法院分管执行工作院领导、省纪委监委派驻省法院纪检监察组组长、政治部主任，以及执行局、法官管理处、执行裁判庭、审管信息处、督察局、行政装备管理处、法警总队等部门主要负责人组成。必要时，也可邀请其他部门主要负责人参加。

4. 执行局长述职述责工作原则上采取会议形式进行，由执行局长本人述职述责。遇有特殊情况本人不能到会述职述责的，经省法院批准，可以书面形式述职述责。

5. 执行局长述职述责报告应当包括以下内容：

（1）年度执行工作重点任务推进落实情况；

（2）履行"三统一"管理职能，推动辖区法院执行工作开展情况；

（3）执行指挥中心实体化运行情况；

（4）本级及辖区法院被督导巡查、约谈通报等涉及执行工作的反馈问题整改情况，上年度述职述责时指出问题的整改落实情况；

（5）落实全面从严治党责任、履行"一岗双责"、开展"一案双查"和执行队伍廉政建设情况；

（6）本级及辖区法院执行工作存在的问题、短板及原因以及整改落实措施；

（7）其他需要报告的工作情况。

省法院执行局要结合年度执行工作具体情况，明确年度执行局长述职述责重点内容。

6. 执行局长述职述责按以下程序进行：

（1）准备述职述责报告；

（2）现场述职述责；

（3）现场点评；

（4）述职述责人回答点评指出的问题并表态；

（5）评议总结。

7. 执行局长述职述责重在查摆不足、分析原因及改进工作，切实把自己摆进去，把职责摆进去，把问题摆进去，提出的整改措施要务实管用。

8. 执行局长述职述责中隐瞒、回避重要问题，或者对述职述责评议中指出的问题不认真整改的，省法院可约谈、通报。情节严重的，依规依纪给予组织处理或纪律处分。

9. 基层法院执行局长向中级法院述职述责，可参照本办法执行。

各中级法院可结合本地工作实际，制定具体实施意见，明确辖区内基层法院执行局长述职述责的重点、组织方式、成果运用等，推动基层法院执行局长述职述责工作制度化、规范化。

10. 本办法自印发之日起执行。

执行指挥中心实体化运行 "854 模式" 升级版工作导则

（苏高法〔2020〕72 号）

为全面落实人民法院执行指挥中心实体化、集约化、标准化、模块化、规范化运行工作要求，全面建立起以执行指挥中心为中枢，以"案件无纸化"与"执行事务中心"为依托的民事执行实施权"一体两翼"运行新机制，健全完善解决执行难问题长效机制，推进执行工作体系和执行工作能力现代化，加快实现"切实解决执行难"工作目标，现根据《最高人民法院关于深化执行改革健全解决执行难长效机制的意见——人民法院执行工作纲要（2019—2023）》，结合我省执行工作实际，制定本导则。

第一章 总则

1.1 本导则旨在指导全省各级法院推进落实执行指挥中心实体化运行"854 模式"，加快推进"854 模式"迭代升级，使之高效服务执行管理、支撑执行团队、保障执行决策，加快提升执行工作智能化水平，促进执行工作信息化向智能化升级，全面提升执行工作效能，加快实现执行机制制度体系与执行工作能力现代化。

1.2 执行指挥中心实体化运行"854 模式"，是指由执行指挥中心集中办理执行当事人初次接待、制发法律文书、线上线下查控、办理委托执行事项、录入强制措施信息、网络拍卖辅助、接待执行来访、接处举报电话等 8 类事务性工作，提供视频会商、执行过程记录、执行公开、舆情监测、决策分析等 5 类技术服务；承担繁简分流、案件质效、执行案款、终本案件等 4 项管理职责。

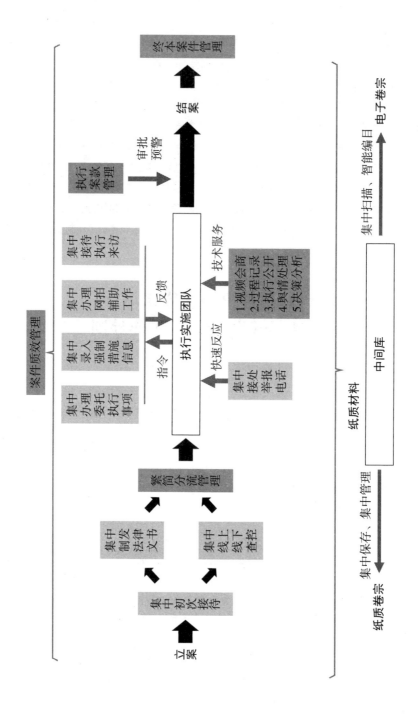

1.3　全面推进执行指挥中心实体化运行"854模式"迭代升级，以"案件无纸化"为核心，实现执行案件信息全链条可监管、全节点可查询、全进程可预期、全流程可追溯，执行指令全过程线上交办与反馈，全面提升执行工作信息化水平。

全面建立执行案件"中间库"，实现电子卷宗随案同步生成，各功能模块与执行团队共建共享共用，实现各流程节点无纸质卷宗流转。"中间库"应配备专人集中扫描、智能编目、纸质材料管理等相关工作。执行过程中产生的所有纸质材料均应在形成后3个工作日内移送"中间库"，相关人员应在收到材料3个工作日内集中扫描、智能编目，形成电子卷宗后导入江苏法院执行案件流程信息管理系统（以下简称执行案件管理系统）。执行局长、执行实施团队、案件质效管理人员和相关工作节点的办理人员根据相应权限可以调阅电子卷宗。

扫描完成后，纸质材料由"中间库"集中保存管理。结案后，经办案人员审核，由"中间库"集中将纸质材料装订归档。需要借出"中间库"保存管理的纸质材料，须经执行局长审批。借出、借阅、复制"中间库"保存管理的纸质材料应当进行登记。

1.4　"执行事务中心"是执行指挥中心实体化运行的依托。全省各中级、基层法院必须全部设立执行事务中心，实现工作思路从"办案"向"办事"转变。执行过程中的各项事务性、辅助性工作应当合理分流，并统一由执行事务中心集约化、流程化与规范化办理，切实减轻执行实施团队工作压力，使之集中精力做好研判案情、确定方案、制作文书以及行为执行等必须由法官承担的核心执行事务。执行案件较少的法院，执行事务中心的规模及力量配置可相应减少，但必须能够承担起执行事务分流功能。

1.5　严格落实执行指挥中心实体化运行"854模式"，健全完善以法官为主导的团队办案模式，优化不同团队以及团队内部职权划分，完善"人员分类、事务集约、权责清晰、配合顺畅"的执行权运行模式。充分发挥集约化执行优势，彻底改变"一人包案到底"或"团队包案到底"的传统办案模式，实现"最强大脑"与"最强团队"职能与效能的有机结合、线上执行和线下执行的有机结合。

1.6　全面推行"大中心、小团队"机制模式，系统化整合执行工作力量。执行指挥中心、执行团队应按照其各自承担职能及工作事项，合理配置执行资源及执行力量。要实现执行案件精细化管理，合理设置办案团队数量，提倡团队规模小型化，每个团队以3至5人为宜。要实行人员分类管理，分工负责，团队协作，最大限度发挥执行团队的协同优势。

1.7　中级法院要紧紧依托执行指挥中心实体化运行"854模式"，充分发挥其枢纽作用，强化对辖区内法院执行工作的统一管理、统一指挥和统一协调，推动工作落实，组织协同执行与集中执行，实现区域执行工作平衡发展。各中级法院应对辖区基层法院执行指挥中心实体化运行"854模式"提供支持，定期开展督促检查，并通报检查结果，确保本导则各项要求落地见效。

1.8　执行指挥中心主任由执行局长兼任，应配备1至2名副主任，负责日常工作管理。同时，要配备与其职能相适应的执行人员、技术人员、警务人员，负责技术保障、秩序维持和事务办理工作。执行指挥中心应根据各项职责要求建立功能模块，指定专人负责，做到定岗、定责、定人、定标准、定时限，确保工作规范和信息安全。案件数量较少的法院，在不影响各岗位正常运行前提下，执行指挥中心同一人员可同时兼任多项职责。制定相应规章制度、工作流程和岗位职责，并在工作场所显要位置公示。

1.9　按照"谁办理谁负责"的原则，落实执行指挥中心工作责任制。对执行指挥中心工作人员根据各岗位承担职责的不同设定相应的考评标准，重点对工作差错率、执行团队满意度等进行考评。

1.10　执行指挥中心应根据事项职责的不同要求，设置不同的功能区域。其中，信息查控区应独立于其他区域，采取严格保密措施；执行事务及来访接待区应设置各种便民利民设施，配备执行信息公开专用设备。各级法院要在资金、设备、技术等方面为执行指挥中心实体化运行提供保障。

1.11　切实加强执行指挥中心人员业务培训，确保各岗位人员适岗适职，了解工作职责，熟练掌握工作流程。执行案件流程管理系统中的各流程节点信息，由承担相应职责的人员负责录入。同时，必须使用执行案件流程管理系统中"N个一键"智慧执行系统功能。

1.12　严格按照"整合司法资源、科学配置权力、优化执行模式"的要求，不断拓宽和完善执行指挥中心功能。不仅要切实承担起指挥中枢和最强大脑职能，而且要承担起分流全部执行辅助性事务的功能。

第二章　8类事务性工作

2.1　集中初次接待

2.1.1　执行初次接待窗口应紧邻执行立案窗口。执行指挥中心办公场所与立案场所不在同一办公区域的，应将执行初次接待窗口设置在立案部门办公场所，或将执行立案窗口设置在执行指挥中心办公场所。

2.1.2　执行立案窗口接收执行申请并登记立案后，应当立即将相关材料移送执行初次接待窗口，由执行局工作人员立即完成初次接待工作。

2.1.3　执行初次接待事项由执行局委派法官或法官助理负责，同时安排书记员通过执行案件管理系统中的"初次接待"模块制作初次接待笔录。初次接待笔录应由谈话人、记录人、被谈话人在电子签名板上签名并随时形成电子卷宗引入系统。因设备故障等原因无法形成随时电子卷宗的，应将接待中形成的纸质笔录与立案材料一并移送"中间库"。初次接待谈话笔录，应当编入执行案件卷宗正卷。

2.1.4　执行初次接待窗口工作人员应按照"初次接待谈话笔录"样式（见附件1）所确定的内容和要求，完成以下工作并在"初次接待谈话笔录"中完整准确记录：

（1）确认申请执行人送达地址及联系方式；

（2）核对执行立案信息；

（3）了解被执行人及其财产情况，包括被执行人工作单位及工作地点、实际住址、实际经营地、联系电话、审判阶段是否出庭以及是否公告送达、涉及关联执行案件等情况；被执行人财产抵押、质押或保全情况等；告知申请执行人申请律师调查令、申请悬赏执行、申请将被执行人纳入失信名单等权利；

（4）诉讼保全财产不足清偿债务的，应督促申请执行人提供财产线索并释明执行风险等；被执行人为企业法人的，应征询其是否同意移送破产审查等；

（5）征询网络司法拍卖意见，包括选择网络拍卖服务平台、确定参考价方式等；

（6）确认收款人及其收款账户；

（7）征询关于终结本次执行程序意见等。

2.1.5 各级法院应统一使用本导则所附"初次接待谈话笔录"样式。使用中，询问内容可以根据需要增加，但不得减少。

2.1.6 执行初次接待人员数量，应当根据执行案件数量以及不同时段予以合理安排。申请执行立案人数较多的时段，应安排机动人员增开窗口，防止出现长时间排队等候接待的情况。

2.1.7 执行初次接待人员对每个案件初次接待的时间、谈话人、被谈话人进行详细登记。未进行初次接待的案件，应说明原因，并制作"关于案件未进行初次接待原因的说明"，由执行初次接待窗口人员签名并随卷移送。"关于案件未进行初次接待原因的说明"应装订入执行案件卷宗正卷。

2.1.8 执行初次接待人员接待时，应当核对执行案件相关立案信息是否准确完整，主要包括：

（1）执行主体信息，包括诉讼地位、名称以及公民身份证号码和法人统一社会信用代码、组织机构代码；

（2）执行标的种类（区分金钱给付、行为、物、财产权益四类）是否与申请执行书上的执行请求一致；

（3）执行标的金额是否与申请执行书上的执行请求一致；

（4）执行依据文号、内容是否准确；

（5）执行案件案由（根据执行依据案由确定）。

涉党政机关、涉军、涉民生、涉国企、涉金融机构以及刑事裁判涉财产部分等特殊主体或特殊类型的案件，应核对立案部门是否已经标注。立案信息不准确、不完整或者未标注的，应立即联系立案人员当场予以补充、更正或标注。

2.1.9 债权人网上申请执行、跨域申请执行或者通过自助设备申请执行的，由当事人在立案系统初次接待笔录模块填写相关信息并自动导入执行案件管理系统。立案系统初次接待笔录模块未启用前，执行法院应在立案受理当日与其联系，并通过微信、手机 App 等方式完成立案信息核对和初次接待工作。

2.1.10 初次接待及立案信息核对工作，应在执行案件立案当日完成。债权人申请立案执行的所有纸质材料，连同初次接待纸质笔录，应在执行案件立案当日移送"中间库"。

2.2 集中制发法律文书

2.2.1 执行指挥中心应当设立格式化执行文书制作组，由书记员若干名组成，并商请邮政部门派驻 EMS 专员，统一负责执行文书制作及送达工作。

2.2.2 执行文书制作组统一制作的法律文书主要包括以下类型的格式化法律文书：

（1）受理案件通知书；

（2）财产线索提供表；

（3）执行通知书；

（4）报告财产令；

（5）财产申报表；

（6）执行裁定书（总裁定）；

（7）执行指挥中心或执行实施团队交办的集中制作和发送的其他法律文书。

执行文书制作组应在执行通知书中将执行案件虚拟账号向被执行人告知。

2.2.3 根据法律、司法解释或者司法文件规定，必须由执行法官制作的法律文书，不得由执行文书制作组统一制作。

必须由执行局长或院长签发的执行文书，必须由执行局长或院长审核后签发，执行文书制作组人员或者其他人员不得代为行使签发权。执行局长或院长必须切实履行文书签发工作职责，不得授权他人或将自己密码告知他人通过系统签发文书。

2.2.4 集中制作的法律文书应使用"文书自动生成系统"，以提高文书制作效率。文书自动生成后，文书制作人员要结合案卷材料认真核对。核对无异的，经执行局负责人审核后予以打印并电子签章。

采取或解除强制措施以及相关结案法律文书，应结合个案具体情况对其原因或事由予以表述，不得简单地以执行文书模板中载明的事由予以表述。

2.2.5 文书制作人员应查阅审理卷宗和初次接待笔录，调取送达地址确认信息，确定具体送达地址和送达方式。文书制作人员应向执行当事人确认的送达地址及送达方式送达执行文书；如被执行人无确认送达地址的，应同时向其户籍登记的住所、暂住地、工商登记地邮寄送达。

2.2.6 法律文书无法通过邮寄或电子方式（包括手机短信、微信、电子邮件）送达的，应详细说明原因，并及时报告执行指挥中心或执行实施团队负责人。

2.2.7 法律文书格式化集中制作与发送工作，应于立案之日起 5 个工作日内完成。所有已发送的法律文书，应在执行案件管理系统中形成电子卷宗。

2.2.8 所有法律文书签发稿或者底根等，应于文书发送之日起 3 个工作日内移送"中间库"。

2.3 集中线上线下查控

2.3.1 执行指挥中心设立网络查控组和传统查控组，配备查控专员若干名，集中负责执行案件网络查控和传统查控工作。

2.3.2　网络查控组负责网络执行查控。执行案件立案后 24 小时内，网络查控专员应发起"点对点"系统网络查询。在收到执行立案电子卷宗后 24 小时内，网络查控专员应发起"总对总"系统网络查询。

2.3.3　网络查控系统反馈被执行人名下有 1000 元或价值 1000 元以上的银行存款、不动产、车辆、股票、股权等财产的，网络查控专员应在查询结果反馈后 24 小时内作如下处理：

（1）能够网络查封、冻结的，由网络查控专员实时发起网络查封、冻结。

（2）被执行人财产位于辖区范围（地级市）之外的，在 3 个工作日内通过人民法院执行指挥管理平台的事项委托模块委托财产所在地法院查封、扣押。

2.3.4　传统查控组集中负责线下查控工作。包括：

（1）仍需到协助执行单位登门临柜办理的查控工作；

（2）对被执行人住所地或者可能隐匿、转移财产处所等进行必要调查；

（3）在集中查控阶段对被执行人的财产进行现场查封、扣押；

（4）配合执行实施团队实施搜查；

（5）其他需要线下办理的查控工作。

传统查控组可兼办现场送达法律文书工作。

2.3.5　传统查控组应当在收到执行指挥中心或执行实施团队指令后 10 个工作日内，完成需要线下办理的查控工作。传统查控专员可以集中排班，确保排班当日完成查控事项。必要时，发送指令的办案人员可到现场指挥线下查控工作。

2.3.6　集中查控工作完成后，执行指挥中心应制作被执行人已查控财产清单，详细说明已采取的查控措施及结果。

2.3.7　网络查控结果反馈当日以及传统查控工作完成后 3 个工作日内，查控专员应将相关查控及反馈电子表格保存入电子卷宗中，纸质材料移送"中间库"。

2.4　集中办理委托执行事项

2.4.1　执行指挥中心设立委托执行组，配备事项委托专员若干名，专门负责发送、接收委托执行事项。

2.4.2　执行实施团队需要办理特定事项委托的，应制作好相应法律文书（对于扣划类，需包含：执行依据、执行裁定书、协助执行通知书、双人双证；对于查封、续封、解封类，需包含：执行裁定书、送达回证、协助执行通知书、双人双证）并移交给事项委托专员制作委托执行函，应在 1 个工作日内完成事项委托工作。事项委托专员应负责后续跟进和催办，受托法院反馈的，应及时打印相关材料后移送"中间库"，并告知执行实施团队。

2.4.3　事项委托专员应每日查看事项委托模块更新情况，对上级法院转发的受托案件及时接收，彩色打印后按银行、房产、股权、送达调查等分类转交传统查控组实施完成，完成后将反馈材料和回执彩色扫描上传到执行指挥平台该受托案件下，网上回复委托法院，即办结完成。所有受托案件需在3个工作日内接收，在规定期限内完成。

2.4.4　事项委托专员应于委托或者受托事项反馈后3个工作日内将相关材料打印为纸质材料移送"中间库"。

2.4.5　中级法院应搭建平台，逐步实现市域范围内事务性工作的集约化办理。相关工作指令的发送、接收和办理参照事项委托。

2.5　集中录入强制措施信息

2.5.1　执行指挥中心设立强制措施信息录入组，配备信息录入专员若干名，专门负责录入以下强制执行措施信息：

（1）公布、撤销、更正、屏蔽失信被执行人信息；

（2）公布、解除限制消费信息；

（3）公布、解除限制出境信息；

（4）公布、屏蔽案件信息以及被执行人信息。

2.5.2　强制措施信息录入组在收到相关法律文书后，应对强制措施对象的身份信息再次核查确认，防止错误采取强制措施。

2.5.3　强制措施信息录入组应在收到办案人员指令后1个工作日内，根据相关法律文书完成信息录入工作。

2.5.4　失信信息录入组应将采取强制措施信息依法依规向协助执行单位推送，并最迟在接收协助执行单位反馈信息后次日向办案人员报告。

2.5.5　执行当事人或者案外人对其被错误采取强制措施提出异议，经执行法官审查属实的，应立即采取撤销措施。信息录入人员工作不认真、不细致导致出现错误的，应予以通报批评。造成信访或者不良后果的，依法依纪严肃追究责任。

2.6　集中办理网拍辅助工作

2.6.1　执行指挥中心下设财产处置组，配备网拍专员若干名，根据执行实施团队的指令集中办理以下网络司法拍卖工作：

（1）拍卖财产现状调查；

（2）涤除租赁；

（3）排除非法占有；

（4）开展当事人议价、定向询价、网络询价、委托评估等方式确定财产处置参考价；

（5）税款测算；

（6）拍摄财产照片或视频以及录入拍卖信息、发布拍卖公告；

（7）接待意向竞买人现场看样；

（8）协助办理过户和交付；

（9）其他网络司法拍卖辅助工作。

完成上述事项当日，网拍专员应通过执行案件管理系统向执行实施团队反馈指令完成情况，并将纸质材料移送"中间库"。"中间库"应在收到材料1个工作日内集中扫描、智能编目，形成电子卷宗后导入执行案件管理系统。

2.6.2　有条件的法院可以单独成立财产处置团队，配备执行法官、法官助理、书记员、执行司法警察，集中办理全院有关财产处置事项。

2.6.3　执行实施团队决定拍卖或变卖被执行人财产的，应制作并送达拍卖或变卖裁定书。拍卖或变卖裁定书随同拍卖财产现状调查报告、确定财产处置保留价合议笔录、产权登记证书（不动产或特殊动产）、财产清单（资产类）、当事人身份信息等，应于当日移送"中间库"。执行实施团队向财产处置组发送办理网拍辅助事项指令时，应同时告知相关材料已移送"中间库"信息。

2.6.4　拍卖财产现状调查报告应包括以下内容：

（1）拍卖财产权属、权利负担、占有使用、欠缴税费、质量瑕疵等情况以及可能影响拍卖财产上拍、竞买、交付的其他相关情况；

（2）不动产现状与登记簿记载是否相符，外观及装修情况，实际占有情况（居住人员身份、年龄、身体状况等），租赁情况（附租赁合同），有无搭建无证建筑，是否越土地红线，是否已搜查，是否已换锁，是否需要清场等；

（3）机动车车牌、品牌、车型、车龄、外观、行驶里程、首次上牌时间等；

（4）其他财产应详细描述。

拍卖财产现状调查完成后，由网拍专员通过法定方式确定拍卖财产参考价，并将报告依法送达给执行当事人及利害关系人，纸质材料应在确定拍卖财产参考价后1个工作日内移送"中间库"。网拍专员应在相关材料电子卷宗形成后，1个工作日内将有关情况告知发送网拍指令的执行实施团队。

2.6.5　网拍专员应在起拍价确定之日起3个工作日内，制作拍卖公告，交由执行实施团队法官签发后发布上网，并在网上发布之日起3个工作日内将拍卖公告送达当事人及利害关系人，并将纸质材料移送"中间库"。

2.6.6　网拍专员应关注拍卖进展，负责网络拍卖系统维护工作。当次拍卖流拍的，及时启动次拍程序或变卖；拍卖成交的，应及时打印拍卖成交确认书，并联系买受人交付拍卖尾款。

2.6.7　需要税务机关核税的，网拍专员应及时将委托函及相关材料发送税务机关，由其进行核算。

2.6.8　拍卖款项全额缴纳后，网拍专员应在当日告知执行实施团队，由执行实施团队在3个工作日内制作拍卖成交裁定，交由网拍专员送达当事人，并将纸质材料移送"中间库"。

2.6.9　财产处置组应在拍卖成交、税费缴纳完成后15个工作日内办理拍卖财产过户及交付工作。上述工作全部完成后 3 个工作日内,将纸质材料移送"中间库"。

2.6.10　网络司法拍卖中的下列辅助性事务可委托网拍辅助机构承担:

(1) 拍卖标的视频或者 VR 制作、照片拍摄、文字说明等事项;

(2) 拍卖标的资料,包括拍卖公告、拍卖注意事项、拍卖财产照片、视频及文字说明等上传到网络司法拍卖平台事项;

(3) 相关拍卖咨询,即根据评估报告书、执行法院提供的拍卖标的信息向意向竞买人介绍详情、网拍流程以及相关竞买政策等事项;

(4) 引领现场看样以及登记看样信息(时间、地点、人数等)并提交给执行法院事项;

(5) 拍卖标的整理、清洁与保管事项;

(6) 执行法院委托办理的其他辅助性事项。

网拍辅助机构在承担上述工作中形成的纸质材料,应于完成工作后 3 个工作日内交财产处置组移送"中间库";承担上述第(3)(4)项工作时,应当保存工作中形成的全部音、视频资料,在完成工作后 3 个工作日内交财产处置组上传至执行案件管理系统保存。

2.6.11　各法院执行局长是网拍辅助机构监管工作的第一责任人。执行指挥中心应配备网拍辅助事务监管人员,具体履行动态监管职责。

2.6.12　本导则有关网拍辅助工作的未尽事宜,按照《江苏省高级人民法院关于规范网络司法拍卖辅助工作的指导意见》执行。

2.7　集中接待执行来访

2.7.1　立案大厅或执行事务大厅应设立执行申诉来访接待窗口,实行执行机构负责人以及执行法官轮流排班值班接访制度。窗口配备有关信息查询、公开、打印、复制的设备。

2.7.2　各级法院要引导当事人通过网上接待平台联系办案人员或反映问题。2020 年底前,各级法院应开通网上接待平台,并将网上接待的途径、流程、办理要求等向社会公示。

2.7.3　接访人员应对来访人员的身份信息、联系方式、涉及案件案号、反映问题和诉求等进行登记(执行接访登记表样式见附件2),并接收来访人员提交的材料。需要完善材料的,应当场一次性告知来访人。

2.7.4　来访人员未经预约的,接访人员应根据下列情形予以处理:

(1) 来访人员提交执行异议、复议、案外人异议、异议之诉申请材料的,接访人员应立即联系立案部门予以接收。执行申诉来访接待窗口与立案部门不在同一办公区域的,接访人员应接收申请材料并开具收据,在接收材料后 1 个工作日内移送立案部门。

(2) 来访人员反映执行行为违反法律规定或对执行标的主张实体权利,请求纠正执行错误但未明确提出执行异议、案外人异议申请的,接访人员应接收申请材料并开具收据,接收材料后 1 个工作日内移送立案部门。

（3）来访人员反映消极执行，或者反映执行法院或下级法院不受理或拖延受理其提出执行异议，或者对已生效的执行异议、复议、监督裁定提出申诉的，应在执行信访办理系统中详细登记并做好记录。接访人员对于无法现场扫描引入系统的相关信访材料以及接访记录，应在接访当日移交信访专员，信访专员应在接访后 2 个工作日内依法审查处理，并将纸质材料扫描后引入执行信访办理系统；符合执行监督立案条件的，应及时移送立案。

（4）来访人员反映执行人员徇私枉法、接受吃请或收受贿赂、礼品、购物卡等，或者反映相关法院领导、在职人员或离退休人员请托吃请、干预办案等行为的，接访人员应接收材料、开具收据，并在接访后 1 个工作日内向本院纪检监察部门移交。

（5）来访人员为案件当事人或其委托代理人，要求了解相关执行案件进展情况的，接访人员应将相关案件信息向其公开。

（6）来访人员提供执行线索、悬赏举报等信息的，接访人员应立即联系案件承办人，并将有关材料向其移送。

（7）来访人员咨询法律问题、政策规定的，接访人员能够当场解答的，应向其释明。

接访人员未对来访人员按上述要求处理的，不得直接要求案件承办人员进行接待。

2.7.5　本导则有关来访接待工作的未尽事宜，按照《江苏省高级人民法院关于实质化办理执行信访案件的指导意见》执行。

2.8　集中接处举报电话

2.8.1　执行指挥中心应设立执行线索举报电话，确定专人负责接听与处理。本院及上级法院执行线索举报电话应向社会公开，并在执行大厅或初次接待窗口显著位置公示，初次接待时应告知申请执行人。举报电话应 24 小时畅通，确保随时有人接听。执行指挥中心应公布微信服务号接收执行线索举报。

2.8.2　接听执行线索举报电话，在与来电人通话过程中应当完成以下工作：

（1）核实来电人身份；

（2）告知来电人故意提供虚假信息扰乱、妨碍人民法院执行工作的法律后果；

（3）确定举报电话涉及的案件及其承办执行实施团队；

（4）登记来电内容（接处执行线索举报电话登记表样式见附件 3）；

（5）告知来电人下一步处理流程，告知其积极配合后续执行工作。

举报电话的通话，应全程录音留档备查。全省各级法院应建立被执行人及其财产线索举报电话管理系统进行系统化、标准化管理，并与执行案件管理系统对接保存。

2.8.3　遇到以下情形，举报电话接听人员应立即通知相关执行实施团队或报告指挥中心副主任调度执行力量进行处理：

（1）发现下落不明被执行人，要求立即对被执行人采取控制措施的；

（2）发现被执行财产线索，要求立即对该财产采取控制或执行措施的；

（3）如不迅速采取控制或执行措施，被执行人有可能潜逃或被执行财产有可能被转移、隐匿、损毁，要求立即采取执行措施的；

（4）需要立即出警处置的其他情形。

2.8.4 举报电话接听人员对于来电人咨询的问题或者反映的情况，能够立即答复或处理的，应立即答复或处理；需要完善材料的，应当给予指导；不能立即答复或处理的，应将相关问题和情况及时反馈给执行实施团队，并向来电人做好释明工作。

2.8.5 执行指挥中心应落实工作日期间（含部分节假日）值班制度和 24 小时备勤制度。执行指挥中心值班、备勤人数应根据具体工作需要确定，值班人数不得少于一名执行工作人员和一名技术保障人员，备勤人数不得少于一个执行实施团队。备勤期间，备勤人员应确保手机 24 小时畅通，不得离开本地，不得饮酒。

第三章 5 类技术服务

3.1 视频会商

3.1.1 执行指挥中心根据执行实施团队指令，对需要通过全省三级法院视频会议系统或者执行指挥互联网应急指挥调度平台进行的案件会商、听证、谈话、指挥协调等工作，提供技术支持服务。

3.1.2 执行指挥中心值班指挥区应配备有执行指挥互联网应急指挥调度平台、Gis 可视化管理系统和单兵执行系统，并有专用电脑分别与执行案件管理系统、因特网相联通（独享上网带宽在 100M 以上），确保会商期间随时登录内外网查询信息。

3.1.3 执行指挥中心应确保全省三级法院视频会议系统、执行指挥互联网应急指挥调度平台及音视频设备在工作日期间正常使用（包括发起会商和接受其他法院发来请求加入会商），在非工作日期间应能随启随用。

3.1.4 执行指挥中心应明确一名专职技术人员，负责接收上级法院视频指令，熟练使用、操作执行指挥中心各类应用系统设备。

3.2 执行过程记录

3.2.1 执行指挥系统应与单兵执行系统、车载指挥系统联通，执行局、执行团队负责人可通过执行指挥系统了解执行现场情况或发出执行指令，及时处理突发情况。

3.2.2 各级法院应对每个执行实施团队配备一定数量的单兵执行系统，并确保该系统能够与执行指挥系统实时联通。现有设备不能实现上述要求的，应及时更换。

3.2.3 上级法院组织集中执行或协同执行等大型执行活动时，可通过执行指挥系统指挥执行现场，调度辖区内执行力量。

3.2.4 各中级法院应配备能够搭载单兵执行系统的执行指挥车、无人机等，且能够随时与执行指挥中心联通。上级法院可调动辖区法院的执行指挥车、无人机等装备，开展协同执行工作。案件数量较多的基层法院，应自行配备装备单兵执行系统的执行指挥车、无人机等。

3.2.5 各级法院应为执行实施团队配备充电宝等附属设备并提供充足的网络流量，确保单兵执行系统、执法记录仪在执行任务时间较长的情况下持续正常使用。

3.2.6 实施拘传、拘留、搜查、强制腾空、现场调查、现场送达、现场接收或发放执行款物等执行工作的，必须使用执法记录仪或单兵执行系统全程记录，并在视频生成后3个工作日内上传至执行案件管理系统。

3.3 执行公开

3.3.1 执行指挥中心应通过短信、微信、手机客户端、江苏法院网站等平台，主动向当事人告知执行案件进展信息，保障申请执行人通过密码在全省三级法院互联网平台和12368语音平台，对查控被执行人财产情况、处置财产情况、执行过程音视频记录等信息进行查询。系统能够自动推送的，应及时向执行当事人自动推送信息。

3.3.2 执行指挥中心应配合执行实施团队，公开执行案件流程节点信息：

（1）立案信息公开：执行案件受理后，以短信等方式将执行案号、立案时间、承办人及联系方式通知各方当事人。

（2）过程信息公开：对执行财产采取查封、扣押、冻结、扣划等查控措施和确定参考价、拍卖、变卖等处置措施，对被执行人及相关人员采取拘留、罚款、纳入失信被执行人名单、限制消费、限制出境等措施，以及接收、分配、发放执行款物等执行信息，应在1个工作日内通过短信等方式告知申请执行人，同时应向当事人及相关人员送达法律文书并告知救济途径。

（3）结案信息公开：执行结案后1个工作日内应当将结案方式、执行到位金额、未执行到位金额等信息通过短信等方式告知申请执行人，同时应向当事人送达结案法律文书并告知救济途径。

3.3.3 执行指挥中心应配合执行实施团队公开执行法律文书。除涉及国家秘密、商业秘密、执行工作保密要求以及涉及未成年人等不宜公开的文书材料外，执行过程中形成的各种法律文书一律予以公开。网上公开的执行裁定书、结案通知书、拘留或罚款决定书等法律文书，应告知当事人可以在"中国裁判文书网"查看。

3.3.4 执行指挥中心应做好其他执行公开工作：

（1）及时在本院官方网站、微信公众号上发布执行工作规范性文件；

（2）当事人申请执行立案时，告知其三级法院24小时执行举报电话及本院执行微信号；

（3）诉讼服务中心、执行事务大厅应设置电子显示屏和告示栏，滚动播放失信被执行人名单、执行悬赏等信息；

（4）告知当事人权利义务、执行风险等内容；

（5）诉讼服务中心、执行事务大厅应设置专用电脑，方便当事人查询案件信息；

（6）对重大执行行动进行全媒体网络直播。

3.4 舆情监测

3.4.1 落实"三同步"理念，加强执行舆情监测。执行指挥中心通过网络舆情监管系统，及时掌握舆情动态和舆情变化，锁定相关法院和执行案件，会同本院新闻宣传部门及时应对处理。

3.4.2 执行指挥中心应配备舆情监测专员，负责舆情监管等各系统的管理和处置。舆情监测专员应能够熟练操作、使用舆情监管模块。

3.4.3 舆情监测专员应每天登录人民法院执行指挥管理平台，查看、接收和办理上级法院交办的舆情信息。对交办的负面舆情信息应在当日向执行指挥中心主任报告，通过执行指挥系统要求相关法院、执行人员及时处理。舆情处理情况，应及时向交办法院反馈；交办舆情信息存在偏差（如所属地区，涉及法院错误），应立即向上级法院申请修改。

3.5 决策分析

3.5.1 执行指挥中心应通过执行案件管理系统、人民法院执行指挥管理平台，实时显示重要数据，及时捕捉、监管并抓取异常数据，为决策分析提供基础信息。

3.5.2 执行指挥中心应实时动态掌握本院及辖区法院主要执行质效指标及其他各项执行指标的情况，并定期通报。

3.5.3 执行指挥中心发现数据异常的，应加强研究分析，认真查找原因，并及时向院、局领导汇报。

3.5.4 各级法院对执行工作实行单独考核以及对执行人员进行单独绩效考核时，应以执行指挥中心提供的数据和信息为主要依据。

第四章 4项管理职责

4.1 繁简分流管理

4.1.1 首次执行案件应在立案后或者完成集中查控后，根据查控结果，以有无足额财产可供执行、有无财产需要处置、能否一次性有效执行等为标准，实施繁简分流，实现简案快执、难案攻坚。

4.1.2 各级法院执行局应设立简易执行案件办理团队或快执团队，专门办理简易执行案件。上述团队，可配备在执行指挥中心。

4.1.3 以下案件属于简易执行案件：

（1）查控的银行存款、支付宝（余额宝）账户、微信零钱账户、现金，足以清偿债权的；

（2）向有关单位发送协助执行通知书即可以办结的行为执行案件；

（3）不动产、机动车过户案件；

（4）未查控到被执行人有可供执行财产，且同时存在被执行人下落不明、诉讼期间公告送达开庭传票和裁判文书、申请执行人不能提供准确执行线索等情形的案件。

4.1.4　下列案件不得归入简易执行案件：

（1）排除妨碍、强制拆除、房屋迁让类案件；

（2）被执行人虽有财产足以清偿债权，但需变价处置类案件；

（3）上级法院及本院交办、督办以及矛盾易激化案件。

4.1.5　各级法院执行局应设立一次性有效执行团队，负责办理下列小标的执行案件：

（1）被执行人为本地常住人口；

（2）被执行人有较稳定工作及社会关系，履行能力相对较强；

（3）被执行人或其财产被采取强制措施后，代为履行或执行担保等方式履行义务可能性较大的案件。

"一次有效性执行"是指对被执行人及其财产一次性采取充分执行措施，不需要重复采取措施，即可达到高效执行的目的。

小标的执行案件范围，由各级中院根据本地实际确定，但原则上不超过 10 万元。

4.1.6　对一次性有效执行案件的被执行人，应当在首次传唤或拘传时，做到案件情况一次性了解、财产状况一次性查明、法律义务一次性告知、违法后果一次性释明，确保"法律讲透、压力给够"。

被执行人确有拒不报告财产、虚假报告财产、有能力履行而拒不履行义务的，坚决采取罚款、拘留等强制性措施，督促其迅速履行义务。

4.1.7　执行案件立案后，所有案件的承办人应统一填写为"执行指挥中心"，并由执行指挥中心视财产查控及执行标的情况，将案件分为简易执行案件、一次性有效执行案件和普通执行案件三种类型，按团队分工随机分案。

4.1.8　简易执行案件应在立案之日起 30 日内结案；一次性有效执行案件应在立案之日起 60 日内结案；普通执行案件应在法定期限内结案。

简易执行案件以及一次性有效执行案件无法在期限内结案的，应转为普通执行案件办理。

4.2　案件质效管理

4.2.1　执行指挥中心应配备案件质效管理专员，负责执行案件收案、分案、流程节点管理、指令结案审查等工作。

4.2.2　案件质效管理专员应每天对未结执行案件的以下流程节点完成情况进行检查：

（1）执行通知：是否已在立案之日起 5 个工作日内发出执行通知书；

（2）网络查控：是否已在立案后 24 小时内自动发起"点对点"网络查询系统，是否已在电子卷宗生成后 24 小时内发起"总对总"网络查询系统，终本案件结案前是否再次发起"总对总"查询；

（3）传统查控：包含调查、传唤、搜查、悬赏执行、司法审计等。

（4）惩戒措施：拘传、罚款、拘留、列入失信被执行人名单、限制高消费等。

（5）终本约谈：将执行情况告知申请人并听取其意见。

关键流程节点监管应当适当提前，对即将到期的，应在发现当日以办案人员能够确定收到的方式提示其采取相应执行措施，提示情况应形成工作日志备查。对已经超期的，应向执行指挥中心主任报告。

4.2.3　案件质效管理专员应每天检查本院办案人员在执行案件管理系统中向执行指挥中心相关模块发送指令的情况，以及相关模块工作人员接收、完成、反馈指令的情况。对即将或已经超过指令要求的反馈时间的，应在发现当日以相关人员能够确定收到的方式，提示其按要求落实指令要求，提示情况应形成工作日志备查，并应将提示情况在当日向执行指挥中心主任报告。

4.2.4　案件质效管理专员负责审查报结的案件是否符合法定结案条件。同时，应审查结案信息中相关信息项是否完整、准确填写，包括：申请执行标的额、结案标的额、申请人放弃标的额、执行到位标的额、案款是否退付完毕、结案日期、结案方式、结案事由等。

4.2.5　以终结本次执行程序申报结案的，案件质效管理专员应审查下列情形：

（1）是否符合终本案件的实质要件，即被执行人是否确无财产可供执行或者虽发现有财产但客观上不能处置；

（2）是否符合终本案件的程序要件，即系统节点是否具备以下四项内容：结案前再次进行"总对总"查控；对案件进行传统查控；进行终本约谈；发布限制消费令。

4.2.6　案件质效管理专员对不符合要求的结案申请，应在审查当日以办案人员能够确定收到的方式提示其补正或纠正，提示情况应形成工作日志备查，并应将提示情况在当日向执行指挥中心主任或执行局长报告。

4.3　执行案款管理

4.3.1　全省各级法院所有执行案件必须使用"一案一人一账号"执行案款管理系统。除现场直接交付外，执行案款接收及发放必须通过"一案一人一账号"执行案款管理系统办理。"一案一人一账号"系统生成的执行法院虚拟案款账户，应在执行通知书中告知被执行人，不得告知执行法院主体账户，不得要求被执行人及相关人员将执行案款汇入虚拟收款账户以外的账户。

4.3.2　发放执行款应符合"五级审批把关"和"线上线下双重审批"要求。

"五级审批把关"是指发放执行款的程序必须为：承办人提交执行款发放审批表并附相关证明材料（执行裁定书、参与分配函、分配方案、委托手续等）——执行案款管理专员初审——执行局长或主管院领导批准——财务部门领导审核——财务人员办理支付手续。

"线上线下双重审批"是指线上线下审批手续均全部齐备并能够相互印证，才能发放执行款。

4.3.3　执行指挥中心应配备执行案款管理专员，对"一案一人一账号"的执行案款管理系统使用情况及相关制度落实情况进行实时监控。发现案款收发情况异常的，应形成工作日志备查，并立即报告执行局长。执行局长应在接到报告后立即核查情况并作出处理。

调查处理情况，应形成工作日志备查。必要时，应通报本院纪检监察以及财务管理部门。

4.3.4 执行案款管理专员应在执行团队或执行人员收到案件后实时告知其点击生成执行案件虚拟账号，并告知执行案件当事人或者协助执行人（单位）。

4.3.5 执行案款管理专员负责不明案款的监督管理：

（1）执行款直接进入相关案件虚拟账号内，无须承办人认领的，提醒承办人查看并及时发放；

（2）执行款直接进入本院主体账号，通过缴款人、银行附言等主要信息查询，能够识别执行款所属案件的，督促相关承办人在3个工作日内认领到所属执行案件虚拟账号内。

4.3.6 执行案款管理专员负责对以下执行案款发放流程进行监督管理：

（1）执行款发放是否符合"五级审批把关"和"线上线下双重审批"要求。

（2）督促承办人在收到"一案一人一账号"系统显示执行款到账之日起三十日内完成执行款核算、执行费用结算以及发放等工作。发现即将超期或已经超期仍未发放且无暂缓发放手续的，应形成工作日志备查，并于发现当日报告执行指挥中心主任。

4.3.7 各级法院应不断升级案款管理系统，实现执行机构与财务部门信息互通，对执行案款进出账情况予以提醒、超期预警、实时监管、动态清理。上级法院的案款管理专员，有权监测辖区所有法院的执行案款情况。

4.4 终本案件管理

4.4.1 执行指挥中心下设终本案件管理组，负责终本案件结案审查、终本后动态集中管理和恢复执行申请的审查与办理等事项，组长可由指挥中心副主任兼任。

4.4.2 终本案件由执行指挥中心导入终本案件管理系统，并通过终本案件管理系统定期对被执行人财产情况进行查询。

4.4.3 终本案件管理组应当在终本案件管理系统"查询设置"项下设置信息查询内容，主要包括：

（1）是否启用网络自动查询；

（2）查询案件范围；

（3）查询频率设置；

（4）银行存款自动提醒的金额标准；

（5）有财产线索信息是否已设置提醒承办人等。

4.4.4 终本案件管理组定期对网络查询结果进行筛查，发现有可供执行财产的应及时采取措施。

4.4.5 终本案件有以下情形的，由终本案件管理组审查并恢复执行：

（1）申请执行人因受欺诈、胁迫与被执行人达成执行和解协议，申请恢复执行原生效法律文书的；

（2）一方当事人不履行或不完全履行执行和解协议，对方当事人申请恢复执行原生效法律文书的；

（3）债权人发现被执行人有可供执行财产，需要恢复执行的；

（4）执行监督或执行案件检查中发现终本案件不符合法定结案条件的。

4.4.6　恢复执行案件不得由原承办人办理。但因执行和解需长期履行而终本结案的，如恢复执行，应由原承办人办理。

4.4.7　终本案件管理组负责的其他事项：

（1）终本后需要冻结、查封或边控事项；

（2）被执行人财产在其他法院处置的，及时发起参与分配事项；

（3）申请执行人申请解除查封或冻结措施经审查准许的，制作解除查封冻结裁定；

（4）申请执行人等提出的针对被执行人的财产线索核实、登记并回复，符合4.4.5条件的按照该款规定办理。

4.4.8　中级法院终本管理组统一负责辖区内法院终本案件的复查工作，每季度应随机抽查一定数量的终本案件，复查结果予以通报，并纳入执行工作单独考核。

第五章　中级法院指挥中心的统一管理职责

5.1　执行联动机制建设

5.1.1　中级法院执行指挥中心负责全市法院查人、找物、扣车、信用惩戒、网格化等协作联动工作。

5.1.2　执行协作联动机制建设，原则上应接入"点对点"系统，在案件管理平台开展工作。

5.2　执行信息化建设

5.2.1　中级法院执行指挥中心负责全市法院执行信息化建设的规划与实施工作，使信息化建设成果普惠基层。

5.2.2　中级法院执行指挥中心应打造全市法院统一的执行案件管理平台，推动执行模式向数字化转型，为全市法院执行工作一体化开展提供系统支撑。

5.3　执行装备管理

5.3.1　中级法院执行指挥中心负责全市法院执行装备标准的制定工作，并督促基层法院配备到位。

5.3.2　中级法院执行指挥中心定期检查全市法院执行装备配备情况，并纳入执行工作单独考核。

5.4　组织集中执行活动

5.4.1　中级法院执行指挥中心负责全市法院集中执行或者协同执行活动的组织实施工作，基层法院必须服从调度与指挥。

5.4.2　中级法院执行指挥中心组织全市法院集中执行或者协同执行活动，应统一发布公告，统一人员装备，统一行动要求，统一宣传报道。

5.5 案件提级、指定、交叉执行

5.5.1 中级法院执行指挥中心负责全市法院范围内案件的提级执行、指定执行、交叉执行。

5.5.2 对于同一被执行人在全市多家法院有执行案件的，原则上应将案件指定至财产所在地法院、主要财产所在地法院或对财产享有处置权的法院执行。

5.5.3 提级、指定、交叉执行应通过网上办理。此类案件的案号，可编立"执监字"号，不得编立"执他字"号。涉及多个法院或多个案件的，应编立一个案号予以实施。

5.6 执行事项协调

5.6.1 中级法院执行指挥中心负责全市法院之间涉及参与分配、处置权转移以及协助执行等相关事务的协调和争议解决。

5.6.2 上述协调和争议事项，应通过网上办理。

5.7 督办执转破工作

5.7.1 中级法院执行指挥中心负责督办全市法院"执转破"工作，包括"执转破"工作开展以及数据统计等。

5.7.2 中级法院执行指挥中心应定期筛选同一被执行人在全市范围内关联案件情况，对同一被执行人案件超过 50 件的，原则上应向有管辖权的辖区法院发出"执转破"督办函，督促"执转破"工作顺利开展。

附件1：

申请执行人初次接待谈话笔录

一、基本信息			
执行案号		执行依据案号	
谈话时间		谈话地点	
谈话人		记录人	
被谈话人		身份	
代理权限 （被谈话人为代理人时填写）			
身份证号			
电话（手机）			
住所地			

续表

未进行初次接待的原因（未进行初次接待的案件填写此栏）
二、交代谈话人身份和谈话目的
执：我是　　　　　　人民法院的　　　　　　（谈话人身份、姓名）。现与你进行执行立案后的核对立案信息和初次接待谈话。请你积极配合法院工作，如实陈述相关情况。 申：
三、确认申请执行人送达地址及方式
执：为便于当事人及时收到人民法院法律文书，保证执行程序顺利进行，当事人应当如实提供真实、准确的送达地址。如果提供的地址不准确，或不及时告知变更后的地址，使诉讼文书无法送达或未及时送达，当事人将自行承担由此可能产生的法律后果。 申：
执：你是否同意通过传真、电子邮件、短信或微信等方式电子送达法律文书？ 申：
执：请填写《送达地址确认书》，确认受送达人、送达地址及送达方式。 申：
四、核对执行立案信息
执：请你核对本院执行立案信息表中关于执行依据、被执行人、申请执行标的金额等信息是否完整、准确。如有不完整或不准确之处，请提出修正。（与申请执行人逐项核对立案信息表） 申：
五、了解被执行人及其财产情况
1. 被执行人状况
执：根据《最高人民法院关于民事执行中财产调查若干问题的规定》第一条的规定，申请执行人应当向人民法院提供其所了解的被执行人的财产状况或线索。你（单位）是否知道被执行人的实际住址、工作地点或实际经营地？ 申：
执：你（单位）是否知道被执行人的联系电话（手机）？ 申：
执：本案在审判阶段被执行人是否到庭参加诉讼或者是否对被执行人公告送达相关法律文书？ 申：

执：你（单位）有无其他关于被执行人状况的线索向法院提供？ 申：
执：经在执行案件管理系统中查询，被执行人在江苏各级法院共涉及执行案件　　件，其中为申请执行人　　件，为被执行人　　件。现将被执行人涉及案件清单向你提供。 申：
2. 被执行人财产状况
执：本案被执行人有无财产向你（单位）设立抵押或质押？如有，请提交抵押或质押清单及相关详细情况。 申：
执：本案有无采取过诉前保全、诉讼保全或执行前保全措施？如有，请提交财产保全清单及相关详细情况。 申：
执：你（单位）有无其他关于被执行人财产情况（如不动产、动产、存款、收入、到期债权、投资等）的线索向法院提供？ 申：
执：本院将在本案立案后对被执行人财产情况发起网络查询，查询结果反馈后将及时向你（单位）告知，你（单位）也可通过执行立案时告知的用户名和密码自行到指定网站查询。 申：
3. 告知权利
执：在执行终结前，你（单位）若发现被执行人下落或被执行人其他可供执行的财产，可拨打执行线索举报电话进行举报： 　　江苏省高级人民法院　　　；　　市中级人民法院　　　；　　人民法院　　　。 申：
执：根据《中华人民共和国律师法》第三十五条、《最高人民法院关于民事执行中财产调查若干问题的规定》第一条、《最高人民法院关于依法制裁规避执行行为的若干意见》第二条等相关法律和司法解释的规定，【以下根据情况选择】（1）【适用于申请执行人本人】你（单位）有权聘请律师向本院申请调查令，调查被执行人的财产线索；（2）【适用于律师作为委托代理人】你可以直接向本院申请调查令，调查被执行人的财产线索。 申：

续表

执：根据《最高人民法院关于民事执行中财产调查若干问题的规定》第二十一条的规定，被执行人不履行生效法律文书确定的义务，申请执行人可以向人民法院书面申请发布悬赏公告查找可供执行的财产。你（单位）也可以与保险公司签订悬赏保险合同并支付保险费用，如果举报线索经法院确认并符合条件，依照悬赏公告应由申请人承担的悬赏金由保险公司支付举报人。 申：
执：本案立案后，本院将向被执行人发送《执行通知书》《报告财产令》《限制消费令》等法律文书。如被执行人未能履行其法定义务，你（单位）可以向本院申请将其纳入失信被执行人名单，本院经审查后将依法作出决定。 申：
4. 征询关于网络司法拍卖的意见
执：本院对查封、扣押的被执行人不动产、动产及其他财产，将依法进行网络司法拍卖。请你（单位）对司法拍卖的网络服务提供者进行选择。 申：
执：对网络司法拍卖的财产，你（单位）是否愿意与被执行人以协商议价的方式确定参考价？如议价不能或者不成，本院将通过定向询价、网络询价的方式确定参考价，你（单位）是否同意？ 申：
5. 确认收款账户
执：现在向你告知提交收款账户的相关注意事项：（1）申请执行人申请立案时应当向法院提供接收执行案款的汇款账号和联系方式；（2）如因账号挂失等客观原因需要更换接收案款账号，应及时与法院联系，并携带身份证原件及复印件、本人银行卡复印件（注明户名、开户账号、卡号）到法院办理变更登记账号手续或直接来本院领款；（3）因收款账号变更未及时书面告知人民法院，本院将案款汇入账户确认书确认的账户的，视为案款已经发放。 申：
执：请填写以下收款账号信息（委托代理人填写的，应要求其提供特别授权委托书、身份证件复印件）

姓名（名称）	
开户银行	
支行全称	
银行账号	

银行账户类型	个人存折		个人借记卡		对公账户	
联系电话						
申请执行人确认	本人已经了解了填写收款账户确认书的告知事项，并愿意承担法院向上述确认的账户汇款引发的法律后果。 　　申请执行人/代理人签字（盖章）： 　　　　　　　　　　　　　　　　年　　　　月　　　　日					

六、其他

1. 告知执行风险

执：你（单位）通过诉讼、仲裁等法定程序取得生效法律文书，只是为你（单位）提供执行依据。生效法律文书所确定的权利最终能否实现，最终取决于被执行人有无履行能力。强制执行作为一种公力救济手段，只能为实现权利提供一种可能性。如被执行人确无履行能力，你（单位）将承担胜诉权益不能实现的风险。

申：

2. 告知申请破产的权利（被执行人为企业法人）

执：本案执行过程中，如被执行人（企业法人）不能清偿到期债务，且资产不足以清偿全部债务或者明显缺乏清偿能力，符合《中华人民共和国破产法》第二条规定的情形，你（单位）可以根据《最高人民法院关于适用〈中华人民共和国民事诉讼法〉的解释》第五百一十三条之规定，申请本案移送破产程序处理。

如申请执行人、被执行人均不同意移送破产审查且无人申请破产的，本院将会根据《最高人民法院关于适用〈中华人民共和国民事诉讼法〉的解释》第五百一十六条之规定处理，对被执行人财产处置变价后所得的款项，在扣除执行费用及清偿优先受偿债权后，对于普通债权，将按照财产保全和执行中查封、扣押、冻结财产的先后顺序清偿。

申：

3. 征询关于终结本次执行程序的意见

执：如果你（单位）不能提供有效的关于被执行人具有履行能力的证据或线索，本院已穷尽财产调查措施并根据法律规定采取了其他执行措施，未发现被执行人有可供执行的财产或者发现的财产不能处置，根据《最高人民法院关于适用〈中华人民共和国民事诉讼法〉的解释》第五百一十七条第1款的规定，本院有权终结本次执行程序。终结本次执行程序后的五年内，本院将每六个月通过网络执行查控系统查询一次被执行人的财产，符合恢复执行条件的，本院将及时恢复执行。申请执行人享有要求被执行人继续履行债务及依法向人民法院申请恢复执行的权利，被执行人负有继续向申请执行人履行债务的义务。

如出现上述情况，你（单位）是否同意本院终结本次执行程序？

申：

续表

执：你（单位）还有无其他情况需要补充说明的？
申：
执：今天的谈话就到此结束。请阅笔录，如无误，请在每一页签字确认，并在最后一页签署日期。
申：

附件 2：

执行接访登记表

接访人：   接访时间：   年 月 日

案号		案件承办人	
来访人		身份	
来访人联系方式			
反映的问题和诉求			
提交材料清单			
答复、处理情况			

附件3:

接处执行线索举报电话登记表

接处人: 接处时间: 年 月 日

执行案号		承办人	
来电人		来电人身份	
来电人联系电话		来电时间	
被执行人			
值班人			
来电内容			
处置情况			
出警人员			
出警时间			
出警地点			

江苏省高级人民法院
督办类执行监督案件办理规程

(苏高法电〔2022〕594号)

为进一步规范督办类执行监督案件办理,根据《中华人民共和国民事诉讼法》《最高人民法院关于人民法院执行工作若干问题的规定(试行)》《最高人民法院关于适用〈中华人民共和国民事诉讼法〉执行程序若干问题的解释》《最高人民法院关于人民法院办理执行信访案件若干问题的意见》《最高人民法院关于进一步完善执行权制约机制加强执行监督的意见》等法律、司法解释和规范性文件的规定，结合全省法院工作实际，制定本规程。

一、基本原则

1.【概念】本规程所称督办类执行监督案件，是指申诉人反映执行机构存在消极执行、违规终本等问题，请求上级人民法院督促执行的案件。

督办类执行监督案件由执行机构办理。

2.【办理原则】办理此类案件应坚持以下原则：

（1）事由审查原则。办理此类案件，应当针对当事人主张的申诉事由进行审查。

（2）实质办理原则。人民法院办理此类案件，应当征求执行法院的意见，并根据审查案件的需要决定是否询问当事人。当事人的申诉理由成立的，应当书面督促执行法院予以纠正，并告知申诉人处理结果。

（3）及时办理原则。督办法院应提高案件办理效率，及时立案、及时办理。执行案件被上级人民法院立案监督，执行法院经自查认为确有消极执行情形的，应当主动及时纠正。

二、立案

3.【立案条件】申诉人及利害关系人以执行法院在执行案件过程中存在以下情形为由向上级人民法院申请督促执行的，上级人民法院应当立督办类执行监督案件审查：

（1）执行案件立案超过 6 个月未采取应当采取的调查措施；

（2）应当采取查封、扣押、冻结措施但未采取；

（3）已经查封、扣押、冻结财产，应当及时处置但未处置；

（4）应当对被执行人采取惩戒措施但未采取；

（5）应当按规定期限发放执行款项但未予发放；

（6）情况紧急，不立即执行会使申诉人合法权益受到难以弥补的损害；

（7）将执行案件违规终结本次执行程序结案；

（8）对申请执行人的合理诉求置之不理、不予答复；

（9）其他应当立案监督情形。

4.【交、督办案件办理】上级法院或领导机关交办、督办，本院院领导批办以及人大代表、政协委员提出意见建议的信访件反映消极执行等问题的，应当建立专门台账，立督办类执行监督案件审查办理，在规定期限内办结，并及时反馈办理结果，确保件件有回应、事事有着落。

5.【向上一级人民法院申诉】申诉人对督办类执行监督案件的审查结论不服，向作出审查结论法院的上一级人民法院提出督促执行申请的，上一级人民法院应当立督办类执行监督案件审查。

6. 【立案程序】督办类执行监督案件的立案审查工作由执行机构负责。

人民法院执行机构应安排专人对申诉信访或交办转办材料进行审查，符合立案条件的，经执行机构负责人审批后移送立案部门立案。

立案部门收到执行机构的立案意见后，应当在 3 个工作日内立案。

7. 【不予立案情形】存在下列情形之一的，应当在执行机构负责人审批后，书面或口头告知申诉人不予立案：

（1）申诉人不是案件当事人、利害关系人，且未提供案件当事人、利害关系人出具的委托代理手续；

（2）已经执行监督程序审查驳回申诉，且未提供新的事实和证据，就相同请求向同一法院再次申诉；

（3）本院对申诉人以相同请求和理由提出的监督申请已立案审查且尚未结案；

（4）申诉人申请撤回申诉被准许后再次申诉，但有《民事诉讼法》第二百零七条第一项、第三项、第十二项、第十三项规定情形的除外；

（5）申诉人反映问题已信访终结。

立案后发现不符合执行监督案件受理条件，属于前款第（1）至（4）项情形的，书面通知申诉人终结审查；属于前款第（5）项情形的，作销案处理。

8. 【申诉材料要求】申诉人申请督促执行，应当提交以下材料：

（1）申诉书（载明申诉请求及理由）；

（2）申诉人的身份证明。申诉人是自然人的，应提交身份证明；申诉人是法人或非法人组织的，应提交营业执照及法定代表人或负责人身份证明。委托他人代为申诉的，应提交授权委托书和代理人身份证明；

（3）据以强制执行的生效法律文书复印件；

（4）证据清单和证据材料；

（5）法律文书送达地址确认书和联系方式；

（6）经过执行法院上一级人民法院执行监督的，应当提供执行监督案件法律文书复印件。

申诉人未按上述规定提交申诉材料的，执行机构应当一次性告知申诉人在十日内补齐。期限内未补齐，但申诉人提出合理理由请求延期补齐申诉材料的，待其补齐材料后再移交立案部门登记立案；申诉人无正当理由未在期限内补齐申诉材料的，告知申诉人不予立案。

9. 【不应立案申诉材料的处理】申诉反映以下问题的，人民法院根据情况分别处理：

（1）反映执行违法问题，要求纠正违法执行行为的，移送执行裁判部门审查处理；

（2）反映执行违法问题，仅要求赔偿的，移送国家赔偿部门审查处理；

（3）反映消极执行问题，但是客观上已不具备继续执行条件的，移送国家赔偿部门审查处理；

（4）对人民法院作出的判决、裁定、调解书，公证机关作出的公证债权文书，仲裁机构作出的仲裁裁决、仲裁调解书等执行依据不服的，或者对不予执行仲裁裁决或驳回不予执行仲裁裁决申请的裁定不服的，或者对不予执行公证债权文书的裁定不服的，移送立案部门审查处理；

（5）要求追究执行人员违规违纪违法责任的，移送督察部门处理；

（6）反映内容不详、联系方式不明，经核查确实无法查证的，登记备存。

申诉人部分诉求不属于执行督办案件受理范围的，对符合立案条件的诉求立案审查，对不符合立案条件的诉求按照前款规定处理。

三、审查程序

10.【立案文书送达】督办类执行监督案件由执行机构依法组成合议庭审查。案件立案5日内，应当依法向申诉人送达执行监督案件立案受理通知书、合议庭组成人员告知书等法律文书，并书面通知执行法院。

11.【审查形式】督办类执行监督案件原则上进行书面审查，审查时应当查阅电子卷宗，电子卷宗无法查清相关事实的，应当调取纸质卷宗。

人民法院根据案件需要决定询问当事人的，应做好询问笔录归卷入档。当事人确因客观原因无法到法院，人民法院应当通过电话、视频等方式向当事人了解情况，并做好工作记录存档备查。

执行法院应当于收到立案通知之日起15日内向办理督办类执行监督案件的法院如实全面报告案情、提供证明案件执行情况的材料。

12.【听证】案情复杂、争议较大或者出现新的证据可能改变原监督结论的，应当进行听证。听证应当通知执行法院、申诉人以及与案件监督结果有法律上直接利害关系的当事人参加。

申诉人经合法传唤，无正当理由拒不参加听证，或者未经许可中途退出听证，或者无正当理由拒不接受询问，致使人民法院无法查清相关事实的，按撤回申诉处理。

13.【撤回申诉】执行监督案件审查期间，申诉人申请撤回申诉的，是否准许由人民法院裁决。

14.【诉求外监督】上级人民法院在执行监督中发现下级人民法院存在申诉请求以外的其他不规范问题，应另行向下级人民法院发出执行监督函，指令下级人民法院予以纠正。对上级人民法院的监督意见，下级人民法院应当遵照执行并根据执行监督函的要求书面报告结果。

15.【下级法院异议的处理】下级人民法院对上级人民法院监督意见有异议的，经该院审判委员会讨论决定，可以参照《最高人民法院关于人民法院执行工作若干问题的规定（试行）》第72条的规定，书面请求上级人民法院复议。对下级人民法院提请复议的案件，上级人民法院应当另行组成合议庭审查，及时予以答复。

16.【审查期限】督办类执行监督案件应当在立案之日起 3 个月内办结，一般不得延长。因特殊事由需要延长的，应当按照办案期限管理的规定报批，延长期限不得超过 2 个月。调查取证期间、请示上级人民法院期间以及其他应当扣除的期间，不计入审查期限。

四、裁决

17.【裁决类型】人民法院对督促执行请求，应当按照下列情形，分别处理：

（1）执行法院不存在消极执行、违规终本等情形，督促执行请求不能成立的，以通知方式驳回督促执行请求。

（2）执行法院存在消极执行或者违规终本情形的，发出督促执行令责令执行法院限期执行或者纠正违规终本行为，并书面通知申诉人。执行法院自行纠正的，督办法院应当书面通知申诉人并报结案；执行法院在督促执行令指定期间内无正当理由仍未予纠正的，督办法院可以裁定由本院执行或者指令本辖区其他人民法院执行并报结案。

（3）执行法院存在部分消极执行情形，申诉请求部分成立的，成立部分参照本条第（2）项规定处理，不成立部分以通知方式驳回督促执行请求。

（4）执行法院存在消极执行等情形，督促执行请求成立，但客观上已不具备继续执行条件的，应当作出终结审查通知书并报结案，同时告知申诉人可依法申请国家赔偿。

案件审查期间，执行法院主动纠正消极执行行为的，应立即报告督办法院，督办法院经审查属实，书面通知申诉人，执行监督案件作结案处理。

需要作出督促执行令、驳回督促执行请求通知书、结案通知书、终结审查通知书的，应当经合议庭合议。需要作出提级执行、指定执行裁定的，应当经合议庭合议后报执行局专业法官会议讨论决定，裁定书由院领导签发。

18.【对执行监督案件的监督】当事人不服驳回督促执行请求通知书、终结审查通知书申诉的，上级人民法院审查后，应当按照下列情形分别处理：

（1）当事人主张的申诉事由不成立的，以通知方式驳回申诉；

（2）原通知书认定事实或者适用法律错误，但处理结果并无不当、申诉事由不能成立的，纠正认定的事实或者适用的法律，以通知方式驳回申诉；

（3）当事人主张的申诉事由成立或者部分成立，应裁定撤销或者变更通知书。原通知书认定基本事实不清、证据不足的，应裁定撤销，查清事实后依据本规程第 17 条规定作出相应处理。

19.【文书送达】执行监督法律文书应当送达申诉人及相关当事人，并发送执行法院及其上一级人民法院。

五、其他

20.【追责问责】上级人民法院在执行监督中发现下级人民法院存在以下情形的，应及时会同督察部门启动"一案双查"：

（1）执行人员存在违规违纪违法行为；

（2）执行法院收到执行监督裁定、督促执行令、执行监督函拒不落实或者未及时落实；

（3）执行人员明显存在消极执行情形，或者因拖延执行造成严重后果；

（4）其他应当启动"一案双查"的情形。

21.【执行时间】本规程自下发之日起执行。

江苏省高级人民法院
关于加强和规范民事执行检察监督
案件办理工作的指导意见

（苏高法〔2020〕39 号）

为依法接受检察机关对民事执行活动实施监督，切实加强全省法院民事执行检察监督案件办理工作，规范办理程序，提高办理效率，促进依法规范执行，根据《中华人民共和国民事诉讼法》（以下简称民事诉讼法）及其司法解释和《最高人民法院、最高人民检察院关于民事执行活动法律监督若干问题的规定》（以下简称《民事执行监督规定》）相关规定，结合全省法院民事执行检察监督案件办理工作实际，制定本意见。

1. 各级法院必须全面落实民事诉讼法以及相关司法解释规定，主动接受检察机关依法对民事执行活动实施的检察监督，严格按照《民事执行监督规定》办理民事执行检察监督案件。

2. 民事执行检察监督案件实行统一立案，扎口管理，分类办理：

（1）检察机关提出的民事执行监督检察建议书，由立案部门统一接收，立案后移送执行机构或者执行裁判庭（或者承担执行裁判业务的部门）办理；

（2）检察机关根据《民事执行监督规定》第十条发出的《了解执行案件情况函》，由立案部门扎口，登记编号，移送执行机构办理。

3. 涉及执行异议之诉案件受理及其裁判相关问题，属于审判监督范畴，不属于《民事执行监督规定》中的监督事项。

4. 立案部门对检察机关提出的民事执行监督检察建议书，同时符合下列条件的，应当编立"执监字"号案件予以办理：

（1）检察建议对象为《民事执行监督规定》规定的执行活动；

（2）检察建议书针对的执行行为系本院作出或者本院有权审查的执行行为；

（3）已移送检察监督案件卷宗材料。

根据《最高人民法院关于人民法院办理执行异议和复议案件若干问题的规定》第四条

规定，执行案件系上级法院指定执行或者委托执行，且检察建议针对的执行行为系上级法院作出的，告知检察机关按规定程序向该上级法院提出检察建议。

不符合上述条件，或者检察建议监督的事项人民法院已经立案监督的，应当书面建议检察机关予以补正或者撤回；不予补正或者撤回的，应当函告检察机关不予受理。

5. 立案部门应当区分检察建议书提出的具体问题，根据下列情形，立案后移送相关部门办理：

（1）反映执行人员怠于履行职责的消极执行行为的，移送执行机构办理，同时将情况告知纪检监察部门并附检察建议书复印件；

（2）反映执行行为违法或者执行异议、执行复议、执行监督裁定违法的，以及不依法受理执行异议或执行复议申请的，移送执行裁判庭（或者承担执行裁判业务的部门）办理。

6. 民事执行检察监督案件应当依法组成合议庭进行审查。案情复杂、争议较大的案件，应当经本部门专业法官会议讨论。重大或者疑难复杂案件，应当提交审判委员会讨论决定。

7. 民事执行检察监督案件原则上进行书面审查。案情复杂、争议较大的案件，应当组织听证或者质证。

决定组织听证或者质证的案件，应当在听证或者质证前三日书面通知提出检察建议的检察机关。

8. 民事执行检察监督案件应当重点围绕检察建议书提出的问题以及检察机关提交的相关证据材料进行审查。

（1）检察建议书认为执行行为违法的，应当审查所涉执行行为是否于法有据，是否符合法律及司法解释规定的程序及条件。

（2）检察建议书认为人民法院怠于履行职责的，应当审查执行法院是否已在法定及合理时间内采取必要的执行行为或者执行措施；未采取执行行为或者执行措施的，是否具有合法且正当理由等。

（3）检察建议书认为执行行为为损害国家利益或者公共利益的，应当审查执行行为是否存在以及是否具有损害国家利益或者社会公共利益情形。

9. 检察机关依据执行当事人、利害关系人、案外人申请实施监督，对执行法院存在下列违法情形提出检察建议，经审查属实的应当采纳：

（1）违法先予执行的；

（2）违法受理执行案件或者违法执行未生效法律文书的；

（3）违法采取或者解除查封、扣押、冻结措施的；

（4）明显超标的查封、扣押、冻结被执行人财产的；

（5）违法执行被执行人到期债权的；

（6）违法变更或者追加执行当事人的；

（7）违法采取拘留、罚款或者行为保全措施的；

（8）违法采取或者解除限制出境、纳入失信被执行人名单、限制消费措施的；

（9）违法采取搜查、调查等强制措施的；

（10）对执行财产应当拍卖而未依法拍卖的，或者应当评估而未依法评估，违法变卖或者以物抵债的；

（11）违法参与分配或者违法限制债权人参与分配的；

（12）无正当理由拖延支付或者截留、挪用、违规发放执行款物的；

（13）违法执行案外人财产或者违法向案外人发放执行款物的；

（14）在给付特定物之诉中，对与案件无关的财物采取保全措施的；

（15）超出生效法律文书确定的数额和范围执行的；

（16）违法中止执行、暂缓执行或者执行回转的；

（17）违法终结执行或者终结本次执行程序的；

（18）终本案件恢复执行前违法采取处置措施的；

（19）违反法定程序审理执行异议或者复议案件的；

（20）迫使或者欺骗执行当事人、利害关系人执行和解的；

（21）执行行为有其他违反法律或者司法解释规定情形的。

采纳、部分采纳检察建议的，应当依法裁定撤销、变更相关执行行为或者责令执行法院对相关执行行为依法予以撤销、变更。

10. 检察机关依据执行当事人、利害关系人、案外人申请实施监督，对执行法院存在下列怠于履行职责行为提出检察建议，经审查属实的应当采纳：

（1）对依法应当受理的执行申请不予受理的；

（2）对依法应当恢复执行的案件未按规定恢复执行的；

（3）对被执行人财产未采取网络执行查控措施，或者无正当理由对债权人提供的被执行人或者其财产线索未采取执行措施的；

（4）对查封、扣押、冻结的财产不履行监管职责的；

（5）对申请执行人申请续行查封的财产怠于采取续封措施的；

（6）对依法应当变更或者解除执行措施，无法定事由不予变更或者解除的；

（7）对被执行人有财产可供执行，立案后超过六个月无正当理由未执结的；

（8）对被执行人享有的到期债权不予执行的；

（9）对依法应当变更或者追加执行当事人而不予变更或者追加的；

（10）对执行当事人、案外人被错误纳入失信被执行人名单或者被错误采取限制消费措施，不予撤销或者屏蔽的；

（11）对季节性商品或者鲜活、易腐烂变质以及其他不宜长期保存的物品未依法及时采取处置措施，可能造成损失的；

（12）对查封的不动产或者特定动产，怠于通知登记部门不予办理变更登记的；

（13）对已到账执行款无正当理由超过三个月未发放的；

（14）对依法应当受理的执行异议或者执行复议案件不予受理的；

（15）其他不履行或者怠于履行职责的行为。

采纳、部分采纳检察建议的，应当依法作出采取执行行为的裁定、决定，或者责令执行法院依法作出执行行为、采取执行措施。

11. 检察机关依职权实施监督，对执行法院或者执行人员下列行为提出检察建议，经审查属实的应当采纳：

（1）执行或者不予执行相关案件，确实损害国家利益或者社会公共利益，检察机关建议不予执行或者予以执行的；

（2）执行人员在执行该案时有贪污受贿、徇私舞弊、枉法执行等违法行为，司法机关或者纪检监察机关已经立案，检察机关建议变更承办人或者纠正原执行人员错误执行行为的；

（3）执行行为或者执行措施造成重大社会影响，检察机关建议暂缓执行或者依法变更执行行为、执行措施的；

（4）检察机关对人民法院据以执行的民事判决、裁定已经提出抗诉，建议中止执行或者暂缓执行的。

采纳或者部分采纳检察建议的，应当依法作出或者责令执行法院作出予以执行、不予执行、中止执行、暂缓执行裁定，或者变更相关执行措施或执行行为。

12. 检察机关提出的民事执行监督检察建议，具有下列情形之一的，不予采纳：

（1）检察建议未经检察长批准或者未经检察委员会决定的；

（2）检察建议涉及执行人员贪污受贿、徇私舞弊、枉法执行等违法行为，未提供司法机关或者纪检监察机关已经立案材料的；

（3）执行当事人、利害关系人或者案外人应当依法行使执行救济权利，无正当理由不寻求救济而直接申请检察监督的；

（4）执行异议、复议或者执行监督案件审查期间，检察机关对案涉执行行为提出检察建议的；

（5）超出《民事执行监督规定》范围实施的其他情形。

不采纳检察建议的，应当在回复意见函中详细说明事实及理由。

13. 执行当事人、利害关系人、案外人依法通过执行异议、执行复议或者应当提起诉讼而没有行使权利，检察机关提出检察建议，具有下列情形的，应当采纳：

（1）执行法院作出执行行为时未制作法律文书或法律文书未依法送达的；

（2）执行法院在执行裁定或相关法律文书中未告知或错误告知救济权利的；

（3）执行法院拒不受理执行异议或者执行复议案件的；

（4）执行异议或复议案件未依法办理的；

（5）违法处置执行标的或者违法终结执行，无法提出执行异议的；

（6）因意外事件或者不可抗力导致其无法在法定期限内行使权利，相关事由消除后主张权利未获受理的；

（7）因被限制人身自由或者因严重疾病等客观原因不能及时行使权利，且无法委托他人代为行使权利，相关事由消除后主张权利未获受理的；

（8）有证据证明他人以暴力、胁迫、欺诈等方式阻止其依法行使权利，事后主张权利未获受理的；

（9）存在其他客观上不能依法行使权利的情形。

14. 民事执行检察监督案件应当在三个月内办结。有特殊情况需要延长审查期限的，经本院院长批准，可以延长一个月。

15. 民事执行检察监督案件的审查处理情况，应当以《回复意见函》（见附件一）形式回复提出检察建议或者跟进监督的检察机关。《回复意见函》应当编立执行监督案件案号，载明人民法院查明的事实、回复意见和理由并加盖院章。采纳检察建议的，应当附相关执行裁定、决定等法律文书。必要时，可随函附上相关证据材料。

16. 检察机关以作为执行依据的裁判文书错误为由，认为执行行为违法并提出民事执行监督检察建议的，不予采纳。但应当告知相关当事人可依法申请再审或者通过其他程序解决，并可同时函告提出建议的检察机关依法提出抗诉。

执行依据系本院作出的，可依法通过审判监督程序进行审查，并将审查情况函告检察机关。涉及仲裁裁决或者公证债权文书的，可告知相关当事人按照法定程序申请不予执行。必要时，可依职权进行审查。

17. 检察机关业务部门在实施民事执行监督过程中出具的《了解执行案件情况函》，由立案部门在收函后五日内编立"执检函"字号案件移送执行机构办理，不纳入司法统计范围，但应通过系统办理，实现全程留痕。

执行机构对"执检函"字号案件进行书面审查，并应当在十日内办结。审查处理情况应当经执行局长审核，必要时报分管院领导审核；执行局长办理的执行案件应当经分管院领导审核。"执检函"字号案件以《回复函》（见附件二）的形式予以回复，并加盖执行局印章。

18. 检察机关办理具体民事执行监督案件中需要调阅执行卷宗或者拷贝电子卷、查阅、复制、摘录等相关执行材料的，人民法院应当按照《民事执行监督规定》相关规定提供便利，积极配合。

19. 人民法院对检察机关就行政执行活动实施法律监督，《民事执行监督规定》以及行政诉讼法及其司法解释未作规定的，参照本意见执行。

20. 本意见自下发之日起执行。

附件一：

<h1 style="text-align:center">××人民法院</h1>
<h2 style="text-align:center">关于××号检察建议书的回复意见函</h2>

（20××）苏××执监××号

××人民检察院：

你院××号检察建议书收悉。你院认为……。经依法立案审查，现将审查处理情况函复如下：

一、本案基本情况

（一）当事人基本情况；

（二）案件审理情况；

（三）案件执行情况；

（四）异议、复议情况。

二、检察建议列明问题的审查情况

（一）关于……

（二）关于……

（三）关于……

……

（逐条回应检察建议书中所列问题并说明理由）。

三、本院意见

采纳检察建议的，写明已经采取或者将要采取的措施。

不采纳检察建议的，写明"本院在执行过程中，不存在检察建议中所提出的执行行为违法/执行异议及复议程序违法/怠于履行职责的情形"。

特此函复。

附：裁定、决定等相关法律文书

二○××年××月××日
（加盖院印）

附件二

××人民法院
关于××号了解执行案件情况函的回复

（20××）苏××执检函××号

××人民检察院：

你院××号了解执行案件情况函收悉。现将该案执行情况函复如下（就执行过程中是否存在怠于履行职责情形予以回应）：

该案执行过程中，本院已采取……等执行措施，不存在怠于履行职责情形。或者：

该案执行过程中，执行人员存在怠于履行职责情形，现已督促纠正。

……

特此函复。

二〇××年××月××日

（加盖执行局印章）

江苏省高级人民法院
关于进一步强化终结本次执行程序
案件监督管理工作规范

（苏高法〔2021〕212号）

为进一步规范终结本次执行程序（以下简称终本）案件（以下简称终本案件）办理，加强终本案件监督管理，维护当事人合法权益，推动执行工作健康发展，根据《最高人民法院关于严格规范终结本次执行程序的规定（试行）》《最高人民法院关于进一步规范终结本次执行程序案件办理，切实保护各方当事人合法权益的通知》《人民法院办理执行案件"十个必须"》等有关文件规定，结合全省法院执行工作实际，制定本规范。

1. 以终本报结案件，应当符合终本程序标准和实质标准，严把"找物关""查人关""变价关""惩戒关""结案关"，确保措施到位、约谈充分、文书规范。

2. 执行案件具有下列情形之一的，不得终本结案：

（1）尚未依法进行现场调查或委托调查尚未收到反馈结果，但申请执行人书面认可被执行人无财产的除外；

（2）被执行人下落不明，尚未到被执行人工作单位、住所地（实际居住地）或经营地（登记注册地）等实地查找被执行人下落，但申请执行人已实地查找被执行人或书面认可被执行人不在上述地点，以及人民法院已通过户籍地公安、村（居）委会、网格员等查找被执行人或在关联案件中已进行查找未超过十二个月且无新的线索的除外；

（3）未对被执行人或其法定代表人、负责人、实际控制人、影响债务履行的直接责任人进行调查询问，但上述人员下落不明、执行法院因其逃避执行未能确定其下落而无法调查询问的除外；

（4）对申请执行人、其他人员提供的具体财产线索或被执行人报告的财产尚未进行核查；

（5）网络执行查控系统对查询请求及查封、冻结措施尚未反馈结果，但对于线上查控事项已采取线下查控措施的除外；

（6）轮候查封法院应当协调处置权，但尚未进行协调或尚在协调中；

（7）发现被执行人有可供处置的财产，无法定理由未采取查封、扣押、冻结措施；

（8）被执行人有可供处置的财产，无法定理由未启动处置或正在处置中；

（9）依法应当约谈申请执行人，尚未进行约谈；

（10）其他不应终本结案的情形。

3. 符合下列情形之一的，视为《最高人民法院关于严格规范终结本次执行程序的规定

（试行）》第一条第三项中的"发现的财产不能处置"：

（1）财产经依法拍卖流拍、变卖未成，债权人不接受抵债或依法不能交付其抵债，又不能对该财产采取强制管理等其他执行措施，且流拍未超过六个月；

（2）人民法院在登记机关查封的被执行人车辆、船舶等财产，未能实际扣押；

（3）轮候查封被执行人的财产且无优先权，已经发出参与分配申请或冻结、提取变价款的裁定及协助执行通知；

（4）申请执行人或案外人就查控财产已提起申请执行人或案外人异议之诉；

（5）财产处置后，因债权人或被执行人提起分配方案异议之诉，争议部分案款无法发放；

（6）存在《最高人民法院关于人民法院民事执行中拍卖、变卖财产的规定》第六条规定的"无益拍卖"情形，且申请执行人未申请继续拍卖；

（7）财产客观上不能处置的其他情形。

适用本条第（7）项终本结案的，应当经执行局法官会议研究同意或上一级法院批准。

4. 执行依据既确定被执行人承担金钱给付义务，又确定其承担交付特定物、作出特定行为等其他义务的，其他义务履行完毕或终结执行后，符合终本其他程序标准和实质标准的，可以终本结案。

5. 以终本方式结案，应当制作全景式终本裁定书，裁定书内容应包含案件执行的全过程。

终本裁定中应当告知异议权，载明有财产线索的可以向终本案件管理团队提供。终本案件管理团队联系方式应在执行谈话中或以通知书形式明确告知。

6. 执行法院应当明确专门人员为案件质效管理专员。

案件质效管理专员应当加强终本案件结案把关，着重审查线上调查是否全面、线下调查是否深入、财产处置是否见底、案款发放是否穷尽、约谈告知是否充分、文书内容是否规范。

7. 当事人、利害关系人认为终本结案违反法律规定，提出执行异议的，不适用《最高人民法院关于对人民法院终结执行行为提出执行异议期限问题的批复》规定的六十日限制。

异议成立的，裁定撤销终本裁定，予以恢复执行。

8. 执行法院应当在执行指挥中心（执行事务中心）安排专人负责日常接收当事人或其他人在终本结案后提交的被执行人财产线索。

申请执行人提供财产线索要求恢复执行的，执行法院应当审查判断是否为有效财产线索。对无效的财产线索，应当向当事人进行充分释明，争取当事人理解。对有效的财产线索，应当录入终本案件管理系统进行统一管理，并应当在七个工作日内进行核查；情况紧急的，应当在三个工作日内核查，根据核查情况决定是否恢复执行。

对于当事人提供的财产线索冷硬横推或置之不理的，一经查实，严肃处理。

9. 执行法院经审查认为被执行人确无可供执行财产，决定不予恢复执行的，应当经合议庭评议后以原执行案号出具裁定书，并告知救济权，但经释明后申请执行人书面认可不予恢复执行行为的除外。

申请执行人对不予恢复执行的裁定不服，提出执行异议或者向上级法院申请执行监督的，人民法院应当按照异议、复议或者执行监督有关规定处理。申请上级法院执行监督的，按照下列具体情形分别处理：

（1）被执行人确有可供执行财产的，责令立即恢复执行；

（2）执行法院对申请执行人提供的财产线索未予核查的，责令限期核查；

（3）被执行人确无可供执行财产，不符合恢复执行条件的，驳回监督申请。

10. 具有下列情形之一的，应当恢复执行：

（1）终本结案后取得财产处置权；

（2）已经裁定变更、追加被执行人；

（3）在登记机关查封的车辆、船舶等财产已被实际扣押；

（4）拍卖、变卖未成交的财产，经过一定时间具备重新处置条件；

（5）终本裁定被依法撤销；

（6）发现可供执行财产。

恢复执行的，可以不再发出执行通知书，但已经裁定变更、追加被执行人的除外。

11. 执行法院执行局局长对于终本案件质量负有主体责任，执行法官负有直接责任，上级法院负有监督管理责任，共同对终本案件质量负责，确保终本案件质量。

终本质量及整改效果应当作为执行局局长述职的重要内容。

12. 执行法院执行局局长应当定期、不定期组织执行干警特别是新进人员集中培训学习，确保执行干警熟练掌握、精准适用终本有关规定。

13. 执行法院应当建立自查工作机制，定期对终本案件开展自查，每季度对各执行法官所结终本案件按照一定比例或数量开展交叉评查，并通过执行例会、案例分析会或其他形式，对于发现的问题进行通报点评、自查自纠、堵塞漏洞。自查情况形成书面报告，及时报上一级法院备查。

执行法院应当将终本案件质量作为一项重要考核内容，考核结果作为执行人员评先、评优的重要参考。

14. 上级法院应加强对下级法院终本案件的监督管理，通过交叉评查、随机抽查等多种方式，加强对辖区法院终本案件的督导检查。

对于终本率较高以及信访、舆情反映违规终本问题突出的重点地区、重点法院，应当重点抽查。

抽查可以通过调阅电子卷宗进行，也可以通过调阅纸质卷宗进行。

15. 上级法院对于抽查结果，应当形成通报，责令限期整改；未按要求整改到位的，应当通过执行局长督办令进行重点督办。

对于连续两次抽查均发现有不合格案件的法院，上级法院应当约谈该院执行局局长。

约谈后拒不整改或整改效果欠佳的，应将有关问题通报所在法院党组，并视情将终本结案审批权上提至上一级法院审批把关。整改取得明显效果的，恢复终本结案审批权。

16. 上级法院对于发现的违法违规终本，情节较轻的，责令相关法院限期纠正；发现未开展任何工作或未依法处置财产即终本结案，胁迫当事人同意终本、认可被执行人无财产及虚构有关材料等，以及上级法院责令整改拒不整改的，启动"一案双查"，依法依规严肃处理，并在执行工作单独考核中予以扣分。

附件：终结本次执行程序案件全景式执行裁定书样本（供参考）

江苏省×××人民法院
执行裁定书

（20××）苏×××执×××号之××

申请执行人：×××，……。

法定代理人/指定代理人/法定代表人/主要负责人：×××，……。

委托诉讼代理人：×××，……。

被执行人：×××，……。

申请执行人×××与被执行人×××纠纷一案，×××作出的（××××）苏……号……书【写明据以执行的生效法律文书的名称】已经发生法律效力，依该裁判【判决书/调解书/裁决书】：……【写明生效法律文书确定的义务内容】。

因被执行人未按上述生效法律文书履行义务，申请执行人×××向本院申请强制执行，本院于××××年××月××日依法立案受理。

【（指定执行）因被执行人未按上述生效法律文书履行义务，申请执行人向××市中级人民法院申请执行，该院于××××年××月××日立案受理。后该院将本案指定本院执行，本院于××××年××月××日依法立案受理。】

【（恢复执行）因被执行人未按上述生效法律文书履行义务，××××年××月××日，本院根据申请执行人×××的申请立案首次执行，案号为（20××）苏×××执×××号，在首次执行中，共计执行到位金额×××元；另外，该案收取执行费×××元。×××年××月××日，本院根据申请执行人×××的申请立案恢复执行。】

在本案执行过程中，本院依法采取了下列措施：

【在本案执行过程中，申请执行人向本院提供了被执行人的相关财产线索，本院予以核查，并依法采取了下列措施：】

一、××年××月××日，向被执行人发出执行通知书、报告财产令、财产申报表等法律文书，并传唤其到本院接受调查询问，责令被执行人申报财产并立即履行生效法律文书确定的义务，但被执行人未予履行。

【××年××月××日，向被执行人发出执行通知书、报告财产令、财产申报表等法律文书，并传唤其到本院接受调查询问，责令被执行人申报财产并立即履行生效法律文书确定的义务，但被执行人至今下落不明，未履行义务，且未向本院申报财产。】

【××年××月××日，向被执行人发出执行通知书、报告财产令、财产申报表等法律文书，并传唤其到本院接受调查询问，责令被执行人申报财产并立即履行生效法律文书确定的义务，被执行人已到庭接受调查询问，履行了……（写明已履行部分义务的情况），并向本院申报了财产情况。（审核过程）】

二、××年××月××日、××年××月××日，通过网络执行查控系统向金融机构、网络支付机构、保险机构、证券机构、不动产登记部门、车辆登记部门、市场监管部门等发出查询通知。经分析财产查询反馈线索及后续执行，执行情况如下：

【××年××月××日、××年××月××日，通过最高人民法院"总对总"、江苏省高级人民法院"点对点"网络执行查控系统、××市不动产登记中心等向人民银行、金融机构、网络支付机构、保险机构、证券机构、不动产登记部门、车辆登记部门、市场监管部门、住房公积金管理部门等发起财产查询通知。经分析财产查询反馈线索及后续执行，执行情况如下：】

【××年××月××日、××年××月××日，通过网络执行查控系统查询及向有关单位调查，对被执行人的银行存款、房地产、车辆、对外投资等财产情况查明如下：】

【以下依次写明查询、查核申请执行人提供财产线索、被执行人报告财产的情况以及相关的处理及未能处理的情况。可按存款、房地产、车辆等动产、股权、证券、其他财产、财产权益等顺序书写，也可按涉及的不同案件处理情况分别书写】

1. 查明被执行人有银行存款合计×××元，本院已扣划×××元，扣缴执行费×××元后余×××元，已支付给申请执行人。

【查明被执行人暂无可供执行银行存款，其名下银行账户及网络支付账户已被本院依法冻结，银行账户（户名：××××，开户行：××××，账号：××××）冻结起始日期××年××月××日，冻结期限为××年；网络支付账户（户名：××××，开户行：××××，账号：××××）冻结起始日期××年××月××日，冻结期限为××年。申请执行人应于冻结期限届满十五日前书面向本院提出继续冻结的申请。】

【查明被执行人×××仅有×××存款，并告知申请执行人，对此申请执行人不要求法院采取强制措施。】

【查明被执行人×××的×××账户已被×××人民法院×××号案冻结，现该账户暂无可供执行存款，本院已发函×××人民法院参与分配。】

2. 查明被执行人有位于×××的房屋（房产证号：×××），经变价处理，得执行款×××元，扣缴执行费×××元后余×××元，已支付给申请执行人。

【查明被执行人有位于×××的房屋（房产证号：×××），上述房屋经××法院×××号案处理，得执行款合计×××元，本案已参与该案执行财产分配，申请执行人分配得×××元，扣缴执行费×××元后余×××元，已支付给申请执行人。】

【查明被执行人有位于×××房屋（产权证号：×××），该房屋系被执行人唯一住房且不符合法律规定的处置条件，暂时无法处置。】

【查明被执行人有位于×××的房屋（产权证号：×××），该房屋由××法院首次查封，暂无法处理，本院对该房屋予以轮候查封，并已发函××人民法院参与分配。上述房屋查封期限为×××，申请执行人应于查封期限届满十五日前书面向本院提出继续查封的申请。】

【对申请执行人提供的被执行人有位于×××的房屋（土地）的财产线索进行查核，未查到×××房屋的相关登记资料（查明该房屋登记所有人并非被执行人）。】

3. 查明被执行人×××有×××汽车（车牌号：×××），经变价处理，得执行款×××元，扣缴执行费×××元后余×××元，已支付给申请执行人。

【查明被执行人有×××汽车（车牌号：×××），经本院×××号案处理，得执行款合计×××元，本案已参与该案执行财产分配，申请执行人分配得×××元，扣缴执行费×××元后余×××元，已支付给申请执行人。】

【查明被执行人有×××汽车（车牌号：×××），现该车去向不明，暂未能实际扣押。本院已查封该车辆（××年××月××日查封期限届满），申请执行人应于查封期限届满十五日前书面向本院提出继续查封的申请。】

【查明被执行人有×××汽车（车牌号：×××），该车辆由×××法院首次查封，暂无法处理，本院对该车辆予以轮候查封，并已发函×××人民法院参与分配。上述车辆查封期限为×××，申请执行人应于查封期限届满十五日前书面向本院提出继续查封的申请。】

【对申请执行人提供的被执行人有×××汽车（车牌号：×××）的财产线索进行查核，未查到×××号汽车的相关登记资料（查明该车辆登记所有人并非被执行人）。】

4. 查明被执行人在×××公司持有股票（股权）×××，经变价处理，得执行款×××元，扣缴执行费×××元后余×××元，已支付给申请执行人。

【查明被执行人在×××公司持有股票（股权）×××，经本院×××号案处理，得执行款合计×××元，本案已参与该案执行财产分配，申请执行人分配得×××元，扣缴执行费×××元后余×××元，已支付给申请执行人。】

【查明被执行人×××持有×××公司股票（股权）×××，该股票（股权）由×××法院首次查封，暂无法处理，本院予以轮候查封，并已发函×××人民法院参与分配。上述股权查封期限为×××，申请执行人应于查封期限届满十五日前书面向本院提出继续

查封的申请。】

【对申请执行人提供的被执行人×××在×××公司持有股票（股权）的财产线索进行查核，未发现被执行人×××在×××公司持有股票（股权）。】

5. 查明被执行人在×××公司有工资收入（养老金）每月×××元，扣留或提取被执行人的工资收入（养老金）共计×××元，自××年××月×日按月扣留或提取其工资收入（养老金）×××元至申请执行人×××的银行账户（户名：××××，开户行：×××，账号：××××）。

【查明被执行人在×××公司有工资收入（养老金）每月×××元，扣留或提取被执行人的工资收入（养老金）共计×××元，或提取被执行人的工资收入（养老金）共计×××元，自××年××月×日冻结、按月扣划被执行人工资（养老金）账户内的存款×××元至申请执行人×××的银行账户（户名：××××，开户行：××××，账号：×××）。】

【查明被执行人在×××公司有工资收入（养老金）每月×××元，该被执行人工资（养老金）账户由×××法院首次冻结，暂无法处理，本院予以轮候冻结，并已发函×××人民法院参与分配。】

6. 查明被执行人有住房公积金合计×××元，本院已扣划×××元，扣缴执行费×××元后余×××元，已支付给申请执行人。

【查明被执行人有住房公积金合计×××元，该住房公积金由×××法院首次冻结，暂无法处理，本院予以轮候冻结，并已发函×××人民法院参与分配。】

【查明被执行人在江苏省范围内无职工个人住房公积金缴纳记录。】

7. 经申请执行人申请，向第三人×××发出履行到期债务通知书，得执行款×××元，扣缴执行费×××元后余×××元，已支付给申请执行人。

【经申请执行人申请，向第三人×××发出履行到期债务通知书，第三人×××对此提出异议，暂无法强制执行。】

三、查明被执行人有×××【写明具体财产内容】，本院依法委托×××对上述财产进行评估，评估价为×××元，于××年××月××日、××年××月××日在本院××司法拍卖网络平台上进行公开拍卖，经两次拍卖均流拍；于××年××月××日至××年××月××日在本院××司法变卖网络平台上进行公开变卖，仍未成交，本院于××年××月××日发出以物抵债通知书，但无人申请以物抵债。

【查明被执行人名下有拆迁款尚未发放和拆迁安置房尚未交付，本院于××年××月××日向协助机关×××送达《协助执行通知书》，冻结被执行人名下的拆迁款和查封拆迁安置房。目前房屋拆迁时间无法确定，暂不具备执行条件。】

四、××年××月××日，通过对被执行人户籍地、居住地（基层组织）进行现场调查（委托调查），未能查找到被执行人的下落或可供执行的财产（或了解到被执行人已丧失劳动能力等情况)。

【（被执行人为法人或其他组织的）对被执行人的住所地、经营场所、主要财产所在地进行现场调查（委托调查），未能查找到被执行人的可供执行的财产（或了解到被执行人已经歇业等情况）。】

五、××年××月××日，因被执行人×××未履行生效法律文书确定的金钱给付义务，本院依法采取限制消费措施，限制其高消费。

【因被执行人×××有履行能力而拒不履行生效法律文书确定的义务、违反财产报告制度，本院将其纳入失信被执行人名单，依法予以信用惩戒。】

六、××年××月××日，因被执行人……【写明采取强制措施具体事由】，对被执行人采取……【写明拘留天数或罚款金额】的司法拘留（或罚款）措施。

七、××年××月××日，经申请执行人申请，依法采取公告悬赏措施，但未征集到财产线索。

八、××年××月××日，经申请执行人申请，向申请执行人发放调查令×××份。

九、××年××月××日，对被执行人及其住所（或经营场所）进行搜查，但未发现可供执行的财产。

十、××年××月××日，委托×××法院调查被执行人的×××财产（如房地产、车辆等）信息，但反馈未发现可供执行的财产。

××年××月××日，本院约谈申请执行人（向申请执行人发出执行情况、风险告知书），告知其上述调查和执行情况，并告知其可以对被执行人行使申请审计、申请破产、悬赏执行等权利，同时要求其提供被执行人其他财产线索。申请执行人对本院的执行情况和查明的事实无异议，暂无被执行人其他财产线索，不申请对被执行人采取委托财务审计、移送破产审查、公告悬赏执行等调查措施，（并同意终结本次执行程序）。

【本院约谈申请执行人（向申请执行人发出执行情况、风险告知书），已告知申请执行人本案的执行情况、财产调查措施、被执行人的财产情况、终结本次执行程序的依据及法律后果等，申请执行人在指定期限内未向本院提供被执行人的可供执行财产线索，（并同意终结本次执行程序）。】

本案现已执行到位×××元，其中，本金×××元，利息×××元，迟延履行金（迟延履行利息）×××元，尚未执行到位×××元。本案收取执行费×××元。

【本案执行标的为×××元及迟延履行期间的债务利息，已执行到位×××元，剩余×××元及相应利息暂未执行到位。本案收取执行费×××元。】

上述事实，有各协助执行单位出具的财产查询回执、执行笔录等证据在卷佐证。

本院认为，本案申请执行人享有的债权依法受法律保护，但债权的实现取决于被执行人是否有履行债务的能力。在本次执行程序中，本院依职权对被执行人的财产进行了调查，已发现的财产均已处置完毕，未发现被执行人有其他可供执行的财产【在本次执行程序中，本院依职权对被执行人的财产进行了调查，除上述×××（此处写明发现但未能处置的财产情况）之外，未发现被执行人有其他可供执行的财产】，申请执行人亦未提供被执行人其他可供执行的财产线索，（并同意终结本案的本次执行程序），本次执行程序应予终结。依照《中华人民共和国民事诉讼法》第一百五十四条第一款第（十一）项、《最高人民法院关于适用〈中华人民共和国民事诉讼法〉的解释》第五百一十九条之规定，裁定如下：

终结本院（××××）苏……号……书【写明据以执行的生效法律文书的名称】的本次执行程序。

本案在执行过程中查封、冻结被执行人名下财产，如申请执行人需继续查封、冻结的，应当在期限届满十五日前向本院提交书面申请。逾期视为放弃查封、冻结措施。

终结本次执行程序期间，被执行人负有向申请执行人继续履行债务的义务；财产状况发生变化的，应如实向本院报告，直至债务全部履行完毕。

申请执行人享有要求被执行人继续履行债务的权利，发现被执行人有可供执行财产的，可向本院申请恢复执行。申请执行人申请恢复执行不受申请执行时效期间限制。

本裁定送达后立即生效。如不服本裁定，可依法向本院提出异议，并按对方当事人人数书面递交执行异议申请书及副本。

审　判　长　×××

审　判　员　×××

审　判　员　×××

××××年××月××日

法 官 助 理　×××

书　记　员　×××

江苏省高级人民法院
关于进一步规范查封、扣押、冻结财产工作指引

（苏高法〔2022〕21 号）

为进一步规范民事诉讼保全和执行案件查封、扣押、冻结财产行为，强化善意文明执行理念，保障当事人、利害关系人合法权益，优化营商环境，根据《中华人民共和国民事诉讼法》《最高人民法院关于人民法院民事执行中查封、扣押、冻结财产的规定》《最高人民法院关于人民法院办理财产保全案件若干问题的规定》《最高人民法院关于在执行工作中进一步强化善意文明执行理念的意见》等法律和司法解释的规定，结合全省法院工作实际，制定本指引。

一、一般要求

1. 人民法院在办理民事诉讼保全或者执行案件时，应当在民事诉讼保全裁定或者执行依据确定的金额范围内依法及时采取查封、扣押、冻结措施，不得明显超标的额查封、扣押、冻结财产。

人民法院应当坚持平等保护各方当事人合法权益。发现超标的额查封、扣押、冻结的，应当依申请或者依职权，依法及时解除明显超标的额部分财产的查封、扣押、冻结措施，或者变更查封、扣押、冻结的财产。

2. 人民法院采取查封、扣押、冻结措施时，应当对查封、扣押、冻结财产的价值及其可用于清偿本案债权的金额进行大致估算。因情况紧急一时难以估算的，可以先行查封、扣押、冻结，但应当及时进行事后估算，并根据估算情况合理调整查封、扣押、冻结的财产。

3. 有多项财产可供查封、扣押、冻结的，人民法院应当贯彻善意文明执行理念，合理选择对被执行人或被保全人生产生活影响较小且方便执行的财产执行。

4. 查封、扣押、冻结的财产为不可分物，或者虽为可分物但分割查封、扣押、冻结会严重减损其价值的，人民法院可以整体查封、扣押、冻结。

对登记在同一权利证书下的不动产整体查封后，被保全人或被执行人以超标的额查封为由申请分割查封的，人民法院应告知其先向相关部门提出分割登记申请，并及时协调相关部门办理分割登记，在分割登记后解除对超标的额部分的查封。

二、保全裁定与保全实施的衔接

5. 立案、审判部门审查财产保全申请，应当依照最高人民法院《关于人民法院办理财产保全案件若干问题的规定》第一条和第十条规定，要求申请保全人提供明确的被保全财产信息或者线索、注明被保全财产的预估价值，并审查是否明显超过申请保全标的额；明显超过标的额的，应当要求申请保全人调整被保全财产。

立案、审判部门移送执行机构实施保全裁定的，应当同时移送保全财产清单。执行机构应当自收到案卷材料之日起三日内开始执行。情况紧急的，应当立即开始执行。

6. 财产保全裁定仅载明保全金额的，执行机构应当按照立案、审判部门移送的财产清单，在保全金额范围内采取保全措施；未移送财产清单，或者财产清单中财产价值尚未达到保全金额的，执行机构可以根据申请保全人提供的财产信息或者线索，采取保全措施。

裁定保全的财产为特定标的物的，执行机构不得对其他财产采取保全措施。

申请保全人书面申请使用网络执行查控系统查询被保全人财产的，执行机构应当严格依照最高人民法院的相关规定办理。

三、依法及时采取查封、扣押、冻结措施

7. 办理执行案件时，执行机构收到立案部门移送的执行案件卷宗后，应当在二十四小

时内通过网络执行查控系统发起查询。

网络执行查控系统反馈被执行人名下有 1000 元以上存款或价值 1000 元以上其他可供执行财产的，应当在查询结果反馈后二十四小时内采取查封、冻结措施。无法通过网络执行查控系统采取查封、扣押、冻结措施的，应当在收到反馈结果后三日内线下采取相应措施。

8. 办理执行案件时，对于申请执行人提供的财产线索，能通过网络执行查控系统核查的，应当在收到财产线索之日起三日内发起网络核查。如发起网络核查后满十五日未收到反馈结果的，应当在三日内进行线下核查。

对于不能通过网络执行查控系统核查的财产线索，应当在收到财产线索之日起七日内进行线下核查；情况紧急的，应当在三日内进行线下核查。

四、查封、扣押、冻结财产价值的估算

9. 人民法院在保全案件中对已查封、扣押、冻结财产是否超标的额的认定，原则上应以查封、扣押、冻结该财产时的实际价值为准，一般无须考虑财产处置时是否降价问题。

10. 执行案件中执行标的金额为案件债权额及执行费用总额。案件债权额包括生效法律文书确定的债权、迟延履行期间的债务利息、诉讼费用等；执行费用包括申请执行费及询价评估费、拍卖辅助费、保管费、代履行费用等实际支出的必要费用。适用参与分配程序的，执行标的金额应当包括全体参与分配申请人对债务人享有的债权额。

对执行案件中已查封、扣押、冻结财产是否超标的额的认定，应当综合财产性质、财产价值、执行变现过程中可能出现的流拍降价、利息增加等因素进行衡量。

11. 查封、扣押、冻结财产的价值，一般应根据下列情形估算：

（1）冻结银行存款、公积金等资金账户的，以实际冻结的金额（含冻结后转入的金额）计算；

（2）查封住宅、商铺类房产的，参照同地段、同条件房产的市场价格估算。查封房屋为一手房的，参照房地产开发企业的销售价格、当地房地产管理部门发布的指导价格，以及同类房屋买卖合同备案价估算；查封房屋为二手房的，参照同地段或相近地段的房屋司法拍卖成交价、二手房市场成交价、房产中介机构发布的二手房报价、司法网络询价、该房屋抵押时所用评估报告载明的价格等，并结合装修情况估算；

（3）查封工业用房地产的，参照周边土地及工业用厂房市场价格、税务机关核定价格，结合建设规划调整等因素估算；

（4）查封土地使用权的，参照土地出让合同记载的出让金额，并结合相近地段同类土地使用权的市场价格估算；

（5）预查封在建工程的，参照该工程投资额、完成工程量、销售情况、工程欠款、拆迁安置、欠缴税费等估算；

（6）查封车辆、船舶等特殊动产并实际扣押的，参照二手市场同类型动产报价估算；

（7）查封机器设备、成品和半成品、原材料等动产并已实际控制该动产的，以发票上

载明的购买价格或新品出厂价格，结合使用年限等综合因素估算；

（8）冻结投资型保险、基金、信托收益等的，参照票面价值、市场价值估算；

（9）冻结到期债权的，以生效法律文书确定的债权数额或者第三人确认的到期债权数额，并结合执行可能性估算；

（10）冻结上市公司股票的，以冻结前一交易日收盘价为基准，结合股票市场行情估算；

（11）冻结上市公司股票以外的其他有价证券，该有价证券有公开交易市场的，参照冻结上市公司股票的方法估算实际冻结到位金额；该有价证券无公开交易市场的，以票面价值估算；

（12）冻结有限责任公司股权、非上市股份有限公司股权的，参照公司最近一期财务报表载明的所有者权益总额及实际出资额估算；无法获取财务报表的，以该公司股东实际出资额估算；

（13）查封、扣押、冻结其他财产或权益的，以能证明该财产或权益价值的相关材料估算。

除银行存款外，当事人对查封、扣押、冻结财产的价值有约定的，可以参照当事人的约定估算。

12. 估算查封、扣押、冻结财产的价值，应当考虑查封、扣押、冻结财产的从物价值和孳息。

查封、扣押、冻结的财产灭失、毁损或被依法征收的，该财产的价值以该财产的替代物、赔偿款（物）或征收补偿款（物）确定。

13. 查封、扣押、冻结的财产具有下列情形的，该财产价值原则上不计入实际查控到位金额：

（1）银行存款账户系为他人设置的保证金账户，但该账户内承担保证金功能之外的剩余资金，应计入实际查控到位金额；

（2）查封但未实际扣押的机动车、船舶等特殊动产；

（3）查封、扣押、冻结设有其他建设工程价款优先受偿权、抵押权、质权、留置权等已知受偿顺位在先的优先债权的财产；

（4）轮候查封、扣押、冻结的财产，但该财产转为首轮查封、扣押、冻结的，应计入实际查控到位金额；

（5）执行他人到期债权，他人未确认或者虽确认但明显不能清偿的债权数额。

被查封、扣押、冻结的财产系与他人按份共有的，按照被保全人或被执行人享有的份额计算实际查控到位金额；与他人共同共有的，除有相反证据证明外，按照各共有人平均份额计算实际查控到位金额。

14. 季节性商品、鲜活、易腐烂变质以及其他不宜长期保存的物品价值，以同期市场价格计算。

人民法院裁定对季节性商品、鲜活、易腐烂变质以及其他不宜长期保存的物品采取保全措施的，应当责令当事人限期处理，将价款交付人民法院；必要时，立案、审判部门可以作出变卖及保存价款裁定，由执行机构实施。

15. 参照本指引第11、12、13条以及其他相关财产信息，仍然难以估算财产价值的，可以通过询价或评估方式确定财产价值。

财产保全中，人民法院应当根据当事人提供的证明申请保全财产价值的证据及该财产实际情况确定该财产价值。执行案件中，人民法院应当根据财产的估算价值采取查封、扣押、冻结措施；申请执行人提供相应证据主张查封、扣押、冻结财产价值不足以清偿本案债权的，人民法院应当及时审查并采取相应措施。

五、查封、扣押、冻结措施的变更、解除及财产置换

16. 被保全人或第三人请求以其他等值财产置换被保全财产，或者提供充分有效担保请求解除保全的，分别由下列部门或机构审查处理：

（1）诉前财产保全所涉案件尚未立案，由立案部门依法审查处理；

（2）财产保全所涉案件正在审理或者已经审结尚未立案执行，由审判部门依法审查处理；

（3）财产保全所涉案件已经立案执行，由执行机构依法审查处理。

前款中由审判部门审查处理的事项，财产保全所涉审判案件已经进入二审、再审程序的，由当前程序审判部门审查处理。

17. 执行案件办理中，被执行人请求以其他等值财产置换，或者提供充分有效担保请求解除被查封、扣押、冻结财产的，由执行机构依法审查处理。

18. 被保全人或被执行人提出置换或解除被查封、扣押、冻结财产申请的，人民法院应当事先征求申请保全人或申请执行人意见。申请保全人或申请执行人同意的，可以直接裁定置换或解除；不同意的，应当严格审查申请理由的合理性以及提供担保的合法性、充分性、可执行性、可变现性、变现难易程度、价值稳定性等，并依法作出是否准许的决定。

当事人对是否置换或解除被查封、扣押、冻结财产争议较大的，人民法院应当组织双方当事人进行听证。

19. 对被保全人或被执行人提出的置换或解除被查封、扣押、冻结财产申请，根据下列情形决定是否准许：

（1）为盘活资产、缓解生产经营或生活困难，提供充分有效担保的，应予准许；

（2）被冻结账户内资金已达到保全或执行金额，申请将相应数额资金划转至其他账户予以冻结，同时解除该账户冻结的，应予准许；

（3）被保全人通过银行、保险公司、证券公司等提供独立保函、信用担保等，申请解除保全的，应予准许；

（4）申请以被查封、扣押、冻结财产融资，并用融资款置换被查封、扣押、冻结财产的，在确保能够严格控制相应融资款的前提下，可以准许，但人民法院应当监督被保全人

按照合理价格融资，并协调有关部门做好财产解封、抵押或质押登记等事宜；

（5）冻结上市公司股票后，被保全人申请将冻结措施变更为可售性冻结的，应予准许，但应当提前对被保全人在证券公司的资金账户采取明确具体的限额冻结措施；在执行过程中，被执行人申请通过二级市场交易方式自行变卖股票清偿债务的，人民法院可以按照前述规定办理，但应当要求其在十个交易日内变卖完毕；

（6）申请自行变卖被查封、扣押、冻结财产，人民法院在确保变价款汇入法院指定账户或通过其他方式能够控制变价款的前提下，可以准许。但人民法院应当监督被保全人或被执行人在六十日内按照合理价格变卖，并控制相应价款。

申请对作为案涉争议标的的被查封、扣押、冻结财产自行变卖或解除查封、扣押、冻结的，须经申请保全人同意。

被保全人或者被执行人以及第三人为置换被查封、扣押、冻结财产而提供的担保财产，其价额明显高于裁定保全标的额或者执行标的额的，不视为超标的额查封、扣押、冻结。

20. 对商品房预售资金监管账户、农民工工资专用账户和工资保证金账户内资金，应当依法审慎采取保全、执行措施，支持保障相关部门防范应对房地产项目逾期交付风险，维护购房者合法权益，确保农民工工资支付到位。冻结商品房预售资金监管账户的，应当及时通知当地住房和城乡建设主管部门；除当事人申请执行因建设该商品房项目而产生的工程建设进度款、材料款、设备款等债权案件外，在商品房项目完成房屋所有权首次登记前，对于预售资金监管账户中监管额度内的款项，不得采取扣划措施，不得影响账户内资金依法依规使用。除法律另有专门规定外，不得以支付为本项目提供劳动的农民工工资之外的原因冻结或者扣划农民工工资专用账户和工资保证金账户资金；为办理案件需要，人民法院可以对前述两类账户采取预冻结措施。

21. 商品房预售资金监管账户被人民法院冻结后，房地产开发企业、商品房建设工程款债权人、材料款债权人、租赁设备款债权人等请求以预售资金监管账户资金支付工程建设进度款、材料款、设备款等项目建设所需资金，或者购房人因购房合同解除申请退还购房款，经项目所在地住房和城乡建设主管部门审核同意，监管银行予以支付的，不视为擅自支付，但监管银行应当将付款情况及时向人民法院报告。

22. 商品房预售资金监管账户、农民工工资专用账户和工资保证金账户等具有特定用途的账户，或者他人具有优先权的账户，除确有证据证明提供担保的账户有多余资金可供保全或执行外，不得作为变更保全的担保账户。

被保全人或案外人申请用账户资金置换被保全财产的，对该账户的性质以及是否有多余资金可供保全或执行，应当提供相应证据予以证明。

六、违法违规查封、扣押、冻结的救济程序

23. 执行案件中，被执行人、利害关系人认为人民法院违法违规查封、扣押、冻结的，可以向执行机构申请纠正，也可以向执行裁判部门提出执行异议。

向执行机构申请纠正的，执行机构经审查，认为确实存在违法违规查封、扣押、冻结的，应当依法及时纠正；执行机构认为不存在违法违规查封、扣押、冻结的，应当向当事人释明可以向执行裁判部门申请审查，也可以将有关材料于七日内移送执行裁判部门审查。

向执行裁判部门提出执行异议的，执行裁判部门应将案件受理情况告知执行机构。执行机构在执行异议审查期间自行纠正违法违规查封、扣押、冻结行为，异议申请人不撤回异议申请的，执行裁判部门应当裁定驳回异议申请。异议申请人对执行机构的纠正行为另行提起执行异议的，人民法院应当依法受理。

执行裁判部门经审查作出解除查封、扣押、冻结裁定的，应在三日内交执行机构实施。

24. 财产保全所涉审判案件尚未进入执行程序，被执行人、利害关系人主张违法违规查封、扣押、冻结的，由实施保全裁定的部门参照本指引第23条处理。

被保全人、利害关系人主张保全裁定超出诉讼标的额或者有其他违法违规问题的，由作出财产保全裁定的立案或者审判部门审查。案件已经进入下一程序的，由有关程序对应的受理部门负责审查。

25. 被保全人或被执行人、利害关系人主张违法违规查封、扣押、冻结的，人民法院应当向其释明由其提供证据证明其主张。

一方当事人以超标的额查封为由提出执行异议，争议较大的，人民法院可以根据当事人申请进行评估。

26. 被查封、扣押、冻结财产不是诉讼争议标的物，案外人基于实体权利主张保全裁定或者查封、扣押、冻结措施违法，要求解除查封、扣押、冻结措施的，由执行裁判部门根据民事诉讼法　第二百三十四条的规定审查并作出裁定。

27. 被保全人或被执行人、利害关系人主张超标的额查封、扣押、冻结的，人民法院应当征求申请保全人或申请执行人意见。

28. 人民法院经审查认定属于超标的额查封、扣押、冻结财产的，应当合理选择查封、扣押、冻结的财产，并裁定解除超标的额部分的查封、扣押、冻结措施。

江苏省高级人民法院
关于强化依法规范公正善意文明执行理念
进一步做好优化营商环境工作的指导意见

（江苏省高级人民法院审委会会议纪要〔2020〕4号）

为全面贯彻落实《中央全面依法治国委员会关于加强综合治理从源头切实解决执行难

问题的意见》《最高人民法院关于在执行工作中进一步强化善意文明执行理念的意见》《最高人民法院关于进一步做好优化营商环境工作的意见》《中共江苏省委全面依法治省委员会关于加强综合治理从源头切实解决执行难问题的实施意见》等文件精神，充分发挥执行职能作用，依法保护各类市场主体的合法权益，做好"六稳"工作，落实"六保"任务，推动法治化营商环境建设，现根据相关法律及司法解释规定精神，结合我省法院执行工作实际，制定本指导意见。

一、总体要求

1. 指导思想。坚持以习近平新时代中国特色社会主义思想为指导，全面贯彻落实党的十九大、十九届四中全会以及《中央全面依法治国委员会关于加强综合治理从源头切实解决执行难问题的意见》精神，紧紧围绕"努力让人民群众在每一个司法案件中感受到公平正义"根本目标，坚持树立依法、规范、公正、善意、文明执行工作理念，落实推进国家治理体系和治理能力现代化、推进社会诚信体系建设各项要求，加快推进执行工作体系和执行工作能力现代化。

2. 基本原则

（1）合法原则。严格按照法律规定推进执行程序，依法查控、处置财产，依法规制失信背约行为，依法保护产权，最大限度实现胜诉当事人合法权益。

（2）合理原则。执行权的行使应正当合理，在依法兑现胜诉权益的同时，兼顾各方当事人的利益诉求，防止因执行行为给债务人带来不必要的负担。

（3）比例原则。执行过程中，执行手段与执行目的、债权人实现的利益与债务人付出的代价大致相称，合乎比例。

（4）效益原则。切实提高执行质效，降低执行成本，努力实现执行效率与执行效果最大化。

二、依法规范财产保全行为

3. 善意选择保全财产。坚持以方便执行以及实现保全目的为前提，善意选择保全财产类型。

（1）被保全人有不动产、银行存款、机器设备、原材料、半成品、产品可供保全，且处于生产经营状态的，应当优先选择对其生产经营活动影响较小的财产予以保全；

（2）被保全人请求对其某一特定财产予以保全的，在不影响执行效率和效果的前提下，应当准许；不准许的，应有合理正当理由。

4. 适时变更保全财产。财产保全后，情况发生下列变化的，人民法院可以根据被保全人申请，及时变更被保全财产或保全措施：

（1）被保全人为盘活资产、缓解生产经营困难，提供其他等值财产置换保全财产或者被查封账户的，原则上应予同意；

（2）被保全人基本账户内资金已达到保全金额的，被执行人申请将相应资金数额划转至其他账户予以冻结，解除对基本账户冻结的，应予同意；

（3）被保全人请求处置被保全财产或财产性权利，并承诺将保全价额足额交付保全，且能够控制变价款的，可予同意。

5. 合理确定保全范围。诉讼保全的财产价额应当与债权人请求实现的债权数额大致相当，不得明显超标的查封。

（1）查封的不动产价值明显超出保全金额，如果能够分割保全的，应当对分割后的相应价额部分予以保全；

（2）查封的不动产价值明显超出保全金额，但在使用上可以分割的，经被执行人申请，应及时协调相关部门办理分割登记，并解除对超标的部分的查封；

（3）财产保全系轮候查封，在先查封措施解除后应对查封财产价值重新衡量，及时解除超标的部分的查封；

（4）查封财产上设有他人享有的抵押、质押等担保物权，该担保物权基于其他财产已实现的，应及时解除超标的部分财产的查封，但法律行政法规另有规定的除外。

6. 充分发挥财产效用。在不影响债权实现或者不构成价值严重贬损前提下，应当充分发挥被保全的财产效用或保值增值功能，提高债务人生存及履行债务能力。

（1）查封的厂房、土地、机器设备等生产资料，能够创造价值或具有使用价值的，可以允许债务人继续生产经营；

（2）查封债务人正在建设的工程项目，且具备继续施工建设条件的，可以允许其继续施工建设；

（3）查封的建筑物已具备销售条件的，可以允许债务人在债权人或者人民法院监管下予以销售，并对销售款予以保全；

（4）查封债务人需要继续加工的半成品物件的，可以在债权人或者人民法院的监管下允许其继续生产加工；

（5）被保全人请求以查封财产融资偿还债务，在能够控制融资款情形下，人民法院可以准许，并积极配合债务人做好相关解封、抵押或质押登记等事项。

7. 依法豁免保全财产。根据法律、行政法规以及司法解释规定，不得对债务人下列财产或资金账户采取查封措施：

（1）《最高人民法院关于人民法院民事执行中查封、扣押、冻结财产的规定》第五条列举的债务人财产；

（2）农民工工资专用账户资金和工资保证金，但支付为该项目提供劳动的农民工工资除外；

（3）金融机构在人民银行的存款准备金；

（4）信托财产人民币专用存款账户；

（5）社会保险机构开设的社会保险基金账户；

（6）学校、幼儿园、医疗机构等为公益目的成立的非营利法人的教育设施、医疗卫生设施和其他公益设施；

（7）重大突发公共事件期间，承担疫情防控、应急处置等任务的被执行人用于防控、应急、救援的财产；

（8）依照法律、行政法规以及司法解释规定不得查封的其他财产。

三、依法高效推进执行程序

8. 合理选择执行财产。被执行人有多项财产可供执行或者存在多个被执行人的，应选择最有利于债权人及时实现债权及最大化实现被执行人财产价值的财产执行。

（1）被执行人有现金、存款等货币类财产的，优先执行其货币类财产；

（2）被执行人已就其债务提供抵押、质押等担保财产的，优先执行其提供担保的财产；

（3）被执行人有不动产及动产类财产，动产类财产能够满足债权的，优先执行其动产类财产；

（4）被执行人有多项财产可供执行，优先执行可最大化实现其价值的财产；

（5）被执行人有多个可变价财产，优先执行其容易变价的财产；

（6）被执行人有多个主体且均有执行便利性相同的财产的，优先执行主债务人的财产。

9. 合理控制执行成本。最大限度减少执行过程中不必要的时间拖延及费用支出，切实减轻执行当事人的负担。

（1）压降案均结案用时。有财产可供执行案件必须在法定时间以及最短时间内执行到位，降低被执行人迟延履行利息和加倍部分债务利息负担；

（2）压降财产变价成本。坚持优先采取当事人协商定价或网络询价方式确定拍卖保留价，降低被执行财产变价过程中不必要的费用支出；

（3）切实提升首拍成交率。合理确定拍卖保留价，提升被执行财产首拍成功率，有效防止因再次拍卖或变卖导致执行财产价值贬损。

（4）完善繁简分流工作机制。坚持"简案快执，难案精执"，结合"一次性有效执行"，不断提高执行效率。

10. 充分实现财产价值。坚持网络拍卖方式处置执行财产，并加强网络拍卖司法宣传，吸引更多潜在买受人参与竞拍，最大限度提高执行财产溢价率。

（1）执行财产需要拍卖的，除法律、行政法规及司法解释规定的情形外，一律通过网络司法拍卖方式予以拍卖；

（2）执行财产系整栋整层楼盘、连片商铺或别墅等不动产，数量较多且属于同一类型，应按照有利于最大限度实现财产价值的原则，选择分别变价、分批次变价或整体变价；

（3）多项财产分别变价时，部分财产的变价款足以清偿债务的，应当停止处置剩余财产，但被执行人同意全部变价的除外；

（4）被执行人申请对查封财产直接变卖偿还债务，变卖款足以清偿所有执行债务或者债权人同意的，可予准许。

11. 积极探索债务人自行处置执行财产制度。被执行人要求自行变卖查封财产清偿债务，执行法院能够控制变价款，且符合下列情形之一的，可以准许并监督被执行人在最长不超过60日期限内予以变卖：

（1）执行财产为鲜活、易腐、时令性等需要快速变价的物品或专业性强、受众面小的物品；

（2）申请执行人同意，且经审查不存在被执行人与他人恶意串通情形的；

（3）变价财产价值明显高于债权数额，变价款足以清偿所有执行债务的；

（4）执行当事人经自主协商，同意以查封财产抵偿申请执行人全部债务，且不损害其他债权人利益的，但执行法院不得据此作出抵债裁定；

（5）被执行人以网络询价或评估价过低为由提出异议，申请以不低于网络询价或评估价自行变卖查封财产清偿债务且不存在被执行人与他人恶意串通低价处置财产情形的。

12. 尽力避免财产价值贬损。严格避免执行财产处置中可能产生的财产权益或价值减损问题。

（1）执行财产处置前，被执行人提出以执行财产融资偿还债务，且融资数额足以实现债权人利益的，可予支持，并监督其在最长不超过60日内予以融资；

（2）执行财产第二次流拍后，被执行人提出以流拍价融资的，应结合拍卖财产情况、流拍价与市场价差异程度等因素酌情考虑。准许融资的，暂不启动强制变卖程序；

（3）执行财产系债务人唯一住房等不动产，整体价值过高且无法分割处置，债权数额仅占执行财产价值较小部分，被执行人提出通过抵押贷款方式偿还债务的，可予同意；

（4）债权人撤回执行申请、被执行人履行全部债务以及当事人达成执行和解协议的，应停止财产处置行为；

（5）被执行人在拍卖或变卖日前缴纳足额金钱以清偿债务，要求停止拍卖且愿意负担因拍卖支出的必要费用，请求撤回拍卖或变卖行为的，应予同意。

13. 及时兑现胜诉权益。除案外人或利害关系人提出执行异议以及其他债权人申请参与分配等法定情形外，必须按时发放执行案款。

（1）严格执行"一案一人一账号"制度。全面发挥执行案款到账短信通知、逾期未发放款项预警提示等系统功能，无争议执行款在到账后30日内必须发放给债权人；

（2）健全完善执行款物管理系统。建立网络化收付执行款工作机制，确保执行案款收支便利、全程留痕、发放及时；

（3）严格不明案款清理监管。彻底清理历史沉淀的不明执行案款，能够甄别出债权人的应尽快发放；无法甄别的，可暂交财政部门监管或者探索提存等方式予以单独管理，并严格落实线上线下五级审批制度。

四、依法创新拓展执行措施

14. 灵活采取执行措施。根据执行财产的具体情形，因案施策，确保执行财产价值最大化。

（1）执行财产系整体价值过高且无法分割处置的不动产，债权数额仅占执行财产价值较小部分，被执行人提出通过租金收入偿还债务的，可予同意；

（2）被执行人系市场前景较好企业法人，处置其现有财产可能导致其陷入困境或被迫破产清算，可积极推动执行当事人达成分期履行债务的和解协议，或者通过兼并重组、引入第三方资金等方式盘活企业资产，帮助企业恢复生机，提质增效，重返市场；

（3）被执行人系市场前景较好企业法人，且涉及拖欠职工工资及职工安置等问题，对被执行人财产整体处置有利于债权实现、被执行企业发展以及职工利益的，可对被执行人财产予以整体处置；

（4）被执行人系企业法人，涉及职工工资及职工安置等问题，且处置其资产将影响职工权益或职工安置的，可探索适用附条件拍卖方式对执行财产予以处置，但应在拍卖公告中特别注明竞买人应书面承诺愿意承担实现职工权益、安置企业职工等条件，并在拍卖成交确认裁定中予以表述。

15. 妥善处置在建工程。执行财产为尚未建设完毕的工程项目，无法现状处置或者现状处置可能会严重贬损财产价值，不利于保护被执行人利益的，应区分以下情形合理选择变价措施：

（1）建设项目为被执行人所有且仍在正常建设的，执行法院应积极促成执行案件当事人达成执行和解协议，暂缓执行，待工程建设完毕后再行变价。无法达成和解协议，被执行人提供相应担保并承诺在合理期限内完成建设的，可以暂缓采取变价措施；

（2）建设项目为被执行人所有，但已经停止建设，且被执行人已丧失或基本丧失复工续建能力的，执行法院可探索协调政府有关部门及执行当事人，通过委托第三方代建等方式予以复工建设，促进该建设项目尽快竣工，实现其价值最大化。

16. 加大"执转破"工作力度，推动"与个人破产制度功能相当的改革试点工作"。落实破产保全制度，鼓励执行当事人尽早运用破产程序处理债务，有效维护债务人资产的完整性，助力有运营价值企业继续经营。

（1）对于现有财产不能偿还其全部债务的企业法人的案件，加大破产保护理念宣传，充分发挥破产重整制度的救治功能，合理平衡债权人、债务人、出资人、职工等利害关系人利益，实现资源优化配置和社会价值最大化；

（2）对于具有发展前景和挽救价值的危困企业为被执行人的案件，执行当事人无法达成执行和解协议的，应依法转入破产审查程序，并尽可能通过破产重整或破产和解方式解决债务危机，或者综合运用债务延期、债转股等方式，最大程度促进生产要素优化组合和企业产能升级，减少企业破产对社会经济造成的损害；

（3）对于不符合国家产业政策、丧失经营价值企业为被执行人的案件，应推进其尽快市场出清，并使其彻底退出执行程序。全面落实"执转破"案件繁简分流机制，降低破产程序运行时间和成本，切实提升"执转破"制度经济效益。推动设立破产费用专项基金，为无产可破案件提供费用支持；

（4）对于因生产经营或生活消费等陷入财务困境的自然人为被执行人的案件，积极稳妥、分步骤、有重点地探索推进个人债务集中清理制度，逐步扩大试点范围，及时总结试点经验，推动健全完善市场主体退出制度。

17. 合理设置宽限期。债务人具有下列情形之一的，可合理确定一至三个月的履行债务宽限期，并暂缓对其采取惩戒措施：

（1）债权人未提出对债务人予以信用惩戒，且债务人提出履行债务宽限期书面申请；

（2）债务人暂时陷入财务困境，暂缓采取惩戒措施有利于提高其债务履行能力；

（3）债务人已提供充分证据，表明其正在积极筹资或融资用于偿还债务；

（4）执行当事人正在积极协商，均愿意通过执行和解或者其他方式解决债权债务关系；

（5）债务人因重大突发事件或者其他不可抗力因素，导致其暂时丧失履行债务能力；

（6）债务人暂时陷入财务困境，且不存在曾因失信被失信惩戒，给予宽限期有利于债务人拯救的；

（7）其他可以给予合理宽限期的情形。

五、依法平等保护各方当事人利益

18. 依法严格区分可执行财产。严格区分个人财产和企业法人财产、非法所得和合法财产、家庭共有财产和被执行人个人财产。

（1）企业法人为债务人的，无法定事由，不得查封或执行股东个人财产；

（2）股东个人为债务人的，无法定事由，不得查封或执行企业法人的财产；

（3）自然人为债务人，不得执行其他家庭成员或共有人的财产份额。

19. 平等保护民营企业、中小企业合法权益。党政机关拖欠民营企业、中小企业债务的，积极推动党政机关将涉诉债务纳入政府预算管理。国有企业拖欠民营企业、中小企业债务的，逐案研究所涉企业经营管理现状及负债情况。有财产可供执行的，及时采取处置措施；一次性清偿有难度的，敦促当事人之间达成和解；被执行人属于僵尸企业，征得国资、发展与改革等相关部门同意后，启动"执转破"程序。

20. 切实保障涉民生案件债权人合法权益。坚持涉民生专项执行活动与日常工作机制相结合，切实提升人民群众的获得感与幸福感。

（1）高度重视保护弱势群体合法权益。对涉及人民群众生存、生活以及工程款债权的执行案件，建立涉民生案件执行长效机制，坚持优先立案、优先执行、优先发放执行案款；

（2）债权人面临生存生活困难，债务人确无履行能力的，积极做好司法救助工作；

（3）积极推进司法救助与法律援助、社会救助的有机衔接，推动司法救助资金纳入财政预算，切实保障生活困难群众合法权益。

21. 积极参与防范化解金融风险。与金融管理部门、行业协会加强信息共享、执法联动，加大重大典型金融纠纷案件协调处置力度，净化金融市场环境，有效防范化解金融风险。

（1）积极参与非法金融活动专项治理。依法严格甄别涉套路贷虚假诉讼，推进非法集资陈案处置攻坚工作，最大限度挽回集资参与人的经济损失；

（2）积极开展金融案件专项执行活动。集中时间、集中力量、统一调度、强化力度等多种方式，加大金融案件的执行力度，确保金融案件的顺利执行；

（3）积极探索金融债权实现的有效方式。妥善运用以资产使用权抵债、资产抵债返租、企业整体承包经营、债权转股权以及托管等执行方式，努力解决难以执行的金融纠纷案件。

六、依法规范适用司法制裁及信用惩戒措施

22. 严格规范适用司法制裁措施。执行中需要对当事人、利害关系人或者案外人依法制裁的，罚款数额、拘留期限应当与其行为性质、违法情节以及制裁目的成比例。

（1）需要对自然人或者企业法人及其主要负责人或者直接责任人员采取罚款措施的，应当合理确定罚款数额，做到罚款数额与被处罚行为相适应；

（2）对自然人采取制裁措施，应当综合考虑其行为性质、过错程度、行为后果以及制裁效果，合理确定是否对其并处拘留及罚款措施；

（3）对自然人采取制裁措施，应当综合考虑其行为性质、行为后果以及制裁效果，决定是否对企业法人及其主要负责人或者直接责任人员同时采取罚款措施；

（4）需要对自然人或企业法人主要负责人或者直接责任人单独选择适用拘留或罚款措施时，罚款措施能够达到制裁效果的，应当予以罚款，尽可能不限制其人身自由；

（5）自然人被采取司法拘留措施后，应当综合考虑其日常表现、认错悔过情况、履行意愿，被拘留人属于初犯偶犯、能够主动悔改且积极履行相关义务的，应酌情提前解除司法拘留措施。

23. 依法规范适用信用惩戒措施。信用惩戒必须符合法律、行政法规及司法解释规定的条件、程序及期限，严防过度适用惩戒措施。

（1）严格失信惩戒事先告知程序，执行通知书中应当提醒被执行人可能面临的被纳入失信被执行人名单或限制消费的风险，敦促其主动履行义务；

（2）决定作出前，应当严格核对信息，严防错误将案外人纳入失信被执行人名单或者采取限制消费措施；

（3）决定书应当严格依法送达并告知相应救济权利；

（4）被执行人的法定代表人、主要负责人、影响债务履行的直接责任人员被采取单位限制消费措施后，其因私消费，并以个人财产实施限制消费行为，提出申请且经审查属实的，应予同意；

（5）依法确定纳入失信被执行人名单期限，被执行人存在严重失信行为或具有多项失信行为的，应当合理确定较长期限；积极履行义务或主动纠正失信行为的，应当酌情提前删除失信信息。

24. 依法不得采取纳失措施的情形。不得将下列人员纳入失信被执行人名单：

（1）《最高人民法院关于公布失信被执行人名单信息的若干规定》第三条规定的被执行人；

（2）被执行人为企业法人或其他组织的法定代表人、主要负责人、影响债务履行的直接责任人员；

（3）因"校园贷"纠纷成为被执行人的全日制在校生；

（4）以其财产或财产性权利为胜诉债权人提供担保且担保财产或财产性权利尚未灭失的被执行人；

（5）确实无履行债务能力的被执行人；

（6）重大突发事件防控或者处置期间，参与突发事件处置或者涉及突发事件急需物资生产或供应的被执行人；

（7）重大突发事件防控或者处置期间，根据防控或处置需要，急需复工复产且需要获取信用的被执行人；

（8）其他依法不应纳入失信名单的被执行人。

25. 细化信用惩戒分级机制。探索信用惩戒的精细化、精准化管理，对不同程度的失信行为采取不同的惩戒措施。

（1）严格区分债务人拒不履行义务的性质、手段与后果，合理界定轻微失信行为、一般失信行为和严重失信行为，相应地确定对其采取失信惩戒的措施、期限及方式；

（2）严格区分债务人拒不履行义务的主观过错及次数，对主观过错较小或者诚信记录较好的债务人不予惩戒，或者对其选择较轻的惩戒措施；

（3）探索完善守信激励制度，主动履行义务的债务人的诚信记录可作为其申请诉讼费减缓免的优先条件，可申请适当降低诉讼保全担保财产的比例；

（4）配合各相关部门根据有关规定相应提高诚信履行义务者的信用评级，在公共服务、财政性资金和项目支持、公共资源交易以及日常监督管理中给予便利、支持和优待；

（5）被执行人虽未履行完毕债务，但以执行和解、提供担保、如实报告财产等方式积极配合执行或履行义务的，可撤销失信被执行人名单，解除限制消费措施，使其回归正常生产、生活。

26. 畅通信用惩戒救济途径。被纳入失信被执行人名单的当事人有下列情形之一的，应依申请或依职权删除或撤销失信信息：

（1）依法不应被纳入失信名单或者依法应当删除其失信信息，被执行人或案外人请求删除或撤销其失信信息的，应当在三个工作日内作出删除或者撤销失信信息决定书，并在系统中进行相应操作；

（2）执行案件终结本次执行程序后，申请执行人或他人未提供有效财产线索，且经网络查询两次以上均未发现被执行人有可供执行财产的，应当删除失信信息。

七、依法制裁逃避执行、规避执行行为

27. 依法适用制裁措施。准确把握罪和非罪的界限，依法将民事制裁和刑事处罚有机结合起来，强化执行效果。

（1）依法加大拒执犯罪打击力度，畅通执行当事人刑事自诉渠道，逐步建立公诉、自诉相协调、相补充的拒不执行判决、裁定罪的诉讼模式；

（2）依法加大民事制裁力度，对执行异议、执行复议、执行监督以及执行异议之诉程序中发现的规避执行和滥用执行异议权行为依法采取拘留或罚款措施；

（3）健全完善反规避执行工作机制，有效甄别发现被执行人转移、隐匿财产等规避执行的具体形式，依法追回被执行人财产用于清偿债务。

28. 准确界定逃避执行、规避执行行为。诉讼或执行期间，债务人单独实施或与案外人串通实施下述行为之一的，可以认定为逃避执行、规避执行行为：

（1）以无偿或者明显不合理低价转让财产的；

（2）以明显不合理高价受让他人财产或为他人债务提供担保的；

（3）放弃对第三人享有债权或者提前清偿其关联公司或特定关系人未到期债务的；

（4）以明显不符合交易习惯方式订立长期租赁协议，将其不动产低价租赁给案外人的；

（5）以离婚方式将财产转移至配偶一方的；

（6）隐匿或故意毁损财产，导致财产不能处置、迟延处置、价值贬损的；

（7）与他人串通，通过虚假异议、虚假诉讼、虚假公证或虚假仲裁虚增债务或转移财产的；

（8）与他人串通，对其财产恶意设置抵押、质押等妨碍执行的；

（9）以搬迁住所、转移场地、变更主要人员、注销电话号码、变更登记地址等方式逃避执行的；

（10）其他转移、隐匿财产逃避执行、规避执行的情形。

29. 准确界定滥用异议权行为。具有下列情形之一的，可认定为滥用异议权行为：

（1）以同一或不同事由对同一执行行为或者执行标的重复提出异议，均被生效裁定驳回的；

（2）以不同异议人名义相继提出异议，均被生效裁定驳回的；

（3）以明显不合理事由提出异议，均被生效裁定驳回，情节严重的；

（4）执行法院已明确书面告知其不属于执行异议审查范围，仍坚持提出异议且被生效裁定驳回的；

（5）其他滥用执行异议权拖延、规避执行的行为。

八、依法加大执行监督力度

30. 全面推行执行全流程信息公开。坚持阳光执行，切实保障当事人的知情权与监督权。重大执行措施、重要流程节点信息，尤其是事关各方当事人切身利益的执行信息，应当在第一时间向当事人公开。

31. 严格落实执行信访案件实质化办理工作要求。严格规范执行信访案件办理工作，坚决纠正执行救济渠道不畅、执行信访程序空转以及有错不纠问题，依法保护当事人、利害关系人、案外人的合法权益。

32. 强化执行工作监督管理。全面落实"一案双查"机制，持续整治消极执行、选择性执行、乱执行等行为，确保执行工作依法规范公正廉洁运行。坚持正风肃纪，持续加强执行队伍教育整顿，坚决整治执行领域突出问题。

33. 切实提升执行裁判案件办理质效。杜绝执行异议有案不立、先审后立等违法违纪现象，提高执行裁判办案质量和效率，切实保障执行当事人等主体合法救济权利，及时发现案件在执行过程中的错误。

34. 主动接受监督。主动向人大报告执行工作，认真听取人大代表、政协委员的意见建议；自觉接受检察机关的法律监督；加强和改进执行宣传，邀请新闻媒体、群众代表参与、观摩法院执行工作，充分保障人民群众知情权、参与权、表达权和监督权。

江苏省高级人民法院
关于推广"物联网＋执行"
促进善意文明执行的指导意见

（苏高法〔2020〕235号）

为切实减少执行查控措施对被执行人正常生产生活影响，充分发挥物联网感知技术在强化对查封财产动态监管的同时不影响财产价值利用的功能特点，进一步促进善意文明执行，做好"六稳"工作，落实"六保"任务，服务和保障经济社会发展大局，根据《中华人民共和国民事诉讼法》《人民法院执行工作纲要（2019—2023）》《最高人民法院关于在执行工作中进一步强化善意文明执行理念的意见》等法律及司法政策的规定，制定本意见。

一、坚持以改革促执行。通过"物联网＋执行"，实现"物态可监管，生产可延续，货值可控制"，边查封边经营，在不影响执行目的实现前提下，促进查封财产保值增值，实现执行效率和执行效果最大化，促进善意文明执行理念落到实处。

二、坚持效果导向，创新执行方式方法。物联网感知技术在执行程序中的运用，包括物联网电子封条、物联网称重系统、物联网财产监管系统等以物联网技术为支撑的财产查封、监管、处置系统。各级法院可根据工作实际，进一步扩大物联网技术在司法领域的运用范围。通过"物联网＋执行"，不断探索破解传统查控处置措施无法解决的突出问题。

三、物联网电子封条是指在传统封条内嵌入物联网感知芯片并内置摄像头，感知数据信息和监控画面实时回传至电子卷宗，并实现查封标的物移动自动报警功能的电子封条。

物联网电子封条主要适用于以下情形：

（1）查封厂房、土地、机器设备等生产资料，以及船舶等能够创造价值或具有使用价值，允许债务人继续生产经营的；

（2）查封正在建设的工程项目，具备继续施工建设条件，允许其继续施工建设的；

（3）查封建筑物已具备销售条件，允许债务人自行销售的；

（4）查封需要继续加工的半成品物件，允许其继续生产加工的；

（5）查封限制当事人进入的不动产的；

（6）其他可以使用物联网电子封条的情形。

四、物联网称重系统是指在货物运输工具上嵌入物联网感知芯片，在查封标的物运输过程中实时显示重量，为有指导价或市场价的大宗商品确定拍卖参考价提供计量基础的系统。

物联网称重系统适用于需要对铜材、铝材、钢材等有国家指导价或市场价格明晰的贵金属等大宗商品进行称重的案件。

五、物联网查封财产监管系统是在对种类物进行查封时，为不影响种类物流通，通过在正常生产经营企业安装物联网感知芯片，实时监控企业生产经营情况，并实现查封财产异常报警功能的监控系统。

物联网查封财产监管系统适用于查封财产价值较大，作为被执行人的企业经营正常，当事人申请使用的案件。

六、"物联网＋执行"措施的运用，应坚持合法合理原则，充分尊重当事人意愿。

七、运用物联网感知技术对相关财产进行查封、监管的，应告知当事人物联网技术可能产生的技术风险，并特别提示擅自移动、毁损、处置查封财产时自动报警及可能承担的法律后果。

人民法院在与物联网感知技术提供方合作时应在协议中明确，若因技术或工作失误等原因导致查封财产脱离人民法院监控，物联网感知技术提供方应承担相应法律责任。

八、运用物联网感知技术对相关财产进行查封、监管的，应提高案件审判、执行效率，最大限度缩短审理、执行周期，积极促成当事人达成调解、和解，减少物联网感知技术在使用过程中产生的流量、电量消耗、人工维护等成本。

因运用物联网技术产生的费用，由申请使用人负担。

九、运用物联网感知技术对相关财产进行查封、监管时，物联网感知技术提供方应注重对其掌握或知悉的数据信息的保护，严禁篡改、泄露、倒卖获知的信息等情形。

人民法院在与物联网感知技术提供方合作过程中，应强化数据来源的合法性及信息保存的安全性，明确权责，划清边界，防止利用物联网感知技术侵害他人合法权益。

十、本意见中物联网感知技术的应用，原则上仅在江苏省范围内实施。

十一、诉前保全、诉讼保全中运用物联网感知技术进行"活查封"的，参照本意见执行。

十二、本意见自下发之日起试行。

后　记

党的十八届四中全会明确提出"切实解决执行难"的重大部署，2019 年中央全面依法治国委员会印发《关于加强综合治理从源头切实解决执行难问题的意见》，2023 年中央政法工作会议进一步提出"实现到 2035 年'切实解决执行难'的目标"。近年来，江苏法院坚持以改革为径攻坚克难，以权利兑现最大化和执行效率最大化为理念，以扎根中国文化、立足中国国情、解决中国问题为导向，主动识变应变求变，以建立健全中国特色执行制度为目标，不断推进人民法院执行体系和执行能力现代化，不断探索切实解决执行难的路径、模式和方法。本书试对这些新探索、新实践、新发展进行全面的回顾梳理和深入的理论挖掘，以期为民事强制执行立法和切实解决执行难提供实践参考，为基层强制执行工作提供系统指导，亦为法学研究者提供鲜活的素材。

该书紧密结合执行工作理论和实务，不断充实、更新、丰富内容，数易其稿，历时逾三年终于付梓出版。全书共 13 个专题，分为三大部分：一是优化执行工作法治环境，包括推进综合治理源头治理执行难制度化机制化、推动社会诚信体系建设、完善执行退出机制三个专题；二是执行体系现代化，包括审判权和执行权相分离执行体制改革、执行人力组织机制改革、执行办案模式改革、执行管理体制改革、执行监督机制改革、执行公开机制改革六个专题；三是执行能力现代化，包括强化核心执行能力、强化强制执行能力、强化规范执行能力、强化善意文明执行能力三个专题。另设附编，将近年来江苏省高级人民法院在民事强制执行领域出台的主要规范性文件进行汇编。

参与本书写作的人员，均长期从事民事强制执行工作并具有丰富实践经验、扎实理论功底，江苏省高级人民法院党组书记、夏道虎院长作序。根据专题顺序具体撰写者如下：褚红军、周建明、夏从杰（专题一）；黄涛、陈荃、李飞（专题二）；李玉明、陈荃（专题三）；褚红军、朱嵘、王成、程洁（专题四）；朱嵘、程洁、李飞（专题五）；褚红军、朱嵘（专题六）；沈如（专题七）；朱嵘（专题八）；朱嵘、钮杨（专题九）；黄涛、闵仕君（专题十）；王成、李飞（专题十一）；朱嵘、黄涛、程洁、夏从杰（专题十二）；程洁（专题十三）。本书由褚红军、汤小夫、朱嵘统稿。卢思宇、王静伟、王一鸣等同志对本书编写亦作出贡献。人民法院出版社的韦钦平、周利航等同志对本书出版付出了心血和汗水。在此，我们向关心、支持和参与本书写作和出版的同志致以衷心的感谢。

编　者

2023 年 2 月